长沙市开发区志系列丛书

长沙经开区

长沙经济技术开发区志

1992-2012

Changsha National Economic and Technological Development Zone

◉长沙市地方志编纂委员会

方志出版社
Publishing House of Local Records

图书在版编目（CIP）数据

长沙市开发区志．长沙经济技术开发区志：1992—2012 / 长沙市地方志编纂委员会编．—北京：方志出版社，2016.12

ISBN 978-7-5144-2324-2

Ⅰ．①长…　Ⅱ．①长…　Ⅲ．①技术开发区—概况—长沙—1992—2012　Ⅵ．①F127.641

中国版本图书馆 CIP 数据核字（2017）第 008272 号

长沙市开发区志·长沙经济技术开发区志（1992—2012）

编　　者：长沙市地方志编纂委员会

责任编辑：齐　笑

出 版 人：冀祥德

出 版 者：方志出版社

地址　北京市朝阳区潘家园东里 9 号（国家方志馆 4 层）

邮编　100021

网址　http://www.fzph.org

发　　行：方志出版社发行中心

电话（010）67110500

经　　销：各地新华书店

印　　刷：湖南宏图印务有限公司

开　　本：889×1194　　1/16

印　　张：38.5

字　　数：578 千字

版　　次：2016 年 12 月第 1 版　　2016 年 12 月第 1 次印刷

印　　数：0001~1000 册

ISBN 978-7-5144-2324-2　　　　定　　价：300.00 元

长沙市开发区志丛书编纂委员会

《长沙经济技术开发区志（1992–2012）》编纂委员会

《长沙经济技术开发区志（1992—2012）》
编辑部

《长沙经济技术开发区志（1992—2012）》
提供资料人员

（按姓氏笔画排列）

中华人民共和国国务院办公厅

国办函〔2000〕21号

国务院办公厅关于湖南长沙经济技术开发区的复函

湖南省人民政府：

你省《关于将长沙经济技术开发区列为国家级开发区的请示》（湘政〔1999〕32号）收悉。经国务院领导同意，现函复如下：

一、同意长沙经济技术开发区为国家级经济技术开发区，实行现行的国家级经济技术开发区的政策。

二、长沙经济技术开发区位于长沙市东郊，南起漓湘路，北至松雅河，东至星沙大道、东环线、东四线，西至107国道、319国道、开福区界，规划范围总用地12平方公里。

三、长沙经济技术开发区的建设和发展，纳入长沙市经济技术发展的总体规划，建设发展资金由你省自筹解决。

四、长沙经济技术开发区要坚持以工业项目为主、吸收外资为主、出口为主和致力于发展高新技术的方针，积极改善投资环境，逐步完善综合服务功能。

五、要加强领导和管理，促进长沙经济技术开发区各项工作的健康发展。

中华人民共和国国务院办公厅

二〇〇〇年二月十三日

主题词：经济管理　开发区　湖南　函

抄送：中央办公厅，国家计委、国家经贸委、财政部、国土资源部、建设部、外经贸部、人民银行、海关总署、税务总局、体改办、外汇局、出入境检验局，长沙市人民政府。

取自《长沙年鉴（2015）》　审图号：湘S（2015）042号　二〇一五年十月

关怀 | 春风化雨

党和国家领导人视察长沙经开区

1992年8月14日	全国政协副主席王光英视察星沙开发区
1994年10月24日	全国政协副主席杨汝岱视察长沙经开区
1996年6月19日	全国政协副主席周铁农视察长沙经开区
1999年11月24日	全国政协副主席毛致用视察长沙经开区
2001年1月30日	中共中央政治局候补委员、中央书记处书记、中央组织部部长曾庆红视察长沙经开区
2001年4月10日	中共中央政治局常委、国务院总理朱镕基视察长沙经开区
2001年4月17日	全国人大常委会副委员长周光召视察长沙经开区
2001年5月22日	中央军委原副主席张震视察长沙经开区
2001年9月10日	中共中央政治局原常委、全国人大常委会原委员长乔石视察长沙经开区
2001年11月12日	全国人大常委会副委员长、全国妇联主席彭珮云视察长沙经开区
2002年4月22日	中共中央政治局委员、国务院副总理吴邦国视察长沙经开区
2002年10月20日	全国人大常委会副委员长铁木耳·达瓦买提视察长沙经开区
2003年4月17日	全国政协副主席、工商联主席黄孟复视察长沙经开区
2003年10月3日	中共中央总书记、国家主席胡锦涛视察长沙经开区
2003年10月27日	中共中央政治局委员、国务院副总理曾培炎视察长沙经开区
2004年3月28日	中共中央政治局常委、国务院副总理黄菊视察长沙经开区
2004年5月29日	全国政协副主席阿不来提·阿不都热西提视察长沙经开区
2004年6月16日	全国政协副主席、致公党中央主席罗豪才视察长沙经开区
2004年10月19日	最高人民检察院检察长贾春旺视察长沙经开区
2004年10月26日	中共中央政治局常委、中央政法委书记罗干视察长沙经开区
2005年6月15日	中共中央政治局委员、湖北省委书记俞正声视察长沙经开区
2005年7月15日	中共中央政治局常委、全国政协主席贾庆林视察长沙经开区
2005年8月13日	中共中央政治局常委、国务院总理温家宝视察长沙经开区
2005年10月28日	中共中央政治局常委、全国人大常委会委员长吴邦国视察长沙经开区

2006年3月26日	全国人大常委会副委员长李铁映视察长沙经开区
2006年4月24—25日	全国政协副主席、民建中央常务副主席张榕明视察长沙经开区
2006年9月24日	中共中央政治局委员、国务院副总理吴仪视察长沙经开区
2007年11月3日	全国人大常委会副委员长、中科院院长路甬祥视察长沙经开区
2008年1月15日	全国人大常委会原副委员长邹家华视察长沙经开区
2008年5月9日	中共中央政治局委员、全国人大常委会副委员长、中华全国总工会主席王兆国视察长沙经开区
2008年5月13日	中共中央政治局委员、全国政协副主席王刚视察长沙经开区
2009年2月19日	中共中央书记处书记、中纪委副书记何勇视察长沙经开区
2009年3月29日	中共中央政治局常委、国务院副总理李克强视察长沙经开区
2009年5月21日	中共中央政治局委员、广东省委书记汪洋视察长沙经开区
2009年6月13日	中共中央政治局常委、国务院总理温家宝视察长沙经开区
2009年7月9日	中共中央政治局常委、全国政协主席贾庆林视察长沙经开区
2009年10月16日	中共中央政治局委员、国务院副总理张德江视察长沙经开区
2009年11月28日	中共中央政治局常委、中央文明办主任李长春，中共中央政治局委员、中央宣传部部长刘云山，中共中央政治局委员、国务委员刘延东视察长沙经开区
2009年12月17日	中共中央政治局委员、国务院副总理王岐山视察长沙经开区
2009年12月24日	全国政协副主席、致公党中央主席、科技部部长万钢视察长沙经开区
2010年7月2日	中共中央政治局常委、国务院总理温家宝视察长沙经开区
2012年12月3日	中共中央政治局原常委、国务院原副总理李岚清出席“永远记住他们”——缅怀大师、重温经典暨长沙经开区20周年音乐晚会

1992年8月14日，长沙经开区顾问熊清泉（右）、刘正（左）、黄道奇（中）到园区指导工作

1992年6月22日，湖南省委常委、长沙市委书记夏赞忠（左），长沙市人民政府市长张明泰（右）考察长沙星沙开发区

1992年7月5日，湖南省人民政府省长陈邦柱（右三）考察长沙星沙开发区

1992年7月5日，湖南省人民政府副省长汪啸风（左一）考察长沙星沙开发区

1992年10月8日，湖南省人大常委会副主任黄道奇（右四）、潘基礩（右五），省政协副主席卓康宁（右一）出席长沙星沙开发区奠基典礼

1993年5月19日，湖南省人民政府副省长唐之享（左三）考察长沙星沙开发区

1993年11月3日，湖南省委书记王茂林（前右四）考察长沙星沙开发区

1993年8月4日，湖南省委常委、长沙市委书记秦光荣（左）考察长沙星沙开发区

1994年4月15日，国务院特区办主任胡平（前左二）考察长沙经开区

1995年4月2日，长沙市人民政府市长袁汉坤（前左二）、副市长肖常锡（前左一）考察长沙经开区

1995年6月25日，湖南省人民政府省长杨正午（中）在长沙经开区召开现场办公会

1996年1月11日，湖南省委副书记郑培民(右二)考察长沙经开区

1997年4月21日，国务院特区办主任葛洪升（左二）考察长沙经开区

1997年9月17日，湖南省人民政府副省长潘贵玉考察长沙经开区

1999年3月2日，湖南省人民政府副省长郑茂清（右）考察长沙经开区

1999年10月7日，湖南省人民政府省长储波（前右二）考察长沙经开区

1999年11月4日，湖南省委副书记、长沙市委书记张云川（前左一）考察长沙经开区

2000年2月19日，湖南省人民政府副省长贺同新（中）考察长沙经开区

2001年2月17日，湖南省政协原主席刘夫生（右二）考察长沙经开区

2001年8月29日，湖南省委常委、长沙市委书记梅克保（右三）考察长沙经开区

2002年3月，湖南省政协主席王克英（右二）考察长沙经开区

2002年10月19日，湖南省人大常委会副主任罗海藩（左二）考察长沙经开区

2003年4月15日，湖南省人民政府副省长甘霖（左三）考察长沙经开区

2003年8月6日，湖南省人民政府省长周伯华（前左二）考察长沙经开区

2003年8月29日，湖南省人民政府副省长徐宪平（右二）考察长沙经开区

2004年4月3日，国家工商总局局长王众孚（前左二）考察长沙经开区

2006年11月2日，国家发改委常务副主任朱之鑫考察长沙经开区

2007年11月7日，湖南省委书记、湖南省人大常委会主任张春贤（中）考察长沙经开区

2009年2月13日，湖南省委常委、长沙市委书记陈润儿（前右三）考察长沙经开区

2009年3月28日，国家统计局领导考察长沙经开区

2010年3月24日，海峡交流基金会董事长江丙坤（前左二）考察长沙经开区

2010年12月，国务院副秘书长、国家信访局局长王学军（前左二）考察长沙经开区

2011年1月14日，湖南省委书记、湖南省人大常委会主任周强（右二）考察长沙经开区

2011年6月22日，中华全国总工会副主席、书记处第一书记王玉普（前右二）考察长沙经开区

2012年3月21日，湖南省委副书记、湖南省人民政府省长徐守盛（右二）考察长沙经开区

风采 | 力量之都

三一集团有限公司

中联重科泉塘工业园

山河智能产业园

中国铁建重工集团有限公司

恒天九五重工有限公司

博世汽车部件（长沙）有限公司

北汽福田汽车股份有限公司长沙汽车厂

广汽菲亚特汽车有限公司

广汽长丰汽车股份有限公司

湖南劲隆光阳摩托车有限公司

蓝思科技（长沙）有限公司

湖南纽曼数码科技有限公司

湖南长城信息金融设备有限责任公司

乐金飞利浦曙光电子有限公司

湖南HEG电子玻璃有限公司

湖南长海控股集团有限公司

长沙娃哈哈恒枫食品有限公司

湖南中粮可口可乐饮料有限公司

长沙百事可乐饮料有限公司

湖南湘江关西涂料有限公司

湖南瑞翔新材料股份有限公司

远大科技集团有限公司

湖南金沙利彩色印刷有限公司

长沙盼盼安全门制造有限公司

湖南千山制药机械股份有限公司

湖南华天铝业有限公司

湖南省星沙实业集团

环境 | 宜居宜业

长沙星沙供水工程有限公司平流沉淀池

长沙经开区水质净化工程有限公司

国网湖南省电力有限公司长沙县供电分公司

牛角冲立交桥

明城国际大酒店

星沙电信大楼

长沙星沙新奥燃气有限公司

长沙（玮希）国际学校

长沙师范高等专科学校

徐特立公园

星沙夜景

松雅湖国家湿地公园（效果图）

长沙经开区管委会大楼

碧桂园长沙威尼斯城

山水芙蓉国际新城

集锦 | 活动花絮

1992年10月8日，长沙星沙开发区奠基典礼

长沙星沙开发区工程建设指挥部主要负责人在建设工地上（左起：喻和平、周庆炎、周桂龙、柳冠群、汤定一、董汉希）

1998年11月15日，第三届“国际奥委会主席杯”全国百城市自行车赛“长沙县杯”总决赛

1999年11月24日，全国纸张订货交易会

2000年12月28日，长沙经开区党工委书记彭可平（右）、管委会主任易宇欣（左）在国家级长沙经济技术开发区成立大会上接牌

2004年9月27日，长沙经开区举行入区企业外籍人士、港澳台同胞欢度中秋国庆佳节招待酒会，长沙经开区党工委书记杨光荣（右）致辞，管委会主任文树勋（左）主持。

2004年10月23日，2004年中国湖南投资贸易洽谈会签约仪式

2004年10月19日，第二届中国星沙企业文化论坛暨车博会

2004年12月5日，外商商务活动

2005年9月26日，爱心助医动员暨捐赠大会

2005年12月29日，“主人翁之歌”元旦文艺会演

2007年3月22日，“牵手长沙助推崛起中国青年企业家中部行”长沙经开区推介会

2007年6月26日，庆祝中国共产党建党86周年暨新建非公企业党组织授牌、新党员宣誓大会

2007年7月4日，2007长沙·国际微电子产业发展研讨会与会代表合影

2007年12月21日，外籍人士、港澳台同胞圣诞晚会

2008年4月13日，《品牌3S法则》高峰论坛

2008年5月17日，第二届“非常派对”单身职工联谊活动

2008年9月19-21日，首届长沙经济技术开发区职工运动会

2009年2月7日，长沙经开区举行人才招聘会

2009年2月20日，长沙经开区银企对接会

2009年5月20日，长沙经开区“红五月”叉车操作技能大赛

2010年2月2日，长沙经开区获批“国家新型工业化产业示范基地（装备制造·工程机械）”

2010年6月30日，“诵读红色经典、共建和谐园区”朗诵比赛

2011年3月8日，女职工登山比赛

2011年4月26日，企业知识产权保护研讨会

2011年7月1日，庆祝建党90周年表彰大会

2011年7月8日，素质拓展

2011年8月13日，长沙经开区负责干部北大研修班合影

2012年4月25日，“湖南省知识产权典型案例发布基地”落户长沙经开区

2012年8月29日，长沙经开区管委会与园区企业签署政企合作发展战略宣言

2012年8月29日，“献礼十八大·喜迎二十年”新闻发布会暨“十百千亿”企业集中亮相仪式

2012年9月23日，中国电子商务（长沙）示范园区授牌仪式

荣誉 | 鼓励鞭策

先进开发区
湖南省人民政府
一九九七年十二月

长沙经济技术开发区
外资工作先进单位
湖南省人民政府
一九九八年五月

第四届中国投洽会
国家级开发区展团
最佳组织奖
中国开发区协会
2000年9月·厦门

长沙经济技术开发区管委会
2002年度利用外资
先进单位
湖南省人民政府
2003年4月

发展非公有制经济优秀开发园区
中共湖南省委
湖南省人民政府
二〇〇五年七月

证书
长沙经济技术开发区污水净化中心
你单位长沙经济技术开发区污水净化工程
经评审被确认为二〇〇五年国家重点环境保护
实用技术示范工程，特颁此证。
中国环境保护产业协会印制

全国国家级经济技术开发区
第十六次党建工作研讨会论文
一等奖
中华人民共和国商务部
二零零六年十月

第一届中国中部投资贸易博览会
优秀组织奖
湖南省人民政府
二00六年十月

国家知识产权试点园区
国家知识产权局
二OO七年

国家知识产权试点示范工作
先进集体
中华人民共和国国家知识产权局
二〇〇八年五月

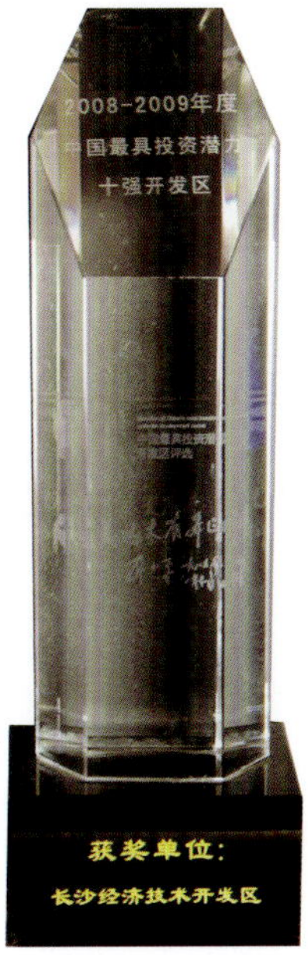
2008-2009年度
中国最具投资潜力
十强开发区
获奖单位:
长沙经济技术开发区

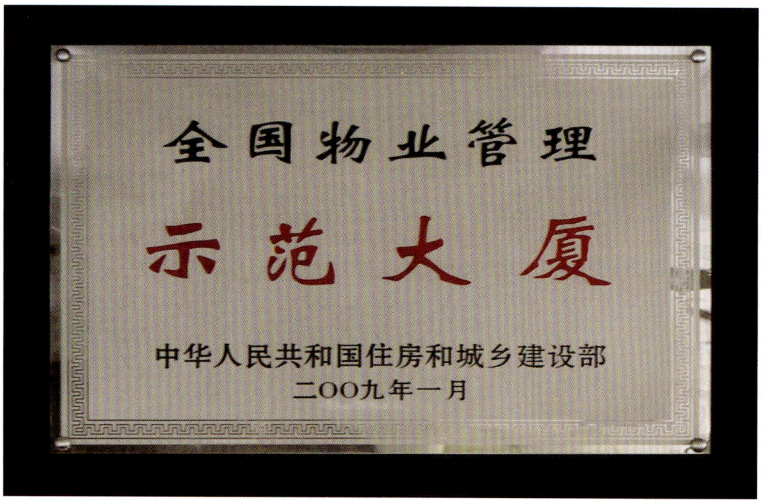
全国物业管理
示范大厦
中华人民共和国住房和城乡建设部
二〇〇九年一月

湖南省长沙县城市管理与市容环境建设项目
中国人居环境范例奖
中华人民共和国住房和城乡建设部
二〇〇九年四月

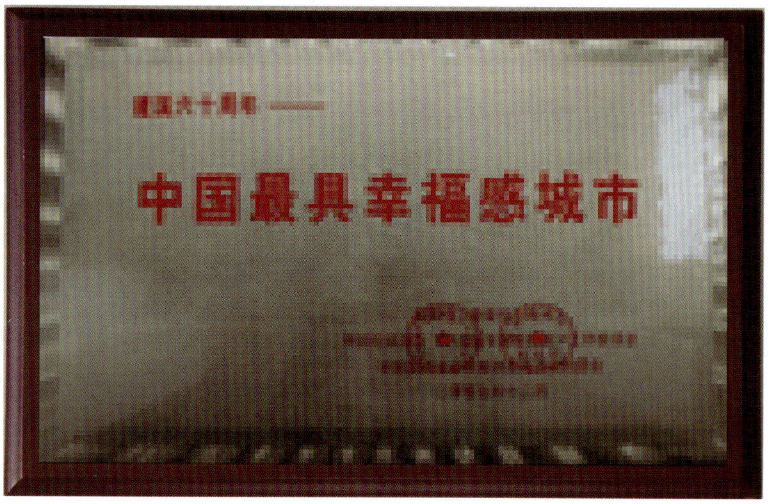
中国最具幸福感城市

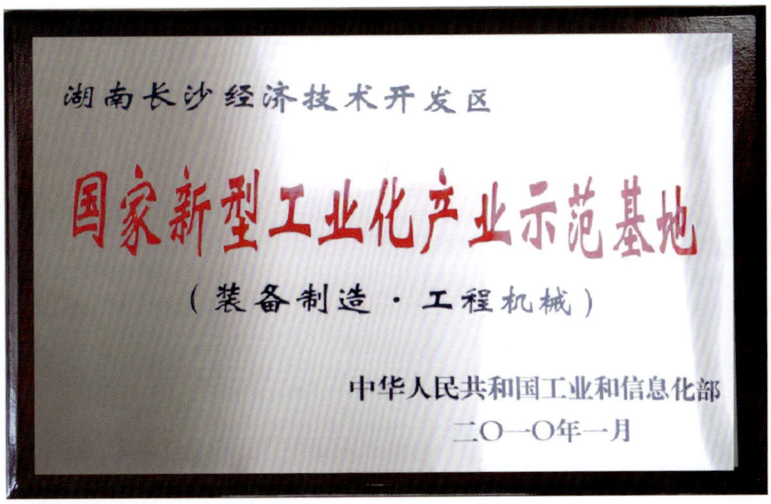
湖南长沙经济技术开发区
国家新型工业化产业示范基地
（装备制造·工程机械）
中华人民共和国工业和信息化部
二〇一〇年一月

中国长沙经济技术开发区荣获
Changsha Economic & Technological Development Zone,China is Granted the Honor of
跨国公司最佳投资的开发区
The Best Development Zone for
Investment by Multinational orporations
中国国际跨国公司研究会
China International Institute of Multinational Corporations
联合国全球契约组织
United Nations Globa lCompact Office
联合国环境规划署
United Nations environment programme

荣誉证书
HONORARY CREDENTIAL
国家级经济技术开发区高校毕业生就业工作
先进单位
商务部 人力资源社会保障部 教育部

湖南省“两新”组织深入学习实践科学发展观活动
先进单位
湖南省“两新”组织深入学习
实践科学发展观活动领导小组
二〇一〇年三月

全国城市和园区知识产权试点示范工作
先进集体
中华人民共和国国家知识产权局
二〇一〇年七月

授予长沙经济技术开发区
湖南最具投资价值示范产业园区
湖南十大最具投资价值产业园区评选活动组织委员会
指导单位：湖南省发展和改革委员会 湖南省商务厅 湖南省统计局
湖南省人民政府新闻办公室 湖南省工商业联合会
二〇一〇年八月

全省加速推进新型工业化
千亿园区
湖南省加速推进新型工业化工作领导小组
2011年2月

2010年度全省内联引资工作
先进单位
湖南省人民政府
二〇一一年四月

第十届（2011）中国政府网站绩效评估
成绩证书
长沙经济技术开发区网站在“第十届（2011年）中国政府网站绩效评估”中得分为65.60分，位列国家级经济技术开发区网站第四名。
特此证明

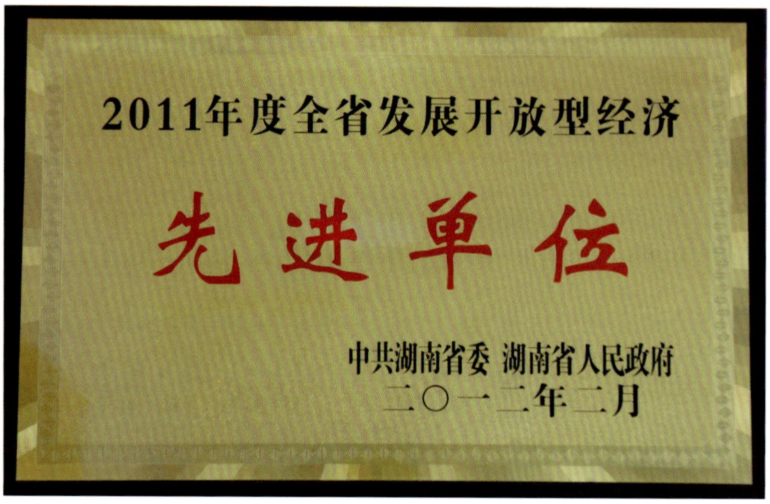
2011年度全省发展开放型经济
先进单位
中共湖南省委 湖南省人民政府
二〇一二年二月

全省加速推进新型工业化
一等奖
中共湖南省委
湖南省人民政府
2012年2月

湖南省两型示范创建单位
中共湖南省长株潭试验区工委
二〇一二年三月

（本志照片均由长沙经济技术开发区管委会办公室提供）

长沙市开发区志总述

长沙市自二十世纪八十年代末开始兴办开发区。按照“布局合理、集约用地、产业集聚、形成特色”的总体要求，紧紧围绕新型工业化和城镇化这两大战略，充分利用现有基础条件和优势，全力招商引资，着力引进战略投资者，以发展现代制造业为主，着力优化产业、产品结构，培育优势产业和骨干企业，发展配套和关联企业，拉长产业链条，开发区逐步成为长沙经济社会发展特别是工业发展的主力军、主战场和主阵地。

2015 年长沙市全部工业增加值占全省比重 1/3，成为全省工业经济增长的关键支撑。全市规模工业总产值达到 10565 亿元，规模工业增加值 3228 亿元。2015 年产值过 100 亿的企业 8 家，湖南中烟、三一集团、中联重科等企业先后入围中国企业 500 强，企业实力不断增强。

工业发展对全市经济社会的贡献更加凸显。2015 年全市全部工业增加值占 GDP 比重 42.3%，工业对全市经济的贡献率 43.1%；贡献税收 972.2 亿元，占全部税收的比重为 62.5%；规模工业企业创造利税总额 1590.7 亿元，实现主营业务收入 9638.36 亿元，利润总额 618.44 亿元。工业成为拉动就业的主渠道。2015 年全市规模工业企业期末从业人员 64.36 万人，占全社会从业人员的比重 13.9%。

开发区的发展使企业逐步向园区集中，产业向园区集群聚集。2015 年园区规模工业增加值 1881.4 亿元，占全市规模工业的比重 58.3%。全市开发区共集聚了 1213 家规模工业企业，占全市规上工业企业总数的 46%；规模工业企业前 100 强中，开发区占 91 家。初步形成工程机械、新材料、食品烟草三大支柱产业，以电子信息、汽车、生物医药三个为补充的多点支撑的产业发展格局。2015 年，工程机械、汽车及零部件、食品、新材料、电子信息、生物医药六大产业集群实现规模工业总产值、规模工业增加值分别达到 7395.95 亿元、2367.21 亿元，占全市规模工业总产值和增加值的比重分别达到 70% 和 73.3%。

据统计，“十二五”时期，开发区工业累计投资 7469.64 亿元。全市开发区共引进上海大众、广菲克、联通长沙云数据、中兴通讯长沙基地、格力电器生产基地项目等重大项目105个，总投资2736亿元，全部竣工投产、达产后预计新增产值6800亿元。在建工程中德有色工业园、蓝思科技新材料面板项目、杉杉新能源、比亚迪电动卡车、大学科技城等，10亿元以上项目共计56个，总投资1400亿元，项目竣工、达产后预计新增产值4200亿元。竣工投产的广汽菲亚特及广菲克SUV项目、上海大众、广汽三菱、尔康制药、中联环境产业园、中电软件园等10亿元以上项目共计28个，完成投资600亿元，将新增产值860亿元。

2015年，开发区规模工业企业拥有自建研发机构500余个，机构人数超过3万人；2015年全市共取得省部级以上科技成果340项；专利申请和授权专利分别达17763件和11448件，城市万人有效发明专利拥有量居全国省会城市第4位；以中联重科、三一重工、楚天科技、千山制药为代表的工业企业专利授权量达7070件。2015年全市高新技术产业实现产值8611.3亿元，实现增加值2730亿元，占GDP的比重达32.1%；全市高新技术产业增加值占全省比重44.5%。

目前全市规模工业企业计算机普及率达99.9%，85%的规模企业配有信息技术人员。推进“两型社会”（资源节约型、环境友好型社会）建设，构建绿色工业体系，指导企业推广应用节能新技术、新工艺和新设备，突出目标责任，强化重点企业节能监管，49家企业获批“两型示范企业”、5家园区获批“两型示范园区”。据统计，“十二五”期间全市规模万元增加值能耗累计下降42.09%，年均下降12.6%，规模工业综合能耗量实现年均下降1.2%。

按照“政府扶持枢纽平台—平台聚合服务中介—中介集合服务企业—企业集体受益发展”的思路，开发区着力打造融资担保、就业辅导、管理咨询、技术创新、市场开拓、人才培育、法律维权、信息服务八个服务平台，为全市中小微企业提供全方位、立体化的服务，2014年成为国家工信部认定的国家中小企业公共服务示范平台。深度服务中小微企业800余家，举办各类培训讲座近300场，辐射服务企业数千家，帮助大批中小微企业有效突破了技术和管理瓶颈，得到人民日报、经济日报、湖南日报等多家媒体报道，并被称为企业服务的“长沙模式”。

长沙市开发区志丛书编纂委员会

2016年6月

序　言

编史修志是中华民族的优秀文化传统。历史是人民创造的，编史修志的目的就是将人民的创造载入史册。《长沙经济技术开发区志》全面记录了长沙经济技术开发区 1992—2012 年间经济发展和社会进步的真实情况。它的编纂出版既是长沙经济技术开发区一项宏伟的文化建设工程，也是社会主义精神文明建设的一项重要成果。

长沙经济技术开发区自 1992 年建区以来，特别是 2000 年 2 月被国务院批准为国家级经济技术开发区以后，党工委、管委会坚持“以工业项目为主，吸引外资为主，出口为主和致力于发展高新技术”的方针，以产业发展为中心，以园区建设和招商引资为重点，以科技进步为动力，以提高经济效益为核心，不断开拓创新，已发展成为一个投资环境较为优越、工业门类较为齐全、技术水平较为先进的现代化工业园区。至 2012 年年底，全区已形成固定资产投资 630.20 亿元，累计完成规模工业总产值 6304.48 亿元，实现利润 494.09 亿元，实现工商税收 353.86 亿元，出口总额 50.49 亿美元，合同利用外资 32.81 亿美元，实际利用外资 20.95 亿美元。投产企业 949 家，其中规模以上企业 109 家，年产值亿元以上企业 51 家，其中过 10 亿元企业 14 家，上市公司 20 家，世界 500 强企业 27 家，形成了以工程机械、汽车及零部件为主导，电子信息、新材料、食品饮料、轻印包装等为补充的产业体系。先后被评为“国家知识产权示范园区”“国家新型工业化产业示范基地”“中国最具投资潜力十强开发区”。2010 年，在全国国家级经济技术开发区综合实力中排名第 16 位，在中西部开发区发展中名列前茅。日臻完善的配套设施，宜居宜业的投资环境，为长沙经济技术开发区的发展插上了腾飞的翅膀，长沙经济技术开发区的投资者、创业者、建设者正满怀豪情，艰苦奋斗，全身心地投入到开创更加美好未来的大潮之中。在这种形势下，客观、系统、翔实地将长沙经济技术开发区的历史记载下来，对于增进人们对长沙经济技术开发区的全面了解，总结成功经验，吸取历史教训，树立科学发展观，加快长沙经济技术开发区的发展，都具有很重要的意义。

《长沙经济技术开发区志》以马克思列宁主义、毛泽东思想、邓小平理论、

"三个代表"重要思想、科学发展观、习近平系列重要讲话精神为指导，坚持实事求是的科学态度，运用辩证唯物主义和历史唯物主义的立场、观点和方法，客观全面地反映了长沙经济技术开发区1992—2012年开发建设、改革发展的历史和现状，具有较高的历史价值和文化价值。

志书的功能在于"资政、存史、教化"。修志的目的在于用志。我们要珍惜来之不易的修志成果，要高度重视读志、用志工作，认真学习历史和借鉴历史，使之成为领导层进行科学决策的重要依据，成为园区各行各业总结经验、开展工作的重要信息库，成为对广大群众特别是青少年进行爱国主义、社会主义和革命传统教育的乡土教材，成为让世界了解长沙经济技术开发区、让长沙经济技术开发区走向世界的重要媒介，让《长沙经济技术开发区志》在社会主义物质文明、政治文明和精神文明建设中发挥出积极的作用。

《长沙经济技术开发区志》的出版，为宣传长沙经济技术开发区，让人们进一步认识长沙经济技术开发区展示了系统、全面、完整的资料。希望广大长沙经济技术开发区人借首部区志出版之机，广泛开展"细读区志，研究区情，谋划未来"的活动，深入进行爱国家、爱长沙经济技术开发区的教育，不断推进长沙经济技术开发区的建设和发展。

长沙经济技术开发区志编纂委员会

2016年12月

凡 例

一、本志以马克思列宁主义、毛泽东思想、邓小平理论、“三个代表”重要思想、科学发展观、习近平系列重要讲话精神为指导，运用辩证唯物主义和历史唯物主义的观点，全面系统地记述断限内长沙经济技术开发区的发展历史和现状，力求思想性、资料性和科学性的统一。

二、本志年代断限：上限为 1992 年 4 月，下限为 2012 年 12 月。个别事项根据需要适当上溯或下延。

三、本志记述范围：以长沙经济技术开发区范围为主，2000 年 2 月长沙经济技术开发区未晋升国家级开发区之前，本志所记述范围覆盖到长沙县县城城区。

四、本志篇目设置：从长沙经济技术开发区的实际出发，突出经济建设重点，以开发区现行管理体制为基础，参照现代城市的社会分工、学科分类和志书篇目设置的传统进行分类。

五、本志由序、凡例、概述、大事记、篇、章、节、目、图表、附录、后记等构成。体裁采用述、记、志、传、图（含照片）、表、录，以志体为主。

六、本志的文字、标点、数字、计量单位等均按国家规定的规范书写、标引。

七、本志记述中多次涉及机关、团体和会议名称时，首次记述采用全称，再次出现时用简称。如长沙经济技术开发区（简称“长沙经开区”），中国共产党长沙经济技术开发区工作委员会（简称“党工委”），长沙经济技术开发区管理委员会（简称“管委会”）。

八、本志人物记述坚持“生不立传”原则，凡对社会有较大贡献或有影响的全国、省、市党代表、人大代表、政协委员，享受国务院特殊津贴专家，全国、省、市、区劳动模范、五一劳动奖章获得者等人物列表予以记述。

九、本志的资料来源均经长沙经济技术开发区各有关单位、部门核实，付印稿在多次校改的基础上，还经有关单位、部门负责人签字确认，入志时不再注明出处。

目 录

概 述

1992 年 4 月，在邓小平南方谈话精神的指引下，长沙星沙开发区开始筹建。是年 7 月和 12 月，长沙市人民政府、湖南省人民政府相继审查批准建立长沙星沙开发区。1993 年 7 月，中共湖南省委、省人民政府决定，在长沙星沙开发区规划范围内设立“湖南省星沙特别招商区”，实行两块牌子（特招区、开发区）一套人马，统一运作方式，由长沙县负责日常工作。1994 年 3 月，长沙星沙开发区经湖南省人民政府批准更名为长沙经济技术开发区（简称“长沙经开区”）。1997 年 4 月 26 日，国家科委批准长沙经开区建立长沙高新技术产业开发区星沙工业高科技园。2000 年 2 月 13 日，国务院批准长沙经开区为国家级经济技术开发区。此后，又相继获批国家级“中小企业国际物流示范园”“传感技术产业化基地和新材料成果转化及产业化基地”“国家新型工业化产业示范基地”“国家知识产权试点园区”。建区后，长沙经开区坚持“以工业项目为主，吸引外资为主，出口为主和致力于发展高新技术”的方针，以产业发展为中心，以园区建设和招商引资为重点，以改革和创新为动力，积极改善投资环境，不断完善服务功能，大力招商引资，做大、做强、做优园区产业，实现了经济的高速、高效发展，成为长沙市乃至湖南省工业经济增长的亮点和经济持续跨越发展的新型工业基地，被评为中国最具投资潜力的十强开发区之一。

一

长沙经开区位于湖南省会长沙市东郊星沙，地处湖南省“五区一廊”经济开发带的黄金地段，长（沙）、株（洲）、（湘）潭都市经济圈以及“全国‘资源节约型、环境友好型’社会建设综合配套改革实验区”的核心地带。至 2012 年，长沙经开区规划面积已由 1992 年的 20 平方千米扩大到 100.59 平方千米。

长沙经开区地处北纬 28° 14′ ~ 28° 19′，东经 113° 3′ ~ 113° 8′，属

大陆型亚热带季风性湿润气候，春、夏、秋、冬四季平均温度分别为16.4℃、38℃、18.4℃、6℃，多年最高气温40.6℃，最低气温-11.3℃，年平均降水量1389.8毫米，年平均蒸发量1382.2毫米，年平均水面蒸发计算值843.5毫米，无霜期247天。区内多为丘陵山地，地形微波起伏，绿树成荫，景色宜人，大气质量和饮用水质量达到国家标准。

长沙经开区毗邻省会城市，是长沙市整体规划中的卫星城。这里交“两道”——107国道、319国道，贯“两路”——京港澳高速公路、京广复线铁路，会“两高”——武广高铁、沪昆高铁，通“两航”——湘江长沙航运、黄花国际机场航空，过“两线”——京汉广光纤电缆、长浏光纤电缆，临“两河”——浏阳河、捞刀河从南北两侧汇入湘江，距长沙市中心、长沙火车站、湘江长沙码头、黄花国际机场均约8千米。

长沙经开区管委会是长沙市人民政府派出机构，享有市一级经济管理权，园区实行“封闭式管理，开放式经营”的独特管理体制，推行“一个窗口对外，一站式办公，一条龙服务”，外商投资项目的审批手续基本上可以在区内办妥。

二

1992—2012年，长沙经开区的发展经历了三个阶段。1992—1993年为起步创业阶段，1993—2000年为加快发展阶段，2000—2012年为全面发展阶段。

1992年4月15日，中共长沙县委召开常委（扩大）会议，作出建立长沙星沙开发区的战略决策。7月17日，长沙市人民政府批准建立长沙星沙开发区。8月8日，长沙星沙开发区工程建设指挥部举行新闻发布会，宣告长沙星沙开发区成立。10月8日，长沙星沙开发区举行奠基典礼。12月26日，湖南省人民政府批准建立长沙星沙开发区。从此，开发区建设全面铺开，掀起开发建设的创业热潮。这一阶段，长沙经开区坚持以基础设施建设和招商引资为重点，科学制定发展规划和优惠政策，加快水、电、路、话等基础设施建设步伐，大力引进资金、技术、人才和项目，实施开发一片、见效一片战略，使开发区建设有计划、有步骤地向前推进。

1993年4月，国务院颁发《关于严格审批和认真清理各类开发区的通知》。通过清理整顿，湖南省委、省政府决定将长沙星沙开发区列为省级重点开发区。为了进一步加快发展，7月6日，湖南省委办公厅、省人民政府办公厅下发《关于设立湖南省星沙特别招商区的通知》，实行“两块牌子，一套人马”的运作方式，要求各级政府、各有关部门应以“多支持、少干预”的态度配合做好工作。1994年3月，湖南省人民政府批准长沙星沙开发区更名为长沙经济技术开发区，明确为全省重中之重，要求集中力量、重点支持办好这个开发区。这一阶段，长沙经开区一方面坚持以基础设施完善配套为重点，大力营造良好投资环境；另一方面抓住招商引资这一关键，做大做强园区产业，形成了先进机械制造、电子信息、新型材料、印刷包装、饮料食品及生物医药六大产业格局。1999年，全区实现工业总产值36.8亿元，销售收入46亿元，税收2.58亿元，出口创汇2478万美元。

2000年2月，国务院批准长沙经开区为国家级经济技术开发区。从此，长沙经开区正式步入全面发展阶段。2012年，全区实现工业总产值1315.20亿元，销售收入1555.60亿元，工商税收85.28亿元，出口总额10.02亿美元。

三

长沙经开区园区规划根据开发建设发展的需要，适时进行修改、补充和完善。经历了规划初编、规划修编、扩容提质、规划拓展四个阶段。1992年的初次规划由湖南大学土木建筑设计院按照“起点高、立意新、功能全、整体美”的要求，根据“以开发带动县治搬迁”的指导思想，坚持“整体规划，分期开发，滚动发展，形成特色”的开发方针而编制。这个规划的远景开发面积为20平方千米，近期开发用地为14平方千米，前期实施4平方千米，人口规划为8万～10万人。在此基础上编制了开发区用地、道路交通、环境、电信、电力、供水、园林、污水排放等10个专业规划、5个系统规划和3个专项规划。随着长沙经开区开发建设的快速发展，原规划已不能适应新城建设形势的需要，因此，中共长沙县委、县人民政府从1998年年初开始，决定对长沙经开区和新县城的总体规划进行修编，规划期为1998—2015年。整体规划修编后，长沙经开区规划控制用地为38.6平方千米，人口规模为15万人。2003年，长沙县委、县人民政府和长沙经开区为落实湖南省委、省政府提出的将“农业大省”变为“经济强省”和长沙市委、市政府提出的“兴工强市”战略，再一次提出了“扩容提质”的思路，对上版规划进行修改和完善，规划期限为2004—2020年，规划用地面积为60平方千米，其中长沙经开区工业用地为 30 平方千米。随着形势的发展，为了实现与长沙主城区对接，有机融合长株潭综合城市圈，区、县根据《星沙分区规划》，进一步确定拓展园区发展空间。2009 年 8 月，区、县联合发出长县发〔2009〕27 号文件，明确星沙、榔梨、黄花 3 个产业基地委托长沙经开区管理。2011 年 11 月，长沙县规划委员会长县规委纪〔2011〕1 号文件，明确长沙经开区拓展用地区域：将黄花工业园在原 3 平方千米的基础上，沿新远大路向西拓展 5 平方千米，榔梨工业园在原 6.99 平方千米的基础上，向东拓展 6.3 平方千米，星沙配套产业基地在原 15 平方千米的基础上，向北拓至滨湖路东延线，向东拓至春华镇 25.7 平方千米。至此，长沙经开区的开发建设面积由 38.6 平方千米增至 100.59 平方千米。

1992—2012 年，长沙经开区土地征用先后执行长沙市人民政府 1991 年颁布的《长沙市城市房屋拆迁管理办法》《长沙市国家建设征用土地补偿安置办法》，1995 年调整的《长沙市城市房屋拆迁管理办法》《长沙市国家建设征用土地补偿安置办法》，2002 年颁布的《长沙市征地补偿安置条例实施办法》和 2008 年颁布的《长沙市征地补偿实施办法》，共计征用土地 2982.98 公顷，动迁 7044 户 21420 人，支付征地拆迁补偿费和安置补助费 57.11 亿元，保障了长沙经开区建设用地的需求。长沙经开区管委会与长沙县人民政府紧密配合，做好拆迁户的安置工作，成立专门工作机构，依照长沙市人民政府颁布的拆迁安置政策，结合长沙经开区的实际，制定了让利于民的地方性政策，有条不紊地做好拆迁户的住房、生活、劳动力就业等安置工作，并全面实施低保、医保等社会保障措施，让农民失地不失业，生活水平有提高，安居乐业。

长沙经开区基础设施日臻完善。供排水：由建区之初在社仓一带打井取水到松雅河日供水达 20 万吨的自来水厂建成，全区范围内埋设供排水管道达 305 千米，供水覆盖面积 61.8 平方千米；园区的污水排放采取雨污合流向雨污分流排放过渡，先后建设了星沙、城北、城南 3 座污水处理厂，日处理污水能力为 26 万吨，服务面积达 60.85 平方千米。电力：先后拉通了新安变至望新的电源，整顿和维修 10 千伏电网工程，规范了原斜跨区内一回 220 千伏和两回 110 千伏的高压线路走向，建立 110 千伏变压站 5 座，220 千伏变电站 1 座，新建配网线路 60 余条，新增电缆 220 千米，环网柜、分接箱 180 余台，区内有 LG 曙光、湖南 HEG、三一重工、住友橡胶 4 个企业自建了 110 千伏电站。道路桥梁：建成主干道（路幅 40 ~ 80 米不等）13 条，全长 65.55 千米；次干道（路幅 16 ~ 36 米不等）27 条，全长 71.45 千米；横跨国道的跨线桥 9

座，全长1.55千米；立交桥2座，全长0.82千米。园区与长沙主城区和区外的107国道、京珠高速、319国道、长永高速等主要交通要道形成交通网络体系。电信：区内有京汉广光纤电缆和长浏光纤电缆交会通过境内，并留有2个光缆端口，可提供10万门程控电话的容量，1995年建成21层高的邮电综合大楼，实现了与全球近156个国家和地区的通信联网，2010年“无线星沙”开通运行，为长沙经开区提供公共安全、城市管理、应急联动、学习生活等方面的信息化应用服务。燃气：1998年区内成立长沙招商燃气有限公司，2004年下半年，国家西气东输工程入湘，在区内建有门站1个，长沙经开区引进新奥燃气有限公司，1998—2012年管网共投资2.54亿元，敷设中压干管238千米，日供气量达40万立方米/日，供气覆盖长沙经开区和长沙县城及周边黄花、榔梨、干杉、黄兴等乡镇。其他：长沙经开区所在地星沙亦是长沙县县城，其公益服务设施配套主要依托于县城建设，星沙大市场166条商业街已形成繁荣兴旺的局面，学校、医院、宾馆、车站及其他公益事业设施齐全。截至2012年，基础设施建设共投资109.50亿元，已形成“供水好、排水畅、电力稳、道路通、信息灵、供气足、收视佳、环境美、服务全”的良好发展环境。

四

长沙经开区招商引资采取“筑巢引凤”“引凤筑巢”和“走出去”“引进来”的招商引资策略，围绕“诚、优、信、情、实”五字做文章，树立“每个服务环节都是投资环境，每个工作岗位都是招商引资前沿”的理念，凭借得天独厚的区位优势、不断完善配套的基础设施、宽松优惠的招商政策、优良的社会环境和优化服务的措施，赢得了国内外投资者的青睐。截至2012年，长沙经开区累计投产企业949家，其中外资企业100家、上市公司20家、世界500强企业27家。合同外资32.81亿美元，到位外资20.95亿美元，市外境内资金形成固投211.43亿元。区内已引进博世汽车、广汽三菱、住友橡胶、广汽菲亚特、美国空气化工、中国宝钢等世界500强企业，占全省引进世界500强企业的1/3强。2000年9月在第四届中国投资贸易洽谈会上，长沙经开区获国家级开发区“最佳组织奖”，2001年被湖南省对外贸易经济合作厅授予“投资促进工作先进单位”称号，2003年被湖南省人民政府授予“利用外资工作先进单位”称号，2008—2011年，连续被评为“湖南省内联引资、利用外资工作先进单位”。

长沙经开区产业经济发展经历四个阶段：第一阶段（1992—1996年），此阶段引进项目比较零散，产业结构没有形成。第二阶段（1997—2000年），初步形成先进制造、电子信息、新材料、印刷包装、生物工程和食品饮料等大主导产业。2000年，实现工业总产值36.80亿元，工业销售收入46.01亿元，实现工商税收2.58亿元。第三阶段（2001—2004年），基本形成以先进机械制造、电子信息产业为主，以新材料、印刷包装、生物工程、食品饮料等为补充和以物流为配套的产业格局。2004年，实现工业总产值210.10亿元，工业销售收入221.16亿元，实现工商税收11.46亿元。第四阶段（2005—2012年），园区内工程机械、汽车制造两大主导产业及电子信息、新材料、食品饮料、轻印包装等优势产业已形成，初步建立了横向成群、纵向成链的产业集群。2012年，全区实现工业总产值1315.20亿元，销售收入1555.60亿元，上缴各类税收85.28亿元，每平方千米实现工业总产值64.30亿元，实现税收3.60亿元。1992—2012年，全区投产企业949家，形成固定资产投资630.20亿元，累计完成规模工业总产值6304.48亿元，实现利润494.09亿元，完成工商税收353.86亿元，出口总额50.49亿美元。截至2012年，全区工业总产值过亿元企业51家，其中过800亿元企业1家，过100亿元企业1家，过10亿元企业12家，过5亿元企业3家，过1亿元企业34家。累计培育和打造中国名牌产品2个、中国驰名商标9件、湖南省名牌产品35个，获市以上科技进步奖项116个。

五

1992—2012年，长沙经开区管理体制经历了3次大的调整。2000年以前，长沙经开区作为省级重点开发区，实行市县共管、以县为主的管理体制。2000年2月晋升为国家级经开区后，变更为市县共管、以市为主的管理体制。2003年7月，长沙市委常委会议作出决议，同意将长沙经开区的管理体制由“市县共管、以市为主”调整为“由长沙市委托长沙县管理为主”。长沙经开区党工委、管委会为长沙市委、市政府的派出机构，行政级别不变，享有省辖市相应的经济审批管理权限。县区领导交叉任职，长沙经开区党工委书记由中共长沙县委书记担任，长沙经开区管委会主任兼任长沙县委第一副书记，长沙县县长兼任长沙经开区管委会第一副主任。在坚持规划、统计口径、收益分配不变的原则下，继续实行长沙县与长沙经开区三七分成的比例，并采取长沙经开区设立金库等措施，确保区县各行其职，共谋发展。根据长沙市委常委会议精神，长沙经开区、长沙县委、长沙县政府将长沙经开区社会发展局与星沙镇合署办公，县区联合成立拆迁安置中心。随着形势的不断发展，长沙经开区内设机构不断完善。2009年9月，《长沙经开区党工委、管委会机关职能部门及直属事业单位“三定”方案》实施以后，长沙经开区的管理步入规范化的轨道。长沙经开区坚持“以工业项目为主、吸收外资为主、出口为主和致力于发展高新技术”的方针，职能部门除内设机构和派驻机构外，其他社会事务主要由长沙县政府管理。

六

建区初期，长沙星沙开发区工程建设指挥部的党务工作由长沙县委统一领导。1994年5月经县委批准成立开发区党委会，直至2000年11月。长沙经开区晋升为国家级经开区后，2000年12月，长沙市委批准成立中共长沙经开区工作委员会。2004年，长沙经开区党工委批准成立了企业党工委，全面负责企业的党建工作。截至2012年，区内企业已实现党组织全覆盖。全区共建立基层党委9个、党总支14个、党支部245个，共有党员5277名。

1992年，长沙县委从县直机关抽调40名科局级干部和60名工作人员组成了开发区建设队伍。1995年5月，为加快建设步伐和为晋升国家级开发区作准备，长沙经开区与长沙县人事局共同向社会招聘具有硕士、高级工程师、副教授等以上职称的工程技术和管理人员15名，为长沙经开区选拔人才首开先河。1995年、2001年、2004年、2007年和2009年长沙经开区先后5次深化干部人事制度改革，对内设机构人员进行优化组合，推行竞争上岗、双向选择，并对竞争上岗的干部实行合同聘任制管理，初步形成了一套比较完整的、具有长沙经开区特色的干部人事管理工作机制和体制。

1999年4月，长沙经开区成立工会联合会，隶属于长沙县总工会。2001年6月14日，长沙市总工会长工组发〔2001〕15号文件同意成立长沙市总工会长沙经开区工作委员会，隶属长沙市总工会领导，要求对所属基层工会实行统一领导，按《工会法》及《中国工会章程》的有关规定，迅速组建基层工会组织。2007年，长沙市总工会长沙经开区工作委员会更名为长沙经开区工会工作委员会。2010 年 12 月 28 日，成立长沙经开区总工会。截至 2012 年，全区共成立基层工会组织 182 家，工会会员总数 99436 人，其中属长沙经开区总工会审批的有 145 家，会员 36839 人。

长沙经开区注重精神文明建设，通过园区精神的提炼，园区标志的设计和《星沙之歌》的传唱，树立了园区的良好形象。通过文明创建，涌现出一批文明企业单位。通过公民道德建设、行为规范和一系列的文体活动，提高了干部职工的综合素质，丰富了精神文化生活。

1992—2012 年，长沙经开区始终把优化环境作为加快园区经济发展的首要任务。一方面大力优化发展硬环境，为投资创业者提供现代化的基础设施，高质量的生态环境，高品位的人文环境和智能化的办公条件。另一方面不断优化发展软环境，切实转变管委会职能，营造优质高效的政务环境，健全信用制度，树立诚信形象，营造规范有序的市场环境，依法管理社会经济事务，致力营造公正严明的法制环境，从严打击各种犯罪活动，全力营造文明安定的社会环境。在国家级经开区投资环境综合评价排名中，长沙经开区由 2004 年的第 21 位升至 2010 年的第 16 位，在中西部国家级经开区排名中，由 2000 年的第 5 位升至 2010 年的第 3 位。

大 事 记

▲ 1992 年

2 月 27 日　长沙县人民政府召开县长办公会，决定成立长沙县综合开发公司，由长沙县建委负责筹备工作。

3 月 26 日　长沙县人民政府下发《关于对我县城乡建设实行综合开发的批复》（长县政发〔1992〕18 号），决定成立长沙县综合开发公司。

4 月 13 日　长沙县召开政府办公会议，专题研究迁县治，建立开发区。

4 月 15 日　长沙县建委与湖南省测绘二院签订测绘开发区 20 平方千米范围 1 ∶ 500 地形图合同书。

4 月 22 日　中共长沙县委、长沙县人民政府下发《关于成立星沙开发区工程建设指挥部的通知》（长发〔1992〕21 号）和《关于建立星沙综合开发区的通知》（长发〔1992〕23 号）。长沙县委书记周桂龙任星沙开发区工程建设指挥部政委，常务副县长柳冠群任指挥长，喻和平、肖意成、肖先祥、刘克武、刘坤鑫、谭伟立、沈先细、王正斌任副指挥长。

4 月 25 日　中共长沙县委召开工作会议，听取长沙县建委主任喻和平关于星沙开发区筹备工作的汇报。

4 月 30 日　长沙县编委下发《关于同意成立长沙县综合开发公司的批复》（长县编办〔1992〕19 号），明确长沙县综合开发公司为正科级单位，定编 20 人。

5 月 5 日　长沙市建委主任肖常锡率市直机关 8 名正副局长、24 名科长到长沙县现场办公，研究开发区事宜。

5 月 8 日　长沙市规划设计院到长沙县召开建立星沙开发区规划设计工作会议。

5 月 16 日　长沙县人民政府任命肖意成为长沙县综合开发公司经理。

6 月 2 日　长沙县委常委、常务副县长、星沙开发区工程建设指挥部指挥长柳冠群主持召开星沙开发区工程建设指挥部第一次全体成员会，研究办理星沙开发区入区户口有关问题。

6 月 10 日　长沙县纪委、县公安局、县粮食局有关人员在长沙县劳动局会议室开始办理入区户口手续。

6月17日　湖南省委副书记杨正午、省广播电视厅厅长文选德到开发区考察，长沙县委常委、常务副县长、星沙开发区工程建设指挥部指挥长柳冠群等陪同。

6月22日　长沙县委常委、常务副县长、星沙开发区工程建设指挥部指挥长柳冠群代表长沙县委、县政府在长沙市委工作会议上汇报星沙开发区筹建情况，湖南省委常委、长沙市委书记夏赞忠，市长张明泰到会并作出指示：星沙开发区的建设非同小可，应把星沙开发区列为长沙重点工程来抓。

7月1日　长沙市人民政府副市长袁汉坤主持召开星沙开发区命名、规模、领导机构设置、优惠政策等问题的专题会议，市、县负责人胡瑞采、胡润恒、刘奇兵、罗购三、周桂龙、蒋新祺、柳冠群等参加。

7月3日　长沙市政协副主席胡瑞采、市政府巡视员胡润恒到开发区检查奠基庆典筹备工作。

7月4日　湖南省委常委、长沙市委书记夏赞忠，市长张明泰率长沙市委、市政府及有关部门负责人到星沙召开现场办公会。宣布成立星沙开发区领导小组，由袁汉坤任组长，胡瑞采、胡润恒、周桂龙、蒋新祺、柳冠群任副组长。下设办公室，由柳冠群兼任办公室主任。

7月5日　湖南省人民政府省长陈邦柱，副省长汪啸风、储波以及省直有关部、办、委、厅负责人一行60余人考察星沙开发区。

7月6日　长沙县委召开常委扩大会议。长沙县委常委、星沙开发区工程建设指挥部指挥长柳冠群传达省、市领导视察和现场办公会精神。

▲　湖南昌龙房地产开发公司第一个到星沙开发区，与综合开发公司签订土地出让协议。

7月7日　长沙县委召开“思想再动员，星沙走在前”会议，长沙县人大、县政府、县政协领导成员及星沙开发区工程建设指挥部12部2室成员参加。

7月13日　星沙开发区交通道路部进入开发工地进行道路测量。

7月14日　星沙开发区工程建设指挥部在望新乡政府召开现场办公会，长沙市建委、市规划管理局、市国土局、市规划设计院、湖南大学土木建筑设计院的负责人和设计人员参加会议，进行现场勘察，研究开发区的规划问题。

7月15日　长沙县委、县政府在望新乡召开乡、村、组三级干部会议，柳冠群作关于支持星沙开发区建设的动员报告，县委、县人大、县政府、县政协主要负责人和指挥部成员出席。

7 月 16 日　长沙市计委主任颜克初、副主任毛永昌带领有关科室负责人到星沙开发区就前期开发规划等工作现场办公。

7 月 17 日　长沙市人民政府下发《关于同意建立长沙星沙开发区的批复》（长政函〔1992〕15 号）。

7 月 20 日　星沙开发区主办的《星沙简报》第一期发刊，长沙县人民政府县长蒋新祺撰写发刊词，长沙县委常委、常务副县长、星沙开发区工程建设指挥部指挥长柳冠群题写刊头。

7 月 21 日　湖南省民政厅、长沙市民政局负责人到望新乡现场办公，研究望新乡更名为星沙镇事宜。

7 月 25 日　长沙县委召开工作会议。县委书记周桂龙主持会议，县委副书记、县长蒋新祺作“同创大业，共建星沙”的报告，长沙市人民政府副市长袁汉坤出席并讲话。

7 月 28 日　长沙县人民政府出台《关于兴建长沙星沙开发区若干优惠政策的规定》（长政发〔1992〕44 号）。

8 月 1 日　星沙开发区指挥部召开总体规划评审会，长沙市人民政府常务副市长罗桂求及湖南省、长沙市建委、国土、规划、环保等部门负责人应邀参加。会议原则批准湖南大学土木建筑设计院设计的总体方案。

8 月 4 日　湖南省委书记熊清泉题写“星沙开发区”区名。

8 月 8 日　星沙开发区工程建设指挥部在湖南省委接待处举行新闻发布会，宣布建立星沙开发区。湖南省委副书记孙文盛和湖南省委常委、长沙市委书记夏赞忠等出席。

8 月 14 日　全国政协副主席王光英在湖南省委书记熊清泉、省政协主席刘正等陪同下视察开发区。

8 月 23 日　望新机械化施工队完成安置房第一期地基推土、平整场地任务，广福、高塘两建筑公司进场施工。

8 月 27 日　长沙县人大常委会召开第十一届二十次常委会，作出“关于兴建长沙星沙开发区”的决议。

9 月 1 日　星沙开发区 4 条主干道桥涵工程（第一批 10 处，全长 556 米），分别由望新麻石建筑队、望新水管站、长沙县水电开发公司和双力公司开始施工。

9 月 2 日　星沙开发区指挥部由长沙县接待处（潘家坪）搬迁至星沙开发

区境内（租佃农舍）办公。

9月16日　星沙开发区内南、北、中3条主干线由湖南省机械化施工公司和湖南省水利水电机械化公司进场施工。

9月17日　国家土地管理局副书记、副局长邹玉川到星沙开发区考察，长沙市国土局党委书记廖行健等陪同。

9月28日　湖南省人大常委会副主任罗秋月在长沙市人大等相关单位负责人陪同下，到星沙开发区考察。

10月8日　星沙开发区举行奠基典礼。长沙县委书记周桂龙主持，长沙县委常委、常务副县长、星沙开发区工程建设指挥部指挥长柳冠群作《奠百年根基，立千秋伟业》的讲话。湖南省委常委、长沙市委书记夏赞忠，湖南省人大常委会副主任黄道奇、潘基礩，湖南省人民政府副省长汪啸风，湖南省政协副主席卓康宁，长沙市人民政府市长张明泰，市委副书记朱秋林，市人大常委会主任杨宏、副主任陈香成，市政协主席王克俭，副市长袁汉坤，县级机关乡镇及群众代表等共500余人出席奠基仪式。

10月12日　深圳市常务副市长王众孚到星沙开发区考察，湖南省人大常委会副主任黄道奇等陪同。

10月13日　星沙开发区工程建设指挥部召开负责人会议，学习贯彻中共十四大精神，就加快星沙建设步伐，年内要办好12件大事进行部署安排。

11月5日　长沙电业局局长高平安率部门负责人到星沙开发区现场办公，明确新安变电站1万伏线路12月底前具备受电条件。

11月27日　长沙县委对星沙开发区工程建设指挥部领导班子进行调整，由县委书记周桂龙任顾问，县委副书记、县长柳冠群任政委，县委副书记周庆炎任副政委，县委常委汤定一任指挥长，喻和平任常务副指挥长。

12月5日　湖南省国土厅、长沙市国土局负责人到星沙开发区现场办公，研究开发土地征收问题。

12月11日　长沙县委在星沙开发区召开常委现场办公会议，研究出台进一步加快开发区建设步伐的措施。

12月26日　湖南省体改委下发《关于同意建立长沙星沙开发区的批复》（湘体改字〔1992〕163号）。

12月28日　星沙开发区程控电话开通。

▲ 1993 年

1 月 1 日　星沙开发区指挥部成立市场建设部，撤销原长沙县工商局星沙市场建设指挥部。

1 月 2 日　星沙开发区排水设计方案评审会在长沙县接待处举行。

1 月 8 日　长沙县委书记、星沙开发区指挥部顾问周桂龙率指挥部负责人周庆炎、汤定一、喻和平到北京汇报开发区工作。

1 月 10 日　星沙开发区一期安置房竣工。省、市、县质监、设计部门验收评审，推荐 1、2、4、5、6 栋为优良工程。

1 月 13 日　湖南省政协主席刘正、省人大常委会副主任黄道奇到星沙开发区考察。

1 月 27 日　长沙县工商行政管理局星沙工商所成立。

2 月 6 日　湖南省委政研室负责人在长沙县委书记、星沙开发区指挥部顾问周桂龙的陪同下到开发区考察，并安排《湖南通讯》专版介绍开发区情况。

3 月 1 日　农业部、国土局法规司等单位负责人到星沙开发区检查用地情况。

4 月 2 日　建设部副部长、国家土地管理局局长邹玉川在湖南省国土厅厅长邓鸿章、长沙市国土局局长左天柱等陪同下到星沙开发区考察。

4 月 8 日　星沙开发区自来水管道敷设工程开工。

5 月 9 日　湖南省委书记熊清泉主持召开省委常委扩大会议，讨论省人大副主任黄道奇给省委的一封信，会议决定：把星沙开发区作为全省对外开放的特别招商区，由常务副省长储波兼任领导小组组长，与星沙开发区实行两块牌子一套人马，由汤定一任特别招商区管委会主任。湖南省人民政府省长陈邦柱和省委常委参加。长沙市人民政府市长张明泰，副市长罗桂求、肖常锡以及长沙县委书记周桂龙，县长柳冠群，星沙开发区指挥部指挥长汤定一等列席。

5 月 11 日　星沙开发区指挥部指挥长汤定一率李世安、余佳友到市政府参加研究申报国家级开发区有关事宜。

5 月 14 日　长沙县委在开发区召开常委会议，与会人员察看了开发建设工地，讨论和研究开发区和新县城的建设方略。

5 月 19 日　湖南省人民政府副省长唐之享、省外经委主任陶纳、长沙海关关长张铭、长沙市委副书记袁汉坤、副市长肖常锡等一行 12 人，到开发区研究湖南省星沙特别招商区成立事宜，县、区负责人周庆炎、汤定一、董汉希等参加。

5月20日　星沙开发区指挥部综合办公楼竣工。

5月28日　湖南省招商局在开发区召开办公会，研究建立特别招商区有关事宜。省、市、县负责人黄道奇、陶纳、袁汉坤、周桂龙、周庆炎、汤定一、喻和平、董汉希等参加。

6月14日　星沙开发区指挥部召开二期安置房工程技术交底会并进行图纸会审，长沙县设计院及8个施工队的负责人参加会议。

6月15日　湖南省“五区一廊”开发区流动现场会一行100余人到开发区考察。

7月3日　长沙县政协召开四届二次全体会议，与会委员300人参观星沙开发区。

7月6日　湖南省委、省政府决定在长沙星沙开发区范围内设立“湖南省星沙特别招商区”，实行两块牌子、一套班子，统一运作。

7月14日　“湖南省星沙特别招商区”“长沙县新县城建设指挥部”“长沙星沙开发区工程建设指挥部”在新建的办公楼挂牌。

7月18日　长沙市委副书记袁汉坤率市宣传战线20余人到星沙开发区考察、采访。

7月19日　湖南省人大常委会副主任黄道奇、长沙市人民政府副市长肖常锡带领省、市有关部门负责人，到开发区研究湖南省星沙特别招商区的有关事宜。

7月21日　湖南省人大常委会副主任俞海潮等到星沙开发区考察。

7月22日　长沙县人民政府召开扩大会议，各区、镇、乡，县直机关部、办、委、局负责人共140人到星沙开发区参观。

8月4日　湖南省委常委、长沙市委书记秦光荣到星沙开发区考察。

8月30日　湖南省、长沙市国土部门一行20余人到星沙开发区检查土地征用、出让情况。

9月1日　湖南省、长沙市民政部门就长沙县治选址问题到星沙开发区听取汇报。

9月24日　长沙市委、市政府联合调查组一行10余人到星沙开发区调查开发建设情况。

10月8日　台湾光阳机车公司到星沙开发区落实年生产50万辆摩托车项

目的定位选址。

10月15日　湖南省、长沙市计委和国土部门一行20人到星沙开发区检查。

10月20日　湖南省特别招商区联席会议在星沙开发区召开，副省长唐之享，省政府副秘书长黎仲篪，省委常委、市委书记秦光荣，副书记袁汉坤，副市长肖常锡，市委秘书长肖雅瑜及省、市外经委等10余个部门主要负责人参加。会议宣布了特别招商区领导成员及办事机构，汤定一为特别招商区管委会主任，喻和平、文树勋为副主任，特别招商区顾问黄道奇到会讲话。

10月29日　邮电部京汉广光纤敷设路线专业人员到星沙开发区考察，并确定途经开发区光纤敷设路线图。

11月3日　湖南省委书记王茂林考察招商区内重点工程，市、县主要负责人参加，喻和平代表开发区汇报。

11月4日　农业部原部长石三一行在湖南省委常委、长沙市委书记秦光荣等陪同下，到星沙开发区考察。

11月9日　日本矢野俊比佐经济考察团到星沙开发区考察投资环境。

11月11日　澳大利亚吉士良辰国际发展机构总裁梁志超到星沙开发区考察。

11月13日　湖南省、长沙市民政部门负责人在长沙县人民政府副县长赵伯平陪同下，到星沙开发区研究县治定点和望新乡撤乡建镇问题。

12月8日　长沙县新县治暨政府办公大楼奠基典礼在星沙北横线与西一路交会处举行。湖南省委、省人大、省政府、省政协，长沙市委、市人大、市政府、市政协主要负责人，省、市各部门、各投资单位负责人，长沙县县直机关各部门、各区、镇、乡和当地群众1万余人参加奠基活动。

▲　湖南省人民政府下发湘政办函〔1993〕296号文件，同意成立湖南省星沙特别招商区协调小组，唐之享任组长，黄道奇任顾问，黎仲篪、陶纳、肖常锡任副组长，陈作贵、张明、邓鸿章、张昌平、周桂龙为成员，领导小组下设办公室，周桂龙任办公室主任。

12月10日　日本铃木一行在国际经济开发公司负责人陪同下到星沙开发区考察投资环境。

12月15日　南方动力公司负责人陪同台湾客人一行80余人到星沙开发区考察投资环境。

12月19日　星沙开发区指挥部与光南摩托车公司在华天大酒店举行签约

仪式。

12月25日　中组部部务委员、地方干部管理局局长杨建生到星沙开发区考察，长沙市人大主任郭俊秀、长沙县委第一书记周桂龙等陪同。

12月31日　星沙开发区与国际经济开发公司在华天大酒店签订用地项目协议书。

▲ 1994年

1月13日　湖南省星沙特别招商区领导小组召开第一次会议，湖南省人民政府副省长、湖南省星沙特别招商区协调小组组长唐之享，顾问黄道奇等出席。

1月29日　台湾区域研究社考察团到星沙开发区参观考察。

2月3日　星沙开发区在湖南宾馆召开国土工作汇报会，向湖南省、长沙市国土部门领导作专题汇报，星沙开发区顾问黄道奇、长沙市人民政府副市长肖常锡等出席。

3月9日　湖南省常务副省长王克英到星沙开发区考察，并参加“华天科技园”奠基典礼。

3月17日　长沙县委书记余合泉在县长柳冠群等陪同下，到星沙开发区了解情况，开发区管委会主任汤定一汇报工作。

3月29日　经湖南省人民政府批准，长沙星沙开发区更名为长沙经济技术开发区。

4月15日　国务院特区办主任胡平到长沙经开区考察并题词：“开发国土兴长沙，三湘来日升新星。”经开区顾问黄道奇陪同。

5月13日　中共长沙经济技术开发区委员会成立。长沙县委副书记周庆炎兼任中共长沙经开区委员会书记，县委常委汤定一、副县长喻和平任中共长沙经开区委员会副书记。

5月16日　长沙县委、县政府、长沙经开区组织召开“支持县城建设，捐资献爱心”动员大会。

5月20日　光南摩托车配套厂家30余人到长沙经开区了解投资环境和建设情况。

5月28日　长沙经开区管委会内设机构由原星沙开发区指挥部“12部2室”合并为“7部1室”。

6月2日　湖南省人大常委会主任刘夫生到长沙经开区考察，长沙县人大常委会主任唐立海、县委常委兼长沙经开区管委会副主任文树勋等陪同。

6月22日　台湾光阳机车配套厂家57人到长沙经开区考察。

7月8日　湖南省特别招商区召开建区一周年汇报会，湖南省、长沙市负责人储波、唐之享、黄道奇、秦光荣、袁汉坤等出席。

7月15日　319国道长永公路段办公会召开，王茂林、陈邦柱、秦光荣、张明泰等省、市负责人出席，长沙经开区管委会主任汤定一等参加。

7月16日　湖南省委书记王茂林、常务副省长王克英到长沙经开区考察。

8月8日　长沙县委、县政府、长沙经开区召开庆祝长沙经开区建区2周年暨县治搬迁誓师动员大会。

9月7日　国家计委轻纺机电司司长张仁琪，汽车处副处长陈建国、陈兵，航空工业总公司经贸汽车处处长刘清林，在周伯华、黄道奇、颜克初、余合泉、柳冠群、周庆炎等省、市、县负责人陪同下，参观考察光南摩托建设工地。

9月28日　长沙经开区顾问熊清泉、刘正、黄道奇等在长沙经开区管委会副主任喻和平、文树勋等陪同下考察经开区。

10月12日　国家绿化委员会领导到长沙经开区检查绿化规划实施情况。

10月24日　全国政协副主席杨汝岱视察长沙经开区，刘正、黄道奇、秦光荣、周庆炎、王树华、汤定一等省、市、县、区负责人陪同。

10月26日　澳大利亚CSR公司总裁CKECCS到长沙经开区考察。

10月27日　马来西亚金狮集团总裁钟建森到长沙经开区考察投资环境，王克英、黄道奇、汤定一、喻和平、文树勋等负责人陪同。

10月30日　全国工商联副主席胡德平考察长沙经开区，湖南省人民政府省长杨正午、长沙经开区顾问黄道奇、长沙市人民政府代市长袁汉坤陪同。

11月6日　外经贸部部长助理孙振宇、外国贷款司司长殷宏到长沙经开区考察，湖南省招商局局长张昌平等陪同。

11月17日　湖南省各地州市人大常委会负责人一行70余人到长沙经开区参观。

▲　湖南省“五区一廊”开发区建设会议代表到长沙经开区参观。

12月2日　湖南省委常委、省委秘书长胡彪到长沙经开区考察。

12月20日　长沙经开区管委会主任汤定一到北京参加全国开发区创建10周年座谈会。

▲ 1995 年

1 月 24 日　湖南省交通厅、公路局、交通设计院等单位负责人到长沙经开区洽商长潭高速公路、319 国道有关道路的衔接问题。

2 月 1 日　湖南省人民政府副省长王克英、市长袁汉坤一行 24 人到长沙经开区华天工业园、三一工业城、德国麦克潘特、星沙大市场考察，湖南省乡镇企业局副局长周桂龙，长沙经开区管委会主任汤定一、副主任喻和平陪同。

2 月 17 日　韩国庆尚北道交流协议团到长沙经开区考察，湖南省政府副秘书长黎仲篪等陪同。

2 月 23 日　长沙经开区引进的第 1 家外资企业德国麦克潘特公司开业。

3 月 8 日　湖南省各地州市政策研究室负责人 50 余人到长沙经开区参观考察。

3 月 12 日　长沙经开区顾问黄道奇陪同台中日报社 5 位记者到长沙经开区采访。

3 月 16 日　长沙经开区管委会与湖南省金帆经济发展公司就水厂建设事宜签约。

3 月 28 日　湖南省委统战部组织全省各地州市县统战部门 70 余人到长沙经开区参观考察。

4 月 2 日　长沙市人民政府市长袁汉坤一行 10 余人到长沙经开区考察，长沙县委书记余合泉陪同。

4 月 3 日　台湾光阳集团到长沙经开区洽谈。

4 月 5 日　长沙经开区管委会在天心宾馆召开电力、电信有关问题专题会议。长沙经开区顾问熊清泉、刘正、黄道奇，湖南省委常委、长沙市委书记秦光荣、市长袁汉坤、副市长肖常锡，以及市电力、邮电部门的高平安、章干泉等出席，区县负责人余合泉、柳冠群、汤定一、文树勋、罗介元等参加。

4 月 15 日　光南客商到长沙经开区洽谈二期工程建设施工问题。

5 月 11 日　湖南省委常委、组织部部长罗海藩到长沙经开区考察，长沙市人民政府市长袁汉坤陪同。

5 月 18 日　长沙经开区首次人才招聘会在长沙市青少年宫举行。

6 月 20 日　国务院特区办主任胡平考察长沙经开区，湖南省人民政府副秘书长黎仲篪和长沙市委副秘书长陈林陪同。

▲　韩国 LG 电子株式会社理事平泰弘、LG 商事株式会社理事李胜一、

电子硝子株式会社会长卡一均、社长崔成铁、常务赵炳辰到长沙经开区考察，湖南省电子工业局负责人陪同。

6月25日　湖南省人民政府省长杨正午在长沙经开区主持召开省长现场办公会，研究解决长沙经开区的电力、电信、用地、资金问题。湖南省电力、邮电、经委、建委、国土、建行、招商局及省、市负责人王克英、周时昌、徐宪平、罗特等参加会议。

7月2日　台湾光阳集团及其配套厂家30余人到长沙经开区考察，省、市负责人陪同。

7月16日　湖南大众汽车有限公司奠基。湖南省人民政府副省长唐之享、长沙市人民政府市长袁汉坤等出席。

7月29日　湖南省政协主席刘正及湖南省规划局负责人到长沙经开区研究有关规划问题。

8月28日　湖南省乡镇企业局局长到长沙经开区考察，区、县负责人余合泉、周庆炎等陪同。

9月19日　湖南省地、市、县政法委书记培训班一行90余人到长沙经开区参观。

9月21日　湖南省委常委、长沙市委书记秦光荣率长沙市委宣传部、统战部、市教委等部门负责人到长沙经开区现场办公，研究李维汉诞生100周年纪念活动等事宜。

10月5日　湖南省“五区一廊”工作会议在长沙经开区召开，省开发区办公室主任杨培炎主持，长沙市人民政府和市计委负责人参加。

10月10日　长沙经开区管委会召开新县治搬迁百日会战誓师动员大会。

10月27日　日本考察团到长沙经开区考察，湖南省计委开发区办公室主任杨培炎、省经贸委负责人陪同。

11月1日　长沙县公安局星沙派出所成立。

11月6日　厉以宁教授及夫人、泰国公主帕特娜到长沙经开区考察，省、市、县、区负责人熊清泉、杜远明、余合泉、柳冠群、汤定一、文树勋等陪同。

▲　长沙经开区电话由“6”字头改为“4”字头。

11月26日　湖南省、长沙市民政部门负责人到长沙经开区就新县治搬迁实地考察。

11月27日　国务院“三查办”负责人到长沙经开区检查工作，长沙市人民政府市长助理周松柏等陪同检查。

11 月 28 日　澳大利亚威尔士州市资源投资集团公司与长沙经开区签约，开发腾飞岛、建设澳中工业园。省、市、县、区负责人杨正午、王克英、余合泉、文树勋、喻和平等参加。

12 月 1 日　国家、省、市民政部门负责人到长沙经开区就新县治搬迁进行实地考察。

12 月 20 日　湖南省政协主席、长沙经开区顾问刘正率领湘籍全国政协委员到长沙经开区考察，湖南省委常委、长沙市委书记秦光荣等陪同。

12 月 27 日　湖南省委常委、长沙市委书记秦光荣率领长沙地区党政主要负责人到长沙经开区参观考察。

▲ 1996 年

1 月 1 日　湖南省委副书记储波、长沙市人民政府市长袁汉坤、市委副书记易希文到长沙经开区慰问干部职工，长沙县人民政府县长柳冠群等陪同。

1 月 11 日　长沙县维汉中学在长沙经开区举行奠基仪式，湖南省委副书记郑培民，长沙市委副书记易希文，长沙市委常委、长沙县委书记余合泉等参加。

1 月 30 日　长沙县迁治庆典在星沙举行，长沙市委常委、长沙县县委书记余合泉主持庆典，长沙县人民政府县长柳冠群致词。省、市负责人刘正、秦光荣、黄道奇、潘贵玉、袁汉坤等出席。

2 月 28 日　湖南省招商局副局长葛建民到长沙经开区专题调研招商工作。

3 月 14 日　广州阳光实业集团与长沙经开区联合经营管道燃气签约。

3 月 25 日　吉林省长春市委书记米凤君一行 10 余人到长沙经开区参观考察。

4 月 24 日　共青团中央第一书记李克强、常务副书记刘鹏到长沙经开区考察，湖南省委副书记储波，湖南省委常委、长沙市委书记秦光荣，团省委书记刘莲玉、时任副书记童名谦等陪同。

4 月 26 日　湖南省委党校厅级干部培训班 70 余人，长沙市委办公厅机关干部 60 余人到长沙经开区参观。

5 月 8 日　台湾立法委员苏秋镇、苏道程等到长沙经开区进行投资考察。

6 月 4 日　中组部副部长李铁林到长沙经开区考察，长沙市人民政府市长袁汉坤等陪同。

6 月 5 日　中共中央政治局委员李铁映，全国政协副主席、中央统战部部长王兆国，中组部副部长李铁林等40余人参加李维汉诞生100周年纪念及铜像揭幕活动，并参观考察长沙经开区。省、市负责人王茂林、杨正午、刘夫生、刘正、储波、郑培民、秦光荣、袁汉坤、陈香成等陪同。

6月6日　辽宁省海城市委书记万福民、市长张海定率团到长沙经开区参观考察。

6月11日　湖南省开发区办公室主任杨培炎率湖南省招商局副局长李沛、湖南省科委社会发展处处长熊启运、长沙市政府副秘书长史罗坤等7人到长沙经开区，就体制、机构、职能、编制、区域“五定”方案进行调研。

6月18日　广东省副省长刘维明率有关负责人到长沙经开区参观考察。

7月3日　LG曙光及韩国客人到长沙经开区就投资事项进行磋商。

7月16日　全省重点县（市、区）招商引资工作会议在长沙经开区召开。

7月24日　省、市、县国土部门召开长沙经开区用地问题专题会议。

8月23日　日本鹿儿岛市平田哲治一行友好代表团到长沙经开区访问。

9月8日　湖南造漆厂与长沙经开区签订用地协议。

9月30日　泰国正大集团驻湘代理一行到长沙经开区考察。

10月9日　长沙经开区星沙大市场二期土地使用权公开拍卖。每缝地5万元起价，最高拍卖价20.50万元。

10月15日　湖南省委常委、长沙市委书记秦光荣到长沙经开区就光南摩托在建期间的一些具体问题召开现场办公会。

10月17日　长沙经开区开元路、凉塘路、经贸路、灰埠、水渡坪5个居委会挂牌。

11月7日　国务院特区办开放司负责人就长沙经开区晋升国家级开发区到区考察。

12月3日　德国经济考察团一行20余人到长沙经开区参观考察，管委会主任汤定一等陪同。

12月15日　长潭高速公路通车剪彩庆典在长沙经开区牛角冲立交桥举行。

▲ 1997年

1月8日　国家民政部长多吉才让率全国民政工作会议代表到长沙经开区参观考察。

2月13日　湖南省人民政府省长杨正午率全省乡镇企业负责人到长沙经

开区参观考察。

3月14日　韩国LG电子集团负责人到长沙经开区洽谈电子工业园建设等事宜。

4月1日　湖南省人事厅、财政厅和湖南行政学院负责人到长沙经开区商谈湖南省行政学院校址搬迁选址事宜。

4月16日　国家科委批准在长沙经开区建立长沙高新技术产业开发区星沙工业高科技园。

4月21日　国务院特区办主任葛洪升、综合司副司长徐亚平到长沙经开区考察。

6月22日　光南摩托车有限公司试产成功，湖南省委常委、长沙市委书记秦光荣，长沙市人民政府市长袁汉坤等参加剪彩。

7月11日　湖南省政协原主席刘正率在湘全国政协委员到长沙经开区考察。

7月16日　湖南省委常委、常务副省长王克英到长沙经开区考察并题词："高新技术始终是经济发展和社会进步的常青树。"

7月17日　在长沙经开区境内南环线至北干线地段发现了距今约6000万年的恐龙蛋化石。

8月22日　国防科大银河计算机产业公司"模糊智能点钞机"新产品鉴定会在长沙经开区召开，湖南省委常委、常务副省长王克英，湖南省委常委、长沙市委书记秦光荣等参加。

▲　韩国LG总经理平泰弘到长沙经开区洽谈"三星"电子继续征地等事宜。

9月2日　"湘交会"召开，长沙经开区与韩国LG和湖南电子集团彩色显示管项目合资签订购地合同。该项目总投资9787万美元，占地73.33公顷。

9月4日　国家科委秘书长林泉、火炬办副主任刘振堂到长沙经开区参观考察，湖南省科委副主任潘奇才等陪同。

9月17日　湖南省人民政府副省长潘贵玉到长沙经开区考察园区企业，湖南省科委负责人陪同。

10月8日　长沙经开区举行建区5周年汇报会。国务院特区办和省、市、县、入区企业负责人，新闻界朋友和长沙经开区建设者共1000余人参加大会。

10月12日　中韩国际经济高级研讨会代表团到长沙经开区参观考察。

11月5日　光南摩托车有限公司开业投产，省、市负责人王茂林、杨正午、秦光荣、袁汉坤及区、县负责人参加庆典。

▲　欧洲10国驻华使节到长沙经开区参观考察。

11月6日　长沙市人民政府市长袁汉坤在长沙经开区主持召开LG曙光工程现场办公会，主要解决土地价格，落实有关优惠政策和“五通一平”先期工程问题。

11月7日　国家计生委主任彭珮云及全国计生委代表到长沙经开区参观考察，王茂林等省、市负责人陪同。

12月4日　长沙经开区被湖南省政府评为先进开发区。

▲　韩国LG集团社长一行十余人考察长沙经开区及正在建设的LG曙光工地，杨正午等省、市负责人陪同。

12月5日　全省开发区会议代表100余人到长沙经开区参观考察。

▲ 1998年

1月10日　湖南省编委在开元大酒店召开全省开发区工作会议，长沙经开区管委会主任汤定一等参加。

1月23日　长沙经开区召开污水处理厂可行性研究与环境评估会议。

3月2日　时任长沙市委书记阳宝华考察长沙经开区。

3月6日　占地2公顷的星沙汽车站开业营运，开通了星沙至长沙东、南、西、北站及星沙至株洲、湘潭、安乡、宁乡、韶山等长途客运线路。

4月3日　湖南省委书记王茂林到长沙经开区考察长沙娃哈哈等园区企业。

6月16日　隆志高新技术投资项目协议在长沙华天大酒店签约。

7月6日　湖南省星沙特别招商区建区5周年汇报会在长沙经开区召开。湖南省人民政府副省长贺同新讲话，长沙市人民政府副秘书长文树勋主持，长沙经开区管委会主任汤定一汇报，省、市、区、县负责人及新闻媒体记者参加。

7月8日　长沙经开区与深圳招商石化、广州阳光管道燃气公司联合经营管道燃气项目签约仪式举行。

7月29日　湖南省老领导万达、董志文等一行20余人考察长沙经开区，时任长沙市委书记阳宝华、市长杜远明、长沙县委书记彭可平、长沙经开区管委会主任汤定一陪同。

8月3日　长沙市政府召开研究长沙经开区机构和编制问题会议。长沙市政府秘书长李振萼、副秘书长史罗坤、文树勋与长沙县县长王支农、县委副书记陈祖生、长沙经开区管委会主任汤定一参加。

9月29日　湖南省建委在长沙经开区组织召开LG曙光项目初步评审会。

10月17日　中西部经贸洽谈会在湖南省广播电视中心召开，长沙经开区管委会主任汤定一等参加。

10月25日　“全国百城自行车赛”湖南预选赛在长沙经开区举行。

10月27日　长沙县委、县政府在长沙经开区召开（县城）规划修编论证会。

11月3日　长沙县历届县委书记一行十余人到长沙经开区参观考察。

11月7日　长沙经开区园区企业湖南广华实业有限公司奠基。

11月15日　第三届“国际奥委会主席杯”全国百城自行车赛“长沙县杯”总决赛在长沙经开区举行。

11月17日　中组部地方干部局局长杨建生考察长沙经开区，长沙县委书记彭可平陪同。

11月18日　星沙纸业市场举行开业典礼，省、市、县负责人黄道奇、郭俊秀、向力力和汤定一等参加。

12月17日　长沙县人大常委会主任王树华率领长沙县人大常委会成员到长沙经开区听取有关新县城总体规划修编情况汇报。

▲ 1999年

1月1日　湖南省人民政府代省长储波到长沙经开区考察和慰问光南摩托等企业的干部和工人，长沙经开区管委会主任汤定一陪同。

1月5日　湖南省人民政府下发《关于乐金曙光电子有限公司增资扩建项目会议纪要》（湘政发〔1998〕17号）。

1月7日　湖南省建委下发《关于乐金曙光电子有限公司增资扩建工程初步设计生产区总图批复》（湘建〔1999〕2号）。

1月10日　长沙纸箱厂建设工程项目在长沙经开区开工。

1月12日　长沙县人大第十三届三次会议审议通过长沙经开区（县城）的总体规划修编。

1月18日　长沙经开区园区企业LG曙光增资扩建项目开工，湖南人民政府副省长郑茂清等出席开工典礼。

1月25日　长沙经开区拆迁户彭福军在一区五片兴建的两缝四层楼房突然倒塌，酿成死亡3人、重伤1人、轻伤7人的安全事故。长沙经开区管委会主任汤定一立即赶到事故现场，组织抢救被困人员并进行善后处理工作。

2月10日　隆志（湖南）高新技术产业有限公司在长沙经开区奠基。

2月11日　长沙经开区召开全体干部职工大会。表彰办公室、招商部、拆迁部、综合开发公司等先进单位和张文球等28名先进工作者，嘉奖祝金莲等8名先进个人。

3月2日　湖南省人民政府副省长郑茂清、省长助理张明泰、省政府副秘书长沈国凡、省计委主任徐宪平、省电子工业局局长陈彰清以及省财政、银行、海关等部门负责人，到LG曙光现场办公。

3月5日　《湖南日报》《湖南经济报》《长沙晚报》分别刊登《纸业市场的一颗璀璨明珠——来自湖南省星沙纸业大市场的报道》《星沙纸业生意看好》《一手抓硬件建设，一手抓优质服务——星沙纸业市场起步不凡》。

3月25日　长沙县委、县政府召开招商引资总结表彰会，长沙经开区获1998年度招商引资目标管理特别奖。

4月1日　台北市湖南同乡会友好访问团一行20余人到长沙经开区参观考察。

4月5日　长沙县委下发《关于开发区设立工会联合委员会的通知》（长发〔1999〕12号），批准长沙经开区设立工会联合会，余运泉任工会主席。

4月19日　国家邮电总局常务副局长刘安东到长沙经开区检查指导工作。

5月27日　广西壮族自治区党委书记曹伯纯、区政府主席李兆焯、政协主席陈辉光、人大常委会副主任丁连模等一行30余人，参观考察长沙经开区园区企业远大空调、三一重工等企业。

6月19日　全国政协副主席周铁农率领香港政协委员视察团一行30余人，在湖南省委副书记郑培民陪同下视察长沙经开区。

6月25日　长沙县委、县政府下发《关于在县直机关有关单位设置基层人民武装部的通知》，设立长沙经开区人民武装部，张文球任部长。

6月29日　长沙市政府召开常务会议，审议长沙经开区总体修编方案，并转呈湖南省政府审议批准。

7月1日　长沙经开区园区企业力元新材料研制的连续性带状泡沫镍生产线试产成功。

7月14日　国家经贸委副主任郑思林到长沙经开区园区企业力元新材料考察。

8月9日　湖南省委书记、省人大常委会主任杨正午，副省长潘贵玉、郑茂清率领省金融等有关部门70余人，到长沙经开区考察园区企业长海数码、三一集团、力元新材料和LG曙光等企业。

8月31日　长沙县委书记彭可平、长沙经开区管委会主任汤定一率团赴新疆乌鲁木齐经济技术开发区参加招商引资会。

9月9日　杭州娃哈哈集团与法国达能集团、湖南省对外建设总公司合资兴办的娃哈哈“非常可乐”项目，在厦门召开的中国投资贸易洽谈会上与长沙经开区签约，该项目投资2000万美元。

9月25日　第十届全国书市农村分市在星沙启幕，参加启动式的有新闻出版署署长于友先，副署长杨牧之、杜晓风、梁衡，中宣部出版局局长邬书林，湖南省委副书记吴向东，省委常委、省委宣传部部长文选德，中科院院士袁隆平，长沙市委副书记钟兴祥，市委常委郑佳明、余合泉，副市长张伟玦，长沙县委书记彭可平，长沙经开区管委会主任汤定一。

10月5日　长沙经开区管委会主任汤定一带队赴深圳参加中国国际高新技术成果交易会。

10月7日　湖南省人民政府省长储波到长沙经开区园区企业LG曙光考察，并提出把LG曙光建设成全省最大、国内领先、世界一流的大型企业。

10月12日　2000年全国纸张订货交易新闻发布会在湖南华天宾馆举行。会议由长沙经开区管委会主任汤定一主持，长沙县人民政府县长王支农发布新闻，长沙市人民政府副市长向力力讲话。

10月19日　湖南省人民政府副省长周时昌考察长沙经开区园区企业喜瑞来食品有限公司，省财办主任袁汉坤等陪同。

11月4日　湖南省委副书记、长沙市委书记张云川到长沙经开区考察娃哈哈、力元新材料、LG曙光和三一重工等园区企业。

11月12日　中国工商银行湖南省分行营业部和长沙经开区合作框架协议签字仪式在星沙支行举行。省工行以4000万元贷款额度支持长沙经开区基础设施建设。

11月20日　长沙经开区至长沙火车站的127路公交车开通。

11月22日　湖南省人民政府副省长周时昌考察长沙经开区园区企业长海数码、力元新材料等。

12月14日　长沙经开区园区企业力元新材料钟发平研制开发的价值2400万元的连续性带状泡沫镍项目启动。

12 月 29 日　长沙经开区园区企业长海数码销售额居全国行业之首。

12 月 30 日　长沙经开区综合办公楼因新修 107 国道拆迁，搬至银河大厦（租佃）办公。

▲ 2000 年

1 月 3 日　湖南省建委副主任肖常锡率长沙经开区相关部门负责人到国家建设部汇报规划问题。

1 月 25 日　湖南省人民政府副省长郑茂清出席长沙经开区在湖南省委蓉园 8 号楼召开的 LG 曙光增资扩建三期工程开工典礼筹备会。

2 月 12 日　湖南省环保局局长傅玉辉在长沙市环保局有关负责人陪同下，考察星沙污水处理厂。

2 月 13 日　中华人民共和国国务院办公厅《国务院办公厅关于湖南长沙经济技术开发区的复函》（国办函〔2000〕21 号），同意长沙经济技术开发区为国家级开发区，实行现行国家级经济技术开发区的政策。

2 月 14 日　湖南省委副书记胡彪、长沙市委常委余合泉等到长沙经开区考察指导工作。

2 月 17 日　湖南省委书记、省人大常委会主任杨正午到长沙经开区考察 LG 曙光三期工程开工庆典筹备工作。

2 月 18 日　长沙经开区园区企业 LG 曙光增资扩建三期工程举行开工典礼，省、市负责人储波、张云川、郑茂清、徐宪平、谭仲池、李斌恺和经开区顾问熊清泉、刘正、黄道奇等出席。

2 月 19 日　湖南省委副书记、省长储波，省委副书记、长沙市委书记张云川，省委常委、常务副省长周伯华，副省长周时昌、庞道沐、贺同新和全省地州市委书记一行 140 余人，到长沙经开区参观考察三一重工、LG 曙光、力元新材料等企业。

2 月 21 日　长沙经开区举行星沙自来水厂二期扩建工程设计招标答疑会，望新、星大建筑公司参加。

2 月 29 日　湖南省人民政府副省长郑茂清主持召开 LG 曙光有关问题协调会。

3 月 8 日　湖南省人民政府副省长郑茂清、省计委主任徐宪平到安阳玻壳厂洽谈项目。

3 月 15 日　长沙市人民政府市长谭仲池，副市长李斌恺、赵小明、向力力、胡进安和助理巡视员龙双武及有关部门负责人到长沙经开区调研。

4 月 30 日　国务院发展研究中心副主任、研究员陆百甫率领专家组一行 17 人，到长沙经开区考察三一重工、远大空调和长沙县县城建设。

5 月 27 日　长沙经开区园区企业维用长城和赛西传感技术开工奠基。

5 月 28 日　星沙纸业大市场小商品城举行开业典礼。

6 月 21 日　湖南省委副书记、省长储波，副省长郑茂清考察长沙经开区 LG 曙光、金沙利彩印、三一重工等企业，湖南省委副书记、长沙市委书记张云川，长沙市人民政府市长谭仲池和长沙经开区管委会主任汤定一，副主任文树勋等陪同。

6 月 27 日　日本地方政府驻香港首席代表山本晋司一行 7 人到长沙经开区参观考察三一重工等企业。

6 月 29 日　内蒙古自治区党委原书记、人大常委会主任王群参观考察长沙经开区园区企业长海数码、力元新材料、三一重工，湖南省委副书记、长沙市委书记张云川陪同。

7 月 1 日　湖南省委办公厅、省政府办公厅下发《关于长沙经济技术开发区升为国家级经济技术开发区有关问题的批复》（湘办〔2000〕49 号），同意长沙经开区实行市、县两级共管，以市为主的管理体制。

7 月 24 日　长沙经开区管委会主任汤定一、县长王支农率团赴乌鲁木齐参加名优特产品展销会。

8 月 2 日　湖南省人民政府省长储波、副省长潘贵玉到长沙经开区考察园区企业力元新材料。

8 月 5 日　湖南星沙皮具箱包市场举行奠基典礼。

8 月 9 日　长沙经开区园区企业 LG 曙光生产的大屏幕平面彩管在国内同行业中创多项第一。

8 月 31 日　漓湘路架空高压线路改地下排管敷设新技术、新工艺工程，主体工程全部完成。此工程西起 107 国道，东至东二路，全长 3 千米，投资近 800 万元。

9 月 15 日　长沙邮政第二枢纽建设工程在长沙经开区奠基。

9 月 21 日　湖南省委副书记、长沙市委书记张云川率领参加市第十次党代会的代表 300 余人，参观考察长沙经开区和新县城建设。

9 月 24 日　韩国龟尾市政府代表团一行 4 人到长沙经开区考察园区企业

LG 曙光。

▲ 新加坡武吉知马市镇代表团一行 14 人到长沙经开区参观考察园区企业 LG 曙光。

9 月 28 日　湖南省委副书记、长沙市委书记张云川陪同省级老干部一行 100 余人到长沙经开区考察 LG 曙光等企业。

10 月 8 日　湖南省委副书记胡彪到长沙经开区考察 LG 曙光等企业，长沙市委副书记余合泉和副市长赵小明陪同。

10 月 13 日　全国政协副主席毛致用到长沙经开区视察园区企业 LG 曙光。

10 月 20 日　湖南省编委下发《关于印发〈中共长沙经济技术开发区工作委员会、长沙经济技术开发区管理委员会职能配置、内设机构和人员编制规定〉的通知》（湘编〔2000〕3 号），明确长沙经济技术开发区党工委、管委会分别为中共长沙市委、市人民政府的派出机构，为副市级单位。

10 月 23 日　长沙经开区管委会主任汤定一率队赴广州参加全国第七届开发区年会。

10 月 28 日　长沙经开区园区企业 LG 曙光二期增资扩建工程竣工投产。

10 月 30 日　国土资源部副部长孙文盛到长沙经开区考察远大空调、LG 曙光等企业，湖南省人民政府省长储波、常务副省长周伯华等陪同。

11 月 1 日　长沙经开区园区企业亚华实业有限公司举行奠基庆典。湖南省人民政府副省长庞道沐，长沙经开区顾问熊清泉、刘正、黄道奇和市、区、县主要负责人参加庆典。

11 月 8 日　星沙自来水厂（松雅河）二期扩建工程竣工投产。

11 月 14 日　国家环保总局法规司司长彭近新、监察部石自平到长沙经开区考察 LG 曙光、光南摩托和污水处理厂等企业的建设情况。

11 月 20 日　湖南省人民政府副省长贺同新率领省、市外经、侨办、旅游等部门负责人 20 余人，到长沙经开区参观考察。

12 月 1 日　全国政协常委、全国工商联副主席、民生银行副董事长、希望集团董事长刘永好到长沙经开区参观考察。

12 月 17 日　全省开发区工作会议在长沙经开区召开，80 余名与会人员参观考察 LG 曙光等企业，长沙经开区管委会主任汤定一介绍经验，湖南省人民政府副省长郑茂清讲话。

12 月 24 日　长沙市委副书记欧代明组织召开长沙县委、县人大、县政府、县政协领导成员会议，宣布湖南省委、省政府批准长沙经济技术开发区工委、管委班子的名单，彭可平任党工委书记，易宇欣任党工委副书记、管委会主任，文树勋、汤定一、喻和平任管委会副主任。

12月25日　国家计委副主任王春正考察长沙经开区园区企业力元新材料。

12月28日　国家级长沙经开区成立大会召开。对外经济贸易合作部外资司开发区处处长吕建华宣读国务院批文；吕建华和湖南省委副书记、长沙市委书记张云川向长沙经开区党工委书记彭可平，管委会主任易宇欣授牌；长沙市委副书记余合泉宣布人事任免通知；长沙市政府副市长张伟玦宣读中国开发区协会，成都、石河子等经开区发来的贺电。长沙经开区党工委书记彭可平发言，湖南省人民政府副省长潘贵玉，长沙市人民政府市长谭仲池讲话。全国政协副主席毛致用，国家体改委正局级巡视员刘培强，湖南省政协原主席刘正，长沙市人大常委会主任易希文，市政协主席张贤遵，市委秘书长蒋新祺，常务副市长梁建强和省、市有关部门，省内高新区、开发区和入区企业负责人等参加成立大会。

▲2001年

1月11日　长沙市委常委、常务副市长梁建强到长沙经开区考察，长沙经开区党工委书记彭可平、管委会主任易宇欣等陪同。

1月12日　长沙经开区联合工会召开园区企业负责人会议，部署工会组建工作，管委会主任易宇欣讲话。

1月31日　中共中央政治局候补委员、中央书记处书记、中央组织部部长曾庆红到长沙经开区视察LG曙光、力元新材料等企业。

2月1日　日本国际协力银行官员一行3人到长沙经开区星沙污水处理厂考察论证日元贷款有关事宜。

2月13日　长沙市人民政府市长谭仲池到长沙经开区园区企业力元新材料考察。

2月15日　长沙市科技大会召开，长沙经开区管委会主任易宇欣、常务副主任文树勋、副主任汤定一参加。与会代表400余人参观长沙经开区园区企业LG曙光、力元新材料。

2月17日　湖南省政协原主席刘夫生率在湘全国政协委员50余人考察长沙经开区园区企业LG曙光、力元新材料。

3月2日　国家税务总局局长金人庆到长沙经开区园区企业力元新材料考察。

3月8日　长沙经开区管委会与长沙县政府召开区、县有关职能部门负责人会议，县委常委、常务副县长刘志强在会上宣布："在三个不变（区划、财政税收、统计数据）的前提下，按过去的四不变（规矩、政策、办法、力度），支持经开区不断发展。"

3月28日　长沙市人民政府市长谭仲池、市委副书记欧代明到长沙经开区就长沙经开区与长沙县的关系召开协调会。

3月30日　湖南省委常委、省委秘书长谢康生一行20余人到长沙经开区园区企业LG曙光考察，长沙市委常委、市委秘书长蒋新祺陪同。

4月10日　国务院总理朱镕基到长沙经开区园区企业LG曙光视察，湖南省委书记、省人大常委会主任杨正午，省长储波，省委副书记、长沙市委书记张云川等陪同。

▲　长沙县委、长沙经开区管委会、长沙县政府研究决定：在长沙经开区管委会机关设立服务大厅，每周二、四由长沙县政府13个职能部门实行"一站式"办公、"一条龙"服务。

4月14日　国家经贸委副主任王万宾到长沙经开区园区企业力元新材料考察。

4月17日　全国人大常委会副委员长周光召到长沙经开区园区企业力元新材料视察。

5月8日　长沙经开区管委会主任易宇欣到北京参加全国第四届高新技术产业展览周暨投资贸易洽谈会。

5月13日　湖南省政协副主席、省委统战部部长石玉珍率领全省各地州市委分管党群工作的副书记、政协副主席一行56人，到长沙经开区参观考察三一重工、LG曙光和力元新材料等企业。

5月14日　信息产业部副部长曲维枝到长沙经开区园区企业力元新材料考察。

5月15日　香港特别行政区"熟悉内地事务探访团"团长关兆华一行22人，到长沙经开区参观LG曙光等企业。

5月18日　国土资源部部长田凤山到长沙经开区考察指导工作，长沙经开区常务副主任文树勋汇报。

5月23日　中央军委原副主席张震在长沙警备区政委夏友贵等陪同下，一行40余人到长沙经开区视察。

6月8日　中粮可口可乐饮料（湖南）公司落户长沙经开区，湖南省人民政府副省长贺同新，省经贸委副主任陈锋，省外贸厅副厅长李国军，长沙市人民政府市长谭仲池等在湖南国际影视会展中心参加签字仪式。

6月15日　国家经贸委副主任张宝明、国家环保总局副局长祝尚耀到长沙经开区园区企业力元新材料考察。

6月17日　深圳市南岭村代表团在全国人大代表、龙岗区人大常委会副主任、南岭村党总支书记张伟基率领下，一行32人到长沙经开区考察。

6月21日　澳门经贸考察团团长何厚绍一行12人到长沙经开区参观考察。

7月6日　长沙经开区管委会副主任汤定一赴香港参加湖南（香港）招商引资贸易洽谈会。

7月17日　共青团中央第一书记周强到长沙经开区园区企业力元新材料考察。

8月10日　湖南省人民政府代省长张云川等一行20余人到长沙经开区考察。

8月28日　长沙探矿机械厂落户长沙经开区签约仪式在开元大酒店举行，长沙经开区管委会主任易宇欣、副主任汤定一参加。

8月29日　湖南省委常委、长沙市委书记梅克保等一行8人到长沙经开区考察。

8月31日　长沙经开区党工委主持召开全体干部职工大会，就长沙经开区内设机构设置、人员竞聘进行动员，党工委书记彭可平作报告。

9月10日　全国人大常委会原委员长乔石到长沙经开区视察力元新材料、LG曙光等企业，湖南省委书记、省人大常委会主任杨正午，省政府代省长张云川，省委常委、长沙市委书记梅克保，长沙市政府市长谭仲池，副市长赵小明等陪同。

9月20日　长沙经开区管委会主任易宇欣到苏州参加第四届亚太经合组织技术展示暨交易会。

10月16日　湖南省委办公厅、省招商局负责人陪同13个国家驻华使节，到长沙经开区参观考察LG曙光、三一重工等企业。

10月20日　台湾经贸洽谈会代表团106人到长沙经开区参观考察。

10月31日　江西省委书记、省人大常委会主任孟建柱，省长黄智权率领江西省党政代表团一行58人到长沙经开区参观考察。

11月1日　长沙市人民政府、长沙经开区、湖南星沙纸业有限公司承办的2002年全国纸张订货会开幕式在湖南省展览馆举行。

11月6日　深圳市商务考察团一行26人到长沙经开区参观考察。

11月9日　长沙经开区管委会举行内设机构中层骨干竞聘演讲答辩，党工委书记彭可平、管委会主任易宇欣担任主考，刘逢春等14人参加演讲答辩，11人走上中层干部岗位。

12月5日　奥地利联邦商会代表团到长沙经开区参观考察。

12月21日　国家级长沙经开区成立1周年庆祝大会和文艺演出在星沙开元大酒店举行。

12月28日　华天铝业第三期扩建工程举行奠基典礼，湖南省经贸委主任陈德铨等出席。

12月29日　长沙市人民政府市长谭仲池率领市直机关职能部门负责人一行22人，到长沙经开区园区企业三一重工现场办公。

12月31日　长沙县委书记李振尊到长沙经开区调研。

▲2002年

1月9日　湖南省国土资源厅厅长张以坤到长沙经开区协调规划用地问题。

1月25日　省、市工商局批准成立长沙市工商行政管理局经济技术开发区分局。

1月28日　长沙经开区园区企业山河智能奠基。

1月31日　长沙经开区在开元大酒店举行“两区一带”开发区联谊会，邀请长沙高新区、隆平高科技园、望城食品工业园、浏阳生物医药园和宁乡开发区党工委、管委会负责人参加。

2月27日　长沙市委常委、常务副市长梁建强到长沙经开区检查落实市派驻区机构设置情况。

3月15日　长沙经开区党工委、管委会召开园区企业工作会议，为2001年纳税大户三一重工、金沙利彩印、长沙娃哈哈和光南摩托4家企业颁奖授牌，并启动“做文明员工，创文明企业，建文明园区”活动。

3月28日　湖南省政协主席王克英考察长沙经开区三一重工等企业。

4月22日　中共中央政治局委员、国务院副总理吴邦国视察长沙经开区LG曙光、力元新材料等企业，湖南省委书记杨正午等陪同。

4月27日　中共长沙市委转发湘委干〔2002〕9号文件，任命李振萼为中共长沙经开区工委书记。

5月14日　国务院台湾事务办公室常务副主任李炳才率“知名台商三湘行”一行25人，参观考察长沙经开区企业LG曙光和山水芙蓉生活小区。

5月20日　以越南驻华大使裴鸿福为团长的“外国驻华使节看长沙”活动，23个国家驻华使节37人参观考察长沙经开区企业LG曙光和山水芙蓉生活小区。

5月25日　长沙经开区管委会主任易宇欣率队到上海参加湖南上海经贸合作活动。

5月28日　长沙经开区灰埠安置小区的100缝商业门面在星沙镇政府拍卖，每缝起拍价8万元，最高拍到19万元，共成交地价款1309万元。

5月31日　斯里兰卡政府中小型企业发展部部长素散萨·蓬共·尼拉密率领斯里兰卡斯中社会文化合作协会一行6人到长沙经开区参观考察，全国友协亚非部处长张敬华陪同。

▲　中顾委原委员、47军军长黎原一行6人参观考察长沙经开区三一重工、光南摩托等企业。

6月8日　湖南省委原书记、长沙经开区顾问熊清泉到长沙经开区调研，长沙市委书记梅克保陪同。

7月4日　长丰集团长沙生产基地用地签字仪式在华天大酒店举行，长沙经开区管委会主任易宇欣、长丰集团有限公司董事长李建新分别在协议上签字，湖南省人民政府副省长郑茂清、省经贸委主任陈德铨出席。

7月10日　湖南省委常委、省政协副主席、省委统战部部长石玉珍到长沙经开区考察园区企业湖南中芯数字科技有限公司。

7月11日　长沙经开区在外经贸部组织的2001年度国家级开发区综合投资环境排名中名列新批中西部国家级开发区第4。

7月12日　全国政协副主席毛致用视察长沙经开区园区企业三一重工。

7月17日　湖南省委常委、长沙市委书记梅克保率领参加市委工作会议的一行36人，考察长沙经开区在建的重点工程项目。

8月8日　首届中国星沙皮革箱包展示交易会开幕。省人大常委会副主任颜永盛，长沙经开区顾问熊清泉、刘正、黄道奇，中国工业皮革协会副理事长张淑华等出席开幕式。

8月15日　长沙市人民政府市长谭仲池到长沙经开区园区企业三一重工现场办公。

8月16日　长沙经开区管委会主任易宇欣率团赴云南参加“昆交会”。

9月19日　湖南省委副书记、省纪委书记孙载夫在湖南省信息产业厅厅长陈彰清陪同下，到长沙经开区考察。

9月24日　柬埔寨人民党中央常委辛卡一行12人，由中联部办公厅副主任居黎东陪同参观考察长沙经开区园区企业中粮可口可乐。

9月27日　韩国驻华大使金夏牛一行4人考察长沙经开区园区企业LG曙光和中粮可口可乐。

10月10日　湖南省委书记、省人大常委会主任杨正午到长沙经开区考察湖南中芯数字等企业。

10月15日　全国政协常委梁广大到长沙经开区考察，湖南省人大副秘书长吴定宪等陪同。

10月19日　长沙经开区在星沙剧院召开建区10周年总结大会，长沙经开区党工委书记李振萼主持大会，管委会主任易宇欣作报告，湖南省委常委、长沙市委书记梅克保，湖南省人民政府副省长郑茂清讲话。湖南省人大常委会副主任罗海藩，省政协副主席范多富，省委原书记熊清泉，省政协原主席刘正，长沙市委副书记、市长谭仲池等参加会议。会后，省、市领导参观考察长沙经开区园区企业。当晚，在星沙广场举办“星沙放歌”歌舞晚会，全国人大常委会副委员长铁木尔·达瓦买提在湖南省委副书记、省长张云川的陪同下观看演唱会。

10月20日　首届中国星沙企业文化论坛分别在长沙经开区园区企业三一重工、LG曙光两个分会场举行，全国人大常委会副委员长铁木尔·达瓦买提，中国企业联合会、中国企业家协会副会长陈兰通、杜国盛，中国企业联合会、中国企业家协会副理事长夏忠华，湖南省委副书记、省长张云川，省人大常委会副主任吴向东、罗海藩、谢佑卿等出席论坛。

▲　全国人大常委会副委员长铁木尔·达瓦买提视察长沙经开区三一重工、LG曙光、金农生物等企业，湖南省人大常委会副主任谢佑卿等陪同。

10月21日　日本鹿儿岛市电视台一行6人到长沙经开区三一重工、LG曙光和永泰房地产等企业进行摄影和考察。

11月8日　长沙经开区全体机关干部职工参加招商服务中心奠基典礼。

12月26日　长沙经开区党工委召开非公有制企业党建工作会议，湖南省委组织部指导处黄鹰柏，长沙市委常委、组织部部长秦卓夫出席会议，长沙经开区党工委书记李振萼作报告，并为园区三一重工等21个企业党组织授牌。

▲ 2003年

1月3日　长沙市委常委、组织部部长秦卓夫率市委组织部机关干部一行75人考察长沙经开区LG曙光、三一重工等企业。

1月13日　湖南省政协副主席游碧竹率省政协港澳委员一行28人到长沙经开区参观考察，副市长黄中瑞陪同。

1月20日　长沙经开区和长沙县联合召开知名企业家迎春座谈会。区、县知名企业负责人、长沙经开区管委会及各局室负责人共50余人参加。

1月23日　长沙经开区园区企业三一集团董事长梁稳根，长丰集团董事长李建新，力元新材料董事、总经理钟发平，湖南中芯数字有限公司董事长刘平建当选为全国人大代表。

2月8日　湖南省委原书记、长沙经开区顾问熊清泉一行，到长沙经开区和长沙县调研加快区、县发展，率先实现"三化"的对策及措施。

2月10—14日　《长沙新闻频道》《女性频道》《长沙政法频道》相继报道长沙经开区加强非公有制企业党建工作经验。

2月14日　湖南省委常委、长沙市委书记梅克保，市委副书记吴志雄和副市长刘晓明到长沙经开区和长沙县指导工作。梅克保指出：长沙经开区和长沙县要齐心协力，始终突出工业化的主题，抓住招商引资重点，谋求更大的发展，全力朝"三个五"的目标奋进，即长沙县要进入全国百强县中的前50强，GDP达到500亿元，利税达到50亿元。

2月18日　湖南省委书记杨正午到长沙经开区调研。湖南省委常委、长沙市委书记梅克保，长沙市人民政府市长谭仲池等陪同。

2月25日　国家计委外资司司长穆虹一行到长沙经开区考察。

▲　长沙经开区与韩国电气硝子公司举行玻壳项目签字仪式，项目总投资达1.65亿美元。

3月19日　全省各地、州、市分管工业的市（州）、县长到长沙经开区参观考察。

3月28日　华天光电惯导技术有限公司产业化基地长沙经开区新厂开工。

4月8日　长沙市委宣传部组织湖南卫视、《湖南日报》等13家省内新闻媒体到长沙经开区进行《星城阔步奔小康》专题系列采访报道，采访区内属市十大标志性工程的力元新材料、长丰集团、LG曙光、三一重工等企业。

4月10日　中央驻湘巡视组一行20余人到长沙经开区考察，长沙市委副书记、纪委书记董学生，市委常委、组织部部长秦卓夫等陪同。

▲　长沙经开区管委会副主任汤定一到北京参加部分国家级经开区金融合作洽谈会。

4月11日　江西省政协副主席张华康一行20余人到长沙经开区考察，长沙市政协副主席柳冠群陪同。

4月15日　湖南省副省长甘霖率省政府办公厅、发改委、财政厅、科协、国土资源厅负责人一行20余人到长沙经开区调研。

4月17日　全国政协副主席、全国工商联主席黄孟复视察长沙经开区。

4月17—18日　全国大中城市民营企业合作交流会在通程国际大酒店举行，与会代表一行60余人到长沙经开区参观。长沙经开区与长沙盼盼安全门制造有限公司举行项目签字仪式。

4月20日　长沙经开区与长沙县人事局共同举办星沙首届人才交流会，设有需求职位112个，招聘800余人，13家入区企业参会。

4月22日　湖南省人民政府副省长郑茂清在长沙经开区主持召开长丰集团长沙建设项目现场办公会，湖南省政府办公厅、经贸委、建设厅、长沙市政府办公厅、长沙海关、长沙电业局、高速公路管理局、长沙经开区、长丰集团有关负责人参加。

▲　长沙经开区管委会召开园区企业防治“非典”工作会议。

4月23日　湖南省政协主席胡彪考察长沙经开区山水芙蓉生活小区，长沙经开区管委会主任易宇欣等陪同。

4月25日　长沙经开区管委会举办非公有制企业党组织负责人培训班，园区43家非公有制企业党组织和管委会机关5个党支部负责人共90余人参加培训。

5月1日　湖南省委书记杨正午一行20余人考察长沙经开区企业华天光电惯导技术有限公司，湖南省委常委、长沙市委书记梅克保，长沙市人民政府市长谭仲池等陪同。

5月12日　长沙经开区管委会主任易宇欣参加长沙市对外开放工作现场经验交流会，在会上作题为《营造综合环境竞争优势　提高对外开放水平》的经验介绍。

5月30日　长沙市委常委、组织部部长范小新考察长沙经开区园区企业三一重工，长沙经开区管委会常务副主任文树勋等陪同。

6月9日　长沙市公安局经济技术开发区分局成立揭牌大会在明城大酒店举行，长沙经开区党工委、管委会，各局室、市直派驻机构，直属企事业单位、部分入区企业代表以及长沙县有关部门负责人共200余人参加。长沙市委副书记秦卓夫，市委常委、政法委书记、市公安局党委书记谢树林，市人民政府助理巡视员、市公安局长龙建强，湖南省公安厅党委委员、政治部主任张正元等出席。

6月10日　长沙经开区与香港东业集团董事局星沙大道南接线建设项目签约。

6月17日　长沙经开区被长沙市政府评为2002年度长沙市技术改造管理先进单位和市级“守合同、重信用”单位。

6月28日　长沙经开区污水净化中心竣工投产。该项目总投资9987万元，采用改良型氧化沟工艺。

7月1日　长沙经开区园区企业LG曙光举行公司党委会成立大会。

7月5日　湖南省人民政府副省长郑茂清到长沙经开区慰问长丰集团、湖南HEG等重点工程建设工地一线工人，长沙市委副书记吴志雄等陪同。

7月27日　日本朝阳贸易株式会社社长华井满一行3人考察长沙经开区LG曙光、三一重工等企业，长沙市人民政府副市长刘晓明等陪同。

7月30日　中国驻乌干达大使刘强民一行3人到长沙经开区考察，长沙市人民政府副秘书长黄雄姿、市外侨办主任田汉明等陪同。

8月6日　湖南省人民政府省长周伯华率参加长株潭一体化工作会议的代表到长沙经开区参观考察。

8月8日　河北省石家庄经开区总公司董事长孙小平一行6人到长沙经开区考察。

8月9日　长沙经开区被长沙市政府授予“2002年度无偿献血先进单位”。

8月12日　英国《经济学人》杂志社大中华区高级经济分析师盖保罗到长沙经开区考察民营经济发展现状，湖南省贸促会秘书长黄道新等陪同。

▲　长沙市人民政府市长谭仲池带领长沙市工业经济现场经验交流会代表160余人到长沙经开区参观。

8月19日　长沙县人民法院经开区法庭成立。

8月27日　衡东县委、人大、政府、政协一行75人到长沙经开区参观LG曙光、三一重工、长海数码、金沙利彩印等企业。

8月29日　湖南省人民政府副省长徐宪平一行20余人到长沙经开区调研。

9月1日　中信实业银行长沙分行与长沙经济技术开发有限公司在通程大酒店举行贷款5亿元的签约仪式，长沙市人民政府市长谭仲池出席签约仪式，中信实业银行董事长王军与长沙经开区管委会主任易宇欣在贷款合同上签字。

9月6日　湖南省委原书记、长沙经开区顾问熊清泉到长沙经开区调研，长沙市人民政府市长谭仲池等陪同。

9月8日　广东省政协原副主席刘维民一行10余人到长沙经开区参观考察。

9月10日　国土资源部副部长孙文盛带领国务院督查组一行8人到长沙经开区督查工作，湖南省人民政府副省长徐宪平，长沙市人民政府市长谭仲池，省、市委办公厅、省、市政府办公厅、省、市人大办公厅、省、市国土资源部门有关负责人陪同。

9月17日　泰国、埃及等国驻华使节20余人到长沙经开区参观访问。

9月18日　台湾工业总会大陆投资环境考察团一行35人到长沙经开区考察。

9月22日　深圳市企业家考察团一行55人到长沙经开区参观，长沙市人民政府副市长刘晓明、市政协副主席李咏芳等陪同。

9月25日　商务部政策研究工作会代表16人到长沙经开区考察。

9月26日　湖南省地、州、市（县）委宣传部长一行60余人到长沙经开区考察。

10月1日　长沙经开区主干道黄兴大道竣工通车。该道全长35千米，南至榔梨向南延伸，北至路口麻林向北延伸。

10月3日　中共中央总书记、国家主席胡锦涛在湖南省委书记杨正午等陪同下，视察长沙经开区及区内华天光电惯导、LG曙光、三一重工等企业，并接见长沙经开区党工委书记李振葶、管委会主任文树勋。

10月12日　韩国贸易协会副会长李锡英带领韩国采购团一行4人到长沙经开区参观考察。

10 月 19 日　商务部考察团一行 11 人到长沙经开区考察中粮可口可乐、LG 曙光、三一重工等企业。

10 月 27 日　中共中央政治局委员、国务院副总理曾培炎及中央有关部门负责人视察长沙经开区，湖南省委书记杨正午等陪同。

▲　全国政协常委、香港广东总会主席、香港中华总商会常务董事余国春带领香港广东社团总会湖南访问团一行 20 余人到长沙经开区参观考察，长沙市人民政府副市长黄中瑞等陪同。

11 月 1 日　长沙经开区党工委书记李振萼应长丰集团邀请，与长丰集团负责人一道，同日本客商谈判引进汽车零部件项目事宜。根据日商要求，谈判在青竹湖高尔夫会所进行。谈判非常顺利，效果很好。下午 4 时李振萼所驾驶的会所车辆突发意外。事故发生后李振萼被立即送到湘雅医院抢救，终因伤势过重，于 19 时 16 分不幸因公殉职。

11 月 4 日　长沙经开区党工委书记李振萼遗体告别仪式在湖南革命烈士陵园雄魂阁举行。毛岸青、邵华和省党政军有关负责人送来花圈和挽联，湖南省委常委、长沙市委书记梅克保，湖南省人大常委会原副主任罗海藩，长沙市委副书记、市长谭仲池，长沙市委、市人大常委会、市政府、市政协、长沙警备区在长沙的领导和老同志参加了李振萼遗体告别仪式，对李振萼因公殉职表示哀悼，对其亲属表示慰问，市委常委、组织部部长范小新介绍李振萼生平事迹。长沙经开区管委会主任文树勋主持。

11 月 14 日　泰国促进中小企业科技办公室主任帕·同松一行 14 人到长沙经开区参观考察。

11 月 16 日　甘肃省委常委、省委统战部部长黄亦纯率甘肃省委统战部长学习考察团一行 14 人到长沙经开区参观考察，湖南省委常委、省委统战部部长石玉珍等陪同。

11 月 20 日　第二届中日韩三国论坛部分参会代表赴湘考察团一行 20 人到长沙经开区参观考察。

11 月 27 日　郑州经开区党工委书记、管委会主任林建刚一行 6 人到长沙经开区参观考察。

12 月 9 日　国防科技大学第十一期军职领导干部培训班学员一行 50 余人到长沙经开区考察。

12 月 10 日　长沙市人民政府表彰无偿献血先进单位，长沙经开区和园区企业三一重工、隆志高新技术、金沙利彩印、华天铝业、光南摩托、开元食品、星沙实业、明城大酒店、力元新材料、长沙娃哈哈、长沙纸箱厂、山河智能获先进单位称号。

12 月 15 日　中共中央组织部原部务委员、地方干部管理局局长杨建生一行 12 人到长沙经开区考察。

12 月 16 日　长沙市人民政府副市长黄中瑞带领长沙市人大、外经贸旅游视察团一行 120 余人到长沙经开区参观考察。

▲　中共中央组织部干教局副局长刘伯安一行 15 人到长沙经开区调研职工培训情况。

▲ 2004 年

1 月 12 日　德国凯乐空气净化技术有限公司长沙基地在长沙经开区奠基，国家环保局国际司司长唐丁丁、凯乐公司总裁霍斯特·凯乐、湖南省人民政府副省长贺同新、长沙市人民政府副市长黄中瑞、长沙经开区管委会主任文树勋分别在奠基仪式上讲话，凯天环保董事长、总经理叶明强致答谢词。

1 月 14 日　长沙市委副书记吴志雄一行 4 人到长沙经开区园区企业三一重工、北汽福田慰问考察，长沙经开区管委会主任文树勋陪同。

2 月 6 日　湖南省委常委、长沙市委书记梅克保率领市直有关部门负责人一行 30 余人，考察长沙经开区园区企业北汽福田、韩国电气硝子和长丰集团。

2 月 9 日　长沙经开区管委会主任文树勋参加湖南省政府召开的招商引资、外经贸工作会议。

2 月 11 日　广西壮族自治区党委副书记、南宁市委书记李纪恒一行 85 人参观考察长沙经开区园区企业长丰集团、LG 曙光、三一集团和永泰房地产，湖南省委常委、长沙市委书记梅克保等陪同。

2 月 13 日　湖南省委书记杨正午率领省委办公厅、省政府办公厅、省计委、省信息产业厅、省科技厅、市政府、省信息产业集团等单位负责人一行 20 余人到长沙经开区调研。

2 月 16 日　中共长沙市委转发湘委干〔2003〕171 号文件，任命杨光荣为中共长沙经开区工委书记。

3 月 1 日　国家金库长沙经开区国库开业仪式在长沙市商业银行星城支行举行。

3月5日　湖南省人民政府副省长贺同新率省直有关部门负责人到长沙经开区考察维用长城、长丰集团、韩国电气硝子和中粮可口可乐等企业。

▲　星沙大道南延线工程开工。湖南省委常委、长沙市委书记梅克保及各界嘉宾共200余人参加。

3月6日　湖南省委常委、长沙市委书记梅克保率市直有关部门负责人一行20余人到长沙经开区调研。

3月16日　长沙经开区园区企业台湾光阳和重庆劲隆合作组建劲隆光阳公司。

3月17日　长沙经开区召开新区徽设计方案评审会。

3月23日　湖南省委书记杨正午到长沙经开区考察园区企业北汽福田和湖南金农生物，湖南省委常委、长沙市委书记梅克保，长沙市人民政府市长谭仲池等陪同。

3月27日　郴州市委书记李大伦、市长戴道晋率郴州市党政考察团到长沙经开区考察娃哈哈、力元新材料、山河智能和山水芙蓉。

3月28日　中共中央政治局常委、国务院副总理黄菊率领国家有关方面负责人张云川、李毅中、柴松岳、尤权、张国宝、李勇、张小建、王洪章、侯云春一行，到长沙经开区视察LG曙光和三一集团。

3月30日　财政部经济建设司副司长李敬辉率领国务院经济工作督查组，到长沙经开区就落实中央经济工作会议和中共中央一号文件精神进行督查，考察LG曙光、长丰集团和三一集团，湖南省发改委副主任黄河、长沙市人民政府副市长刘晓明陪同。

3月31日　长沙市委副书记吴志雄率市直有关部门负责人到长沙经开区企业北汽福田长沙汽车厂调研。

▲　第二届“9+2”地区信息产业厅（局）和联会代表考察长沙经开区园区企业力元新材料、LG曙光、维用长城、三一集团，长沙经开区管委会副主任卜华桂等陪同。

4月3日　国家工商总局局长、党组书记王众孚到长沙经开区调研，湖南省委常委、长沙市委书记梅克保，长沙市人民政府市长谭仲池，长沙经开区管委会主任文树勋陪同。

4月11日　湘西自治州州委书记童名谦带领党政考察团到长沙经开区，考察亚华生物药厂、金农生物、三一集团、中粮可口可乐和山水芙蓉等。

4 月 18 日　中共中央政治局委员、广东省委书记张德江率领广东省党政代表团到长沙经开区考察三一重工等企业，湖南省委书记杨正午等陪同。

4 月 22—23 日　湖南省开发区（园）招商引资经验交流会在长沙经开区明城大酒店召开，来自全省 71 个开发区（园）的代表共同总结和交流开发区（园）招商引资工作经验，湖南省人民政府副省长贺同新讲话。

5 月 4 日　“中国经济技术开发区 20 周年”邮票湖南首发式暨国家级长沙经开区个性化邮票首发式在星沙举行，记载着长沙经开区 12 年创业成果的“热土潇湘”纪念册发行。

5 月 14 日　新华社、《人民日报》《湖南日报》、湖南卫视、《长沙晚报》等中央、省、市共 23 家新闻媒体，组织 40 余名资深记者的强大采访阵容，联手对长沙经开区进行新闻采访报道。

5 月 27 日　奥地利驻华大使史伟博士率领奥地利商务代表团一行到长沙经开区参观考察园区企业三一重工。

▲　长丰集团 7800 万股 A 股发行。

5 月 29 日　全国政协副主席阿不来提·阿不都热西提率领的全国政协社会发展委员会调研组一行到长沙经开区就农民进城务工人员合法权益的保护等问题进行专题调研，调研会在 LG 曙光进行，湖南省政协副主席龙国键、长沙市委副书记余合泉、长沙市政协副主席柳冠群、长沙经开区管委会主任文树勋等陪同。

6 月 1 日　人民网、新华网等 9 家中央新闻网站，新浪、搜狐等 7 家中国门户网站，千龙网等 15 家全国省级重点新闻网站以及《湖南日报》等 8 家省级媒体，《长沙晚报》等 8 家市、州媒体，共计 47 家新闻媒体聚集长沙经开区，开展“中国网络媒体湖南行”采访活动。

6 月 4 日　湖南省委书记杨正午到长沙经开区专题调研工程机械产业发展情况。

6 月 7 日　湖南省委常委、常务副省长于幼军率领由省直有关部门组成的督查小组，就湖南省委、省政府《关于加快民营经济发展的决定》和全省民营经济会议精神的贯彻落实情况到长沙经开区专题检查和调研，并考察园区企业长海集团和山河智能。

6 月 11 日　广东省外经贸厅厅长梁耀文等一行 15 人参观考察长沙经开区园区企业 LG 曙光。

6月15日　长沙市公安局经济技术开发区分局聘请长沙经开区党工委副书记、纪工委书记谭迪强以及三一重工、长丰集团、山河智能、星沙供水公司等区内企业负责人为分局民警形象监督员。

▲　株洲市市长颜石生率领株洲市政府代表团到长沙经开区参观三一重工和山水芙蓉。

6月16日　全国政协副主席、致公党中央主席罗豪才率领致公党中央“中部地区崛起”考察团一行到长沙经开区考察。

6月21日　长沙经开区党工委、管委会决定编纂《长沙经开区志》，成立长沙经开区志编纂委员会，党工委书记杨光荣任顾问，管委会主任文树勋任主任，下设办公室，谭超纲任办公室主任。

7月2日　湖南省人民政府副省长甘霖、省科技厅副厅长陈仲伯等一行到长沙经开区考察园区企业瑞翔新材料、山河智能、千山药机和泰格林纸业。

7月5日　德国萨尔兰州经济部国际关系司司长基法博和州科技与生产力中心马丁一行，到长沙经开区参观中粮可口可乐、三一重工和山水芙蓉。

7月15日　湖南省财政厅厅长李友志率领省财政厅党组中心学习组一行，到长沙经开区园区企业长丰集团、力元新材料和三一重工参观。

7月20日　日本鹿儿岛市市长赤崎义则率领鹿儿岛市友好代表团到长沙经开区园区企业长丰集团参观考察。

7月22日　湖北省副省长韩学忠一行19人到长沙经开区园区企业LG曙光考察，湖南省政府办公厅副秘书长刘明欣、省商务厅常务副厅长蒋怀章等陪同。

7月23日　长沙经开区与长丰集团在湖南国际影视会展中心举行长丰二期建设用地协议签约仪式。

8月3日　香港特别行政区青联副主席胡小明率领“爱我中华”港澳台青年代表一行到长沙经开区参观。

8月10日　由台湾中天、TVBS、东森3家电视台和《中国时报》等媒体7名台湾记者，中央电视台、中国新闻社、华夏经纬网等媒体5名记者组成的海峡两岸新闻媒体来湘联合采访团对长沙经开区进行采访，参观园区企业三一重工和光阳精机。

8月18日　长沙海关关长靳晨光一行就建立开发区出口加工区和星沙物流园到长沙经开区专题调研。

8日21日　利比里亚外交部长托马斯·亚雅·尼梅利率领代表团，参观考察长沙经开区园区企业湖南省湘粮机械制造有限公司。

8月26日　江西省萍乡市委书记陈安众、市长邝小平带领萍乡市党政代表团一行，到长沙经开区园区企业长丰集团和三一重工参观考察，长沙市委副书记吴志雄、市人大副主任孔光明等陪同。

8月28日　长沙经开区园区企业长丰集团新建的年产5万辆轻型越野汽车生产基地竣工投产。

8月30日　湖南省委书记杨正午、省长周伯华率领参加全省县域经济发展暨要素市场改革工作会议的代表到长沙经开区参观考察。

9月1日　全国政协人口资源环境委员会副主任王克英率领省委政研室重点开发区调研组一行,到长沙经开区园区企业三一重工和力元新材料调研考察。

9月20日　湖南省人大常委会副主任唐之享率领湖南省人大教科文卫委员会一行到长沙经开区就如何发展湖南高新技术产业的问题进行调研。

9月29日　长沙市委、市政府举办“歌唱伟大祖国，建设诚信长沙”庆祝新中国成立55周年大型群众歌咏晚会。长沙经开区组织三一重工、LG曙光、长丰集团等企业的295名员工组成工人方阵参加。

10月9日　长沙经开区与湖南省信托投资有限责任公司在湖南国际影视会展中心举行“国家级长沙经开区与湖南省信托投资有限责任公司战略合作新闻发布会暨信托投融资创新报告会”，并发布和实施中南地区首个“国家级经开区‘大工业、大物流’重点工程项目集合资金信托计划”，湖南省地方金融证券领导小组办公室主任谢光球、省政协常委陈敬、长沙市委副书记吴志雄等出席会议，省内外近300家企业集团、金融机构、上市公司、投资机构和中介机构、新闻传播媒体应邀参加，长沙经开区管委会副主任吴京生主持战略合作新闻发布会。

10月17日　长沙经开区企业劲隆光阳向长沙经开区管委会捐赠十辆战斧型警用摩托车，长沙经开区管委会主任文树勋及劲隆光阳公司负责人出席赠车仪式。

10月21日　国家发改委外资司副司长王东一行到长沙经开区参观考察LG曙光、湖南HEG和长丰集团。

10月22日　中共中央统战部副部长楼志豪一行到长沙经开区参观考察三一重工和长丰集团，长沙经开区管委会主任文树勋陪同。

10月23日　商务部副部长张志刚率领国务院整顿和规范市场经济秩序督查领导小组考察长沙经开区园区企业三一重工，长沙经开区管委会主任文树勋等陪同。

▲　国务院发展研究中心党组书记陈清泰考察长沙经开区园区企业三一重工和长丰集团，长沙经开区管委会副主任吴京生等陪同。

▲　中南六省区人大常委会主任座谈会代表到长沙经开区参观考察中粮可口可乐和三一重工，湖南省人大常委会副主任吴向东，长沙市人大常委会副主任唐纽武、副市长刘晓明等陪同。

10月19—25日　中国湖南·星沙（首届）招商节、2004年中国湖南投资贸易洽谈会（简称“湘洽会”）和中国星沙企业文化论坛暨车博会在长沙举行。长沙经开区在招商节中共签订项目11个，总投资16.09亿元；在“湘洽会”上共签订项目7个，其中外资项目3个、内资项目4个，合同总投资28.5亿元，引进合同外资7692.5万美元，其中博世汽车签约项目第一期投资规模约为7500万欧元。

10月26日　中共中央政治局常委、中央政法委书记罗干视察长沙经开区园区企业LG曙光和长丰集团，由湖南省人民政府省长周伯华等陪同。

10月29日　长沙市公安局经济技术开发区分局三一执勤室挂牌成立，长沙经开区管委会副主任陈新忠参加挂牌仪式。

11月11日　广州南方高科有限公司和长沙经开区举办的南方高科（长沙）数码科技园项目新闻发布会在湖南国际影视会展中心举行，湖南省人民政府常务副省长于幼军、省信息产业厅党委书记毛国斌、长沙市人民政府副市长向力力等出席，长沙海关及省、市相关职能部门负责人应邀参加签约仪式，长沙经开区管委会主任文树勋和南方高科总裁陈震代表双方在项目合作书上签字。

11月15日　湖北省委副书记邓道坤到长沙经开区参观考察LG曙光、三一重工和中粮可口可乐等企业。

11月16日　英国工贸部官员荣·唐宁博士到长沙经开区参观园区企业三一重工。

11月19日　中华人民共和国最高人民检察院检察长贾春旺视察长沙经开区园区企业LG曙光、长丰集团，长沙经开区管委会主任文树勋等陪同。

11月24日　“聚集中部话崛起”大型跨省采访团到长沙经开区采访，长沙经开区管委会主任文树勋、副主任吴京生及园区企业LG曙光、力元新材料、三一重工等负责人接受新闻媒体现场采访。

12 月 10 日　长沙经开区园区企业长丰集团三菱 PAJERO 新车下线。

12 月 15 日　长沙经开区与博世汽车签约仪式在明城大酒店举行。

12 月 26 日　长沙经开区管委会机关搬入招商服务中心新办公楼（三一路 2 号）办公。

▲ 2005 年

1 月 11 日　长沙市委副书记吴志雄率长沙市委办公厅、市政府办公厅、市经委等部门负责人到长沙经开区调研。

2 月 21 日　湖南省委常委、长沙市委书记梅克保，市人民政府市长谭仲池率国土、规划、财政、公安等市直有关部门负责人到长沙经开区现场办公，解决长沙经开区在扩规用地指标、能源供应、财政倾斜、人员聘任等方面的问题。

3 月 14 日　上海日本商工俱乐部代表团一行 23 人到长沙经开区参观隆志高新技术、长丰集团和远大空调等企业。

3 月 17 日　新加坡国务资政政治秘书陈原生一行到长沙经开区考察维用长城、山水芙蓉。

3 月 25 日　广东省委常委，珠海市委书记、市长梁广大率中山大学企业家校友联合总会湖南经贸考察团，参观长沙经开区中富容器、可口可乐、三一重工等企业。

3 月 31 日　长沙经开区职务犯罪预防检察室成立。

4 月 7 日　中共中央政治局常委、中央书记处书记、国家副主席曾庆红到长沙经开区视察，湖南省委书记、省人大常委会主任杨正午，省长周伯华，省委常委、长沙市委书记梅克保，省委常委、省委秘书长于来山等陪同。

4 月 19—20 日　国家级经济技术开发区第九届国际投资年会在湖南国际影视会展中心召开，年会由商务部外资司主办，中国开发区协会协办，长沙经开区承办，国务院办公厅、商务部、财政部、中国开发区协会和省、市相关部门负责人出席。

4 月 20 日　2004 年度湖南省知识产权工作大会暨《中华人民共和国专利法》实施 20 周年首次表彰大会召开，山河智能获“湖南省知识产权工作先进单位”称号，董事长何清华获“湖南省优秀专利发明人”称号。

5 月 9 日　欧盟总部主管 Mr.Christophe Doucerain、Mrs.Christina 到长沙经

开区参观园区企业山河智能。

5月10日　博世汽车部件（长沙）有限公司在长沙经开区奠基。该项目总投资9750万美元。

5月24—6月7日　长沙经开区管委会副主任吴京生率团参加日本爱知世博会暨日韩招商会，会见日本、韩国相关企业和商务代理人，并组团参与6月2日在日本举行的“湖南、海南省日本招商引资推介会”和6月4日在韩国（汉城）举行的“长沙市投资环境说明会”，洽谈项目12个。

5月27日　财政部经济建设司副司长任瑛一行参观长沙经开区园区企业远大空调和长丰集团。

5月29日　长沙经开区园区企业力元新材料公司董事、原总经理钟发平博士，独立董事黄伯云院士当选2004年度“中国十大科技新闻人物”。

5月29—6月3日　长沙经开区管委会主任文树勋率团到香港参加2005年中国湖南（香港）投资洽谈周活动，签约5个项目，合同金额1.72亿美元。

5月31日　湖南省委常委、长沙市委书记梅克保率有关部门负责人到长沙经开区调研交通和电力等工作。

6月7日　长沙经开区驻区11家银行与区内30余家企业对接，有6家企业签约，共计融资5.9亿元，其中正式签约4.5亿元，意向签约1.4亿元。

6月15日　中共中央政治局委员、湖北省委书记俞正声率湖北省党政代表团到长沙经开区企业远大空调、LG曙光和三一重工考察，湖南省委书记杨正午等陪同。

6月16日　长沙市公安局经济技术开发区分局更名为长沙市公安局开发区分局，负责长沙经开区和高新区内的公安工作，分局下设的新安派出所于当日挂牌。

6月24日　长沙市委副书记、市人大常委会主任杨顺初率人大常委会组成人员、内司委委员和教科文卫委委员一行80余人到长沙经开区考察。

6月25日　全国人大财经委中部崛起调研组到长沙经开区园区企业力元新材料和中粮可口可乐调研。

7月2日　湖南省委副书记、省长周伯华一行到长沙经开区考察园区企业湖南HEG和赛尔机泵。

7月3日　全军第14期军职领导干部高科技知识培训班学员一行80人考察长沙经开区园区企业华天光电和远大空调。

7 月 8 日　长沙经开区污水净化中心通过 ISO 9001 质量管理体系和 ISO14001 环境管理体系认证评审，成为湖南省同行业中首家取得两体系认证资格的单位。

7 月 15 日　中共中央政治局常委、全国政协主席贾庆林，全国政协港澳台侨委员会主任郭东坡，全国政协文史和学习委员会主任王蒙，中央统战部副部长楼志豪等到长沙经开区园区企业三一重工、LG 曙光视察。

7 月 19 日　国务院研究室综合研究司司长陈文玲到长沙经开区考察园区企业湖南 HEG、长丰集团和远大空调。

7 月 25 日　国家发改委到湘锻炼干部一行 45 人到长沙经开区园区企业长丰集团和远大空调调研。

7 月 28 日　长沙经开区干部余佳友、王仲湘、肖志成、周枝栋分赴北京、深圳挂职锻炼。

7 月 30 日　湖南省委常委、长沙市委书记梅克保与全国政协委员、全国工商联副主席、新奥集团董事局主席王玉锁共同点燃长沙新奥星沙天然气门站内的天然气火炬。

8 月 13 日　中共中央政治局常委、国务院总理温家宝视察长沙经开区三一重工、维胜科技、华天光电惯导、远大空调等企业。

8 月 15 日　商务部部长到长沙经开区考察园区企业湖南 HEG 和三一重工，湖南省人民政府省长周伯华、副省长贺同新、长沙市人民政府市长谭仲池等陪同。

▲　交通部部长张春贤到长沙经开区考察园区企业三一重工。

8 月 18 日　长沙经开区召开全区企业工会组建工作会议，长沙经开区管委会主任文树勋讲话，工会工委主任李冬山部署工作，全区各企业工会负责人及专干 100 人参加。

8 月 21 日　中国企业联合会、中国企业家协会公布 2005 年中国企业 500 强名单，三一集团入榜 2005 年中国企业 500 强；三一集团、长丰集团、泰格林纸集团 3 家企业入榜 2005 中国制造业企业 500 强。

8 月 25 日　长沙经开区组织召开首次工程系列初级专业技术职务任职资格评审工作会议，22 位专业技术人员通过助理工程师任职资格评审。

8 月 29 日　海关总署与长丰集团定购总价值 3470 万元的 90 辆 PAJERO 越野车，购车交接仪式在长沙经开区举行。

8月30日　长沙市政协主席简用超一行到长沙经开区园区企业申湘公司和长沙开元科技有限公司考察。

9月23—25日　长沙经开区管委会主任文树勋率队参加“牵手南宁·2005长沙周”活动，三一重工、长丰集团、北汽福田、山河智能等20家园区企业参会，活动期间共签约3亿元。

9月26日　长沙经开区召开爱心助医动员暨现场捐赠大会，全区80余家入区企业负责人参加，管委会机关、市直派驻机构、直属企事业单位共348人现场捐赠资金98810元。

10月17日　长沙经开区管委会推行早餐会制度。

10月19日　长沙经开区召开全区工会工作会议，园区企事业单位工会负责人及专干120人参加。其时，长沙经开区基层工会组建率由37.3%提高到72.6%，职工入会率达92.8%。

10月20日　日本鹿儿岛市友好代表团一行参观长沙经开区园区企业远大空调和长丰集团。

▲　全国省会城市暨部分大中城市侨联工作经验交流会代表一行200人参观长沙经开区园区企业三一重工和远大空调。

10月25日　山河智能、力元新材料、瑞翔新材料通过第二批湖南省重点高新技术企业认定，长沙经开区管委会副主任吴京生为3家企业授牌。

10月28日　中共中央政治局常委、全国人大常委会委员长吴邦国，中共中央政治局委员、全国人大常委会副委员长王兆国，全国人大常委会副委员长、秘书长盛华仁视察长沙经开区，湖南省委书记杨正午、省长周伯华等陪同。

10月30日　长沙经开区污水净化中心获得“国家重点环境保护实用技术示范工程”证书。

11月18日　全国政协人口资源环境委员会副主任王克英一行到长沙经开区园区企业三一重工考察民营企业人才管理情况。

▲　浙江省台州市党政考察团一行到长沙经开区考察三一重工、LG曙光和远大空调等企业，长沙市委副书记、市纪委书记董学生等陪同。

▲　长沙科星纳米工程技术有限公司高强耐蚀钛合金和超级耐蚀钛钽合金纳米制品高技术产业化示范工程被国家发改委正式批准为国家新材料高技术产业化专项，并获国家300万元资金补助。该公司与湘潭矿业集团有限公司、正鑫投资有限责任公司举行合作增资签字仪式。

▲ 国家发改委体改司司长范恒山一行到长沙经开区园区企业 LG 曙光和长丰集团考察，长沙经开区管委会副主任吴京生等陪同。

11 月 22 日　长沙经开区园区企业北汽福田“雷沃”中重卡品牌发布暨新品下线。

11 月 24 日　日本自治体国际化协会副所长池田重幸一行到长沙经开区考察。

11 月 25 日　南非北开普省政府代表团参观长沙经开区及长丰集团、远大空调。

11 月 28 日　湖南省召开优化经济发展环境联席（扩大）会议成员单位座谈会，专题研究如何进一步优化长沙经开区经济发展环境问题，并对《关于进一步优化国家级长沙经济技术开发区经济发展环境的实施意见》（征求意见稿）进行讨论。

11 月 29 日—12 月 1 日　由湖南省政府主办，省外事侨务办公室、长沙经开区管委会承办的“战略眼光看湖南——世界 500 强企业与湖南经济发展高峰论坛”在湖南国际影视会展中心举行，中国开发区协会高级顾问、国务院特区办原副主任赵云栋及商务部负责人等出席，31 家世界 500 强企业的高层代表，省直有关部门、各地市州负责人及省内大型企业主要负责人 300 余人参加开幕式。国家发改委经济研究所副所长吴晓华，商务部跨国公司研究中心副主任何曼青，高盛集团亚洲公司董事、总经理胡祖六，湖南省人民政府副省长贺同新，壳牌中国集团主席林浩光，摩托罗拉公司资深全球副总裁高瑞彬，NEC 通讯有限公司常务副总裁鲁敢，爱立信中国执行副总裁葛润凯，国际数据集团高级副总裁熊晓鸽，维亚康姆中国区总经理徐剑锋就新世纪全球经济发展趋势、世界 500 强企业投资方向及领域等话题作专题演讲。

12 月 8 日　长沙经开区园区企业湖南万容包装有限公司星沙工业园竣工投产。

12 月 17 日　湖南省政府驻外办事处考察团一行到长沙经开区考察园区企业 LG 曙光、湖南 HEG、博世汽车、三一重工。

12 月 28 日　2005 年“CCTV 中国经济年度人物”评选结果在北京揭晓，三一集团董事长梁稳根获“经济年度人物奖”。

▲ 2006 年

1月4日　湖南省委书记张春贤到长沙经开区园区企业远大空调、长丰集团、LG 曙光调研。

1月5日　由湖南省地方金融证券办、湖南省金融证券办股份公司联合举办、长沙经开区承办的湖南上市公司与园区经济发展研讨会召开，湖南省人民政府副省长徐宪平和深圳证券交易所专家、湖南省地方金融证券办、长沙经开区负责人、湖南省 45 家上市公司董事长、10 家拟上市公司董事长及长沙经开区 30 余家重点企业负责人参加。

1月6日　第二届星沙招商节投资环境推介暨项目签约仪式举行，长沙经开区签约项目 12 个，用地 44.99 公顷，投资总额 13.2 亿元。

1月18日　湖南省优化经济发展环境长沙经开区测评区成立暨挂牌仪式举行。湖南省优化办主任、省纪委副书记周训刚，省政府副秘书长、省优化办副主任刘明欣，长沙市委副书记、纪委书记董学生，市政府副市长向力力等揭牌。

2月4日　中共中央政治局常委、国家副主席曾庆红到长沙经开区视察。

2月15日　全省重点引资企业座谈会在长沙经开区召开，湖南省人民政府副省长贺同新，省发改委、商务厅、国土资源厅、国资委、工商局、外汇局、经协办、优化办，长沙海关、长沙市政府、市商务局、长沙经开区及有关企业主要负责人参加。

2月25日　长沙经开区园区企业湖南美姬生物有限公司投产，省、市、区负责人王光明、黄自强、文树勋、吴京生及澳大利亚联邦政府驻广州总领馆商务领事罗长华等参加庆典仪式。

3月6日　中国开发区协会会长刘培强到长沙经开区考察并作题为《开发区发展趋势与思路探讨》的专题讲座。

3月9日　南宁经开区党工委书记、管委会主任熊可范一行考察长沙经开区。

3月13日　长沙市委副书记吴志雄、市经委主任谢明德到长沙经开区园区企业北汽福田调研，长沙经开区管委会主任文树勋、副主任吴京生等陪同。

3月21日　全国人大财经委副主任委员贾志杰带领全国人大《中华人民共和国节约能源法》实施调研组一行，到长沙经开区园区企业远大空调考察。

3月22日　长沙国家高新技术产业开发区星沙工业高科技园揭牌仪式在长沙经开区举行，党工委副书记、纪工委书记谭迪强主持揭牌仪式，湖南省科技厅厅长王柯敏、副厅长陈仲伯，长沙经开区管委会主任文树勋、副主任吴京生揭牌。

3 月 23 日　长沙经开区组织机关干部职工到湖南省纪委党风廉政警示教育基地——长沙监狱接受警示教育。

3 月 26 日　全国人大常委会副委员长李铁映视察长沙经开区园区企业长丰集团，湖南省委常委、长沙市委书记梅克保，市政府市长谭仲池，长沙经开区党工委书记杨光荣，管委会主任文树勋等陪同。

3 月 31 日　长沙经开区召开银企合作洽谈会，管委会各局室，国家、省、市相关银行，省、市相关担保公司负责人以及有资金需求的园区企业负责人共 130 人参加。

4 月 5 日　湖南省政协“增强企业自主创新能力调研组”一行到长沙经开区考察长丰集团、LG 曙光等企业，长沙市政协副主席柳冠群等陪同。

4 月 6 日　长沙经开区人才交流服务中心举行授牌仪式并启动运作，经开区全体干部及园区企业人事部门负责人 180 人参加。

4 月 25 日　全国政协副主席、民建中央常务副主席张榕明到长沙经开区视察，湖南省政协副主席龙国键、长沙市委副书记吴志雄、市政府副市长刘晓明、市政协副主席陈荣俊等陪同。

4 月 26 日　湖南省经委、省广播电台联合开展的“产业集群——打造湖南竞争力”大型直播活动，在长沙经开区现场采访。

5 月 14—17 日　由商务部外资司主办、长沙经开区承办的国家级经开区座谈会在湖南国际影视会展中心举行。商务部外资司司长李志群，副司长林哲莹、骞芳莉，商务部投资促进事务局副局长周铭，中国外商投资企业协会副会长雷元以及 54 个国家级经开区的主要负责人共 80 余人，长沙市政府副市长向力力，长沙经开区党工委书记杨光荣，管委会主任文树勋等出席。

5 月 16 日　国务院研究室副主任侯云春一行 20 人到长沙经开区园区企业远大空调和三一集团考察，长沙市人民政府副市长刘晓明等陪同。

5 月 18 日　德国罗伯特·博世有限公司和博世（中国）投资有限公司共同投资 1.73 亿美元设立的外商独资企业——博世汽车部件（长沙）有限公司建成投产，湖南省人民政府副省长贺同新、长沙市政府副市长向力力和省、市有关厅局负责人出席。

5 月 23 日　湖南省委常委、长沙市委书记梅克保率市委、市政府有关部门负责人到长沙经开区园区企业北汽福田和远大空调调研。

▲　长沙经开区园区企业长沙百事可乐饮料有限公司建成投产。

5月25日　全省园区引进战略投资者工作座谈会在长沙经开区召开，湖南省委书记、省人大常委会主任张春贤，省委常委、市委书记梅克保，副省长贺同新和副市长赵小明等出席。长沙经开区等全省13家园区代表，长沙经开区园区企业长丰集团、泰格林纸、中汽长电等13家集团公司代表，湖南省发改委、省经委等16家省直部门主要负责人60余人参加。

▲　商务部副司长王晓川和湖南、江西、湖北等省参加外资进入商业领域座谈会代表到长沙经开区考察园区企业力元新材料、三一集团。

5月26日　外交部副部长张业遂率外交部部司局国情学习考察团一行40人，到长沙经开区考察园区企业远大空调和LG曙光。

5月29日　内蒙古自治区党委副书记、自治区主席杨晶率内蒙古党政代表团一行25人，到长沙经开区考察园区企业LG曙光、长丰集团和三一集团。

5月30日　《长沙晚报》、长沙新闻频道、《星沙之声》、星辰在线记者就推进全市新型工业化情况采访长沙经开区管委会主任文树勋。

6月13日　长沙经开区启动ISO9001和ISO14001国际质量环境管理体系认证工作，北京经典智业认证公司对长沙经开区管委会全体科级以上干部进行为期一周的培训。

6月29日　长沙经开区主办、香港东业地产协办的“经开区企业家沙龙”暨早安·星城仲夏夜之旅在挪亚游轮上举行，长沙市委副书记吴志雄、市政府经济顾问易宇欣以及市政府办公厅、市发改委、经委、科技局、统计局和长沙经开区工管委负责人及园区企业家应邀参加。

7月30日　荷兰中国商会会长胡志光率欧盟议员顾问考察团一行33人到长沙经开区园区企业长丰集团、三一重工考察。

8月25日　长沙市委常委、市委秘书长袁观清率市直有关部门负责人到长沙经开区园区企业博世汽车调研。

9月8日　在“厦洽会”上，长沙经开区被中国开发区协会授予最佳组织奖，谭清莲的作品《厦门·梦幻之门》被评为征文优秀作品。

9月24日　中共中央政治局委员、国务院副总理吴仪到长沙经开区视察山河智能、博世汽车，听取长沙经开区管委会主任文树勋的汇报，湖南省委书记、省人大常委会主任张春贤，商务部副部长马秀红，湖南省政府常务副省长肖捷等陪同。

9月26—28日　中部投资贸易博览会在长沙召开，长沙经开区承办开发区代表团“东中西部开发区携手合作、共同发展专题论坛”。

10月15—26日　长沙经开区管委会主任文树勋率队赴台湾进行商务考察。

10月19日　重庆市党政代表团到长沙经开区园区企业远大空调、山河智能、力元新材料、三一重工考察。

11月2日　国家发改委常务副主任朱之鑫一行到长沙经开区考察调研。

11月13日　长沙市国土局经济技术开发区分局与长沙县国土资源局对区内4宗国有土地使用权进行挂牌出让现场竞价，总成交金额1亿元。

11月16日　湖南省委副书记、代省长周强一行考察长沙经开区。

11月21日　长沙市政协考察团一行到长沙经开区考察园区企业博世汽车。

11月29日　“聚焦长株潭”新闻采访在长沙经开区举行，管委会主任文树勋接受采访。

12月1日　湖南省委常委、长沙市委书记陈润儿到长沙经开区考察园区企业三一重工、博世汽车、远大空调。

12月11日　湖南中大创远数控两台加工直径达1000毫米锥齿轮的高档全数控机床YK20100在长沙经开区下线。

12月26日　长沙经开区园区企业长沙威重化工机械有限公司建成投产。

12月28日　长沙经开区举办首届科技成果对接会，省会高等院校的100余个科技成果项目与园区企业对接。

▲2007年

1月8日　湖南省委书记、省人大常委会主任张春贤到长沙经开区园区企业北汽福田调研。

1月22日　长沙经开区党工委副书记汤定一率区优化办、产业、建设、国土、规划、环保等部门负责人到园区企业山河智能现场办公，研究产业园（本部）和配套产业园建设项目的有关问题。

1月25日　湖南省委副书记梅克保考察长沙经开区信息产业企业，省经委主任胡衡华、省信息产业厅厅长贺仁雨、长沙市委副书记吴志雄等陪同。

3月18日　长沙经开区人才市场挂牌成立暨举办首场大型公益性人才招聘会。

3月21日　湖南省加速推进新型工业化工作领导小组办公室组织省内8家新闻媒体到长沙经开区进行典型采访报道。长沙经开区管委会主任文树勋介绍经开区加速推进新型工业化的成绩和贯彻落实《湖南省加速推进新型工业化若干意见》的举措。

3月22日　“牵手长沙，助推崛起”中国青年企业家中部行的青年企业家一行120人，在共青团中央青工部部长、中青企协常务副会长徐绍川，团省委书记李晖等陪同下，到长沙经开区考察。

4月12日　长沙市人民政府市长谭仲池到长沙经开区就汽车产业发展进行专题调研。

▲　由湖南省国家税务局、省地方税务局、省公安厅、省财政厅、省国资委、中国证券会湖南监管局等部门联合举办的“湖南诚信之星行业示范单位”评选活动揭晓，长沙经开区被评为“湖南诚信之星十大诚信建设示范工业园”之一。

4月26日　长沙经开区与长沙娃哈哈签署娃哈哈罐装食品和碳酸饮料生产线项目，总投资2亿元。

5月19日　中国科学院汽车、材料、自动化等方面的专家与园区30家企业技术负责人，就汽车产业和先进制造业的发展与院企科技合作进行探讨。

5月23日　国家知识产权局协调管理司司长马维野考察长沙经开区，湖南省知识产权局局长龚世益等陪同。

5月25日　由长沙市政府主办，长沙经开区承办，长沙市政府驻深办协办的“2007国家级长沙经开区（深圳）投资说明会”在深圳举行，深圳市副市长李铭应邀出席，香港、澳门特区政府官员、客商以及当地新闻媒体记者等240余人、市、区及相关企业和有签约项目的负责人40余人应邀参加。签约合作意向或协议7个，签约总金额22.58亿元，同时发展商务代理10名，签约专业招商公司2家。

6月15日　长沙经开区人才交流服务中心首次组织入区企业与高校人才对接座谈会，来自园区的29家规模企业和周边15所大专院校相关负责人参加会议。

6月26日　长沙经开区召开庆祝中国共产党建党86周年暨新建非公企业党组织授牌、新党员集中宣誓大会。省委组织部副部长何泽中，长沙市委常委、长沙经开区党工委书记杨光荣，长沙市委组织部副部长袁黎明及长沙经开区党工委、管委会班子全体成员，全区各级基层党组织负责人、党员代表以及新发展党员参加。

7 月 1—6 日　由湖南省信息产业厅、长沙市政府主办，长沙经开区承办的“2007 长沙 · 国际微电子产业发展研讨会”在明城国际大酒店召开。

7 月 20 日　湖南省委常委、省委组织部部长黄建国一行到长沙经开区考察。

7 月 27 日　长沙经开区管委会主任文树勋接受长沙市委宣传部、市经委组织的“工业服务月”媒体集体采访。

8 月 8 日　长沙经开区举行建区 15 周年新闻发布会，长沙市委常委、长沙经开区党工委书记杨光荣、管委会主任文树勋与省、市 20 余家媒体记者一起回顾长沙经开区的发展历程。

8 月 11 日　湖南省委常委、长沙市委书记陈润儿率省、市有关部门负责人到长沙经开区考察瑞翔新材料、湘江关西等企业。

8 月 20 日　长沙市人民政府市长谭仲池率市直有关部门到长沙经开区园区企业长丰集团调研长沙市汽车产业发展情况。

8 月 23 日　长沙经开区召开“竞争上岗、双向选择”工作总结大会。经过大会述职、民主测评与推荐、组织考察、工（管）委会议讨论等程序，46 人竞聘上科室长以上领导岗位；89 人选择到了适合自己的工作岗位。

9 月 7 日　国家知识产权局批准长沙经开区为国家知识产权试点园区。

9 月 9 日　在“厦交会”上，长沙经开区工管委办公室主任谭超纲与省保护知识产权工作组办公室副主任刘飞签订《长沙经济技术开发区保护知识产权举报投诉服务中心工作站共建协议》。

9 月 16—20 日　国家体育总局、中华全国总工会举办的首届全国经济技术开发区运动会在天津经开区举行，长沙经开区代表团以 14 金 11 银 9 铜的成绩获得金牌及奖牌总数第二。

9 月 23 日　中国电子信息产业集团长城信息公司长沙经开区科技园二期项目启动，该项目总投资 3 亿元。

9 月 24 日　湖南省委常委、长沙市委书记陈润儿率市直有关部门负责人到长沙经开区园区企业远大空调现场办公。

9 月 26 日　湖南经视大型现场节目“湘江作证 湖南工业”在长沙经开区办公楼前坪录播。

10 月 8 日　长沙经开区举办建区 15 周年庆祝活动。长沙经开区顾问熊清泉、黄道奇以及曾在长沙经开区工作过的负责人参加建区 15 周年座谈会，管委会主任文树勋汇报长沙经开区15年所取得的成就，长沙市委常委、长沙经开区党工委书记杨光荣阐述长沙经开区下一步发展的思路。

10月9日　湖南省委副书记梅克保到长沙经开区调研重点汽车整车企业北汽福田、长丰集团，并在长丰集团主持召开湖南省重点汽车整车企业发展座谈会，听取江南汽车、三湘客车、吉利汽车等有关企业的情况汇报。

10月12日　长沙市总工会举办“长沙工会机关干部知识竞赛”活动，长沙经开区代表队以总分264分夺得全市第二名。

11月2日　长沙市委常委、市纪委书记袁观清一行到长沙经开区调研纪检监察工作，长沙经开区管委会主任文树勋，党工委副书记、纪工委书记谭迪强陪同。

11月3日　全国人大常委会副委员长、中科院院长路甬祥到长沙经开区视察园区企业三一集团，长沙市委常委、长沙经开区党工委书记杨光荣，管委会主任文树勋陪同并介绍长沙经开区发展情况。

11月7日　湖南省委书记、省人大常委会主任张春贤率省直有关部门负责人就加速推进长株潭经济一体化到长沙经开区考察，长沙经开区管委会主任文树勋汇报长沙经开区发展情况。

11月10日　湖南省国土资源厅厅长陈三新、副厅长方先知，长沙市政府副市长徐湘平，湖南省国土资源厅助理巡视员、长沙市国土资源局局长曾令亮一行，考察长沙经开区园区企业众泰江南、香港炜业、镁镁电池等项目。

11月12日　长沙经开区管委会主任文树勋就重点工业园区发展模式及思路变化等内容接受《人民日报》《光明日报》《经济日报》等中央4家媒体记者专访。

11月27日　长沙经开区获ISO9001和ISO14001质量环境管理体系证书。

12月4—7日　“2007CONEXPO国际工程机械博览会”在广州国际会展中心琶州展馆举行，长沙经开区园区企业三一重工、中联重科、山河智能参展。5日，由长沙市政府主办、长沙经开区与长沙市经委联合承办的“长沙工程机械产业专题推介会”在琶洲展馆新闻中心举行。国内外工程机械产业客商300余名代表参加，长沙经开区管委会主任文树勋主持会议，长沙市政府副市长刘晓明致欢迎词，美国设备制造商协会高级副总裁阿尔伯特·塞尔维格讲话，长沙市经委党委书记、主任谢明德介绍长沙市工程机械产业发展情况及项目需求，长沙经开区管委会副主任吴京生推介长沙经开区投资环境。

12月10日　长沙市国土局经济技术开发区分局委托长沙县土地市场对区内4宗国有土地使用权进行公开拍卖。4宗土地总面积21.87公顷，拍卖金额3.8亿元。

12月17日　长沙经开区组织召开首次工程系列中级专业技术职务任职资格评审会议，44名专业技术人员通过工程师任职资格评审。

12月21日　长沙经开区在明城国际大酒店举办企业外籍人士、港澳台胞圣诞晚会。

12月26日　长沙经开区被国家知识产权局授予湖南省国家知识产权试点园区。

▲ 2008年

1月5日　长沙经开区管委会委托中国城市规划设计院编制星沙新城300平方千米概念规划；委托长沙市勘察设计院编制东四路以东、长株高速以西38.6平方千米的控制性规划。

1月11日　中华全国总工会副主席、书记处第一书记孙春兰考察长沙经开区园区企业三一集团。

1月15日　全国人大常委会原副委员长邹家华视察长沙经开区园区企业三一集团，湖南省委书记张春贤等陪同。

1月17日　湖南省委副书记梅克保、省政府副省长陈肇雄到长沙经开区园区企业长丰集团、北汽福田调研。

1月24日　长沙经开区与国家开发银行湖南省分行在金源大酒店举行基础设施贷款签约仪式。贷款总额8亿元，用于区内8条交通主干道建设。

2月5日　湖南省人民政府湘政人〔2008〕2号文件，任命杨懿文为长沙经开区管委会主任；免去文树勋长沙经开区管委会主任职务。

2月15日　长沙市委副书记、市长张剑飞到长沙经开区调研园区企业恢复生产和补损情况。

2月20日　博世汽车投资430万欧元新建的现代化物流中心在长沙经开区博世公司长沙工厂破土动工。该中心占地面积1公顷，可提供近1.25万个存储仓位。

2月22日　美国佩罗系统董事局主席佩罗一行考察长沙经开区园区企业长丰集团，长沙市人民政府副市长文树勋等陪同。

2月27日　国家知识产权局示范城市验收评定专家组考察长沙经开区，长沙经开区管委会主任杨懿文等陪同。

3月4日　长沙市人民政府常务副市长谢建辉、市人大副主任刘晓明一行到长沙经开区调研工业企业生产和补损情况。

3月6日　意大利菲亚特公司与长沙经开区中国众泰控股集团湖南汽车事业部签署生产DOBLO车型的生产许可协议。

3月7日　长沙经开区召开银企合作洽谈会，交通银行与长沙经济技术开发有限公司的5个项目签约3.2亿元，园区企业山河智能、泰格林纸、长丰集团、凯天环保、长城信息、瑞翔新材料等40个意向融资项目与13家银行进行对接。

▲　冠捷科技集团副总裁段振华一行考察长沙经开区园区企业长城信息、LG曙光，湖南省信息产业厅厅长贺仁雨、长沙经开区管委会副主任吴京生等陪同。

3月11日　长沙经开区在美国拉斯维加斯举办中国（长沙）投资合作工程机械推介会，推介优良的工程机械产业投资环境和相关政策优势，来自世界各地的100名客商参会。

3月21日　湖南省人民政府副省长郭开朗一行到长沙经开区调研产学研合作情况，考察瑞翔新材料、三一重工研究院，湖南省科技厅党组书记、厅长王柯敏，省科技厅党组成员、省高新办主任黄新亮，长沙经开区管委会主任杨懿文等陪同。

3月22日　上海虹口区区委书记孙卫国率党政代表团一行12人考察长沙经开区园区企业三一重工、山河智能、远大空调。长沙市人大副主任刘新程、市政府副市长何寄华，长沙经开区管委会主任杨懿文等陪同。

3月25日　中共长沙市委长干发〔2008〕19号文件，同意邓国辉任长沙经开区工会工委主任。

3月26日　湖南省人民政府副省长甘霖率省直相关部门负责人到长沙经开区园区企业中大创远、镁镁科技调研。

3月30日　湖南省委副书记梅克保率湖南省国资委、省经委、省国土厅等单位负责人，到长沙经开区园区企业镁镁电池、力元新材料调研企业生产经营情况。

4月13日　长沙经开区举办“星沙大讲堂”首场培训，邀请著名营销专家路长全教授讲授品牌“3S”法则。

4月17日　广西南宁经开区党工委书记、管委会主任熊可范一行5人到长沙经开区考察。长沙市委常委、长沙经开区党工委书记杨光荣陪同。

4月30日　长沙经开区召开庆“五一”表彰大会，表彰“劳动关系和谐企业”“技术创新先进班组”“最佳技术能手”“优秀经理”等24个先进单位和82名先进个人。

5月9日　中共中央政治局委员、全国人大常委会副委员长、中华全国总工会主席王兆国，副主席、书记处书记徐德明到长沙经开区视察，湖南省委书记、省人大常委会主任张春贤，省委副书记、省长周强，长沙经开区管委会主任杨懿文等陪同。

5月12日　长沙经开区率先在园区内实行“宁静日”制度，即每月1—20日，任何部门不得到园区企业进行常规性检查，确需检查的，须事先报告区优化办。开通优化效能24小时专用投诉电话84012342。

5月13日　中共中央政治局委员、全国政协副主席王刚到长沙经开区园区企业远大空调视察，湖南省委书记张春贤等陪同。

5月18日　长沙经开区园区企业三一集团的德国公司开业典礼暨三一投资德国新闻发布会在德国举行，双方签署战略合作协议，在科隆市设立三一欧洲总部——三一德国公司，并投资1亿欧元在德国购地建厂。

5月19—22日　长沙经开区管委会组团参加在北京召开的第十一届科博会，三一重工、长丰集团、北汽福田、山河智能等园区企业参展。

5月23日　长沙经开区成立总调度室，实行24小时专人值班制，受理园区公共服务和企业突发紧急事项，并统一调度指挥区电力、公安、消防、供水公司、燃气公司、污水公司等职能部门的服务工作。

6月12—13日　湖南省委常委、长沙市委书记陈润儿一行就产业项目建设到长沙经开区园区企业众泰汽车、长丰集团调研。

6月16—19日　长沙经开区管委会主任杨懿文一行9人到上海参加“2008年上海投资洽谈活动周”，共签约合同7个，签约金额126亿元。

6月18日　全国制药装备标准化技术委员会在长沙经开区成立，千山药机高级工程师孙金莲出任首届委员会委员兼任副秘书长。

6月26日　湖南省人民政府副省长陈肇雄率省直有关部门负责人到长沙经开区考察远大空调、三一集团、力元新材料、山河智能等企业。

7月2日　江西省萍乡市市委书记刘和平率领萍乡市党政代表团一行50

人考察长沙经开区园区企业三一重工、长丰集团。

7月18日　民生银行长沙分行行长曹瑜一行到长沙经开区考察山河智能、博世汽车等企业。

7月23日　中国人民解放军湖南省长沙警备区(命令)长政干〔2008〕78号，任命张文球为长沙经开区人民武装部部长。

▲　长沙经济技术开发区国家税务局成立。

8月7日　湖南省委常委、长沙市委书记陈润儿会见美国迈卓投资控股有限公司董事长享利一行，就进一步扩大双方合作进行会谈，长沙市人民政府市长张剑飞、长沙经开区党工委书记杨光荣、管委会主任杨懿文等参加。

▲　长沙市人民政府副市长王扣柱率长沙市规划管理局一行到长沙经开区调研区、县规划工作。

8月28日　长沙经开区管委会主任杨懿文与中铁轨道集团董事长、总经理刘飞香就隧道施工重型装备项目签约。

8月29日　长沙经开区与苏州新加坡国际学校签定合作办学意向书，并成立长沙国际学校筹建工作领导小组，启动湖南第一所国际学校建设工作。

9月8日　湖南省人大常委会副主任刘莲玉率执法检查组对长沙经开区贯彻实施《中华人民共和国中小企业促进法》和《湖南省实施〈中华人民共和国中小企业促进法〉办法》的情况进行检查。

9月9日　湖南省委副书记梅克保率省直相关部门负责人到长沙经开区园区企业中联重科、三一重工考察，市长张剑飞等陪同。

9月19—21日　长沙经开区工会工委在贺龙体育学院举办首届职工运动会，全区56个代表队278名运动员参加9个大项16个单项的比赛，三一集团、明城国际、金沙利彩印三支代表队获团体第一、二、三名，山河智能、博世汽车、长丰集团等22家企业被评为体育道德风尚代表队。

10月18日　长沙市机构编制委员会下发长编委发〔2008〕36号文件，长沙经开区管委会产业发展局更名为产业环保局。

11月14日　中共湖南省委发文，任命杨光荣为湖南省旅游局党组书记，免去其长沙市委常委、委员、长沙经开区党工委书记职务。

▲　长沙经开区、长沙县召开规划建设批后管理工作大会，区、县和规划、建设、城管等部门负责人，各乡（镇）代表以及区、县200家建设单位和160家施工单位代表400人参会，《长沙县建设工程规划批后管理的若干规定（试

行）》和审批程序及流程在区、县开始实施。

12 月 4 日　长沙经开区园区企业山河智能董事长何清华获 2007 年度湖南科学技术杰出贡献奖。

12 月 6—8 日　由中国汽车高峰论坛组委会、日中汽车交流协会、长沙市政府主办，长沙经开区管委会、长沙市经委、长丰集团承办的中日汽车（湖南·星沙）高峰论坛举行。论坛以“保障汽车产业的可持续性发展的技术和战略”为主题，来自日本汽车产业与技术的高层人士及国内汽车产业的专家、学者、企业代表 400 余人参加。

12 月 10 日　共青团长沙经开区工作委员会成立。

▲　长沙市机构编制委员会长编委发〔2008〕51 号文件，长沙经开区产业环保局加挂知识产权局牌子。

▲　湖南省电子信息产业厅认定长沙经开区为湖南省首批电子信息产业园之一。

12 月 27 日　星沙大道南延线竣工通车，道路全长 1.48 千米，宽 80 米，双向 8 车道，总投资 1.2 亿元。

12 月 28 日　长沙经开区污水净化中心扩建工程主体竣工并通水试运行，日污水处理能力达 12 万吨。中心占地 1.12 公顷，总投资 9065 万元。

▲　长沙经济技术开发区地方税务局成立。

▲ 2009 年

1 月 9 日　长沙经开区举行污水净化中心扩建工程、星沙大道南延线、东六路、东十路竣工庆典。

▲　长沙经开区举行入区（县）企业外籍人士、港澳台胞迎春座谈会。

1 月 13 日　长沙经开区工会获“2008·全国亿万职工迎奥运健身活动”先进单位称号。

1 月 29 日　中共中央政治局常委、国务院总理温家宝在德国北威州与德国总理默克尔出席长沙经开区园区企业三一重工与德国北威州政府投资协议签字仪式。

2 月 19 日　中共中央书记处书记、中央纪委副书记、中央扩大内需促进经济增长落实检查工作领导小组组长何勇考察长沙经开区城北污水处理厂，湖南省委书记张春贤等陪同。

2月20日　长沙经开区召开银企合作洽谈会，驻区各金融机构、相关担保公司及有资金需求的园区企业150人参加，有30家企业（项目）达成银企合作，融资金额8亿元，其中20家企业（项目）获得直接授信，融资金额5亿元。

2月23日　国务院参事室党组书记、主任陈进玉到长沙经开区考察园区企业三一集团，湖南省委常委、省委统战部部长李微微，长沙市委常委、市委统战部部长张迎龙，长沙经开区管委会主任杨懿文、副主任吴京生等陪同。

2月26日　长沙经开区获2008年度“全省利用外资工作先进单位”和2008年度“全省内联引资工作先进单位”称号。

3月13日　湖南省委副书记梅克保率省直部门和市政府有关负责人到长沙经开区园区企业山河智能现场办公。

3月15日　长沙经开区获长沙市2008年度“招商引资目标考核先进单位一等奖”。

3月29日　中共中央政治局常委、国务院副总理李克强到长沙经开区园区企业博世汽车、山河智能视察，湖南省委书记张春贤、省长周强等陪同。

▲　国家统计局党组书记、局长马建堂考察长沙经开区园区企业三一集团、远大空调，湖南省统计局局长张世平，长沙市委副书记、市长张剑飞，副市长刘晓越等陪同。

3月31日　中部六省主要新闻媒体记者一行40余人到长沙经开区采访管委会主任杨懿文，并参观园区企业远大空调、三一重工和众泰汽车。

4月8日　全国政协常委、全国政协港澳台侨委员会主任、海峡两岸关系协会会长陈云林到长沙经开区园区企业镁镁科技考察。

4月18日　全国政协副主席、全国工商联主席黄孟复，全国政协原副主席、中国企业联合会、中国企业家协会会长王忠禹到长沙经开区园区企业远大空调视察。

5月5日　湖南省委副书记、省长周强在湖南省委常委、长沙市委书记陈润儿陪同下，率省直有关部门到长沙经开区就汽车、装备制造业发展进行调研。

5月18日　《经济观察报》和中国区域经济学会联合主办的中国最具投资潜力百强开发区排名公布，长沙经开区在全国最具投资潜力百强开发区中荣膺第6名，列中部省份开发区第1名。

5月21日　中共中央政治局委员、广东省委书记汪洋，省委副书记、省长黄华华率广东省党政代表团到长沙经开区园区企业远大空调视察，湖南省委书记张春贤等陪同。

▲ 广州汽车集团股份有限公司与长沙经开区园区企业长丰集团举行股份转让签字仪式，长丰集团将持有的长丰汽车 29% 的股份转让给广汽集团，广汽集团成为长丰汽车第一大股东，长丰汽车更名为“广汽长丰集团股份有限公司”。

5 月 31 日 长沙经开区玮希国际学校奠基，该项目投资 7000 万元。

6 月 12 日 长沙经开区在长沙华天大酒店举行湖南华良（中意）电器实业有限公司整体收购伊莱克斯（中国）电器有限公司长沙工厂新闻发布会暨资产交接签字仪式。

6 月 13 日 中共中央政治局常委、国务院总理温家宝视察长沙经开区园区企业博世汽车，湖南省委书记张春贤、省长周强等陪同。

7 月 9 日 中共中央政治局常委、全国政协主席贾庆林视察长沙经开区，省、市、区主要负责人陪同。

8 月 19 日 长沙经开区召开机关中层干部大会，宣布湖南省委、省政府关于长沙经开区党工委、管委会主要领导职务调整的决定：杨懿文担任长沙经开区党工委书记；李科明担任长沙经开区党工委副书记、管委会主任。

8 月 28 日 长沙市委副书记、市长张剑飞到长沙经开区调研上半年工业生产和发展情况。

9 月 25 日 长沙经开区园区企业中铁轨道首台盾构机下线。

10 月 16 日 中共中央政治局委员、国务院副总理张德江视察长沙经开区，湖南省委书记张春贤、省长周强等陪同。

11 月 18 日 中共中央统战部副部长、全国工商联党组书记、第一副主席全哲洙，到长沙经开区考察园区企业学习实践活动的开展情况。

11 月 25 日 湖南省委常委、长沙市委书记陈润儿一行到长沙经开区调研汽车产业发展情况。

▲ 国家发改委、科技部、财政部、海关总署和国家税务总局联合发布公告，长沙经开区园区企业山河智能技术中心被认定为第 16 批享受优惠政策的国家级企业（集团）技术中心。

11 月 26 日 广汽菲亚特生产基地在长沙经开区奠基。该基地总面积为 70 公顷，总投资 50 余亿元。

11月28日 中共中央政治局常委、中央文明委主任李长春，中共中央政治局委员、中央宣传部部长刘云山，中共中央政治局委员、国务委员刘延东视察长沙经开区园区企业山河智能，湖南省委书记张春贤、省长周强等陪同。

12月8日 在湖南省人民政府主办的2009年湘台IT企业家合作交流洽谈会上，长沙经开区管委会主任李科明与台湾永明发展有限公司负责人签约，投资3亿美元的6英寸晶圆生产项目落户长沙经开区。

12月17日 中共中央政治局委员、国务院副总理王岐山到长沙经开区万容科技等企业，考察区、县家电下乡、以旧换新以及信用社支持“三农”发展等方面的情况，湖南省委书记张春贤、省长周强等陪同。

12月22日 中国（长沙）工程机械交易展示中心项目发布暨首批企业入驻签约仪式在长沙经开区举行，长沙市政府、省机械行管办、长沙市商务局、市经委、长沙经开区负责人参加。

12月24日 全国政协副主席、致公党中央主席、科技部部长万钢到长沙经开区园区企业山河智能视察，省、市、区相关负责人韩永文、张剑飞、董学生、程水泉、杨懿文、李科明等陪同。

▲ 2010年

1月7日 湖南省委书记、省人大常委会主任张春贤到长沙经开区园区企业山河智能、三一集团，就发展壮大工程机械产业进行专题调研。

1月15日 中国·长沙汽车零部件合作洽谈会在长沙经开区举行。长沙经开区管委会主任李科明主持会议，省、市、区负责人陈肇雄、张剑飞、刘权、文树勋、姚永春、杨懿文、李科明、吴京生及省市经委、商务部门负责人出席，欧洲、美国、日本、韩国等世界各地和国内160余家整车及零部件企业共300余人参加。

1月26日 长沙经开区举办晋升国家级10周年庆祝活动，党工委书记杨懿文、管委会主任李科明讲话，长沙市人民政府副市长文树勋致辞。熊清泉、黄道奇、罗桂求、蒋新祺、袁汉坤、肖常锡、陈香成、彭可平、赵文彬等省、市、区负责人出席活动。

▲ 英特尔（中国）有限公司和尚唐古道科技发展有限公司签署合作备忘录，就共同建设“无线星沙”项目达成协议，长沙经开区管委会副主任吴京生、陈新忠及英特尔公司全球副总裁 Sriram Viswanathan 见证签约。

1月30日　长沙经开区投资控股公司召开第一届董事会、监事会第三次会议。听取2009年公司经营管理工作总结及2010年经营计划建议，审议通过《公司2009年财务决算和2010年财务预算的报告》《公司员工2009年利润分配预案的报告》。

▲　长沙经开区召开第二批深入学习实践科学发展观活动总结大会，园区企业负责人、基层党组织主要负责人及党务工作者共130人参加，长沙经开区党工委副书记、企业党工委书记、学习实践活动领导小组副组长汤定一作报告，党工委副书记、管委会主任、学习实践活动领导小组副组长李科明作总结讲话。

2月2日　长沙经开区被评为首批“国家新型工业化产业示范基地（装备制造·工程机械）”。

3月12日　长沙经开区获“湖南省‘两新’组织深入学习实践科学发展观活动先进单位”称号。

3月22日　长沙经开区“两帮两促谋发展，金融超市进园区”银企对接专场活动在明城国际大酒店举行，300余家中小企业参加，吸引银行信贷资金50余亿元。

3月24日　海峡交流基金会董事长江丙坤率海基会大陆华中台商访问团到长沙经开区参观园区企业广汽长丰、三一集团。

3月25日　长沙经开区园区企业招商局物流集团1号仓库启用。该项目占地面积10余公顷，总投资1.6亿元，内设5万余个货位，为园区内宝洁、飞利浦家电、中石油等著名企业提供优良物流服务，年销售收入可实现1.6亿元。

3月31日　长沙经开区团工委获“长沙市五四红旗单位创建工作优秀组织奖”，园区企业三一集团等5个团委被评为“五四红旗团委”，污水净化中心等6个团支部被评为“长沙市五四红旗团支部”，欧建雄等6人被评为“优秀团干部”。

4月7日　新疆维吾尔自治区党委统战部副部长万里·吐拉克率中央统战部第四期新疆少数民族代表考察团一行到长沙经开区园区企业三一集团考察。

4月15日　湖南省委常委、省纪委书记许云昭一行到长沙经开区进行“调结构，转方式”专题调研，实地考察三一集团、万容科技等园区企业，并与部分企业负责人座谈。

4月19日　长沙经开区园区企业福田汽车长沙20万辆新基地建设项目战略合作框架协议签约仪式在明城国际大酒店举行。该项目投资32亿元，重点支持福田汽车长沙基地转变增长方式、调整产品结构和发展新能源汽车。

4月27日　加拿大维多利亚市市长迪恩·福廷一行到长沙经开区考察园区投资环境。

▲　长沙经开区组织机关和园区27家企业职工开展“水润西南、抗旱救灾”“爱心助学”“青海玉树地震救灾”爱心捐助活动，共捐款57万元。

6月8日　全国人大常委会副委员长周铁农到长沙经开区园区企业远大空调、博世汽车视察。

6月22日　湖南省委副书记、代省长徐守盛到长沙经开区园区企业远大空调、博世汽车、山河智能、三一集团就加速构建富有竞争力的现代产业体系进行调研。

6月23日　以“加强城市合作，携手共谋发展”为主题的中国湖南国际友好城市经贸交流推介会在长沙经开区明城国际大酒店举行，14个国家的23个代表团近百名代表参会。

7月2日　中共中央政治局常委、国务院总理温家宝视察长沙经开区园区企业山河智能，湖南省委书记周强、省长徐守盛等陪同。

7月7日　日本国际贸易促进协会会长河野洋平到长沙经开区园区企业隆志高新技术、广汽长丰考察。

7月9日　长沙经开区召开安全生产工作会议。会议由长沙经开区管委会副主任、安委会副主任陈新忠主持，园区企业主要负责人，主管安全生产的负责人，安全员，区、县相关职能部门负责人，区消防大队部分干警近500人参加会议。园区企业代表博世汽车、关西涂料、力元新材料、业翔晶科就如何“构建安全堡垒”作典型发言，管委会主任李科明作总结。

7月14日　湖南省人大常委会党组书记戚和平、副主任肖雅瑜率省人大常委会执法检查组，到长沙经开区检查《中华人民共和国科技进步法》贯彻实施情况。

7月21日　长沙经开区与山河智能机械股份有限公司举行“山河工业城”落户星沙产业基地签约。

▲　长沙经开区举办首次“固定资产投资项目节能评估与审查专家评审会”，空气产品（长沙）有限公司的一期项目和长沙兴民钢圈有限公司的高强度轻型钢制车轮项目参加评审。

7月23日　在上海国际会议中心举行的2010湖南（上海）投资推介会暨

重大合作项目签约仪式上，长沙经开区管委会主任李科明、副主任黄瑶分别与有关公司签约引进宝钢加工配送中心项目、工业气体生产项目，总投资逾4亿元。

7月28日　全国城市和园区知识产权试点示范工作会议对全国33个知识产权试点示范工作先进集体进行表彰，长沙经开区再次获此殊荣。

8月10日　国务院发展研究中心发展部部长张军扩到长沙经开区园区企业山河智能、远大空调考察。

8月13日　湖南省人大常委会副主任蔡力峰考察长沙经开区园区企业千禧木业。

8月18日　长沙经开区人才交流服务中心举办首场“才聚星沙”人才交流招聘会，45家园区用人单位携1716个就业岗位揽才，求职人数达1800余人。

8月26日　广东·湖南两省合作交流座谈会暨经贸合作协议签字仪式在广州市举行。长沙经开区管委会主任李科明与广汽菲亚特董事长曾庆洪签订《关于引进相关配套企业的合作框架协议书》；副主任吴京生、黄瑶分别与广州汽车集团零部件有限公司、广州江森汽车内饰系统有限公司签订《项目引进意向书》；长丰集团、广州汽车集团商贸有限公司签订《战略合作意向书》。

8月31日　长沙经开区获“湖南最具投资价值示范产业园区”称号。

▲　长沙经开区评为“全国知识产权试点示范工作先进单位”，园区企业三一集团成为国家知识产权示范企业，山河智能、千山药机等4家企业成为省知识产权优势培育企业。

9月11日　湖南省委书记、省人大常委会主任周强一行出席中联重科收购意大利Cifa公司仪式，湖南省政府与意大利马尔凯大区签订省区友好关系意向书，长沙经开区党工委书记杨懿文等陪同。

9月14日　湖南省委书记、省人大常委会主任周强在意大利都灵出席菲亚特集团、广汽集团关于广汽菲亚特项目情况汇报会，拜访菲亚特总部，会见菲亚特董事长，并考察菲亚特动力科技公司发动机工厂及依维柯公司总部，长沙经开区党工委书记杨懿文等陪同。

9月26日　长沙经开区党工委副书记汤定一、管委会副主任黄瑶、主任助理马建国等分别与博世汽车、中铁轨道系统集团有限公司、台湾东阳事业集团、山东兴民钢圈股份有限公司等5家企业签约。

10月13—14日　全国经济特区、开发区第23次工会工作会议（长沙·论坛）在长沙经开区举行，长沙经开区党工委书记杨懿文，管委会主任李科明，党工委委员、总工会主席丁仁义以及来自全国51家经济特区、开发区120余名代表出席开幕式。

10月16日　长丰集团与美国迪美科技集团联手打造的丰源迪美汽车电子产业园在长沙经开区奠基。

10月18日　2010年中国工程机械配套件行业年会在长沙经开区召开。卡特彼勒、徐工集团、三一集团等40家世界工程机械主机巨头以及国内外200余家关键部件生产企业近300名代表，围绕“节能减排、低碳环保”主题进行交流。

11月23日　2010中国国际工程机械、建材机械、工程车辆及设备博览会在上海开幕，长沙经开区管委会主任李科明等出席。

11月24—26日　由商务部外资司、中国开发区协会主办，长沙经开区承办的商务部电子公文传输系统培训会议暨第16次开发区公关年会在长沙经开区召开，全国部分省、自治区、直辖市国家级经开区、省级开发区、开发区协会100余家单位参加。

11月26日　中国工商银行湖南省分行原行长吴宏波，应邀为长沙经开区管委会机关干部职工作以经济、金融知识为主题的知识讲座，管委会主任李科明为吴宏波颁发证书，聘请他为经开区管委会经济顾问。

12月3日　国务院副秘书长、中央联席会议办公室主任、国家信访局局长王学军考察长沙经开区园区企业三一集团，湖南省委书记周强、长沙经开区党工委书记杨懿文等陪同。

12月21日　长沙经开区园区企业恒天九五重工有限公司挂牌暨恒天九五产业园奠基。

12月24日　湖南省国土资源厅牵头组织对全省77个开发区节约集约用地情况进行考核评价，长沙经开区被湖南省国土资源厅给予20公顷土地利用计划指标奖励。

12月25日　长沙经开区生态园区建设规划论证会在北京召开，环保部王开宇主持会议，商务部、环保部、科技部和湖南省商务厅、科技厅、环保厅相关负责人参加论证会，并一致通过该建设规划。

12月28日　长沙经开区总工会成立暨第一次代表大会召开，选举产生长沙经开区总工会第一届委员会。

▲　国家级经开区历年投资环境综合评价排名中，长沙经开区由2004年

的第21位升至2010年的第16位，在中西部国家级经开区排名中，由2000年的第5位升至2010年的第3位。

▲ 2011年

1月25日　江西省萍乡市委书记刘和平、市长陈卫民一行40人到长沙经开区考察博世汽车、中铁盾构等企业。

2月21日　新疆乌鲁木齐市党政代表团到长沙经开区考察三一重工、中铁轨道、众泰汽车等企业。

2月25日　内蒙古巴音郭楞州党委副书记、州长史建勇一行25人到长沙经开区园区企业众泰江南、远大空调参观。

2月28日　长沙经开区园区企业湖南湘联科技股份有限公司挂牌成立。

2月　长沙经开区成为“全省加速推进新型工业化千亿园区”，获“全省加速推进新型工业化一等奖”。

3月10日　长沙经开区举行万人植树造林活动启动式，并组织机关干部植树造林。

3月20日　国家发改委副主任解振华一行参观长沙经开区园区企业远大空调可持续建筑、万容汽车拆解项目，省、市、区负责人韩永文、谢建辉、程水泉、杨懿文等陪同。

3月23日　长沙经开区管委会主任李科明会见加拿大驻广州总领事李贤辉一行，双方就产业配套、金融保险等领域内的合作进行交流。

3月30日　长沙经开区举办《社会保险法》和新《工伤保险条例》政策解读与应用实务培训，园区和产业基地的300余名人力资源负责人参加。

4月2日　长沙经开区创建国家生态工业示范园建设规划和技术报告通过预审、专家论证。

4月14日　湖南省开发区协会会长赵淑珍一行70人到长沙经开区园区企业山河智能、远大空调考察。

4月15日　加纳共和国执政党副主席、英联邦电信组织首席执行官Spio-Garbrah主席一行4人到长沙经开区考察。

4月20—23日　湘浙、湘苏经济合作暨重大项目签约仪式先后在浙江省杭州市、江苏省南京市举行，长沙经开区分别与宁波南方塑料模具有限公司、江苏无锡吉兴汽车部件有限公司签订汽车零部件（配套）有关合作项目，签约总金额4.5亿元。

4月26日　长沙经开区召开企业知识产权保护研讨会，园区企业及湖南省内部分大中型企业的近200名从事知识产权工作人员参加。

▲　长沙经开区赛普尔物联网产业研发中心举行揭牌仪式。

4月27日　长沙经开区举行光阳摩托土地收回协议签字仪式。

▲　湖北省委书记、省人大常委会主任李鸿忠，省委副书记、省长王国生率湖北省党政代表团到长沙经开区园区企业远大空调考察。

4月29日　长沙创芯集成电路有限公司在长沙经开区举行奠基典礼，国内设计产能最大的6英寸晶圆生产企业开建。

5月5日　长沙卡斯马汽车系统有限公司在长沙经开区园区企业广汽菲亚特零部件园区举行签约暨开工仪式。

▲　长沙经开区机关代表队参加长沙市直机关工委庆祝建党90周年举办的“讲党史、感党恩、跟党走”为主题的党史党建知识竞赛，以总分第二的成绩获二等奖。

5月12日　新疆克拉玛依市政府考察团到长沙经开区园区企业三一集团、远大空调参观。

5月29日　长沙经开区协办的湖南省羽协“经开力量杯”羽毛球友谊赛在长沙落幕，共有机关、企业单位14支队伍参赛，长沙经开区一队获一等奖。

5月31日　长沙经开区新版门户网站上线。

6月2日　湖南省纪委常委陈建、省纪委党风廉政室主任叶剑伟一行15人到长沙经开区考察调研。

6月7日　广州电装有限公司长沙分公司汽车空调项目开工奠基仪式在长沙经开区举行。

6月9日　长沙市政府研究室、市工业和信息化委员会、市国土资源局组成联合调研组，到长沙经开区调研节约集约用地及工业地产情况。

6月17日　长沙经开区举行妇女工作委员会成立大会，机关和企业100余名女职工代表参加。

6月21日　湖南省人大常委会党组副书记、副主任陈叔红率队到长沙经开区，就《湖南省长株潭城市群区域规划条例》和《湖南省人民代表大会常务委员会关于保障和促进长株潭城市群资源节约型和环境友好型社会建设综合配套改革试验区工作的决定》的贯彻实施情况进行执法检查。

6月22日　中华全国总工会副主席、书记处第一书记、党组书记王玉普到长沙经开区园区企业三一集团调研工会工作。

6月23日　由湖南省政府主办，省商务厅、长沙市政府和长沙经开区联合承办的“湖南·意大利经贸合作洽谈会”在意大利都灵举行，省、市相关部门、长沙经开区和企业代表130余人参加，签约5个项目，总投资超过10亿元。

6月26日　长沙经开区代表队在长沙市庆祝中国共产党成立90周年“红歌颂党——长沙市千支团队百万群众唱红歌”决赛中获金奖，园区企业三一集团、广汽菲亚特代表队获银奖。

6月29日　湖南省政府经济研究信息中心梁志峰一行到长沙经开区，就企业融资、产业发展遇到的热点难点问题进行调研。

7月1日　长沙经开区召开庆祝中国共产党成立90周年暨表彰大会。表彰10个先进基层党组织、100名优秀共产党员、30名优秀党务工作者和三一重工董事长梁稳根等3名支持党建工作的优秀企业家，112名新党员宣誓。

7月14日　中国（长沙）国际工程机械配套件博览会在北京国家会议中心举行推介会，邀请中国工程机械品牌网、《建设机械技术与管理》杂志、中国工程机械配套件网、慧聪工程机械网等40余家专业媒体和新浪网、腾讯网、和讯网等多家门户网站，德国机械设备制造业联合会建筑设备与建筑材料机械协会（VDMA）、美国设备制造商（AEM）等协会及康明斯、道依茨、卡拉罗等国际知名工程机械配套件企业参加。

7月28日　长沙经开区园区企业山河智能在星沙产业基地举行山河工业城奠基典礼暨山河智能装备集团成立大会。

▲　长沙经开区举办选择性纠纷解决机制（ADR）培训讲座，园区近70家企业代表、100余位企业负责人和法律顾问专员参加培训。培训由管委会纪检监察审计室（优化办）主任郑安龙主持，湖南省高级人民法院政治协理员张湘成主讲，民三庭庭长尹小立现场作答。

7月30日　长沙经开区和北京大学企业商学院研究中心联合举办的MBA总裁班开学典礼在长沙经开区举行，93名企业学员参加。

8月8日　长沙经开区园区企业马瑞利汽车零部件（长沙）有限公司在广汽菲亚特零部件园奠基。

8月12日　长沙经开区出台《长沙经济技术开发区党工委、管委会干部教育轮训（三年）工作计划》（长工办发〔2011〕9号），计划在3年时间内对全体干部普遍轮训一次。

8 月 13 日　长沙经开区负责干部北京大学研修班举行开学典礼。

8 月 24 日　2011 中国（长沙）国际工程机械配套件博览会项目推介签约会在长沙圣爵菲斯大酒店举行，签约总金额 20 亿元。

9 月 1 日　长沙市质量技术监督局经济技术开发区分局成立并授牌。

9 月 2 日　长沙市委副书记、市长张剑飞，副市长文树勋到长沙经开区进行加速推动长沙新型工业化进程调研。

9 月 8 日　长沙经开区非诉讼纠纷解决（ADR）中心在园区挂牌成立，这是全国首家在开发区设立的 ADR 中心。

9 月 15 日　长沙经开区园区企业三一集团党委获首届全国非公有制企业“双强百佳党组织”荣誉。

9月19日　中共长沙经开区代表会议召开,会议选举李科明、高杰、易小刚、陈秀深、柳杏辉、黄志雄、曾毅夫 7 名代表出席长沙市第十二次党代会。

10 月 11 日　国家安全生产监督管理总局副局长孙华山一行到长沙经开区督查安全生产工作，现场察看关西涂料和三一集团等企业。

10 月 12 日　国家知识产权试点园区验收组对长沙经开区试点工作进行考核验收。

10 月 19 日　全球工程机械产业大会暨 50 强峰会在北京召开，发榜 2011 年度全球工程机械 50 强企业，长沙经开区园区企业三一集团、山河智能分别以 49.93 亿美元和 4.28 亿美元销售额列 9 位和 46 位。

10 月 24 日　湖南省优化园区发展环境工作座谈会在长沙经开区召开。

10 月 25 日　长沙经开区地方税务局星沙税务分局授牌。

▲　中日友好 21 世纪委员会中方首席委员、原国务委员、外交部部长唐家璇到长沙经开区考察，湖南省委书记、省人大常委会主任周强等陪同。

11 月 6—8 日　长沙经开区参加“2011 中国（长沙）科技成果转化交易会”，14 个项目签约，总金额达 38 亿元。

11 月 11 日　台湾电机电子工业工会到长沙经开区参观考察，并与长沙经开区管委会副主任吴京生、调研员汤定一磋商投资事宜。

11 月 16 日　湖南省委书记、省人大常委会主任周强到长沙经开区园区企业广汽菲亚特考察，并对首台认证车完成认证表示祝贺。

11 月 19—23 日　长沙经开区管委会主任李科明率长沙经开区经贸合作代

表团到台湾访问。

11月22日　ISO质量环境管理体系外部审核会议召开，外审单位莱茵技术监督服务（广东）有限公司陈剑秋宣读审核发现，并宣布长沙经开区顺利通过第三方审核，证书继续有效。

11月26日　长沙经开区园区企业中部智谷工业园奠基，该项目总投资15亿元。

11月29日　长沙经开区组织北京盈科（长沙）律师事务所、交通银行、长沙银行、长沙经开区担保公司4家单位，在和祥科技园开展“法律风险防范、金融服务”现场咨询专题活动。

12月1日　长沙经开区召开《长沙经济技术开发区志（1992—2011）》编目审定会，确定区志目录的总体框架。长沙市地方志办公室副主任胡新民等应邀出席指导，长沙经开区管委会主任李科明、调研员汤定一等出席。

12月2日　长沙经开区门户网站获第十届（2011）中国政府网站绩效评估第四名。

12月6日　长沙经开区与中国银行联合举办2011年度银企座谈会，60家园区的法定代表人与财务负责人共70余人应邀参会，8家企业与中国银行星沙支行现场签订意向战略合作协议。

12月13日　全国经济特区、开发区第24次工会工作会议（南沙·论坛）在广州南沙经开区开幕，长沙经开区党工委委员、总工会主席丁仁义等4人应邀参加。

12月21日　长沙经开区园区企业福田汽车集团长沙新工厂奠基。

12月28日　中国人民解放军湖南省长沙警备区（命令）长政干〔2011〕109号，任命张贤长为长沙经开区人民武装部部长。

▲ 2012年

1月8日　长沙经开区、长沙县举行2011年度工作汇报会。长沙经开区顾问、长沙市领导和一直高度关注区县经济社会发展的老同志，长沙县籍或曾在区县工作过的省市有关部门及兄弟区县负责人参加会议。长沙经开区党工委书记、长沙县委书记杨懿文主持汇报会。长沙经开区管委会主任李科明、长沙县人民政府县长张庆红分别汇报区、县2011年度工作情况。

▲　长沙经开区园区企业三锦节能产业园举行落成典礼。

1月10日　长沙经开区园区企业恒泰液压科技公司开业。

1月13日　长沙市委副书记、市长张剑飞，市委常委、政法委书记虢正贵，市委常委、统战部部长文树勋，长沙经开区党工委书记杨懿文，管委会主任李科明，到长沙经开区园区企业山河智能看望和慰问优秀专家张云龙。

1月　长沙经开区门户网站获中国政府网站领先奖。

2月1日　长沙经开区启用湖南省综合评标专家库网络抽取终端系统。

2月2日　岳阳市委书记黄兰香，市委副书记、市长盛荣华率岳阳市党政代表团一行70余人到长沙经开区参观考察。

2月17日　中美经贸合作论坛在洛杉矶万豪酒店举行。国家副主席习近平出席中美经贸合作论坛开幕式并发表演讲。长沙经开区管委会主任李科明参加论坛并与美国真富利公司签订物联网芯片项目，与卡特彼勒全球集团总裁瑞拉文进行友好会淡。

2月20日　湖南省委书记、省人大常委会主任周强到长沙经开区考察园区企业广汽三菱项目。

2月22日　长沙经开区获“2011年度长沙市招商引资工作目标管理考核一等奖”“2011年度长沙市承接产业转移先进园区”称号。

2月24日　全国人大环境与投资保护委员会副主任委员张云川一行到长沙经开区考察调研饮水安全保障工作。

2月27日　加拿大驻广州总领事馆总领事 WeldonEpp、Francis Huot 一行3人到长沙经开区访问。

2月29日　长沙海关关长李文健一行到长沙经开区考察调研企业进出口业务情况，并就长沙经开区成立星沙海关、区内企业申报进出口业务等事宜进行协商与交流，长沙经开区管委会主任李科明陪同。

3月7日　湖南省商务厅厅长谢建辉到长沙经开区调研，管委会主任李科明等陪同。

3月13日　湖南省委常委、副省长陈肇雄会见富士通半导体有限公司冈田晴基社长一行，并出席该公司与湖南国科微电子有限公司的合资公司湖南国富通半导体有限公司的签约仪式，长沙经开区管委会主任李科明等出席签约仪式。

3月21日　湖南省委副书记、省长徐守盛到长沙经开区园区企业蓝思科技、广汽菲亚特考察重点工程项目及工业企业发展情况，湖南省委常委、长沙市委书记陈润儿等陪同。

▲ 全国非公有制企业党的建设工作会议在北京召开，三一集团党委在会上推介“三双五结合”党建工作模式。

3 月 22 日　长沙经开区聘请湖南省委宣传部巡视员、湖南省社会科学联合会主席郑佳明教授为发展战略顾问，管委会主任李科明颁发聘书。

▲ 长沙经开区主办的“首届中国国际水利机械及施工装备展览会”在湖南国际会展中心开幕。长沙经开区管委会主任李科明主持，副主任黄瑶在“2012中国水利工程机械发展论坛”上作《长沙经开区助力中国水利建设》的主题演讲。湖南省人大常委会副主任蔡力峰，长沙市委常委、副市长陈泽珲等出席。

3 月 26 日　长沙经开区管委会《关于长沙经济技术开发有限公司有关事项的批复》（长管函〔2012〕14 号），长沙经济技术开发有限公司更名为长沙经济技术开发集团有限公司，管委会主任李科明兼任董事长和法人代表。

3 月 28 日　湖南省委常委、长沙市委书记陈润儿到长沙经开区专题调研电子信息产业发展情况。长沙经开区党工委书记杨懿文、管委会主任李科明等陪同。

▲ 湖南省委常委、长沙市委书记陈润儿率省市电力部门负责人到长沙经开区园区企业蓝思科技、创芯科技、纽曼数码调研，长沙经开区党工委书记杨懿文、管委会主任李科明等陪同。

3 月 29 日　长沙经开区工程建设开发有限公司成立。长沙经开区管委会副主任陈新忠主持会议，副主任吴京生宣读公司高管的任命书。管委会主任李科明、副主任吴京生为新成立的工程建设开发有限公司揭牌。

▲ 湖南省高院杨翔副院长一行到长沙经开区考察 ADR 中心，长沙经开区管委会主任李科明，党工委副书记、纪工委书记高杰，副主任刘逢春等出席座谈。

4 月 10 日　长沙经开区获“长沙市质量振兴工作先进单位”称号。

4 月 12 日　中国通号集团公司总经理、中国通号股份公司董事长周志亮一行 8 人到长沙经开区考察，管委会主任李科明等陪同。

4 月 13 日　长沙经济技术开发集团有限公司成功发行 12 亿元债券。

4 月 18 日　长沙经开区园区企业马瑞利汽车零部件（长沙）有限公司开业。

4 月 19 日　湖南省委常委、长沙市委书记陈润儿到长沙经开区就长沙海关、湖南出入境检验检疫局基建项目现场办公。长沙海关关长李文健，湖南出入境检验检疫局局长龙新平，长沙市人民政府市长张剑飞等参加。

▲ 美国前众议员代表团在团长康斯坦斯·莫瑞斯（Constance Morella）的带领下一行 13 人到长沙经开区访问。

4 月 25 日　湖南省知识产权司法保护签约暨授牌仪式在长沙经开区举行，湖南省高院副院长杨翔和长沙经开区管委会主任李科明分别代表合作双方签订“湖南省知识产权典型案例发布基地合作协议”。

4 月 27 日　中国工程院院士、中南大学校长黄伯云一行到长沙经开区考察，并听取玻璃触摸屏盖板项目情况汇报。

5 月 10 日　长沙经开区管委会副主任陈新忠在全省开发区工作会议上作节约集约用地经验介绍。园区获 2011 年度全省开发园区节约集约用地先进单位特别奖，湖南省国土资源厅给予 40 公顷土地利用计划指标奖励。

5 月 11 日　长沙经开区园区企业经沣高新建材投产仪式在星沙产业基地经沣高新建材公司举行。

5 月 16—19 日　第七届中博会在长沙召开。长沙经开区负责组织客商会晤、客商联谊、零部件公司座谈会、一对一接待。开封市党政代表团、中国开发区协会代表团、粤港明星企业代表团一行 160 余人到长沙经开区考察。参观园区企业蓝思科技、山河智能、广汽菲亚特、中铁轨道、凯天环保，并组织投资推介会。长沙经开区管委会副主任吴京生致词，副主任陈新忠主持，主任助理张湘鸿向代表团介绍园区基本情况和重点投资项目，发布工程机械零部件、汽车零部件、电子信息、新能源、总部经济等 8 个项目，总金额为 110 亿元，签约 2 个项目。

5 月 22 日　长沙经开区组团参加第十五届中国北京国际科技产业博览会，在“2012 湖南（北京）重点园区推介暨投资洽谈会”上作重点推介。

5 月 23 日　第七届中博会长沙市总结表彰会在长沙市会议中心举行，长沙经开区获“第七届中国中部投资贸易博览会先进单位”称号。

5 月 28 日　长沙经开区园区企业湖南威能新材料科技有限公司在和祥科技园揭牌。

6 月 1 日　长沙经开区举行新区概念规划方案征集技术交底和答辩会，新区概念规划方案已经全面进入编制阶段。此前规划分局组织北京五合国际建筑设计咨询有限公司、上海红东规划建筑设计有限公司、伟信（天津）工程咨询有限公司等 3 家单位完成了现场探勘相关技术交底和答疑工作。

6 月 5 日　中共中央政治局委员、全国政协副主席王刚到长沙经开区园区企业远大集团、三一重工视察。省市区领导周强、胡彪、陈润儿、陈肇雄、张剑飞、谢树林、李军、杨懿文、李科明等陪同。

6月6日　长沙经开区获市2011年“党委信息工作先进单位”“政务信息工作先进单位”称号。

6月10日　长沙经开区园区企业万容科技董事长明果英当选“2012年中国再生资源年度人物”。

6月19日　湖南省委常委、副省长陈肇雄率省直相关部门到长沙经开区园区企业广汽菲亚特考察项目建设、生产经营情况。长沙经开区党工委书记杨懿文等陪同。

6月23日　新疆维吾尔自治区党委副书记、自治区主席努尔·白克力一行30人到长沙经开区园区企业三一重工、铁建重工考察。湖南省委副书记、省长徐守盛，湖南省委常委、长沙市委书记陈润儿，长沙经开区党工委书记杨懿文、管委会主任李科明等陪同。

6月25日　长沙新奥燃气星沙储备站竣工投产。

6月26日　湖南省人民政府副省长李友志、省政协副主席许云昭出席“第15届国际有色宝石协会年会暨共建国际宝石文化创意产业园签约仪式”，国际有色宝石协会与长沙经开区签署共建协议。

6月28日　长沙经开区园区企业广汽菲亚特工厂竣工暨首款产品Viaggio菲翔下线仪式在广汽菲亚特工厂举行。

6月29日　长沙经开区举行庆祝中国共产党成立91周年暨创先争优总结表彰大会。山河智能挖掘机公司党总支等10个先进基层党组织、三一集团汤如龙等54名优秀共产党员、广汽菲亚特党委等6个“党建示范点”、水质净化公司化验检测岗等10个“共产党员先锋岗”，以及5个“雷锋号”示范单位和20名“雷锋式”先进个人，共105个单位和个人被授予荣誉称号。109名新党员宣誓。

7月3日　长沙经开区管委会副主任、企业党工委书记黄瑶和三一集团党委负责人参加全国国家级经济技术开发区第20次党建工作研讨会暨国家级开发区及其非公企业党组织书记培训班。

▲ 长沙经开区召开扩大开放会议。湖南省政府外事侨务办公室主任肖祥清，长沙海关关长李文健，湖南省商务厅副厅长刘权，省检验检疫局副局长王利兵，长沙市委常委、副市长陈泽珲，长沙经开区全体党工委、管委会班子成

员、园区企业代表500余人参加。

7月4日　加拿大驻广州总领事带领加拿大的5个省长到长沙经开区举办“投资加拿大研讨会”。长沙经开区管委会主任李科明、副主任吴京生等出席。

7月13日　湖南省新一轮对口援疆指挥部副指挥长、吐鲁番地区行署副秘书长、发改委副主任彭清辉及鄯善县县委副书记蒋云新率新疆鄯善工业园区一行到长沙经开区就对口支援项目推介对接。

7月16日　长沙经开区园区企业住友橡胶（湖南）有限公司投产仪式在星沙产业基地举行。

7月18日　由长沙海关和长沙市政府主办、长沙经开区管委会承办的首届关企合作论坛在长沙经开区举行，湖南省人民政府副省长何报翔及海关总署、湖南省发改委、省商务厅、省经信委、省口岸办、省贸促会、长沙市政府、长沙海关等单位负责人和80余家企业代表参加。

7月23日　长沙经开区园区企业明和光电入选《2011—2012年度国家文化出口重点企业名单》。

▲　长沙市委副书记、市长张剑飞一行到长沙经开区园区企业蓝思科技调研。长沙经开区党工委书记杨懿文陪同。

7月24日　广汽菲亚特与长沙经开区消防大队签署警民消防共建协议，并向长沙经开区消防大队捐赠一台价值200万元的高喷消防车。

7月27—28日　商务部与新疆维吾尔自治区人民政府在乌鲁木齐召开长沙经开区对口支援新疆维吾尔自治区产业聚集园区工作会议。长沙经开区与鄯善工业园区签订对口支援合作协议。

8月6日　长沙经开区举行园区企业蓝思科技220千伏变电站签约仪式。该电站占地1.04公顷，总投资9160万元。

8月8日　长沙市举行首批知识产权三百工程示范企业授牌仪式，长沙经开区园区企业恒天九五等13家企业被评为长沙市知识产权示范企业。

8月11日　2012年北京大学长沙经开区干部轮训班开学典礼在北大英杰国际交流中心举行。

8月19—21日　香港长沙商会成立暨长沙重点项目投资推介会在香港举行，长沙经开区管委会主任李科明等出席。

8月22日　长沙经开区星沙产业基地首个工业地产项目企业梦工厂开建。

8月28日　长沙经开区党工委召开机构编制、人事工作会议，同意招商合作局加挂“港澳台办公室”，产业环保局加挂“统计局”牌子。同意成立长沙经开区征地拆迁安置工作领导小组，下设征地拆迁办公室，新组建拆迁事务所。

8月29日　长沙经开区举行“献礼十八大·喜迎二十年”新闻发布会暨“十百千亿”企业集中亮相仪式。

8月30日　全省开发区（园区）第一次党建工作会议在长沙经开区举行。湖南省商务厅厅长谢建辉主持会议，长沙市委常委、统战部长文树勋，长沙经开区管委会主任李科明分别在会上致辞，长沙经开区党工委、三一集团党委、广汽菲亚特党委等9个单位发言。

9月1—5日　长沙经开区管委会副主任黄瑶带队参加第十一届中国国际装备制造业博览会暨国家新型工业化装备制造产业示范基地成果展。

9月10日　湖南省政府副秘书长刘岳辉主持召开上海大众汽车项目领导小组协调会。长沙经开区管委会主任李科明、副主任吴京生等参加。

▲　长沙经开区JW万豪酒店商业综合体项目签约。

9月11日　长沙经开区召开长沙经开区新区概念规划成果审查和星沙产业基地东片控规方案讨论会。

9月13日　上海大众汽车党委书记张志勇到长沙经开区考察，党工委副书记、管委会副主任吴京生等陪同。

9月15日　长沙经开区第二届职工运动会在贺龙体校闭幕。第二届职工运动会6月份启动，历时3个半月，共有63个企事业单位3400余名职工报名参加了10个大项25个单项的比赛。明城国际等10个代表队获得了体育道德风尚奖，何雨清等10人获得优秀组织奖，Maik等10人获得优秀运动员等荣誉。

9月18—20日　长沙经开区总工会主席丁仁义在全国经济特区、开发区第25次工会工作会议上作题为《探索实践园区工会会员代表常任制，不断提升开发区工会组织建设水平》的主题发言，并获得优秀论文评比一等奖。

9月18日　长沙经开区党工委书记杨懿文、管委会主任李科明陪同省、市领导在湖南省委10号楼会见上汽集团总裁陈虹一行。

9月19日　星沙海关综合楼在长沙经开区奠基。

9月23日　中部首家“中国电子商务示范园区”落户长沙经开区。

9月26日　长沙出入境检验检疫局综合楼在长沙经开区奠基。

9月28日　由长沙经开区管委会主办、凯天环保承办的工业园生态环境建设论坛在长沙经开区举行，中国工程院院士段宁，长沙经开区管委会主任李科明等出席。

9月29日　长沙经开区园区企业凯天环保科技园奠基。

10月10日　国务院发展研究中心对外经济研究部部长隆国强一行到长沙经开区调研园区企业对外直接投资情况。湖南省政府经济研究信息中心主任梁志峰，长沙经开区管委会主任李科明、副主任黄瑶等陪同。

10月11日　湖南省政府副秘书长刘岳辉主持召开会议，研究上海大众汽车落户长沙经开区有关优惠政策等问题，长沙经开区管委会主任李科明、副主任吴京生等参加。

10月12日　长沙经开区园区企业博世汽车新技术中心及新工厂启用。

10月16日　海南省政协主席于迅一行到长沙经开区考察园区企业远大空调、蓝思科技。

10月17日　长沙经开区举行新区概念规划和黄花片8平方千米控制性详细规划成果汇报会。听取设计单位对新区概念规划方案和黄花片8平方千米控制性详细规划成果汇报，对两个规划成果进行讨论。

10月20日　长沙经开区管委会主任李科明，副主任陈新忠、黄瑶等出席光阳地块城市综合体项目签约仪式。

10月28日　湖南技师学院和湖南省公共实训基地在长沙经开区开工。

10月28—29日　长沙经开区园区企业三一重工、广汽菲亚特等40家企业参加2012中国（长沙）科技成果转化交易会，长沙经开区11个产学研合作项目签约，签约金额达7.27亿元。

11月13日　湖南省委常委、长株潭试验区工委书记张文雄率省直部门负责人到长沙经开区园区企业凯天环保、三锦节能调研。长沙经开区党工委书记杨懿文，管委会主任李科明、副主任黄瑶等陪同。

11月19日　由湖南省政府主办，长沙市政府、湖南省商务厅、长沙经开区管委会联合承办的“2012中国湖南（德国）工程机械产业合作洽谈会”在德国法兰克福举行。湖南省人民政府副省长何报翔，长沙市委常委、副市长陈泽珲出席并致辞。

11月22日　湖南省委书记、省人大常委会主任周强到长沙经开区调研信息产业和信息化工作，考察蓝思科技等园区企业。长沙经开区党工委书记杨懿文、管委会主任李科明等陪同。

11月23日　意大利菲亚特集团全球首席执行官马尔乔内到长沙经开区考察。

▲ 湖南省监察厅副厅长、省优化办主任李利君在长沙经开区主持召开园区优化工作调研座谈会。长沙经开区管委会主任李科明、副主任刘逢春介绍相关情况。

▲ 长沙经开区留学人员创业项目——长沙艾尔丰华电子科技有限公司钟汇才博士“以RFID芯片为核心的集成电路及物联网产业链建设”项目入选重点创业项目。人力资源和社会保障部对入选优秀项目的留学人员企业一次性给予创业支持资金50万元。

11月28日　第二届配博会新闻发布会在上海召开，长沙经开区管委会主任李科明、副主任黄瑶、主任助理张湘鸿等出席。

▲ 湖南省人民政府副省长韩永文一行到长沙经开区调研保障性安居工程情况，察看长沙经开区榔梨公租房建设项目。长沙市人民政府副市长姚英杰、长沙经开区管委会副主任陈新忠等陪同。

11月30日　长沙经开区园区企业LG曙光破产资产拍卖成功。

12月3日　“永远记住他们”——缅怀大师，重温经典暨长沙经开区20周年音乐晚会在星沙开源大剧院举行。中共中央政治局原常委、国务院原副总理李岚清出席音乐会，湖南省委书记、省人大常委会主任周强，省委副书记、省长徐守盛陪同。国务院国有重点大型企业监事会主席李志群，省市区负责人梅克保、陈润儿、杨懿文、李科明等观看演出。

12月4日　中共中央政治局原常委、国务院原副总理李岚清在国防科技大学礼堂举办“走进经典音乐”讲座。国务院国有重点大型企业监事会主席李志群，湖南省委常委、长沙市委书记陈润儿及长沙经开区干部职工参加。

▲ 由中共中央政治局原常委、国务院原副总理李岚清题名的“岳麓印吧”在长沙经开区揭牌。

12月5日　长沙经开区园区企业山河智能最大的生产制造基地——山河工业城搬迁试生产仪式在星沙产业基地举行。

12月11日　长沙经开区管委会主任李科明参加2012年湖南承接长三角地区先进制造业（汽车零部件）产业转移对接活动并作专题招商推介发言。

▲ 美国康宝莱国际公司投资建立的原料基地在长沙经开区星沙产业基地投产。

12 月 19 日　由长沙经开区主办，长沙艾尔丰华电子科技有限公司承办的 2012 智慧星沙 · 物联网技术助力制造业高峰论坛在长沙经开区举行。

12 月 20 日　长沙经开区园区展示馆开馆。

▲ 长沙经开区召开建区 20 周年拆迁代表座谈会。

▲ 长沙经开区举行建区 20 周年园区参观活动。驻区街道、乡镇等单位党政主要负责人，驻区部队、学校等单位主要负责人、长沙经开区退休老同志，历任部门负责干部和在区工作过的同志参观建区 20 周年成果展、园区展示馆和三一重工、广汽菲亚特、蓝思科技等企业。

12 月 21 日　长沙经开区举行建区 20 周年座谈会和答谢晚宴。湖南省人大常委会副主任肖雅瑜，长沙市领导文树勋、何寄华，省市老领导郑茂清、郑佳明、张明泰、袁汉坤、黎仲篪等应邀出席。长沙经开区党工委书记杨懿文主持座谈会并致祝酒词，长沙经开区管委会主任李科明致答谢词。座谈会上，表彰了 10 位园区劳动模范及 12 家突出贡献企业。长沙经开区、长沙县主要领导和历任主要领导等参加座谈会和答谢晚宴。

12 月 29 日　由中国电子商务协会、湖南省商务厅、长沙市政府和长沙经开区共同主办的 2012 中国电子商务高峰论坛暨“长沙经开杯”全国大学生电子商务大赛颁奖典礼在长沙经开区举行。

12 月　长沙经开区服务大厅获“市级青年文明号”称号。

第一篇　区域设置

Location

第一章 区 域

◆第一节 地理位置

长沙经开区地处北纬 28° 14′ ~ 28° 19′，东经 113° 3′ ~ 113° 8′，位于湖南省会长沙市东郊，与长沙县县城（星沙）融为一体。107 国道（北京——深圳）、319 国道（厦门——成都）和京港澳高速在此交会，毗邻黄花国际机场，距长沙火车站 8 千米，距武广高铁长沙站 8 千米，距长沙霞凝新港 8 千米。武广高铁、沪昆高铁、机场高速、长永高速、株黄高速在区内交会，区位优越，交通便利。

◆第二节 自然环境

长沙经开区属大陆性亚热带季风性湿润气候，气候温和，日照充足，雨量充沛，年平均降水量为 1389.80 毫米；四季分明，且春温多变，春末夏初多雨，多偏南风，伏秋多旱，冬少严寒，多偏北风。

境内多为丘陵山地，地形平坦开阔，海拔高度为 30 ~ 32 米，微向河谷倾斜，地质条件良好。

浏阳河与捞刀河从星沙南北两面汇入湘江；松雅湖国家湿地公园面积达 16.97 平方千米，区内自然环境优美、生态优良、绿化率高，属于典型的山水生态园林风貌。

◆第三节 面积·人口

1992 年，星沙开发区规划范围南起梨江路，北至松雅河，东至星沙大道、东环线、东四路，西至107国道、319国道开福区界，总面积20平方千米。1998年，园区规划修编面积为38.06平方千米。2000年批准为国家级经济技术开发区后，2002年经长沙县政府协调，明确在县城规划区内以319国道为界，以南由长沙经开区管理，以北由长沙县政府管理，实际规划范围东至株黄高速，西至107国道，南至机场高速，北至319国道，总规划面积为60平方千米。2012年，长沙县同意调整黄花、榔梨、星沙工业园区域用于长沙经开区的开发建设，园区实际面积拓展至100.59平方千米。

2012年，区内常住人口38.13万人，其中园区内产业工人9.58万人。工程机械、汽车及零部件、电子信息与家电、新材料4大支柱产业7.70万人，占园区从业人员总量的80.38%。按职业类别分：专业技术人才2.10万人，占总人数的21.92%；经营管理人才1.50万人，占15.66%；研发类人才0.80万人，占8.35%。按学历结构分：具有大学本科以上学历的3.50万人，占总人数的36.53%；具有大学专科学历的3.30万人，占34.45%。海外引进的专家型人才900余人。

第二章 建　区

◆第一节　决　策

1990 年 8 月 10 日，中共湖南省委、湖南省人民政府作出《关于开展向长沙县学习加快农村经济发展的决定》。中共长沙县委、县政府的发展思路在鼓舞和鞭策中不断拓宽。

1992 年，中共长沙县委、县政府认真学习、深刻领会邓小平南方谈话精神，结合长沙县实际，认识到长沙县没有县城，没有一个能覆盖全县的商品集散地和市场信息中枢，很大程度上制约了长沙县的持续快速发展。因此，建立一个全县的政治、经济、文化中心，已成为发展县域经济的重中之重。迁县治、建立开发区，已成为全县上下的共识。

1992 年 4 月 13 日，长沙县召开政府办公会议，专题研究迁县治建立开发区。会上有两种主要观点：一种观点认为，先拿出 2 平方千米的土地建办公楼、生活区，搬迁县治就可以了；另一种观点认为，要加快长沙县的发展，决不能只在县治搬迁上做文章，而要通过招商引资，兴办实业，借鸡生蛋，广辟财源，培育支柱产业，打造县域经济发展新的增长极。后者得到了以县委书记周桂龙、县长蒋新祺为首的县委、县政府一班人的认同。决策者的心目中开始孕育并逐步形成了一个大胆的设想：将县治移址星沙，举全县之力开发星沙、建设星沙、发展星沙，将长沙县发展的希望投注到星沙。1992 年 4 月 15 日，县委召开常委（扩大）会议，作出了在区位优势明显、交通便捷、自然环境优美的望新乡东北部建立长沙星沙开发区，以“开发促县城搬迁，以县城搬迁带动开发”的战略决策，并明确在兴建开发区过程中要坚持“整体规划、分期开发、滚动发展、形成特色”的方针；坚持“起点高、立意新、功能全、整体美、跨世纪、创一流”的规划和施工原则；坚持走以国际市场为导向，以经济效益为中心，以发展现代工业和高新技术项目为重点，以开放促开发、以开发促开放的发展道路。

◆第二节　论　证

中共长沙县委、县政府组织专家、学者对在望新乡区域内建立长沙星沙开发区战略决策进行可行性调查论证，选址“星沙”建区的理由是：

该地区地处107、319国道交会处，距长沙火车站、黄花机场均约8千米，交通十分方便。距长沙市城区较近，南连长（沙）、株（洲）、（湘）潭城市群体科技工贸区，北通岳阳，可通江达海，能吸引众多的企事业单位在此落户，有利加快开发速度。北有捞刀河，南有浏阳河，且北面捞刀河附近有较充足的地下水资源，水源充足。电力电信有保证，按照前期规划和有关部门已承诺该区周边将相继建设22万伏和11万伏送变电站；京汉广光纤电缆在此交会通过，并在区内留有两个光端点，具有安装3.25万门程控电话的容量。省农业大学、省农科院、省畜牧研究所和长沙农业现代化研究所、长沙农校、省农机校等大中专院校科研单位距区较近，易形成农业高科技开发中心。地质构造好，有95%的四级红土壤，且多为丘陵山地，占用水田面积少，征地拆迁难度不大，且挖填工作量较小，工程地质条件好，适宜开发建设。海拔最高79米，最低36米，平均48.9米，且属非高空航道区、非雷击区、非地震区。

通过可行性论证，长沙县委、县政府向省、市申报在星沙建立开发区。湖南省委、省政府，长沙市委、市政府对长沙县委、县政府的重大决策予以充分肯定与支持。

1992年6月17日，湖南省委副书记杨正午到星沙考察。是年6月22日，长沙市委召开工作会议，听取长沙县委常委、常务副县长柳冠群汇报筹建开发区情况，省委常委、市委书记夏赞忠在会上说：“星沙开发区的建设是非同小可的工程，一定要把它作为发展长沙、振兴长沙的突破口，扭住不放，一抓到底。”市长张明泰说：“应把星沙开发区列为长沙市重点工程来抓。”

1992年7月4日，夏赞忠、张明泰率领市委、市政府有关部门负责人来星沙现场办公。夏赞忠指出：“长沙市西有岳麓科技园，东有星沙开发区，星沙开发区是全市重点突破的两个重点开发区之一，兴建星沙开发区是长沙市加快改革开放步伐的重点突破口之一，开发和建设这个地区具有重要的战略地位和作用，它不仅是长沙县域经济中心，也是改善长沙投资环境，促进改革开放和长沙经济发展再上新台阶的重大举措，要使之尽快成为外联长江开发带、内引长沙市的开发开放区。”并明确指出：星沙开发区的建设要贯彻“以开放促开发”的方针，要坚持“起点高、立意新、功能全”的规划设计要求。并强调后段工作要突出一个“快”字，以深圳精神、深圳速度，办好5件事：尽快办好报批手续，市、县都要简化手续，对开发区建设实行特事特办，从速为开发区提供优质服务；要尽快制定优惠政策，特别是地价不能太高，要通过各项优惠政策的实施，尽可能地把国内外的资金、项目、技术、人才吸引到开发区来；要尽快拿出近期开发区总体规划详图，先期开发工程要在年内破土动工，开发区各项建设项目，都要实行公开招标；要充分利用中央、省、市各级舆论工具，把社会各方面力量都调动起来，开发区入区户口手续要进一步办理好，征地拆迁工作要依靠县、乡、村认真做好，要充分发挥银信部门的积极性和利用“老乡”“老外”，筹集开发资金，以加速开发区开发的进程；市直各有关部门要积极支持星沙开发区的建设，市委、市政府对长沙县放权是必要的，但放权不等于不管，不等于放任自流，要求市直各单位要像市建委、国土局、规划局等部门负责人在会上所说的那样，主动参与，现场帮助星沙开发区的建设，与长沙县一道，全力支持开发区的建设，从速解决兴建开发区中的实际问题。

1992年7月5日，省长陈邦柱，副省长汪啸风、储波率领省直部门负责人到星沙考察。陈邦柱说：“这是一块风水宝地，要大胆地规划，迅速地开发，把它建成一个现代化的高标准新型开发区。”

◆第三节　选　址

望新乡的大塘村、杉星村、板桥村位于107、319国道线的交会处，堪称长沙县的“金三角”，具有很大的开发利用价值和广阔的发展前景。规划控制为：西、南以长沙县与郊区分界线为界，东以黄韩公路至哑河为界，北以107国道线至青山铺公路两侧的1千米范围为界，共约22平方千米，近期规划6平方千米。尽快开发以大塘、杉星、板桥为中心的穿越县境的107、319国道两侧的地区。

1992年6月，中共长沙县委、县政府邀请湖南大学土木建筑设计院承担园区的规划设计任务，开始绘制长沙星沙开发区建设和发展的宏伟蓝图。

1992 年 7 月 15 日，中共长沙县委、县政府在望新乡召开乡、村、组三级干部会议，要求大家树立改革的理念，增强开放意识和机遇意识；树立全局观念，增强国家意识和长远意识；树立政策观念和法制观念，增强时代意识；树立当家作主的精神，密切配合，协同作战，共同完成拆迁任务，以主人翁的姿态积极参加开发区的建设工作。

为确保开发建设工作有序进行，长沙县政府颁布《关于加强长沙星沙开发建设用地有关问题的通告》（长政告〔1992〕3 号）《关于兴建长沙星沙开发区若干优惠政策的规定》（长政发〔1992〕44 号）和《关于星沙开发区城镇居民有关事项的暂行管理办法》（长政发〔1992〕48 号）等文件。

1992 年 7 月 17 日，长沙市政府发出批准建立长沙星沙开发区的通知。是年 8 月 1 日，在长沙县接待处召开开发区规划评审会议。省建委及市建委、国土、规划、环保、消防、交警部门领导和专家以及湖大土木建筑设计院的专家学者，对长沙星沙开发区总体规划进行评审，原则通过总体规划设计方案。

1992 年 12 月 26 日，湖南省经济体制改革委员会下发《关于建立长沙星沙开发区的批复》（湘体字〔1992〕163 号）。批复指出：长沙县靠近省会长沙，地理位置优越，水、陆、空运输方便，资源十分丰富，经济比较发达，建立星沙开发区，对进一步加快长沙县的经济发展，扩大对外开放，促进社会进步都具有重要作用。希望加强领导，大力引进资金、技术、人才和项目，科学地制定发展规划，明确主导产业，注重投资效益，开发面积要适度，做到开发一片、见效一片。要按照社会主义市场经济的要求，在开发区建立新型的管理体制和运行机制，有计划、有步骤地把开发区建设好。

◆第四节　奠　基

1992 年 10 月 8 日，中共长沙县委、县政府在星沙举行长沙星沙开发区奠基典礼。省委常委、市委书记夏赞忠，省人大常委会副主任黄道奇、潘基礩，副省长汪啸风，省政协副主席卓康宁，市长张明泰，市委副书记朱秋林，市人大常委会主任杨宏、副主任陈香成，市政协主席王克俭，副市长袁汉坤等 500 余人参加奠基典礼。长沙县人民政府代县长、长沙星沙开发区工程建设指挥部指挥长柳冠群作了《奠百年根基　立千秋伟业》的报告，宣布成立星沙开发区。

他说：星沙开发区的建设能这么顺利、高速地做好前期各项准备工作，一是有上级领导的高度重视，亲切关怀；二是有各界朋友的充分信任，真诚合作；三是有全县人民的全力支持，通力合作；四是有建设者们的艰苦奋斗、无私奉献。他要求开发区的建设者们要遵照领导嘱托和人民的期望，一定要把开发区建设成为一个具有高效、便捷、完备的道路系统，内外交通十分便利的城市；一个水、电、气、热供给配套，邮电通信设备齐全的现代化新型城市；一个中、小学校和医院、环保、治安等公益设施齐全，第三产业发达，服务体系完善的城市；一个具有田园风格与现代化建设相协调的空间，适合人民休养憩息的文化城市；一个顺应地理条件，自然形成“六区”“两城”“一园”的合理布局、功能齐全的城市。

第三章 沿革与管理

◆第一节 更 名

1993 年 4 月 28 日，国务院下发《关于严格审批和认真清理各类开发区的通知》。省清理工作领导小组办公室对全省各类开发区进行清理整顿，取消一些开发区。由于星沙开发区是经过科学论证、层层审批，且严格依照国家有关国土资源管理法规征用土地，有计划、有步骤兴建的开发区，所以不但未被清理注销，而且认为是办得较好的，也是合法的。湖南省委、湖南省政府决定将星沙开发区列为省级重点开发区。开发区顾问黄道奇致信省委、省政府，建议参照沿海经济特区的模式，在星沙设立湖南的“经济特区”。

1993 年 5 月 9 日，省委书记熊清泉主持省委常委扩大会议，并邀请市长张明泰和副市长罗桂求、肖常锡以及县委书记周桂龙、县长柳冠群、开发区指挥长汤定一等人参加，专题研究星沙开发区工作。是年 7 月，省委、省政府为了进一步改善湖南的投资环境，扩大招商引资，加快对外开放步伐，加速经济发展，决定在规划的长沙星沙开发区范围内设立“湖南省星沙特别招商区”。明确要求各级政府、各有关部门应以“多支持、少干预”的态度积极配合做好工作。要以有利于发展社会主义社会的生产力、有利于增强社会主义国家的综合国力、有利于提高人民的生活水平为标准，敢闯、敢冒、敢试，在管理体制和经济政策上学习和借鉴沿海“特事特办”的经验，形成有吸引力的特色。

1993 年 7 月 6 日，中共湖南省委办公厅、湖南省人民政府办公厅《关于设立湖南星沙特别招商区的通知》（湘办发〔1993〕20 号），赋予特别招商区的重要职权、职责和职能，对于加快和推进开发区的发展起到了重要的作用。1994 年 3 月 29 日，省人民政府批准长沙星沙开发区更名为长沙经济技术开发区，再次明确为全省的重中之重，要求集中力量，重点支持办好这个开发区。

◆第二节　晋　级

长沙经开区列为省级重点开发区后，开发开放的条件和发展形势越来越好。1997 年 4 月 16 日，国家科委批准在长沙经开区建立长沙高新技术产业开发区星沙工业高科技园。经过几年的开发建设，基础设施日臻完善配套，营造了供水好、排水畅、电力稳、道路通、信息灵、供气足、收视佳的良好投资环境。招商引资形势很好，世界 500 强企业落户星沙的有 5 户。产业结构合理，形成了以三一重工、光南摩托、山河智能为主的先进制造业，以 LG 曙光和长海视听为主的信息产业，以力元新材料、华天铝业为主的新型材料产业，以金沙利彩印、星沙包装为主的包装产业，以长沙娃哈哈和福来格生物为主的饮料、生物产业 5 大主导产业的基本格局。自 1994 年工业产值实现零的突破后，总产值以年均 135.8% 的速度增长。截至 1999 年年底，开发区累计实现工业总产值 36.80 亿元，销售收入 46.01 亿元，实现税收 2.59 亿元，出口创汇 2478 万美元，已具备晋升国家级开发区的条件。为此，湖南省人民政府先后以湘政〔1993〕8 号文件、湘政〔1996〕12 号文件和湘政〔1999〕32 号文件 3 次向国务院请示，请求将长沙经开区列为国家级开发区。在 1993 年开始停止审批国家级开发区的 6 年后，2000 年 2 月 13 日，国务院办公厅《关于湖南长沙经济技术开发区的复函》（国办函〔2000〕21 号），批准长沙经开区为国家级经济技术开发区。

◆第三节　管理体制

1992—2012 年，开发区的管理体制经历 3 次大的调整。

省市县三级共管、以县为主　1992 年 7 月，在中共长沙市委、市政府筹建长沙星沙开发区的现场办公会上，省委常委、市委书记夏赞忠指出："长沙星沙开发区既是长沙县的开发区，也是长沙市的开发区，要以县为主，市县共建。"并宣布市委成立长沙星沙开发区领导小组，由副市长袁汉坤任组长，市政协副主席胡瑞采，市政府巡视员胡运恒，县委书记周桂龙，县长蒋新祺，县委常委、常务副县长柳冠群任副组长，并明确袁汉坤、胡瑞采、胡运恒由长沙市委、市政府委派，着重做好督查和上层协调工作。在领导小组的统一领导下，长沙县选派得力的领导及干部组成精干务实的班子，切实加强领导，加快建设步伐。领导小组下设开发区工程建设指挥部，由周桂龙、柳冠群分别担任政委和指挥长。是年11月柳冠群任代理县长后，周桂龙改任工程建设指挥部顾问，柳冠群任政委，工程建设指挥部指挥长由长沙县委常委汤定一接任。

1993年7月，湖南省委、省政府决定在规划的长沙星沙开发区范围内设立“湖南省星沙特别招商区”，成立了特别招商区领导小组，由省人大常委会副主任黄道奇任总顾问，副省长储波任组长，副省长唐之享任副组长。黎仲篪、陶纳、张昌平、张明、袁汉坤、肖常锡、周桂龙、柳冠群、汤定一为成员。1993年12月8日，省人民政府将湖南省星沙特别招商区领导小组调整为协调小组，由副省长唐之享任组长，黄道奇任顾问，黎仲篪、陶纳、肖常锡任副组长，陈作贵、张明、邓鸿章、张昌平、周桂龙为成员，领导小组下设办公室，周桂龙任办公室主任。湖南省星沙特别招商区实行两块牌子（特招区、开发区）一套班子，统一运作，长沙县负责日常工作。至2000年1月开发区一直保持省市县共建，以县为主的管理体制。

市县共管、以市为主　2000年2月，长沙经开区晋升为国家级，湖南省委、省政府办公厅根据省委、省政府的指示，于是年7月1日发文，同意长沙经开区实行市县两级共管、以市为主的管理体制。并明确指出：市委、市政府主要是抓大政方针的制定、重要问题的协调、市管干部的管理等。长沙县应完善社会管理职能和区内基础设施的建设，做好服务工作，为开发区发展创造必要的条件。开发区突出“高层次规划，高水准建设，高效能管理，高速度发展”的目标，独立运作，并对市、县两级政府负责。

2000年10月20日，湖南省机构编制委员会湘编字〔2000〕3号文件规定，长沙经开区实行长沙市与长沙县两级共管，以长沙市管理为主的行政管理体制，为副市级单位。

长沙市委托长沙县管　在长沙经开区管理体制的调整过程中，为进一步调动长沙县扶持长沙经开区，并进行直接、有效管理的积极性，保证长沙经开区优先发展，达到区、县共同发展、共同繁荣的目的，2003年7月23日，省委常委、市委书记梅克保主持召开市委常委会议，就长沙经开区管理体制有关问题作出决议：同意将长沙经开区的管理体制由“市县共管，以市为主”调整为“由长沙市委托长沙县管理为主”。长沙经开区党工委、管委会为长沙市委、市政府的派出机构，行政级别不变，享有省辖市相应的经济审批管理权限。长沙市负责长沙经开区的整体规划、重大发展项目决策、机构编制和重要人事安排、财税监管。长沙经开区党工委、管委会主要领导与长沙县委、县政府主要领导交叉任职。长沙经开区党工委书记由长沙县委书记担任，长沙经开区管委会主任兼任长沙县委第一副书记，县长兼任长沙经开区管委会第一副主任。长沙经开区实行独立运作，封闭管理。撤销长沙市财政局经济技术开发区分局，设立长沙经开区财政局。人员由长沙县财政局派出，并由市财政局派出一名驻长沙经开区联络员（副县级）。保留长沙市国土资源局、市规划管理局、市公安局、市环境保护局、市工商局、市国税局、市地税局驻长沙经开区的派出机构。对派出机构的管理由以市管理为主调整为以县、区管理为主。长沙经开区内设机构的设置要精干高效，有利于加快长沙经开区发展，内设机构的领导与长沙县部门领导实行部分兼职。长沙经开区设立金库，长沙经开区的县级预算收入继续实行长沙县与长沙经开区三七分成的比例不变。长沙经开区的机构与编制由市管理；人员的考核、录用、调配由长沙经开区负责，县有关部门负责办理相关手续。长沙经开区除领导班子成员外，其余人员实行聘用制。

市委常委会议确定理顺县区关系应遵循的 6 大原则，即："行政区划不变、财政体制不变、统计口径不变"的"三个不变"原则；长沙经开区"独立运作、封闭管理、开放运行"的原则；县区共同商量解决加快发展、扩大开放中重要问题的原则；对债务、利益调整问题，是合理分摊，而不是分家的原则；循序渐进，依法按程序办事，不急于实现县区一体化的原则；讲党性、顾大局，言行一致、表里一致的原则。

遵循上述原则，区县理顺了财税体制。在确保长沙县税收征管权不变的前提下，长沙经开区建立独立的财税体制，设立县金库的分支机构。县区成立关系协调领导小组，依照理顺县区关系的原则，协调县区发展中的一些牵涉双方共同要做好的工作。完善拆迁安置工作。长沙经开区社会发展局与星沙镇政府合署办公。2004 年 4 月，长沙经开区和长沙县人民政府联合成立征地拆迁中心，区内原由长沙县拆迁中心负责拆迁的项目，仍由县拆迁中心负责，不移交开发区征地拆迁中心，并由区社会发展局和长沙县星沙镇按《长沙市城市房屋拆迁管理办法》《长沙市国家建设征用土地补偿安置办法》做好所涉及的拆迁户的拆迁扫尾工作。

第二篇 园区规划

Park Planning

第一章 规划编制

长沙经开区园区规划随着经济结构和经济发展战略的调整逐步完善，经历了4个阶段：1992年，为规划初编阶段；1998—1999年，为规划修编阶段；2003—2006年，为扩容提质阶段；2007—2012年，为拓展空间阶段。截至2012年，规划开发建设面积由1992年的20平方千米扩展至2012年的100.59平方千米。

◆第一节 初编规划

1992年6月，长沙星沙开发区工程建设指挥部邀请湖南大学土木建筑设计院承担20平方千米、近期开发4平方千米的规划设计任务。是年8月1日通过评审，原则批准了该规划设计方案。

地域与规模 长沙经开区规划区域位于长沙县望新乡境内107国道以东、新319国道两侧，北至捞刀河，南抵长沙县与市区交界线，东至黄韩公路以东1000米处的交通便捷、水源充足、电力电信事业发展潜力大、生态植被好的丘陵地区。

初编规划的规模是：近期规划14平方千米，总人口10万人，人均用地120 ~ 150平方米；远期规划用地20平方千米。

总体布局 规划设计做到八个坚持，即：坚持起点要高，立意要新，功能要全，整体要美，具有现代化一流水平的超前意识；坚持区域、综合、动态、发展的观点，以适应区域经济的发展和改革开放的需要；坚持优先安排基础设施，尽快实现“四通（路、电、水、话）一平（平整土地）”，提高综合效益和服务功能，增强吸引力；坚持“以开发带动县治搬迁”的方针；坚持“整体规划，分期开发，滚动发展，形成特色”的开发方针；坚持利用现在的地形条件，形成自然、绿化、优美的城市景观，使之成为既具有现代氛围，又显现山水田园风光的开发区，丰富城市轮廓线；坚持在综合开发中，突出乡镇企业城的建设，逐步形成全县乡镇企业中枢；坚持功能分区上有利生产、方便生活的原则，使之成为高效、优美、舒适的现代化城市。

总体规划包括用地、环境、电信、电力、供水、供热、供气、污水排放、农田水利、建设布局 10 个规划。

用地规划：安排下列 7 个方面的用地：高科技用地 133.33 公顷，工业用地 100 公顷（无污染），房地产开发用地 66.67 公顷，商业网点用地 100 公顷，文化娱乐旅游区用地 53.33 公顷，党政机关办公用地 133.33 公顷（为新县治用地），转户安置区用地 33.33 公顷。党政机关、转户安置、房地产开发用地不得临近 107、319 两条国道，其他用地按国家有关规定和地形、地貌合理安排。

环境规划：环境规划主要由环保部门负责设计和进行综合评价。在规划中注重保护和优化生态环境。

电信规划：电信规划由县邮电局会同市局进行设计，在规划中安排电信电缆地下管网。

电力规划：电力规划按总体规划关于电力电缆地下管网的布局，由长沙电力局负责编制。

供水规划：规划分两期建两个水厂。一期工程在捞刀河建一个 5 万吨（日供量）水厂；二期工程在浏阳河建一个 15 万吨（日供量）水厂。要求南北两个水厂管网配套，根据需要同时安排预留调节地和加压站的位置。

供热规划：以开发区杉星村为核心，建立集中供热网。

供气规划：以开发区杉星村为核心，建立集中供气网。

污水排放规划：污水排放主要分为南北两个排放口，同时安排两个污水处理站站址。污水经过处理后，北部排放到捞刀河，南部按自然流向排放到浏阳河。

农田水利规划：农田水利规划由长沙县水利局负责编制，在规划中要安排地下管网。

建筑布局规划：建筑布局要有民族特色，要有全国第一流的设想，要有开发区或县城的标志性建筑。

系统规划包括道路系统、中心构成、绿化系统、商住区、基础设施系统 5 个系统规划。

道路系统：以原有4条主干道为骨架，与北部弧形均格网道路及南部方格网型道路和贯穿开发区的环形次干道，共同构成高效、便捷、灵活的现代工业城道路格局。5座雄伟的立交桥托起整个新型城市。近期开发的6平方千米工业园内，方格网型道路与107、319国道辅助路相接，形成完备的道路系统，使内、外交通更加便利。在开发区南、北部分设大型社会停车场各1个，并设置长途汽车站1座。

中心构成：利用原有干道生成轴线，贯穿整个开发区，由南向北依次串起工业、经贸、商住、行政、文化、教育、卫生、体育4个中心区。各中心区顺应自然环境形成，既是功能、物质上的延续、交融，更是情感和美的升华，具有线型发展的开放体系的城市轴，形成开放的社会、流动的组织以及良好的城市空间新秩序。4个中心区与绿化空间有机联系。北部的体育文化中心以风景优美的松雅河为依托；南部以一条利用冲沟形成的绿化带环绕着工业管理中心和经贸中心；行政中心以其特有的方框形式居于中心位置，宛如一座城中之城；设计的市民广场，恰似都市的共享“客厅”，成为情感撞击、交流的场所。

绿化系统：充分保留自然环境，利用自然地形，引入山水风光，使绿化和水面网与行政设施、文教设施、体育娱乐设施、商住区共同构成灵活的绿化轴，成为市民自由支配时空的活动网络。沿经贸区和生活区分界的一条环形冲沟形成绿化带，宛如一条巨龙与北端的松雅河遥相呼应，重在创造“借山水以悦人性，假湖水以净心情”的理想境界，达到“穿过城市有园林，走过园林有闹市”的田园化和现代化的有机结合。南部保留部分有特色的古建筑，以此为中心形成公园和绿化区，与周围的工业区、商住区配套，显示出人与自然和谐共存，现代技术与传统文化相互交流的意境。其他工业园的园林化与中心绿化区及零星绿化点相辅相成，营造整个城区的绿色环境。道路两侧和中心由线状绿化带构成，形成点、线、面的有机结合。

商住区系统：沿河道设置高级商住区及别墅区；利用水面和绿化区域，集中设置与工业及高科技工业园相配套的住宅组团。

基础设施系统。给排水系统：一期工程拟在筒灰建一座1.5万吨水厂，以地下水为水源；二期工程拟在鱼湾塘建1座10万吨水厂，以浏阳河水为水源，并与一期工程1.5万吨水厂联网并行。同时，力争把本区内的环形给水管网与长沙市自来水管网北大桥段接线连通。开发区采用污水、雨水分流制。以东西向主干道为分水线，北区雨水排入捞刀河，污水排入107国道边2万吨污水处理厂内，经处理后排入捞刀河，南区雨水排入浏阳河，污水经 107 国道西南东山嘴处排入 3 万吨污水处理厂处理后，再向浏阳河排放。集中供热系统：开发区的集中供热系统，按东西向主干道分为南区和北区，分别设置锅炉房一座，主要担负该区的热交换站的用气。热交换站按小区分别设置。小区采用热水采暖系统，采暖管网采用地沟敷设形式。锅炉房至热交换站之间蒸汽管均采用地沟敷设。整个集中供热管网均采用岩棉制品进行保温。电信系统：京汉广光纤电缆与长浏光纤电缆交会于开发区，并留有两个光端点，可提供 4 万门程控电话的容量。规划在区内东西及南北主干道交会处的东南角建星沙邮电大楼。程控电话局负责长沙县内电话的汇接，长沙市邮电局及马坡岭模块局至该局均采用光纤电缆传输。区内按商业、工业、行政管理、游乐及远期发展 5 大区分别设置 5 个邮电所。供配电系统：省网 220 千伏线路二回、110 千伏线路一回由西向东贯穿开发区。为最大限度缩短高压线走廊，拟将上述三回线路沿东西向区内干道方向调直改建。区内拟设星沙南、星沙北、星沙东 3 座 110 千伏或 220 千伏变电站，近期由省网引入 110 千伏电源。在陈家新屋处建 110 千伏星沙南变电站，负责开发区一期工程的供电，其余 2 座变电站视开发区的经济发展适时修建，以保证电力充足、供电可靠。10 千伏配电网将按功能片区设置公用小区配电站，供电半径在 3 千米以内。规划要求 10 千伏配电站供电范围划分明确，一般不出现交错重叠。规划要求进入区内的 10 千伏及以下的配电线路和路灯线路均采用地下电缆，线路路径和走廊与其他市政设施和管线统一安排，强电置于街道西北侧，弱电置于东南侧，电缆沟与道路同步修建。

论证审批 1992 年 8 月 1 日，长沙星沙开发区指挥部召开长沙星沙开发区总体规划评审会。根据评审意见，对总体规划作了 6 个方面的修改和说明。

总体规划图作了 8 处调整：总体规划图底图之比为 1 ∶ 5000；捞刀河的“哑河”更名为“雅河”；原图沿 107 国道东侧的用地，以商业、金融、体育文化设施、公园等用地为主，大幅度减少原设计的工业用地，留用少量工业用地作为高科技项目和无污染生产项目用地；原规划在 107 国道东侧的工业用地，调整到 319 国道南面和非机动车道的东侧以及主干道 319 国道北侧的少量地区；319 国道与城区主干道交叉口四周相应调减机关用地，县级机关用地平行向北移动 1000 米左右；房地产用地预留 133.33 ~ 166.67 公顷左右，安排主干道两旁的用地内侧或部分临路底层为商业（1 ~ 2 层）用地，底层上为住宅用地；别墅区用地以雅河四周为主，其他用地合理安排，总规划图东侧平行预留远期用地向东延伸 500 ~ 1000 米；总体图配色要鲜艳。

交通道路规划作了 3 处修改：区内主干道拉直，主干道路幅宽为 60 米（按 6 车道，2 米绿化带，非机动车道、人行道各 10 米设计），总规划图道路网尽量按井字形设计；交通和城市中心移至原图县级机关用地处，同时在此处加 1 条东西向的主干道，宽为 50 米，西连工程兵学院，东连螺丝塘乡政府道路，其他次干道按路幅 36 米设计，区间小道按有关规范设计，所有道路要有街景规划；规划区内道路尽量与外界连通，减少断头路。

基础设施和重点项目的定点作了 8 处调整：自来水厂由原定位置移到主干道东侧靠近雅河的地方，变电站向规划靠近并同时与东西向主干道平行；319 国道南侧、107 国道西侧增加一个污水处理厂；综合市场由 107 国道东侧移至 319 国道北侧；规划恢复杉星庙原貌，其北侧为儿童乐园，南侧为体育文化设施用地；319 国道与 107 国道交叉口处的北侧，建立综合性功能齐全的星杉宾馆，主楼 15 ~ 18 层；邮电大楼定在区内南北、东西主干道交会处一角，主楼 15 层。工商个体企业城尽量与综合市场靠拢；雅河周围为大型娱乐中心，设游泳池、水上世界、钓鱼台、高尔夫球场、赛马场、度假村、别墅等；南侧公园用地预留，占地适度减少。

管线综合图作了补充说明：开发区的管线一律采用暗线，热力、煤气等设施用地先期预留，暂不施工；供水水源开辟两处：一期工程从捞刀河取水，日供水 3 万吨；二期供水由浏阳河提供，建日供水 5 ~ 10 万吨水厂，在舟桥部队训练基地附近选址，主管道采用 DN 800 毫米的管径；电信、电力线路采用地下暗线，整个道路不能有明线通过。

环保规划和园林绿化作了补充说明：北端雅河为大型综合娱乐中心，中段杉星岭建以园林为主的综合性公园。恢复杉星庙旧貌，公园北侧为儿童乐园，南侧为体育场馆，南端为小型街景式公园；主干道、次干道有一定数量的园林式街景规划；机关单位有 35% 的土地用于绿化；住宅小区和大型娱乐场所和中心广场留有一定面积，用作绿化和供市民休息的场地。

用地的补充说明：开发区设 5 个住宅小区（包括房地产开发的 133.33 ~ 166.67 公顷），一个别墅区，一个加工区，一个工业区，一个科技工贸区。

表 2-1　　　　长沙星沙开发区初次规划用地平衡表

单位：平方千米

生活用地	2.20	16.3%
园林绿地（包括文化娱乐）	2.37	17.5%
近期工业用地	3.63	27.0%
经贸用地	1.73	12.8%
行政机关用地	1.58	11.7%
道路用地	1.99	14.7%
总用地	13.50	100%

◆第二节　规划修编

修编依据　随着开发区开放形势的快速发展，1992 年的规划已不能适应开发区和县城建设的需要，具体表现在 6 个方面：

1992 年 7 月，长沙市人民政府批准成立长沙星沙开发区，是年 12 月，省体改委也作了同样批复，并要求“开发区要建成长沙的乡镇企业城，并大力发展个体私营企业和第三产业”，明确星沙开发区的性质是经济技术开发，而原有规划不是按此性质编制的。1993 年，长沙县十二届人大常委会第五次会议根据县委的意图，作出《关于长沙县县址迁移，兴建县城的决议》。1994 年 3 月，长沙县第十二届人民代表大会第三次会议作出《关于加快新县城建设步伐的决议》。1996 年 1 月 30 日，长沙县县治东迁，虽然基本实现了以开放开发带动县城建设的目标，但开发区以经济技术产业为主体的性质没有显示出来，在一定程度上制约了大型企业和高新技术的引进开发。

从社会经济发展形势分析，开发区受长株潭的经济辐射，它既是县城的组成部分，又能利用县城带动整个开发区的经济发展。原规划以单线的经济技术产业为主体的构思与全方位、多领域加快开放步伐的形势不相适应，实际上开发区的建设已突破了原规划规模，需要编制具有更长远发展目标的规划来指导开发区和新县城的建设。

在建设过程中，随着光南摩托、LG 曙光等大型入区投资项目的立项建设及其发展方向的改变，已改变了原规划的用地布局及道路系统，如对外交通与内部道路交叉口的设置等就作了较大调整。

在用地性质布局中，原规划将东北角的腾飞岛和洋湖村的低洼良田作为旅游别墅区，将沿107国道与广电中心的大塘村作为工业用地，有253.33公顷良田被划入建设用地中，不符合国家的土地政策，必须调整。

京珠高速公路穿过开发区的路段原拟采用东线（107国道东）建高架桥的方案。因此，原规划以此为基础编制了道路系统规划，在107国道东部预留了高速公路用地。但根据1998年5月20日省政府办公厅会议精神，将107国道穿越长沙经开区的方案从东线调整为西线，且不建高架桥，实行全封闭式运行。这一方案的实施，将星沙开发区分割成东西两部分，成为开发区东西发展的屏障，对原规划的道路系统影响较大。

由于1992年开发之初，地形复杂，一些道路坐标、标高难以最后确定，各块地段用水、用电、排污量因依据不足不便确定，一些专业技术指标也难以落实，不便于进行严格控制，使专业规划编制深度达不到规范要求。随着开发区的进一步发展及入区单位的逐渐增多，必须提高专业规划的精度，以利于开发区各项建设的协调、快速发展。

修编范围　1998年年初，长沙经开区、长沙县负责干部召开联席会议，部署星沙规划修编工作，确定了规划修编的组织机构，成立长沙经开区（县城）总体规划修编领导小组。1998年4月，长沙经开区管委会根据规划修编领导小组的安排，委托长沙市规划设计院修编长沙经开区（县城）总体规划和城市道路交通专业规划，县规划办参与设计。随后长沙市规划设计院和长沙县规划办抽调专业技术人员，进行了大量的基础资料调查和规划修编的前期工作。是年4月21日，长沙经开区管委会和长沙县规划局召集环保、邮电、教育、体育、林业、水利等有关职能部门领导和技术人员参加座谈会，听取各部门对星沙规划修编的意见和设想。4月24日，规划修编领导小组邀请省内规划界知名人士讨论研究规划修编问题，就修编的指导原则、规划布局、性质规模等重大问题征集各位专家的意见，确定了规划编制内容和步骤。

长沙经开区和县城是长沙县的政治、经济、文化中心，是招商引资的窗口，是集科、工、商、贸为一体的多功能、开发性的综合经济开发区，与原规划单一的经济开发性质相比，规划修编突出了“综合”功能。

长沙经开区规划修编的控制用地为38.06平方千米，其中建设用地15平方千米，农业生态绿地 7.04 平方千米，林业生态绿地 15.45 平方千米，其他用地 0.57 平方千米；人口规模 15 万人，人均用地 100 平方米。规划期限 1998—2015 年。

长沙经开区（县城）规划修编分以下两个阶段：第一阶段，修订完善总体规划，完善补充道路、给水、排水、电信、文化、教育、体育、卫生等 20 个专业规划；第二阶段，完成城市主要街道设计（街景控制规划），小区修建性详细规划。

修编后的长沙经开区规划包含 4 个方面的主要内容。

发展方向的定位由向西改为向东。因为东部为山地、丘陵，进行开发不仅节约了耕地，而且便于利用原基础设施，能使近、远期规划紧密结合，联成一体。东部增加建设用地的类型构成为：山地 202.60 公顷，耕地 29.20 公顷，水面 14.20 公顷，农居用地 2.60 公顷，园林菜地 3.40 公顷。开发用地分布于 319 国道两侧，靠近黄花机场，更受投资者青睐。原西部 107 国道至广电中心地区为山地丘陵，自然环境优美，其建设用地类型构成为：山地 145 公顷，耕地 75.80 公顷，水面 13.50 公顷，农居用地 2.50 公顷，园林、菜地 3.20 公顷。此次规划将其作为开敞性绿地控制保护起来，在其南部临近 319 国道的局部地段作为限制性建设区，建筑密度控制在 10% ~ 15% 之间，建筑高度不超过 3 层，使整个建筑物隐映在绿树丛荫之中，其北部作为自然生态林。此次修编的规划与初次规划相比较，节约耕地 46.60 公顷，增加山地 57.60 公顷。

原规划的东北部分及腾飞岛作为建设用地需占用耕地 211.50 公顷、水面 53 公顷，不符合国家土地政策，修编的规划将其调整为高效农业区，作为长沙市和星沙城区重要的“菜篮子”基地。编制的高效农业专业规划的实施，使这一块宝地能更充分地发挥作用。

在原规划范围内调整出 5 处公园绿地，即在行政办公区利用现有小溪及丘陵地貌布置休闲绿地；在长沙县委、县政府办公区前布置中心绿化广场（已建成投入使用）；在京珠高速公路与老 107 国道之间、工业用地与生活用地之间及高压线走廊两边均设置绿化隔离带；在生活区利用居住环境设置小游园。整个开发区形成点、线、面相结合的绿化系统，并充分利用四周的山地、水田、菜园形成外围的生态绿地，体现了“城在山中，房在林中，人在绿中”的星沙特色。公共绿地面积人均 10.24 平方米，生产防护绿地人均 2.80 平方米。这一指标在国内已属领先水平。

由于京珠高速公路方案的改变，星沙对外交通道路系统作了重大调整，经过多次论证并报省交通厅批准，在北向安置房月形山处设置了一个互通立交桥，以解决星沙和马泉组团与京珠高速公路的连接问题。另外，开元路、潇湘路采用了架跨线桥方式跨过京珠高速公路，使星沙内部交通与对外交通紧密联系起来，形成便捷、畅通的交通网络。

审核批准 1998年5月，长沙经开区（县城）总体规划修编方案出台，是年7月24日，长沙经开区管委会召开总体规划修编方案研讨会，与会领导及专家教授，就规划修编方案发表了较为中肯的意见。

研讨会认为，原规划拟开发的东北部分及腾飞岛为良田，现修编规划将其调整为高效农业区是正确的，符合国家的土地政策。发展方向调整为向东部延伸，东部为山地、丘陵，节约了耕地；西边的山地作为开敞性绿地保护起来，是规划中的大手笔。这种节约耕地、保护环境的思路十分正确，应予以充分肯定。

调整规划的布局结构较为合理，尤其是将县城与长沙经开区紧密结合起来，处理得比较好。

关于长沙县城镇体系规划，会议认为，城市化水平达到14%的目标太低，与省委、省政府所定的全省40%的战略目标相差过大，建议设计方重新调查实际情况，详细分析、论证，定出规划，提高城市化水平。

关于星沙的定位，会议认为定为卫星城较合适，因此要处理好星沙和长沙市、区的联系及功能分区的问题，某些功能要与市、区互补，避免重复建设。

要充分显示长沙经开区的特色。规划要具有一定弹性，布局、结构不要定得太死；要优化用地布局，发挥土地的最佳效益。名称要落脚在“长沙经开区”，这样可得到较宽松的政策。

关于星沙与市、区的联系道路及入城口问题。现在的板仓路匝道不能作入城口，因为不符合交通规范要求，将来要封闭。入城道路可考虑为4条：一条走319国道，到马泉组团再到星沙大道；一条从长永公路星沙收费站处修长永公路北辅道，跨京珠高速公路到开元路，再到星沙大道；一条由北环线与京珠高速公路立交桥经北环线到星沙大道；一条由东环线与长永公路立交桥处进入。标志性建筑物可建在星沙大道与319国道交叉处及星沙大道与开元路交叉处。

为适应星沙向东延伸扩展的需要，要有主要道路向东延伸，引导星沙的发展，长永公路全封闭，不可能作为引导道路。北部由开元路引导，修编规划中开元路被大绿地断开不好，要将开元路拉通。南部也要有一条主路向东笔直延伸。

由于京珠高速公路星沙段不建高架桥，因此体育中心放在西边不合适。体育中心的主要服务对象是星沙居民，放在西边也不太方便，可以考虑将体育中心放在星沙的大公园内。

汽车站的位置太偏，不便于群众乘车，可放在星沙大道边。

污水处理厂的设置同意一南一北设置两个厂的方案，近期以南厂为主，南处理厂要考虑兼顾马泉组团的污水排放处理。

星沙大道是主干道，两侧景观要严格控制，建议现在工业区内星沙大道两侧未征用的土地不作他用，改为绿化用地。

调整规划扩充的东部地域内的道路不应再搞成规则式，可根据地形自由布置。

要开辟星沙步行绿化系统，将大块绿地联系起来。京珠高速公路与 107 国道之间的隙地要作为绿地保护起来，不允许建其他建筑。

对星沙的人口规模，会议认为，人口增长的数据要有明确的论证过程和计算过程，使每一数据都有来龙去脉。

要充分发挥星沙的环境优势，建议开辟 1 ～ 2 平方千米的知识经济园区，集科研、教学于一体。

星沙的特色体现在环境好，要以宽松怡人的环境吸引人，建议星沙以花园城市作为其特色。

1998 年 10 月 27 日，在长沙经开区管委会召开总体规划修编方案研讨会的基础上，长沙县委、县政府再次召开规划修编研讨会，就 10 个专项规划和建设方面的重大问题进行了研究。综合各次评审会和党政联席会议提出的意见和建议，市规划设计院对方案进行了调整，是年 11 月，制订了规划修编正式方案，由长沙经开区管委会、长沙县人民政府呈报湖南省、长沙市人民政府审批。

1999 年 7 月 17 日，湖南省人民政府以《关于长沙经济技术开发区总体规划修编方案的批复》（湘政函〔1999〕109 号）作出批复：

湖南省人民政府原则同意长沙经开区总体规划方案。

长沙经开区（即星沙开发区）是长沙县人民政府所在地，要努力建设成为集科工贸为一体的环境优美的现代化综合经济技术开发区。长沙经开区北至松雅河，南临长沙市马泉组团，西抵 107 国道，东至规划东四路。长沙经开区远期（2015 年）人口规模按 15 万人规划，人均建设用地指标控制在 100 平方米以内，规划建设用地控制在 15 平方千米以内。

长沙经开区要认真贯彻“节约用地、合理用地、保护耕地”的原则，提高土地使用效率，切实保护基本农田。开发建设用地范围应严格控制在松雅河以南和 107 国道以东，新增建设用地主要向东发展，避开松雅河北边高产良田和京珠高速公路西北侧林业生态绿地。松雅河和捞刀河环绕的腾飞岛基本为成片良田和养殖水面，且地势较低，易受洪水侵袭，应进一步加强对已征未建耕地的保护和管理，同时结合当地实际情况合理调整城市空间结构布局，将该区有关建设用地调整至开发区东部丘岗坡地，并抓紧到有关部门办理用地调整手续。近期要积极提高已建成区环境质量和开发利用效率，大力完善城市基础设施配套建设。

长沙经开区开发建设要加强与长沙市城市总体规划的衔接，充分考虑长沙市区的辐射作用对开发区性质和布局的影响，城市重大基础设施和公用服务设施应与长沙市总体要求协调一致，按现代化开发区的标准规划配置。长沙经开区内以布置无污染和轻污染工业项目为主，严格控制污染严重的工业进入长沙经开区。同时进一步突出体现长沙经开区发展高新技术产业的特色，认真安排好科技园用地。要充分利用和保护优美的自然景观，加强绿化建设、景观风貌规划建设和环境保护工作，结合地形多布置公园、广场和各种小游园，避免破坏自然山体，努力提高开发区绿地率和综合环境质量，加强旧城区绿化改造，严格保护已建和规划的绿地不被侵占。要突出新区开发建设的风格特色，以星沙大道和开元路为轴线，以长沙经开区西部山地和松雅河为背景，依托长沙世界之窗、新世纪文体城等人文景观，抓好过境公路、主要街道的街景设计和沿江绿化带规划建设，精心规划和建设开发区标志建筑，将广场、公园与标志性建筑物等通过林荫道、沿江绿化带等有机联系起来，体现长沙经开区现代化、园林化的风格。

要加大住宅小区建设力度，推行成片综合开发、配套建设，提高社会化服务程度和环境质量，形成规模效益，建成一批高标准、现代化的样板小区；按规划保证合理的住宅建设间距，控制零星建房和插花建房，将城市私人住宅建设纳入统一规划。要进一步适应市场经济发展要求，适当布置综合用地，增加土地开发的兼容性和可操作性。要抓住机遇，迅速推进城市化进程，加大基础设施的建设力度。要按规划严格控制京珠高速公路、107 国道和 319 国道两侧建房，重点处理好高速公路与城市道路的连接，确保过境道路畅通以及长沙市区同黄花机场的联系；进一步完善城市道路交通网络，加大道路网密度，优化道路红线断面设计；优先发展城市公共交通，按标准布置足够的公交站场用地和各类社会停车场用地。长沙经开区防洪工程应结合长沙市区的防洪要求作统一考虑，要按抵御100年一遇洪水标准加强和加快防洪工程规划建设，在防洪设施发挥效益前，应避免在洪水淹没线以下的用地范围进行建设，同时加强临捞刀河、松雅河私房的规划建设管理。

要根据长沙经开区总体规划积极筹措资金，合理安排开发建设次序，积极推进开发建设步骤。要依照《城市规划法》和《湖南省〈城市规划法〉实施办法》及其他有关规定严格实施规划，认真履行“一书两证”的分级审批审核制度，由县城市规划行政主管部门纳入统一规划管理。对大中型重点建设项目要进行充分论证，严把选址关，并履行法定的审批手续。对长沙经开区规划的重大变更，要依法报省人民政府审批。长沙县人民政府要进一步加强规划管理工作，建立健全长沙经开区规划管理的监察机制，制定切实可行的规章制度，进一步加快编制详细规划和有关专业规划，确保长沙经开区总体规划的顺利实施。

◆第三节　扩容提质

扩容原因　1999年实施修编后的总体规划，虽然改善了长沙县城和长沙经开区的经济、生态环境，但仍存在一些弊端。

总体规划是长沙经开区与长沙县城总体规划合为一体的，两者的用地、功能都没有分开，使长沙经开区长期没有明确的界线，不符合国家对国家级经济技术开发区的基本要求，不利于长沙经开区高速健康发展的需要。

总体规划对城市化进程和长沙经开区的发展预见不足，导致规模过小，限制了长沙经开区的发展。长沙县城和长沙经开区的实际规模已经达到了12平方千米，1997—2001年，新增城市建设用地3.41平方千米，平均每年新增68.35公顷，长沙经开区在上版总规划范围内已无地可用。而根据2000年国务院《关于湖南长沙经济技术开发区的复函》，不包括县城用地规模在内，长沙经开区规划范围总用地12平方千米。因此，上版总规划已失去了对长沙经开区的指导作用。

上版总体规划由于受当时经济社会发展的制约，规划中城市向东的伸展性不强，东西向道路向东伸展不够，影响了新区的开发建设。

因此，在1999年修编的长沙经开区和长沙县县城总体规划的基础上，扩容提质势在必行。

提质目的 与长沙市总体规划相衔接：《长沙市城市总体规划（2001—2020）》，对长沙经开区及其所在的星马新城的规划是：城市建设用地64平方千米，城市人口规模为53万人。以国家级长沙经开区、马坡岭农业高科技园以及广电中心、世界之窗为依托，扩大高新技术产业基地的规模，利用其特有的对外交通优势，大力发展新型工业、高科技农业、航空产业和文化休闲产业。其中：长永高速公路以南、远大路以北，规划为电子、生物工程等新型工业区，以外向型、高档次、集约型的产业为主；远大路以南、马坡岭一带，以省农科院、省农业大学为依托，重点建设马坡岭农业高科技园；长永高速公路以北、京珠高速公路以西，规划建成影视传媒、娱乐休闲基地；京珠高速公路以东，利用现有公共设施，建设市级副中心。扩容提质规划是长沙市城市总体规划的重要组成部分，既要与之衔接，又要突出以发展外向型、高科技、集约型、高档次的新型工业为重点。

与自身发展相适应，发挥长沙经开区的自然条件优势：长沙经开区地处丘陵地区，南临浏阳河、梨江，自然地理条件优越。同时在招商引资中坚持“效益好、无污染”的原则，严格把住入区工业企业和其他企业可持续发展关，使长沙经开区始终保持良好的自然生态环境。区位交通优势：长沙经开区距长沙火车站、湘江航运码头和机场均为8千米，107国道、319国道、机场高速公路从其境内通过。这些均为开发区的发展提供了交通上的强有力的支持。基础设施优势：1999年以来，长沙经开区已完成基础设施建设总投资12亿元，实现了水、电、路、话、气、有线电视等七通，具有良好的经济投资环境，有利于长沙经开区的后续发展。区内建成主次干道32条，全长109.70千米；6座大型跨线桥已竣工通车；已完成12.84千米架设铁塔33座的三回超高压线路的改道工程，2座110千伏和1座220千伏变电站已投入使用，日供电能力已达240万千瓦时；2座日供水20万吨的自来水厂已投入运行；21层高装机容量为10万门的电信程控大楼已竣工，国际互联网出口带宽为64KBPS，已开通6000门程控电话，实现了与156个国家和地区的通信联网。与深圳招商石化合资建立的长沙招商燃气有限公司为区内提供了充足的气源；星沙大市场16条商业街已形成繁荣兴旺的局面；与之配套的学校、医院、宾馆及其他公益设施日臻完善。长沙经开区创造了优越的投资环境。市场竞争优势：长沙经开区多年来一直瞄准“世界500强”招商引资，在区内形成了较完整的产业链，企业在市场上竞争能力强，先进的技术和现代化管理使入区的22家大中型企业发展后劲足，10余家在建企业发展前景好，今后引进的企业多为竞争实力强的大中型企业。长沙经开区的扩容提质要适应新老企业进一步提高竞争力的需要。政策扶持优势：长沙经开区扩容提质要凭借政策和资金的支撑。2001年，长沙市委、市政府实施“兴工强市”战略目标，对工业发展提供了大量的政策和资金扶持，仅2000年市财政就计划安排1.5亿元作为工业发展基金，并要求各区、县拿出1000万元以上资金用于工业的基础设施建设和对工业技改投入的部分贴息和奖励。全市8大重点技改项目长沙经开区就占了4项。即：投资4亿元的三一重工建筑机械项目；投资2亿元的维用长城增资扩建项目；投资12亿元的长丰猎豹家用越野车项目；投资13亿元的湖南HEG玻壳项目。优惠的政策和政府的支持使长沙经开区的发展如虎添翼。

长沙经开区扩容提质分长期和近期规划：长期期限为2004—2020年；近期期限为2004—2008年。

长沙经开区扩容提质的性质是：在现有基础上，围绕加快建设以先进制造业、汽车工业、电子信息产业为主，新材料、生物工程和食品工业为辅，物流中心配套的现代工业园和全省的新型工业基地，扩大容量，提高经济、生态效益。

长沙经开区扩容的规模是：到2020年，人口规模为29万人，其中居住人口12万人；用地规模为36.65平方千米；长沙经开区的范围为：东至东十二路（外环高速路），西至京珠高速公路，北至长永高速路、三一工业园，南至机场高速公路。

2002年，长沙经开区、长沙县提出扩容提质方案，把长沙经开区（县城）做大、做强、做优。规划用地面积为60平方千米，其中长沙经开区工业用地为30平方千米，是年启动了长沙县县城总体规划修编（长沙市星沙分区规划），经过了多次征求意见和修改完善。

规划长沙星沙分区2010年城市人口为25万人左右；2020年城市人口为50万人左右，其中长沙星沙分区30万人，长沙经开区20万人。规划确定2010年长沙星沙分区人均城市建设用地指标为120平方米/人，用地规模为30平方千米。2020年人均城市建设用地指标为120平方米/人，用地规模为60平方千米。其中长沙经开区规划占地面积为30平方千米。

布局与功能　长沙星沙分区性质：将星沙分区建设成为长沙大都市发展地

域内的副中心城市；全县的政治、经济、文教、科研、信息中心；以外向型高科技工业和高效农业为特色的现代化城市。其中，长永高速公路以南为长沙经开区；长永高速公路以北为长沙县县城。

政治、经济、文化中心：县城是长沙县域的政治、经济、文化中心，同时又是长沙市城市总体规划中“一主二次四组团”结构中的副中心。

生态型生活居住区：长沙星沙分区具有良好的自然生态景观、便捷的交通条件、长沙市副中心的区位优势、长沙经开区的支撑，以及地处丘陵，拆迁量少的开发建设条件，适宜发展中高档、中低密度的生态型生活居住区。

经济技术开发区：长沙经开区作为国家级经济技术开发区，在长沙市乃至长株潭地区都起到了先导作用，这一作用将在城市今后几十年的发展中进一步产生影响，成为本地区经济发展的中心。

高效农业基地：长沙县是长沙市的蔬菜基地，长沙县应把高效农业作为经济增长极之一，通过高效示范农业园的建设，带动全县农业经济的增长。

根据城市空间导向因素及现状的城市空间形态，以及城市产业布局，形成“一心三园区、双龙捧珠”的城市空间结构。“一心”为长沙县政治、经济、文化中心，占地约 14 平方千米，集行政办公、商业金融、文化娱乐、科研教育于一体。“三园区”即长沙经开区、松雅湖生态休闲园和政务中心区。长沙经开区：占地约 30 平方千米，主要发展占地少、无污染、科技含量高的 21 世纪新型环保型产业，如电子、电器、车辆制造等大型工业集团。松雅湖生态休闲园：占地约 9.5 平方千米，对团结垸部分农田实行退耕还湖，既能增强松雅湖的调剂蓄水能力，又能为长沙县城开辟一处度假休闲佳境。政务中心区：占地约 8 平方千米，建设一座标志长沙县新发展气象的、亲民而庄重的政务办公和服务中心，容纳完善的行政管理、政务服务和政法办公功能。“双龙捧珠”即星沙分区将南、北两条自然水系浏阳河和捞刀河有机结合起来，利用地形中的自然冲沟，形成曲折自然的景观林带，将自然生态因素导入城市中心。

为实现城市跨世纪的可持续发展，配合城市功能的演进要求，满足星沙分区“一心三园区”的城市空间结构需要，对城市功能进行了调整与重组。长永高速公路以南为工业园区用地，规划布局出口加工区、物流贸易区、电子信息产业区、先进制造工业园区、科技产业园区；长永高速公路以北、北二路以西为行政办公、商贸居住用地；长永高速公路以北，东四路以东为以居住为主的综合性用地；松雅湖两厢及腾飞岛为生态休闲绿地和高尚住宅区。

方案评审　2002年5月22日，长沙县委、县政府组织召开长沙县县城概念性总体规划方案专家评审会，对长沙市规划设计院、华中科技大学和同济大学三家设计单位提交的概念性总规方案进行评审，并根据会议结果最终确定长沙市规划设计院为规划编制承担单位。是年8月6日，长沙县规划委员会对长沙市规划设计院提交的长沙县总规修编方案进行审查。结合长沙市城市总体规划的修编，长沙县城总体规划改名为长沙星沙分区规划。

2004年7月，长沙市规划管理局组织省市专家和有关单位对星沙分区规划纲要进行审查。是年11月，长沙市人民政府长政函〔2004〕154号批复，原则同意《星沙分区规划》，并明确要求如下：

星沙分区是国务院批准的新版《长沙市城市总体规划（2003—2020）》确定的星马次中心主要组成部分，是长沙经开区和长沙县人民政府的所在地，同时也是长沙市重要的工业基地。星沙分区范围内的城市建设与发展要遵循经济、社会、人口、资源和环境相协调的可持续发展战略，优化产业结构，培植支柱产业，发展特色经济，完善城市功能，把星沙建设成为经济繁荣、社会文明、布局合理、环境优美的新型工业基地和现代化新型城区。

同意《星沙分区规划》确定的北至捞刀河、滨湖东路，东至长沙绕城高速东线，南至长沙机场高速公路，西至开福区和芙蓉区界的60平方千米的规划控制区范围。在规划控制区范围内，要进一步协调好长沙经开区建设与县城发展的关系，加强规划管理，统筹安排，节约用地，合理布局各项基础设施，加强与周边规划的衔接；进一步完善城市道路网络和交通设施；建设节水型城区；充分重视防灾工作，加强大型防灾骨干工程和城市重点防灾设施建设，形成较完善的城市综合防灾体系；切实保护和合理利用自然资源，认真整治环境，重点防治工业企业污染，全面改善环境质量。

按照长沙市政府的审批意见，长沙经开区和长沙县人民政府组织设计单位长沙市规划设计研究院对长沙县县城总体规划修编《星沙分区规划》进行了修改完善。

2006年4月，湖南省建设厅、湖南省国土资源厅和湖南省发改委联合发文，明确长沙县城（含长沙经开区）人口规模到2020年控制在50万人左右，城市建设用地规模到2020年不超过49.90平方千米。

随着《长沙市城市总体规划（2003—2020）》和《星沙分区规划》的编制，长沙经开区的发展用地扩大到东绕城线以西、机场高速路以北的范围，为更好地贯彻总体规划和分区规划意图，有效地指导长沙经开区的开发建设工作，长沙经开区与市、县规划局先后共同委托长沙市规划设计研究院和长沙市规划设计咨询公司编制《国家级长沙经开区控制性详细规划》和《东四路以西片控制性详细规划》，实现了长沙经开区控制性详细规划的全覆盖，这两片规划成果成为长沙经开区近年规划和建设管理的直接依据。

表 2-2　　2003—2020 年星沙分区规划用地平衡表

单位：公顷

序号	用地性质		用地面积	比例（%）
1	居住用地		1158.60	19.24
	其中	一类居住用地	294.30	—
		二类居住用地	864.30	—
2	公共设施用地		800.97	13.30
	其中	行政办公用地	199.01	—
		商业金融用地	252.30	—
		文化娱乐用地	47.30	—
		体育设施用地	87.00	—
		医疗卫生用地	18.54	—
		教育科研用地	196.82	—
3	工业用地		1893.21	31.44
	其中	一类工业用地	580.48	—
		二类工业用地	1312.73	—
4	仓储用地		97.13	1.61
5	道路广场用地		1101.85	18.30
6	市政设施用地		100.58	1.67
7	对外交通用地		43.89	0.73
8	绿地		731.15	12.14
	其中	公共绿地	345.07	—
		防护绿地	386.08	—

续表 2-2

序号	用地性质		用地面积	比例（%）
9	特殊用地		93.99	—
10	城市建设用地小计		6021.37	100.00
11	水域和其他用地		281.67	—
	其中	水　域	37.85	—
		山林地	132.43	—
		村镇建设用地	111.39	—
	总　计		6303.04	—

◆第四节　规划拓展

对接长沙市总体规划　“十一五”期间，随着国家经济的快速发展，城市化进程不断加快，长沙市城市规模超出上一版总体规划预期。2009 年，长沙市人民政府着手组织修编《长沙市城市总体规划（2003—2020）》，2011 年修订后按程序上报国务院审批。

总体规划修改成果对星马片区的规划布局策略是：以长沙经开区、马坡岭农业高科技园为依托，扩大高新技术产业基地的规模，利用其特有的对外交通优势，大力发展新型工业、高科技农业、航空产业和文化休闲产业。

长永高速公路以南，远大路以北，规划为电子、生物工程等新型工业区，以外向型、高档次、集约型的产业为主；远大路以南，马坡岭一带，以省农科院、湖南农业大学为依托，重点建设马坡岭农业高科技园（隆平高科园）。

长永高速公路以北，京珠高速公路以东，重点发展生产性服务业。

总体规划修改成果的空间结构从“一主两次四组团”的基础上新增加 2 个组团，即在暮云组团、金霞组团、高星组团、坪浦组团 4 个组团基础上增加空港组团和黄梨组团。对这两个组团的布局策略是：

空港组团：依托黄花机场区域门户资源，打造以高端制造、高端服务、临空产业为主的新兴产业基地。

黄梨组团：依托高铁站和机场优势，发展商务办公、文化娱乐和研发创新等功能。

总体规划修改成果的工业用地规划提出了4个工业发展区和2个特色工业基地，即长沙高新技术产业开发区、长沙经开区、金霞经济开发区、望城经济技术开发区、新能源汽车基地、临空制造业基地。涉及长沙经开区的工业用地规划主要是长沙经开区和临空制造业基地。

长沙经开区：在现状基础上，继续引进电子、电器等大型工业集团，重点发展工程机械、汽车及零部件、电子信息等主导产业。长沙经开区南面结合马坡岭农业高科技园形成农产品开发与深加工的新兴产业基地。

临空制造业基地：重点发展电子信息等高端临空制造产业和物流、总部、研发等临空服务产业。

“十二五”规划　2011年8月，长沙经开区编制完成了统领全区经济社会发展全局的“十二五”发展规划，在拓展园区发展空间方面提出：

认真抓好园区拓展规划。做好与长沙市总体规划的有机衔接，抢抓长沙市新一轮城市总体规划修编的契机，将开发区扩至100.59平方千米，列入全市重点开发的主体功能区，纳入长沙市新一轮城市总体规划范围并加快完成控制性详细规划编制，为园区未来发展提供足够的发展空间。园区空间拓展的基本取向为：北拓、东进、南延。

加快完善基础设施。按照100.59平方千米园区规划要求，加快建设蓝田路、东十一路跨机场高速桥，漓湘路东延线接远大路及长永高速南北辅道、楠竹园路、人民东路东延、大元路、檀木路、黄兴大道南延等，实现园区与星沙、榔梨、黄花产业基地的对接。争取市、区地铁、城际轻轨建设延伸至长沙经开区，超前规划设计城市主干道立交、互通平台，争取市、区公交网延伸和覆盖园区，实现与长沙主城区、长株潭综合城市圈有机融合。完善园区内道路、供水、供电、供气、通信、雨污分流、环卫设施、停车场等，形成园区内道路通畅、电力充足、信息通达、通信快捷、停车方便的良好局面，园区全面绿化、美化、亮化和优化，打造一流的生产和人居环境。

切实深化园区托管。着力解决园区科学规划、合理布局发展的问题，重点抓好星沙、榔梨及黄花3个产业基地的托管工作，推进区、县联合评审，实行统一发展规划、统一开发建设、统一招商引资、统一产业布局、统一优惠政策、统一环境治理、统一管理服务，构建以长沙经开区为核心、周边园区为补充的“层次分明、产业互补、互利共赢、资源共享”的管理模式。

积极探索异地建园。充分发挥国家级开发区的优势，按照“公司运作、产业输出、合作开发、互利共赢”的原则，积极探索以产业转移为纽带，以共同开发为基础，以先进管理为依托，以经济实力为保障的异地建园模式。大力鼓励园区龙头企业向外发展低端配套产业，支持企业异地建立专业生产基地和园中园。实施援助新疆计划，建立健全交流合作联动机制。积极引导、支持长沙经开区具有产业优势和投资意愿的骨干企业到新疆吐鲁番地区工业园区建立生产基地。

以区带园　为了适应长沙经开区的发展，进一步激发长沙县县域内工业园区发展活力，实现长沙经开区和工业园资源共享、优势互补、共同发展，经区、县衔接协调，2009年8月，长沙县委、长沙经开区、县政府联合制定《关于星沙、榔梨及黄花产业基地委托长沙经开区管理的方案》（长县发〔2009〕27号），明确星沙、榔梨、黄花3个产业基地委托长沙经开区管理。

托管的基本思路：按照“统一规划、业务指导、经济合作”的原则，将县域内7个乡镇工业园（小区）及星沙产业基地逐步纳入长沙经开区统一规划、统一建设、统一管理的体制范围，冠名为“国家级长沙经开区某某产业基地”。其中，星沙、榔梨及黄花产业基地地域临近，初具规模的工业园（小区）可先期试点，委托长沙经开区管理，建立紧密型联系。

体制方面，托管后乡镇和产业基地两块牌子、一套班子，乡镇党政正职分别兼任产业基地党政正职（星沙产业基地机构单列）。产业基地的财政和人事管理体制不变。资本运营方面，确立了“谁投资、谁受益，公司化运作”的原则。

托管形式：经县人民政府依法授权长沙经开区有关职能部门，拟在托管区域内按照统一规划、统一开发建设、统一产业布局、统一优惠政策、统一招商引资、统一环境治理、统一管理服务的“七统一”模式实行管理。

规划托管：主要解决园区科学发展的空间规划、合理布局发展的问题。由长沙经开区统一制定，县、区联合评审区域内园区总体发展规划、产业发展规划、基础设施规划、用地建设规划、环境保护规划等。

拓展区域　2011年11月，长沙县规划委员会专题研究长沙经开区拓展用地问题，出台《长沙县城乡规划委员会关于研究长沙经开区拓展用地问题会议纪要》（长县规委纪〔2011〕1号），明确在黄花工业园3平方千米基础上，沿新远大路向西拓展5平方千米；榔梨工业园在原6.99平方千米的基础上，向东拓6.30平方千米；星沙配套产业基地在原15平方千米的基础上，向北拓至滨湖路东延线，向东拓至春华 25.70 平方千米。长沙经开区开发建设面积由 38.60 平方千米增加至 100.59 平方千米。

2012 年，长沙经开区管委会高起点组织 61.99 平方千米新拓展区域的概念性总体规划编制和控制性详细规划编制，为新拓展区域的开发建设提供科学指导和管理依据。

第二章 规划管理

◆第一节　机　构

1992—2000年，长沙经开区的规划管理由长沙县规划局负责。2000年2月，长沙经开区晋升为国家级开发区后，设立长沙市规划管理局经济技术开发区分局。组织长沙经开区详细规划编制；园区内的规划设计审查；各类建筑项目的规划审批，核发全市统一编号的《建设项目选址意见书》、“建设用地规划许可证”“建设工程规划许可证”；建设工程批后规划管理，对园区内违章建设工程进行调查取证，提出处理意见，报市局审批；负责接待和处理涉及园区内规划建设问题的群众来信来访。

◆第二节　管　理

规划编制及设计　1992年6月至2003年，组织长沙经开区、长沙县城的规划编制和扩容提质设计工作。组织13.33公顷韩资工业园和星沙国际物流园的规划方案的设计。完成板桥小区、创业乐园、灰埠安置房和株树桥水库引水及净水工程选址意见书的初审及设计招标方案评审工作。协调好星沙220千伏变电站进出线和园区内基础设施有关问题，协助国土部门制定招标拍卖土地规划要点。

2003—2011年，组织和参与长沙市城市总体规划（2003—2020）编制、长沙经开区和长沙县城扩容提质总体规划修编、长沙市星沙分区规划编制、星沙新城概念规划、星沙新城基础设施专项规划、空港城控制性详细规划、长沙经开区控制性详细规划、东四路以西片控制性详细规划、星沙商务中心区控制性详细规划、长沙经开区公共服务设施规划、长沙经开区绿地系统规划、县城风貌规划、榔梨镇总体规划。

2012 年，规划编制工作重点是实现新扩区的规划全覆盖，制定近期和远期规划发展目标，打造一批设计精品，完成 61.99 平方千米的新区概念规划编制工作。新区概念规划编制解决了园区远期发展新拓展区功能定位、基础设施框架、产业发展等重要问题。完成黄花片 8 平方千米、榔梨片 13.29 平方千米以及星沙产业基地西片 18.70 平方千米控规编制工作。该 3 片区的控制性详细规划，可为园区近期基础设施、市政建设和招商引资等工作提供可操作性的规划指导，为科学的规划管理和建设美丽园区奠定基础。完成东六路景观街区的设计。为提升区域居民的生活质量，打造区域精品特色，营造高品质生活的景观氛围，提供了美好蓝图，为下一步建设美丽园区和生态园区创造有利条件。完成东八路道路设计专家审查。邀请多位专家对东八路道路设计进行论证，为打造高品质道路提供了科学而有效的参考建议，为东八路的提质改造作出了科学的规划。配合有关部门完成了海关等精品建筑和精品社区的相关规划工作。

规划审批及法规监察　1992 年 7 月至 2012 年 12 月，共核发建设选址意见书 4 份，核发建设用地规划许可证 557 本，审批建设用地面积 39.10 平方千米；核发建设工程规划许可证 651 本，审批市政工程建设面积 13.52 平方千米；核发市政工程规划许可证 142 本，管线长度 276.63 千米。2008 年，园区全面实行批后管理制度，截至 2012 年 12 月底，共放验线 277 次，正负零验收 238 次，竣工验收 280 次，办理私房建设工程规划许可证 320 本，面积 0.15 平方千米。

规划分局与长沙县城市管理行政执法局密切配合，规范园区内的建设行为，共下达行政处罚决定书 83 份，处罚违章面积 0.15 平方千米，罚金 120.58 万元。2011 年，对园区范围内房地产项目地下车库使用情况进行摸底检查，共检查地下车位近 8000 个。结合实际情况，对园区批后管理从工作流程、工作制度和工作责任等方面进行了探索和改革。

2008 年，制定《长沙县建设工程批后管理若干规定（试行）》；2009 年，制定《长沙县建设工程批后管理实施细则》；2011 年，制定《长沙经开区网格化巡查规定》等相关文件，优化了批后管理办事流程，缩短了办理时限。

为严格规划管理，杜绝建设工程在实施过程中随意变更规划审批要求的现象，及时制止各类违法违章现象的发生，确保规划管理目标的实现，2012 年，批后管理人员与县城管执法队队员互相配合，落实网格化巡查，加大了批后管理执法力度。全年共查处违法建筑1起，处罚面积383平方米，处罚金2.45万元，拆除违章建筑约1公顷，并严肃处理了新安村、招商物流等一批未批先建的临时建筑，有效遏制了园区内临时建筑随意搭建的违章行为的发生。同时，为了保障广大人民群众的利益，及时函告了未按规划审批施工的两家房地产企业，督促其按照审批图纸进行整改，对私自变更审批图纸的两家企业进行了严肃处理。

规划服务 2000年，制定《规划审批程序暂行规定》《批后管理暂行规定》（草案）等办事制度，建立健全规划管理规章制度。

规划分局向社会作出服务承诺，简化办事程序，提高办事效率。规划报建实行“一站式”办公，一个窗口对外，首问负责制，一次性告知；核发“一书两证”，凡资料齐全的，分局审核的工作时限为7天；建设单位申请工程项目更名变更手续的工作时限为5天；对群众举报的违法建筑24小时内派人到现场调查，提出明确的处理意见。

2000—2012年，到园区企业单位现场办公，上门服务，先后到长丰集团、长沙劳教所等单位具体调整解决规划问题30余次，参与三一重工等重点企业发展用地的现场办公，组织三一重工场地标高与园区道路标高专题协调会。

为长沙经开区招商引资工作服务。参与韩国玻壳项目、长丰集团、水生野生动物园等重大项目入区谈判工作，为星沙海关、长沙检验检疫局综合楼、上海大众等入区项目提供前期服务。

为园区建设做好规划服务。为人民东路、东十一路、梨江港排水系统、中轴路排水箱涵、沙坪至云田500千伏电力线路等道路和基础设施建设，提供规划选线、审查和设计变更等规划服务。

第三章 专项规划

◆第一节 道路交通规划

1992年6月，长沙星沙开发区工程建设指挥部邀请湖南大学土木建筑设计院承担园区20平方千米道路交通规划设计任务。规划园区内的主次干道共28条，计60千米，成方块形。南北干道与107国道基本平行，东西主路与319国道平行，构成纵横交错的道路格局，使园区从东到西、由南向北依次串起工业、经贸、商住、行政、文教、体育、娱乐等中心，共同构成现代工业城高效、便捷、灵活的道路格局。

规划区内107国道按120米宽度设计（包括机动车道、绿化带、非机动车道、人行道、安全隔离岛等），319国道按100米宽度设计；规划区内主干道按80米预留，次干道按国家规范设计。

1999—2007年，园区规划历经两次修编拓展，按照100.59平方千米道路交通规划设计。完成与国道线的联通工程：完成京珠高速公路在月形山的匝道连接线，星沙与区外的107国道、京珠高速、319国道、长永高速等主要交通要道的交通网络，突破原来由于两条高速公路贯穿星沙所形成的封闭屏障，使星沙形成西联市区，北通星港城，东抵黄花机场，南及株洲、湘潭的开放性立体交通网络。完成与产业园区和公交网对接工程：修建蓝田路、漓湘路东延线接远大路、长永高速南北辅道、楠竹园路、人民东路东延大元路、檀木路、黄兴大道南延线等工程建设，实现园区与星沙、榔梨、黄花产业基地对接，并争取市、区地铁、城际轻轨向园区延伸，使市、区公交网覆盖园区，实现长沙主城区、长株潭生活城市圈有机融合。完成道路网格工程：以漓湘路、盼盼路、远大路、映霞路、人民东路、大元路为横轴，以星沙大道、东四路、东六路、黄兴大道、东十路、东十一路为纵轴，形成纵横交错的道路网络。

◆第二节　园林绿化规划

1992 年 6 月，湖南大学土木建筑设计院制定出台《长沙星沙开发区（县城）园林绿化规划》，提出园林绿化要显示民族特色，与发展旅游业相结合，公园与街景和绿化相结合，综合统筹安排。初步设计北端以捞刀河、哑河（后改名松雅河）为中心，建设大型绿化带，中间以杉星庙为中心，建一个有地方特色的园林公园。以城市道路绿化为基础，在保留星沙原来的山水园林自然风光的同时，以星沙大道、东四路、东六路、东八路、漓湘路、盼盼路为骨架，构建西接世界之窗，东至长株高速，北接松雅河、滨湖林带，南接机场高速的点、线、面相结合的呈网状的有机绿化系统。

1998 年 4 月，长沙经开区委托市规划设计院进行修编，修编后的整体规划为 1998—2015 年。与原规划相比，新增 5 处公园绿化带，主干道、次干道新辟一定数量的园林式街景，住宅小区和大型娱乐场所及中心广场预留一定面积，用作绿化和供市民休息的场地。更加体现"城在山中、房在林中、人在绿中"的星沙特色，公园绿地面积为每人 10.24 平方米，生产防护绿地每人 2.80 平方米。

1999 年 7 月，省人民政府批准了该修编方案。

◆第三节　公共设施建设规划

1992 年 6 月，湖南大学土木建筑设计院编制《长沙星沙开发区（县城）公共设施规划》，提出公共设施按国家标准统筹安排，拟在 107 国道旁建设长沙星沙开发区指挥部服务大楼，在开发区内建学校 7 所（中学 3 所，小学 4 所）、医院 2 所，按商业、工业、行政管理、游乐及远期发展 5 大区分别设置 5 个邮电所以及其他公共设施。

1999—2007 年，园区规划随着经济结构和经济发展战略的调整逐步完善，经过了两次修编拓展，按照 100.59 平方千米拓展面积规划增设公共设施。

2012 年，长沙经开区管委会组织高起点编制 61.99 平方千米新拓展区域的概念性规划编制和控制性详细规划编制，为新拓展区域的高起点公共设施建设提供科学指导和管理依据。

第三篇 土地征用和拆迁安置

Land Requisition and Resettlement

第一章 土地征用与管理

◆第一节 工作机构

1992年7月，成立长沙星沙开发区征地拆迁指挥部，负责开发区的土地征用工作，依照长沙市人民政府颁布的土地征收政策执行。是年12月，成立长沙星沙开发区安置发展部，负责园区拆迁户安置工作。1994年5月，长沙经开区管委会将征地拆迁部与安置发展部合并为拆迁安置部。2000年2月，长沙经开区晋升为国家级开发区后，撤销拆迁安置部，设立长沙经开区社会发展局，负责园区土地管理和征地拆迁工作。2002年6月，成立长沙市国土资源局长沙经济技术开发区分局。2004年4月15日，成立长沙经开区管委会、长沙县人民政府征地拆迁中心。2009年9月，长沙经开区管委会机构改革将征地拆迁中心改设为征地拆迁办公室，专门负责征地拆迁工作。

◆第二节 政策依据

1991年12月，长沙市人民政府颁布《长沙市城市房屋拆迁管理办法》（长沙市人民政府4号令）和《长沙市国家建设征用土地补偿安置办法》（长沙市人民政府5号令）。1992年，长沙经开区征地拆迁安置政策按《长沙市国家建设征用土地补偿安置办法》执行。

1995年10月1日，长沙市人民政府调整《长沙市城市房屋拆迁管理办法》（长沙市人民政府4号令）和《长沙市国家建设征用土地补偿安置办法》（长沙市人民政府5号令），提高国家建设征用土地补偿费和安置补助费的标准，县区比照市区标准可降低20%执行。

2000 年 3 月，长沙市人民政府颁布《长沙市征地补偿安置条例实施办法》（长沙市人民政府 60 号令）。2002 年 4 月，长沙县人民政府下发《长沙县人民政府关于执行长沙市征地补偿安置条例及其实施办法有关事项的通知》（长县政发〔2002〕14 号），是年 5 月，长沙县人民政府下发《长沙县人民政府关于县城建设征地拆迁安置工作若干问题的补充意见》（长县政发〔2002〕18 号）。长沙县人民政府根据市人民政府颁布的法令，县区比照市区标准降低 20% 执行。

2004 年 8 月 6 日，中共长沙县委颁布《中共长沙县委、长沙经开区管委会、长沙县人民政府关于实行拆迁安置工作责任制的通知》（长发〔2004〕30 号），对拆迁安置工作实行责任制。

2008 年 2 月，长沙市人民政府颁布《长沙市征地补偿实施办法》（长沙市人民政府 103 号令），2008 年 5 月 4 日，长沙县人民政府下发《关于执行长沙市征地补偿安置条例及实施办法有关事项的通知》（长县政发〔2008〕16 号）。

2009 年 8 月 11 日，长沙县委办公室、长沙经开区管委会办公室、长沙县人民政府办公室联合制定《关于长沙县征地补偿安置若干问题的指导性意见》（长县办发〔2009〕53 号），统一区、县征地拆迁安置政策，规范操作程序，确保整体平衡。

◆第三节　土地征用

长沙经开区土地征用先后执行长沙市人民政府 4 次颁布的具体政策。1992 年 7 月至 1995 年 9 月，执行长沙市人民政府颁布的《长沙市城市房屋拆迁管理办法》（长沙市人民政府 4 号令）、《长沙市国家建设征用土地补偿安置办法》（长沙市人民政府 5 号令）；1995 年 10 月至 2002 年 3 月，执行长沙市人民政府调整后的《长沙市城市房屋拆迁管理办法》（长沙市人民政府 4 号令）、《长沙市国家建设征用土地补偿安置办法》（长沙市人民政府 5 号令）；2002 年 4 月至 2008 年 3 月，执行长沙市人民政府颁布的《长沙市征地补偿安置条例实施办法》（长沙市人民政府 60 号令）；2008 年 4 月至 2012 年 12 月，执行长沙市人民政府颁布的《长沙市征地补偿实施办法》（长沙市人民政府 103 号令）。总计征地 3240.45 公顷，动迁 7548 户 22941 人，付征地拆迁补偿费 65.15 亿元。

1992 年 7 月至 2002 年 3 月，按长沙市人民政府颁布的《长沙市城市房屋拆迁管理办法》（长沙市人民政府 4 号令）、《长沙市国家建设征用土地补偿安置办法》（长沙市人民政府 5 号令）征收的面积为 908.85 公顷，拆迁 1665 户 6657 人，付征地拆迁补偿费 1.46 亿元。2002 年 4 月至 2008 年 3 月，执行长沙市人民政府《长沙市征地补偿安置条例实施办法》（长沙市人民政府 60 号令），征收面积 1213.75 公顷，拆迁 2866 户 7205 人，付征地拆迁补偿费 18.28 亿元。2008 年 4 月 1 日至 2012 年 12 月，执行长沙市人民政府《长沙市征地补偿实施办法》（长沙市人民政府 103 号令），征收面积 1117.98 公顷，拆迁 3017 户 9079 人，付征地补偿安置费 45.41 亿元。

2003 年 4 月 28 日至 5 月 8 日，长沙市审计局对长沙经开区按市政府《长沙市城市房屋拆迁管理办法》（长沙市人民政府 4 号令）、《长沙市国家建设征用土地补偿安置办法》（长沙市人民政府 5 号令）征收的土地拆迁补偿费和安置补助费进行专项审计。

表 3-1　1992 年 7 月至 1995 年 9 月长沙经开区征地拆迁安置补偿汇总表

单位：公顷、万元

类别	面积	土地补偿费		安置补助费		合计
		单价	金额	单价	金额	
水田	191.48	6.75	1292.43	4.05	775.46	2067.89
旱地	30.88	4.88	150.55	2.93	90.33	240.88
园地	37.06	5.70	211.23	3.42	126.74	337.97
宅基地	43.24	6.75	291.84	—	—	291.84
道路	30.88	6.75	208.46	—	—	208.46
水域	43.24	6.75	291.84	4.05	175.10	466.94
林地	240.89	2.85	686.52	3.42	823.82	1510.34
合计	617.67	—	3132.87	—	1991.45	5124.32

表 3-2　1995 年 10 月至 2002 年 3 月长沙经开区征地拆迁补偿汇总表

单位：公顷、万元

类别	面积	土地补偿费		安置补助费		合计
		单价	金额	单价	金额	
水田	90.11	12.83	1155.58	7.70	693.35	1848.93
旱地	14.53	9.23	134.06	5.54	80.44	214.50
园地	17.44	9.98	173.96	5.99	104.38	278.34
宅基地	20.35	12.83	260.94	—	—	260.94
道路	15.04	12.83	192.92	—	—	192.92
水域	20.35	12.83	260.94	7.70	156.56	417.50
林地	113.36	5.70	646.14	5.99	678.44	1324.58
合计	291.18	—	2824.54	—	1713.17	4537.71

表 3-3　2002 年 4 月至 2008 年 3 月长沙经开区征地拆迁数据汇总表

单位：公顷、亿元

年度	拆迁面积	户数	人数	支付拆迁资金
2002 年 4 月至 2003 年 12 月	126.44	213	512	2.12
2004	231.61	305	950	2.29
2005	204.74	403	1087	1.65
2006	269.01	558	1419	4.03
2007	286.35	978	2261	5.14
2008	95.60	409	976	3.05
合计	1213.75	2866	7205	18.28

表 3-4　2008 年 4 月至 2012 年 12 月长沙经开区征地拆迁数据汇总表

单位：公顷、亿元

年度	拆迁面积	户数	人数	支付拆迁资金
2008	40.80	131	385	1.30
2009	176.74	496	1448	6.70
2010	343.75	1033	3061	15.06

续表 3-4

2011	299.21	853	2664	14.31
2012	257.48	504	1521	8.04
合计	1117.98	3017	9079	45.41

◆第四节　土地管理

长沙经开区土地管理工作分为两个阶段：第一阶段，1992 年 7 月至 2002 年 5 月；第二阶段，2002 年 6 月长沙市国土资源管理局长沙经济技术开发区分局成立以后。

第一阶段：1992 年 7 月至 2002 年 5 月，长沙经开区土地管理工作由行政部门统一管理。2000 年 12 月 31 日前已经省人民政府批准征用的红线范围内的土地，由县国土局派驻代表，按照国家的土地法律、法规，负责办理土地的出让、划拨等手续。

1992 年 7 月 28 日，长沙县人民政府《关于兴建长沙星沙开发区有关优惠政策办法的通知》，明确开发区的土地由开发区工程建设指挥部实行统一规划，统一征用，统一拆迁安置，统一搞好道路、通电、通水、通信等基础工程。

针对长沙经开区建区初期在用地方面出现部分单位征用土地占而不用，少数单位开工建设速度缓慢，个别单位未经开发区同意将预约地随意转让等问题，1995 年 4 月，管委会根据《国家土地管理法》和《城市规划法》的规定，提出了 5 条要求：必须遵循合理用地和节约用地的原则；用地必须按计划进行，用地单位应按规划部门的立项批准文件，方可申请用地；连续两年未使用的土地必须依法收回；土地转让必须依法办理转让手续；城市用地应按城市规划组织实施。并作出 4 条具体规定：各用地单位要坚持计划用地和节约用地的原则，量力而行，在年内进场施工建设，否则将按实际情况进行调整；必须在 4 月 27 日至 5 月 27 日内交足 70% 的用地款，否则将已付购地款和购地单价算成预约用地数，多余部分土地数由管委会收回对外招商；对于预约用地已作转让的，转让双方要在 1 个月内办理有关手续，过期管委会对转让行为将不予承认；调整用地工作时间从 5 月 27 日开始，至 8 月 27 日结束，凡属于上述规定范围内的单位速与管委会签订用地合同。

1995年10月6日，长沙经开区管委会重申土地管理3项原则：长沙经开区管委会根据长沙县人民政府的授权，代表政府行使职权，加强土地“五统一”（统一规划、统一征用、统一开发、统一管理、统一出让）的管理原则；坚持“一支笔”审批，坚持合理用地、依法用地的原则；坚持“节约用地、合理利用每一寸土地”的原则。长沙县国土局派员驻长沙经开区，按长沙经开区管委会的要求，对区内土地的不同地域认真进行了评估，使出让土地有序进行。通过清理整顿，处理违法用地44宗，收回闲置土地1宗5.33公顷。经过省人民政府批准，申报办理了腾飞岛国有土地置换到长沙经开区以东山岗丘地，节约良田面积78.27公顷，达到了合理利用土地的目的。

第二阶段：2002年长沙市国土局长沙经济技术开发区分局成立后，进一步加强土地管理，确保入区企业的用地需求，负责入区企业的土地报批、土地出让、土地收回等具体工作。严格按照国家、省、市土地利用与管理的政策法规，加大对闲置土地和低效利用土地的处置力度。凡涉嫌土地闲置或利用不达标的，分局依法采取成本收回、评估价收回、置换调整等方式盘活存量，收回部分土地，并将收回的土地通过“招拍挂”等形式重新出让，大大地提高了土地利用效率，如2008年收回湖南光阳精机有限公司8公顷土地通过挂牌重新出让给两个单位使用，2010年收回众泰汽车约13.33公顷土地出让给丰源迪美公司，2011年收回湖南湘林新型环保木业有限公司15.47公顷土地，是年就出让给长沙德科置业有限公司。

2005—2012年，长沙经开区总计农转征批回土地48宗1461.22公顷；出让土地219宗1272.48公顷；收回土地45宗275.14公顷。

2012年，通过向省国土厅、市国土局争取耕地指标调剂，向其他市州易地购买等多种方式，共完成补充耕地指标133.07公顷，解决了2012年园区土地报批耕地占补平衡问题。创新耕地指标购买方式，与衡阳市嘉耕生态农业开发有限公司签订委托补充耕地项目协议，委托其在衡东县实施耕地开垦，为2013年用地报批的耕地占补平衡工作打下了基础。在省国土资源厅2011年度全省开发区土地节约集约利用评价考核中，长沙经开区获全省节约集约用地特别奖，并在省国土资源厅组织召开的全省开发区工作部署会议上，作节约集约用地的典型经验介绍。

表 3-5　　2005—2012 年长沙经开区农转征批回土地汇总表

单位：公顷

年　份	宗　数	批准面积
2005	2	71.31
2006	5	178.50
2007	8	134.33
2008	4	204.38
2009	9	212.02
2010	9	309.76
2011	4	97.77
2012	7	253.15
合计	48	1461.22

表 3-6　　2005—2012 年长沙经开区土地出让汇总表

单位：公顷、亿元

年 份	宗 数	面 积	成交金额
2005	19	120.18	2.45
2006	30	159.59	5.78
2007	48	280.70	17.09
2008	15	79.55	4.12
2009	17	60.57	4.63
2010	22	269.96	21.77
2011	40	166.74	20.34
2012	28	135.19	18.95
合计	219	1272.48	95.12

表 3-7　　2006—2012 年长沙经开区收回土地汇总表

单位：公顷

年 份	宗 数	收回面积
2006	7	35.31
2007	6	31.26
2008	2	22.06
2009	4	24.25
2010	10	72.56
2011	10	54.21
2012	6	35.49
合计	45	275.14

第二章 安 置

◆第一节 机 构

1992年7月至2002年，长沙经开区先后成立安置发展部、拆迁安置部、社会发展局，负责区内安置工作。

2003年3月，长沙县星沙镇党委书记兼任长沙经开区管委会社会发展局局长，是年5月，社会发展局搬到星沙镇人民政府内合署办公。2003—2008年，安置工作由社会发展局与星沙镇政府共同负责。

2009年，星沙镇政府行政建制撤销，成立星沙、泉塘、湘龙3个街道办事处，是年9月，长沙经开区社会发展局更名为社会事业局，征地拆迁中心更名为征地拆迁办公室，长沙经开区原按市政府《长沙市征地补偿安置条例实施办法》（长沙市人民政府60号令）拆迁的农户的安置工作由社会事业局负责，相关乡镇、街道办事处配合。按市政府《长沙市征地补偿实施办法》（长沙市人民政府103号令）拆迁的农户由征地拆迁办公室负责实行货币安置。

◆第二节 政 策

1991年12月，长沙市人民政府颁布《长沙市城市房屋拆迁管理办法》（长沙市人民政府4号令）和《长沙市国家建设征用土地补偿安置办法》（长沙市人民政府5号令），1995年10月1日后调整《长沙市城市房屋拆迁管理办法》（长沙市人民政府4号令）、《长沙市国家建设征用土地补偿安置办法》（长沙市人民政府5号令），2000年3月市政府颁布《长沙市征地补偿安置条例实施办法》（长沙市人民政府60号令），2008年2月颁布《长沙市征地补偿实施办法》（长沙市人民政府 103 号令）。

1992 年 10 月，长沙星沙开发区工程建设指挥部颁布《关于区内安置住房分购方案》。

1993 年 1 月，长沙星沙开发区工程建设指挥部颁布《关于区内拆迁户到星沙大市场、三产业街自建房的有关政策规定》（星指发〔1993〕1 号）。

1994 年 1 月，长沙星沙开发区工程建设指挥部颁布《关于发放拆迁村民生活费的暂行规定》（星指发〔1994〕1 号）。

1999 年 6 月，长沙县人民政府批复《长沙经开区征地拆迁安置实施方案》（长县政函〔1999〕7 号），即按市政府 1995 年 10 月 1 日颁布调整的《长沙市城市房屋拆迁管理办法》（长沙市人民政府 4 号令）、《长沙市国家建设征用土地补偿安置办法》（长沙市人民政府 5 号令）的安置费发放标准，办理所有拆迁户的一次性安置费发放手续，1995 年 10 月 1 日以前拆迁户已办理一次性安置费手续的，按现行标准予以补足。

2004 年 3 月，长沙县人民政府发出《关于征地拆迁安置有关问题的规定》（长县政发〔2004〕25 号），按文件第二款规定，星沙镇范围内的安置工作由星沙镇人民政府具体实施。

2004 年 4 月，星沙镇人民政府出台按《长沙市征地补偿安置条例实施办法》（长沙市人民政府 60 号令）征地的拆迁户分地方案，即每人 18 平方米，由拆迁户自由组合，按市场运作模式（自愿参与拍卖和抽签），将地分配到户。

2004 年 8 月 3 日，中共长沙县委下发《中共长沙县委、长沙经开区管委会、长沙县人民政府关于进一步做好拆迁安置工作有关问题的通知》（长县发〔2004〕29 号）规定："县城内按《长沙市征地补偿安置条例实施办法》（长沙市人民政府 60 号令），拆迁户的安置工作主要由星沙镇人民政府负责，组织相关村（居）民委员会等农村集体经济组织、基层组织承担；按《长沙市国家建设征用土地补偿安置办法》（长沙市人民政府 5 号令），拆迁户的安置工作由星沙镇人民政府与长沙经开区管委会社会发展局共同组织相关村（居）民委员会等农村集体经济组织、基层组织承担。"文件中还对拆迁户劳动就业、社会保障作了具体规定。

2008 年 4 月 1 日，长沙经开区执行长沙市人民政府颁布的《长沙市征地补偿实施办法》（长沙市人民政府 103 号令），全部实行货币安置。

◆第三节　居　住

1992年7月，开发区在逐户办理征收手续时，制定了住房安置意向表，由拆迁户自愿选择住房的安置模式，一种选择住安置房，另一种选择到星沙大市场和三产业街划地自建，但每户只能选择一种安置模式。

选择安置房　开发之初，开发区领导考虑到拆迁户征地拆迁补偿费不多，本着既要解决住房问题，又要留有余地发展再生产的原则进行住房安置，1992年7月至1995年先后在杉星（建9栋）、灰埠（建5栋）、板桥（建2栋）3处共建安置房16栋，计766套，按照指挥部制定的分购安置房方案，逐套分配到户，1995年10月1日以前按市政府《长沙市城市房屋拆迁管理办法》（长沙市人民政府4号令）、《长沙市国家建设征用土地补偿安置办法》（长沙市人民政府5号令）拆迁的户购安置房价格（又称重置价格）280元/平方米，1995年10月1日以后按市政府调整后的《长沙市城市房屋拆迁管理办法》（长沙市人民政府4号令）、《长沙市国家建设征用土地补偿安置办法》（长沙市人民政府5号令）拆迁的户购安置房价格为400元/平方米，因人口多等特殊情况请求增加住房面积的户，经镇、村证明情况属实，即按半平价半议价500元/平方米的价格给拆迁户，共计分购安置房的有754户，安置2119人。

随着时间的推移，很多住安置房的拆迁户因家庭人口不断增加，感到住房十分紧张，要求政府妥善解决。2007年，区、县决定在原灰埠与土桥村交界处征地7公顷，启动经济适用房工程，2009年建成“湘瑞家园”。共建21栋计1055套，具体做法是：以2007年4月5日为人口截止日期，按30平方米/人的标准，原住房人均面积低于30平方米的，以户为单位，缺面30平方米（含30平方米）以下的，分80平方米住房一套。缺面30平方米以上至90平方米（含90平方米）的，分90平方米住房一套。缺面90平方米以上的，分90平方米住房两套。其中，计内（30平方米以内）面积，按600元/平方米计价；计外面积按1688元/平方米计价。人均住房原有面积超过30平方米/人的，每户可分80平方米住房一套，价格1688元/平方米。2008年11月至2009年12月完成拆迁户的购房工作，共分配购房指标961套，其中办理回购手续的599套，彻底解决了原选择住安置房的拆迁户住房紧张问题。

划地自建　长沙经开区要求规划部门把最好的地段让出来作为拆迁户自建地，确保拆迁户能安居乐业。星沙大市场是开发区的商贸区，灰埠是开发区的文化区，板桥、泉塘是开发区的工业区，1993—2000年，长沙经开区先后在星沙大市场（1 ~ 6区）和灰埠、板桥建安置小区解决划地自建的拆迁户住房问题。1993年1月，长沙星沙开发区指挥部《关于区内拆迁户到星沙市场或三产业街自建房的有关政策规定》（星指发〔1993〕1号）：1 ~ 3人户分一缝地皮，每缝建筑面积52平方米；4人以上（含4人）户分地皮两缝。1995年10月1日以前征收户的每缝只收设施配套费8800元，是对外销售价的1/3，有192户购地皮281缝；1995年10月1日以后征收的，因征收的政策性标准提高，每缝也只收设施配套费2万元，有618户购地皮1087缝。为支持国家重点工程建设，长沙经开区对京珠高速公路拆迁的101户154缝地皮没有收取设施配套费，总计按市政府《长沙市城市房屋拆迁管理办法》（长沙市人民政府4号令）、《长沙市国家建设征用土地补偿安置办法》（长沙市人民政府5号令）征收的拆迁户有911户，划地自建1522缝，共安置人口4538人。

划地统建　2002年4月至2008年3月，长沙经开区征地执行市政府《长沙市征地补偿安置条例实施办法》（长沙市人民政府60号令），拆迁户的住房安置由星沙镇政府负责，采取划地统建模式，即每人18平方米标准计算到户，由拆迁户自愿组合，按市场运作模式参与拍卖和抽签，长沙经开区先后建安置小区5处，另外丁家安置区建了高层公寓，安置拆迁户690人。拆迁户的划地统建工作由区社会事业局负责，相关乡镇、街道办事处配合。共安置2457户5623人，划地统建1738缝。

货币安置　2008年4月1日以后按市政府《长沙市征地补偿实施办法》（长沙市人民政府103号令）征收的农户，解决住房问题采取货币安置，区、县统一按每人10万元的购房补贴标准计算到户。另外凭有效证件认定的独生子女户和半边户，每户再增加2.53万元的购房补贴，由各户持购房“货币补贴凭证”到县城自主选择购买商品房。由于县城的房源充足，拆迁户都及时购买了住房。截至2012年，长沙经开区货币安置2426户7823人，支付金额8.93亿元。

表 3-8 长沙经开区拆迁户购置安置房结算汇总表

单位：万元

安置房名称	总套数	重置价格						总金额
		280 元 / 平方米		400 元 / 平方米		500 元 / 平方米		
		户数	金额	户数	金额	户数	金额	
板桥	112	66	124.68	22	48.76	19	64.12	237.56
灰埠	266	196	331.23	24	54.99	41	152.94	539.16
杉星	388	383	594.38	—	—	3	10.88	605.26
合计	766	645	1050.28	46	103.75	63	227.94	1381.97

表 3-9 1992 年 7 月至 2002 年 3 月长沙经开区征收拆迁户划地自建汇总表

安置区域	购地缝数
一区（板仓路以西，经贸路以南）	49
二区（板仓路以东，天华路以西，319 国道以北，经贸路以南）	59
三区（板仓路以东，天华路以西，经贸路以北，蒸湘路以南）	149
四区（板仓路以东，天华路以西，蒸湘路以北，直至中心广场）	144
五、六区（天华路以东，汽车站以北，经贸路南北两侧）	266
灰埠安置小区	582
板桥安置小区	273
合　计	1522

表 3-10 2002 年 4 月至 2008 年 3 月长沙经开区拆迁户划地统建汇总表

单位：万元

安置区名称	总缝数	安置人数	拍卖缝数	拍卖金额
泉塘二期安置小区	407	1206	69	1381.30
丁家安置小区	311	931	57	1632
泉塘三期安置小区	364	983	99	4392.29
龙华安置小区	355	950	103	2820.57

续表 3-10

华湘安置小区	301	863	74	3094.36
丁家岭高层公寓	—	690	—	—
合　计	1738	5623	402	13320.52

表 3-11　2008 年 4 月至 2012 年 12 月长沙经开区拆迁户货币安置汇总表

单位：亿元

年份	户数	人数	金额	备注
2009	520	1552	1.59	—
2010	855	2710	2.78	—
2011	544	1849	1.87	—
2012	507	1712	2.69	其中换发券 0.48
合计	2426	7823	8.93	—

◆第四节　生活安置

长沙经开区按市政府《长沙市城市房屋拆迁管理办法》（长沙市人民政府 4 号令）、《长沙市国家建设征用土地补偿安置办法》（长沙市人民政府 5 号令）征收的农户生活安置，采取了 4 种办法。

办理拆迁户农转非手续。在省政府和省计委、省公安厅的大力支持下，1992—1997 年总共批拨给长沙经开区“农转非”指标 6350 人，由开发区保卫部（后归口星沙镇派出所）具体办理农转非手续。

供应转户人员平价粮。在粮价没有放开的情况下，长沙经开区委托安沙粮站负责供应转户人员的平价粮。1995 年星沙粮站建立，给 1530 人发了粮卡。该粮站在灰埠安置房借用住房 1 套，安排门面 2 缝，作为拆迁户转户人员买粮供应点，及时做好了平价粮的供应工作。

发放生活费。开发之初，只征用部分土地，有的户只拆屋未征收田地，有的户只征用了部分田地而未拆屋，情况较为复杂。区、县决定，采取发生活费的方式解决拆迁户的生活问题。开发区管委会下发《星沙开发区管委会关于发放拆迁村民生活费的暂行规定》（长管发〔1994〕1 号）。此规定从 1994 年

4月起执行，其具体情况是：1993年2季度开始发生活费，发放标准是大人每月50元，小孩减半，是年给第一批221户的拆迁户580人发放生活费7.87万元，给81户搭棚过渡户的167人发放生活费2.50万元，给585户压田户1458人发放生活费17.43万元。1994年1—6月发放标准调整为大人每月60元，小孩减半。1994年7月至2002年12月发放标准调整为大人每月70元，小孩减半，残疾儿童每人每月加10元。征收田地户按征收田地的比例发给生活费，发放标准是：征收田地40%的大人每月发给40元，征收田地50%以上的大人每月发给50元，征收田地60%以上的大人每月发给60元，征收田地80%的每月每人发给70元。10年来累计发放生活费1520.56万元。凡不够办理一次性安置费手续的拆迁户均采取发放生活费的办法进行生活安置。

发放一次性安置补助费。按《长沙市国家建设征用土地补偿安置办法》（长沙市人民政府5号令）规定，1995年10月1日以前安置补助费的发放标准为：自谋职业者年满16周岁，男的不满50周岁、女的不满40周岁，每人发给安置补助费7000元；男满50周岁、女满40周岁的退养安置对象，分别发退养费6750元、6950元，每增长一岁减少50元。1999年7月以前拆迁户自愿申请办理自谋职业和退养手续的969人，发放自谋职业补助费和退养安置费共608.80万元。

1995年10月1日以后调整一次性安置费的发放标准，各年龄层次的发放标准为：16周岁至不满25周岁的安置对象发一次性安置费1.8万元；25周岁至不满30周岁的安置对象发一次性安置费2万元；30周岁至不满50周岁的男性、不满40周岁的女性安置对象发一次性安置费2.2万元。

1999年6月29日，长沙县人民政府《长沙经开区征地拆迁安置实施方案》（长县政函〔1999〕7号）规定：从1999年7月开始办理拆迁户一次性安置费发放手续，并对以前办理自谋职业和退养手续的拆迁户按当时办理时的年龄，依照已调整的标准予以补足。1999年7月至2004年6月共有1787户6165人办理了一次性安置费的发放手续，发给一次性安置费7668.30万元，加上对1999年7月以前自谋职业和退养人员所补发的安置费，共计发放安置费8277.10万元。

2002年2月，长沙经开区执行《长沙市征地补偿安置条例实施办法》（长沙市人民政府60号令），按政策规定采取生产留地方式进行生活安置，区、县共动迁19359人，其中长沙经开区7000人。2011年已批回生产留地219公顷，并着手土地的开发工作。

2008年4月1日，长沙经开区执行市政府《长沙市征地补偿实施办法》（长沙市人民政府103号令），采取货币进行生活安置，大幅度提高了征地拆迁补偿标准，使拆迁户的生活安置费用相应增加；对未满16周岁的小孩发放一次性生活补贴；男、女满16周岁，男未满60周岁和女未满55周岁的，买好养老保险、医疗保险（含生育保险）；凡男年满60周岁、女年满55周岁的对象，即可按月领取养老金，由于采取了多种措施，拆迁户得到妥善安置。

表3-12　1993—1997年长沙经开区"农转非"户口办理情况汇总表

单位：人

转户日期	总数	16岁以下	16～25岁	26～30岁	30～男49岁、女39岁	男50岁、女40岁以上
1993年4月	900	298	252	122	224	4
1994年4月	1250	427	284	202	336	1
1995年7月	1600	568	279	231	513	9
1996年7月	1000	384	317	175	122	2
1997年7月	1600	110	112	61	87	1230
合计	6350	1787	1244	791	1282	1246

表3-13　1993—2002年长沙经开区拆迁安置人员生活费发放情况汇总表

单位：万元

年　度	金　额
1993	99.30
1994	204.12
1995	215.61
1996	257.12
1997	266.94
1998	274.43
1999	158.66
2000	24.66
2001	10.81
2002	8.91
合计	1520.56

◆第五节　劳动力安置

拆迁户的劳动力大部分只有种田、喂猪、种菜的技术，没有其他专业特长，且文化偏低，年龄偏大，在人才市场上缺乏竞争力。长沙经开区为了尽快实现拆迁户劳动力再就业，采取多种措施：认真做好区内劳动力摸底调查工作，将他们的年龄结构、技能情况造册登记，实行网络化管理；成立专门机构，免费为他们培训各种适用技能，及时提供招工信息；动员入区企业多安置拆迁户；要求区、县各部门（单位）招收门卫、清扫工、园林工、厨师等多安置年龄偏大的劳动力就业；区、县的建设工程多照顾安排星沙镇的本土企业承包，以解决大批劳动力的就业问题；鼓励和提倡拆迁户自主创业，特别是自建房户开厂办店免缴各种税费，为他们提供小额贷款，购农机的发放农机补贴，使一部分拆迁户自谋职业。由于多管齐下，缓解了拆迁户劳动力难安置的状况。

1993—1994年招工到市、县单位的61人。星沙镇湘协鞋厂安排就业200人。长沙经开区按政策规定，凡招收1名拆迁户劳力的拨给招收单位1万元安置费，共拨给安置费267.2万元。拆迁户待业人员招工到单位后，由于单位改制下岗回来的，长沙经开区仍按一次性安置费的标准予以补足。

入区企业金沙利彩印、光南摩托、银河、三一集团、山河智能、长海视听、喜瑞来、肠衣厂、富丽真金等共安排拆迁户中1000余人就业。

区、县机关，星沙自来水厂、开元大酒店等单位共安置拆迁人员400余人。1993年年初，长沙星沙开发区成立道路维护队，安排了25户家庭较困难的拆迁户劳动力就业，街道清扫队、绿化队均照顾安置了拆迁户的男、女劳动力务工。

星沙镇望新、星大、螺丝3家建筑企业，不仅容纳了大批劳动力，还在拆迁户中培养造就了一大批公司骨干，有的还成为企业的大小包工头。星大建筑公司1995年安置拆迁户劳动力905人。2009—2011年，望新建筑集团公司每年安置劳动力达8000人次。

区、县都成立了人才交流中心，每年都组织入区企业举行人才招聘会，优先考虑拆迁户，使拆迁户中的大、中专毕业生能及时找到适当的工作。

自谋职业，自主创业。拆迁户利用自建房屋整体出租或部分出租，有的自己开店，都有较为固定的房租收入和经营收入，基本上已脱贫致富，有的已迈入小康行列。据2003年对板桥村的调查，该村有9户买了挖土机、28户买了汽车。全村666户拆迁了648户，其中住安置房的251户，划地自建的154户，过渡的205户。这个村有185户生活比较富裕，占全村总户数的28%；生活一般的416户，占62%；生活比较困难的65户，占10%左右。区内拆迁户中有100余户购买挖土机、推土机达200余台套，有200余户购买大、小汽车和拖拉机计300余台，成为名副其实的个体专业运输户。

◆第六节　社会保障

长沙经开区与长沙县政府紧密合作，不断加强社会保障体系建设，实现园区街道、社区社保网络全覆盖。1999年，区、县决定由星沙镇民政办和各社区负责对特困户进行摸底调查，办理低保手续。1992—2012年，区、县共发放拆迁户低保费529.13万元。2003年，实施新农村合作医疗，凡在省、市等不同级别医院就医的对象，统一到星沙镇合作医疗办按不同比例报销医疗费，2009年，改为直接由医院的医保办结付。2010年，开展大病救助。2011年，全面落实城乡居民医保统筹。城区街道为拆迁户办理医保共计15843人，发放大病救助费20.59万元。

1992—2004年，区内24位“五保”老人集中居住星沙镇敬老院，2005年因星沙镇敬老院整体拆迁，将“五保户”移居到长沙县光荣院（长沙县安沙镇毛塘铺）居住，“五保户”的安置和院内管理由县民政局统一负责。“五保”老人中愿意由亲属赡养的，长沙经开区与亲属签订赡养合同，并优惠提供1缝自建地；逢年过节长沙经开区领导专程到敬老院进行慰问。1992—2003年，共计支付“五保”老人慰问费13.7万元，困难户慰问费24.4万元。

第三章 安置区建设

◆第一节　安置房

长沙星沙开发区开发建设初期，部分拆迁户因受经济条件限制，要求建安置房解决住房问题。开发区成立安置发展部，全面摸底调查，严格审核把关，妥善安置拆迁户，先后兴建了杉星、灰埠、板桥 3 处安置房。共计 16 栋 766 套，总建筑面积为 5.46 公顷，总造价为 3539.70 万元（土建成本 3491 万元，征地拆迁补偿费 48.70 万元），以最低的价格分售给拆迁户。

杉星安置房　杉星安置房坐落在板仓路与凉塘路交会处的西南边，共 9 栋，建住房 388 套，建筑面积 2.80 公顷，总造价为 1367.20 万元（土建成本 1351 万元，征地拆迁补偿费 16.20 万元），单价 488 元 / 平方米。1992 年 8 月动工，1994 年竣工。

灰埠安置房　灰埠安置房坐落在 107 国道东侧，灰埠村明月路交会处，共 5 栋，建住房 266 套，建筑面积 1.94 公顷，总造价为 1577.80 万元（土建成本 1562 万元，征地拆迁补偿费 15.80 万元），单价 813 元 / 平方米。1993 年 10 月动工，1995 年竣工。

板桥安置房　板桥安置房坐落在星沙大道西侧与盼盼路交会处，共 2 栋（点式结构），建住房 112 套，建筑面积 7253.12 平方米，总造价为 594.70 万元（土建成本 578 万元，征地拆迁补偿费 16.70 万元），单价 819 元 / 平方米。1994 年动工，1996 年竣工。

安置房周边基础设施建设，总投入为 1359.24 万元（其中杉星安置房 660.70 万元，灰埠安置房 381 万元，板桥安置房 112.11 万元）。

1998 年，3 处安置房都先后建有 400 余平方米的停车场，便于住户停放汽车、自行车和摩托车。同时，对周围的空坪隙地进行绿化、美化和亮化。并分别建3栋居委会办公用房，共投入1800万元。

2003年5月，对3处安置房进行提质改造。将原室内、外的铸铁给排水管改为PVC管。对梯级扶手刷新、刷漆，屋面也进行了翻修。对周围的道路进行改造，绿化亮化进一步完善。杉星安置房附近还兴建了门球场1个。这次改造共投入1400万元。3处安置房由县房产局、相关街道办事处和社区进行日常维护和管理。

◆第二节　安置小区

2003年，长沙经开区管委会采取分片建安置小区的方式安置拆迁户，由拆迁户参加拍卖和抽签，获得宅基地。

灰埠安置小区　灰埠安置小区又称灰埠大市场工程，位于107国道东侧，星沙大众传媒学院以北。总面积17.20公顷，分为北部2.20公顷、南部10公顷、东部5公顷3块，有效用地面积为14.52公顷，城市道路用地面积2.97公顷，建筑占地面积4.39公顷，总建筑面积20.96公顷，建筑密度30.1%，容积率1.65，设计绿化率30%。

该安置小区为村民自建房，2003年开建。基础设施建设除水、电由区属部门投入外，长沙经开区投入2100万元，共建房屋62栋计682缝。其中，100缝外围的地块以8万元/缝起价，面向社会公开拍卖，最高每缝拍19.20万元，最低每缝拍9万元，共收拍卖地款1309万元，是整个大市场对外公开拍卖最高的地块。其余582缝向拆迁户分配。其中B类地每缝2万元，抽签分配；A类地每缝起价为5万元，向拆迁户拍卖，最高的每缝拍到11.20万元。农贸市场占地1.80公顷，由圆梦房地产公司以1135万元价格拍到该宗土地使用权。整个小区为外围6层、中间5层砖混结构的建筑，由长沙县建筑设计院设计，长沙县建设局质安监站参与质量安全监督，长沙星沙供水工程有限公司等其他部门配合施工，2005年竣工。

板桥安置小区　板桥安置小区位于星沙天华路以东，星沙大道以西，盼盼路以北。总面积7.56公顷，有效用地面积为5.45公顷，建筑占地面积1.56公顷，总建筑面积8.97公顷，建筑密度28.55%，容积率1.65，设计绿化率26%。

该安置小区为村民自建房，2004年开始配套工程建设，除水、电由部门投入外，长沙经开区用于基础设施建设达1200万元，2005年3月开建。共建房屋32栋计273缝，可安置819人。为外围6层、中间5层砖混结构的建筑。由长沙县建筑设计院设计，湖南省汇林监理公司监理，长沙星沙供水工程有限公司等其他部门配合施工，2006年建成。

泉塘二期安置小区 泉塘二期安置小区位于星沙东四路以东，东六路以西，盼盼路以南，湖南水利水电职业技术学院以北。总面积9.29公顷，有效用地面积为7.97公顷，建筑占地面积2.34公顷，总建筑面积15.45公顷，建筑密度29.30%，容积率1.80，设计绿化率26%。

泉塘二期安置小区为村民自建房，于2006年开始配套工程建设，除水、电由部门投入外，长沙经开区用于基础设施建设达1400万元，2007年5月开建。共建房屋49栋计407缝，可安置1215人，为外围6层、中间5层框架结构的建筑，由北京中华建筑规划设计研究院有限公司设计，湖南省兴达建设监理公司监理，长沙星沙供水工程有限公司等其他部门配合施工，2008年建成。

丁家安置小区 丁家安置小区位于星沙东九路以东，东十路以西，南三线以南，远大路以北。总面积6.81公顷，有效用地面积5.81公顷，建筑基底面积1.86公顷，总建筑面积13.09公顷，建筑密度31.93%，容积率2.25，设计绿化率30%。

丁家安置小区为村民自建房，2007年开始配套工程建设，除水、电由部门投入外，长沙经开区用于基础设施建设达1200万元，2009年7月开建。共建房屋35栋329缝，可安置977人。为外围6层、中间5层框架结构的建筑，由北京中华建筑规划设计研究院有限公司设计，湖南省兴达建设监理公司监理，长沙星沙供水工程有限公司等其他部门配合施工，2010年建成。

泉塘三期安置小区 泉塘三期安置小区位于黄兴大道以西，远大路以南，映霞路以北。总面积10.10公顷，有效用地面积7.63公顷，建筑占地面积2.19公顷，总建筑面积16.43公顷，建筑密度28.7%，容积率2.51，设计绿化率35.77%。

泉塘三期安置小区为村民自建房，2011年开始配套工程建设，除水、电由部门投入外，长沙经开区用于基础设施建设达1800万元，共建房屋40栋计359缝，可安置1115人。为外围6层、中间5层框架结构的建筑，由湖南省农林勘查设计研究总院设计，湖南天福项目管理有限公司监理，长沙经开区其他部门配合施工。

华湘安置小区 华湘安置小区位于星沙华湘路以东，漓湘路以南，远大路以北。总面积 7.47 公顷，有效用地面积为 6.31 公顷，总建筑面积 12.68 公顷，建筑密度 27.88%，容积率 1.73，设计绿化率 32.53%。

华湘安置小区为村民自建房，2010 年开始配套工程建设，除水、电由部门投入外，长沙经开区用于基础设施建设达 1100 万元，2011 年 5 月开建。共建房屋 33 栋计 301 缝，可安置 903 人，为外围 6 层、中间 5 层框架结构的建筑，由湖南中大设计院有限公司设计，湖南省兴达建设监理公司监理，长沙星沙供水工程有限公司等其他部门配合施工。

龙华安置小区 龙华安置小区即红树坡安置小区（二期）位于星沙黄兴大道以东，红树坡路以南，大元路以北。总面积 8.88 公顷，有效用地面积为 7.79 公顷，建筑占地面积 2.14 公顷，总建筑面积 13.29 公顷，建筑密度 27.5%，容积率 1.71，设计绿化率 27.6%。

龙华安置小区为村民自建房，2011 年开始配套工程建设，除水、电由部门投入外，长沙经开区用于基础设施建设达 2000 万元，共建房屋 35 栋计 355 缝，可安置 1065 人。为外围 6 层、中间 5 层框混结构的建筑，由湖南格瑞工程建设有限公司设计，湖南湖大建设监理有限公司监理，长沙经开区其他部门配合施工。

第四篇 基础设施建设

Construction of Infrastructure

第一章 市政建设

◆第一节 供 水

长沙经开区采取打井取水与建地表水厂供水并举的方式，确保园区企业和居民用水需求。1992 年 9 月，与星沙建筑集团公司签订合同，在望新乡土桥村社仓打井取水。1995 年 8 月，根据开发区发展的用水需求，金帆自来水公司承建松雅河地表水厂。2010 年 9 月，协助长沙市修建廖家祠堂水厂。

截至 2012 年，已建成社仓地下水厂，日供水 4.10 万吨；星沙地表水厂，日供水 16 万吨；廖家祠堂水厂，日供水 2 万吨。3 座供水厂日供水合计已达 22 万吨，供水普及率 98%，水质综合合格率保持在 99.90% 以上。供水范围东至东十二路，西至万家丽北路，南至人民东路，北至安沙镇，供水覆盖面积 61.80 平方千米，供水网络连接 700 余家企事业单位及 14400 户居民用户。

社仓水厂 社仓水厂为地下水厂，位于长沙经开区西部土桥村，1992 年 11 月至 1995 年 10 月由中南工业大学和长沙县机械化施工公司承建，日供水 4.10 万吨。

长沙星沙开发区建区初期，采取打井取水解决自来水供应问题，先后在开发区内南部的晏家冲、板桥等地钻井取水，开挖临时用水井 3 口，出水量为 1500 吨 / 日。

1992 年 6 月，在捞刀河一带及松雅河的周围寻找水源，规划日产 3 万吨地下水，控制钻井 8 ~ 12 口，参与打井取水的有中南工业大学和长沙县机械化施工公司。先由中南工业大学负责在区内北部一带寻找水源。组织钻井队先后进场钻机 4 台套，在约 6 平方千米范围内利用卫片、航片、物探、井探等多种技术手段找水，相继钻井 32 口（其中深井 12 口），总进尺 1252.40 米，成井

5口，总出水量1.04万吨/日。因达不到设计要求，1992年8月停止钻井取水。

1992年11月8日，长沙县机械化施工公司在开发区西部土桥村一带钻取地下水。按合同要求，总水量为日产1.5万吨，控制井数2～3口。由于地下水源丰富，第1口DN 250毫米口径深水井1993年4月30日完工，探井深度85米。1993年5月1日开机试抽水，通过48小时连续抽水实验，效果很好。是年5月28日，确定第2口DN 400毫米口径井位，开机下钻，井深185米，安装流量为340吨/小时的深井水泵，12月8日抽水试验成功。12月28日，向107国道以东开发区辖区第一次试运行送水。1994年1月18日，第3口水井钻机定位开工，DN 400毫米口径，井深173米，安装流量为340吨/小时深井水泵1台，是年3月18日完工，3月28日试抽水成功，4月18日两口深井全部安装好水泵，完成取水泵房设施、高配间和供水管道安装。5月8日，第4口水井钻机定位，是年8月28日完成DN 400毫米口径井深135米，9月8日试抽水成功，安装135吨/小时流量水泵，10月8日完成取水泵房设施，并网送水。1995年6月8日，第5口水井钻机定位，是年8月18日，完成DN 800毫米口径，井深178米，9月18日试抽水成功，安装340吨/小时流量水泵1台，10月8日开机抽水，同时第二条复线DN 500毫米口径供水管并网向开发区送水。社仓水厂工程投资850万元（含地上建筑物），预测水量可达4万～8万吨/日。除第1口探井外，其余4口水井4台抽水水泵（340吨水泵3台和135吨水泵1台）按用3备1的方式运行，平均日抽水量为2万～2.5万吨。星沙水厂投产后，水厂第1口井停止使用，另外3口水井作为地表水厂的补充水源在夏季用水高峰时适时使用，日供水可达4.1万吨。由泵房连接至特立路加压站的两条DN 500毫米口径输水管线已经拆除，直接由泵房接至附近湘龙路DN 500毫米口径供水主管，与市政管网接通。

星沙水厂 星沙水厂位于长沙经开区北端星沙大道与滨湖路交叉口西北角，设计日供水16万吨，最大负荷可达18万～20万吨。星沙水厂的建设，经历招商承建、整体收购、续建、改造、扩建和提质扩容6个阶段。

招商承建：1994年年初，开发区内日用水量约1.3万吨，当时社仓的地下水供水能力1.5万吨/日，经过改造，日供量可达3万吨，可以满足开发区用水需求。考虑到单水源、地下水开采的局限以及开发区发展的要求，1994年8月，工程建设指挥部起草《长沙经开区供水工程可行性报告》，到香港就星沙水厂的建设项目招商引资。因外商考虑建一个只有6万吨供水量的水厂规模太小，没有达成协议。是年9月，与湖南省金帆经济发展公司洽谈。1994年11月，金帆公司发来建厂意向书，并提出收购整个地下水厂和供水管网的设想。考虑到供水系统是城市运行的命脉，如果完全被企业行为垄断，不利于开发区的发展，采用租赁经营的形式，即星沙地表水厂由承建单位经营50年，经营期间自购土地并每年向长沙经开区缴纳一定的管网维护费和企业管理费，整个管网维修和开梯接水全部由开发区负责，梯口费和增容费全部由长沙经开区收取，金帆公司收取的水费中建水基金0.1元/吨与开发区三七开分配，调节基金全部上缴县财政。按照这些原则，通过4次洽谈，1995年3月16日，长沙经开区与金帆公司签订《长沙经开区供水财产租赁、地表水厂承建经营合同书》。

整体收购：合同签订后，金帆公司进行了大量的基础工作，其项目建议书和设计方案也于1995年6月13日和20日，分别由长沙市计划委员会和长沙市建设委员会批复同意。1995年8月，星沙水厂开建，由于资金不能及时到位，施工单位质量意识淡薄，加之施工单位和金帆公司管理人员矛盾激化，导致竣工日期一拖再拖。按照合同规定星沙水厂应于1996年4月1日通水，而拖至1997年4月仍无法通水，导致长沙经开区和县城的供水矛盾越来越突出。1997年6月28日，社仓地下水井突发地下塌方，使得社仓水井全部瘫痪，星沙的供水面临全面停产。在这种情况下，长沙县委、县政府和长沙经开区管委会召开紧急会议，决定长沙经开区管委会强制性介入水厂建设，组织民工，调运材料，架设电缆，经过两个昼夜的紧张施工，于7月1日开启1台机组，缓解了长沙经开区供水的危机。1997年6月29日，长沙经开区管委会召开协调会议，向金帆公司提出了整体收购星沙水厂的意见。双方经过协商，1997年7月11日，拟订收购星沙地表水厂工作实施步骤及时间安排表。1997年7月24日，在双方的第三轮会谈中，因收购价格无法达成一致而使得收购工作搁浅。长沙经开区管委会派出专门预结算班子，对金帆公司的水厂账务进行全面审核，其结果是审定的工程造价远远低于金帆公司提出的造价。长沙经开区管委会再次与金帆公司谈判，双方最终确定其收购总价为2680万元，其中承接银行贷款2140万元，长沙经开区管委会付现金255万元，其余抵扣金帆公司欠长沙经开区管委会地款175万元和借款110万元。1997年12月5日，长沙经开区与金帆自来水有限公司签订资产转让协议。

续建：星沙水厂由金帆公司承建时，设计日供水能力为6万吨，分两期建设。至整体收购水厂时，其建成的第一期工程供水能力无法达到日供水3万吨的设计要求。长沙经开区整体收购后，2000 年 3 月 8 日，二期日供水 3 万吨的续建工程动工兴建，是年 9 月 8 日竣工投产，总投资 912 万元。

改造：随着长沙经开区入区企业不断增多，区内人口增长较快，供水需求增大，而落后的供水设备和制水工艺成为制约长沙经开区发展的瓶颈。存在的主要问题为：社仓地下水厂属于备用水源，含钙质较高，用户饮用不习惯；星沙地表水厂第一期工程因承建单位施工质量差，工艺布局不合理，制水工艺设备陈旧，技术落后，水质较差，出厂水量也达不到设计要求；最初设计方案没有考虑松雅河藻类植物较多的因素，水质有异味。针对这些问题，长沙经开区管委会投资 512 万元对星沙水厂一期工程进行改造。二期改造工程 2002 年 1 月动工，是年 4 月投产运行。此次改造主要是完善泵房、输电设备和全自动化制水的配套设施建设，制水工艺采用气浮池除藻新工艺，制水流程采用 12 台电视监控系统实现全自动化管理，管网调度采用无线电遥控测压系统，保证水压平衡。星沙水厂二期工程改造后，日供水达 6 万吨，出厂水质完全符合国家饮用水标准。

扩建：2001 年年初，长沙经开区管委会开始筹划星沙水厂三期 10 万吨扩建工程项目，该项目根据长沙经开区管委会《关于在捞刀河内取水工程报告的批复》（长管发〔2001〕65 号），进行初步水源论证及取水方案的设计工作。2002 年 8 月，完成防洪评估方案论证、环保评估论证、地质勘探论证和施工图设计等，上报可行性研究报告。2002 年 10 月 23 日，长沙市水利局下发《关于星沙水厂兴建捞刀河取水泵房的批复》（长水河字〔2002〕14 号），2003 年 2 月 26 日，长沙市计委下发《关于长沙经开区供水规模工程可行性研究报告的批复》（长计投〔2003〕96 号）。星沙水厂三期扩建工程设计日供水 10 万吨，扩建工程总投资 8850 万元（其中土建设备 6810 万元，征地 1040 万元，水渡河桥坝摊销 1000 万元）。2002 年 12 月开始平整场地，2003 年 4 月 28 日动工建设，2004 年 5 月 18 日竣工投入运行，水质完全达到国家饮用水标准。星沙水厂扩建后日供水能力达 16 万吨，最高日供水能力可达 20 万吨，完全满足用水高峰期的需求。

提质扩容：2009 年，长沙星沙供水工程有限公司针对星沙水厂一期虹吸滤池与二期反滤池因来源水水质变化出现的反冲洗不彻底、浊度高、产能效率低等缺陷与弊端进行改造方案论证，2010 年到同行业改造单位进行实地考察后，确定在原有主体池墙上进行工艺改造，遵循提质改造扩容方针，把原生产水量6万吨/日增加到7.2万吨/日，工艺方式由原来的传统方式改造为气水反冲洗方式，改造过程尽量不改动原构筑物整体结构，不做大的土建施工，利用现有设备与结构，保持自控设备与现有自控设备兼容，改变过滤方式，使出水水质完全符合国家新标准。该方案于2010年10月通过长沙经开区立项，2011年2月22日，经过湖南省招投标监管网公开招标，由沈阳世创自来水工程集团有限责任公司（施工单位）和沈阳市给排水勘察设计研究院有限公司（设计单位）组成的联合体中标，2011年3月4日下达中标通知书，是年3月23日签订一、二期滤池改造合同，4月20日开工。在不影响生产的前提下，先着手改造二期滤池，按照方案要求把原来反滤池改为正向过滤。2011年8月30日，二期滤池通过闭水试验，是年9月22日，通过曝气试验，10月24日，进行整体调试。改造中采用整体滤板现浇，解决了块式滤板漏气、冲翻等问题。经多次反复试验，整体滤板具有密封性能好、平整度高、安装工期短等优点，解决了二期滤池原来翻池、浊度高等缺陷，工程质量达到招标要求。

廖家祠堂水厂　廖家祠堂水厂隶属长沙引水及水质环境有限责任公司，位于东十路与西冲路交叉口东南角，水厂原水引自浏阳株树桥水库，规划供水总规模为60万吨/日，实际供水能力为30万吨/日。2010年8月29日向星沙管网供水，作为星沙水厂的补充及备用水厂，截至2012年，平均供水约为2万吨/日。

供水管网　长沙经开区供水管网建设与水厂建设同步进行，1993年4月，铺设星沙大道（开元路以北）DN 800毫米供水管，截至2012年，先后铺设DN 100 ~ DN 250毫米管网52.5千米，DN 300 ~ DN 1400毫米管网208千米，管网总长305千米，总投资1.40亿元，做到供水管网与道路建设同步进行。

供水管道管材主要有钢筋砼管、铸铁管、玻璃钢管、PE管、PVC—U管、PVC—M管、钢管、球墨铸铁管等，其中市政主管道主要为球墨铸铁管。

供水管网铺设范围东到东十二路，西至万家丽北路，南到人民东路，北至安沙镇，供水管网覆盖面积61.80平方千米，形成了以企业生产用水为龙头的供水网络。

◆第二节　排水排污

长沙经开区范围内大部分地面高于规划的防洪标高，地面雨水可以顺畅地排除。2006年以前采取雨污合流、近期雨污分流方式，分设南北及中心3个片区排放，污水经过处理达标后，北部排放到捞刀河，南部通过梨江港排放到浏阳河，中心片区通过杨家湾撇洪渠排入浏阳河。

截至2012年，已铺设污水管道38.50千米，雨水管涵57.50千米。建成星沙、城北、城南3座污水处理厂。

雨污合流　按照1992年开发区排水区域，根据原始地形，利用原有的撇洪渠作为主要的排水出口，区内分为3片排放体系：

东南片：其分界线西南起至东北端分别为：西四路与漓湘路交会处—天华路与蒸湘路交会处—金华路与蒸湘路交会处—东三路与凉塘路交会处—沿凉塘路向东。主要为工业园区和少量商贸、办公、住宅区。排水方向由北向南、由东向西，各道路排水向南经板桥DN 2000毫米、东三路箱涵和东四路箱涵等汇入板桥撇洪渠箱涵，再向西进入星沙污水厂处理后经杨家湾撇洪渠排入浏阳河。

东北片：其分界线西北起至东南端分别为：107国道与潇湘路交会处—星沙大道与开元路交会处—金华路与凉塘路交会处—沿凉塘路向东。主要为行政办公、大专院校和商住区。排水方向由南向北、由东向西，各道路排水向北汇入望新撇洪渠箱涵，然后进入城北污水厂处理后向西排入捞刀河下游。

中西片：东南片和东北片之间、京珠高速公路东西两侧地带为星沙商贸金融中心和部分行政办公、住宅区。本片道路排水北部向南排，南部向北排，东部向西排，然后汇入水桐树DN 2000毫米向南进入大塘撇洪渠大众麻石高涵，经星沙污水厂处理后再经杨家湾撇洪渠排入浏阳河。

1992—2004年，长沙经开区排水管涵建设采用钢筋混凝土管、钢筋砼箱涵、麻石拱涵等多种形式。排水干管最大直径2米，超过2米用箱涵或麻石拱涵，修建箱涵11.33千米，麻石拱涵1.80千米，2米管道3.36千米，总计铺设地下排水管线30万余米，总投资3.30亿元。1992—2002年，钢筋砼管材由各施工单位采购，由发包方检验管材质量，2002—2012年，由长沙经开区管委会招投标政府采购。

大众底涵：北起319国道北辅道，南至杨家湾撇洪渠，总投资150万元。上游为麻石拱涵，1992年建设，长668米、宽1.50米、高1.85米，投资97万元；下游安装1.5米钢筋砼管长400米，2000年建设，投资53万元。主要作为京珠高速公路以西、长永高速公路以北部分预留用地排水通道。随着中南汽车世界的开工建设，场地抬高，雨水大部分进入大众高涵，低涵作用已不大，仅在长永高速收费站及申湘大众公司内留有几个排水口，排除少量场地积水。

大塘撇洪渠：北起开元路与板仓路交叉口，南至污水处理厂，全长3140米，总投资2350万元。上游为2米钢筋砼管道，1995年建设，长1000米，投资250万元；中部为钢筋砼箱涵，2003年建设，长1005米、内空5米×3米、墙厚0.5米，投资1600万元；下游为大众高涵、麻石拱涵，1993年建设一期工程，宽4.2米、高3米、长300米，1994年和2000年分别建设二、三期工程，长835米、宽5米、高3.47米，投资500万元。

板桥撇洪渠箱涵：东与东四路箱涵连接，西接污水处理厂，全长3494米，总投资5035万元。从上游至下游依次为：钢筋砼单孔箱涵，2002年建设，长600米，内空6米×4米，投资600万元；钢筋砼单孔箱涵，长1400米，内空7米×4.8米，2002年建设，投资1900万元；钢筋砼双孔箱涵，长1120米，内空4.5米×4.5米，2000年建设，投资2000万元；钢筋砼单孔箱涵，长100米，内空7.4米×3.6米，1993年建设，投资100万元；钢筋砼盖板涵，长274米，内空9.2米×4.5米，1999年建设，投资435万元。

东三路箱涵：北起南二线，南接板桥撇洪渠箱涵，全长1635米，上游577米，内空2.5米×2米，下游1058米，内空2.5米×2.5米，2000年建设，总投资700万元。

东四路箱涵：北起长永高速公路南侧，南与板桥撇洪渠箱涵连接，全长2440米，2003年建设，总投资1000万元。从上游至下游依次为：2米钢筋砼管道，长341米；钢筋砼箱涵，长1032米，内空3米×2.5米；钢筋砼箱涵，长1067米，内空3米×3米。

板桥2米管涵：北起长永高速公路北侧，南至板桥撇洪渠箱涵，全长1737米，总投资500万元。

望新撇洪渠箱涵：东起东四路，沿滨湖路西至月形山收费站，全长3100米，总投资3000万元。从上游至下游依次为：钢筋砼箱涵，长1820米，内空3.5米×2.6米双孔；钢筋砼盖板涵，长910米，内空5米×3.75米；钢筋砼箱涵，长488米，内空3.5米×2.6米双孔。

东四路主管涵：南起开元路，北至滨湖路，全长1303米，2005年建设，总投资250万元。从上游至下游依次为：开元路至行政支路1.50米钢筋砼主管，长283米；行政支路至潇湘路1.80米钢筋砼主管，长740米；潇湘路至滨湖路 2 米钢筋砼主管长 280 米。

雨污分流 2004 年，区、县规划调整，以长永高速公路为界，长永高速以北的原长沙经开区建成区划归长沙县管辖。长沙经开区的区域除原长永高速以南、东四路以西建成区外，向东、向南扩建新区，即东至长株高速，西至东四路，北至长永高速，南至机场高速，总用地面积达 32.72 平方千米。

依照长沙经开区和长沙县城的总体地势以及排水规划调整整合，按 3 个污水厂的纳污服务范围，区县重新划分为 3 大排水片区。长沙县城北部片区：排水主要经望新撇洪渠、万明撇洪渠、土桥撇洪渠水系分别排入捞刀河；星沙中部片区：新区西北部和东四路以西原长沙经开区已建成的区域，排水由板桥撇洪渠汇入杨家湾撇洪渠再排入浏阳河；长沙经开区新城片区：新区西部排水向南经一中箱涵、汇至中部的人民路箱涵向西排入东六路及红树坡路箱涵汇聚到榔梨的双桥子港，再排入浏阳河；新区东部和北部排水经丁家箱涵和南部排水一同汇入梨江港，由梨江水系排入浏阳河。

排水管道以市政道路为载体，一般不再穿越场地。污水管道一般沿道路的东、南侧布置；雨水管道一般沿道路中心线布置，区内雨水均为高排系统，采用分散、多点排放方式就近排入水体。并根据不同的地质条件，精选管道材料，雨水管道采用钢筋混凝土管，它具有刚度大、施工方便等优点；污水管道（≤ DN 400 毫米）采用高密度聚乙烯双壁波纹管（HDPE 管），接口采用 U 型断面橡胶圈连接，它具有管内壁光滑、耐腐蚀性强、柔韧性好、管节长、重量轻， 运输、施工方便等优点。DN 500 ~ DN 1000 毫米管采用钢筋混凝土单筋平口管，钢丝网水泥砂浆抹带接口；DN 1100 ~ DN 2000 毫米管采用钢筋混凝土双筋企口管，水泥砂浆捻缝接口。排水箱涵为钢筋砼整体箱涵。

2004—2012 年，长沙经开区打破区县界限，本着统筹兼顾县区 60 平方千米范围污水综合治理的原则，按规划在 3 大排水片区内都设置了污水处理厂。长沙经开区总计铺设排水雨污干管 163 千米，总投资 3 亿元。协助长沙县在城北片区续建望新撇洪渠 4.40 千米，东四路、滨湖路主干管 7.40 千米。

2006 年，长沙经开区在漓湘东路（东八路—东十二路）修建了第 1 条污水管道，实施雨污分流。

截至 2012 年，星沙中部片区，排水体系东八路以西采用合流制排水，以东采用分流制排水，合流制排水区面积约 21.70 平方千米，分流制排水区面积约 1.61 平方千米。东八路以东污水管线均集中至盼盼路穿越东八路排入盼盼路合流管涵。东四路主管涵（开元路—长永北辅道），收纳长永高速以北排水，穿越长永高速汇入东四路箱涵。梨江路 2 米涵和东六路 2 米涵均接入东四路箱涵，再汇入板桥撇洪渠，由星沙污水厂处理后再经杨家湾渠排入浏阳河。截至 2012 年，该区域排水基础设施基本建成，建成排水管线总计达 133 千米。2004—2012 年，开发区共建成合流管 48.60 千米，污水管 6.80 千米，雨水管 7 千米。主要干渠有梨江路 2 米纳污干管，全长 2.33 千米；东六路 2 米涵纳污干管全长 0.84 千米；东四路箱涵全长 2.44 千米；以及东四路主管涵、东四路（南）、东六路、小塘路、东七路、东八路、东九路、螺丝塘路、南二线、漓湘东路、博雅路、梨江路等各条道路的雨水和污水管线。

长沙经开区新区主要为工业区，全部采用分流制排水。新区排水北部和南部雨污水走向相同，均是汇入梨江港箱涵和梨江港污水干管：梨江港排水干管东起长株高速东，经红树坡路、东十路西穿阳光路、黄兴大道，沿梨江港敷设，接纳丁家排水干管和东部的排水。西部排水向南经由一中箱涵、汇至中部的人民路箱涵排入东六路箱涵后，雨水向西经红树坡路箱涵汇聚到榔梨的双桥子港排入浏阳河；而东六路污水干管汇集一中涵污水干管、人民路污水干管，接纳西部的污水，向南至梨江港，汇合梨江港污水干管后统一接入污水厂。因受长沙湘江航电枢纽的影响，为确保榔梨自来水取水安全，由城南污水厂处理后的尾水，转排至下游的双桥子港再进入浏阳河。主要干管包括梨江港箱涵和污水干管，全长 5.80 千米；丁家污水干管，全长 3.40 千米；东六路污水干管，全长 1.90 千米；一中污水干管、人民路箱涵和污水干管；以及南北向的东四路、东五路、东六路、泉塘路、黄兴大道、东九路、东十路、东十一路、华湘路；东西向的螺丝塘路、南二线、漓湘东路、南三线、西冲路、楠竹园路、映霞路、人民东路、红树坡路、大元路等各条道路的雨污管线，已建设污水管 38.50 千米，雨水管涵 57.50 千米。

长沙经开区加快污水处理厂工程建设，1998—2003 年建设星沙污水处理厂一期工程，2008—2010 年扩建星沙污水处理厂二期工程，新建城北、城南两座污水处理厂。长沙经开区污水处理工程总占地面积 17.83 公顷，总设计污水处理能力 26 万吨 / 日，服务面积 98.15 平方千米，服务人口 93 万人，总投资 6.89 亿元。

◆第三节　供　电

电力布局　1992—1995 年，星沙开发区的电力建设仅是为解决当时的供电需求，没有一个整体的供电规划。开发建设规模不断扩大，区内用电负荷大幅度增长，供电质量低、可靠性差等问题日益显露。

1995 年 6 月，长沙经开区聘请湖南省电力勘测设计院制订《长沙经开区电网规划》。该规划预测：随着长沙经开区国民经济的发展和人民生活用电的高速增长，长沙经开区用电负荷将增至 272321 千瓦。根据规划，园区供电设置 1 座 220 千伏变电所（星沙），主变容量 3×180 兆伏安；4 座 110 千伏变电所（星沙北、星沙中、星沙南、星沙西），主变容量除星沙南（板仓变）为 2×50 兆伏安，其余均为 3×50 兆伏安。长沙经开区由长沙 500 千伏变电所以双回 220 千伏线路供电。110 千伏网络以星沙 220 千伏变电所为枢纽，呈放射状，以双回 110 千伏线路向各 110 千伏变电所供电。

1999 年 9 月 27 日，湖南省电力工业局召开长沙经开区电网规划审查会议。认为规划报告提出的目标电网方案基本符合长沙经开区电网规划实际，原则同意规划报告，并提出修改意见：星沙 220 千伏变电所引进的两个 220 千伏独立电源问题，在工程实施时要进一步论证。110 千伏电网应考虑与开发区周围电源接口。10 千伏配电网的线路布置，应按不同地区，因地制宜地规划出架空或电缆线路。电网建设资金应包括开发区内各级电压网络的全部资金。长沙经开区与市、县电力部门要紧密配合，积极筹措资金，按修改后的分阶段电网规划，分期分批逐步实施。

2000 年初，园区用电负荷已达 5 兆瓦以上，板仓变一期安装的 5 兆伏安主变已无法满足用电需求。2001 年，长沙市电业局兴建板仓变二期工程，是年 8 月竣工投运，暂时解决了用电所需。从 2000 年开始，长沙经开区年用电负荷以平均 30% 的速度递增。2001 年 8 月，长沙经开区委托省电力勘测设计院着手编制修改新的电网规划。省电力勘测设计院根据 1995 年编制的《长沙经开区电网规划》和长沙县县城、长沙经开区近期规划（2001—2005 年）和远期规划（2005—2015 年）以及长沙经开区实际情况，于 2002 年 1 月编制完成《长沙县县城、长沙经开区电网规划报告》。该报告预测了长沙经开区 2005 年前后的用电负荷，规划和修编了 2005 年前后的 220 千伏和 110 千伏主网方案以及 220 千伏杨高变电站和 110 千伏松雅河变电站、110 千伏 4 座用户变电站（HEG、长丰、三一、LG）的布点方案和建设施工期限，并详细规划各变电站 10 千伏配网出线方案和主、次干道上的 10 千伏线路走廊方案。

电网建设 1992 年，长沙县原望新乡境内只有 10 千伏的电源架空线路，不能满足开发建设的需要，开发区工程建设指挥部与省、市电力部门多次协商，1992 年 8 月 19 日与长沙电力局签订《长沙星沙开发区电力开发原则协议》。

拉通新安至望新的电源，解决用电的急需。根据市电网规划设计，只能从毗邻望新的 110 千伏新安变电站引进电源，在该站距望新 3.70 千米处和 35 千伏水渡河变电站距区 4.20 千米处各引进一回 10 千伏电源，并按规划选择位置，设置 10 千伏开闭所，实际负荷 4000 ~ 6000 千瓦。该工程由新安变电站架设 1 条单杆双回 10 千伏线至开发区北横线以南，线路总长 4.62 千米。1992 年 8 月，仅用一个月时间就完成了整个线路的勘测、设计和原材料采购。1993 年 2 月全线架通，是年 3 月 28 日投产运行。

整顿和维修 10 千伏电网工程。在解决电源以后，接着对供电网络进行整改和维修，以确保用电安全运行。1993 年 3—8 月，对望新线、东长线、水捞线改道 7 处，更换 10 米水泥杆 40 余根，加高为 12 米、15 米、18 米不等电杆 30 余根。对大塘、杉星、望新、板桥、洋湖、龙华、西薮 7 个村的电力设施进行整改、搬迁，共改道 200 处，拆迁、移位、升高水泥电杆 385 根近 5 千米。更换各类横担近 400 套，改装拉线 15 根，解决穿越道路、房屋的电线近 100 处，改装变压器 2 台，处理线路故障共 36 处。

规范高压线路走向，33 座铁塔改道。建区以前已有 220 千伏毛槩线、天槩线和 110 千伏望新中线共 3 条高压线路由西向东分别斜跨长沙经开区范围内，占地量大，且对区内开发建设有着严重影响。为了使供电线路走向达到布局合理、整体美观、节约用地的目的，省市电力部门给予支持，同意将 3 条线路合并为 2 条线路，改东西向斜跨为正东西向跨越。该工程于 1992 年年底做好各项前期工作。1992 年 12 月 27 日，长沙经开区与长沙电业局签订合同，1993 年 4 月 20 日完成了土建工程，共完成土石方任务 3571 立方米，浇灌砼 2013 立方米；4 月底完成铁塔、线路安装，该线路长为 12.84 千米，需设立铁塔 33 座，其中全垂角塔 17 座，最高的有 49.88 米，低的 18 米，全部工程在 5 月中旬完成。工程预算 559.36 万元，实际结算 492.80 万元，该工程项目仅用 5 个月时间就竣工投产。

新建变电站，不断扩充电源。根据 1995 年和 2003 年的两次电力规划和长沙经开区开发建设的用电需求及电网规划不断的修编，截至 2012 年，由电力部门投资建设 110 千伏变电站 5 座，220 千伏变电站 1 座。

星沙南板仓变电站：1994 年 10 月动工，1996 年 6 月 7 日竣工投入运行。该站设计为 4 回 110 千伏进线，32 回 10 千伏出线，主变压器容量为 2 台共 10 兆伏安。长沙经开区投资 2125 万元。

星沙北松雅河变电站：2004 年 4 月动工，是年 12 月竣工投入运行。该站设计为 2 回 110 千伏进线，32 回 10 千伏出线，主变压器容量为 3 台，共 15 兆伏安。省、市电力部门投资 5000 万元。

星沙杨高 220 千伏变电站：该站由省、市电力部门设计、投资，长沙经开区提供土地和做好协调服务工作。2004 年 6 月动工建设，2005 年 1 月竣工投入运行。该站设计为 3×180 兆伏安，一期为 2×180 兆伏安，共规划 14 回 110 千伏出线，主供长沙经开区各企业 110 千伏变电站和用户 110 千伏变电站的用电，并出 36 回 10 千伏专线供该变电站用电的 10 千伏用户。

星沙西水渡河变电站：2008 年 3 月动工，是年 12 月竣工投入运行。该站设计为 2 回 110 千伏安进线，36 回 10 千伏出线，一期主变容量为 2×50 兆伏安，终期为 3×50 兆伏安，该站由国家电网公司投资 5000 万元。

星沙东鹤鸣变电站：2011 年 3 月动工，是年 12 月竣工投入运行。该站设计为 2 回 110 千伏安进线，36 回 10 千伏出线，一期主变容量为 2×50 兆伏安，终期为 3×50 兆伏安，该站由国家电网公司投资 5000 万元。

星沙中变电站：2012 年启动建设项目，该站设计为 2 回 110 千伏进线，30 回 10 千伏出线。主变容量一期为 2×63 兆伏安，终期为 3×63 兆伏安，该站由国家电网公司投资 7000 万元。

根据企业规模发展的需要，区内已有 LG 曙光、湖南 HEG、三一重工、住友橡胶 4 个企业自建 110 千伏变电站各 1 座。2012 年，蓝思科技新建 1 座 220 千伏变电站。

改架空线路为电缆下地敷设工程：建区初期，由于对开发建设的形势估计不足，原有的 10 千伏单杆双回架空线路已运行多年，设备老化，企业供电得不到切实保障。截至 2012 年，星沙城区所辖 7 座 110 千伏变电站，10 千伏配网线路从几条老旧的架空线路发展已形成 117 条配网线路。纯电缆线路 57 条，混合线路 61 条，除板仓路、向阳路、中心街、星沙五区等几条混合架空线路外，大部分线路下地，实现电缆供电；同时城区新建配网线路 60 余条，新增电缆

220 千米，环网柜、分接箱 180 余台；配电线路实现互联 54 条。

用电管理　1995 年 3 月 30 日，长沙经开区设立星沙供电所，隶属长沙县电力局，实行两块牌子（星沙供电所、星沙电力建设公司）、一套人马的管理体制，代表长沙县电力局履行长沙经开区范围内供用电管理和电力建设管理两项主要职能。受理长沙经开区范围内高、低压用户的用电申请，并按有关规定对供用电方案、费用收取进行审批，代表长沙县电力局签订供用电协议，承担长沙经开区范围内所有高、低压设备的运行维护和事故处理工作。其范围为：新安变 10 千伏星沙Ⅰ、Ⅱ回，水变 10 千伏望新线 # 65 杆后段设备以及星沙南变的所有 10 千伏出线。承担长沙经开区范围内的所有电力建设（用户高、低压业扩工程，杆线迁移、施工用电工程等），并实行归口管理。按有关规定进行施工委托、设备材料购置以及施工安全质量管理。负责长沙经开区范围内的配网发展规划，并按长沙经开区内近期整体规划予以实施。负责长沙经开区范围内用电监察、用电安全管理以及营抄等工作。

星沙供电所的权限是：用电审批权。所有低压用户以及高供低计用户变压器容量在 315 千伏安及以下由供电所自行审批，315 千伏安以上和高供高计，专屏专线，双电源用户一律按规定填报有关工单后报局审批后签订供用电协议。有权对长沙经开区范围内的用户进行安全用电检查，并按有关政策实施停电或经济处罚。所有低压用户以及配电容量在 315 千伏安及以下的业扩工程，造价在 10 万元以下的新架、改造和拆迁线路，一律由供电所自行组织施工；超过上述规定容量和造价的由供电所填写申报表报局审批，确定施工单位及结算形式后由供电所实施。除 315 千伏安以上用户配电变压器、高低压配电屏、计量箱（柜）由市局统一指定生产厂家、定点采购外，其他电气材料均由供电所自行组织。

1992—2002 年，电力部门由于所有权（长沙经开区）、管理机构（电力主管部门）、维护者（供电所）三者分离，给供、用电带来诸多不便。2002 年，长沙经开区与长沙县电力局协商，将长沙经开区投资建设的高压部分项目，即星沙南（板仓）变电站 1 座，造价 2125 万元；星沙大市场和县政府的开闭所 2 个，造价 312.60 万元；区内高压线路 20 千米，造价 1810 万元；公用变压器 34 台，造价 430 万元；10 千伏以上高压系统部分共计造价 4677.60 万元，无偿移交给长沙县电力局，另外补助 220 万元作为维修费用。

2004—2012 年，对园区内的安置小区和居民生活区进行用电改造。新增安装变压器 92 台，容量为 4600 万伏安；将原有陈旧老化的架空线路全部改为电缆地埋和沿墙敷设线路，拆除低压电杆 1206 基、线路 60.30 千米，新架沿墙敷设线路 30.50 千米，地埋电缆 87.60 千米；新安装低压落地式分接箱 482 台、到户预付费电表 16258 户。

用电服务　2006 年，长沙经开区管委会与电力部门协商成立用电大户服务中心，为年用电量超过 1000 万千瓦时的大客户提供个性化和差异化服务。具体做法是：确定 4 名客户代表负责承办大客户的用电业务，以客户需求为导向，每月主动上门走访调查、听取客户意见，为客户提供优质服务，同时受客户委托，对用电业务实施全过程跟踪，大客户代表手机 24 小时开通，做到即时、不间断为客户服务；并建立大客户经理负责制和大客户联谊会制度，设立大客户业务洽谈室，既为大客户办理用电业务，又向他们宣传电力法律法规、电价政策和安全经济用电知识。

2009 年，对营业窗口实施规范化管理，采取引导式服务、简化工作程序、优化服务流程的方式提高办事效率。重点突出抓好业扩时限管理，项目经理全过程参与服务，稽查办同步进行监督，确保业扩每一个环节在时限内提前完成，缩短业扩报装接电时间，2011 年业扩接电时长保持在 15 个工作日内完成。对重点工程、重要客户开辟绿色通道，提供现场服务。先后为蓝思科技、三一重工、维胜科技、广汽菲亚特、住友橡胶、普照科技等企业在新装、增容等客户项目开展专项服务，确保客户用电需求。不断提高优质服务功能。完善《优质服务管理及考核办法》《供电服务突发事件应急预案》《居民客户欠费停限电管理办法》《停电信息发布管理办法》等相关制度，建立健全优质服务例会制度，总结供电服务工作开展情况，分析电力客户关心关注的热点问题，健全优质服务措施。

2009 年 1 月，星沙城区成为省公司首批集抄改造试点区，并于 4 月完成改造任务。实现远程自动集中抄表，自动适时算费，自动发送电费短信通知和欠费停电通知，自动远程停、送电等目标。电费全部采取预存，缴费采取人工收费网点和银行 24 小时自助缴费终端结合的模式，彻底解决了用户的电费回收问题，同时有效地实现了降损增效。改造后线损基本稳定在 4% 以下，年降损效益 450 万元以上。

针对园区用电企业多的特点，电力部门开展远抄实用化改造，上门安装负控或远抄终端，通过终端对企业客户实现远方抄表、用电情况监控、预购电管理、用电负荷控制等，加强终端设备的检修维护，提升远抄上线率，提高远抄实用化水平。园区企业用户全部安装负控或远抄终端，上线率95%以上，形成集远程自动抄表，核算线损，实时算费和停、送电为一体的营销管理体系。

2010年，星沙供电所开展数字化供电所建设。在原有农电管理信息系统、农电标准化作业系统的基础上，新开发了运行实时监控系统、安全工器具管理系统、集抄电费监控系统和综合绩效管理系统，形成一个统一的智能化管理体系。通过对安全生产过程的监控，杜绝安全事故的发生，提高供电设备的可靠性和故障抢修的快速性，有效降低了线损，确保了电费回收，实现绩效考核的精细化管理，提升优质服务水平。

◆第四节　供　气

液化气　1998年8月25日，长沙县人民政府同意成立长沙招商燃气有限公司。是年9月21日，县人民政府《关于加强开发区（县城）内管道燃气工程建设管理的通知》（长县政函〔1998〕31号），明确了4个问题：长沙县成立管道燃气工程管理领导小组，由汤定一任组长；管道燃气工程由长沙招商燃气有限公司负责统一规划、统一设计、统一施工、统一经营和管理；区内所有新建、改建、扩建的工程项目，凡具备条件的，都必须规划、设计、安装管道燃气设施；按物价局制定的标准向申请安装管道燃气的用户收取开户费、供气费。是年10月23日，县物价局《关于长沙县管道燃气开户费的批复》（长价字34号），对收费标准作出明确规定，具体标准为：居民住户每户3000元，企事业单位按设计日用气量收取开户费，其中非营业性用户按每立方米6000元标准收取开户费，营业性用户则按每立方米9000元标准收取开户费。

1999年1月12日，长沙市公安消防支队《关于长沙招商燃气有限公司星沙混气站定点防火审核意见书》（长公消监建字〔1999〕第018号），原则同意星沙混气站定点。是年3月10日，长沙市公用事业局下达《关于长沙经开区燃气工程定点申报的批复》（公用燃气〔1999〕027号）。2000年12月4日，长沙县物价局下发《关于核定管道液化气供石油气价格的通知》（长价字〔2000〕45号）。

在办理好各项有关手续后，加速输气设施建设，安装有DN 200毫米的主干管3千米，瓶装集中供气站3个。主要有区内LG曙光、维用长城、山水芙蓉、国税局、地税局、机关事务局等 1100 余用户。

2002 年，法国道达尔燃气公司加入经营燃气，由深圳招商石化有限公司将持股的 85% 转让一半给法国道达尔燃气公司，继续与长沙经开区合资经营。

2004 年，“西气东输”入湘，法国道达尔燃气公司和深圳石化招商燃气公司宣布退出，长沙经济技术开发有限公司以 1520 万元收购上述两家所占 85% 的股权。2004 年 7 月 7 日，成立长沙经开区星沙燃气公司，由陈新忠任董事长，许关武、彭建彬任董事，张文球任监事。

天然气 2004 年 7 月，国家“西气东输”工程入湘。2005 年，长沙经开区引进城市燃气专业运营商——新奥燃气合作开发，设立长沙星沙新奥燃气有限公司（属长沙新奥燃气有限公司的子公司）。公司董事长李建国，董事会成员陈新忠、梁自强、高继华、赵胜利，监事王睿，公司总经理王曦。公司设立市场开发部、工程管理部、客户服务部、管网运行部、运营管理部、财务部、综合管理部 7 个部门，共有员工 118 人，其中管理人员 13 人、专业技术人员 32 人。公司注册资本 3000 万元，其中长沙新奥燃气有限公司出资金额为 2550 万元，股份比例为 85%，长沙经济技术开发有限公司出资金额为 450 万元，股份比例为 15%。取得黄花、干杉、榔梨、黄兴、暮云、跳马 6 个乡镇规划区域及星沙产业配套园的特许经营权，是星沙最具规模的城市管道燃气的生产、输配、销售等综合型公用事业企业。长沙星沙新奥燃气有限公司主营区、县范围内的管道燃气，燃气管网敷设北至星沙威尼斯，南到长沙县榔梨镇和湖南农大浏阳河边，西至长沙市火星北路以东，东到长沙县江背镇。2012 年，公司年用气量在 300 万立方米以上的大型工商用户有娃哈哈、三一重工、经沣欧美砖、广汽菲亚特、住友橡胶、长丰汽车等。

长沙新奥燃气有限公司在区内星马新城东北站的螺丝塘附近建有 1 个天然气门站。门站的主要功能：接收来自上游中石油分输站来气，经检测、过滤、稳压、计量、加臭后输送进入长沙城市次高压管道；设立天然气 CNG 母站 1 座，对城市 CNG 汽车及周边建有 CNG 用气区域进行供气。门站接受天然气设计能力为 6.5 万标立方米 / 时，并在区内规划设计敷设管道。2011 年 12 月，在中石油长沙分输站对面建立了设计输气能力为 30 万立方米 / 时的新门站，该门站的建立进一步提升了城市天然气供用能力。2012 年 6 月，长沙新奥燃气有限公司投资近 3 亿元建成投产了储气能力为 1200 万标立方米的 LNG 储罐，在天然气应急供应状况下能保证长沙市居民用户 10 天的用气需求。

燃气收费严格按省、市物价部门规定的标准执行。气费价格：按照长沙市物价局印发长价房〔2010〕275号文件、长价房〔2010〕405号文件、湖南省物价局印发湘价商〔2010〕105号文件、湘价函〔2010〕175号文件规定，居民用气价格为2.45元/立方米，非居民用气价格为3元/立方米；居民用户管道燃气管网设施建设费和室内管道安装费按照长沙市物价局印发长价房〔2009〕282号文件、湖南省物价局印发湘价商〔2009〕130号文件的规定执行，每户1800元；非居民用户管道燃气庭院管网设施建设费按照长沙市物价局印发长价房〔2008〕170号文件、湖南省物价局印发湘价消〔2008〕80号文件的规定执行，非居民用户管道燃气庭院管网设施建设费包括部分主干管网设施建设费和全部入户工程管网设施建设费，主管管网设施建设费按日最高气量统一收取，工业用户每立方米200元，非营业性用户（主要指各级政府、部队、医院、学校、幼儿园等公益事业单位用户）每立方米260元，营业性用户（主要指酒店、宾馆等商业用户）每立方米340元，入户工程管网设施建设费按照国家有关工程定额标准确定。

截至2012年，累计管网投资2.54亿元，敷设中压干管238千米，日最大供气量近40万立方米，在用居民用户88095户，在用工商户472家。供气覆盖长沙经开区和长沙县城及周边黄花、榔梨、干杉、黄兴、暮云、跳马等乡镇。

◆第五节　道　路

道路布局　长沙经开区将道路工程建设与城市美化、亮化、净化工程有机结合起来，营造园区优越的投资环境。根据长沙经开区的总体规划布局，道路工程设南北向干道与107国道基本平行，设东西向主路与319国道平行，构成纵横交错的道路格局，使园区从东到西、由南向北依次串起工业、经贸、商住、行政、文教、体育、娱乐等中心，共同构成现代工业城高效、便捷、灵活的道路格局。

道路建设　长沙经开区建区初期，按照园区20平方千米的道路规划，园区内的主次干道共28条计60千米。1992年7月6日，开发区道路工程部对道路建设进行勘察测量，是年7月20日完成设计、放线、定位工作，9月20日施工单位进场施工，先后有28个单位中标，投入施工机械设备达350余台套，施工队伍达800余人，通过日夜奋战，道路工程建设出现了高速度、超常规、快节奏向前推进的好势头。是年 12 月，区内规划的 28 条主次干道有 9 条基本成形，共长 31 千米。

2007—2012 年，园区规划修编、扩容提质、拓展发展空间，修建了蓝田路，东十一路下穿机场高速桥，漓湘路东延线接远大三路，长永高速南北辅道，楠竹园路，人民东路东延线，大元路，黄兴大道南延线等工程建设。

1992—2012 年，园区建成主干道 13 条计 65.55 千米，其中路幅 60 ~ 80 米、双向 6 ~ 8 车道 8 条，路幅 40 ~ 52 米 5 条；次干道（路幅 16 ~ 36 米不等）27 条，全长 71.45 千米。在道路建设方面，抓好与国道线的联通工程建设，京珠高速公路在月形山的匝道联接线，开元路京珠跨线桥、漓湘路京珠跨线桥均建成通车。星沙与区外的 107 国道、京港澳高速、319 国道（长永高速）等主要交通要道的交通网络已经形成，突破了原来由于两条高速公路贯穿星沙所形成的封闭屏障，使星沙形成西联市区，北通星港城、东抵黄花机场，南及株洲、湘潭的开放性立体交通网络。道路网格工程，以漓湘路、盼盼路、远大路、映霞路、人民东路、大元路为横轴，以星沙大道、东四路、东六路、黄兴大道、东十路、东十一路为纵轴，形成纵横交错的道路网络。路面硬化工程，所有道路全部硬化，并逐步将水泥路面改为沥青路面，同时将供排水、电力、电信、电视、燃气等管道全部改为地下敷设，道路中央和两旁设有绿化带。

表 4-1　　1992—2012 年长沙经开区主干道路建设情况一览表

单位：米

道路名称	里程全长	路幅宽度	车道	路面标准	起止点	修建时间		备注
						开工建设	竣工完成	
星沙大道	4731.13	80	8	改性沥青路面	南起人民路，北至滨湖路	1992 年	2011 年	—
人民东路	5340	80	8	改性沥青路面	东起长株高速，西至芙蓉区	2009 年	2012 年	—
开元路	9346.86	60	6	改性沥青路面	东起外环辅路，西至万家丽路	1992 年	2008 年	—
东四路	4346.07	80	8	改性沥青路面	南起远大路，北至滨湖路	2003 年 6 月	2008 年年底	—
漓湘路	6435.90	60	6	改性沥青路面	东起东升路，西至远大三路	1992 年	2012 年	—

道路名称	里程全长	路幅宽度	车道	路面标准	起止点	修建时间		备注
						开工建设	竣工完成	
黄兴大道	4621	60	6	改性沥青路面	南起机场高速，北至滨湖路	2002 年	2006 年	—
东六路	5114.73	60	6	改性沥青路面	南起盼盼路，北至滨湖路	2004 年	2012 年	—
滨湖路	2947.59	60	6	改性沥青路面	东起东四路，西至月形山收费站	2002 年 2 月	2004 年 4 月	—
东十一路	5860	52	6	改性沥青路面	南起机场高速，北至长永高速	2010 年	2012 年	—
潇湘路	1200	40	4	水泥路面	东起星沙大道，西至京珠高速	1993 年	1998 年	—
盼盼路	7090.27	46	6	水泥路面	东起龙舟路，西至京珠高速辅道	1997 年 1 月	1998 年 4 月	原梨江路
三一路	3726.51	40	6	改性沥青路面	东起东六路，西至京珠高速辅道	2000 年 1 月	2002 年 3 月	原蒸湘路
东七路	4791.07	40	6	改性沥青路面	南起远大路，北至万明路	2004 年	2006 年	—

表 4-2　　1992—2012 年长沙经开区次干道路建设情况表

单位：米

道路名称	里程全长	路幅宽度	车道	路面标准	起止点	修建时间		备注
						开工建设	竣工完成	
京珠高速西辅道	2549.35	20	4	水泥路面	南起星沙收费站，北至开元西路	1999 年	2001 年	—
107 东辅道	6506.40	20	4	水泥路面	南起梨江路，北至滨湖路	1997 年	2002 年	—
富安路	780	20	4	水泥路面	南起新安路，北至南二线	1998 年	1998 年	—
全兴路	780	20	4	水泥路面	南起新安路，北至南二线	1998 年	1998 年	—
板仓路	5448.50	36	4	水泥路面	南起新安路，北至滨湖路	1996 年	1998 年	—
天华路	5224.68	36	4	改性沥青路面	南起新安路，北至北环线	1998 年	1999 年	—

续表 4-2

道路名称	里程全长	路幅宽度	车道	路面标准	起止点	修建时间		备注
						开工建设	竣工完成	
武塘路	4517.98	36	4	水泥路面	南起梨江路，北至滨湖路	1998 年	1999 年	—
金华路	4337.73	36	4	水泥路面	南起梨江路，北至滨湖路	1998 年	1999 年	—
东三路	4608.89	26	4	水泥路面	南起梨江路，北至滨湖路	1998 年	1999 年	—
映霞路	4900	36	4	改性沥青路面	东起东十二路，西至东四路	2009 年	2012 年	—
楠竹园路	1700	30	4	水泥路面	东起东十二路，西至东十路	2010 年	2012 年	—
西冲路	1700	26	4	改性沥青路面	东起东十二路，西至东十路	2008 年	2010 年	—
红树坡路	3700	30	4	改性沥青路面	东起东十二路，西至东七路	2008 年	2010 年	—
长桥路	1700	20	4	水泥路面	南起螺丝塘路，北至盼盼路	2007 年	2008 年	—
螺丝塘路	2400	30	4	水泥路面	东起东八路，西至东四路	2007 年	2007 年	—
北环线	1659.67	36	4	水泥路面	东起武塘路，西至京珠高速东辅道	1996 年	1997 年	—
望北路	1294	36	4	水泥路面	东起东四路，西至开元路	1996 年	1997 年	—
凉塘路	2001	36	4	水泥路面	东起东四路，西至京珠高速东辅道	1997 年	1998 年	—
经贸路	1772.65	20	2	水泥路面	东起武塘路，西至京珠高速东辅道	1997 年	1998 年	—
朝晖路	2439.20	20	4	水泥路面	东起武塘路，西至107东辅道	1997 年	1998 年	武塘—金华—东三路

续表 4-2

道路名称	里程全长	路幅宽度	车道	路面标准	起止点	修建时间		备注
						开工建设	竣工完成	
新安路	1209	30	4	水泥路面（全兴—东三路）；沥青路面（东三路—东四路）	东起东四路，西至全兴路	2004 年	2011 年	—
光南路	350	20	4	水泥路面	东起全兴路，西至富安路	1996 年	1997 年	—
北斗路	4035.65	20	4	水泥路面	东起东七路，西至板仓路	1996 年	1997 年	原三一路
长海路	4035.65	20	4	水泥路面	东起东七路，西至板仓路	1996 年	1997 年	—
行政支线	700	20	4	水泥路面	南起望北路，北至北环线	1997 年	1998 年	—
工业小区	500	16	2	水泥路面	东起全兴路，西至富安路；南起梨江路，北至漓湘路	1999 年	1999 年	—
明月路	600	36	4	水泥路面	南起漓湘西路，北至收费站高架桥及支线	2003 年	2003 年	—

道路命名 长沙经开区主次干道初步建成后，长沙经开区、长沙县确定了命名原则和依据，就道路名称进行了广泛征集。

命名原则：道路名称尽可能体现长沙县独具特色的文明历史、人文地理、乡土风情；名称的启用力求做到雅致、新颖、通俗、有序；由一至几条道路体现一个含义，不论体现哪方面的含义，一律以长沙县境内的地名来表达；地名的采用，都避开现有区、镇、乡行政区划的名称。

命名缘由：以长沙县历史名称的变异命名。自公元前 221 年（秦王嬴政二十六年），设置长沙郡，长沙列入行政区划以来，长沙县名多次更易，今建长沙县新县城，将历代县名作县城道路命名，既铭记长沙县沧桑变迁，又显示星沙城千秋伟业。按此建议，给南北纵向 6 条道路命名。临湘路：公元前 202

年（汉高祖五年），长沙郡改长沙国，易湘县（即今长沙县）为临湘县，为长沙国国都，后东汉、三国、晋、南北朝均沿用此名，历时 792 年；抚睦路：公元 10 年（新朝始建国二年），临湘曾一度易名为抚睦县，至公元 25 年（东汉武帝元年），恢复临湘县名；龙喜路：公元 950 年（五代后汉乾祐三年），划出长沙县东南部部分地区设置龙喜县；常丰路：公元 963 年（北宋乾德元年），裁龙喜县入长沙县，设常丰县，至公元 973 年（开宝六年）并入长沙县；善化路：公元 1098 年（北宋元符元年），划长沙县东南部五乡设置善化县，至公元 1912 年（民国元年）并入长沙县；星沙路：“长沙”，按“星象说”，是因“长沙星”而得名，故长沙自古又称星沙。今长沙县人民决心建设第二个长沙城——星沙镇，故以中心主干道命名，以突出其历史意义。

以长沙县的名人出生地或活动纪念地命名。唯楚有才，长沙县名人辈出，这是长沙县人民的骄傲。以长沙县籍近代有国际影响的名人的出生地和他们的活动纪念地命名县城的道路，以表达长沙县人民对前辈仁人志士的怀念和尊敬。按此建议，为南北向 5 条及东西向 1 条道路命名。凉塘路：资产阶级民主革命家、辛亥革命先驱黄兴的出生地——黄兴镇凉塘；梨江路：无产阶级教育家徐特立亲自创办和多年任教的学校——榔梨镇梨江学校；板仓路：伟大领袖毛泽东的亲密战友、夫人杨开慧烈士的故乡，毛主席曾经进行过革命活动的地方——开慧乡板仓；金华路：世界文化名人、中国现代戏剧奠基人田汉的出生地——果园乡金花村田家大屋；天华路：无产阶级革命家刘少奇主席蹲点调查的地方——广福乡天华村；武塘路：毛泽东在主编的《中国农村的社会主义高潮》一书中，对长沙县高山乡武塘农业生产合作社的办社经验写了 1600 余字的按语，现为春华镇武塘村。

以长沙县自然环境、地形、地利命名。按此建议为东西向 2 条道路命名。明月路：取自长沙县的至高点，牌楼乡的明月大山。其主峰海拔 658.60 米，为长沙县的名山；桐仁路：取自长沙县最大的水库——范林乡桐仁桥水库。它是十一届三中全会以后长沙县修建的容量最大、配套最全、风景最美、号称长沙县的张家界的水库。

以新中国成立后长沙县治迁徙地命名。新中国成立后，长沙县县治先后定在金井、榔梨、潘家坪。尊阳路：1949 年 7 月 26 日，长沙县首届人民政府设在金井的金牛易家祠堂（原尊阳乡境内）。

以星沙镇内原有地名命名。对星沙镇境内原有的有影响的地名，谐音改字，赋予新意，既尊重当地群众的习惯称呼，又保留了地名的历史沿革，富有纪念意义。按此建议为环形线 4 条、东西向 1 条道路命名。腾飞东、西路：为原“筒灰”村名谐音；雅河南、北路：为“哑河”谐音；望仙路：取名原望新乡境内的望仙桥。

通过对征集意见的研究评审，共征集道路命名 102 个，其中以烈士命名的 14 个，以吉祥物命名的 20 个，以地理传统命名的 24 个，以县内特色地名命名的 34 个，以清代以来各区镇名称命名的 10 个。最后确定的道路名称为星沙大道、凉塘路、梨江路、板仓路、金华路、天华路、武塘路，增设了寓湖南“三湘四水”之美誉的漓湘、潇湘和蒸湘之路名，以企业命名的三一、光南、长海、全兴路，以星沙镇内原有的有影响地名命名的望仙、明月、滨湖路，有以彰扬开元盛世的开元路，以顺序排列的有东三路、东四路、东六路、东七路、南横线、南二线、北环线，以及区内经贸路、富安路、新安路、行政支线、工业小区 33 条路名。

2004 年 8 月 9 日，长沙县人民政府印发《关于县城道路命名的批复》（长县政函〔2004〕47 号）。在此后的几年里，又陆续颁布了长县政函〔2005〕75 号、长民地〔2006〕03 号、长县政函〔2008〕46 号、长县政函〔2010〕58 号、长县政函〔2011〕65 号、长县政函〔2012〕2 号等文件来规范道路命名。

表 4–3　　　　长沙经开区道路名称一览表

单位：米

序号	路名	路幅宽	长度	起 止 点	命名文件及异动情况
1	开元路	60	—	西止锦绣路，向东延伸	长民地〔1996〕1 号
2	凉塘路	36	—	西止锦绣路，向东延伸	长民地〔1996〕1 号，原“杉星路”
3	望仙路	40	—	西止东升路，向东延伸	长民地〔1996〕1 号，原“望新路”
4	星沙大道	80	—	南起盼盼路，北止滨湖路	长民地〔1996〕1 号，原“星沙路”
5	天华路	36	—	南起盼盼路，北止明月路	长民地〔1996〕1 号
6	板仓路	36	—	南起盼盼路，北止明月路	长民地〔1996〕1 号

续表 4–3

序号	路名	路幅宽	长度	起 止 点	命名文件及异动情况
7	漓湘路	60	5000	西起东升路，经星沙大道、东四路，向东延伸	长县政函〔2008〕46 号
8	东四路	60	5000	南起盼盼路，北止滨湖路	长县政函〔2008〕46 号
9	滨湖路	主干道	3250	西起月形山收费站，东至东四路或延长	长县政函〔2004〕47 号，原“北环线”
10	明月路	主干道	1860	西起东升路，经山水芙蓉，东至东一路	长县政函〔2004〕47 号
11	龙喜路	次干道	600	南起望仙路，经天华酒店，北至明月路	长县政函〔2004〕47 号
12	棠坡路	次干道	1600	西起天华北路，经星沙派出所，东至东四路或延长	长县政函〔2004〕47 号
13	三一路	40	—	西起东升路，向东延伸	长县政函〔2004〕47 号，三一集团冠名，原“蒸湘路”东端
14	特立路	主干道	3300	西起西霞路，东至东四路或延长	长县政函〔2004〕47 号，原“潇湘路”
15	盼盼路	46	—	西止东升路，向东延伸	长县政函〔2004〕47 号，盼盼门业冠名，原“梨江路”
16	金茂路	次干道	1800	西起东升路，经电力走廊，东至东一路	长县政函〔2004〕47 号，原“经贸路”
17	东升路	30	4800	南起盼盼路西端，经星沙一桥，北至特立路或延长	长县政函〔2004〕47 号，原“光南路”
18	西霞路	20	4800	南起县交警大队，经长永高速收费站，北至安置小区	长县政函〔2004〕47 号，原京珠高速西辅道
19	南山路	20	2500	西起星沙一桥南端，经长海集团，东至东四路或延长	长县政函〔2004〕47 号，原“长海路”
20	北斗路	20	2500	西起星沙一桥，经三一集团，东至东四路或延长	长县政函〔2004〕47 号，原“三一路”
21	桂花路	20	1000	南起盼盼路，经娃哈哈集团，北至向阳路	长县政函〔2004〕47 号

续表 4–3

序号	路名	路幅宽	长度	起 止 点	命名文件及异动情况
22	寿昌路	40	1000	南起盼盼路，经湖南泰丰公司，北至向阳路	长县政函〔2004〕47 号，原“西三路”
23	时中路	60	3300	南起漓湘路西端、北至开元西路	长县政函〔2004〕47 号，原“西四路”
24	锦绣路	60	3000	南起漓湘路西端、经农机市场，北至开元西路或延长	长县政函〔2004〕47 号，2005 年南端冠名为汽配城路
25	向阳路	20	1700	西起东升路，经劲隆集团，东至星沙大道	长县政函〔2004〕47 号，原“南二线”
26	五美路	20	1300	西起东三路，经湖南 HEG 南侧，东至东四路或延长	长县政函〔2004〕47 号
27	东一路	20	4300	南起漓湘路，经邮政枢纽中心，北至开元路或延长	长县政函〔2004〕47 号，原“武塘路”
28	东二路	36	4300	南起盼盼路，经三一集团西侧，北至滨湖路	长县政函〔2004〕47 号，原“金华路”
29	东三路	26	4300	南起盼盼路，经三一集团东侧，北至滨湖路	长县政函〔2004〕47 号
30	东五路	30	4300	南起盼盼路，北至滨湖路	长县政函〔2004〕47 号
31	东六路	60	4300	南起盼盼路，北至滨湖路	长县政函〔2004〕47 号
32	东七路	40	4300	南起盼盼路，北至滨湖路	长县政函〔2004〕47 号
33	东八路	80	8200	南起盼盼路，北至滨湖路	长县政函〔2004〕47 号
34	朝晖路	20	300	西起东二路，经弘祥科技园北侧，东至东三路	长县政函〔2004〕47 号
35	兴隆路	20	1300	南起北斗路，经二、三、四区，北至凉塘路	长县政函〔2004〕47 号
36	湘龙路	60	1500	东起特立路西端，西至火星北路	长县政函〔2004〕47 号
37	汽配城路	36	700	南起漓湘路西端，经汽配城，北至长永高速公路	长县政函〔2005〕75 号

续表 4-3

序号	路名	路幅宽	长度	起 止 点	命名文件及异动情况
38	申湘路	36	1500	南起县交警大队，北至长永高速收费站	长民地〔2006〕3 号
39	新安路	30	1100	西起芙蓉区天雄路，经早安星城，东至东四路	长县政函〔2008〕46 号
40	贺龙体校路	20	1000	南起湘龙路，经宏梦卡通城，北至滨湖路	长县政函〔2008〕46 号
41	蟠龙路	30	600	西起火星北路，东至西霞路	长县政函〔2008〕46 号
42	石子铺路	20	1100	南起滨湖路，经水渡河路、蟠龙路，北至捞刀河路	长县政函〔2008〕46 号
43	水渡河路	30	1000	西起火星北路，经石子铺路，东至西霞路	长县政函〔2008〕46 号
44	螺丝塘路	30	2400	西起东四路，东至东八路（或向东延伸）	长县政函〔2008〕46 号
45	大塘巷	20	1000	星沙汽配城内星城雅郡前的道路	长县政函〔2008〕46 号
46	灰埠路	20	600	西起东升路，经大众传媒北端、长沙卫校，东至东一路	长县政函〔2008〕46 号
47	凉塘路	20	1000	中南汽车世界内，西起锦绣路，东至西霞路	长县政函〔2008〕46 号
48	广元路	30	1000	汽车世界内，西起锦绣路，经二手车市场，东至西霞路	长县政函〔2008〕46 号
49	博展路	30	800	汽车世界内，西起锦绣路，经新车展示厅，东至西霞路	长县政函〔2008〕46 号
50	卫星路	30	2000	汽车世界内，南起博展路，经汽配城，北至杉星路	长县政函〔2008〕46 号
51	升华路	20	1500	汽车世界内，南起三一路，北至开元西路	长县政函〔2008〕46 号
52	物贸路	60	2500	汽车世界内，南起博展路，经物流园，北至开元西路	长县政函〔2008〕46 号

续表 4-3

序号	路名	路幅宽	长度	起 止 点	命名文件及异动情况
53	蒸湘路	30	1000	汽车世界内，西起锦绣路，东至西霞路，对接三一路	长县政函〔2008〕46 号
54	明月路	20	600	西起东升路，经板仓北路、天华北路，至滨湖路	长县政函〔2008〕46 号
55	金塘路	18	630	北起特立（滨湖）东路，南至长峰路	长县政函〔2010〕58 号
56	华湘路	18	850	北起开元东路，南至雷鸣路	长县政函〔2010〕58 号
57	茶塘路	24	2370	北起特立（滨湖）东路，南至雷鸣路	长县政函〔2010〕58 号
58	蓝田北路	36	2600	北起特立（滨湖）东路，南至长永高速	长县政函〔2010〕58 号
59	双塘路	26	1250	北起特立（滨湖）东路，南至凉塘东路	长县政函〔2010〕58 号
		18	860		长县政函〔2010〕58 号
60	龙井路	30	1090	北起特立（滨湖）东路，南至凉塘东路	长县政函〔2010〕58 号
		18	1030		长县政函〔2010〕58 号
61	长界北路	24	2920	北起特立（滨湖）东路，南至长永高速	长县政函〔2010〕58 号
62	新湘路	24	2950	北起特立（滨湖）东路，南至雷鸣路	长县政函〔2010〕58 号
63	龙峰北路	36	3250	北起特立（滨湖）东路，南至长永高速	长县政函〔2010〕58 号
64	黄峰路	24	3280	北起特立（滨湖）东路，南至黄春路	长县政函〔2010〕58 号
65	湘峰北路	36	4050	北起特立（滨湖）东路，南至长永高速	长县政函〔2010〕58 号
66	石峰路	20	3520	北起特立（滨湖）东路，南至雷鸣路	长县政函〔2010〕58 号
67	滨湖东路	36	5550	东起石峰路，西至绕城高速	长县政函〔2010〕58 号
68	长峰路	24	5670	东起石峰路，西至绕城高速	长县政函〔2010〕58 号

续表 4–3

序号	路名	路幅宽	长度	起 止 点	命名文件及异动情况
69	红枫路	18	3840	东起石峰路，西至双塘路	长县政函〔2010〕58 号
70	凉塘东路	24	5650	东起石峰路，西至绕城高速	长县政函〔2010〕58 号
71	观山路	20	2190	东起石峰路，西至新湘路	长县政函〔2010〕58 号
72	黄春路	18	1400	东起石峰路，西至雷鸣路	长县政函〔2010〕58 号
73	杉仙岭路	12	630	北起三一路，至机电驾校西南角，拐弯与天华中路相接	长县政函〔2011〕65 号批复
74	土桥路	15	1000	南起滨湖路，经民政学院西侧，北至水渡河路	长县政函〔2011〕65 号批复，无规划名
75	龙塘路	20	1000	南起湘龙路，沿山水湾西侧向北延伸	长县政函〔2011〕65 号批复，规划名“愿景路”
76	南塘路	15	1000	南起特立西路，沿湘瑞家园西侧，北至湘龙路	长县政函〔2011〕65 号批复，规划名“机电路”
77	石塘路	20	1000	东起西霞路，沿湘绣城和中南小学北侧，西至锦绣路	长县政函〔2011〕65 号批复，规划名“湘绣路”
78	雷公岭路	20	1000	南起开元西路，沿筑梦园东侧，北至特立西路	长县政函〔2011〕65 号批复，规划名“筑梦路”
79	东九路	40	1200	现北起于拟命名的社塘路，南至远大路或向南延伸	长县政函〔2011〕65 号批复，规划名“东九路”
80	东十路	40	2200	现北起于螺丝塘路，南至远大路或向南延伸	长县政函〔2011〕65 号批复，规划名“东十路”
81	东十一路	40	2000	现北起于长永高速公路南侧，南至远大路或向南延伸	长县政函〔2011〕65 号批复，规划名“东十一路”
82	枫树路	20	800	北起漓湘路，南至远大路或向南延伸	长县政函〔2011〕65 号批复，规划名“中轴东路”
83	小塘路	20	1500	北至南山路，南至远大路	长县政函〔2011〕65 号批复，规划名“小塘路”
84	长桥路	20	1700	北起螺丝塘路，南接盼盼路	长县政函〔2011〕65 号批复，规划名“长桥路”
85	社塘路	20	2000	西起东六路，东至众泰汽车公司正门	长县政函〔2011〕65 号批复，规划名“南二路”

续表 4–3

序号	路名	路幅宽	长度	起 止 点	命名文件及异动情况
86	丁家岭路	20	700	西起拟命名的东九路，东至拟命名的枫树路或向东延伸	长县政函〔2011〕65号批复，规划名“南三路”
87	泉源路	20	700	西起东六路，经泉塘安置小区，沿泉塘小学北侧，东至东七路	长县政函〔2011〕65号批复，规划名“月塘路”
88	映霞路	36	4900	东四路至东十二路	长县政函〔2012〕2号文件批复，规划名“映霞路”
89	楠竹园路	30	1700	东十路至东十二路	长县政函〔2012〕2号文件批复，规划名“楠竹园路”
90	西冲路	26	1700	东十路至东十二路	长县政函〔2012〕2号文件批复，规划名“西冲路”
91	大元路	36	5100	东四路至东十二路	长县政函〔2012〕2号文件批复，规划名“大元路”
92	红树坡路	30	3700	东七路至东十二路	长县政函〔2012〕2号文件批复，规划名“红树坡路”
93	檀木桥路	30	800	东八路至东十路	长县政函〔2012〕2号文件批复，规划名“阳光东路”
94	三合路	30	2000	东八路至东十二路	长县政函〔2012〕2号文件批复，规划名“北辅道”
95	阳高路	30	3900	东六路至东八路	长县政函〔2012〕2号文件批复，规划名“博雅路”
96	万明路	27	4200	滨湖路至捞刀河路	长县政函〔2012〕2号文件，规划名“东六路北延线”
97	捞刀河路	30	3200	万家丽北路至万明路或向东延伸	长县政函〔2012〕2号文件，规划名“捞刀河南路”
98	香堤路	27	2250	滨湖东路至捞刀河路	长县政函〔2012〕2号文件，规划名“香堤路”
99	黄兴大道	不定	35000	南至槊梨向南延伸，北至路口麻林向北延伸	长县政函〔2012〕2号文件，原名“东八路”

◆第六节 桥 梁

1993—2012年，长沙经开区共修建13座跨线桥，全长2.25千米。2座立交桥，全长0.82千米。1座人行天桥，全长0.05千米。桥梁总投资10.14亿元。

跨线桥 1993年7月，板仓路跨线桥开工建设，1994年10月竣工，全长60米，路幅宽度20米，南至南山路，北至北斗路，跨319国道。1993年10月，天华路跨线桥开工建设，1994年10月竣工，全长70米，路幅宽度30米，南至南山路，北至北斗路，跨319国道。1993年10月，星沙大道跨线桥开工建设，1994年12月竣工，全长80米，路幅宽度80米。1997年8月，星沙收费站跨线桥开工建设，1998年10月竣工，全长400米，路幅宽度20米，南至A支线，北至北斗路匝道，跨319国道。南至南山路，北至北斗路，跨319国道。1998年，武塘路跨线桥开工建设，1999年竣工，全长60米，路幅宽度16米，南至南山路，北至北斗路，跨319国道。2003年5月，开元路跨线桥开工建设，2004年10月竣工，全长100米，路幅宽度60米，东至东升路，西至西霞路，跨京珠高速。2003年7月，漓湘路跨线桥开工建设，2004年10月竣工，全长650米，路幅宽度18米，东至桂花路，西至时中路，跨京珠高速。2010年，东六路跨梨江河桥跨线桥开工建设，2011年竣工，全长60米，桥宽32米，跨梨江河道。2011年7月，广汽物流桥跨线桥开工建设，2012年5月竣工，全长75米，桥宽8米，跨东十路。2011年，人民东路黄兴大道跨线桥开工建设，2012年竣工，全长230米，路幅宽度25米。2012年7月，人民东路东六路跨线桥开工建设，2013年12月竣工，全长210米，路幅宽度25米。2012年8月，人民东路东十路跨线桥开工建设，2013年12月竣工，全长53.50米，路幅宽度43米。2012年11月，人民东路东十一路跨线桥开工建设，2013年12月竣工，全长213.50米，路幅宽度25米。

立交桥 2004年5月，星沙大道高架桥开工兴建，全长517.17米，桥宽30.5米。南至芙蓉区边界，北至盼盼路，2005年10月竣工通车。2004年，东四路高架桥动工，全长300米，桥宽25米，南至南山路，北至北斗路，2005年8月竣工通车。

人行天桥 2012年2月，开工建设蓝思科技人行天桥，是年12月竣工。该桥全长52米，桥宽4米，引桥长9米，宽2.5米。

◆第七节　绿　化

公园绿化　星沙文化公园：1995 年，长沙经开区开始建设星沙文化公园。该园位于长沙经开区西部 107 国道旁，占地 40 公顷。拥有较深的文化底蕴和较好的园林植被，是长沙经开区首先开发的一个综合性公园。前期投资 2000 万元，完成基础设施建设和数个景点建设，同时吸引台商陈之迈投资兴建佛教圣地“松柏寺”，是长沙经开区公园建设对外招商合作开发项目之一，成为“改革开放看星沙”活动的一个主要景点，公园免费对外开放，是人们休闲、娱乐、健身的首选之地。

电力走廊公园：1998 年，长沙经开区兴建电力走廊休闲公园，该公园占地 2 公顷，投资 120 万元。公园有五园亭、花架等园林建筑，有各具特色的宽敞大草坪，成为三产业街居民休闲好去处。

通程商业广场：2000 年，长沙经开区兴建通程商业广场，该项目面积 6 公顷，投资 2000 万元，2004 年建成。广场建设布局合理，音控彩灯喷泉，流线型平面大广场，圆形的大理石柱，配以鲜花绿草，成为城市居民一个重要休闲娱乐场所。2000 年 7 月，国家体育总局赠送长沙县一套价值 20 万元的体育健身器材，安放在广场的西南角，供广大市民锻炼，丰富人们的文化体育生活。

泉塘公园：2011 年，泉塘公园项目开建，2012 年年底竣工开园。该公园是长沙经开区内又一大型绿地生态公园，位于盼盼路以北，东六路以东，小塘路以西，总占地面积约 3.33 公顷。公园内有广场、游步道、篮球场、沙池、亭榭等建筑，建成后提升了泉塘区域的环境品质，为周边居民提供一个休闲、散步、运动的场所。

花卉苗圃基地：花圃和盆景园各占地 0.67 公顷，苗圃基地占地 15.67 公顷。基地里植物品种丰富，花色齐全，造型各异。花圃里有菊类、鸡冠花类、海棠花等 50 余个花卉品种；苗圃中既有广玉兰、香樟、海桐、红桎木、杜鹃等乡土树种，也有竹柏、金钱松、古桩罗汉松、古槐、古桩桂花等名贵树种；盆景园内既有造型各异的盆景和榔榆、福建茶、六月雪、榕树、五针松等植物品种，也有南洋杉、印度橡皮树、椰类等热带盆栽植物。这些苗木基地为城市绿化向高层次、高标准发展提供了门类齐全的优质品种。

道路绿化　1992—2012 年，完成天华路、板仓路、319 南北辅道、金华路、潇湘路、蒸湘路、开元路、望仙路、漓湘路、东四路、东六路（南）、东七路、东八路（南）、东九路等道路的绿化。

2000年12月，长沙经开区管委会投资100万元请深圳市政设计院园林专业高级工程师，对星沙大道进行科学详细的景观规划和植物种植设计。建成的星沙大道成为整个城区的一道亮丽的风景线。大道绿化投入资金达2000万元，占星沙大道总投资的22%，两厢绿化带均在20米以上，依山造势，相映成趣，道路两旁及中间绿化带，形成了乔、灌、花、草相结合的多层次、多品种、多色彩、多季节的绿化格局，既起到了消尘、遮荫、减噪的作用，又让人们置身于清新舒适、健康自然的生态环境之中。

2005年，完成板仓南路、桂花南路、319国道北辅道（星沙大道—东三路）、灰埠安置小区、盼盼路绿化施工。

2006年，完成漓湘路（东四路—东六路）南面人行道及绿化工程、东四路（漓湘路—新安路）东面绿化工程、天华南路绿化工程、星沙大道（百事可乐段）人行道及绿化工程。

2007年，完成东四路（北辅道—凉塘路）中央绿化工程，漓湘路同盛名苑段绿化及人行道设计，东六路星城国际段绿化及人行道工程。

2008年，完成东六路（盼盼路—远大路）绿化及人行道，东城名苑周边（漓湘路、东七路）绿化及人行道，东四路（南辅道—凉塘路）中央绿化带，漓湘路（东四路—东十路）行道树栽植，板桥安置小区绿化。

2009年，完成东六路（北辅道—映霞路）、东七路（北辅道—漓湘路）、东二路（盼盼路—芙蓉区交界）、长桥路（南二线—东八路）人行道及绿化工程。

2011—2012年，长沙经开区完成东六路（南）、东八路（南）、东十路、映霞路、人民路等道路的绿化工程。

单位绿化 长沙经开区把绿化规划作为加强园区生态建设的龙头，始终坚持“三结合”的原则，即自然生态与现代工业文明相结合，统一合理的城建规划与多功能的基础设施系统相结合，美观大方的沿街建筑风格与高比例的绿化覆盖相结合。凡入区企业厂房及居住区绿化率均要达到40%以上。通过开展“争创花园式单位”“绿化达标单位”竞赛活动，定期对绿化进展情况进行检查，表扬先进，鞭策落后，区内107个单位实现绿化达标，达标率90%。其中，县委、县政府大院，开发区招商服务中心被评为省级园林式单位，县财政局、县林业局、县电信局、长沙力元、长沙市卫校、金和包装、金沙利彩印等单位被评为市级园林式单位。山水芙蓉、凤凰城、碧桂园、中铁国际城、康桥长郡、湘水湾等小区绿化覆盖面广适宜居住。

◆第八节 环境生态

环保设施建设 1992 年 8 月，长沙经开区在板仓北路开工建设 1 座垃圾站和水冲式公厕，在建成城区街道设置果皮箱。截至 2012 年，已在全区 13 条主干道设置果皮箱 2908 只、建设垃圾站 48 个、公厕 46 座，建设固体废弃物处理场 1 座、污水处理厂 3 家，园区垃圾收集处理实现全覆盖。

星沙污水处理厂 星沙污水处理厂位于长沙经开区西南角，占地面积 6.05 公顷，总设计规模 12 万吨 / 日，分两期建设，一期设计规模 8 万吨 / 日，二期设计规模 4 万吨 / 日。设计进水水质为：COD 300 毫克 / 升，BOD 150 毫克 / 升、SS 250 毫克 / 升，出水水质执行《城镇污水处理厂污染物排放标准》（GB18918-2002）的一级 B 类标准。

星沙污水处理厂一期工程项目列入湖南省日元贷款项目，1997 年下半年启动。1998 年 4 月 2 日，湖南省环境保护局颁布《关于长沙经开区污水处理厂新建工程环境影响评估报告的批复》（湘环管〔1998〕51 号）。是年 4 月 16 日，湖南省计划委员会颁布《关于长沙经开区污水处理厂可行性研究报告的批复》（湘计国地〔1998〕185 号）。1998 年 12 月 15 日，湖南省建设委员会颁布《关于长沙经开区污水处理厂初步设计的批复》(湘建设〔1998〕532 号)。根据批复，一期工程于 1998 年 12 月破土动工，2003 年 6 月 28 日竣工通水运行，该工程总投资 9987 万元，采用改良型氧化沟工艺。2003 年 12 月 23 日，经省市环境保护局测试验收，下达《负责验收的环境保护行政主管部门意见》，认定星沙污水处理厂达到环保验收的合格标准。

2008 年，星沙污水处理厂一期工程 8 万吨 / 日的处理规模已不能满足园区社会经济发展的需要。2008—2010 年，污水净化中心作为业主单位扩建星沙污水处理厂二期工程，该工程位于一期工程西侧，采用 CASS 工艺。2007 年 12 月 13 日，长沙市环境保护局开发区分局颁布《关于长沙经开区污水净化中心二期扩建工程〈环境影响报告表〉的批复》（长环分局字〔2007〕57 号）；2008 年 1 月 21 日，长沙县建设局颁布《关于污水净化中心二期初步设计评审的批复》（长建发〔2008〕9 号）；2008 年 7 月 18 日，湖南省发展和改革委员会颁布《关于长沙经开区污水净化中心二期工程建设项目核准的批复》（湘发改地区〔2008〕577号）。根据上述批复，星沙污水处理厂二期工程于2008年3月破土动工，是年12月19日投入运行。星沙污水处理厂二期工程概算总投资9096万元（含管网），配套管网长46千米。与一期工程相同，二期工程服务区域内污废水经下水管网汇至板桥撇洪渠和大塘撇洪渠，由厂内处理后再经杨家湾渠排入浏阳河下游。二期工程投产后，星沙污水处理厂总设计处理能力达到12万吨/日，服务范围包括开元路以南、锦绣路以东、东十路以西、新安路以北的区域，服务面积23.30平方千米，服务人口21万人，每年可减少向浏阳河排放COD 1.05万吨、BOD 0.57万吨、SS 1.01万吨。2009年12月22日，长沙经开区管委会产业环保局《关于长沙经开区污水净化中心二期项目竣工环保验收的意见》（长经开产业〔2009〕29号），通过了对二期工程的竣工环保验收。

城北污水处理厂　城北污水处理厂位于长沙县星沙镇西北角石子村张家围子，占地6公顷，分两期建设。一期设计规模7万吨/日，采用A2/O工艺，设计进水水质为：COD 220毫克/升，BOD 120毫克/升、SS 200毫克/升，出水水质执行《城镇污水处理厂污染物排放标准》（GB18918-2002）的一级B类标准。2008年4月29日，湖南省环境保护局颁布《关于长沙经开区城北污水厂建设工程〈环境影响报告表〉的批复》（湘环评表〔2008〕64号）。2008年7月9日，湖南省发展和改革委员会颁布《关于长沙星沙城北污水处理厂项目重新核准的批复》（湘发改地区〔2008〕541号），2008年9月22日，长沙县建设局颁布《关于星沙城北污水厂初步设计评审的批复》（长建发〔2008〕115号）。根据上述批复，城北污水处理厂一期工程于2009年4月动工，是年11月29日厂内主体完工通水运行。总投资为3.40亿元（含配套管网），管网长度79.44千米。城北污水处理厂的服务区域主要包括开元路以北区域、腾飞岛、星沙产业基地、毛塘环保工业园小区，服务面积60.65平方千米，服务人口58万人。服务范围内污废水经下水管网汇至望新箱涵，进入厂内处理后再经捞刀河进入浏阳河。该项目建成后，每年可减少向浏阳河排放COD 0.41万吨、BOD 0.26万吨、SS 0.79万吨。

2010年1月30日，湖南省环境保护厅《关于长沙星沙城北污水处理厂建设项目阶段性环境保护验收申请的复函》（湘环评验〔2010〕19号），通过对城北污水处理厂的环保验收。

城南污水处理厂　城南污水处理厂位于长沙县榔梨镇土岭村，占地5.78

公顷，该项目分两期建设。一期设计规模 7 万吨 / 日，采用 A2/O 工艺，设计进水水质为 COD 270 毫克 / 升，BOD 150 毫克 / 升、SS 270 毫克 / 升，出水水质执行《城镇污水处理厂污染物排放标准》（GB18918-2002）的一级 B 类标准。2007 年 12 月 7 日，湖南省环境保护局颁布《关于长沙经开区榔梨污水处理厂建设工程〈环境影响报告表〉的批复》（湘环评表〔2007〕197 号）；2008 年 12 月 30 日，湖南省发展和改革委员会颁布《关于核准长沙经开区榔梨污水处理厂工程项目的批复》（湘发改地区〔2008〕1225 号）；2009 年 6 月 5 日，湖南省建设厅颁布《关于长沙经开区城南（榔梨）污水处理厂工程初步设计的批复》（湘建设〔2009〕190 号）。根据上述批复，城南污水处理厂一期工程于 2009 年 8 月动工，2010 年 6 月 14 日厂内主体完工通水运行。该项目概算总投资为 1.58 亿元（含配套管网），管网长度 38.49 千米。城南污水处理厂的服务区域主要包括长沙经开区东南片、榔梨工业园区，服务面积 14.20 平方千米，服务人口 14 万人。服务范围内废水经下水管网汇至花园港、梨江港和东六路污水干管，由厂内处理后再经梨江进入浏阳河。该项目建成后，每年可减少向浏阳河排放 COD 0.54 万吨、BOD 0.33 万吨、SS 0.64 万吨。

2011 年 8 月 4 日，湖南省环境监测站对城南污水厂处理情况进行连续两天的监测。监测结果显示，24 项检测指标的排放浓度日均值均符合国家《城镇污水处理厂污染物排放标准》。

星沙、城北、城南 3 座污水处理厂已全部纳入湖南省污染减排体系。设备运转良好，工艺运行稳定，出水水质经环保部门检测，完全满足设计出水水质要求，达到《城镇污水处理厂污染物排放标准》（GB18918-2002）的一级 B 类排放标准，实现优质、低耗、安全运行，达到污水处理节能减排要求。

固体废弃物处理场 2001 年 11 月，长沙经开区在长沙县安沙镇汉山村建立固体废弃物处理场，该处理场距长沙经开区 35 千米，占地 14.70 公顷，填埋量为 246 万立方米，预计可使用 30 ~ 35 年。该处理场采用改良、厌氧型卫生填埋方式，具有卫生标准高、填埋作业简便、生产成本低等特点，达到环保要求，符合技术规范。2003 年 6 月竣工投入使用，总投资 3600 万元。

创建国家生态工业示范园 长沙经开区致力于生态文明建设，以创建国家生态工业示范园为契机，不断完善园区各项设施建设，开展绿色招商引资，发展生态工业，集产业形态、环境状况、经济模式、社会管理于一体，着力探索资源节约型、环境友好型工业低碳园区可持续发展模式。

2008年11月，长沙经开区启动国家生态工业示范园创建工作。2010年12月25日，中国环境科学研究院编制了《长沙经开区生态工业园区建设规划》《长沙经开区生态工业园建设技术报告》《长沙经开区循环经济发展规划》。建设规划和技术报告通过环保部、商务部、科技部三部委组织的专家论证。2011年4月2日，国家三部委正式发文同意长沙经开区创建国家生态工业示范园。长沙经开区出台《长沙经开区创建国家生态工业示范园五年行动计划（2011—2015）》《长沙经开区节能低碳专项资金管理办法》《长沙经开区生态园专项资金管理办法（试行）》等一系列政策文件，将创建任务分时间、分部门纳入年度绩效考核，推进创建工作的开展。

长沙经开区生态工业示范园区的建设总体分为产业循环体系、资源循环利用和污染控制体系、保障体系三部分。

产业循环体系包括工程机械制造、汽车及零部件制造等主导行业与重点行业的产业共生和物质循环，并结合园区产业结构、用地规划以及投资环境，先行探索园区经济增长模式的转变途径，探索工业园区循环经济与低碳经济产业发展模式，创新园区行业内部及行业间产品代谢链和废物代谢链，走出一条资源循环利用、可持续发展的新路子。长沙经开区以“两型”社会建设为契机，以国家级开发区特有的产业、区位优势，将“两型”社会的创建融入产业循环体系的建立中，以“两型”社会的精神指导产业循环体系的建立，以产业循环体系的建立补充“两型”社会建设成果，实现区域资源高效利用，最大限度地减少环境污染，改善区域环境质量，大力推行企业清洁生产，加强环境准入和污染控制，积极推进生态文明建设，加速探索园区城乡一体化建设模式，促进主导优势行业的结构升级与生态化改造。园区已形成相对完整的以工程机械、汽车制造等两大支柱产业为主，电子信息、新材料、食品饮料等为辅的“两大支柱，多元推进，物流配套”的产业发展格局，并初步形成横向成群、纵向成链的产业集群，一条新型、低碳、节能的循环经济产业链已初具规模。园区努力发展产业循环体系，重点从引进低碳产业项目与内部产业改造升级两方面着手，先行试点产业循环体系发展模式，建立循环经济企业准入标准，为建设循环经济示范园探索并积累经验。长沙经开区已初步具备发展“两型”社会循环经济的现实基础，园区内涌现了一大批科技含量高的资源回收利用及环保产业示范工程与重点项目，如万容科技建设的湖南省电子电器废弃物处理中心、远大集团节能建筑、凯天环保废气净化项目以及三锦节能大型节能减排隔污燃炉厨具机组等。

资源循环利用和污染控制体系主要是大气污染控制与能源多级利用、水资源循环利用与水污染物控制、固体废物的资源化与处理处置，重点在污染物和废物的减量化、再使用、资源化和无害化。园区湖南万容科技有限公司“城市矿产”项目和乳化液处置中心项目正在筹备和建设中。

保障体系主要是为园区建设和发展提供组织机构、环境管理、政策措施、基础设施等支持。

2011 年，长沙经开区国家生态工业示范园进入建设阶段，各重大支撑项目全面铺开。

2011 年 6 月，园区企业排污口规范化整治工作完工。该工程共完成园区 113 家企业污水立式提示牌 119 块，污水立式警告牌 8 块，废气立式提示牌 25 块，废气立式警告牌 21 块，一般固废平面固定提示牌 102 块，危险废物平面固定警告牌 36 块，噪声平面固定提示牌 9 块，共设立 320 块排污点标志牌。

长沙经开区采用自建模式建立园区独立的一套环境在线监控系统，2011 年环境在线监控项目通过可研评审及立项审批，并已经省、市环保部门批准建设。该项目为集重点污染源、饮用水源水质、地表水水质、空气质量自动在线监控系统和环境信息管理系统（包括放射源的管理）于一体的系统工程，项目预计投资 604.72 万元，2015 年完成全部建设内容。2012 年，长沙经开区安装自动监测设备及配套设施排污单位 19 家，已建污染源自动监控设备的 8 家。

长沙经开区投资 3690 万元，对星沙 12 万吨 / 日污水处理厂进行脱氮、除磷及紫外消毒改造，出水水质达到《城镇污水处理厂污染物排放标准》（GB18918-2002）中的一级 A 类标准：2013 年 6 月建成投运，排入浏阳河水体的污染物进一步减少，每年将比现在减少排放 COD 280 吨、NH_3—N 84 吨，减轻污水对地下水资源和地面水资源的污染，提高水资源的综合利用价值，惠及污水处理厂 24.70 平方千米纳污范围内约 21 万人口。

长沙经开区投资 3000 万元对星沙污水处理厂进行深度处理，达到中水回用标准。主要用于市政道路清洗、绿化、洗车、工业冷却和景观用水。项目建成后，覆盖长沙经开区核心区约 7 平方千米的面积，受益人口约 8 万人。

第二章 市场建设

1992年8月至2001年12月，全面启动星沙大市场建设工程，又称三产业街建设工程。该工程采取分区成片开发建设的模式，先后共建一至六区市场，其中二、三区和五、六区市场同时连片开发。整个大市场建设工程规划用地面积75.85公顷，除7.74公顷由单位购买外，共建3837缝，拆迁户采取拍卖与抽签的方式购地667缝，房子由业主自建。星沙大市场总投入达1.59亿元，其中直接成本1.05亿元、间接成本（基础设施费、财务管理费等费用分摊）0.54亿元。

◆第一节 一区市场

一区市场位于板仓路以西，经贸路以南。1992年8月首批开建，1994年8月完工。由长沙县工商局负责招商引资，规划面积13.45公顷。为了带动开发区市场起步，沿板仓路西侧4.19公顷，以120万元/公顷划给长沙县物资局、长沙县保安公司、长沙县人寿保险公司、长沙县能源办、长沙县邮电局、长沙县工商银行、长沙县农业银行、长沙县烟草专卖局、长沙县建设银行、长沙县供销社、长沙县工商局、长沙县税务局、长沙县人民保险公司13个单位。其余的规划为689缝地，规划每缝规格为6米×8米，对外以300元/平方米向社会出售。其中拆迁户以100元/平方米优惠价购地49缝。

◆第二节 二、三区市场

二、三区市场位于板仓路以东，天华路以西，南靠319国道，北至蒸湘路。

1993 年 8 月开建，其中二区面积 15.77 公顷，1075 缝，每缝规格为 4 米 ×13 米。仍以 300 元 / 平方米向社会出售，其中拆迁户以 100 元 / 平方米优惠价购地 59 缝。二区内农贸市场（80 米 ×15 米）1 处，设摊位 300 个，由开发区负责建设和管理。三区面积 15.59 公顷，规划 883 缝，规划每缝规格为 4 米 ×13 米，仍以 300 元 / 平方米向社会出售。其中拆迁户以 100 元 / 平方米优惠价购地 149 缝。三区内另有明城大酒店整体购地 1.20 公顷，1994 年完成报建工作，1995 年动工，总建筑面积 3 公顷，计 12 层。2000 年 5 月 1 日开业。2001 年，二、三区市场已形成市场格局。

◆第三节　四区市场

四区市场位于板仓路以东，天华路以西，蒸湘路以北，直至中心广场。1997 年开建，总面积 17.52 公顷，771 缝，每缝规格为 6 米 ×9 米。四区的地块划分为 A、B、C、D 四类，D 类地以每缝 3 万元、C 类地 3.50 万元、B 类地 4 万元向社会出售。A 类地（临主要马路的）以 5 万元起价进行拍卖。其中拆迁户每缝优惠 2 万元，购地 144 缝。长沙县蔬菜局购地 10 缝，新建星沙购物中心大楼 6 层。聚鑫大厦购地 1.02 公顷，新建综合市场。

◆第四节　五、六区市场

五、六区市场位于天华路以东，汽车站以北，经贸路南北两侧。2004 年开建，其中五区面积 3.03 公顷，为 258 缝，每缝规格为 6 米 ×9 米。六区面积 4.49 公顷，161 缝，其中食品街占地 0.08 公顷，星海商业城占地 0.53 公顷，由个体户整体开发。五、六区共有拆迁户自建 266 缝，地块出让方式与四区的办法相同。至 2001 年，星沙开发区的市场已形成较大规模的格局。

第三章 公交·邮电

◆第一节 公共交通

1998 年 3 月 6 日，星沙汽车站开业营运。长沙客运集团公司开通星沙至长沙东、南、西、北站及星沙至株洲、湘潭、安乡、宁乡、韶山等长途客运线路。

1999 年，根据县城客运需要，组建经营“面的”，111 台出租车从事营运。2003 年 10 月，完成县城客运“面改的”工作，启用 156 台捷达轿车作为出租车。2009 年 10 月，新增出租车 80 台。2012 年，新增出租车 70 台。出租车增至 306 台。

1999 年 11 月，长沙市公共汽车公司开通星沙至长沙火车站的 127 路公交车，火车站至黄花机场的 114 路公交车。2011 年 1 月，启动城乡公交一体化试点工作，新开通城乡公交 1 号、2 号、3 号、4 号线路，加大城乡公交基础设施建设，投入 2000 万元建设城市公交候车亭 203 个，长途客运站 1 座。

截至 2012 年，相继开通汽车南站至星沙的 703 路，汽车西站至星沙的 704 路，新开铺至星沙的 701 路，星沙茶叶市场至中山路至茶叶市场的 501 路，火车南站至灰埠小区的 503 路，火车站至湘绣城的 136 路、158 路，丁家岭至中山亭的 808 路，中国铁建至高桥物流园的 809 路，县交警大队至县一中的 101 路，松雅小区至物流学院的 102 路，威尼斯城至大汉建材城的 106 路，汽车东站至星沙汽车站至汽车北站的星沙 2 路，城西小区至松雅小区的星沙 204 路等公共汽车线路。

◆第二节 邮 电

1992 年 12 月 28 日，星沙开发区程控电话开通。

1993 年 10 月 29 日，邮电部京汉广光纤敷设路线专家到开发区考察，并确定途经开发区线路图。京汉广光纤电缆和长浏光纤电缆交会通过境内，并留有两个光端点，可提供 10 万门程控电话的容量。

1995 年，建成 21 层高的邮电综合大楼，交装机容量达到 10 万门。实现与全球近 156 个国家和地区的通讯联网。是年 11 月 6 日，长沙经开区电话“6”字头改为“4”字头，由农话改为市话，便利与外界的通讯联络。

2003 年 11 月，开通长沙经开区门户网站。

2009—2010 年，推进“光网城市”建设，无线星沙开通运行，为长沙经开区提供公共安全、城市管理、应急联动、学习生活等方面的信息化应用服务。2010 年 10 月，在长沙经开区园区建设景观塔，开通众泰汽车、三一培训楼、赛普尔、山河智能基站。

2010 年 10 月，区门户网站进行整合改版。2011 年 5 月新门户网站上线运行。电子政务服务基础网络实现全覆盖。管委会机关的所有外网计算机由 2 条 100M 电信光纤接入国际互联网，实现机关行政办公与非行政办公网络的分离，办公计算机实现内外网完全物理隔离。

2011 年 12 月，长沙经开区新门户网站在第十届（2011）中国政府网站绩效评估中，名列全国 97 家经开区第四位。

2012 年，结合机关办公大楼装修，完成机关办公计算机双网改造工程，机关整网总端口数 1380 个，实现网络光纤到桌面，提高长沙经开区各部门服务园区企业的效率。

第四章 办公设施

◆第一节 办公大楼

长沙经开区管委会前期租用民房办公，条件简陋。1992 年 10 月，星沙开发区工程建设指挥部办公大楼在 107 国道旁动工兴建，1993 年 7 月 8 日建成投入使用，大楼为四合院砖混结构，分上下两层，面积 1500 平方米，总造价 180 万元。1999 年 12 月因修京珠高速公路而被拆除。

◆第二节 招商服务中心

2002 年 11 月，招商服务中心奠基，该中心坐落在星沙大道和三一路交叉口的东北角，北侧为凉塘路，东临武塘路，占地 14.47 公顷。招商服务中心分为四个部分，即招商服务楼、专家楼、宿舍区和景观山体。招商服务楼为群落建筑，分为行政管理中心、信息商务中心、展示中心 3 部分，面积 3.50 公顷。办公楼前为一个高标准的风景园林绿化广场；楼后为园林式生活小区；山林占地 9.33 公顷，已建成一个区域性综合公园。第一期工程行政管理中心 2004 年 12 月基本建成。行政管理中心占地 1.80 公顷，高 9 层，是一栋智能化程度较高的办公楼。在一楼大堂各部门设有企业服务窗口。信息商务中心高 76 米、18 层，该楼可为企业提供人才培训、商务咨讯、法律咨询、金融结算审计以及承办大型企业文化活动。展示中心为一直径 42 米的铝合金球壳结构，为湖南省首家采用国际上先进的铝合金球形骨架结构的建筑物，它可为企业提供产品展示、人才交流等服务。整栋大楼于 2005 年投入使用。

◆第三节　园区展示馆

2012年7月18日，园区展示馆开建，该馆由苏州和氏设计营造股份有限公司独家设计，是年10月18日竣工。展馆针对不同群体的弹性角色设计，旨在促进公众参与和交流。将区内规划与建设的信息大纲演绎和组织成为讲述长沙经开区20年时空变迁和未来远景的故事。通过连贯性和体验式的室内布展设计，围绕主模型的总体概述区、历史区、历年规划区、未来区、可持续发展区、产业园区、基础设施区等配合布展和室内设计的总体和区域主题，以绿色、创新、低碳的设计理念，结合创造性的高科技多媒体互动技术，通过5大板块概括了长沙经开区的整体情况，充分体现园区的独特魅力和个性，为招商引资、中外来宾接待等重大活动提供展示的窗口和外宣平台。经过9个多月时间的规划与建设，是年12月20日，园区展示馆开馆。

长沙经开区园区展示馆凸显长沙经开区坚持科学发展争第一、改革创新争第一、和谐稳定争第一，坚持创新驱动、内生增长、绿色发展的道路。作为建区20周年系列活动之一，园区展示馆集中展现了长沙经开区的过去、现在与未来。从铿锵足迹、数字看成就、规划新篇等多个方面生动再现建区20年走过的光辉历程，展现建区20年取得的辉煌成就，展现园区的发展规划，描绘园区未来发展的美好蓝图。展馆面积2000余平方米，充分利用现代声光电等技术手段，巧妙运用沙盘、文字、图片、三维模型、多媒体视频、触摸屏等表现手法，形式新颖，设计美观，内容丰富。

◆第四节　职工之家

2011年3月，长沙经开区启动“职工之家”建设。长沙经开区总工会先后组织赴天津、南京、苏州、杭州、宁波等地学习考察，了解各地职工之家建设情况，吸收外地的宝贵经验，加快园区职工之家建设。为打造全省乃至全国一流的职工之家，长沙经开区管委会将职工之家建设列入长沙经开区总工会“十二五”规划，提供10.46公顷土地、近4亿元建设资金，根据长沙经开区总工会实际，在发挥文体场馆、娱乐健身等功能之外，重点建职工图书馆、培训学校等，使职工之家成为产业工人自己的“家园”。

2012年，协调职能部门成立“职工之家”项目建设领导小组，确定职工之家的学习、交流、服务、建设四项基本功能，完成概念性设计方案招标，多次召开领导小组会议和协调会，完善概念设计方案和投资估算，办理规划用地许可证、国土证、环保审批等报建手续。

第五篇 招商引资

Investment Attraction

第一章 招商机构

1992 年 7 月，长沙星沙开发区工程建设指挥部内设引进开发部，负责开发区招商引资工作，设部长、副部长各 1 名。

1994 年 5 月，长沙星沙开发区工程建设指挥部引进开发部更名为长沙经开区管委会招商部，设部长 1 名，副部长 2 名。

2000 年 10 月，设立经贸发展局，升格为副处级机构，设局长 1 名，副局长 2 名。

2004 年 3 月，经贸发展局更名为招商合作局，下设综合科、招商一科、招商二科，定编 7 人，设局长 1 名，副局长 3 名。

2009 年 9 月，长沙经开区党工委、管委会“三定”方案调整人员编制为 14 名，其中局长 1 名，副局长 3 名，下设综合处、招商项目处、投资促进处。

1992—2012 年，招商机构名称历经 4 次变更，但主要职能没有改变，研究制订出台了长沙经开区招商引资 7 个优惠政策文件，负责 879 个入区项目联络、洽谈、协调及审批，主办、承办全国招商会展活动 15 次，组团或派员参加境内外招商节会活动 30 余场次，做好入区企业工商注册、报建等手续的全程代办等工作。

第二章 招商政策

1992年7月17日，长沙市人民政府下发《关于同意建设长沙星沙开发区的批复》：同意长沙县在长沙市区107国道以东，新319国道两侧，北至捞刀河，南抵长沙县界的区域内，建设长沙星沙开发区。开发区规划20平方千米（第一期14平方千米），开发区建筑远离国道。具体范围由市规划局划定。开发区要建成长沙乡镇企业城，并大力发展个体私营工商业和第三产业。要本着起点高、立意新、功能全的原则，使之成为既有园林风光，又有现代化风格的长沙市卫星城，成为环境优美的旅游区。开发区建设实行市县共建，以县为主的原则，除按市委常委会议决定袁汉坤、胡瑞采、胡运恒三位市级领导参加星沙开发区领导小组外，县要选派专门领导及干部组成精干、实干的班子，切实加快开发区建设，一定要坚持对下放权、对外让利、对上优惠、对内搞活的建区方针，认真规划，精心施工，大胆探索，狠抓落实，抓紧办理有关手续，在2～3年内初具规模。

是年7月28日，长沙县人民政府出台《关于兴建长沙星沙开发区有关优惠政策的规定》：在开发区兴办的内资、内联企业（不包括房产业），免征所得税5年，5年后再按乡镇企业所得税率减半征收。开发区内的“三资”企业除一律享受国家有关三资企业的税收优惠政策外，免征投资方向调节税，免征5年所得税，5年后按10%的税率计征，所得利润在开发区再投资者，从投资年度起再免征所得税5年。开发区内的生产型外商投资企业经营期在15年以上的，免征地方所得税和其他地方税10年；非生产型外商投资企业经营期在10年以上的，免征地方所得税和其他地方税5年。各企业在开发区研制的新产品，按规定免征产品税和增值税。对高等院校、科研单位和军工部门在开发区兴办的企业，按国家规定的税收优惠政策最宽幅度计征。开发区各类企业发放的承包超产奖金，对研制高新技术产品有贡献人员的奖金，免征企业工资调节税和奖金税，颁发给有特殊贡献人员的奖金，免征个人收入调节税，个体工商户兴办的企业，经营期10年以上的，从投产年度起，免征所得税2年，免征个人收入调节税3年。外地客商在开发区注册经商，并领取长沙县工商、税务部门分别核发的工商、税务登记证的，所得税按15%到20%计征。开发区内的三资企业的创汇，免征地方所得税，所得外汇由企业全留。开发区内的各类企业进行技术改造的贷款，允许税前还贷。开发区内的乡镇企业除享受乡镇企业优惠政策外，还给予“一统三分”的优惠待遇，即：统一规划；产值、利润，所得税均返回原地。

1993年7月6日，中共湖南省委办公厅下发《关于设立湖南省星沙特别招商区的通知》：特别招商区的土地管理由区管委会设专门机构负责。有权按国家有关规定办理土地使用权的出让手续，由国土和规划部门提供办理出让手续所需的文件和证书。特别招商区以优惠地价提供项目用地，并限期完成项目建设。特别招商区内不准炒卖土地。特别招商区内经济、技术和社会发展计划由区管委会制定。进入招商区的投资项目由区管委会审批立项。进入招商区企业的工商登记注册，由工商行政管理部门驻区工商所办理。特别招商区可根据经济发展需要设立相应的金融机构，其信贷规模和计划由省里直接下达，经有关方面批准。特别招商区可设置海关、商检等办事机构；可建立保税仓库、保税工厂。特别招商区有独立的经营运作权。区内企业生产所需原材料和设备、物资以及企业生产产品的进出口等均由区管委会按国家有关规定自行办理。特别招商区内的技术改造项目、农副产品加工出口项目等所需进口技术设备，以及外商投资企业基建项目所需进口物资等，经管委会报海关批准，可按国家有关规定减免进口关税。特别招商区内所有企业按15%征收生产经营所得税。国家鼓励发展的新兴产业，经区管委会批准可减免生产经营所得税。项目建设中，除国家明文规定的收费外，招商区免缴其他一切收费。区内管理收费标准由区管委会自定。特别招商区的税收，前十年全额留给招商区用于开发发展。从第11年起，按招商区30%、长沙县70%的比例分成。特别招商区管委会设立人才交流机构，向招商区提供工程技术人员、管理人员、熟练技术工人及劳务服务，并负责解决这些人员的档案管理等问题。区内员工的养老、医疗和待业保险等由管委会按国家有关规定办理。特别招商区的社会管理由区管委会商长沙县设置相应的管理机构，负责处理区内发生的一切民事纠纷、刑事案件和社会治安事件，待招商区建设条件成熟后，再设置完备的社会管理机构。特别招商区的环境保护由环保部门按国家有关规定实行区外监督和指导。环保纠纷由省指定的机构与特别招商区管委会协商处理。

1998年7月21日，长沙经开区出台《关于鼓励国内外投资者入区投资兴业若干政策的规定》：对所有入区企业单位，开发区管委会实施“一条龙服务”“一站式审批”的办事程序。在20世纪内开发区实行“无费区”政策。国务院批准的高新技术产业开发区内的高新技术企业，按15%的税率征收所得税；新办的高新技术企业自投产年度起免征所得税两年。为了支持和鼓励发展第三产业企业（包括全民所有制工业企业转换经营机制后举办的第三产业企业），可按产业政策在一定期限内减征或者免征所得税。新办的劳动就业服务企业，是年安置城镇待业人员达到规定比例的，可在3年内减征或者免征所得税。对生产性外商投资企业，经营期在10年以上的，从开始获利的年度起，第1年和第2年免征企业所得税，第3年至第5年减半征收企业所得税。外商投资企业和外国企业在开发区内设立的从事生产、经营的机构、场所发生年度亏损，可以用下一纳税年度的所得弥补；下一纳税年度的所得不足弥补的，可以逐年继续弥补，但最长不得超过5年。外商投资兴办的产品出口企业，在依照税法规定免征、减征企业所得税期满后，凡是年出口产品产值达到是年企业产品产值70%以上的，可以按照税法规定的税率减半征收企业所得税。但经济特区和经济技术开发区以及其他已经按15%的税率缴纳企业所得税的产品出口企业，符合上述条件的，按10%的税率征收企业所得税。外商投资兴办的先进技术企业，依照税法规定免征、减征企业所得税期满后仍为先进技术企业的，可以按照税法规定的税率延长3年减半征收企业所得税。外国投资者在开发区内直接再投资兴办、扩建产品出口企业或者先进技术企业，可以依照国务院的有关规定，全部退还其再投资部分已缴纳的企业所得税税款。生产性的外商投资企业，可以免征地方所得税和其它地方税（包括城市房地产税、车船使用牌照税和屠宰税，下同）10年；非生产性的外商投资企业免征地方所得税和其它地方税5年。根据国家产业政策，新建科研业务用户、国家科技攻关项目和高新技术攻关项目、中间试验、工业试验和开放性试验室以及直接为国防服务的军工产品、国防专用配套产品项目的投资，在征收固定资产投资方向调节税时，暂执行零税率。

2000年2月12日，中华人民共和国国务院办公厅《国务院办公厅关于湖南长沙经开区的复函》：同意长沙经开区为国家级经济技术开发区，实行现行的国家级经济技术开发区的政策。

2006 年 8 月，湖南省优化办出台《关于进一步优化国家级长沙经开区经济发展环境的实施意见》：实行优化经济发展环境代理服务制。为落实湘发〔1998〕18 号文件，关于“对国家和省里明令取消的收费项目，要坚决取消，对按规定应该收的费，由开发区设立窗口，统一收取，代缴财政。禁止开发区外的部门、单位直接向开发区企业收取费用”以及“区外的各管理部门不直接管理区内企业”的指示精神，在长沙经开区园区企业实行优化经济发展环境代理服务制。所有园区范围内企业应该缴纳的各种费用及罚款等，都由长沙经开区优化办代为收缴和支付。凡行政职能部门到园区企业进行执法检查和处罚等工作，必须在长沙经开区优化办登记备案并办理有关手续后方可进行（公安部门办案等特殊情况除外），否则企业有权拒绝接待。严格控制非执法类检查和各类评比竞赛等活动。各行政单位不得将职权下放给所属事业单位、社团组织对企业实行有偿服务或变相收费；不得借会议、评比、培训等名目收取不合理费用；不得随意开展要求企业出钱出物的达标、评比和考核活动；不得强制企业征订报刊杂志等。进一步规范依法执法行为。在园区实行同城（市县）一次检查制度，不得对企业进行多头重复检查和处罚。严格执法程序，各行政执法机关和人员对企业进行执法检查时，必须按照法定权限、范围和程序进行，要提前发出检查通知书和现场出示相关证件，对无执法检查手续的执法人员，企业有权拒绝检查。不得借执法检查干扰企业的正常生产和经营活动。执法检查人员对企业作出吊销营业执照、责令停产停业、实施较大数额罚款等重大行政处罚前，应先行告知并认真听取企业的陈述。切实整顿收费秩序，严格禁止“四乱”行为。强化对执法部门的监督，健全行政执法机关监督机制，全面推行行政执法责任制和评议考核制，确保执法人员依法办事、文明执法。进一步优化重点工程建设环境。认真贯彻落实《关于进一步规范对国家重点和省重点工程建设执法执纪行为的通知》（湘办〔2001〕56 号）精神，加大对长沙经开区内重点工程建设的环境维护力度；定期对重点工程建设情况进行督促检查，及时协调解决重点工程建设中存在的问题；严厉整治企业周边发展环境，对各种破坏企业生产经营秩序的行为，政法机关要及时处理，依法从重打击，切实为企业发展创造良好的环境。

是年，长沙经开区管委会根据上级优化发展环境的精神，出台《关于加快工业经济发展的奖励办法》：全面实施“科技兴工、产业兴区”发展战略。鼓励企业做大、做强，设立工业发展“台阶奖”“科技奖”“品牌奖”“税收贡献奖”。

2008 年 3 月 17 日，中共长沙县委、长沙经开区管委会、长沙县人民政府出台《关于加快工程机械、汽车及零部件产业发展的若干意见》：鼓励和吸引工程机械、汽车及零部件企业向园区聚集。对新引进的符合产业发展需要、产品列入《县区汽车零部件和工程机械重点发展产品指导目录》固定资产投资每公顷 3000 万元以上或每公顷产出 3750 万元以上的关键零部件项目，优先优惠提供用地。鼓励企业按产业要求，建设多层厂房，实现节约、集约用地。鼓励生产性现代服务业进入园区，建设中小企业创业基地（企业孵化器）、产业配套基地、工业地产。固定资产（不含土地费用）每投入 1 亿元，给予 50 万元产业配套专项资金补助，以此类推；创业基地创办 3 年内自身所纳税额县区级留成部分，由县区财政予以全额奖励，满 3 年后的 5 年内按留成部分的 50% 予以奖励；国土部门要优先安排创业基地建设用地，房产部门要及时为创业基地及入驻企业办理产权分割手续，产权分割所发生的税费县区留成部分全额奖励给创业基地和企业，执行期 5 年。新入园的主机和符合产业发展需要及配套要求的关键零部件项目，其报建费按每平方米 18.5 元收取，对特殊项目实行先缴后奖。对增值税或营业税税赋率达到销售收入 4% 以上且总额不低于 200 万元新落户主机企业；符合产业发展需要、产品列入《指导目录》、增值税或营业税税赋率达到销售收入 4% 以上且总额不低于 100 万元的新落户配套企业，从投产年度起 3 年内企业缴纳税收的县区级所得部分，第 1 年按 80%、第 2 年按 60%、第 3 年按 50% 的比例奖励给企业。重特大项目落户，实行一事一议。对世界 500 强、国内 100 强和行业 20 强企业进入县区从事生产研发或设立企业总部、地区总部，根据其品牌影响、投资规模和产出效益情况，一次性给予 100 万元的产业发展配套资金支持。依托主机企业，通过提高本地配套率提升壮大配套产业，通过配套企业壮大提升，推动主机企业更快发展。主机企业使用县区内配套产品，每新增配套额 1000 万元，给予 2 万元的奖励；配套企业与本地主机企业配套额每新增 500 万元，给予 2 万元的奖励。通过整合工业发展基金、技术改造资金、科技资金，争取国家、省市有关方面支持等多途径资金筹措，支持和鼓励以企业为主导的公共创新技术服务平台建设和产学研合作。对工程机械和汽车企业建立向社会公开的，能推动行业发展的公共创新技术服务平台，给予一次性补助 30 万元；成立博士后工作站的，一次性奖励 50 万元；建立国家实验室的，一次性奖励 100 万元。加紧引进、储备各类紧缺人才，帮助企业培训各种技能型人才。整合县区职业教育资源，加快建设符合产业特点、用工需求的技能培训基地。对委托本行政区域内有资质的专业培训机构进行培训，在本行政区域内就业且签订长期（1 年以上）劳动合同的专业技术工人，财政给予一次性每人 1000 元的补贴。

是年 9 月，长沙经开区党工委、管委会办公室出台《关于鼓励企业引进高层次人才的暂行办法》：在省、市及开发区工商行政管理部门依法登记注册、具有独立法人资格，纳税关系在本区，且年缴税总额中地方所得税在 150 万元人民币以上的企业；年缴税总额中地方所得税在 150 万元人民币以下但经认定符合开发区产业发展导向的高新技术企业和科技创业项目，在引进高层次人才中，可以申请享受优惠政策。购房补贴中国科学院院士、中国工程院院士，可给予 100 万元的购房补贴。国家级重点学科、重点实验室、工程技术研究中心的学科、学术技术带头人；国家有突出贡献的中青年专家；获国家科学技术奖一等奖、二等奖项目的第一、第二完成人，或条件相当的其他优秀高层次人才，可给予 60 万元的购房补贴。博士后分站的博士后，出站后留在园区工作的，可给予不少于 30 万元的购房补贴。具有硕士研究生及以上学历，引进后承担省部级以上重点项目、重点学科、重点实验室建设的领军人才，可给予 10 万 ~ 20 万元的购房补贴。具有自主知识产权来园区进行合作研究或实施成果转化的创新型科技研发人才，可给予 5 万 ~ 10 万元的购房补贴。薪酬奖励，经批准，前 3 年按本人年度上缴个人所得税区（县）级收入部分全额给予奖励；后 3 年按本人年度上缴个人所得税区（县）级收入部分的 50% 给予奖励。此奖励额度根据个税缴纳情况分两级进行，即纳税在 10 万元以内（区、县实得）的按实缴实付；超过 10 万元（区、县实得）的奖励同样按实缴实付，但奖励上限为累计不超过 20 万元。优惠期满以后的奖励政策视具体情况再定。

是年 12 月，长沙县人民政府出台《关于促进现代服务业发展的若干规定》：鼓励投资商开发商务写字楼宇。投资总额 1 亿元以上、投资密度不低于 1500 万元 / 公顷的新建商务写字楼，自开业之日起计算，其引进的县外企业生产经营性税收中的县实得部分，第 1 年按 30% 比例、第 2、3 年各按 20% 比例奖励给开发商；其引进的县内企业新增生产经营性税收（以上年度企业纳税数额为基数）中的县实得部分，第 1 年按 30% 比例、第 2、3 年各按 20% 比例奖励给开发商。鼓励开发建设创业中心（工业企业孵化器）。创业中心建筑3层（含3层）以下部分的报建费用按现行工业项目标准收取，3层以上部分的报建费用实行“先征后奖”（省、市部分除外），由县政府给予等额奖励；创业中心出租厂房或办公场所，按其租金收入实际缴纳税收中的县实得部分的80%奖励给开发商，奖励年限为3年；创业中心出售办公场所或厂房，视同工业房地产项目办理相关手续，收取相关费用。鼓励信息服务和软件开发企业、创意策划公司、咨询公司、律师事务所、会计师事务所及中介服务机构等经营投资主体入驻长沙县。自本规定生效之日起，新入驻后其生产经营性税收总额在20万元（含20万元）以上的，按县实得部分的30%给予奖励，奖励年限为3年。鼓励各类品牌餐饮、酒吧、休闲娱乐、文化艺术等生活性服务机构进驻长沙县。2008年元月1日在长沙县注册登记的，餐饮店年度经营性税收总额在50万元（含50万元）以上的，按县实得部分的30%给予奖励，酒吧、休闲娱乐、文化艺术等机构年度经营性税收总额在20万元（含20万元）以上的，按县实得部分的30%给予奖励，奖励年限为3年。鼓励发展现代物流业。2008年1月1日在长沙县注册登记的物流园年度生产经营性税收（含其引进企业所生产税收）达50万元（含50万元）以上的县实得部分，第1年80%比例、第2、3年各按50%比例给予奖励。物流园落户在乡镇工业园区的，该奖励奖金纳入年终县乡财政体制结算。对新入驻长沙县航空城的航空公司总部、分公司项目及航空产业项目按长沙县招商引资重点项目对待。自航空公司新公司成立之日起，县政府按其缴纳的航空运输营业税金中县实得部分的50%给予奖励，奖励年限为3年；其缴纳的增值税、所得税的县实得部分，第1年给予80%的奖励、第2、3年各奖励50%；对2007年1月1日前已入驻的航空公司总部或分公司，以2007年纳税数额为基数，对其年度上述税种中增幅超出15%（不含15%）的部分，参照新入驻公司奖励标准给予奖励；对航空产业项目，自公司注册注册之日起计算，按其生产经营性税收中的县实得部分的30%给予奖励，奖励年限为3年。鼓励建设专业市场。凡投资1亿元（不含地价款）以上、经营性用房和仓储用房总面积2公顷以上的专业市场，开发商可享受以下奖励：新建专业市场年度经营性税收总额达到500万元（含500万元）以上，按县实得部分的40%奖励给开发商，奖励年限为3年。本规定政策享受主体均需履行了立项报批手续和兑现了相关合同中所承诺的产值、利税等目标和义务，否则取消享受资格。各经营投资主体主要负责人可将户口迁入长沙县，在就医、子女入学等方面享有长沙县城镇居民同等待遇；公安、工商、质监、环保、商务等相关服务部门负责为服务性企业提供宽松、优质的发展环境。

2010 年 7 月 23 日，中共长沙县委、长沙经开区管委会、长沙县人民政府出台《关于加快工程机械、汽车制造等主导产业发展的若干意见》：长沙经开区区直接审批《外商投资产业指导目录》鼓励类、允许类总投资 3 亿美元和限制类总投资 5000 万美元以下的外商投资企业的设立及其变更事项。直接审批《外商投资产业指导目录》总投资 1 亿美元以下鼓励类、允许类及总投资 5000 万美元以下限制类权限内的服务业外商投资企业的设立及变更事项。对增值税或营业税税赋率达到销售收入 4% 以上且总额不低于 200 万元新落户工程机械或汽车主机企业；符合产业发展需要、产品列入《县区汽车零部件和工程机械零部件重点发展产品指导目录》、增值税或营业税税赋率达到销售收入 4% 以上且总额不低于 100 万元的新落户配套企业，从投产年度起 3 年内企业缴纳税收的区、县级所得部分，第 1 年按 80%、第 2 年按 60%、第 3 年按 50% 的比例奖励给企业。

2011 年，湖南省人民政府下发《关于印发〈加快发展开放型经济的若干政策措施〉的通知》：经省科技、财政及税务管理部门联合认定的高新技术企业，按 15% 的税率征收企业所得税。对经市科技局会同相关部门认定的技术先进型服务企业，按 15% 的税率征收企业所得税。对我国境内新办集成电路设计企业和符合条件的软件企业，经认定后，自获利年度起，享受企业所得税“两免三减半”优惠政策。鼓励外来投资企业增资扩建或技术改造，对鼓励类项目新增投资额度 2 亿元人民币以上的部分，属省有权处置的规费予以全免；新增投资额 1 亿～ 2 亿元人民币的部分，属省有权处置的规费减半收取。加强加工贸易转移重点承接地、承接产业转移重点（试点）县的基础设施、公共服务平台和配套能力建设，对符合条件的新建标准厂房按 10 元～ 15 元 / 平方米的标准给予补助。对用地集约的国家鼓励外商投资项目优先供应土地，在确定土地出让底价时可按不低于所在地土地等别相对应《全国工业用地出让最低价标准》的 70% 执行。对实际到位 5000 万美元或 3 亿元人民币以上的鼓励类外来投资项目，建立用地审批“绿色通道”，确保用地。放宽投资主体，允许自然人与外商合资、合作办企业。

2012 年 6 月 30 日，长沙经开区管委会出台《关于贯彻〈中共湖南省委湖南省人民政府关于进一步扩大开放加快发展开放型经济的决定〉的若干意

见》：积极引进战略投资者。对战略投资者、战略性新兴产业以及世界500强、跨国公司等企业投资设立的研发中心、检测中心等鼓励类外来投资项目，优先保障用地，其地价在基准地价基础上可下浮30%。根据企业不同需求，实行一事一议政策。对积极协助长沙经开区成功引进战略投资者有突出贡献的中介机构或个人，在项目落成后，除享受长沙市招商引资中介人奖励外，管委会另外奖励10万元。优先支持具有国际水平的核心零部件项目入区。鼓励国际知名核心零部件企业与园区主机企业合资合作在园区成立新公司。主机企业使用区县内配套产品，每新增配套额1000万元，给予2万元的奖励；配套企业与本地主机企业配套额每新增500万元，给予2万元的奖励。加快发展总部经济和现代服务业。积极引进国内外有实力的战略投资者，打造高端总部经济平台，吸引行业龙头总部落户园区。对落户园区并形成固定资产投资2亿元以上的总部企业，给予100万元的一次性财政奖励。大力引进高端人才。对区内企业引进的高层次人才（由区管委会按有关规定认定，每个企业最多不超过10人）在区内首次购房、购车给予个人所得税奖励，金额为购房、购车之日起个人3年内所缴纳的个人所得税的区县实得部分；对引进的海外高端创业型人才，可以免费2年提供100平方米公寓、200平方米实验室或工作场所，经区评审合格的科研项目，可以先期借支300万～500万元使用1～2年。鼓励和引导区内企业进行对外投资、并购和境外上市。区管委会设立500万元对外开放专项资金，主要用于企业在办理出入境手续、劳务人员派遣、政府关系协调、国际法律援助等方面支出的补助。必要时，区管委会还将组织专门力量出境协助。鼓励企业加强科技创新，提高产品技术水平和市场竞争力。对出口企业新认定的国家级研发机构给予100万元配套奖励，新认定的省级研发机构给予50万元配套奖励；对获得“湖南省国际知名品牌”的企业给予连续3年累计30万元的资金支持；对在境外申请专利的企业给予奖励，每个发明专利奖励5万元。支持企业境外参展。对参加境外主要国际展会的企业展位费予以全额补助，对到新兴市场国家参展按一个摊位0.5万～1万元的标准补助费用，每年单个企业国际参展补助原则上不超过50万元。

第三章 招商策略

◆第一节 方 式

长沙经开区围绕主导产业，开展产业招商、以商招商、节会招商，招大引强、招商引智。坚持“诚、优、信、情、实”的5字方针，即以诚招商，坦诚相见，开诚布公；以优引商，优化建设环境、实施优惠政策、提供优质服务；以信安商，承诺兑现，言而有信；以情感商，加强联系，融洽感情，增强友谊；以实富商，砍费保税，让利企业。推进全程代办，寓招商于服务之中，以优质的服务使企业安心经营、长久发展。

长沙经开区在招商引资过程中，始终注重做好优化服务这篇大文章，让投资者进得来、留得住、有钱赚、能发展，并在不同的发展时期实施不同的招商策略。招商引资工作主要经历四个阶段。

1992—1996年为第一阶段：长沙经开区处于初创时期，主要任务是加快开发区的基础设施建设，以增强招商引资的吸引力。在招商工作中提出“走出去，请进来”“筑巢引凤，引凤筑巢”和“南到广州、深圳，西上蜀道，北往新疆”的方案。招商方式是：科学规划，合理布局，形成特色；分步实施，夯实基础，筑巢引凤；以软补硬，优化环境，以诚招商。这个阶段的重点是：以软补硬，优化环境，以诚招商。此阶段，长沙经开区的基础设施建设已初具规模，但硬环境仍比不上沿海一些大城市的开发区，开发区适时调整策略，抓住关键，为入区企业提供优质服务，以诚招商，坚持“为投资者服务，让投资者盈利”的招商宗旨，使每个服务环节体现出良好的投资环境，使每个工作岗位成为招商引资的窗口，努力创造一个仿真的国际投资氛围。把热情、周密、高效的服务工作贯穿于招商全过程，以柔克刚，弥补硬环境尚不完善的缺陷，增强对外招商的吸引力。对已入区开建项目，落实责任，跟踪服务。光南摩托车公司在开发区征用20公顷土地后，从合同签订到征地拆迁、土地平整，仅用了5个月时间，就交客商建设。在项目审批、立项、注册、税务登记等方面的工作中，长沙经开区派专人负责，以小时计算办事速度，视客商的事为自己的事。光南摩托车公司的注册、大众汽车公司的税务登记等无一不是用细致、周到的服务，赢得客商的称赞和放心。

1997—2000年为第二阶段：长沙经开区区内的基础设施日臻完善配套，投资环境得到很大改善，实施的招商方式是：奏好“三部曲”，转动“四个轮”，突出“五个字”。“三部曲”就是开发区的规划科学、建设加速和管理到位。转动“四个轮”是做好招商引资工作的关键。“四个轮”是：领导带动，在招商引资中既挂帅又出征；部门联动，相关部门统一步伐，联合行动，形成合力；自身主动，在长沙经开区管委会内部发扬“团结、奉献、无我、有为”的精神，采取“一个窗口对外，‘一站式’审批，一章定音，‘一条龙’办事”的办法，为入区的厂家客商创造良好的投资软环境；社会推动，充分运用报纸、杂志、电台、电视台等多种媒体宣传报道长沙经开区的优美环境、优惠政策、优质服务、优秀企业，营造良好的招商引资氛围。突出“诚、优、信、情、实”5个字的洽谈主旨。凡来长沙经开区投资洽谈者，不论内商外商，不论规模大小，不论投资多少，都做到坦诚相见，热情介绍情况，详细提供资料，帮助分析论证，权衡利弊得失，使客商心中有数，避免盲目投资，让客商从优良的环境，优惠的政策，优质的服务中领略到长沙经开区“人无我有，人有我优，人优我特”的特殊优势；凡入区投资项目一经签订合同就严格按合同办事，做到言而有信，决不搞引进时讲得好，引进后就不管的“带笼子”行为；以真情感动客商，每年春节、中秋节等传统节日，邀请企业老总欢聚一堂，通报长沙经开区建设情况，广泛听取他们的意见和建议，以融洽感情，增强友谊，广纳良策，使客商有宾至如归、当家做主之感；为使投资办厂经商者获得丰厚的回报，加快致富步伐，长沙经开区尽可能地用好、用活、用够有关优惠政策，在保证税收的前提下，所有收费项目能砍则砍、能减则减、能优则优、能免则免，甚至有些费用由长沙经开区主动承担，免费为企业服务，目的就是让利于投资者，使其有利可图，安心发财。如每年的经贸洽谈会，长沙经开区统一出资设摊布展，统一印发宣传资料，为企业营销提供机会和舞台。

2001—2004年为第三阶段：2000年，长沙经开区被国务院批准为国家级经济技术开发区，“品牌效应”得到提升。投资的客商都向往品牌效应，纷至沓来投资这片热土。招商方式是注重产业，瞄准项目，引进大户。

明确主攻方向。长沙经开区在招商引资工作中曾一度存在急功近利的思想，不问项目的投资方向，不管项目的科技含量，不论项目的规模档次，只要想进区，一律促成上马，这是一种短期行为。这个阶段长沙经开区重新确定了招商引资的主攻方向，引进世界知名跨国公司，促进新兴产业、支柱产业的发展；引进与园区已有6大支柱产业关联性强的企业，以此促进在园区内形成产业集聚效应；引进高新技术产业和先进技术，着力改造和提高园区企业的质量。2004年，世界500强企业中有9家在长沙经开区拓展。通过引进长丰集团，园区先进制造技术产业群中又增加了一个新的亮点。

改进引资方式。在资本引进上注重多元化、多渠道。研究并实践外商投资并购的相关问题，吸引外商参与企业改组。如引导加拿大INCO公司购买力元新材料的股份。采用风险投资、投资基金等国际通行的资本运营方式吸收内外资金。通过入股高新技术创业投资公司，引导公司投资区内企业。区内的山河智能、赛西传感等项目就利用了高创投资公司资金。

拓宽招商途径。改变过去单纯依靠管委会、经贸发展局招商的办法，通过做大做强主导产业，形成区内产业的聚集效应，开辟以商招商的新途径。LG曙光是区内电子信息产业中的龙头企业，其高速增长的势头吸引了韩国的相关投资者，促进了韩资工业园的正式签约，湖南HEG落户星沙，直接投资1.65亿美元。维用长城首期工程投产以后，发展势头良好，外资股东马上追加2000万美元投入二期工程建设。

2005—2012年为第四阶段：这一阶段，园区产业结构向集群化发展，工程机械产业异军突起，全区工程机械产值占全省的3/5，占全国同行业市场总量的23%，占全球市场份额达7.2%，园区工程机械市值超过全国工程机械上市公司市值的2/3。汽车及零部件产业初具规模，园区整车产能达到120万辆。电子信息产业逐步壮大。同时园区企业“走出去”步伐加快，三一重工、中联重科、千山药机等企业先后跨出国门，在欧洲、美洲、非洲、南亚等地区建立研发中心及生产基地。三一重工收购德国大象普茨迈斯特，中联重科收购意大利CIFA。这一阶段，在打造“世界工程机械之都”“中国汽车产业集群新版块”的总体目标下，注重产业链招商、以商招商、小分队招商，大力引进工程机械、汽车及其零部件企业、电子信息企业，先后引进广汽菲亚特、广汽三菱、北汽福田二期、山河工业城、上海大众、蓝思科技、创芯集成电路等大项目，同时引进卡斯马、广州电装、马瑞利等10余家关键零部件企业。为园区打造工程机械、汽车及其零部件、电子信息三大千亿产业集群打下了坚实基础。标准厂房招商，进一步转变招商引资模式，注重园区集约用地，积极加大承接产业转移，切实发挥了标准厂房招商引资作用。2012年，长沙经开区建成标准厂房面积20.34公顷，新引进47家企业入驻标准厂房（其中汽车零部件企业10家、工程机械零部件制造企业3家、电子信息企业16家、新材料新能源企业4家、总部经济13家、服务外包企业1家）。标准厂房出租率达到98.15%。

◆第二节　措　施

宣传推介　建区初期，长沙县委书记周桂龙、县长蒋新祺在《湖南日报》发表致辞，热忱欢迎海内外各界人士前来投资开发，兴办实业。县委常委、常务副县长、星沙开发区工程建设指挥长柳冠群就招商引资工作接受记者采访，就有关优惠政策回答记者提问。其间，省委书记王茂林指示："长沙星沙开发区的投资条件很好，希望新闻部门加大宣传力度，把湖南'销售'出去。"中央、省、市的各类新闻媒体都以各种宣传方式，关注星沙的发展，宣传星沙的优良环境，报道星沙的建设成就，提高了星沙的知名度，增强了星沙招商引资的吸引力。长沙经开区还采取"走出去""请进来"的灵活方式，扩大宣传领域，达到了宣传自我、学习外地、捕捉信息、促进发展的目的。

2002年10月，长沙经开区举行建区10周年总结大会，《中国经济时报》《湖南日报》等11家新闻媒体到星沙采访，在各类报刊上发表各类文章25篇，全面报道长沙经开区的辉煌成就和美好未来。

2004年5月14日，新华社、《人民日报》《湖南日报》、湖南卫视、《长沙晚报》等中央、省、市共23家新闻媒体，组织40余名资深记者联手对长沙经开区进行新闻采访报道。

2011—2012年，《湖南日报》以《"中国力量"震四方》《"千亿园区"起宏图》等为题对园区的发展进行了系列报道，《香港文汇报》《当代商报》《青年时讯》《长沙晚报》和人民网、红网等新闻媒体连续采访和报道长沙经开区发展壮大历程和取得的成果。

2012年，长沙经开区新闻宣传年发稿量480余件。

办会参展 长沙经开区建区20年来，举办、承办大规模招商节会13次，组团或派员参加国家举办的“厦交会”“广交会”“深交会”“中博会”“沪洽周”，在欧洲举办的“欧洽会”，在美国举办的“经贸周”，参加省、市组织的“湘交会”“港交会”“昆交会”“乌鲁木齐名优特产品会”等商务活动，把握机遇，走向世界，宣传自我，学习外地，捕捉信息，引进项目，促进发展。

1999年11月22—25日，承办“2000年全国纸张订货交易会”。这是开发区第一次举办的大型招商会议。全国政协副主席毛致用、中国轻工集团集团总裁陈学忠、国务院体改办特区办开放司司长金德本、省党政领导张云川等出席会议，参展企业612家，参会企业2600余家，参会人员6万余人；美国、加拿大、日本、荷兰、印尼、韩国、智利等国家外商参加会议，成交额达125亿元。

2000年9月8—12日，第四届中国投资贸易洽谈会在福建厦门召开，长沙经开区以国家级开发区身份出席这次盛会，认真细致地做好会议期间的宣传布展工作，取得了良好效果。成功引进湖南永泰房地产开发有限公司房地产开发项目和湖南创力汽车维修服务项目。这两个项目均属香港与内地合资项目，总投资2760万美元，征地面积48公顷，注册资本1130万美元。洽谈会闭幕时，长沙经开区被中国开发区协会授予国家级开发区展团“最佳组织奖”。

2002年，参加长沙（昆明）名优特新产品暨经济技术洽谈会，长沙经开区被长沙市人民政府授予“优秀组织奖”和“优秀成果奖”。

2006年，参加“中博会”，长沙经开区成功签约镁镁电池二期、长丰汽油发动机、泰格林纸业、山河智能航空制造等8个项目，签约内资项目资金74.65亿元。

2008年，参加“沪洽周”活动，长沙经开区与迈卓发展控股有限公司、上海长亮投资有限公司签订“6英寸功率芯片制造”项目。该项目总投资1亿美元，月产0.35微米规格芯片9万片，年产值20亿元。

2009年，参加“第三届湘商大会”，长沙经开区签约广汽菲亚特整车制造项目，该项目投资总额达到50亿元。

2010年，长沙市政府在深圳举办承接产业转移大会，长沙经开区在会上签约工业气体生产等4个项目，总投资25亿元。

2011年8月23—25日，举办2011中国（长沙）国际工程机械配套件博览会，全球10余个国家和地区300余家主机及配套件企业负责人参加会议。室外展位达4公顷，总体展位面积为6公顷。参展企业达273家，包括省外企业173家，外资企业63家。其中，三一重工、中联重科、山河智能等17家主机企业组成的室外展示方阵达4公顷；博世力士乐、卡特彼勒、道依茨一汽大连柴油机等7家世界500强知名企业应邀参展；印度工业联合会、北爱尔兰麦奎德设备有限公司、德国泰科思有限公司等国外客商参展参会，拓展了展会的国际影响力。

2012年，参加省市统一组织的中博会、科博会、亚欧博览会、厦洽会，签约项目十余个，签约金额近100亿元。

优化投资环境 1997年5月和1998年10月，长沙县委、县政府曾两次用邓小平提出的“三个有利于”的标准统一思想、规范行为，改善长沙经开区发展环境。1997年5月，长沙县委、县政府针对个别单位在收费等问题上受利益驱动，使发展环境受到严重影响的倾向，严明纪律，作出如下规定：除便于入区企业的生产、经营，对必办的手续可收取办证工本费外，其他收费一律暂停。特殊收费项目需报长沙经开区管委会审批，由管委会集体讨论批准，并由长沙县计划物价局审核，按最低收费标准执行。营业性收费严格按有关规定执行，社区内的服务收费项目，由长沙经开区管委会批准执行。长沙经开区的报建费用，按长沙市政府规定，采取“一站式”办公，一张门收费的办法。对于特殊项目由长沙经开区管委会集体研究决定。对机关建房报建费用，继续执行原来的优惠政策。行政性事业收费一律上缴县财政，实行一支笔审批，收支两条线。有收费职能的单位，收费情况实行局长负责制，出了问题，追究局长责任。

1998年10月，长沙县委、县政府为促进经济发展，继续把治理经济发展环境作为一项大事来抓，充实调整领导小组，由县长任组长，县委副书记、县人大常委会副主任、县政协副主席、县政法委书记任副组长，县政府助理调研员任办公室主任。县财政拨专款10万元作办公开支，在县建管站租用一层楼集中办公。为统一对治理环境的认识，县委先后召开两次常委（扩大）会，县政府召开两次县长办公会，专题研究治理经济发展环境问题。

1998年10月下旬，长沙县委组织40余人，分成7个小组，由副县级干部带队，通过调查，找出影响经济发展的10个方面的问题100余条。长沙县委、县政府在是年11月下旬召开全县县直机关干部大会。会上通报了一批典型事件，处理了一批违纪人员。同时，长沙县委、县政府出台《关于规范收费和执法行为的通知》等文件，规定暂定一年时间内县内收费项目减半征收，各职能部门对企业罚款必须经治理办批准；执法部门传唤企业法人代表必须征得县委书记或县长的同意。为了确保部门与县委、县政府步调一致，对全县29个有收费权的职能部门进行公开评议，对表现好的前3名，每个单位奖励5万元，对表现差的给予通报批评。

2001年5月，落实湖南省人民政府办公厅《关于进一步规范国家重点和省重点工程建设执法执纪行为的通知》（湘办发〔2001〕5号）精神，加大对区内重点工程建设的维护力度；定期对重点工程建设情况进行督促检查，及时协调解决存在的问题；依法整治企业周边环境。

2006年1月，长沙经开区成立优化经济发展环境办公室。出台《关于全面贯彻落实湘优办〔2006〕1号文件精神的实施意见》（长经优办发〔2006〕1号）《关于进一步落实首问责任制和全程代办制的通知》（长经优办发〔2006〕2号）《关于对区内企业收费（罚款）实行代收代缴的通知》（长经优办发〔2006〕3号）《关于湖南省优化经济发展环境律师援助中心为入区企业提供法律援助的通知》（长经优办发〔2006〕4号）《关于印发〈长沙经开区优化经济发展环境监督员制度实施细则〉等4项工作制度实施细则的通知》（长经优办发〔2006〕7号）《长沙经开区管委会关于深化行政审批改革、优化办事流程的实施意见》（长管办发〔2011〕39号）等文件，形成了行政机关执法检查备案登记制度，配合检查制度，全程代办制度，行政处罚、行政收费备案和代收代缴制度，“三首一宁”制度（首犯不罚、首日必办、首问责任、园区宁静日）等工作机制，率先提出的涉企检查“宁静日”制度、备案制度等经验在全省推广。通过下发企业意见登记簿、电话网络投诉、现场办公会、优化大会、监督员座谈会等方式，主动收集企业在生产建设过程中遇到的困难，针对这些问题和意见，以现场办公会、任务交办会、《纠正措施处理单》、面谈等方式，按立即解决的问题立即办，能解决的明确解决时限，一时难以解决到位的有具体解决措施，需上级协调解决的及时争取上级尽快协调解决的要求，牵头督促相关部门解决。每年问题和意见有效处理率95%以上。2006年起，每年定期组织两次规模及以上企业对区投资环境进行匿名测评，通过对测评问卷的分析、统计，最终形成涵括各职能部门满意度分数的《投资环境测评情况通报》，测评结果直接纳入年底绩效考核。

2008年10月，长沙经开区管委会办公室出台《关于进一步优化投资环境，支持工业企业发展的实施意见》，减免园区内工业企业相关报建费用13项，减少审批程序，减少审批时限，由28个工作日压缩为20个工作日，进一步优化了园区经济发展环境。

2011年，长沙经开区管委会出台《长沙经开区管委会关于深化行政审批改革、优化办事流程的实施意见》（长管办发〔2011〕39号），对长沙经开区行政机关执法检查备案、登记制度、配合检查制度、全程代办制度、行政处罚、行政收费备案等进行了规范，并率先推出“三首一宁”制度等工作机制，使园区投资环境和生产环境进一步优化。

2011年9月，成立非诉讼纠纷中心，是年协助企业调处案件67件。

2012年4月，全省首家“省知识产权典型案例发布基地”在长沙经开区挂牌，促进了长沙经开区“国家知识产权示范园区”的创建工作。ADR中心运转逐步成熟，全年化解各类纠纷65件，成功调解52起。

推出标准厂房招商引资模式，加大承接产业转移。2012年，建成标准厂房面积20.24公顷，引进47家企业入住标准厂房，标准厂房出租率98.15%。

长沙经开区把服务贯穿于招商工作全过程之中，始终为企业提供全程保姆式服务，紧紧围绕“企业是上帝”这个总原则展开服务，全面营造“供水好、排水畅、道路通、信息灵、收视佳、环境美、服务优”的良好基础环境和政务环境。

切实抓好服务平台建设，不断完善公共服务平台。长沙经开区建设了科技创新知识服务平台，设立投资公司、担保公司、小额贷款公司等融资平台，为开发区企业科技创新、融资担保提供服务；设立人才交流服务中心，开设“星沙大讲坛”，为企业提供人才引进、人才培训等一条龙服务；与黄花机场边检站建立警民共建合作机制，为企业出入境提供更为高效优质的服务；开办全省首家长沙玮希国际学校，为外籍人才子女解决就学问题，有利于企业吸引国际专业人才；建设“无线星沙”，通过采用新的FX的高速网络技术（高速上网不掉线）使得免费网络得以覆盖全区，助力企业的信息化；成功争取星沙海关和长沙出入境检验检疫局入驻园区，同时全力申报综合保税区，为长沙经开区未来发展奠定坚实基础。

不断优化企业发展环境，树立主动服务理念。为园区企业生产经营创造优良发展环境。1999年，长沙市人民政府实施“畅通工程”，为了加强城市货运车辆的禁区管理，决定对需要进入市区的货运车辆进行严格审批，发给“禁区通行证”，规定每个季度审批1次，到市交警支队办理。由于长沙经开区处在长沙县地界，市“畅通工程”没有作出安排计划，而区内许多企业的货运车辆必须在白天进出市、区运送材料产品。为解决这一矛盾，长沙经开区即向市政府“畅通工程”领导小组和市交警支队写出专题报告，要求解决办理长沙经开区部分企业机动车禁区通行证问题。从1999年10月开始，坚持每季度为入区企业办理1次“禁区通行证”，解决了园区企业部分货运车辆在市区的通行问题。

为企业的奠基、开业和主体工程验收等举办隆重的活动，以扩大企业的知名度，营造隆重热烈的气氛。1994年12月8日，长沙经开区内有光南摩托车、上海大众与湖南省汽贸中心合营的上海大众维修中心两家企业奠基，金沙利彩印、三一重工集团的主体工程验收，湖南预应力钢丝总厂、味康食品厂两家企业开建。长沙经开区统一安排，派出精干力量，做好外围工作，搞好环境卫生，会场布置隆重热烈。

作为全省首个“优化经济环境示范区和测评区”，长沙经开区牢固树立“环境就是形象，环境就是生产力”“纳税人至上”“视投资者为上帝”等发展理念，着力营造“亲商、安商、扶商、富商”的发展氛围。在全省率先实施“宁静日”“无费区”、公开承诺、限期交办和全程代办等制度，实行“封闭管理，独立运行”，推行“一次告知、全程服务、并联审批、限时办结、效能问责”；实行待建、在建项目表格化管理，对企业开工建设中的各个环节进行细化，明确责任到人，切实帮助企业尽快开工投产。德国麦克潘特（湖南）工具有限公司是星沙开发区第1家入区的外商独资企业，从1992年下半年洽谈到1993年投产，前后仅花了8个月时间。为加快工程建设，保证施工需要，长沙星沙开发区在建设初期水电供应十分困难的情况下，采取双电源、双水源办法为企业服务，使企业顺利竣工，如期投产。

全面启动全程代办服务。2011年，长沙经开区以创建雷锋号示范岗位为契机，全面启动全程代办工作，对投资项目实行行政审批全程免费代办制度，全程代办企业立项审批、工商注册、税务登记、环保、国土、规划、报建等各项手续。由于实行全程代办制度，汇编全程代办工作手册，公布各个环节的办公联系电话，设立全程代办“雷锋号示范岗”事项电子触摸屏，企业所需事项一点便知。区优化办设立全程代办服务监督电话，全面接受社会监督。工作人员工作时间着正装，悬挂工作牌，统一到政务大厅上班，手机24小时开机全天候服务，文明用语，微笑服务，对企业一时不理解而产生的不满甚至抱怨笑脸应对，企业办理事项全程协助办理。2011 年，积极协调广汽菲亚特及 9 个零部件配套企业的开工建设，保证了广汽菲亚特作为省重大项目的按时推进；马瑞利公司从立项到建成投产只用了 8 个月时间。2011 年全年全程代办投资服务中心工作无一例投诉，测评满意率 100%。长沙经开区全程代办雷锋号创建工作在 2011 年 10 月全省优化经济发展环境现场办公会上作典型发言，并作为经验向全省推广，省领导及各市、州园区负责人对长沙经开区全程代办雷锋号创建工作给予高度评价。

2012 年，提供各类全程代办服务项目 12 个。成功引进上海大众长沙项目，该项目从 7 月初开始洽谈，仅用 3 个多月时间就签订了框架协议。上海大众长沙项目规划第一期投资 120.8 亿元，年产能为 30 万台整车，拟生产上海大众中高端产品车型，用地 266.67 公顷，计划 2013 年 5 月动工，2015 年 5 月批量生产。项目二期规划扩产产能为生产 30 万台整车，需建设用地 200 公顷，预计项目全部达产后可实现年产值 1500 亿元。

长沙经开区主动为企业排忧解难，想企业之所想、急企业之所急。以“两帮两促”“学习与服务”等为载体，每年为几十家企业解决生产经营中存在的困难和问题。引进博世汽车时，在半个月内完成了 42 户拆迁，一晚上完成企业审核；广汽菲亚特项目引进时，投资方提出 20 余个问题清单要管委会答复，内容涵盖政策、土地、建设、拆迁、环保等诸多方面，工作人员加班加点，仅用一晚上时间就给了投资方满意答复。三一重工、中联重科、山河智能、长海集团、北汽福田、广汽菲亚特、广汽三菱等企业在生产经营中都遇到过一些问题，长沙经开区均第一时间派出精干力量主动服务，全力帮扶，促进了企业的顺利发展。主动服务已经贯穿于每个工作人员的理念中，成为常态化的工作。

表 5–1

2000—2010 年长沙经开区在国家级经开区投资环境综合评价排名表

年度	在全国排名	在中西部排名
2000	—	5
2001	—	4
2002	—	4
2003	—	2

续表 5-1

2004	21	2
2005	22	2
2006	22	1
2007	22	2
2008	18	1
2009	18	6
2010	16	3

注：2004 年以前，未纳入全国排名，只参评中西部，2011 年起取消排名。

表彰奖励 长沙经开区坚持对向国家贡献大、税收入库多的企业和在招商引资中作出突出贡献的个人进行表彰奖励。2001 年，奖给税收入库大户的奖金共计 14.60 万元，其中三一重工 5 万元（入库 5166 万元）、金沙利彩印 4 万元（入库税收 4582.50 万元），杭州娃哈哈长沙公司、光南摩托车公司各 1 万元。对纳税 700 万元以下和 130 万元以上的 10 家企业分别给予 0.60 万元和 0.30 万元奖励。

2004 年，根据长沙市人民政府《关于长沙市招商引资中介个人奖励实施办法》的规定，长沙经开区对作出突出贡献的李建新、徐长江分别给予奖励。

2006 年 1 月，长沙经开区出台《关于加快工业经济发展的奖励办法》，设立工业发展“台阶奖”“科技奖”“品牌奖”“税收贡献奖”等奖项。

2010 年，奖励纳税大户三一集团 500 万元，中联工起、北汽福田、山河智能等企业获得“税收贡献奖”。获得中国驰名商标奖的长丰集团获 30 万元“科技创新奖”。长丰集团董事长李建新获得 10 万元以商招商先进个人奖励。

对增产增收的企业，依靠科技进步自主创新的企业，热心社会公益事业的企业和在支援灾区、救死扶伤、无偿献血等工作中表现突出的企业，采取张榜公布、通报表彰、向上级领导汇报、向广播电视和报社等媒体推介等多种形式，宣扬先进事迹，弘扬新时代的企业精神，提高优秀企业的知名度。

◆第三节 企业入区流程

2004 年，长沙经开区出台企业入区流程。入区项目从洽谈到落户每个环节都有规范周到的服务。

截至2012年，园区批准项目总数达949个。

长沙经开区企业入区流程

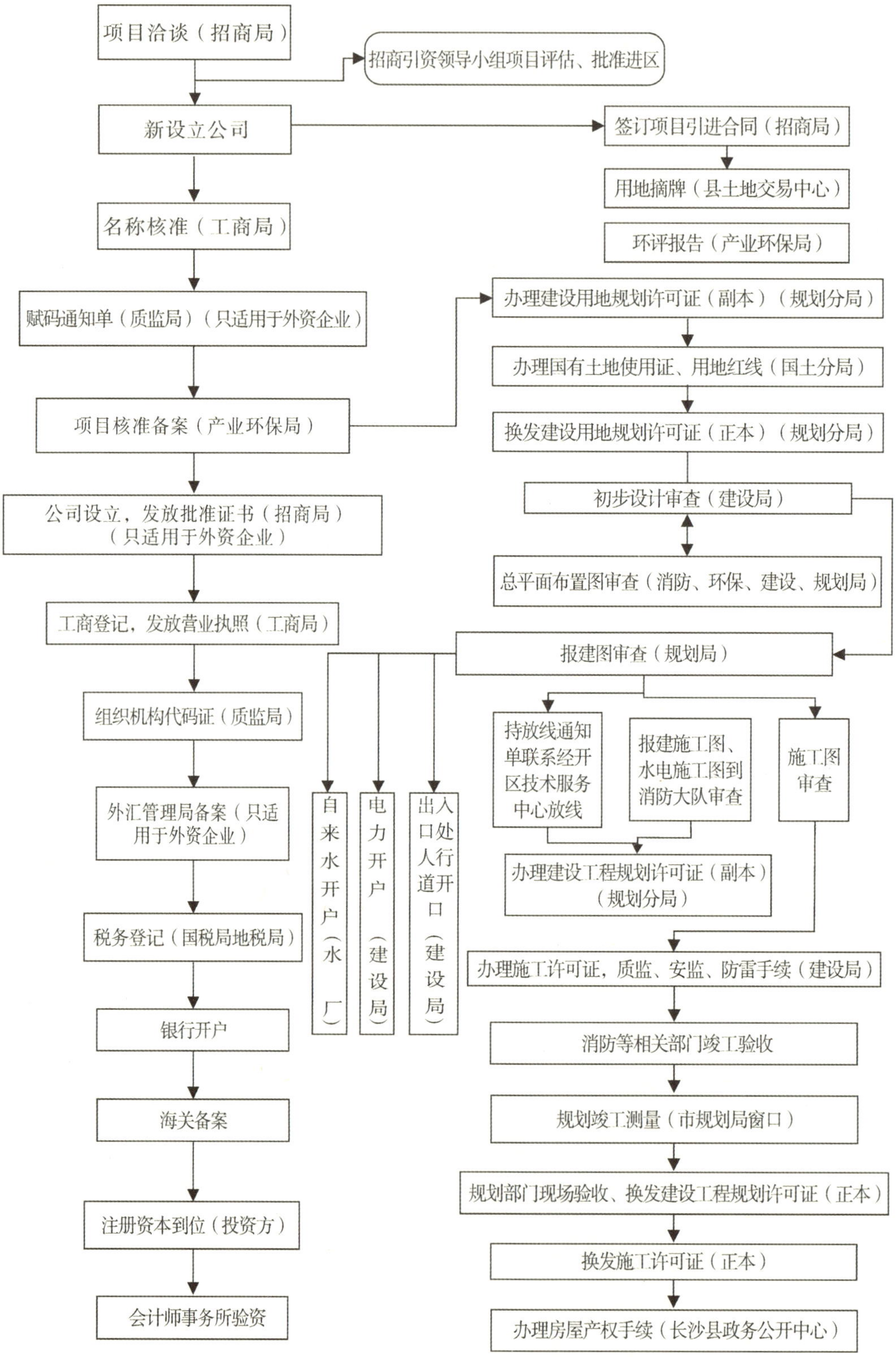

第四章 项目开发

◆第一节 立项审批

1992—2003 年，长沙经开区批准项目 330 个。

2004 年，根据《国务院关于投资体制改革的决定》（国发〔2004〕20 号）和政府核准的投资项目目录（2004 年本），长沙经开区建立入区项目审批、核准和备案规范，严把项目准入关，不断调整产业结构，以优惠政策和周到的服务引导项目开发。要求入区项目符合国民经济和社会发展规划、区域规划、行业规划、产业政策、行业准入标准和土地利用总体规划；符合国家宏观调控政策；合理开发并有效利用资源；对公众利益不产生重大不利影响。

随着园区经济规模的扩大，长沙经开区瞄准“世界工程机械之都”“中国汽车产业集群新版块”培育十大百亿元企业目标，大力引进工程机械、汽车及零部件、电子信息等产业项目，引进的项目质量逐步上升，先后有博世汽车零部件、广汽菲亚特、蓝思科技、上海大众等重大项目落户长沙经开区。

截至 2012 年，批准项目总数达 949 个，项目投资总额 961.12 亿元。

管理及权限 长沙经开区加强入区投资项目备案、核准和审批服务，提高服务质量和工作效率，确保备案、核准和审批工作公开、规范、准确和高效，制定了入区投资项目备案、核准和审批工作规范。规定项目审批的部门会签程序由产业环保局经办人代办，项目实行即来即办、特事特办、3 日办结的基本原则。为方便企业了解园区的各项政策，提高办事效率，规范办事程序，根据国家有关政策规定，长沙经开区依照《国务院关于投资体制改革的决定》实行项目核准、备案和审批 3 种方式。

核准：根据《中华人民共和国行政许可法》《国务院关于投资体制改革的

决定》《外商投资项目核准暂行管理办法》等法律法规规定，长沙经开区对总投资 3000 万美元以下的鼓励类、允许类外商投资项目，按照《外商投资项目核准暂行管理办法》规定实行核准。对长沙经开区范围内不使用政府性资金建设的非外商投资的重大类、限制类企业投资项目，按照《湖南省企业投资项目核准暂行办法》规定实行核准。

备案：长沙经开区范围内不使用政府性资金建设《湖南省政府核准的企业投资项目目录》以外的总投资 50 万元以上的企业投资项目，按照《湖南省企业投资项目备案暂行办法》规定实行备案管理。

审批：长沙经开区范围内的政府投资项目，按照《湖南省人民政府贯彻国务院关于投资体制改革决定的实施意见》《湖南省人民政府关于投资体制改革决定的实施意见》《长沙市政府投资建设项目管理办法（试行）》等法律法规规定实行审批制度。

核准及备案　工作规范规定中外合资、合作和独资经营项目核准和备案需提交的资料包括：项目申请报告；项目中外投资各方的企业注册证（营业执照）、商务登记证；经审计的最新企业财务报表（包括资产负债表、损益表和现金流量表）；开户银行开具的资金信用证明；投资意向书、增资、并购项目的公司董事会决议；银行出具的融资意向书；项目环境影响评价批复或意见；国土部门出具的项目预审意见；《入区投资项目核准申请表Ⅰ》；入区投资项目核准的请示；节能审查评估报告或节能备案登记表；根据相关法律法规应提交的其他文件。

工作规范规定国内项目审批、核准和备案需提交的资料包括：具备相应工程咨询资质的机构编制的项目申请书（备案项目可由项目业主自行编制）；项目单位营业执照的复印件；《入区投资项目核准申请表Ⅰ》；项目环境影响评价批复或意见；入区投资项目核准的请示；项目用地挂牌成交确认书或土地证或国土部门的预审意见；节能审查评估报告或节能备案登记表；根据相关法律法规应提交的其他文件。

审查及批复　项目单位提交资料给长沙经开区产业环保局，产业环保局对资料进行审查，并出具立项批复。项目单位取得立项文件后，依法办理城乡规划、土地使用、环境保护、资源利用、安全生产、消防、工商、海关、税务、外汇管理、招标投标等有关行政许可手续。

项目筹建是招商的后续工作，加快项目筹建有利于增强投资者的信心和区域经济的快速发展。1992—2012 年项目筹建工作由于措施得力，建设进度快，长沙经开区管委会共批准投产企业 949 家，其中外资企业 173 家，内资企业 776 家。

长沙经开区企业筹建工作由长沙经开区管委会产业环保局负责，按照管委会要求，对企业项目的筹建工作进行指导、监督、协调、服务、受理并协调企业申报投产的相关手续，完成长沙经开区企业项目筹建工作的具体任务。

项目筹建要经过报批、建设和验收 3 个阶段。

报批阶段。项目建设报批提交以下文件、材料：选址意见书、环境影响评估材料、土地使用权有偿出让合同、用地规划许可证、设计要点、红线图、投资许可证、扩初设计审批意见书、建筑报建图、临时设施报建、消防设施报建和桩基础招标申请等。

建设阶段。在组织招标后，办理施工许可证，用电、用水、环保、通信、消防和排水、排污及厂区绿化等报装和报建手续，并组织施工。

验收阶段。项目建设工程施工后，由筹建企业申请进行基建、消防、环保、劳动安全、卫生、市政和资金验收，验收合格即可提出投（试）产申请。

企业筹建还需申领组织机构代码证，开立银行账务及开户手续，申请办理税务等有关事项。

◆第二节　项目管理

管理重点　1994 年 5 月，长沙经开区的项目管理归口招商部，1996 年 6 月，长沙经开区管委会成立企业管理部，对区内新成立企业的生产和经营情况进行跟踪调查服务。1998 年 5 月，企业管理部并入招商部。2004 年 3 月，经省编办批准，设立产业发展局。2008 年，产业发展局更名为产业环保局，负责长沙经开区入区企业项目立项，基建计划审核报批等具体工作。长沙经开区管委会从宏观上加强对区内企业的管理，其重点是：引导企业严格遵守国家的法律、法规，避免出现越轨行为；尊重企业的自主权，不搞行政干预；倡导实行现代企业管理制度，摆脱旧的传统模式的束缚；弘扬自主创新精神，扶植高新技术产业和项目；按市场经济规律办事，帮助企业提高在国际国内市场的竞争力。

开展专项调查　为及时掌握区内投资企业的基建、生产经营和改善经济环境等情况，为管委会领导决策提供依据，长沙经开区产业环保局每年都坚持进行经济分析和预测，对企业进行全面调查，专题调研，问卷调查。在调查中，各企业如实地提出意见和建议，其中关于规范收费、制止三乱，开通长沙市至星沙公交车，为市民和企业员工居住和出行提供方便；加强园区执勤巡逻，加强安全保卫等许多意见和建议，被长沙经开区管委会采纳，不断优化企业发展环境。

重点联系企业大户 长沙经开区历年来对区内年产值过亿元，实现税收过千万元的企业进行重点联系。“十五”期间重点联系电子信息产业企业LG曙光；工程机械制造企业三一集团、山河智能；新材料企业华天铝业、力元新材料、瑞翔新材料；食品饮料企业长沙娃哈哈、中粮可口可乐；印刷企业金沙利彩印。“十一五”期间重点联系工程机械制造企业三一集团、山河智能；汽车制造企业长丰集团、北汽福田、博世汽车；新材料企业力元新材料、瑞翔新材料；食品生化企业中粮可口可乐、百事可乐。“十二五”期间，重点联系三一集团、中联重科、山河智能、广汽菲亚特、广汽三菱、博世汽车、蓝思科技等工程机械制造、汽车制造及零部件、电子信息产业等骨干企业。通过建立领导入厂调研制度、定期召开工业产值、效益分析会、现场办公会，专人跟踪服务等方式，与企业建立和谐关系，及时了解重点企业的生产动态和存在的困难，帮助解决问题。

扶植新、小企业 长沙经开区坚持一手支持企业大户，一手扶植新、小企业。对入区不久的新企业、生产经营规模小的企业，与老企业、大企业一视同仁，从帮助迅速办理各项法定手续，落实优惠政策、创造良好的外部环境和解决各种实际困难等方面，给予积极支持、扶助，使新企业迅速投产经营，增产增盈，使小企业安心创业，由小变大，由弱变强。2012 年，长沙经开区加大对中小微企业扶持力度，积极开展创业富民工作，落实创业富民专项扶持资金，为 12 家企业发放区创业富民扶持资金 67 万元；组织 10 余家企业申报市级创业富民专项资金项目，其中 9 家企业获得市级创业富民专项资金 51 万元，12 家企业获得区创业办的扶持。组织银行、担保公司及知名的律师事务所等服务机构，为各科技园的小微企业进行“一对一”的帮扶，有效地解决了安瑞电器、威能新材料、信昌机械等企业在生产过程中遇到的资金瓶颈、劳资纠纷等问题。创业服务中心按照管委会的要求设立了小微企业培育升级工程服务中心，服务功能更加完善。

第五章 招商成果

◆第一节 引进项目

长沙经开区按照“规划先行，项目带动，扩城提质，梯次推进”的建设方针，狠抓基础设施建设，不断加大固定资产投资力度，吸引国内外厂商前来投资兴业。

1992—1996 年是长沙星沙开发区的初创起步阶段，共与国内外厂家客商签订投资项目 268 个，其中外资项目 46 个，内资项目 222 个，固定资产总投资规模超 1000 万元的有光南摩托、金沙利彩印、大众汽车、三一重工等 11 家。5 年内共完成基本建设总投资 32.4 亿元，其中基础设施建设投入 8.5 亿元。

2002 年，长沙经开区进入产业快速扩张阶段，是年引进项目 40 个，其中外资企业项目 8 个。完成固定资产投资 16.37 亿元。累计完成基本建设总投资 67 亿元，其中基础设施建设投资 15 亿元。

2012 年，长沙经开区进一步实施招大引强战略，加大基础设施投入。全年引进项目 15 个，其中外资项目 5 个。完成社会固定资产投资 111.10 亿元，其中工业固定资产投资 86.80 亿元。全年共立项项目 86 个，投资总额 290.60 亿元（包括上海大众长沙项目）。其中工业项目 24 个，投资总额 240.99 亿元（其中上海大众预计投资 120.80 亿元）；基础设施项目 20 个，投资总额 5.10 亿元；服务业项目 15 个，投资总额 3.10 亿元；房地产项目 14 个，投资总额 39.72 亿元；其他项目 3 个，投资总额 1.70 亿元。

截至 2012 年，长沙经开区投产企业 949 家，其中规模以上企业 109 家、年产值亿元以上企业 51 家、过 10 亿元企业 11 家、上市公司 20 家、世界 500 强企业 27 家，规模以上外资企业 93 家。

表 5-2　　1992—2012 年长沙经开区引进项目情况统计表

单位：个

名称	1992—1999 年小计	被批准为国家级经济技术开发区后													至 2012 年累计数
		2000 年	2001 年	2002 年	2003 年	2004 年	2005 年	2006 年	2007 年	2008 年	2009 年	2010 年	2011 年	2012 年	
引进企业个数	85	27	30	40	63	72	62	70	91	64	97	93	140	15	949
其中：“三资”企业	39	4	6	8	9	16	12	14	15	10	12	9	14	5	173

◆第二节　引进资金

长沙经开区将利用外资和引进项目作为工作重心，充分运用开发区各项优惠政策，围绕“诚、优、信、情、实”做文章，为投资者提供从投资立项到建成投产的全程服务。凭借得天独厚的区位优势，宽松优惠的招商政策，优良的社会环境和投资环境吸引了海内外各界人士的密切关注。

1993—1994 年，与国内外 120 余家单位和个人签订企业项目 128 个，其中外资项目 18 个，内资项目 110 个。协议资金 15 亿元，到位资金 2 亿元。

2002 年，合同外资金额 1.33 亿美元，实际使用外资金额 1.14 亿美元，市外境内实际到位资金 6.11 亿元。历年累计签订项目 357 个，投资总额 159 亿元，合同外资 6.20 亿美元，到位外资 5.05 亿美元。引进市外境内资金 56 亿元。

2012 年，全年完成省外境内到位资金 13.80 亿元，完成市外境内资金形成固投 31 亿元，合同外资金额 5.08 亿美元，到位外资 2.71 亿美元，完成进出口总额 21.63 亿美元，境外投资企业 2 家。全年引进核心企业 14 家，引进世界 500 强企业 3 家。

截至 2012 年，长沙经开区签订合同外资金额 32.81 亿美元，到位外资 20.95 亿美元。市外境内资金形成固投 211.43 亿元。区内博世汽车、广汽三菱、住友橡胶、广汽菲亚特、美国空气化工、中国宝钢等世界 500 强企业，占全省引进世界 500 强企业的 1/3 强。培育和引进上市公司 20 家，占全省上市公司 1/4 强。三一集团、瑞翔新材料等企业先后在欧洲、美洲、非洲、南亚等地区建立研发中心及生产基地。长沙经开区已成为国内外客商投资湖南的首选。

表 5-3　　　1992—2012 年长沙经开区引进资金情况统计表

名称	单位	1992—1999 年小计	被批准为国家级经济技术开发区后													至 2012 年累计数
			2000 年	2001 年	2002 年	2003 年	2004 年	2005 年	2006 年	2007 年	2008 年	2009 年	2010 年	2011 年	2012 年	
合同外资额	亿美元	2.59	1.55	0.47	1.38	1.80	1.72	1.95	1.15	2.51	2.31	2.80	3.35	4.15	5.08	32.81
到位外资	亿美元	1.90	1.11	0.78	1.14	1.20	1.01	1.34	1	1.31	1.55	1.75	1.92	2.23	2.71	20.95
市外境内资金形成固投	亿元	43.07	3.46	4.12	6.12	7.23	9.06	12.02	9.43	11.36	14.53	16.01	19.21	24.81	31	211.43

◆第三节　获奖情况

1998 年和 2000 年，长沙经开区两年获长沙县委、县政府授予的“招商引资目标管理特别奖”。

2000 年 9 月，在第四届中国投资贸易洽谈会上获国家级开发区“最佳组织奖”、获湖南省人民政府“内联外资”和“利用外资”奖。

2001 年，被湖南省对外贸易经济合作厅授予“投资促进工作先进单位”称号。

2002 年，被中共长沙市委、市人民政府授予“招商引资工作先进单位”。

2003 年，被湖南省人民政府授予“利用外资工作先进单位”称号、获长沙市“招商引资工作一等奖”。

2008—2010 年，连续被评为省、市“内联引资、利用外资工作先进单位”。

2011 年，被中共长沙市委、市人民政府评为“2011 年度长沙市招商引资工作目标管理考核一等奖”。

2012 年，被中共长沙市委、市人民政府授予“2012 年度长沙市承接产业转移先进园区”荣誉称号；被湖南省经济技术协作办公室评为“2012 年度全省内联引资工作先进单位”。

第六篇　产业经济

Industrial Economy

第一章 产业规划

◆第一节 产业规划编制

长沙经开区坚持“以工业项目为主、吸引外资为主、出口为主和致力于发展高新技术”的方针，强调以产业发展为中心，走产业兴区之路。2010年，提出全力打造“世界工程机械之都”和“中国汽车产业集群新版块”的目标，并努力打造“中国力量之都”品牌。通过卓有成效的招商引资工作，入区企业实现由单个到群体的转变，区内产业实现由零散向集聚的转变。通过进一步规范市场运作程序，完善产业布局，指导招商及开发建设，把园区做大、做强、做优，分阶段制定产业发展规划。

第一阶段：1992—2000年为产业培育阶段。这一阶段以引进和发展个体私营企业和第三产业为重点，逐步形成有一定规模的乡镇企业城和个体工商城，实现以开发开放带动县治搬迁，以县城建设促进开发区发展的目标。

第二阶段：2001—2005年为产业扩张阶段。邀请湖南博睿思腾管理咨询有限公司，为园区产业发展制定“十五”计划。这5年国内生产总值年均增长40% ~ 45%，工业总产值达300亿元。

第三阶段：2006—2010年为产业发展成熟阶段。制定长沙经开区产业发展“十一五”规划，力争国内生产总值达350亿 ~ 400亿元，工业总产值达800亿元，年均增长24.45%，国民经济的现代化水平大大提高。

第四阶段：2011—2015年为产业转型阶段。制定长沙经开区产业发展“十二五”规划，到2015年年末，实现工业总产值3000亿元，力争达到3500亿元，形成工程机械和汽车制造2个千亿产业集群。

◆第二节　分期产业规划

建区初期产业发展规划　1992 年 7 月，长沙市人民政府批准成立长沙星沙开发区，是年 12 月，省体改委也作了同样批复，要求“开发区要建成长沙的乡镇企业城，并大力发展个体私营企业和第三产业”，明确星沙开发区的性质是经济技术开发区。长沙星沙开发区工程建设指挥部邀请湖南大学土木建筑设计院制定开发区发展规划，突出以开放开发县城建设带动产业经济发展的目标，但其以经济技术产业为主体的性质没有显示出来。随着光南摩托、LG 曙光等大型入区投资项目的立项建设及其发展方向的改变，长沙经开区的产业规划和发展目标已相对滞后。

建区初期，星沙开发区入区企业数量不多，门类不全，没有形成一定的产业格局。为改变这种状况，星沙开发区确定以大力发展个体私营企业和第三产业为重点，力争建成有一定规模的乡镇企业城和个体工商城。

“十五”产业发展规划　2002 年 5 月，长沙经开区管委会邀请湖南博睿思腾管理咨询有限公司为长沙经开区制定产业发展规划和目标。长沙经开区的总体发展目标是：到“十五”期末，产业规模快速形成，国内生产总值年均增长 40% ~ 45%，实现工业总产值 300 亿元，实现税收 20 亿元，出口创汇 2 亿美元。

长沙经开区管委会依据区内各产业的优势系数，将 2005 年工业总产值 300 亿元的目标分解到各产业和相关企业。

电子信息产业：2001—2005 年工业总产值年均增长 57%，2005 年 110 亿元。其中彩管（显示器）70 亿元，支柱企业为 LG 曙光。集成电路、电脑设备 10 亿元。新型元器件、传感器件 10 亿元。网络通信设备 5 亿元。软件业 5 亿元。电子器件 5 亿元。其他信息产业合计 5 亿元。

先进机械制造业：2001—2005 年工业总产值年均增长 80%，2005 年 140 亿元。其中工程机械制造 60 亿元，支柱企业为三一集团及山河智能。交通运输设备制造 75 亿元，支柱企业为长丰汽车和光南摩托。仪器仪表制造 1 亿元，支柱企业为开元科技。电气机械及器材制造 3 亿元。其他机械制造业合计 1 亿元。

新材料产业：2001—2005 年工业总产值年均增长 52%，2005 年 20 亿元。其中建筑材料（铝业）2 亿元，支柱企业为华天铝业和宏通实业。新能源材料（动力电池）15 亿元，支柱企业为力元新材料和瑞翔新材料。其他新材料合计 3 亿元。

生物工程产业：2001—2005 年工业总产值年均增长 75%，2005 年 20 亿元。其中食品加工 1 亿元，支柱企业为长沙喜瑞来食品有限公司。饮料制造 7 亿元，支柱企业为长沙娃哈哈、长荣饮料和中粮可口可乐。生物制药 10 亿元，支柱企业为福来格生物药业和亚华生物药厂。其他生物工程产业合计 2 亿元。

印刷、包装及服装工业：2001—2005 年工业总产值年均增长 15%，2005 年 10 亿元。其中印刷及纸制品业 8 亿元，支柱企业为金沙利彩印。包装业 1 亿元，支柱企业为星沙包装和金河包装。服装业 1 亿元，支柱企业为裳海迪瑞特。

第三产业：2001—2005 年总产值 50 亿元。其中运输业总产值 15 亿元。仓储业总产值 7 亿元。商贸总产值 12 亿元。金融保险业总产值 2.50 亿元。燃气、自来水总产值 5 亿元。信息咨询业总产值 1.50 亿元。其他服务业总产值合计 7 亿元。

“十五”期间，根据国家产业发展导向和国家对长沙经开区产业发展的要求，从长沙经开区地位和作用以及利用全球化机遇和应对区域竞争角度出发，长沙经开区重点壮大培育电子信息、先进制造、新材料、生物工程、现代物流 5 大支柱产业，力争建成全国第一个镍氢动力电池材料生产基地，全国著名的工程机械生产基地、全国新型显示器件主要生产基地以及区域性的现代物流中心。

电子信息产业：重点发展显像管及新型显示器件产品。在巩固现有彩管生产技术和生产规模的基础上，进一步发展 29 英寸、34 英寸等大尺寸高分辨率彩色显像管，17 英寸、19 英寸、21 英寸全平彩色显示管以及彩色显像管和彩色显示管用偏转线圈等。大力促进彩色显示器项目的发展、创新。随着信息家电业的飞速发展，网络终端显示器件产业已经成为世界电子信息产业的一大支柱产品，是信息产业中新的经济增长点。平板显示器将取代传统显示器成为市场主流产品。在平板显示器中，液晶显示器、真空荧光显示器和等离子显示器是主流产品，占平板显示器市场的 95%，而其中最具发展前景的是等离子显示器和液晶显示器。等离子显示器适用于大屏幕高亮度的高清晰度彩电及多媒体信息和网络终端显示器等方面。液晶显示器的用途更为广阔，广泛应用于各类消费类电子产品上。“十五”期间，重点支持和发展等离子彩色显示器件、液晶显示器件、荧光显示器件等项目，不断开发传感器的应用产品，使之成为传感器产业化基地。

大力发展应用软件、集成电路产业。软件、集成电路、新型元器件是信息产业竞争力的核心。2001 年，世界集成电路产品的销售额达 1 万亿美元的规模。

湖南省在高性能微处理器设计、视频编码解码电路设计、计算机体系结构设计和通用操作系统软件开发等核心技术领域，已处于全国领先水平。“十五”期间，长沙经开区抓住机遇，大力引进相关企业和机构，成为全国首屈一指的大规模和超大规模集成电路的产学研基地。

数字视听产品。主要发展 MPEG 数字压缩编解码芯片制造及数字化视听系统及设备的开发生产，同时积极引进数字电视、数字电视机顶盒、数字有线电视产品和数字卫星电视产品等相关产业进区发展，大力发展数字光盘产业。

计算机与网络产品。积极引进计算机与网络产品生产企业，发展具有自主品牌的网络交换设备、网络接入设备、IP 设备与产品、网络与信息安全产品等。积极支持和引进网络终端、主机板、键盘等外部设备及其关键零部件的生产企业。

电子类产品。大力引进消费类电子生产企业，发展一批消费性电子产品，如各种个人掌上机、汽车电子产品、能源电子产品、医疗电子产品及通信电子产品等。

信息产业。引进、支持信息处理设备、办公自动化设备及现代实验室设备等产业。通过加快这类产业发展速度，把长沙经开区建设成为全国著名的电子信息产业基地之一，形成“洼地”效应，吸引国内外众多电子信息产业制造商入区发展，以此加快全市乃至全省信息化和工业化进程。

先进制造产业。积极发展工程机械、轻型越野车、摩托车产业，在不断壮大现有相关企业的基础上，积极引进同类生产企业及配套零部件生产企业，打造国内一流的机械工业研发生产基地。区内先进机械制造业重点发展以下 5 大产业：

工程机械。继续扩大混凝土输送泵、摊铺机、压路机、压桩机、隧道凿岩机器人等系列工程机械的生产规模，不断进行技术创新，提升产品的品质及售后服务水平。研究开发重型混凝土泵车及城市立体停车库项目。

汽车制造。以长丰集团、北汽福田为龙头，力争将长沙经开区建设成为全国最大的轻型越野车和轻型汽车研发生产基地和零部件生产基地，同时争取引进更多的中、轻型载货车和中型客车与农用车生产项目，引进城市环卫车、施工工程车、市政作业车、机场专用车等各种专用汽车项目，打造长沙经开区汽车制造产业链。

摩托车。以劲隆光阳为重点，加快发展新型摩托车（如电喷车、电动车等），研制适应新的法规要求的发动机和关键零部件。加快开发和生产适合农村路况差、载荷量大、可靠性要求高、价格低、维修方便等使用条件的车型。

城市轨道交通设备。重点引进有自主创新能力的项目入区研制开发。

基础零部件。重点发展液压件、密封件、气动元件、精密度大型专用轴承、模具、低压电器等产品，提高产品的性能和可靠性，满足市场对主机产品的需求。

新材料。根据湖南省材料领域发展的特色和现状，长沙经开区将新型能源材料、新型建筑材料和纳米材料以及生物材料作为发展重点。

新型能源材料。以力元新绿色环保高能电池和新型蓄能材料为发展方向，加快连续化带状泡沫镍、机动车用镍氢电池和锂离子电池的规模化生产，带动聚安脂基带、绿色电池正极、负极材料和其他新型蓄能材料的发展，形成新能源材料产业基地。

新型建筑材料。重点发展以华天铝业、瑞翔新材料为基础的铝板、铝槽、复合板等产品和以彩色喷涂钢板为基材的彩钢压型瓦、彩钢夹芯板、彩钢屋面瓦及 C 型钢、Z 型钢、大跨度 H 型钢等网架、轻钢产品。目前，湖南省的网架、轻钢市场正处于快速发展时期，特别是随着工业化进程的加快和城市的发展，大量厂房、体育场馆和市场建设需要，轻钢建材以其质轻、环保、建设周期短、经久耐用等优点，逐渐成为首选建材。

生物芯片材料。此类产品基本依赖进口，市场前景广阔。长沙经开区规划大力开发生物芯片材料、生物材料如人工肝、肾透析器、心脏起搏器等人工人体器官。

纳米材料。应用纳米技术是新材料发展的方向，它必将引起材料领域的一场革命。长沙经开区密切关注纳米技术的开发和应用动态，将不失时机地引进一批纳米技术应用项目，抢占未来材料领域的制高点。

生物工程。区规划重点发展生物制药及食品饮料加工业。在生物制药方面，继续扩大金属硫蛋白、固定化青霉素酰化酶产品生产规模。同时，积极引进针对神经系统、肿瘤、艾滋病及免疫缺陷等重大疾病的多肽、蛋白质和核酸等优新生物技术产品项目；引进市场前景好的生物技术产品及疫苗、诊断用单克隆抗体，青霉素、头孢菌素 C、异亮氨酸、苯丙氨酸等产品项目；引进设计制造生物反应器、氧传递效率高的发酵罐、膜生物反应器等项目；引进重组类药物，如目前的胰岛素、水蛭素、降钙素及其他同类产品的开发项目。食品饮料业。充分利用长沙经开区的交通、区位条件等优势，大力发展运量大、保鲜度高的食品饮料业。在巩固并扩大现有矿泉水、可乐等饮料业的基础上，再引进一批诸如果汁、茶饮料、雪碧、啤酒等软饮料项目，建成湖南省的软饮料生产基地。

现代物流业。物流基地建设的定位是：区域性的物流中心，不仅要辐射全省，而且要辐射到周边省份，争取成为全国性物流中心之一。要与市、区相关部门联手协调，争取将分散的货运站集中到物流基地，由基地统一管理并做好服务工作，形成规模优势。物流基地主要安排有仓储业务区、后勤配送业务区和海关、检疫站、物流指挥中心以及批发市场等。随着物流信息化、网络化、全球化、社会化趋势的进一步凸现，大力发展电子商务是物流中心发展的必然选择。物流中心突出强化客户服务意识，真正形成无缝隙服务供应链。

其他产业。积极发展环保等新兴产业，针对加强对大气、固体废弃物、水等环境治理力度的要求，规划重点引进发展工业废水废气处理、城市污水和垃圾处理成套装置以及汽车尾气净化装置、噪声振动和电磁辐射的防治技术与装备、环境与污染源监测仪器与自动监测系统等项目。同时，为了充分发挥长沙经开区产业吸引力大、诚信度高的优势，在行业选择上，除进一步加强和完善交通运输业、商贸业等传统行业的建设外，还大力发展金融保险、国际商贸、信息咨询、社会服务、工业旅游等新兴的现代服务业。

“十一五”产业发展规划 2005年，长沙经开区编制“十一五”（2006—2010年）发展规划和目标，到2010年实现国内生产总值300亿元，年均增长21.57%，二、三产业比例达到3 ∶ 1，人均生产总值15万元；2010年实现工业总产值800亿元，年均增长24.45%。形成工程机械、汽车制造两大主导产业及电子信息、新材料、食品饮料、轻印包装等优势产业。工程机械、汽车制造两大主导产业的产值、税收、从业人员均占全区80%以上，产业聚集效应进一步提升。

长沙经开区管委会依据区内各产业的优势系数及发展情况，在“十五”规划的基础上，对重点产业目标进行调整。

先进机械制造业：2006—2010年年均递增22.45%，到2010年实现工业总产值408亿元。其中工程机械产业支柱企业为三一重工、山河智能。汽车制造产业支柱企业为长丰集团、北汽福田、博世汽车。

电子信息产业：2006—2010年年均递增31.61%，到2010年实现工业总产值328亿元。

新材料产业：2006—2010年年均递增12.36%，到2010年实现工业总产值24亿元。支柱企业为力元新材料、瑞翔新材料。

食品生化产业：2006—2010年年均递增12.18%，到2010年实现工业总产值20亿元。

食品饮料产业：2006—2010年总产值达到20亿元。支柱企业为中粮可口可乐、百事可乐、长沙娃哈哈。

轻印包装产业：2006—2010年年均递增8.34%，到2010年实现工业总产值12亿元。

重点发展先进制造、电子信息两大主导产业，积极扶持新材料等产业，加快新兴产业产业化的形成与发展。增强产业配套能力，延长产业链，优化产业结构，推进机械制造、电子信息、新材料、生物工程、现代物流等产业园区建设，使长沙经开区成为国内重要的高新技术产业制造基地。

重点打造两大主导产业。提升先进机械制造业的产业竞争力。到2010年，形成以汽车、工程机械为代表的先进机械制造行业，产值达到408亿元，年均增长21.82%，占全区工业总产值的51%。

集中发展以三一重工、山河智能为代表的工程机械，以长丰集团、北汽福田、三一汽车为代表的汽车整车制造业，以博世汽车为代表的汽车零部件配套产业群，以远大空调、伊莱克斯等企业为龙头的白色家电和燃气空调。

汽车整车重点发展轻型越野车、中重型载货车以及轿、客车系列；工程机械以混凝土输送泵、起重机、挖掘机等产品为主导；以发展先进数控机床、化工机械为新的增长点；规划建设汽车及工程机械配套园，加快远大、伊莱克斯配套园的建设，大力发展配套企业群；发展乘用车发动机和汽车电器、汽车电子等高技术零部件，加快建成高起点、大批量、一体化生产的汽车零部件基地，促进本地化产业链的形成，不断壮大产业规模。

加快电子信息产业发展步伐。到2010年，形成年产彩管1500万只、玻壳1500万套、等离子显示器30万台、偏转线圈2000万只、电子枪2000万只的生产能力，构建一个销售收入200亿元的产业群和较完整的产业链，及年销售收入100亿元的配套电子元器件产业集群。电子信息产值达到328亿元，年均增长30.93%，占全区工业总产值的41%。

培育数字电视机和通信产品，发展整机产品。以LG曙光、湘计惠能、维胜科技等企业为龙头，以新型显示器件及平板数字电视等主导产品为核心，大力发展应用软件、集成电路、数字视听设备、网络产品等相关电子信息产业，形成强劲、持续竞争优势的电子信息企业集群。依托大学、科研机构，不断开发电子信息高技术产品，促进科学研究与生产活动相结合，逐步形成园区电子信息的产学研和产供销一条龙的发展体系。

加快扶持新兴产业。加快新材料、食品饮料、印刷包装等其他产业的形成和发展，力争培育一到两个新的支柱产业。

重点扶持并制定发展新型材料产业优惠政策，加大对新材料领域招商引资的力度，借助中南大学、国防科大等高校院所的研发优势，培育和引进一批拥有自主知识产权、发展潜力大的科技型企业，不断扩大区内新材料企业的覆盖面；以力元新材料、瑞翔新材料为基础，加大对电池材料技术研发投入力度，增强新产品开发能力，逐步延长产业链，把新材料产业做强、做大，使之成为长沙经开区经济发展新的增长极。到 2010 年，新材料产值突破 24 亿元，年均增长 11.78%，占长沙经开区工业总产值的 3%。

积极扶持绿色食品加工业，以中粮可口可乐、百事可乐、娃哈哈、福来格生物等食品饮料、生物制药企业为龙头，到 2010 年，食品饮料产业产值达到 20 亿元，年均增长 11.61%。

发展高附加值服务业。重点发展金融、物流、信息咨询、科技、商贸等产业，积极构建一个完善、极具吸引力的现代商务环境与居住环境。通过对第三产业的引导、扶持、规范、服务、结构调整，初步形成能与国际接轨的现代化服务体系，第三产业功能结构和空间布局基本合理，与之发展配套的基础设施和商贸环境大为改善，第三产业运作体系和发展机制初步形成。到 2010 年，第三产业增加值占国民生产总值的比重将逐步上升到 25%，达 75 亿元，增幅为 20%，占长沙经开区工业总产值的 5%，从业人数达 2 万人，占社会就业人数的 20%。

发展金融业。扶持商业银行、证券、保险等行业的发展，在区内加大网点建设，开发、使用和推广银行卡、个人支票业务；积极创造条件，发展金融租赁公司、信用担保公司、融资公司、证券公司等非银行金融机构；加快商业保险业发展，大力发展责任保险、工程保险、企业年金和健康保险等满足企业和消费者需要的多种保险产品。

大力发展现代物流业。加快开放式物流园的建设，利用现代信息技术，引进外资及先进的物流管理技术，推动物流产业高起步发展。建立园区公共保税仓库，争取海关、商检等机构入园办公。

鼓励星沙国际物流等现有企业加速发展。引进 1 ~ 2 家跨国物流公司，2 ~ 4

家大型综合物流企业，使传统仓储业向生产和消费延伸，实现物流综合系统的优化。增强城市的流通、辐射与服务功能，发挥其强大的经济支撑作用，使之成为满足长沙经开区自身需求，辐射长沙及周边地区具有完备体系和独立功能的支柱产业。到2010年，园区内物流业的增加值达到40亿元。

大力发展信息产业，加大信息资源整合力度，促进电信网、互联网、广电网三网融合，推进社会服务信息化。加快发展软件产业，开发具有自主知识产权和国际竞争力的名牌软件产品，积极承接软件外包业务。

引导发展法律、会计、审计、税务、咨询、评估、广告、策划、调查、就业和劳务中介、经纪代理等商务服务业，推动商务服务产品和方式创新。扩大国际合作，打造一批具有知名品牌的大型事务所或中介法人机构，提高商务服务的整体竞争能力。引导中介机构独立、依法、客观执业，按照公平、公开、公正的原则，规范中介服务市场秩序。

加快商业网点建设。随着长沙经开区的进一步扩大，必须加强商业摩尔（大规模的综合性商业休闲中心）、各类超市、品牌连锁店、邻里中心和楼宇经济等商业网点建设，营造人气、留住财富，促进长沙经开区的繁荣昌盛。

做大、做强、做实长沙经济技术开发有限公司，为入区企业提供全方位服务。

“十二五”产业发展规划 长沙经开区的总体发展目标是：产业规模快速扩张，实现工业总产值3000亿元，力争达到3500亿元，其中战略性新兴产业1000亿元；实现工商税收185亿元。五年累计实际利用外资15亿美元。实现长沙经开区2015年工业总产值3000亿元，力争达到3500亿元以上的目标，长沙经开区管委会依据区内各产业的优势系数及发展情况，在“十一五”规划的基础上，对重点产业目标进行了调整。

工程机械产业：到2015年，实现总产值1600亿元，力争达到2000亿元。

汽车制造产业：到2015年，实现总产值1000亿元。

战略性新兴产业：到2015年，实现总产值1000亿元。其中电动汽车600亿元；电子信息产业200亿元；新材料产业100亿元；节能环保产业100亿元。

生产性服务业：服务业增加值2015年达到100亿元。

表 6-1　　　　长沙经开区“十二五”发展规划主要指标

产业发展指标	单位	2010 年	2015 年	年均增长（%）	属性
地区生产总值	亿元	290	1000	28	预期性
其中：工业增加值	亿元	285	880	25.30	预期性
服务业增加值	亿元	3	100	100	预期性
工业总产值	亿元	915.30	3000	26.80	预期性
其中：战略性新兴产业总产值	亿元	—	1000	—	预期性
实际利用外资	亿美元	1.95	4	15	预期性
工商税收收入	亿元	50	185	30	预期性
固定资产投资	亿元	77.50	193	20	预期性

全面建设国家新型工业化产业示范基地。加快推进产业整合和提升，引导产业向集群化、高端化发展，积极发展配套产业，拉长产业链条，建立优势突出、特色鲜明的现代产业发展体系。打造工程机械、汽车制造 2 个千亿产业集群，建设电子信息、新材料、新能源、节能环保等战略性新兴产业新基地，实现主导产业“大而强”，新兴产业“快而好”。

做大做强工程机械产业，打造“世界工程机械之都”。进一步增强生产建筑机械、路面机械、挖掘机械、桩工机械、工程重卡、非开挖施工设备、港口机械的竞争优势，突出发展汽车起重机、全路面起重机、轮胎起重机、履带起重机、盾构掘进机、混凝土成套设备、高铁泵送成套设备、高空作业平台等工程机械产品及其他新产品。大力引进世界 500 强和国内外知名工程机械企业在园区设立独资或合资公司。加快引进为整机生产配套的液压件及液压附件、变速箱、驱动桥、变矩器、柴油发动机、变速器、车用空调、专用汽车底盘等配套零部件生产企业，延伸产业链，提高本地配套率。

重点支持三一集团、中联工起、山河智能、铁建重工等企业提高资本运作能力，扩大国际国内营销网络，提升核心产品与技术竞争力，支持企业开发新的产品和产业，增强产业带动能力。鼓励核心企业通过二次裂变、投资入股、产学研联合等方式发展一批配套企业。建好中国（长沙）工程机械交易展示中心、工程机械配套产业园等一批重点项目。

到 2015 年，实现工程机械产值 1600 亿元，力争达到 2000 亿元，零部件本地配套率达 30% 以上，三一集团、中联工起 2 家核心企业进入世界工程机械制造商前 10 强，创建 3 个以上世界知名品牌、20 个以上国家级名牌、50 个以上省级名牌，世界工程机械之都基础更加夯实。

大力提升汽车制造产业，打造中国汽车产业集群。依托广汽菲亚特、广汽三菱、北汽福田、众泰汽车、长丰汽车等一批骨干企业，保持越野车、专用车、轻中重型载货车优势，积极发展节能环保经济型轿车，提升中级轿车竞争力，扩大轻型车生产规模，提高重型车档次。重点支持广汽三菱 30 万辆、广汽菲亚特 30 万辆乘用车、北汽福田 20 万辆重卡和 SUV 及皮卡等生产线建成达产。

增进整车企业、高校、科研院所和零部件企业之间的合作，鼓励、引导和帮助整车企业在园区建立技术研发中心，建设公共技术研发与服务平台，整合资源，构建集制造、研发、商贸、服务为一体的合作发展联盟，着力打造资本构成多元化、企业组织集团化、生产经营规模化、产品市场国际化的中国汽车产业集群。

发挥整车带动作用，编印关键零部件项目需求目录，加大政策支持力度，重点加强对汽车产业一级零部件（发动机总成、车身总成、底盘总成、电气设备总成）及二、三级零部件（发动机部件、车身部件、底盘部件、电气设备部件）等产品的发展，努力建设面向全球的零部件生产供应基地。吸引关键零部件企业入驻园区，鼓励园区骨干企业通过采购联盟的方式吸引汽车制造、工程机械等关键零部件厂商在区内设置分支机构，打造“零部件超市”。

到 2015 年，实现园区各类整车产能 120 万辆，零部件平均配套率达到 40%，产值达 1000 亿元，初步形成中国汽车产业集群新版块。

突出发展战略性新兴产业，培育新的经济增长点。立足现有产业基础和比较优势，围绕国家和省市有关战略性新兴产业发展专项规划，突出发展高端装备制造、电动汽车、电子信息、新材料、节能环保等战略性新兴产业，努力培育新的经济增长点。加快出台发展战略性新兴产业的优惠政策，完善具体措施，对具有核心技术的自主创新和高科技产业化项目，争取国家、省市在投资、财税、金融等政策上的倾斜支持，打造投资洼地。加大战略性新兴产业招商引资力度，力争战略性新兴产业发展速度高于园区平均发展速度 10% 以上。到 2015 年，产值过 100 亿元的企业 5 家以上，战略性新兴产业实现总产值 1000 亿元，其中高端制造和电动汽车600亿元，电子信息、新材料、节能环保等400亿元。

电动汽车产业。充分利用国家对新能源汽车产业的扶持政策，以长丰集团和众泰汽车为龙头，着力研发、生产电动汽车，提高规模化生产水平和市场竞争力，带动和促进新能源汽车电池材料、汽车电池、电子控制装置的研发和生产，打造电动汽车产业基地。

电子信息产业。以博世汽车、创芯集成电路为龙头，引进相关企业，研发、生产车载电器系统、汽车电子控制系统、汽车安全控制系统等汽车电子系列产品。发挥“无线星沙”优势，支持尚唐古道、纽曼等企业发展汽车导航、无线网络基站等产业。积极引进和培育蓝思科技、光伏产业、物联网产业、云电视和新一代移动通信、新一代互联网及信息安全和服务、数字化音视频、创意产业等产业。到2015年，实现电子信息产业年产值200亿元。

新材料产业。稳定“连续化带状泡沫镍”、锂离子电池材料等现有优势产品生产规模，巩固新型能源材料技术、市场双领先地位，推动上游、下游产业的发展。重点发展绿化环保高能电池、新型蓄能材料、汽车涂料、新型碳/碳复合材料、双金属复合钢带和双金属带锯等产品。到2015年，实现新材料产业产值100亿元。建成并投入运行国家先进储能材料工程研究中心。

节能环保产业。以远大可持续建筑项目为龙头，配合使用远大非电节能空调，完善产业链条，形成新型可持续建筑项目产业集群。依托经沣欧美砖厂，加强对高效低排、隔热保温建筑材料项目的研发、生产和推广。到2015年，实现节能环保产业产值100亿元。

在突出发展战略性新兴产业的同时，巩固饮料食品、轻印包装等产业，继续支持娃哈哈、金沙利彩印等企业发展。

◆第三节　产业布局

长沙经开区产业的发展，注重产业结构优化调整的方向，注重通过空间合理布局理顺区内生产分工与协作的地域关系，以降低生产成本，发挥集聚效益和规模效益，形成合理的人流、物流、资金流、信息流网络，减少贸易成本、运输成本与管理成本。通过合理的布局，带动相关产业的发展，由单一的产业链进而形成产业群体。

1992—2004年，重点建设以下产业园区：

电子信息产业园。以LG曙光、长海数码、维用长城、开元仪器、中芯数码、赛西传感器等企业为龙头，以显像管、新型显示器件及传感器件等主导产品为核心，大力发展应用软件、集成电路、数字视听设备、网络产品等相关电子信息产业，形成具有强劲、持续竞争优势的电子信息企业集群。园区规划面积5.5平方千米，按照集中布局，成片开发的原则，以标准地块（200米 ×300米）为单位划拨用地，建设标准厂房，建筑高度不超过30米，绿地比例不低于40%。2005年工业总产值达到110亿元。

先进机械制造产业园。机械制造业发展要从全球竞争视角提升产业竞争力，集中力量发展工程机械、汽车制造、摩托车等优势行业，推进规模经济发展，改变行业分散、集中度低的状况。打造以三一重工、山河智能为龙头的工程机械“航母”。园区规划面积7平方千米，按照集中布局、紧凑发展的原则，以标准地块（200米 ×400米）为单位建设标准厂房，建筑物高度不超过50米，绿地比例不低于40%，2005年工业总产值达140亿元。

新材料产业园。新材料产业园以力元新材料、瑞翔新材料及华天铝业为基础，大力推进新材料工业信息化建设，推广应用计算机集成制造系统（CIMS）、计算机辅助制造技术（CAM）和集散控制系统（DCS），不断提高生产自动化水平，增强新产品开发能力。力争“十五”期末建成全国第一个镍氢动力电池材料生产基地。同时积极引进内外墙装饰材料、塑料门窗及塑料管材管件等新型建筑材料、生物芯片材料和生物材料等新材料产业。园区规划面积3平方千米，以标准地块（200米 ×300米）为单位划拨用地，建设标准厂房，建筑高度不超过30米，绿地比例不低于40%，2005年工业总产值达20亿元。

生物工程产业园。以亚华种业、福来格、中粮可口可乐、娃哈哈为主的生物制药、食品饮料加工行业为龙头，大力发展绿色食品加工业，抓好方便、风味、营养保健的食品系列化生产，重点开发天然、营养、有益健康的饮料新品种，尤其是具有湖南地方风味的果蔬汁及果蔬汁饮料。园区规划面积3平方千米，园区道路采取方格棋盘式，2005年工业总产值达20亿元。

现代物流产业园（含其他服务业）。现代物流产业园以辅助其他园区经济活动为宗旨，整合物流供应链，提供需求预测、原材料获得、零部件支持和物料管理、厂址选择、库存管理、运输、配送、包装、订货处理等各种服务，发展电子物流、全球物流、绿色物流，建成一个辐射周边省、市，联系国际物流节点的加工辐射型和转口贸易型的现代物流产业园。园区规划面积1.5平方千米，前期占地0.20平方千米，总建筑面积15公顷以上，园内安排仓储业务区、后勤配送业务区、商务中心、展示大厅、物流指挥中心、接待宣传中心、停车场七大功能区。前期以道路先行，安排仓储用地和配送用地，继而逐步完善其服务功能。2005年总产值达50亿元。

出口产品加工园。以生产或组合科技产品为主，以出口加工为导向，大力发展污染小、市场潜力大、产品关联大、附加值高、技术含量高的“一小二大两高”行业。“十五”期间，充分发挥长沙经开区优越的区位优势，吸引海内外资金和技术，招揽海内外人才，大力发展高科技产品组装加工业。园区规划面积1平方千米，建好标准厂房，制订优惠政策，企业可免税或减税进口加工制造所需要的设备、原料辅件、元件、半成品和零配件，生产的产品可免税或减税全部出口。积极引进外资（包括中外合资、合作和外商独资），研制在国际市场上有竞争能力的工业产品，继而发展相应的对外贸易业。2005年工业总产值达2亿元。

2005—2012年，长沙经开区产业的发展，紧紧围绕“调结构，转方式”推动产业升级，着力打造产业聚集新高地。重点发展先进制造、汽车及零部件两大主导产业，积极扶持战略性新兴产业发展。增强产业配套能力，延长产业链，优化产业结构，推进先进机械制造、电子信息、创业服务园等产业园区建设，打造世界工程机械之都和中国汽车产业新版块。

产业发展空间布局。长永高速公路以南，远大路以北，天华路以东，东二路以西为电子信息、生物工程、食品饮料、新材料等战略性新兴工业区；星沙大道以西为物流信息、金融、生产性服务业、投资咨询公司、休闲服务业等为主的高附加值现代服务区；长株高速以东，开元东路以北10平方千米为工程机械产业园；西起长株高速，东至高铁航空城，南起黄江公路，北至规划中的长浏铁路的近100平方千米为汽车及零部件产业走廊。产业布局以外向型、集约型发展战略为主，逐步改变粗放型的增长方式。对不符合产业发展布局导向的企业采取“腾笼换鸟”，逐步实现布局合理、集约式发展。

重点建设产业园区。先进机械制造产业园。三一集团、山河智能、中联工起、铁建重工等一批工程机械企业先后落户园区，并迅速发展壮大，先后建设了中联浦沅配套园、山河智能第二、第三产业园、山河智能工业城；2010年被工信部确定为“国家新型工业化产业示范基地”。2012年全区工程机械产业实现产值987.60亿元，同比增长50.60%。工程机械产值占全省的3/5，占全国同行业市场总量的23%，占全球市场份额7.20%。三一集团、中联工起、山河智能三家龙头企业的市值超过全国工程机械上市公司市值的2/3。

园区内拥有汽车及零部件企业100余家，其中包括广汽三菱、北汽福田、众泰汽车、广汽菲亚特、住友橡胶、博世汽车、广汽零部件企业等多家知名汽车及零部件生产厂商，建设广汽菲亚特配套园、湖南新动力配套产业园、北汽福田配套产业园，拉伸产业链，提高配套率。提高汽车制造产业集聚能力，打造国内汽车产业新版块。

电子信息产业园。长沙星沙电子信息产业园规划面积2平方千米，2008年被湖南省信息产业厅授予省级信息产业园称号。园区电子信息产业主要包括两部分。第一部分是以LG曙光、湖南HEG、维胜科技、长城信息等为代表的电子元器件企业；第二部分是以湖南中大创远、长沙一派数控为代表的嵌入式软件企业。2009年，LG曙光、湖南HEG破产，园区电子信息产业步入低谷。2011年，随着蓝思科技入驻、长城信息和纽曼科技等企业的不断成长，园区电子信息产业重振雄风，为打造第3个千亿元产业集群打下坚实基础。

创业服务园。长沙经开区给初创科技企业提供综合服务，建设了一系列孵化园。

2003年1月，湖南和达投资集团有限公司投资兴建和祥科技园。该园区占地6.53公顷，已开发面积5.33公顷，完成投资7452万元，建筑面积6公顷。

2006年12月，国顺科技园占地4.80公顷，已建成标准厂房2.20公顷，公寓楼4187.50平方米，园区内给水、排水、电力、绿化等配套设施基本完善。已建成的国顺综合大楼，总建筑面积1.88公顷，集超市、网吧、写字楼、酒店等多功能用途于一体。

国阳科技园占地面积4公顷，园区按孵化生产区、中小企业公共服务区、生活配套区三大功能规划建设。

蓝色机械配套产业园占地面积11.67公顷，规划建设面积13公顷，由长沙蓝色置业有限公司投资4亿元开发建设。项目建成后，将形成5公顷单层钢结构后厂房和8公顷公寓、办公楼等配套服务区。2012年，完成一期2.70公顷厂房建设。

中部智谷占地面积4.53公顷，由湖南皇越投资有限公司投资15亿元全资开发。项目建成后将为入驻企业提供约36公顷的标准厂房、孵化办公楼、生活配套设施。一期开发生产区、生活区、研发区，2011年11月动工建设。

第二章 产业状况

◆第一节 产业发展

1993—2000 年，长沙经开区先后引进 100 余家中外企业，其中固定资产投资超过 1000 万元的有 37 家，总投资超过 1000 万美元的外资企业有 10 家。企业由弱到强，由小到大，产业结构由分散到集中，由一般企业向高新技术产业发展。至 2002 年，已形成以三一重工、长丰（猎豹汽车）集团为主体的先进制造技术产业，以 LG 曙光、长海数码、维用长城为主体的电子信息技术产业，以力元新材料、华天铝业为主体的新材料产业，以长沙娃哈哈、中粮可口可乐为主体的食品饮料产业，以金沙利彩印、金和包装等为主体的印刷包装产业，以金农生物、亚华种业为主体的生物工程产业六大产业。这六大产业的产值分别占全区工业总产值的 29%、52.34%、4.61%、4.19%、7.67% 和 0.85%。2002 年，全区实现工业总产值 85.26 亿元，上述六大产业的产值占 98.67%。

2003 年，长沙经开区管委会适时作出以高新技术为引导，以制造加工业为重点，以新材料生物工程为补充，以现代物流为配套，以骨干企业为主体，集聚一批同类企业和相关配套产业，拉长产业链，做优、做大、做实主导产业群的决策。

随着园区软硬投资环境的不断改善，知名度、诚信度迅速提升。中联工起、远大空调、广汽菲亚特、北汽福田、众泰江南、博世汽车、中铁轨道、住友橡胶等一批知名企业先后落户园区，新引进项目的竣工投产，并迅速发展壮大，产业向着几个主要方面聚集，主导产业的发展态势更趋明朗。截至 2012 年，基本形成以工程机械、汽车及零部件为主导，以电子信息、新材料、食品饮料、轻印包装为补充的产业发展格局。在此基础上，产业的内部结构逐步优化，高新产品逐年增加，并带动相关产业和其他产业的发展。主要经济指标持续保持30% 以上的增长速度。工程机械进一步聚集，汽车及零部件产业持续发展，初步建立了横向成群、纵向成链的产业集群比较优势。2012 年，全区实现工业总产值 1315.20 亿元，上缴各类税收 82.50 亿元。产业结构为工程机械占产业比重的 75.10%、汽车制造 8.58%、新材料 2.11%、食品饮料 2%、电子电器 8.27%、其他 3.94%。

◆第二节　产业结构

1992—1996 年，长沙经开区创建初期引进项目比较零散，产业结构没有形成。

1997—2000 年，相继引进了 100 余家中外企业，初步形成以三一重工为主体的先进制造、以 LG 曙光为主体的电子信息、以湘江关西为主体的新材料、以金沙利彩印为主体的印刷包装、以亚华种业为主体的生物工程和以长沙娃哈哈为主体的食品饮料等 6 大主导产业。2000 年，实现工业总产值 36.80 亿元，实现税收 2.58 亿元。

2001—2004 年，围绕“产业优先、规模做大、实力做强”的目标，以高新技术为引导，以制造加工业为重点，以新材料生物工程为补充，以现代物流为配套，以骨干企业为主体，聚集一批同类企业和相关配套产业，拉长产业链。2004 年，实现工业总产值 210.10 亿元，实现税收 11.46 亿元。

2005—2012 年，围绕工程机械、汽车制造、电子信息等主导产业，引进科技含量高，带动能力强的重大项目、战略投资者。坚持以“调结构，转方式”为主线，集中力量打造中国力量之都，建设中国汽车产业新版块，面对主导产业优势突出的现状，提出“拉长产业链，培育新兴产业，促进产业集聚的思路”。园区内工程机械、汽车制造两大主导产业及电子信息、新材料、食品饮料、轻印包装等优势产业已形成，初步形成横向成群、纵向成链的产业集群。

◆第三节　经济成分

长沙经开区建区后，入区企业逐步增加，产业不断壮大。截至 2002 年，园区共有规模以上工业企业 59 个，其中民营企业 25 个，外商合资企业 16 个，外商独资企业 11 个，内资股份制企业 4 个，国有企业 3 个，分别占 42.37%、27.12%、18.64%、6.78%、5.08%。全区完成工业产值 85.26 亿元，其中民营企业 6.06 亿元；外商合资企业 58.62 亿元，外商独资企业 9390.90 万元，内资股份制企业 19.38 亿元，国有企业 2690.98 万元，分别占 7.11%、68.75%、1.10%、22.73% 和 0.32%。全区实现税收 5.79 亿元，其中民营企业 2784.77 万元，外商合资企业 3.47 亿元；外商独资企业 561.64 万元，内资股份制企业 1.98 亿元，国有企业 140.12 万元，分别占 4.81%、59.85%、0.97%、34.13%、0.24%。全区出口创汇额 1.25 亿美元，其中民营企业 167.60 万美元，外商合资企业 1.09 亿元，外商独资企业 108.60 万美元，内资股份制企业 1345.60 万美元，分别占 1.34%、87%、0.87%、10.78%。

2005 年，长沙经开区拥有外商及港澳台投资的规模以上独立核算工业企业 42 家，占全部规模以上工业企业的 50.60%；是年完成工业总产值 120.20 亿元，实现利润 7.70 亿元，上缴税金 5.60 亿元。国有控股规模以上工业企业 23 家，占全部规模以上工业企业的 27.70%；是年完成工业总产值 63.90 亿元，实现利润 1.10 亿元，上缴税金 1.3 亿元。规模以上工业企业中民营企业仅 18 家，占全部规模以上工业企业的 21.70%；是年完成工业总产值 48.90 亿元，实现利润 3.20 亿元，上缴税金 3.10 亿元。

2012 年，入区规模以上工业企业中，外商及港澳台投资企业 38 家，占全部规模以上工业企业的 34.86%，其中外商投资企业 26 家，港澳台投资企业 12 家。外资企业完成工业总产值 164.45 亿元，同比增长 24.40%；实现产品销售收入 180.21 亿元，同比增长 29.64%；出口 5.33 亿美元，同比增长 128.88%；实现利润 1.32 亿元，同比下降 86.06%；上缴税金 6.06 亿元，同比下降 29.04%。以北汽福田、铁建重工为首的国有控股企业共 16 家，全年完成工业总产值 171.83 亿元，同比下降 8.15%；实现产品销售收入 179.93 亿元，同比下降 7.17%；出口 2.91 亿美元，同比下降 27.79%；实现利润 13.32 亿元，同比下降 28.21%；上缴税金 8.38 亿元，同比下降 19.81%。民营企业 55 家，占全部规模以上工业企业的 50.46%。全年完成工业总产值 974.79 亿元，同比增长 4.90%；实现产品销售收入 956.22 亿元，同比增长 5.11%；出口 6.72 亿美元，同比增长 14.52%；实现利润 91.27 亿元，同比下降 20.43%；上缴税金 40.94 亿元，同比增长 20%。

◆第四节　骨干企业

1993 年，麦克潘特、光南摩托等企业入驻长沙经开区，工业产值从 1994 年起实现零的突破，至 2002 年工业产值过亿元的骨干企业有 LG 曙光、三一重工、光南摩托、金沙利彩印、长沙娃哈哈公司、长海数码、华天铝业、力元新材料、长丰集团、维用长城、山河智能、裳海迪瑞特共 12 家，产值共计 77.87 亿元，占区内工业总产值的 91.93%。其中 LG 曙光 37.70 亿元，三一重工 16.86 亿元，长丰集团 4.79 亿元，金沙利彩印 4.46 亿元，长海数码 3.93 亿元。2002 年，区内实现工商税收 5.79 亿元，12 家过亿元企业实现工商税收 5.31 亿元，占全区工商税收的 91.73%，其中 LG 曙光 2.07 亿元，三一重工 1.81 亿元，金沙利彩印 5606 万元，长丰集团 2208 万元。

2012 年，长沙经开区的工业企业达到 482 家，其中规模以上企业有 109 家，上市公司 20 家，世界 500 强企业 27 家，高新技术企业 83 家，累计投入基础建设资金 129.06 亿元，完成规模工业总产值 6304.48 亿元，完成工商税收 353.86 亿元，形成固定资产投资 630.20 亿元。工业总产值过亿元企业 51 家，其中 800 亿元以上的企业 1 家（三一集团）；100 亿元以上的企业 1 家（中联工起）；10 亿 ~ 50 亿元的企业 12 家（博世汽车、北汽福田、远大空调、山河智能、蓝思科技、广汽菲亚特、铁建重工、广汽长丰、恒天九五、湘江关西、长沙娃哈哈、湖南中粮可口可乐）；5 亿 ~ 10 亿元的企业 3 家（长城信息、瑞翔新材料、金沙利彩印）；1 亿 ~ 5 亿元的企业 34 家（长沙百事可乐、国雄饲料、丽奥科技、纽曼数码、京广线缆、盼盼安全门、力元新材料等）。

附录：

表 6-2　　2012 年长沙经开区工业总产值过亿元工业企业汇总表

800 亿元以上：1 家	三一集团有限公司
100 亿元以上：1 家	中联重科工程起重机分公司
10 亿 ~ 50 亿元：12 家	
博世汽车部件（长沙）有限公司	北汽福田汽车股份有限公司长沙汽车厂

续表 6-2

远大空调有限公司	山河智能装备股份有限公司
蓝思科技（长沙）有限公司	广汽菲亚特汽车有限公司
中国铁建重工集团有限公司	广汽长丰汽车股份有限公司
恒天九五重工有限公司	湖南湘江关西涂料有限公司
娃哈哈（长沙）公司	湖南中粮可口可乐饮料有限公司

5 亿～ 10 亿元：3 家	
湖南长城信息金融设备有限责任公司	湖南瑞翔新材料股份有限公司
湖南金沙利彩色印刷有限公司	

1 亿～ 5 亿元：34 家	
长沙百事可乐饮料有限公司	长沙国雄饲料有限公司
长沙经开区丽奥科技有限公司	湖南纽曼数码科技有限公司
京广线缆集团有限公司	长沙盼盼安全门制造有限公司
长沙力元新材料有限责任公司	长沙镁镁科技有限公司
湖南千山制药机械股份有限公司	长沙开元仪器股份有限公司
长沙星沙新奥燃气有限公司	湖南维胜科技电路板有限公司
湖南通宝电缆有限公司	湖南中大创远数控装备有限公司
长沙宝钢钢材加工配送有限公司	湖南云箭科技有限公司
凯天环保科技股份有限公司	湖南永安镭射科技有限公司
湖南和昌机械制造有限公司	湖南戴维克珠宝首饰有限公司
湖南维胜科技有限公司	长沙熙迈机械制造有限公司
长沙星沙包装有限公司	长沙中富容器有限公司
长沙赛尔机泵有限公司	湖南鹤祥包装有限公司
住友橡胶（湖南）有限公司	长沙威重化工机械有限公司
长沙中富瓶胚有限公司	长沙胜通汽配科技发展有限公司
湖南浩润科技有限公司	湖南凯杰科技有限责任公司
湖南先伟实业有限公司	湖南星邦重工有限公司

◆第五节　企业选介

三一集团有限公司　三一集团有限公司（简称“三一集团”）始创于1989年6月，前身为湖南省涟源市焊接材料厂。秉承“创建一流企业、造就一流人才、做出一流贡献”的宗旨，长期致力于为全球的基础设施建设和新能源开发提供高品质的成套设备，已成长为中国最大的民营工程机械企业，拥有员工6万余人。

三一集团拥有两家上市公司，核心子公司三一重工规模位居全球第六、中国第一，企业盈利能力居同行业之首，是中国首家市值进入世界500强的工程机械上市公司。另一家上市公司三一重装国际，主要从事煤炭机械业务。集团还拥有港口机械、海工装备、风电装备、精密机床、发动机等其他产业。在混凝土机械、挖掘机械、履带起重机械、桩工机械、煤炭机械等领域均为中国第一品牌，其中混凝土机械是世界第一品牌。

从2006年开始，三一集团相继在印度、美国、德国、巴西、印尼等地投资建设了海外研发制造基地，在全球100余个国家和地区设有销售分支机构。并成功并购德国普茨，与奥地利帕尔菲戈成立合资公司，走国际化合作之路，进一步提升了公司产品在国外市场的占有率。2012年，三一集团实现产值825.74亿元。

中联重科工程起重机分公司　中联重科工程起重机分公司（简称“中联工起”）前身为湖南省浦沅集团有限公司，2003年与中联重科实施重组并购组建而成。拥有员工5000余人，每年生产销售规模近200亿元。

中联工起是中国最早兼具上车、底盘综合开发制造能力的厂家，是中国第一家引进消化欧洲全路面起重机技术产品的企业，同时还是多项中国最大吨位汽车起重机、履带式起重机的首创地。公司建有开放式的技术研发平台，与国内及世界多家一流的工程机械专业研究机构和院校建有稳固、良好的科研合作，是中国大吨位移动起重机的领军者之一。2009年，公司自主研发的高性能超大吨位1000吨履带式起重机和350吨全地面起重机产品，彰显了中联工起在大吨位起重机方面的研发实力；2011年5月，国内最大吨位QUY3200履带式起重机下线。2011年7月，QAY500全地面起重机交付使用，标志着中国在超大型履带起重机和全地面起重机自主研发领域已走在国际前列。

中联工起率先建设“四位一体”的渠道营销模式，积极倡导并致力于产品全生命周期服务，树立并创新行业新的服务标准，持续提升、丰富客户价值。以全球化视野开拓市场，2005 年，产品批量销售西欧。2007 年，履带式起重机成功销往美国，迈出向世界工程机械顶级市场挺进的坚实步伐。2008 年，600 吨履带吊出口，开创中国超大吨位产品出口的新纪元。

山河智能装备集团　山河智能装备集团(简称“山河智能”)始创于 1999 年，以上市公司湖南山河智能机械股份有限公司（证券简称：山河智能；证券代码：002097）为核心企业，以长沙为总部，分别在长沙、无锡、安徽、天津、欧洲建立了多家子公司。逐步形成了一个以工程机械为主业、拥有自主知识产权、在国内外具有一定影响力的现代化国际性企业集团。

山河智能依靠自主创新，引领市场，凭借良好的技术实力和现代化管理迅速崛起。集团总资产近 40 亿元，拥有员工 3000 余人，大专以上学历者占 52%，其中博士后、博士、硕士学历者 100 余人，各类、各层次技术人员 400 余人。

山河智能已在大型桩工机械、小型工程机械、全系列挖掘机、现代凿岩设备、工业车辆、煤矿装备、起重机械、路面机械、环卫机械，液压元器件、军事工程机械、通用航空设备等 10 余个领域，成功开发生产出上百个规格型号，具有自主知识产权的高性能、高品质工程机械产品。集团立足于自主创新，每年投入研发资金达到总销售收入的 7%，获得专利技术 150 余项，承担国家级项目 10 余项，其中“863”高科技计划项目 6 项，获得国家科技进步二等奖、国家发明奖等各种奖励数十项。山河智能作为国家高新技术企业的优秀代表，被授予“国家认定企业技术中心”“国家博士后科研工作站”“国家创新型试点企业”“国际科技合作基地”“国家‘863’成果产业化基地”“国家工程机械动员中心”“中国优秀民营科技企业”等称号。

山河智能坚持“装备制造领域世界价值的创造者”的使命和愿景，以为客户创造价值、为人类提高生活品位为目的，不断推出具有世界影响力的产品，跻身世界级先进制造企业行列。

2012 年，集团实现销售收入 19.38 亿元，利润总额 1362 万元。

中国铁建重工集团有限公司　中国铁建重工集团有限公司（简称“铁建重工”）前身为中铁轨道系统集团，是集高端轨道装备和重型机械装备研究、设计、制造、施工于一体的大型专业化集团，在湖南、四川、河北和甘肃等地建立多个制造基地，在长沙、北京、上海等地建立 11 个研究院，技术中心拥有专业研发人员 800 余人。

铁建重工是全球唯一同时具备盾构和矿山法隧道装备研制能力的专业企业，拥有国内生产能力大、设备全、工艺先进的盾构 /TBM 专业生产线，自主研制的具有完全自主知识产权的高端盾构 /TBM 广泛使用在城市地铁工程；自主研制的具有世界领先水平的矿山法隧道机械服务于中国高铁施工现场；拥有世界上先进的道岔、弹条扣件、闸瓦生产线，其产品广泛使用在京沪、武广、沪杭等高速铁路，同时，还出口到美国和加拿大等北美国家。

恒天九五重工有限公司 恒天九五重工有限公司（简称“恒天九五”）成立于 2007 年 2 月，是中国恒天集团有限公司和恒天重工股份有限公司的绝对控股子公司，湖南工程机械和纺织机械领域的战略性发展平台和重组平台，是国家重点支持的以研发、生产、销售工程机械、新型纺织机械和新材料装备为主业的高新技术企业，主要经营挖掘机、液压静力压桩机、长螺旋钻机、旋挖钻机、水平定向钻机、电旋挖机等工程机械和拉幅定形机、染色机、络筒机、涤纶短纤维生产线等纺织机械。

恒天九五是国家“高新技术企业”“湖南省推进新型工业化‘双百’工程项目企业”，湖南省“重点建设项目”企业，湖南省“小巨人”企业，长沙市“小巨人”企业和 100 户“成长之星”企业，拥有 9 家子公司、5 个事业部，11 个生产基地、1 个国家级技术中心、3 个省级技术中心、1 个省级工程中心，申请专利 306 项（178 项已获授权）。先后承担国家级、省级科研项目 20 余项，多次获得政府知识产权方面的奖励，多项科技创新成果居国内领先，多项产品获国家标准化委员会颁发的《采用国际标准产品标志证书》，先后主持和参与制定纺织机械产品国家标准 10 余项。恒天九五研发能力、生产能力和高成长性，在湖南省工程机械领域名列前茅，部分纺织机械产品在全国乃至亚洲名列前茅。

博世汽车部件（长沙）有限公司 博世汽车部件（长沙）有限公司（简称“博世汽车”）2004 年 11 月由德国博世集团独资注册成立，公司占地面积 22.80 公顷，拥有员工 3500 人。

汽车电子驱动和起动机 / 发电机是该公司主要业务领域，主要产品包括汽车稳定系统和刹车防抱死系统用的马达、发电机冷却风扇、举窗电机、座椅电机、蒸发风机、雨刮电机、雨刮系统、雨刮片、起动 / 停止系统、起动机和发电机等。着重于为中国汽车市场研发、生产和提供有竞争力的产品。

博世汽车自 2005 年 1 月投产以来，销售收入以年均增长 30% 以上的速度快速发展。

2012年实现产值33.90亿元，销售收入42.80亿元，税收4.90亿元。

北汽福田汽车（长沙）汽车厂 北汽福田汽车股份有限公司（简称“福田汽车”）成立于1996年8月，是一家跨地区、跨行业、跨所有制的国有控股上市公司。总部位于北京，在京、湘、津、鲁、冀、鄂、辽、粤、新等省份拥有整车和零部件事业部。2010年，福田汽车品牌价值388.72亿元，商用车领域排名第一。北汽福田汽车（长沙）汽车制造厂成立于1999年5月7日，是福田汽车设在南方最重要的战略基地。2011年，福田汽车在商用车整体市场处于低迷的形势下，实现产销汽车7.50万辆，产值46亿元。

企业在自身发展的同时，积极响应省、市政府关于发展汽车产业集群、加速推进新型工业化的号召，充分发挥主机厂的龙头作用，带动了湖南省汽车产业链的快速发展，2011年属地配套采购额超过30亿元，产业链上有超过4万名产业工人，产业链纳税超过4亿元。

广汽菲亚特汽车有限公司 广汽菲亚特汽车有限公司（简称“广汽菲亚特”）设立于2010年3月，由广州汽车集团股份有限公司和菲亚特集团汽车股份公司以50 ∶ 50的股比共同投资成立。首期总投资50.32亿元，注册资本为18亿元。

广汽菲亚特主要业务包括乘用车产品的整车、发动机、零部件的研究开发、生产制造、销售及售后服务等。工厂规划和布局先进，一期已形成年产14万辆整车的生产能力；二期计划形成年产25万～30万辆整车的规模，建成集乘用车、发动机生产等业务于一体的具备全球领先水平的汽车生产基地。

为响应政府关于发展节油低能耗产品的要求，广汽菲亚特生产的车型采用最新的发动机和变速箱技术。推出的首款车型Viaggio菲翔为全新设计的中级轿车，配备包括世界先进水平的1.40升涡轮增压发动机和干式双离合器变速器（DCT），整车产品性能指标为国际同类车型产品的最先进水平，可达到欧5排放标准。该款车型造型时尚、技术先进、性能优越。

广汽菲亚特2012年6月投产，是年完成产销分别为13505辆、11288辆，实现工业总产值14.60亿元，工业销售产值12.20亿元。

长丰集团有限责任公司 长丰集团有限责任公司（简称“长丰集团”）始建于1950年6月，前身是中国人民解放军第7319工厂，1996年10月改制成国有独资公司，2001年9月移交湖南省管理，2004年7月集团总部从永州搬迁到长沙经开区。

长丰集团连续多年荣获“中国企业500强”“中国企业纳税500强”“全国文明单位”“全国先进基层党组织”“全国五一劳动奖状”“湖南省推进新型工业化先进单位”等荣誉，打造的“猎豹”自主品牌汽车是中国驰名商标。党和国家领导人江泽民、胡锦涛、习近平先后乘坐过“猎豹”品牌检阅车检阅军队。2001—2012年，长丰集团基本完成与广汽集团的合作，企业营业收入从1.80亿元增长到70亿元，年利税从1.60亿元增长到12亿元，累计上缴税金87亿元，国有资产净值从2.30亿元增加到21.32亿元。

“十二五”期间，长丰集团确定“两年打基础，三年见成效，五年大跨越”的发展战略，努力实现猎豹品牌的再次腾飞，力争2013—2017年实现产销整车每年超过50%的增长速度，到2016年实现产销整车15万台，营业收入规模突破100亿元，提前一年实现“再造百亿新猎豹”的发展战略目标。

广汽三菱汽车有限公司 广汽三菱汽车有限公司（简称“广汽三菱”）是由广州汽车集团股份有限公司、三菱自动车工业株式会社、三菱商事株式会社三方合资经营的中外合资企业，合作年限30年，注册资本17亿元，其中广州汽车集团股份有限公司持有50%股权、三菱自动车工业株式会社持有33%股权、三菱商事株式会社持有17%股权。公司主要从事汽车及汽车零件的研究开发、生产、销售并提供相应的售后、咨询和技术服务等业务。2012年10月12日，广汽三菱在长沙经开区挂牌成立，首款新车新劲炫ASX同时下线。按照规划，公司从2012年开始，在3年内先后引进新劲炫、帕杰罗劲畅等全球战略车型，计划在投产后的5年内，达到30万台的生产能力。

住友橡胶（湖南）有限公司 住友橡胶（湖南）有限公司（简称“住友橡胶”）2010年9月落户长沙经开区星沙产业基地。一期投资3亿美元，占地40公顷，2011年7月投产。年产量1000万条轮胎，实现产值30亿元。

住友橡胶专注于提高自身的技术研发能力，生产管理能力及赢利能力。把保护环境作为企业发展的一个重要战略。通过改变轮胎配方，减少对石油类资源的使用，降低对环境的影响。本着“安全卫生优先于一切”的出发点致力于创建无灾害企业。

住友橡胶通过大连、天津、上海及广州4个销售公司普及到全国的代理商，竭诚为所有地区的客户提供产品和服务。不仅提供高品质的轮胎，还在各地配备了拥有轮胎知识技术的邓禄普专业人员，向着顾客满意度第一的目标奋进。

蓝思科技（长沙）有限公司 蓝思科技（长沙）有限公司（简称“蓝思科技”）

是2011年1月由蓝思科技股份有限公司与蓝思国际（香港）有限公司共同出资成立，拥有国际领先的触控玻璃面板生产技术和设备，专门从事触控玻璃面板制造和开发的高科技公司。注册资本6000万美元，投资总额1.8亿美元。

蓝思科技是全球第一家通过自主研发将功能玻璃面板应用到电子消费产品显示屏上的生产企业，主要生产0.60 ~ 0.80毫米厚、3 ~ 21英寸规格的智能手机和平板电脑功能玻璃面板。

蓝思科技已通过ISO9001质量管理体系、ISO14001环境管理体系和SR8000社会责任体系认证，拥有一个国际化的经营管理、工程研发团队，具备从模具设计、制作到设备研发、加工、组装及产品规模生产的能力，以适应电子信息产业快速发展对高端显示屏的市场需求，能为国际一流品牌的新产品研发提供有力的配套支撑，确保工艺、技术稳居国际领先地位。

湖南长城信息金融设备有限责任公司 湖南长城信息金融设备有限责任公司（简称“长城信息”）成立于2007年2月，占地面积18.33公顷，是长城信息产业股份有限公司下属的全资子公司，注册资本1.50亿元，拥有其传统业务与核心业务，专注于金融电子设备的研发、生产、销售和服务，是国内领先的金融行业信息技术应用整体解决方案提供商。

长城信息具备雄厚的技术实力，在金融电子领域掌握了包括针式打印头，自助处理模组在内的多项核心技术，是国内唯一拥有针式打印头自主知识产权的企业。同时，长城信息对外积极开展多层次、全方位的技术合作，与包括Microsoft、Intel等在内的众多知名企业和科研院校建立技术合作伙伴关系，是微软的金牌合作伙伴。在产品结构上，已形成自助终端、存折打印机、瘦客户机、移动终端、键卡类外设五大类数十款产品。作为全国工商、农业、建设、交通、中国各大银行和邮政储蓄，农村信用社等中小银行与商业银行的重要供应商，公司主流产品在全国行业市场均占用25% ~ 30%的份额，其核心产品自助设备的产品种类与销售规模处于行业龙头地位。

湖南纽曼数码科技有限公司 湖南纽曼数码科技有限公司（简称“纽曼数码”）创立于1996年，拥有员工3500余人，是一家集研发、制造、销售、服务为一体的高新技术企业。纽曼数码致力于建设全面的营销体系和服务网络，到2010年纽曼数码在全国设立有27家办事处，拥有核心代理商超过600家、专卖店800余家、专卖柜超过5000余个，销售渠道已经覆盖全国绝大部分地市级以上城市。旗下拥有其他18家全资或控股子公司，形成以纽曼数码为中心，多家分公司及子公司为组成部分的中型企业集团。

纽曼数码的研发及生产体系健全，拥有湖南、北京、深圳3大中心。凭借强大的研发力量及资源整合能力，拥有中国数码行业较为完整的产品体系。产品跨越通信专业及消费数码产品领域，涵盖MP3/MP4/MP5、GPS导航仪、手机、优盘、移动硬盘、电子书、数码相机/摄像机、汽车影音产品、数码相框、教育电子产品、录音笔、刻录光盘、耳机等20大系列产品。

2005年5月，纽曼数码对产品质量及企业管理水平进行了相关认证，通过ISO19001—2000及英国UKAS皇冠体系认证。2007年7月，纽曼数码通过ISO14000、环境管理体系认证、OHSAS18000职业健康安全管理体系认证。共提出百余项专利，申请国内注册商标125项，先后获得欧盟、美国等国家和地区的商标注册。

长沙镁镁科技有限公司　长沙镁镁科技有限公司（简称“镁镁科技”）成立于2006年3月，系台商独资企业，投资总额7000万美元，占地面积14.72公顷，总建筑面积8.80公顷，年产值逾20亿元。主要研发和生产邮电混合汽车电池，高性能管式电动叉车电池，新型胶体电池，高效环保、安全卷绕式电池及太阳能配套用的阀控式高容量免维护铅酸蓄电池、牵引用铅酸蓄电池等电源产品。公司建有完善的电池检测中心，通过大规模投资引进原子吸收光谱仪、高性能电池循环寿命测试等国际先进的检测设备，用于电池原物料的精密检测及电池寿命可靠度测试，并保持与母公司镁镁电池有限公司在电池检验与测试方面的经验技术交流，走发展高端产品的技术路线，

镁镁科技产品主要销往亚洲、北美洲、欧洲、南非、澳洲等全球各个区域，产品涉及世界各地的国计民生领域。

湖南维胜科技电路板有限公司　湖南维胜科技电路板有限公司（简称“维胜科技”），是新加坡MFS集团子公司。成立于1990年，专业生产高精密多层印制电路板（PCB），总投资额3980万美元。PCB产品主要应用到通讯、电源、计算机及外设、仪器仪表等领域，能满足不同客户、不同难度、各级档次之线路板需求。维胜科技先后通过美国UL认证（公司所有产品均已获得美国UL认证）、ISO9001质量体系认证、QS9000质量体系认证以及ISO14001环境体系认证和ISO/TS16949认证。

维胜科技产能已达到30万平方米/年，90%以上的产品远销美国、德国、瑞典、日本、澳大利亚等，客户包括全球知名的手机和其他便携电子产品制造

商，维胜科技连续5年被评为中国元器件行业百强企业。

万容科技股份有限公司 万容科技股份有限公司（简称“万容科技”）成立于2006年，以“科技、环境、资源”为核心理念，致力打造一条集环保处理设备研发制造、工业三废治理运营服务、废旧电器及报废汽车回收拆解、有色金属与稀贵金属资源加工于一体的“城市矿产”资源开发绿色产业链。

万容科技计划“十二五”期间，在全国投资建设电子废弃物拆解、报废汽车拆解、产业废弃物处置等项目，年回收钢铁100万吨，铜、铝、锡等有色金属20万吨，金、银、钯、铑、铂等稀贵金属2000吨，形成年产值100亿元的经营规模。

乐金飞利浦曙光电子有限公司 乐金飞利浦曙光电子有限公司（简称“LG曙光”）成立于1984年8月，是湖南省电子信息产业集团有限公司和曙光电子集团有限公司，韩国株式会社LG飞利浦电子、LG电子中国有限公司合资兴建的大型电子企业。主要生产彩色显像管和彩色显示管。

LG曙光总用地面积44公顷，总投资4.20亿美元，注册资本2.15亿美元。其中：中方出资45.94%，外方出资54.06%。1996年5月第一条生产线投产，至2004年，共有三条生产线投产，是年完成销售收入52.90亿元，实现税收2.24亿元，出口创汇2.44亿美元。

LG曙光产品相继通过国家CCEE和德国VDE、英国BSL、美国UL、加拿大CSA、日本JQA安全认证。1998年12月通过ISO9002质量体系认证，该公司是国家先进技术型企业、全国电子百强企业、湖南省最大的电子企业。

此后几年，由于电子信息产业内部结构问题，导致该产业出现滑坡，2009年，LG曙光破产。

湖南中粮可口可乐饮料有限公司 湖南中粮可口可乐饮料有限公司（简称“湖南中粮可口可乐”）于2001年6月注册成立。总投资额2000万美元，占地7公顷，注册资本800万美元；后续又追加生产和市场设备投资3.20亿元，已拥有4条现代化生产线，总生产能力为年产可口可乐系列饮料1.02亿标准箱，产品覆盖湖南、贵州、江西三省。

2008年，湖南中粮可口可乐以双A成绩通过质量系统第四阶段及环境与安全审核，2009年，以绿色通过审核职业健康与安全，以优异成绩通过食品安全管理体系ISO22000+PAS220认证审核。2011年又以优异成绩通过ISO14001、OHSAS18001的监督审核，以及可口可乐公司的E1+S1符合性审核。

湖南中粮可口可乐坚持产品本地化、物流本地化、人才本地化，从最初的100余人，发展到拥有员工2400余人，自建厂以来，累计上缴税金超过2.96亿，连续6年获评“湖南省纳税信用A级单位”；湖南中粮可口可乐注重在资源节约和环境友好方面的投入，2009年水耗指标降至2升水/升饮料以下，到2012年已连续4年获全国饮料行业“节水优秀企业”称号。

娃哈哈（长沙）公司 娃哈哈（长沙）公司（简称“长沙娃哈哈”）成立于1999年，主要生产含乳饮料、瓶装水、碳酸饮料、茶饮料、果汁饮料、罐头食品、医药保健品、休闲食品、婴儿奶粉九大类150余个品种，其中瓶装水、含乳饮料、八宝粥罐头多年来产销量一直位居全国第一。

长沙娃哈哈通过产品技术创新、营销创新，一直保持健康快速发展势头，已壮大成为一个占地17.33余公顷、厂房面积逾12公顷、拥有6个分公司、13条自动化生产线的大型食品、饮料生产基地，年产值达20亿元。连续多年获得“长沙工业十大突出贡献企业”“长沙市工业20强”“长沙市利税大户”等荣誉称号。

湖南湘江关西涂料有限公司 湖南湘江关西涂料有限公司（简称“湘江关西”）成立于1995年2月，由湖南湘江涂料集团有限公司与日本关西涂料株式会社以及日本朝阳贸易公司合资组建，专业从事汽车涂料的研发、生产和销售。

湘江关西总投资额1474万美元，从业人员526人，拥有两处涂料工厂，坐落在长沙经开区的新工厂占地面积6.67公顷，建筑面积3.60公顷，年生产能力8万吨。已成为国内最大的汽车OEM涂料生产厂家。

湘江关西主要生产合成树脂、无铅阴极电泳底漆、溶剂型中面漆、水性涂料、3C1B涂料等各类高性能涂料产品，拥有ISO 9001、QS 9000、TS 16949以及ISO 14001等相关质量体系认证。

湘江关西从1997年投产时3000吨的产量，到2012年产销量已达6万吨，销售额16亿元，成为国内最大的汽车OEM涂料生产厂家。连续5年雄踞国内汽车OEM涂料市场份额龙头，其中电泳产品市场占有率达30%，每年约40%的新车采用湘江关西的涂料产品。客户网络遍布全国，涵盖日系、欧美以及自主品牌在内的国内主要汽车厂商，为东风日产、广州本田、东风本田、广州丰田、东南汽车、长安福特马自达、上海大众、长安、SGMW、奇瑞、吉利、比亚迪、一汽、东风汽车等全国数十家大型汽车厂家近130条涂装生产线提供优质的产品和服务。

湖南瑞翔新材料股份有限公司 湖南瑞翔新材料股份有限公司（简称“瑞翔新材料”）成立于2001年5月，注册资本2.10亿元，是一家专门从事锂离子电池材料的研究、开发、生产和销售的高新技术企业。通过与韩国三星、美国3M等世界500强企业的战略合作，公司产品主要性能指标处于国际领先水平，并成为国内锂离子电池正极材料出口量最大的企业。

瑞翔新材料拥有国家发明专利6项，实用型发明专利1项，是湖南省首批70余家通过国家四部委按新标准联合评定的高新技术企业之一，是科技部科技支撑计划项目、“863”计划项目和国家发改委高技术产业化示范工程项目的承担者。2009年12月，获得国家发改委批复，与国家纳米材料研究中心等6家单位一起筹建“先进储能材料国家工程中心”。

经过11年的沉淀和积累，“瑞翔”“reshine”等商标成为行业内高品质锂离子电池正极材料的标志和著名品牌，享誉国内外市场。成为国内锂离子电池正级材料制造企业的领跑者，并将业务延伸到韩国、美国、日本等国家和中国香港、台湾等地区。

长沙力元新材料股份有限公司 长沙力元新材料股份有限公司（简称“力元新材料”）前身为长沙力元新材料有限公司，成立于1998年1月。2000年8月，整体变更为股份有限公司。主营业务为连续化带状泡沫镍及系列产品的研制、开发、生产、销售并提供相关技术咨询服务。1999年8月，该公司被湖南省科委认定为高新技术企业；享有自营进出口经营权；2000年7月，被科技部认定为“国家‘863’计划成果产业化基地”，2003年9月，公司股票（力元新材600478）成功上市。

力元新材料主导产品连续化带状泡沫镍系国家级重点新产品，被列入国家“863”重大攻关项目，产品的各项性能指标全面达到国际先进水平。自主开发的高强度超强结合力型泡沫镍被国家经贸委列入“2000年国家重点技术创新项目计划”，被国家计委列入“国家高技术产业化示范工程”。公司已通过ISO 9001国际质量体系认证和ISO 14001环境管理体系认证和OHSAS 18001职业健康安全管理体系认证。

远大科技集团有限公司 远大科技集团有限公司（简称“远大集团”）创立于1988年，总部设在长沙，产品覆盖70余个国家。现有员工3900人，公司注册资本5000万元，是一家以独创技术为理念、以保护生命为信条的企业，远大所有产品和服务，从本质上优化着人类生活和地球环境。

远大研制的主要产品有远大溴化锂吸收式空调主机、发电机尾气制冷机、远大空气净化机、直燃式非电空调、可持续建筑等。

远大集团1989年成功开发全球第一台浮球式压热水锅炉，至2012年，开发的新产品已创造33项全球第一的纪录。

湖南千山制药机械股份有限公司 湖南千山制药机械股份有限公司（简称“千山药机”）是严格按照现代企业制度组建的股份有限公司，主要从事制药机械、包装机械、食品饮料机械及药用包装材料的制造、销售及进出口业务。现有员工600余人。2011年5月，公司经证监会批准于创业板上市，股票代码300216。

千山药机是中国制药装备行业龙头企业，通过科技创新不断提升中国制药装备技术水平。承担国家火炬计划2项、国家“863”计划1项、国家重点新产品计划1项、财政部重大产业化专项1项、湖南省重大科技攻关项目3项，起草并制订行业标准3项，2012年，获国家科技进步二等奖1项，国家优秀新产品1项，省市县科技进步奖多项。公司已获授权专利870件，其中发明专利33项。

千山药机建立了专门的科技研发机构，聚集中国制药装备行业的技术精英和优秀专家。获批设立了博士后科研工作站，数项科研成果填补国内空白、达世界先进水平，实现了对进口注射剂成套装备的替代。“千山”品牌已成为中国制药机械行业的著名品牌，产品畅销全国各地，并出口东欧、东南亚、中东、非洲等十几个国家和地区。

第三章 经济效益

◆第一节　工业总产值

1993 年，德国麦克潘特（湖南）工具有限公司到长沙经开区投资建厂。

1994 年，已有 23 家中外大中型工业企业入区开建，其中开业投产的 3 家。

1995 年，德国麦克潘特（湖南）工具有限公司、湖南预应力钢丝总厂、三一集团、金沙利彩印等 8 家企业合计完成工业总产值 5.06 亿元。

2000 年，国务院批准长沙经开区为国家级经开区，长沙经开区步入快速发展时期，园区工业企业项目由比较零散到相对集中，由一般产业向高新技术产业发展。工业总产值快速增长，园区企业完成工业总产值 36.80 亿元，工业销售收入 46 亿元。初步形成先进制造、电子信息、新材料、印刷包装、生物工程和食品饮料 5 大主导产业。其中 LG 曙光、三一重工、光南摩托、金沙利彩印、长沙娃哈哈、长海数码 6 家企业产值过亿元。

2002 年，完成工业总产值 91.20 亿元。年产值过亿元企业 12 家，总产值共计 77.87 亿元，占区内工业总产值的 91.93%，其中，LG 曙光 37.70 亿元，三一重工 16.86 亿元，长丰集团 4.79 亿元，金沙利彩印 4.46 亿元，长海数码 3.93 亿元。区内经济密度达到了每平方千米 2.80 亿元，人均 GDP 7.98 万元，全员劳动生产率达 30.20 万元。

2012 年，完成工业总产值 1315.20 亿元。年产值过亿元企业 51 家，其中三一集团总产值突破 800 亿元，中联工起产值过 100 亿元。109 家入区规模以上工业企业完成工业总产值 1311.10 亿元。工程机械产业实现工业总产值 987.90 亿元，占工业总产值 75.11%；汽车制造及零部件产业实现工业总产值 113.40 亿元，占工业总产值 8.60%；电子信息产业实现工业总产值 56.30 亿元，占工业总产值4.28%。

截至2012年，长沙经开区园区企业累计完成工业总产值6304.48亿元。形成以工程机械、汽车及零部件为主导，电子信息、新材料、食品饮料、印刷包装为补充的产业发展格局。

◆第二节　固定资产投资

长沙经开区按照“规划先行，项目带动，扩城提质，梯次推进”的建设方针，狠抓基础设施建设，不断加大固定资产投资力度。

1992—1996年是星沙开发区的初创起步阶段，期间与国内外厂家客商签订投资项目268个，其中外资项目46个，内资项目222个，固定资产总投资规模超1000万元的有光南摩托、金沙利彩印、大众汽车、三一重工等11家企业。5年内共完成基本建设总投资32.40亿元，其中基础设施建设投入8.50亿元。

2002年，长沙经开区进入产业快速扩张阶段，完成固定资产投资16.37亿元。累计完成基本建设总投资67亿元，其中基础设施建设投资15亿元。

2012年，长沙经开区进一步实施招大引强战略，加大基础设施投入。全年完成社会固定资产投资111.10亿元，其中工业固定资产投资86.8亿元，技术改造投资87.20亿元。全年共立项项目86个，投资总额290.60亿元（包括上海大众长沙项目）。其中工业项目24个，投资总额240.99亿元（其中上海大众长沙项目预计投资120.8亿元）；基础设施项目20个，投资总额5.10亿元；服务业项目15个，投资总额3.10亿元；房地产项目14个，投资总额39.72亿元；其他项目3个，投资总额1.70亿元。投资总额中，固定资产投资159.10亿元，其中工业项目116.50亿元，基础设施项目4.60亿元，服务业项目2.80亿元，房地产项目33.80亿元，其他项目计划1.40亿元。

截至2012年，累计形成固定资产投资630.20亿元。累计投产企业949家，其中外资企业100家，合同外资金额32.81亿美元，实际到位外资20.95亿美元。累计完成市外境内实际到位资金211.43亿元。实现每平方千米经济密度64.80亿元，税收3.60亿元。

◆第三节　科技创新

长沙经开区坚持“以工业项目为主、吸收外资为主、出口为主，致力于发展高新技术”的方针，加快推进创新型园区建设，制定出台了《专利驱动创新发展鼓励办法》，举办全区示范园区建设动员、创新方法培训和知识产权管理贯标培训，培育了一大批国家级企业技术中心，国家创新示范企业、园区重点高新技术企业、省级工程技术研究中心等各类科研机构。截至2012年，园区实有高新技术企业79家，高新技术企业产值1181.81亿元，高新技术企业销售收入1168.52亿元，高新技术企业利润104.95亿元，高新技术企业税收51.55亿元。创造了中国名牌产品2件，中国驰名商标9件，湖南省名牌产品35件，湖南省著名商标33件，获得国家、省部级科技奖项58项。

表6–3　　　　长沙经开区中国名牌产品名录

企业名称	品牌	产品	评选年度
三一重工股份有限公司	三一	混凝土泵车系列	2006
远大空调有限公司	远大	溴化锂吸收式冷（热）水机组	2006

表6–4　　　　长沙经开区中国驰名商标名录

企业名称	商标名	评选年度
远大空调有限公司	远大	2005
三一重工股份有限公司	三一	2006
山河智能装备股份有限公司	山河智能及图形	2007
湖南长丰汽车制造股份有限公司	猎豹	2009
湖南千山制药机械股份有限公司	千山及图形	2011
长沙千禧木业有限公司	金典及图形	2011
长沙开元仪器有限公司	5E及图形	2011

续表 6-4

企业名称	商标名	评选年度
湖南纽曼数码科技有限公司	newsmy	2011
长沙胜通汽配科技发展有限公司	胜通及图形	2012

表 6-5　　长沙经开区湖南省名牌产品名录

企　业	产　品	评选年度
湖南长丰汽车沙发有限责任公司	汽车座椅	2004
长沙喜瑞来食品有限公司	速冻食品	2004
湖南华天铝业有限公司	铝塑复合板、铝合金天花板	2004
湖南长丰汽车制造股份有限公司	猎豹系列汽车	2004
山河智能股份有限公司	ZYJ80 ~ 1200 系列液压静力压桩机	2005
北汽福田汽车股份有限公司长沙汽车厂	长头、平头系列“时代”载货汽车	2005
湖南浦沅工程机械有限责任公司	QY8 ~ 100 汽车起重机	2006
湖南湘联科技有限公司	卷帘门窗系列	2006
湖南中大创远数控装备有限公司	全数控螺旋锥齿轮磨齿机	2006
长沙开元仪器有限公司	煤质分析仪	2006
长沙千禧木业有限公司	浸渍纸层压木质地板	2007
长城信息产业股份有限公司	TCR300/RECORD/TCR100 税控收款机	2007
湖南千山制药机械股份有限公司	大输液生产自动线	2008
长沙赛尔机泵有限公司	“全可控涡”三元叶轮离心压缩机（鼓风机）	2008
湖南长城信息金融设备有限公司	PR2E/PR3 型高级存折打印机	2008
	金融自助服务设备 /BST/PZ 系列	2009

续表 6-5

企　　业	产　　品	评选年度
湖南湘联科技有限公司	铝合金卷闸门窗系列	2009
长沙开元仪器有限公司	煤质分析仪	2009
湖南中大创远数控装备有限公司	高精度锥齿轮数字化加工成套装备 YK20100/YK22100	2009
新宇金属制品有限公司	智能化电脑密集架、木护书架	2009
三锦节能环保有限公司	大型节能减排隔污燃炉厨具机组	2009
湖南中大创远数控装备有限公司	高精度锥齿轮数字化加工成套装备 YK20100/YK22100	2009
湖南湘联科技有限公司	铝合金卷闸门窗系列	2009
湖南凯天环保科技股份有限公司	空气净化设备	2010
湖南长天九五机械有限公司	瓦楞纸板包装机 1.8M、2.2M 系列，小型多功能液压挖掘机 JV65-7、JV70-7	2010
长沙千禧木业有限公司	金典系列强化复合木地板	2010
广汽长丰汽车股份有限公司	猎豹牌系列车型汽车	2011
长沙电力设备有限公司	10KV 开关设备	2011
湖南长城信息金融设备有限责任公司	逸动终端 MT-B70/MT-C130	2011
湖南三锦节能环保科技有限公司	“三锦”多功能节能厨房设备	2012
湖南湘联科技有限公司	“湘联”建筑外窗、铝合金卷帘门窗系列	2012
京广线缆集团有限公司	“京广电缆 JINGGUANGDIANLAN”电线电缆	2012
长沙开元仪器股份有限公司	“5E”煤质分析仪 5E 系列	2012
湖南长城信息金融设备有限公司	“GW1”金融自助服务中断穿墙式、大堂式、壁挂式、台式、立式	2012
湖南新宇金属制品有限公司	“新宇”智能化电脑密集架、木护书架（XY 型）	2012

表 6-6　　长沙经开区湖南省著名商标名录

商标名	企业	产品	评选年度
三一	三一控股有限公司	压土机等机械	2002
山（图形）	湖南千山制药机械股份有限公司	制药机械	2004、2010
精城	湖南精城特种陶瓷有限公司	耐磨陶瓷衬板	2004、2010
5E	长沙开元仪器有限公司	测量分析器械和仪器	2004、2010
字母 + 图	湖南山河智能机械股份有限公司	打桩机等	2004
瑞翔	湖南瑞翔新材料有限公司	钴酸锂	2006、2009
图（力元）	长沙力元新材料股份有限公司	电池	2006
万容 + 图	湖南万容包装有限公司	纸和塑料杯	2006、2009
湘联	湖南湘联科技有限公司	门用铁制品、窗户金属器	2005、2008
金沙利	湖南金沙利彩色印刷有限公司	印刷业	2005、2008
图形 + 金典	长沙千禧木业有限公司	地板	2008
星沙 + 图形	湖南星沙物流有限公司	租车、停车场	2008
喜瑞来	长沙喜瑞来食品有限公司	速冻食品	2005、2008
猎豹	长丰集团有限责任公司	汽车	2001、2008
HTB	湖南华天铝业有限公司	金属建筑防墙板	2002、2008
sany 及图形	三一集团有限公司	压土机等机械	2005、2008
赛普尔 + 英文 + 图形	长沙赛普尔自动化工程设备有限公司	输送机、提升机、包装机	2009
中大创远	湖南中大创远数控装备有限公司	磨床、机床、精加工机器	2009
中意 + 图形	湖南华良电器实业有限公司	洗衣机	2009
三锦 + 图形	湖南三锦节能环保科技有限公司	热交换器（非机器部件）、炉子、燃气炉	2009

续表 6-6

商标名	企业	产品	评选年度
图形	长沙明城实业有限责任公司	住所、餐厅	2009
九五	湖南长天九五机械有限公司	7 类	2010
胜通 + 图形	长沙市胜通汽配科技发展有限公司	12 类	2010
开元仪器 + 字母	长沙开元仪器有限公司	9 类	2010
图形	湖南明和光电设备有限公司	11 类	2011
nep	湖南耐普泵业有限公司	7 类	2011
津之源 + 图	湖南津之源食品有限公司	30 类	2011、2012
京广电缆 + 拼音 + 图	京广线缆集团有限公司	9 类	2011
南方搏云 + 拼音 + 图	湖南南方搏云新材料有限责任公司	9 类	2011
万容 + 字母	湖南万容科技有限公司	7 类	2011
中岸生物 +SINOLAND	湖南中岸生物药业有限公司	生物制药：主要是禽畜疫苗	2012
一派	长沙一派数控机床有限公司	机器和机床	2012
长探 + 图	长沙探矿机械厂	探物钻机、岩心钻机、泥浆泵	2012

表 6-7　　长沙经开区获得国家、省部级科技奖项名录

年度	项目名称	项目单位	奖励级别、等级
2004	高性能液压静力压桩机的研制及其产业化	湖南山河智能机械股份有限公司	国家科技进步二等奖
	SY 系列混凝土泵车技术研究与开发应用	三一重工股份有限公司	省科技进步一等奖
	厚铜多层印刷电路板	维用—长城电路有限公司	省科技进步二等奖
	现场总线智能模糊控制系统及其在有色金属工业窑炉的应用	长沙业翔科技发展有限公司	省科技进步二等奖
2005	混凝土泵送关键技术研究开发与应用	三一重工股份有限公司	国家科技进步奖二等奖
	利用发电废热直接提供制冷、制热或卫生热水的技术	长沙远大空调有限公司	省科技进步一等奖
	高密度高电压平台锂离子电池正极材料钴酸锂的研发及产业化	湖南瑞翔新材料有限公司	省科技进步一等奖
	组合式物理气相沉积技术生产多孔金属的方法及设备	长沙力元新材料股份有限公司	省专利奖金奖
	静液压传动平地机	三一重工股份有限公司	省专利奖金奖
2006	全数控螺旋锥齿轮磨齿机系列化产品的研究与制造	湖南中大创远数控装备有限公司、中南大学	省科技进步一等奖
	一体化液压潜孔钻机	湖南山河智能机械股份有限公司	省科技进步一等奖
	三级配混凝土输送泵研制与应用	三一重工股份有限公司	省科技进步三等奖
	猎豹奇兵 CFA6473 车型	湖南长丰汽车制造股份有限公司	省科技进步三等奖
2007	高速灌装生产线智能检测分拣成套装备研制及其推广应用	湖南千山制药机械股份有限公司	国家科技进步奖二等奖
	5E 红外测氢仪	长沙开元仪器有限公司	省科技进步三等奖
2008	超高压混凝土输送泵 HBT90CH-2135D	三一重工股份有限公司	省优秀创新技术项目
	1900 美式长头工程车车身开发项目	长沙波隆机械制造有限公司	省优秀创新技术项目

续表 6-7

年度	项目名称	项目单位	奖励级别、等级
2008	BJ1033V3JB4-2 轻型载货汽车	北汽福田汽车股份有限公司长沙汽车厂	省优秀创新技术项目
	BJ3052DBPFA 工程自卸汽车	北汽福田汽车股份有限公司长沙汽车厂	省优秀创新技术项目
	SWE 系列多功能小型液压挖掘机	湖南山河智能机械股份有限公司	省优秀创新技术项目
	5E-HCY7500 便携式热值快灰仪	长沙开元仪器有限公司	省优秀创新技术项目
	欧式电动防护卷帘门、窗	湖南湘联科技有限公司	省优秀创新技术项目
	RSC45-5（M）集装箱正面吊运机	三一重工股份有限公司	省优秀创新技术项目
	平板显示玻璃抛光机系列	长沙永凯科技设备有限公司	省优秀创新技术项目
	茶叶功能成分提制新技术及产业化	湖南金农生物资源股份有限公司	国家科技进步奖二等奖
2009	废印制电路板环保处理及资源回收自动化生产线	湖南万容科技有限公司	信息产业重大技术发明
	工程机械动力节能技术研究与产业化	三一重工股份有限公司	省科技进步一等奖
	RSC45-5M 集装箱正面吊运机研究开发与应用	三一重工股份有限公司	中国机械工业科学技术二等奖
	废印制电路板的物理回收技术与设备	湖南万容科技有限公司	省科技进步三等奖
	高速铁路无石碴轨道施工关键设备与技术	三一重工股份有限公司	省科技进步一等奖
2010	Sm2000 路面铣刨机设备研究开发与应用	三一重工股份有限公司	省科技进步二等奖
	SM2000 路面铣刨机设备研究开发与应用	三一重工股份有限公司	中国机械工业科学奖二等奖
	废印制电路板环保处理及资源回收自动化生产线	湖南万容科技有限公司	环保部环境保护科学技术奖二等奖
	ECK1514A 数控活塞环内外圆仿形立式车床	长沙一派数控设备有限公司	中国机械工业科学奖三等奖
	混凝土输送泵的节能控制方法	三一重工股份有限公司	中国专利金奖

续表 6-7

年度	项目名称	项目单位	奖励级别、等级
2011	机电一体化挖掘机及控制方法	中南大学、湖南山河智能机械股份有限公司	中国专利优秀奖
	三一重工工程机械技术创新平台建设	三一重工股份有限公司	国家科技进步二等奖
	高性能旋挖钻机关键技术及产业化	湖南山河智能机械股份有限公司、中南大学	省科技进步一等奖
	三桥 46 米混凝土输送泵车	三一重工股份有限公司	省科技进步二等奖
	高速节能环保型瓦楞纸板生产线	恒天九五重工有限公司	省科技进步三等奖
	PH2400 24 针打印头	湖南长城信息金融设备有限责任公司	省科技进步三等奖
	整体厂房烟尘治理与环境控制综合技术研究及应用	湖南凯天环保科技股份有限公司	省科技进步三等奖
	用于抑制混凝土泵车臂架振动的方法及装置	三一重工股份有限公司	中国专利金奖
	三级配混凝土输送泵	三一重工股份有限公司	中国专利优秀奖
	废旧电冰箱无害化处理与资源高效回收生产线设备	湖南万容科技有限公司	中国专利优秀奖
	巷道掘进机	三一重型装备有限公司	中国外观设计金奖
	用于抑制混凝土泵车臂架振动的方法及装置	三一重工股份有限公司	省专利奖一等奖
	带双胶塞的大输液软袋、瓶包装用压合式组合盖	湖南千山制药机械股份有限公司	省专利奖二等奖
	大型节能、减排、隔污燃炉厨具机组	湖南三锦节能环保科技有限公司	省专利奖三等奖
	自锁式顶部静压打桩方法及设备	湖南恒天九五重工科技有限公司	省专利奖三等奖
2012	起重机动力单元及其控制方法	中联重科工程起重机分公司	中国专利金奖
	起重机外观	中联重科工程起重机分公司	中国外观专利金奖
	混凝土布料设备臂架复合运动控制系统、方法和电控系统	中联重科工程起重机分公司	中国专利优秀奖

续表 6–7

年度	项目名称	项目单位	奖励级别、等级
2012	混凝土泵车超长臂架技术及应用	三一重工股份有限公司	国家技术发明二等奖
	集装箱装卸成套设备关键技术研究及产业化	三一重工股份有限公司	省科技进步一等奖
	复合式土压平衡盾构设备研制及其应用	中国铁建重工集团有限公司	省科技进步一等奖
	汽车用新型铝、镁合金开发、先进挤压成型技术及应用	广汽长丰汽车股份有限公司	省科技进步一等奖
	绿色环保挤出成型发泡纸板关键技术	恒天九五重工有限公司	省科技进步三等奖

◆第四节　综合效益

长沙经开区坚持“工业立区、产业兴区、招商活区、科技强区、建设扩区、和谐安区”的发展思路，走出了一条高速度、高科技、高效益科学发展道路，经济效益和社会效益同步增长。

财政税收　1992—2003 年，长沙经开区财政收入和财政支出归属长沙县财政局管理。长沙经开区的土地收支和开发建设投入按湘府阅〔1997〕35 号文件的规定收取和安排。税收分成根据省委办公厅《关于设立湖南省星沙特别招商区的通知》（湘办发〔1993〕20 号）和湘府阅〔1997〕35 号文件精神，“前十年全额留给招商区用于开发建设，从第 11 年起，按招商区 30%、长沙县 70% 的比例分成”。

1992 年，长沙县财政税收总收入 1.35 亿元。2001 年，财政税收总收入增加到 5.86 亿元，年均增长 37.10%，其中长沙经开区的税收达到 2.38 亿元，占长沙县财政总收入的 40.56%。

2004 年 3 月，设立国家金库长沙经开区国库，长沙经开区财政局对国库资金能够统筹安排和调拨，并可根据事情的轻重缓急及时、合理地调度资金用于具体项目，提高了财政资金的使用效率。是年开始第一轮财政体制运行，本轮财政体制一定 6 年，区县重新确定了长沙经开区财政收入范围。2010 年 4 月，开始第二轮财政体制的实施，将区县财政分成的基建税收、房地产税收等都纳入了此轮财政体制，同时体制中增加了 3 个托管园区税收分成按照“谁投资谁受益”的原则分配。第二轮财政体制年限为 5 年。

2004—2012 年，随着国库的设立和园区经济快速发展，长沙经开区的可用财力平均以 40% 的速度增长，财政实力逐步增强。2004 年，财政总收入 10.85 亿元，长沙经开区财政可支配收入 6378 万元。2012 年，财政总收入达到 85.28 亿元，其中长沙经开区财政可支配收入 13.54 亿元。

1997 年，长沙经开区园区工业企业开始产生税收收入。随着入区企业的相继投产，税收实现了快速增长。2001 年，实现税收 3.58 亿元，8 家骨干企业实现税收 2.66 亿元，占 74.21%。其中三一重工 6895.50 万元，金沙利彩印 3917 万元，光南摩托 3761 万元，LG 曙光 3572 万元。2002 年，实现税收 5.79 亿元，比上年增长 61%。骨干企业实现的税收占全区税收的 91.73%。

2008 年 7 月和 12 月，长沙经开区国税局和地税局相继成立，园区企业税收的扶植和监管力度进一步加大，通过抓促产，积极培植税源，对有发展前途的行业和企业给予重点支持，税收收入快速增长。全年税收达到 26.80 亿元，其中工业合计 22.50 亿元，建筑房地产 4.03 亿元，其他 2647 万元。

2012 年，完成工商税收 85.28 亿元。其中，工业合计 58.75 亿元，建筑房地产 16.07 亿元，其他 10.45 亿元。截至 2012 年，累计完成工商税收 353.86 亿元。

引进使用内外资 长沙经开区将利用外资和引进项目作为工作重心，充分运用开发区各项优惠政策，围绕“诚、优、信、情、实”做文章，为投资者提供从投资立项到建成投产的全程服务。凭借得天独厚的区位优势，宽松优惠的招商政策，优良的社会环境和投资环境吸引了海内外各界人士的密切关注。

1993—1994 年，累计与国内外 120 余家单位和个人签订企业项目 128 个，其中外资项目 18 个，内资项目 110 个。协议资金 15 亿元，到位资金 2 亿元。至 2002 年，累计签订项目 357 个，投资总额 159 亿元，合同外资 6.20 亿美元，到位外资 5.05 亿美元。引进市外境内资金 56 亿元。

2012 年，合同外资金额 5.08 亿美元，实际到位外资 2.71 亿美元，完成市外境内到位资金 138 亿元。

截至 2012 年，合同外资金额 32.81 亿美元，实际使用外资金额 20.92 亿美元。累计完成市外境内实际到位资金 211.43 亿元。

第四章 主导产业

◆第一节　工程机械

1994年，三一集团在长沙经开区注册，此后又相继引进了一批机械制造企业，形成了以三一重工、山河智能等企业为龙头的工程机械产业，随着中联重科、铁建重工等企业的入驻，产业规模不断壮大，主要产品为混凝土输送泵、隧道岩石挖掘机、静力压桩机、汽车起重机等，以其国际领先的产品质量，在国内市场中名列前茅。工业总产值从2000年的8亿元，到2005年80亿元，再到2012年近千亿元，基本上达到5年左右总产值上升一个数量级；占工业总产值的比重也从2000年的22.10%上升到75.11%，占据了园区经济的大半江山。2012年，园区规模以上工业企业中，工程机械产业完成产值987.90亿元，占75.11%。山河智能装备集团生产制造基地项目的顺利投产，有效优化了产品布局，强化精益生产，全面提升产品竞争力。长沙经开区的工程机械产业的主导地位更加稳固，产业集聚效益更加明显，成为长沙工业高速发展的主要动力。

◆第二节　汽车制造及零部件

2001年11月，长沙长丰汽车有限责任公司注册成立。随着北汽福田、博世汽车部件、众泰汽车、广汽菲亚特、住友橡胶等汽车企业相继入驻，长沙经开区已拥有长沙市5大主机厂中的4家，其中汽车产出台量约占全市七成，广汽菲亚特的菲翔、广汽三菱的新劲炫等先后成为长沙工业的新亮点，并带动了其周边15千米范围内汽车产业迅猛发展，聚集配套企业100余家，形成从零部件到整车生产的完整产业链。2010年后，相继引进多家整车企业和关键零部件企业，广汽菲亚特项目总投资达50亿元，设计年生产能力30万辆，2012年6月28日新车下线以来，产品一直供不应求，为长沙经开区打造“中国汽车产业集群新版块”增添了强大的后劲。同时，广汽菲亚特还带动大批与之配套的中小项目。2012年汽车制造及零部件产业实现工业总产值113.4亿元，占园区规模工业总产值的8.60%。

◆第三节 电子信息

1992—2008年，长沙经开区电子信息产业快速发展，成为园区主导产业之一。以LG曙光、长海数码、湖南HEG、维用长城等为代表的29家电子信息产业，2004年共实现工业总产值65亿元，占全区工业总产值的32%。全区工业总产值过亿元的25家企业中，电子信息产业4家，占16%。如LG曙光，2004年实现工业产值52.90亿元，占全区工业总产值的25.5%；实现税收2.20亿元，占全区实际税收的19.8%。由于电子信息产业内部结构问题，导致电子信息产业出现滑坡，到2009年，LG曙光、湖南HEG等企业相继破产，电子信息产业进入低谷。2010年，随着长沙经开区调整产业结构系列政策的帮扶，电子信息产业逐步走出低谷，2011年底，蓝思科技长沙公司入驻长沙经开区，从租用、改造原LG曙光工厂到投产，仅用了6个月。2012年，园区共有电子信息企业35家，实现规模工业总产值56.30亿元，占园区年产值的4.28%，是省内电子信息产业重要生产园区。

◆第四节 新材料

1995年，湘江关西涂料入驻，瑞翔新材料兴起，奠定了长沙经开区新材料产业的基础。新材料产业是长沙经开区新培育的优势产业之一，保持着两位数以上的年增长速度。2012年，10家新材料企业实现规模工业总产值27.8亿元，占区内工业总产值的2.11%。新材料产业以先进储能材料为主，汇集了科力远、瑞翔新材料、镁镁电池等国内外知名企业。泡沫镍、锂离子电池材料等产品在全球均有较高的市场占有率。另外如湘江关西、科星纳米的高档颜料、高档涂料，天盛的双金属复合带锯条，南方搏云的碳/碳复合材料等产品也获得较高的行业信誉度。新材料产业的主要特点是企业创新能力强，该产业10家规模以上工业企业中 8 家为高新技术企业，形成两院院士领军的研发团队，拥有较强的产品研发能力。其中碳 / 碳刹车材料制备技术、电池材料制备技术等处于国内领先水平，多次获得国家和省级科学技术奖。

◆第五节　食品饮料

1999 年，长沙娃哈哈公司在长沙经开区注册，随着湖南中粮可口可乐饮料有限公司、长沙百事可乐饮料有限公司及湖南泰松肠衣有限公司等一批食品饮料公司相继入驻长沙经开区，饮料市场覆盖了整个中南地区。到 2011 年，长沙娃哈哈公司、湖南中粮可口可乐饮料有限公司年产值突破 10 亿元，长沙百事可乐饮料有限公司、恒枫食品有限公司年产值达到 5 亿元以上。2012 年，食品饮料产业实现工业总产值 28.30 亿元，占长沙经开区规模以上工业总产值的 2.15%。

第五章 托管园区

◆第一节　星沙产业基地

2006年3月，星沙产业基地的前身为星沙工业配套产业基地，2009年7月经长沙县委批准，并授权长沙经开区托管，冠名为“国家级长沙经开区星沙产业基地”。

星沙产业基地规划总面积为15.12平方千米，其中一期控制性详细规划面积为9.11平方千米。在整体规划区内，开元东路以南为工业用地，重点发展汽车零部件、工程机械、电子信息、新型材料、生物医药等产业。开元东路以北以经营性用地为主，重点发展总部经济、金融投资、教育培训、工业信息服务、现代物流、住宅、商贸服务、休闲娱乐等第三产业，为基地提供配套服务。

星沙产业基地依托长沙经开区的品牌、产业、资金和管理优势，加大公司化运作步伐和基础设施建设力度，强力推进土地报批、拆迁腾地、土地平整等工作。2012年实现工业总产值5.60亿元，完成到位内资5.86亿元，外资7000万美元。至2012年，累计引进企业39家，引进项目总投资超过200亿元。

◆第二节 榔梨产业基地

2001年12月，榔梨产业基地（原名“榔梨工业园”）成立，2009年7月，经长沙县委批准，更名为国家级长沙经开区榔梨产业基地。

榔梨产业基地地处长沙县榔梨镇，位于长沙市东郊浏阳河畔，在长沙市三环以内。实际规划控制面积12.76平方千米，已建成区3平方千米。

榔梨产业基地以汽车零部件生产和工程机械制造为主导产业，共有汽车配件企业76家，以北汽福田为龙头，本土的平头车身厂、波隆机械等企业与十几家国内大中型汽车制造企业形成了长期配套。工程机械制造企业主要为三一重工、中联重科和山河智能等企业配套。

2012年，榘梨产业基地完成工业总产值54.60亿元，其中规模以上工业企业总产值为42.50亿元，完成工业固定资产投资28.70亿元，实现招商引资到位资金8745万元，其中市外境内资金4000万元。

◆第三节　黄花产业基地

黄花产业基地原名黄花工业园，位于省会长沙市东郊，距长沙市区20千米、黄花国际机场1千米，长永高速、机场高速、株黄高速及国、省道等与区内主干道交织成网，交通优势十分明显。

黄花产业基地总体发展规划30平方千米，第一期规划3平方千米，中期规划8.59平方千米，已完成土地开发总面积3平方千米，是长沙市、长沙县城建设“东拓”战略的开发目标，是城市工业企业城区外围转移的重点。

2002年，黄花产业基地筹备运作并对外招商，2003年启动建设。至2012年，已有各类企业（项目）88个，其中新引进企业（项目）77个，形成了以印刷包装、汽车配件、机械加工和塑胶模具、精细加工与新型建材等为支柱的产业集群。其中“长沙印刷科技产业基地”已落户印刷企业25家，22家投产。

2012年，黄花产业基地实现工业总产值47亿元，上缴税收6207万元，完成固定资产投资9.20亿元，引进市外境内资金7.70亿元，完成到位外资100万美元。

第七篇 综合管理

Integrated Management

第一章 经济管理

◆第一节 财 政

管理体制 1992—2012年，国家先后进行了财政、税收管理体制改革，为适应新的改革形势，长沙经开区结合实际情况对财政、税收管理体制适时调整。

1992—2002年，长沙经开区的土地收支和开发建设投入按湘府阅〔1997〕35号文件的规定收取和安排。税收分成根据湘办发〔1993〕20号文件和湘府阅〔1997〕35号文件精神："前10年全额留给招商区用于开发发展。从第11年起，按招商区30%、长沙县70%的比例分成""长沙经开区入区工商企业的税收由长沙县税务部门负责征管"。1997年，长沙经开区的区内企业开始产生税收收入。由于税收全额缴纳到长沙县国库，长沙经开区的税收分成需要向长沙县财政申报。县财政根据预算收支情况，对长沙经开区的请款金额进行统筹安排和调拨。

2004年2月24日，长沙县人民政府印发《长沙县与长沙经开区财政管理体制方案》（长县政发〔2004〕14号），进一步推进长沙县、长沙经开区财政管理工作。文件明确县区财政管理体制的基本原则、机构设置和管理，以及区财政的管理责、权和长沙经开区国库的管理要求，特别对体制结算明确：以县区共同界定认可企业（每年认可1次）的增值税、所得税、营业税、印花税、城镇土地使用税等5个税种所产生的地方税收收入，长沙县按40%分成，长沙经开区按60%分成，即征即解。长沙经开区开发土地的出让收入、长沙经开区通过开发和经营土地所组织的其他收入、上级对长沙经开区的政策性拨款和补助等，按 100% 留归长沙经开区。由县区共同承担的项目支出和对区内企业的奖励和优惠政策，按权、责对等原则，县区分别予以安排。文件还明确，本体制一定 6 年不变。

财政体制运行期间进行了微调。2006 年，长沙经开区内建设项目产生的基建税收、房地产业产生的税收纳入区、县财政体制分成范围；2007 年，区内建设项目报建费纳入区、县分成范围；2008 年，区内房屋、土地交易产生的契税，以及由长沙经济技术开发有限公司缴纳的耕地占用税纳入区、县分成范围。

2009 年，财政体制年限到期。2010 年 4 月 8 日，长沙县人民政府《长沙县与长沙经开区财政管理体制方案》（长县政发〔2010〕13 号）明确：开始第二轮区、县财政体制的实施。第二轮财政体制在保留第一轮财政体制基本框架的前提下，将第一轮财政体制实施过程中才逐步确认参与区、县财政分成的基建税收、房地产业税收、契税等，都纳入第二轮财政体制，同时体制中增加了长沙经开区托管的 3 个工业园区（星沙产业基地、榔梨工业园和黄花工业园）税收分成按照“谁投资、谁受益”的原则分配，以及长沙经开区引进重大战略合作项目报经长沙县财经领导小组，可采用一事一议办法研究等内容。第二轮财政体制期限为 5 年。

2010 年，根据《中共湖南省委、湖南省人民政府关于完善财政体制推行“省直管县”改革的通知》（湘发〔2010〕3 号），以及《中共长沙市委、长沙市人民政府关于调整市对区、县（市）财政体制的通知》（长发〔2010〕9 号），长沙经开区财政分成体制又有部分税种分成比例调整，其中增值税、营业税保留 2009 年地方留成基数，地方留成增加部分，上解到省级 25%；土地使用税保留 2009 年省级留成基数，增加部分不再上解到省级；企业所得税、个人所得税保留 2009 年市级集中基数，增加部分市级不再集中。

2011 年，长沙经开区和长沙县就区县财政管理体制问题多次召开协调会，将重大招商项目纳入到“一事一议”范围，达到区、县一家，实现共谋发展的目的，从而缓解园区建设资金压力，减少工业土地成本倒挂等问题。

实施区、县财政体制改革方案后，长沙经开区的税收分成无须再向县财政申报请款，而是通过长沙经开区国库，在纳税单位缴税时通过国库操作系统直接将税收分成收入划转到长沙经开区财政专户，使长沙经开区资金来源稳定，同时使长沙经开区事权、财权统一，财政分成收入逐年增长，年平均增长 40% 以上。

表 7-1　　1997—2012 年长沙经开区税收及分成情况统计表

单位：亿元

年 份	税收总额	长沙经开区分成	分成比例（%）
1997	0.33	0.13	38.63
1998	0.57	0.11	19.49
1999	0.78	0.16	20.13
2000	2.59	0.27	10.32
2001	3.58	0.29	8.07
2002	5.79	0.37	6.35
2003	8.32	0.50	6.04
2004	10.85	0.64	5.88
2005	14.08	0.97	6.91
2006	17.02	1.22	7.19
2007	21.96	1.77	8.04
2008	26.85	2.71	10.11
2009	35.01	3.55	10.15
2010	50.08	5.40	10.77
2011	70.18	9.47	13.50
2012	85.28	10.91	12.79
合计	353.27	38.47	10.89

设立金库　1992—2002 年，长沙经开区财政没有单独设立金库。

2003 年，区、县在商定第一轮财政体制的同时，就长沙经开区设立金库的问题达成一致意见。长沙经开区管委会向中国人民银行长沙中心支行上报要求设立长沙经开区金库的请示，2003 年 11 月 27 日，市支行下达《关于同意设立国家金库长沙经开区国库的批复》（长国库〔2003〕18号），是年12月4日，下达《关于同意长沙市商业银行星城支行代理国家金库长沙经开区国库业务的批复》（长国库〔2003〕20号），长沙市商业银行星城支行自2004年3月1日起代理长沙经开区金库业务。长沙经开区金库接受国家金库长沙县支库在国库业务上的组织、领导、协调和监督，同时，接受国家金库长沙市中心支库业务上的指导和监督。长沙经开区金库库款支配权属长沙经开区财政局。

长沙经开区金库的设立，使长沙经开区发展建设有了稳定的资金来源，财政职能有了质的飞跃，财政局可根据事情的轻重缓急及时、合理地调度资金用于具体项目，提高财政资金的使用效力。

预算编制 1992—2003年，长沙经开区的收支预算既是长沙经开区管委会的收支预算，也是长沙经济技术开发有限公司的收支预算。2004年设立国库后，长沙经开区财政局对国库资金能够统筹安排和调拨，独立编制财政收支预算。收入预算包括是年长沙经开区财政总收入、一般预算收入、长沙经开区可用财力，其中财政总收入由入区国库收入、入县国库收入和入市国库收入3部分构成。支出预算根据收入预算中的区可用财力按照财政部制定的支出科目进行具体安排。

长沙经开区财政政策、财政收支等重大事项由长沙经开区管委会主任办公会议研究决定后实施。在财政运行过程中，财政局及时向工管委汇报财政情况，工管委不定期召开财政财务专题会议，提出财政工作的指导原则，及时协调解决财政工作存在的困难，提高理财能力，为全区各项工作的开展提供财力保障。

财政收入 1992—2003年，长沙经开区的财政收入和财政支出属长沙县财政局管理。

长沙经开区财政收入包括财政体制分成收入等可用财力收入、土地收入和其他收入。2004年，随着国库的设立、财政体制的逐步完善以及园区经济高速发展，长沙经开区的体制分成收入稳步提高，可用财力实现较快增长。2004—2012年，年平均增长速度超过40%。

土地收入方面，随着长沙经开区基础设施日益完善和创业投资环境日益优化，园区土地价格也稳步上升，长沙经开区根据招商引资需求和建设规划，按计划分批对园区土地出让实行招拍挂，园区土地收入逐年提高，及时补充了财政资金来源，保障了园区建设发展资金需求。

表 7-2　　　2004—2012 年长沙经开区财政收入情况统计表

单位：亿元

年度	可用财力		土地收入	
	金额	同比增减（%）	金额	同比增减（%）
2004	0.64	—	1.86	—
2005	1.21	89.89	1.54	-17
2006	1.38	13.69	3	95.06
2007	2.05	49.09	5.99	98.88
2008	2.99	45.87	5.29	-11.66
2009	4.54	51.62	6.07	14.84
2010	6.44	41.83	16.67	174.49
2011	10.71	66.32	18.15	8.90
2012	13.54	26.43	22.53	24.11

财政支出　长沙经开区的财政支出根据区可用财力，按照收支平衡的原则进行安排，支出的范围与区、县财政体制界定的长沙经开区支出范围基本一致，绝大部分用于基础设施建设、拆迁和支持企业发展，小部分用于管委会的行政支出，包括工作人员工资、行政费用等。

基础设施建设和拆迁支出由长沙经开区管委会财政局视资金情况及时拨付给长沙经济技术开发有限公司。公司根据财务收支计划安排资金支付。

长沙经开区管委会行政支出由财政局行财处负责具体核算。2004—2008 年，每年行政支出由是年财政预算方案规定预算金额，由财政局报工管委领导共同控制开支进度和支出范围。2008 年，开始试行部门预算。是年 4 月 22 日，管委会主任办公会议原则同意《部门预算方案》，将会议费、招待费、差旅费、培训费、办公费和电话费 6 项费用纳入部门预算范围，按局（室）分户设置账务，经费实行包干，严格资金管理，降低行政成本，力争全年 6 项费用比上年降低 30%。部门预算方案从 2008 年 5 月 1 日起试行。部门预算按月核算通报，要求办公室、纪检监察室和财政局全程监督，对超出资金进度的部门要及时预警，加强监督。2009 年，长沙经开区纪工委、纪检监察审计室、财政局联合印发《关于贯彻厉行节约，严格经费支出管理意见》，明确厉行节约的工作重点，并将预算部门（单位）预算执行和厉行节约情况纳入每年的党风廉政建设和反腐败工作目标考核。从2009年开始，长沙经开区对部门预算进行逐步完善。2011年，开始实行全额部门预算管理。2011年4月15日，管委会主任（扩大）会议研究通过《2011年度全额部门预算管理方案》，2011年5月1日起施行。方案规定部门经费由人员经费、专设组织经费和专项工作经费组成，并设立管委会专项工作经费，用于列支不属于部门的经费安排。

表7-3　　2004—2012年长沙经开区财政支出情况统计表

单位：万元

项　目	2004年	2005年	2006年	2007年	2008年	2009年	2010年	2011年	2012年	备　注
一、一般公共服务	1453	3072	3892	3207	3360	3164	3057	4100	6901	—
政府办公厅（室）及相关机构事务支出	1436	3011	3835	3143	3196	3030	2701	3272	3366	2004—2006年为行政管理费支出
商贸事务	—	—	—	10	14	23	16	111	523	—
人口与计划生育事务	—	—	—	—	—	—	60	120	120	—
人力资源事务支出	—	—	—	—	—	—	115	—	287	—
知识产权事务	—	—	—	—	—	5	13	30	25	—
其他一般公共服务支出	17	61	57	54	150	106	125	310	1937	2004—2007年为其他部门事业费
发展与改革事务	—	—	—	—	—	—	—	103	5	—
财政事务	—	—	—	—	—	—	27	—	2	—
群众团体事务	—	—	—	—	—	—	—	151	360	—
党委办公厅（室）及相关事务	—	—	—	—	—	—	—	3	8	—

续表 7-3

项目	2004年	2005年	2006年	2007年	2008年	2009年	2010年	2011年	2012年	备注
二、公共安全	240	333	349	503	427	569	645	772	632	—
三、教育	15	427	—	5	1	500	600	700	700	—
四、科学技术	365	996	979	1380	2898	6351	3610	5352	4959	—
五、节能环保	—	—	—	—	4	314	255	2989	6738	—
环境监测与监察	—	—	—	—	—	—	—	25	—	—
污染防治	—	—	—	—	—	—	—	2276	3061	—
能源节约利用	—	—	—	—	—	—	—	688	3677	—
六、城乡社区事务	5934	6891	8334	14086	19525	26134	46887	85590	94433	—
七、采掘电力信息等事务	—	—	—	239	1530	5875	7065	4909	16733	2008年为工业商业经营等支出
八、商业服务等支出	—	—	—	—	—	—	—	5	—	—
九、其他支出	366	392	154	1051	2170	2494	2271	2676	3433	—
十、农林水等事务	—	—	60	57	29	—	—	—	—	—
合计	8373	12111	13768	20528	29944	45401	64390	107093	135379	—

融资工作　长沙经开区的融资工作由管委会出资设立的国有独资公司长沙经济技术开发有限公司承担。由于长沙经开区管委会财政局与公司财务实行“一套人马，两块牌子”的运作模式，财政局实际承担了公司的投融资、财务核算、资产管理等一系列财务工作。

1997 年，长沙经开区与建设银行星沙支行建立合作关系，开始向银行贷款。2000 年晋升国家级开发区后，长沙经开区的基础设施建设速度加快，每年的开发建设和投资增长远远高于收入的速度，资金缺口逐年加大。2001年，区财政财务部门提出“负债经营，滚动发展、动态平衡”的管理思路，将对外融资作为主要资金筹集渠道。融资逐渐成为财政财务部门重要工作。长沙经开区管委会成立融资工作领导小组，加强协调和全面推进融资工作，由管委会主任任组长，主管副主任任副组长，其他相关部门为融资成员单位。融资工作领导小组办公室设在财政局，由财政局主持工作的副局长兼任融资办主任。

长沙经开区融资以银行贷款为主，通过长沙经济技术开发有限公司先后与省内工商银行、农业银行、中国银行、建设银行、交通银行、国家开发银行6家国有银行，招商银行、中信银行、浦发银行、兴业银行、民生银行、长沙银行、星沙农商行（原长沙县信用联社）、邮储银行、华夏银行9家股份制银行建立合作关系。

2004年11月，长沙经开区创新融资渠道，成功发行集合资金信托产品，融资9321万元，成为湖南省首家发行集合资金的园区。2009年5月，向全国发行公司债券5.80亿元，是年6月，登陆上海交易市场（交易代码：122958），成为中西部地区首家发行公司债券的经开区。2012年，长沙经济技术开发有限公司成功发行12亿元信用债券，开辟了公司筹资融资新途径。

资产管理　国有资产管理：2000年8月，长沙经开区管委会出资成立长沙经开区污水净化中心，其前身为长沙经开区污水处理厂，注册资本500万元。

2002年5月，长沙经济技术开发有限公司参与组建长沙星沙新奥燃气有限公司。注册资本3000万元，长沙经济技术开发有限公司出资15%，长沙新奥燃气有限公司出资85%。

2003年3月，成立长沙星沙供水工程有限公司，为国有独资企业，注册资本2000万元。

是年8月，财政局国资处组建湖南星沙国际物流有限公司，注册资本1亿元，长沙经济技术开发有限公司出资49%，湖南星沙实业发展有限公司出资51%。

2008年8月，财政局国资处组建长沙经开区投资控股有限公司，注册资本8000万元，长沙经济技术开发有限公司出资47.5%，长沙经开区机关工会出资2.5%，湖南科力远新能源股份有限公司出资25%，湖南汇坤投资置业有限公司出资25%。

2008年，配合中铁房地产集团有限公司对湖南星沙实业发展有限公司

51% 股份的收购，是年 12 月，成立湖南中盛嘉业房地产开发有限公司，注册资本 1 亿元，长沙经济技术开发有限公司出资 49%，中铁房地产集团有限公司出资 51%。

2009 年 1 月，长沙经开区星沙产业基地开发有限公司成立，注册资本 1.80 亿元，长沙经济技术开发有限公司出资 50%，长沙县鑫业建设投资有限公司出资 50%。

是年 8 月，组建长沙经开区投资担保公司，注册资本 1 亿元，长沙经济技术开发有限公司出资 52%，湖南同晖投资有限公司出资 48%。

2010 年 4 月，组建成立长沙新盛地实业投资有限公司，注册资本 1.50 亿元，长沙经济技术开发有限公司出资 66.67%，长沙县星城建设投资有限公司出资 33.33%。

是年 9 月，参与组建长沙经鼎创业投资有限公司，注册资本 3000 万元，长沙经济技术开发有限公司出资 44%，邢会原出资 45%，谢利红出资 11%。

指导成立长沙经开区第一家小额贷款公司并实行日常监管，为中小企业解决融资难题。2011 年 2 月，成立长沙经开区经沣小额贷款有限责任公司，注册资本 1.20 亿元，长沙经济技术开发有限公司出资 20%，长沙经开区投资控股有限公司出资 20%，长沙县骏奔机械厂出资 8.30%，长沙星浩置业有限公司出资 8.30%，长沙方略投资发展有限公司出资 8.30%，彭亦出资 8.30%，文振出资 8.30%，贺曼丽出资 8.30%，湖南科力远高技术控股有限公司出资 4.20%，梅可出资 2.50%，卜凡出资 1.70%，周铭名出资 1.70%。

参与重组和改革。2008 年，财政局向管委会提交《国有资产运行方案》《完善创业服务中心管理的建议》；参与对 LG 曙光、湖南 HEG 并购调研，提交并购可行性分析报告及建议方案，参与 LG 曙光的破产重组具体工作，顺利推进 LG 曙光进入破产程序，为盘活资产、引进蓝思科技奠定基础；参与水务资产运行，完成资产评估和财务审计；参与伊莱克斯长沙工厂关闭清算及资产重组工作。

推进公司改革与重组。根据《中华人民共和国公司法》《中华人民共和国企业国有资产法》，结合长沙经开区实际，制定长沙经济技术开发（集团）有限公司重组实施方案并逐步推进，从而推动政企分开，创新长沙经开区投资、融资及公司化运作机制，进一步盘活资产，促进园区的跨越式发展。

推进“以区带园”战略的实施。按照“托管三园、分步融合、北拓东进、共同发展”的思路推进“以区带园”战略的实施，从而进一步激发县域内工业园区发展活力，实现长沙经开区和工业园资源共享，优势互补，促进园区经济社会的长远发展。

根据《关于星沙、榔梨及黄花产业基地委托长沙经开区管理的方案》和园区发展专题调研会议纪要精神，配合做好长沙经济技术开发有限公司与长沙县鑫业建设投资公司合资成立公司,共同开发建设长沙星沙产业基地的前期工作。

建议管委会成立小额贷款公司试点工作领导小组，并指导长沙经济技术开发有限公司作为主发起人之一，出资参股组建小额贷款公司，稳步推进长沙经开区小额贷款公司试点工作，加大对中小企业、县域经济发展的支持力度，促进全区经济社会发展。

金融证券管理　长沙经开区加强与银行、证券等金融机构的联系，引导企业走多元化融资之路，搭建各种融资平台，帮助企业解决融资难题。工商银行、农业银行、中国银行、建设银行、交通银行、农业发展银行以及招商银行、中信银行、浦发银行、兴业银行、光大银行、民生银行、邮储银行、长沙银行、星沙农商银行15家银行在长沙经开区范围内开设分支机构，其中星沙农商银行总部设在长沙经开区内。长沙经开区以培育企业上市为抓手，不断探索新的融资思路，园区企业三一重工、山河智能、长丰汽车、力元新材料、千山药机等企业陆续上市。2005年，三一重工开股改先河，成为国内股改第一股，影响深远；长丰汽车成功引进广汽集团，实现了强强联合。产业环保局联合财政局每年举办多种形式的银企合作洽谈会，银企面对面交流洽谈，为双方交流和合作提供良好的发展平台。

2007年，长沙经开区成立金融证券领导小组办公室。2009年，长沙经开区破解中小企业发展资金瓶颈难题，金融证券办积极推动投资担保公司的组建工作，在市金融证券办等部门的大力支持下，园区成立3家投资担保公司，注册资金2.66亿元，在保余额3.66亿元，累计在各银行获得授信12.40亿元。2011年2月，长沙经开区成立小额贷款公司，注册资本1.20亿元。在国家紧缩银根、银行严控信贷规模、中小企业银行融资难的形势下，累计发放贷款2.73亿元，支持了200余户中小微型企业和城乡创业者。

长沙经开区鼓励更多优质企业进入资本市场，充分发挥资本市场优化资源配置、促进产业结构调整的作用，推动园区经济快速发展，区金融证券办充分挖掘园区上市后备资源，及时将园区重点产业、重点行业、业绩良好、发展潜力大的企业推荐纳入长沙市拟上市企业名单，2011 年，长沙经开区园区企业凯天环保、千山药机、开元仪器、瑞翔新材料、中大创远、湘联科技、恒天九五、万容科技 8 家企业入选长沙市拟上市企业名单。

各类资金及贷款贴息管理 长沙经开区按照“收支两条线”的原则，对各类资金实行集中管理，加强财政的分配和监督职能，从制度上防止腐败现象的发生。各类资金都分门别类设立专门账户，实行集中管理、专项支出。

2001 年，国家支持中西部地区国家级经开区基础设施建设，财政部开始实施中西部地区国家级经开区基础设施建设贷款贴息政策。长沙经开区积极争取上级财政支持，截至 2012 年，累计获得财政部基础设施建设贷款贴息资金 5.04 亿元。

监控机制 财政专户审核申报：长沙经开区适应开发建设迅速发展，基础设施建设投资不断扩大的需要，加大财政收支监控力度。2001 年，成立政府采购中心，凡属购置 10 万元以上办公用具和建筑所需材料都由采购中心集中统一采购。2004 年，设立投资评审中心，对建设程序及管理制度进行评审；对建设项目概算、预算、竣工决（结）算进行评审；对建设项目财政性资金的使用、管理情况和对标的合理性进行评审，确保财政资金正常使用，防止和杜绝腐败行为。按照财政资金集中核算、统一管理的原则，2000 年 4 月，将原拆迁安置部、市场建设部的账务改为实行统一支付，由会计核算中心集中核算。为保证拆迁安置经费按时、足额到位，2002 年 8 月，拆迁安置费实行报账制，规定每月逢 5 报账 3 次，设保证金 30 万元，补偿支出必须做到拆迁户确认，组、村签证。

2009 年 9 月 27 日，长沙经开区党工委《印发机关职能部门及直属事业单位“三定方案”的通知》（长工发〔2009〕6 号），将拆迁中心、投资评审中心和政府采购中心分设为 3 个事业单位，其中拆迁中心更名为征地拆迁办公室，设置独立的财务室，财务主管由财政局委派。

财政审核与监管：长沙经开区规范财务运行机制，进一步健全管理制度，财政财务部门加强制度建设，健全和完善《国有资产管理制度》《工程进度预付款制度》《拆迁安置费管理制度》《合同管理制度》《部门预算管理方案》。保证科学、合理、民主、节约用财，长沙经开区管委会始终坚持重大事项先调查论证，再集体讨论、科学决策的原则；坚持财政财务收支预决算制度，做到收入有底，支出量力而行，避免盲目性；坚持“一支笔”审批制度，凡属重大开支项目由管委会分管副主任审核后，报请主任批准决定，通过层层把关，充分发挥资金效益，防止资金支出的随意性；严格财产财物的管理制度，每项资产都通过清理造册，落实到单位和责任人，确保国有资产不流失；财务处理上做到日清月结，账表、账实、账账相符。保证国有资产安全与完整，进一步加强财务管理，规范各部门财务行为，防止乱支出和违反财经纪律现象发生，财政财务部门每年对区独立核算的派出机构和独立核算的企事业单位开展财务检查，督促各单位不断加强财务管理。此外，每年还积极配合上级各项专项检查和接受会计师事务所等中介机构的审计。

◆第二节　税　务

国家税务　1993—2008 年，根据国家税务属地征管的原则，长沙经开区国税征管归口长沙县国家税务局。

国税局具体实施征管的有增值税、消费税、中央企业及 2002 年 1 月 1 日以后新办企业的企业所得税（2009 年起新办企业中，应缴纳增值税的企业，其企业所得税由国税管理；应缴纳营业税的企业，其企业所得税由地税局管理）、车辆购置附加税、银行储蓄利息个人收入所得税等。

国税局主要税源是征收增值税，增值税收入占各税收入总数的 75%，税源重点集中在以三一重工、山河智能为主的工程机械行业和以广汽长丰、博世汽车为主的汽车制造行业。

2008 年 7 月，湖南省国家税务局下发《湖南省国家税务局关于同意设立长沙经开区国家税务局的通知》，批准成立长沙经开区国家税务局。新成立的长沙经开区国税局与长沙县国税局合署办公，其机构职能和征管范围保持不变，主管长沙经开区辖区内按规定由国家税务局负责的各项税收的征收管理工作。

2008 年国税收入计划 18.36 亿元，实际完成 20.49 亿元，比上年增长 33.66%；2012 年国税收入计划 53.02 亿元，实际完成 54.48 亿元，比上年增长 16.82%。

表 7-4　　2000—2012 年区、县国税收入统计表

单位：亿元

年度	计划	完成情况		
		完成	比上年实际增加	比上年增长（%）
2000	—	2.47	—	—
2001	—	3.04	0.57	22.87
2002	3.94	4.09	1.05	34.59
2003	5.10	5.12	1.03	25.22
2004	6.80	6.80	1.68	32.77
2005	8.60	8.61	1.81	26.63
2006	10.32	10.61	2	23.18
2007	12.27	15.33	4.72	44.47
2008	18.36	20.49	5.16	33.66
2009	23.97	25.46	4.97	24.26
2010	30.28	34.61	8.94	34.81
2011	41.13	46.64	12.03	34.74
2012	53.02	54.48	7.85	16.82

地方税务　1993—2008 年，根据国家税务属地管理的原则，长沙经开区税务征管归口长沙县地方税务局管理。

地税局实施征管的有：营业税、资源税、城镇土地使用税、企业所得税（2001 年前划归县级、2002 年按新的财政分成体制运行）、个人所得税（2001 年前划归县级、2002 年按新的财政分成体制运行）、固定投资方向调节税（2000 年停征）、城市维护建设税、印花税、土地增值税、车船使用税、房产税、屠宰税（2000 年停征）、建筑税（1996 年 1 月停征）、地方税的滞纳补罚收入，教育费附加、国家能源交通重点建设基金（1996 年停征）、国家预算调节基金（1996 年停征）、社会保险费（2001 年 4 月接手征收）、防洪保安基金共 19 种。

2001 年 12 月，开始实行整顿和规范地方税收秩序的工作，税务稽查部门在半年的整顿中，立案侦查 20 个高收入单位和 5 个高收入个人、查补个人所得税 337.90 万元，查处重大偷逃税案件 5 起、其他涉税案件 35 起，稽查入库款 1022 万元。

2008 年 12 月，经省编委批复，省、市地税局批转，同意设立长沙经开区地方税务局，与长沙县地税局合署办公，其职能职责不变。主要负责在长沙经开区工商分局注册的企业纳税户的以营业税、所得税为主的地方税的征收管理。

长沙经开区地方税务局结合区内实际，通过抓促产，培植税源，对有发展前途的行业与企业给予重点扶持，税收收入快速增长。

2008 年地税收入计划 13.39 亿元，实际完成 14.53 亿元，比上年增长 22%；2012 年地税收入计划 45.36 亿元，实际完成 54.60 亿元，增长 30%。

表 7–5　　2000—2012 年区、县地税收入统计表

单位：亿元

年度	计划	完成情况		
		完成	比上年实际增加	比上年增长（%）
2000	1.65	1.82	0.17	—
2001	2.03	2.41	0.59	32
2002	2.70	3.06	0.65	27
2003	3.42	4.02	0.96	31
2004	4.50	5.84	1.82	45
2005	6.55	7.80	1.96	34
2006	8.74	9.71	1.91	24
2007	10.88	11.88	2.17	22
2008	13.39	14.53	2.65	22
2009	16.28	18.40	3.87	27
2010	23	27.65	9.25	50
2011	33.18	42.04	14.39	52
2012	45.36	54.60	12.56	30

◆第三节　工商行政管理

1993年1月27日，长沙县工商行政管理局星沙工商所成立，长沙经开区工商行政管理工作由星沙工商所负责。2002年1月25日，省、市工商局批准成立长沙市工商行政管理局经济技术开发区分局（以下简称“工商分局”）。工商分局坚持以服务区域经济发展为原则，以营造良好的投资环境、公平竞争的市场环境为己任，充分发挥工商行政管理职能作用，支持国有、集体、个体私营和外商投资企业的发展。

注册登记　1992—2012年，工商行政管理部门强化服务意识，提高服务效率，建立高效绿色通道，为入区企业提供全方位的快捷服务。2002年1月，工商分局个体科与企业科合并，进一步公开服务承诺，规范权力运行，简化办事流程，简化审批手续，严格落实“首问负责制”“限时办结制”等服务制度。2011年3月，启动“全程代办”，优质高效做好注册登记工作。截至2012年，共办理企业注册1046家，注册资本83.64亿元。

经济合同管理　1993年3月，《中华人民共和国合同法》颁布实施，工商行政管理部门认真履行合同监管职能，截至2012年12月，办理合同“三证”920本，发放合同示范文本1100本；2008年，新增动产抵押登记职能，为81家企业办理动产抵押，帮助企业融资9.90亿元；组织园区企业开展“守合同、重信用”活动，工商分局推荐评为“守合同、重信用”企业79家，其中国家级4家，省级35家，市级40家。

商标广告管理　工商行政管理部门鼓励和引导企业运用商标广告战略、品牌战略，提高企业自身的知名度，帮助企业做大、做强、做活。

1995年，长沙经开区首家广告公司成立，借助优势和企业的发展，区内广告业发展迅速，区内广告部门与城管部门密切配合，共同规划统一管理。2008年，长沙经开区编制区内广告专项规划，并联合长沙县政府对区内户外广告及店招店牌进行整治，统一设计制作安装。截至2012年，共培育省著名商标34件，以及“三一重工”“山河智能”“长丰猎豹”“开元仪器”“千山药机”等9件中国驰名商标。

消费维权　工商行政管理部门以宣传《消费者权益保护法》和《湖南省消费者权益保护条例》为抓手，开展消费教育和消费维权，保护消费者和经营者的合法权益。截至2012年，工商分局12315共接转和受理消费者投诉262件，解决率95%以上，接待来访和咨询3531人次，为消费者挽回经济损失228万元。

行政执法　工商行政管理部门坚持严格依法行政，努力保护企业和消费者的合法权益，开展打击假冒名牌产品、侵害企业商标专用权活动，依法查处违法经营、商业贿赂、合同欺诈等行为。

1998年，根据国务院关于禁止和取缔非法传销的指示精神，长沙经开区、长沙县工商部门与公安、交通部门联合对出租房进行清查，促使云集星沙的10万余名传销人员平稳遣散，共取缔传销窝点19个，立案查处传销行为3起，通过加强日常监管，及时查处、取缔、打击传销活动，维护了社会稳定。

截至2012年，共查处各类违法案件148起，为企业挽回经济损失820万元，协助处理企业债务纠纷10起。

◆第四节　质量技术监督

产品质量监督　质量：1999年，长沙市质量技术监督局经济技术开发区分局（以下简称“质监分局”）开始企业产品质量体系的认证工作，为“质量兴区”系统工程奠定了坚实的基础。2001—2003年，开展“百城万店无假货”活动，普查1277店次，组织“产品质量培训班”12期，培训人员1.75万人次。2003年，共有25家企业获“产品质量信得过单位”荣誉称号，41家企业通过ISO 9000质量体系认证，7家企业产品获“湖南名牌产品”称号。

2004年，质监分局获市政府“质量兴县”工作先进单位。2005年，获省政府“质量兴县”工作先进单位。2006年，开元仪器有限公司产品获复评“湖南名牌产品”称号。2011年，为58家符合建档要求的企业建立质量档案，建档率100%。25家企业获“湖南名牌产品”称号，三一集团、远大集团分获首届省长质量奖。

计量：1993年，计量检定管理的重点由企业转向市场，加强对全区农资、农贸市场用于贸易结算的计量器具进行强制检定，全年检定9个项目18种计量器具，共7013台（件）。2002年，市质监局审定批准，对民用电能表开展检定工作。2005年，质监分局把计量器具检定工作扩展到了基建工地，使衡器检定工作走上正常化轨道。2011年，检定计量器具1.59万台，其中加油机742枪（次）、压力表217块、电能表3402块，水表9633块，衡器588台、其他计量器具720台（件）。2009—2011年，连续3年对政府列入提质工程的农贸市场使用的计量器具进行免费检定。2012 年，加强对国家强制检定计量器具的检定工作，对娃哈哈、百事可乐等 21 家企业的 1170 余台次计量器具实施检定（其中：内检 18 家企业的 242 台次，外检 3 家企业的计量器具 817 台次），保证了计量器具的准确性。

标准化：1992—2000 年，重点开展农业标准化工作。1995 年，重点对饮料标签、汽车制动液使用技术条件、碘盐 3 项强制性国家标准的实施进行执法监督。1996 年，开展园区企业管理人员和质检人员法律、法规和 GB/T 19000—ISO 9000《质量管理和质量保证》系列标准培训活动，共培训 23 期次，学员 6865 人次。1999 年 4 月至 2000 年 8 月，开展“消灭无标生产”工作，标准覆盖率 99%。2003 年，以已备案企业产品标准的复审为工作重点，不断强化标准化工作台账的管理。2005 年，质监分局共办理标准备案 75 个，对 40 个食品标签进行了标准化审查，整顿了一批违反强制标准的企业标准，取消 35 个不符合现行标准的原食品标准备案资格。2006 年，为企业建立标准备案 62 家。2011 年，质量技术监督分局指导企业按照 GB15496~GB15498 建立完善企业标准体系，修订企业标准 19 个，登记备案企业产品标准 50 个。2012 年，协助 3 家企业进行中小企业标准化工程试点工作，深入企业发放标准监督检查表 15 份，协助企业及时更新相关标准，引导鼓励企业按照国际标准和国外先进标准组织生产，指导企业按照 GB15496~GB15498 建立完善企业标准体系，推进企业做好国家标准化良好行为创建工作，已推荐 1 家企业参与。全年共协助企业进行产品企业标准制定、企业标准备案 15 个，标准等级 65 个。

食品安全监督 1998—2002 年，以关系到国计民生和有关人身安全及健康的产品为监管重点，在生产、流通领域共抽样检验 2964 批次，合格 2551 批次，合格率 76%。2002 年，接国家质检总局通知，首先对小麦粉、大米、食用植物油、酱油、食醋等 5 类产品实行质量安全市场准入监督管理（即食品生产许可证 QS）。2005 年，质监分局健全食品监管网络，严格执行责任追究制度。帮助 39 家企业的 43 种产品申报 QS 准入证。通过巡查，将 7 家企业划分为 A、B、C、D4 级，并签订质量安全承诺书。建立 226 家食品企业质量档案，摸清企业家底、生产状况与销售途径，取缔 3 家食品不合格的小作坊。2006 年，为 52 家企业办理 QS 食品生产许可证 59 本。对全区学校食堂的米面油等食品进行 QS 准入执法检查。是年 7 月，与县电视台合作拍摄制作一期食品质量安全专题片。2012 年，加强食品安全监督管理，全年共巡查 9 家企业 20 余次，进一步完善了记录，巡查中做到不留死角、不留隐患，主要检查企业是否存在滥用食品添加剂、擅自篡改生产日期和保质期、过期改换包装等违法行为。取缔1家隐蔽于泉塘街道某处的非法生产加工食品窝点。在“两会”“两节”期间，对园区涉及百姓身体健康和人身安全的含乳饮料、碳酸饮料、瓶装饮用水等日常小食品进行了有针对性的检查，共监督抽查9家食品企业生产的12个种类72个批次的产品，合格率为100%，保障了“两会”“两节”期间园区食品质量安全，全年无食品安全责任事故发生。举办《预包装食品标签通则》（GB7718—2011）暨安全生产培训班。园区8家食品生产加工企业负责人、质量管理人员及食品安全监管、执法人员参加培训。培训班对《通则》进行详细介绍，统一食品标签的格式。

特种设备监督 1992—1996年，主要以加强特种设备检验和作业人员培训为主，为辖区内企业用锅炉年检验270台次，先后培训特种设备作业人员530人次，确保了特种作业人员持证上岗。共检验锅炉、压力容器1320台次，查处安全生产隐患22处，做到早发现早排除。1997—2000年4月，随着辖区企业的增多，特种设备的拥有量越来越大，质监分局的主要工作是加强特种设备使用环节的监督，特别是起重机械、场内机动车辆的现场监督检查，确保区内企业特种设备无重大事故发生。2000年5—12月，组织对辖区特种设备具体情况进行普查，共有64家单位拥有各类特种设备296台套，其中锅炉51家68台，压力容器16家142台，厂内机动车辆25台，游艺机4台，工业气瓶3500只，液化气瓶3.55万只。在用特种设备289台，停用设备7台，发证260台，未发证36台，发证率88%，并实施计算机动态管理。2000年12月，国家质检总局颁发《气瓶安全监察规程》，质监分局加强了气体充装和销售专项整治。通过对全区充装单位和数家经销门店的检查，查封已充装过期气瓶37只，无充装封签气瓶54只，短斤少两的气瓶7只，收缴自制倒罐充装枪5把。2002年下半年，开展了气瓶托管和固定充装规范工作，规定充装站与经销门店签定托管协议，明确安全管理责任，稳定燃气经营市场，杜绝违规充装和少量行为，切断无证经营黑店的气源。2001年，质监分局实施“土锅炉”专项整治，主要针对学校等所使用的无证制造的锅炉实施打击。责令更换“土锅炉”58台，停止使用12台，处理、拆毁70台。并开展了对在用锅炉水质处理监督管理的检查。是年5月，会同长沙县安委、长沙县教育局开展全县中小学校使用小型和常压热水锅炉专项安全整治，及时排除设备安全隐患，确保了学校财产和师生人身安全。2003—2004 年，实行特种设备安全监察的动态管理，对设备的安全、使用、检验、维护、改造、停用（更换）、操作等方面进行监察。同时对全区气瓶进行安全整治工作。2004 年，辖区取得特种设备（包括锅炉、压力容器、电梯等）人员操作证书的有 4203 人次。2005 年，培训特种设备操作人员 62 人次，查处非法安装使用特种设备违法案件 2 起。2011 年，开展液化气站“螺丝瓶”退市和电梯安全专项整治工作。出台《特种设备日常巡查监管办法》。与 10 家重点单位签订《2011 年度安全管理责任书》《特种设备使用安全与节能管理责任承诺书》，办理特种设备操作人员证件 12 个，服务企业 19 家，现场服务 114 起，接受咨询服务 38 起。2012 年，对特种设备安全加强监管。新安装锅炉 17 台、压力容器 138 台、压力管道 14.5 千米。从严审阅各类资料、图纸 32 套，确保特种设备在安装前和安装中无问题。加强对企业特种设备相关法律法规解释、新增设备技术咨询、相关制度完善等服务工作。日常安全检查中发现存在问题的企业 47 家，检查设备 870 台次，检查发现问题 150 余个，下达《特种设备安全监察指令书》3 份，督促各特种设备使用单位组织特种设备安全管理人员对本部门在用特种设备开展全面的自查自纠，确保特种设备运行安全。开展包括“两节”“两会”、校用特种设备在内的 4 项专项整治。“两节”“两会”期间，开展特种设备安全大检查，对园区湖南现代物流职业技术学院等 3 所学校在用的 16 台特种设备和工业气体充装站进行了突击检查。针对部分私家车违规擅自改装 CNG 车载气瓶的行为，对园区 3 家 CNG 加气站进行了检查，督促加气站严守规定，不得为无证改装的车载气瓶充装天然气，从源头上杜绝隐患进入园区。在市质监局的要求和支持下，建立长沙经开区组织机构代码的赋码、办证、变更、年检系统，独立为长沙经开区范围内企事业单位和社会团体统一赋予代码，特别是为区内电子、机械制造加工企业提供方便，进一步完善了长沙经开区的投资环境。2008—2012 年，办理代码证 569 个。

行政执法　贯彻治理整顿的总方针，遏制伪劣商品的流通。打击在商品经营中的不诚实计量、严重短斤少两、克扣消费者的经营作风，维护广大用户和消费者的利益，有效防止技术监督部门工作人员在业务活动中以权谋私的腐败作风的发生，质监分局加挂稽查队牌子，开展质量技术监督执法工作，制定行政执法人员管理制度、立案审批制度、案件审理制度、现场处罚制度、结案复查制度、案卷管理制度、产品抽样制度、错案追究制度、执法文书使用管理制度等14项制度。2003年，质监分局引导企业开展“重质量、守信用”走企业健康发展大道的同时，联合工商、公安等职能部门多方联动，整治假劣、抓大案、端窝点、查市场、保名牌。2003—2004年，共查处违法案件106起，端掉窝点5个，货值金额202万元。2005年，查处制售假冒伪劣案件41起，其中立案21起，现场处置19起，涉案货值244万元，查处大要案件1起。2006年，查处3家不合格蓄电池配套厂家。在新一佳超市查处灶具、MP3无3C认证、食品过期变质案。查处九芝堂、仁康泰、双舟大药房等药店一系列药品冒用条码或条码未注册案。是年11月1日，与工商、农业、药监等部门在通程广场举办农产品质量安全法宣传活动，现场宣传食品QS准入制度等。全年处理企业与消费者投诉案件6起。2011年，开展食品添加剂、面制品、乳制品等食品专项整治12次，查处食品违法案件60起，检查食品企业205家，抽查食品252批次，端掉食品制假窝点7家。2012年6月4日至11月8日，开展“日用化妆品打假”活动，对丽臣实业日化产品进行检查，抽样4个品种的4个批次产品，全部合格。6月12日，质监分局联合工商、国土、泉塘街道办事处、派出所等部门，依法取缔泉塘街道的一家非法生产加工食品的黑窝点，销毁问题食品300公斤。

第二章 工程管理

◆第一节 审批与备案

工程立项审批 1992年，长沙星沙开发区将基础设施建设管理列入重要的议事日程，由一名副主任分管，成立工程建设部、质量监督部。2000年10月，成立建设发展局，全面负责园区工程建设管理。

1994年8月，长沙经开区制定基础设施工程施工与管理的8项规章制度。坚持先论证，再立项，后施工的原则。管委会在收到工程立项申请报告后，召开建设工程调度会会审论证，按投资价款的多少分别由副主任或主任提出意见，提交管委会集体讨论审批立项。按照建设工程项目，邀请有营业执照、资质等级正规、业绩比较显著、有一定知名度的单位进行设计方案招标竞争，择优决定设计方案。坚持会签制度。一项工程一般要经过建设方自审、技术部门总负责主审、财政部门评审、律师和纪检监察部门监审几个层次审查把关后，领导才审批。2009—2012年，为园区3类项目办理施工许可证副本134本，总报建面积约为293.40公顷，换发正本107本，办理竣工验收备案的项目52个。

质量监理与监督 长沙经开区遵照国家建筑法的规定，所有工程建设项目均通过公开招标，由有一定资质的专业监理公司实行全程监理。在质量监督方面，行政监督，由长沙经开区管委会授权当地县级建筑行政部门，对长沙经开区工程建设投资、监理公司和建设方施工人员等履行全面监督职能；专业部门监督，根据工程大小，长沙经开区管委会聘请资质等级相适应的监理公司，对施工方进行施工质量监督；专人监督，一项工程的施工，施工方必须确定项目经理，安排技术施工员进行现场跟班监督。通过国家、中介组织和施工方层层把关监理，确保工程质量。2009 年 6 月，建设发展局组建了建设工程质量安全监督站，负责园区建设工程质量及安全生产的监督管理。长沙经开区建设工程质量安全监督站成立之初，存在人员少、工作强度大、工作流程不熟悉以及与上级主管部门联系不紧密等诸多情况，向长沙县建设局质量监督站和安全监督站分别借调两位经验丰富的副站长指导长沙经开区质安监站的工作。2009—2012 年，长沙经开区监督项目 103 个，建筑面积 202.28 公顷。

◆第二节　安全管理

安全生产管理　长沙经开区重视安全生产管理，坚持“安全第一，预防为主，综合治理”的方针，加强安全生产监管，确保园区安全稳定。1992 年 8 月至 2001 年 5 月，由管委会招商部负责组织管理，成立了安全生产委员会（以下简称“安委会”），管理、协调与指导企业的安全生产。2001 年 5 月，成立以管委会主任为组长，副主任为副组长的安全生产领导小组。各企业也建立健全安委会，“谁主管，谁负责”的方针得到落实。2009 年 2 月 2 日，长沙经开区管委会调整安委会成员，由管委会副主任吴京生任安委会主任，下设办公室（设产业环保局），负责全区生产安全管理日常工作。

管委会安全生产领导小组监督各企业安委会坚持“预防为主，消防结合”的方针，切实把安全生产的各项措施落到实处。LG 曙光成立由 8 人组成的安委会，并由 13 名安全专干具体负责每天的安全巡查工作，建章建制，责任到人，奖罚分明。每年投入的消防专项经费近 1600 万元，消防设备规范，配备齐全。华天铝业将安全生产定期检查时间定为每周星期五下午 4 时，每周不定期抽查 1 次。三一重工等企业定期组织安全专干及企业职工进行消防演习，参加各类安全培训班。在消防工作上，各企业都投入一定的人力、物力和财力，添置和更换消防器材。山河智能等企业在施工现场、单位进门口等处设立安全语音提示器。招商燃气公司单位虽小，但在安全方面却舍得投入，及时添置先进的安全消防器材。气源出口处设有自动断气阀，一旦环管出现漏气，自动阀门便自动关闭，切断气源。

安全生产监督　长沙经开区安委会建立隐患排查机制和突发事件处理机制。为汲取事故教训，发挥警示作用，杜绝和减少事故的发生，采取发事故通报和制订应急预案等多种措施。2006 年 11 月 23 日，印发《长沙经开区安全生产委员会关于湖南山河智能机械股份有限公司“11·9”火灾的通报》，为安全管理敲起警钟。为杜绝生产安全事故造成较大损失，2007年7月，制定《长沙经开区建设工程安全事故应急方案》。2011年9月，印发《长沙经开区安全生产隐患排查整治行动工作方案》，对全区安全生产隐患进行逐一排查和及时整改。2012年，管委会进一步强化安全管理，以6月份为“安全生产活动月”，举办安全生产培训班，实行领导分工联系企业安全生产工作制度，全体工管委班子成员率领84名机关干部，分成22个组，对所联系的单位和项目进行安全指导、督促和检查，确保园区安全生产形势持续稳定。

2012年10月11日，管委会调整了安委会成员，由管委会主任李科明任安委会主任。

第三章 环境管理

◆第一节 环境监测

长沙经开区环保主管部门未设立独立的监测站，园区环境质量监测依托长沙市环境监测中心站和长沙县环境监测站实施。2006 年 10 月 8 日，长沙经开区开始采用空气自动监测站监测。其监测因子主要为 SO_2、NO_2、PM10 等。

表 7-6　　2007—2012 年长沙经开区空气质量监测情况表

年度	监测项目	执行标准（GB3095-1996）年均值二级标准(毫克/纳米^3)	监测年均值	污染分担率（%）	空气质量累计优良率（%）
2007	SO_2	0.06	0.05	36.32	74.24
	NO_2	0.08	0.03	15.38	—
	PM10	0.1	0.11	48.29	—
2008	SO_2	0.06	0.04	35.96	87.71
	NO_2	0.08	0.03	17.73	—
	PM10	0.1	0.09	46.31	—
2009	SO_2	0.06	0.03	29.28	91.41
	NO_2	0.08	0.03	19.89	—
	PM10	0.1	0.09	50.83	—
2010	SO_2	0.06	0.06	44.22	92.09
	NO_2	0.08	0.03	14.05	—
	PM10	0.1	0.10	41.71	—

2011	SO_2	0.06	0.04	—	93.02
	NO_2	0.08	0.05	—	—
	PM10	0.1	0.08	—	—
2012	SO_2	0.06	0.03	—	90.63
	NO_2	0.08	0.04	—	—
	PM10	0.1	0.09	—	—

◆第二节　环保宣传

长沙经开区注重环境保护相关法律法规和环保知识的宣传，通过发放宣传手册、宣传画册、组织培训班学习、网络宣传、组织企业订阅《中国环境报》等方式开展宣传活动，使环保法规、政策深入人心，企业的环境保护意识进一步增强。

通过开展创建活动，加强市容环境卫生管理，园区内单位和个人重视环保、参与环保成为自觉行为。

1996年，长沙经开区积极参与长沙县国家卫生县城创建活动，按照优化县城环境、提升城市品位、提高市民素质的要求，开展多项创建活动，2002年，通过国家卫生县城验收。

1999年，长沙县被国务院列为全国生态示范区建设试点县，长沙经开区、长沙县与湖南大学环保工程系及环保研究所共同编制了《长沙县城、长沙经开区环境保护规划》。以此规划为基础，长沙经开区产业环保局细化和量化各项指标，在园区内开展生态工业园创建活动，创新宣传形式，扩大宣传效果。

长沙经开区所在地长沙县城先后获得“国家卫生县城”“国家文明县城”“全国生态示范县”“中国最佳人居环境范例奖”“中国最具幸福感城市”等荣誉称号。

◆第三节　环保措施

环境审批验收：长沙经开区产业环保局与规划分局、国土分局、建设发展局等有关部门紧密配合，贯彻落实《中华人民共和国环境保护法》，对全区企业加强环境管理，落实“三同时”（同时设计、同时施工、同时投产使用）制度，对超标排污企业下达整改通知，对安全隐患企业进行排查，对污染纠纷协调处理，确保园区企业“三废”排放基本达标，园区环境质量标准整体提高。

2002 年 5 月，长沙市环境保护局在长沙经开区设立环保分局，2008 年 10 月，长沙市编委批准组建长沙经开区产业环保局。

环保行政部门把“依法行政，运转协调，公正透明，廉洁高效，服务到位”作为自身建设的目标。在提高办事效率、简化程序上做文章，依据环保法律法规编印了《建设项目环境保护审批办事指南》。其中，对环境影响报告书、报告表、登记表的审批时间由法定的 60 个、30 个、15 个工作日分别缩短至 10 个、5 个、3 个工作日。2003 年，适应长沙经开区高效、快捷办事的特点，在不影响工作质量的前提下，将审批时间分别缩短至 5 个、2 个、1 个工作日。用足、用活政策，尽量减少企业开支。在进行项目环评时，可编制环境影响报告表的，绝不要求企业编制报告书，可编制环境影响登记表的，绝不要求企业编制报告表，缩短审批周期，减少企业开支。

把好入区审批关。在入区审批上做到“七不批”，即：不符合国家产业政策的不批；不具备污染处理能力的不批；不符合长沙经开区产业规划的不批；污染负荷大、超过环境承载能力的不批；环境污染情况不明的不批；污染防治措施方案不可行的不批；项目选址不妥的不批。加强与职能部门的横向联系与协作，确保项目入区的环保审批落实到位。工商分局对未办理环保审批手续的企业不进行工商登记，规划分局对未办理环保手续的项目不进行规划许可审批，国土分局和建设发展局对项目的选址要求必须有环保部门的参与。

把好环保验收关。切实改变建设项目的环境保护管理重审批、轻验收的倾向，把好建设项目环境保护设施竣工验收的最后一关，实现环境保护与经济建设的协调发展。对投产或竣工项目进行清理，督促环保未验收或验收不合格的企业尽快整改，并补办验收手续，对限期内拒不补办手续的企业依法予以处罚。

2009—2012 年，区县共完成 343 个项目环评文件审批；完成项目竣工验收 59 个，核发排污许可证 42 个。

环境监察执法：长沙经开区环境监察与执法，依托长沙县环保局监察大队开展园区执法检查和常规检查。

贯彻执行《建设项目环境保护管理条例》和《环境影响评价法》，对列入环评的单位和项目的评价，严格按照公平、公正、公开的原则评审，将环评持证单位名称在《建设项目环境保护审批办事指南》中列出，由建设单位自行确定评价单位，杜绝可能出现的暗箱操作和环评单位不公平竞争的行为。

长沙经开区配合省环保局对1996年以来由省环保局审批的38个落户园区建设项目“三同时”验收情况进行一次清理，并对相关企业的生产工艺、污染处理设施的运转情况，污染物排放情况进行检查，对部分企业提出整改意见。

对星沙自来水厂取水口上游进行4次实地考察，掌握了捞刀河上游的排污情况，就长沙经开区水源安全方面存在的问题拟出专题报告。

处理了南干渠的镍污染问题。环保分局在组织实施一个项目环评时，发现南干渠水质镍浓度超标严重。2003年4月20日，在排除其他污染源的情况下，专程检查长沙经开区唯一的排镍大户——力元新材料有限公司，要求该公司采取措施减少排放并进行3次跟踪监测，发出整治通知，使南干渠的镍污染问题基本解决。

调查处理千山药机投诉亚华生物空气污染问题；山水芙蓉小区业主投诉东边围墙外污水散发臭气的问题；金润道路有限公司私建燃煤锅炉的问题；致大电子投诉喜瑞来燃煤锅炉烟气和噪声污染问题；LG曙光投诉金农生物固体废物发酵造成空气污染的问题。

2008年，对总投资在500万元以上的政府投资或使用国有资金的27个工程建设项目进行全面排查。通过由市纪委与市环保局监察室组成的环保专项督查检查。市环保督查组充分肯定了长沙经开区建设领域环境保护工作。2009年，开展重点污染企业整治，排查环境安全隐患和东十路企业排污管道联合执法检查。安全隐患检查企业32家，对其中存在突出环境问题的6家企业下发了限期整改通知。开展东十路企业排污管道联合执法检查。在建设发展局、规划分局和技术服务中心配合下，对长永高速公路以南、老星螺东路和东九路以东、东十路以西、远大路以北区域的18家企业事业单位内部排水系统及与市政排水管网对接情况进行了现场调查，编制污染情况调查报告。2010年，3次组织对25家风险企业进行检查。2011—2012年，开展一系列专项检查，污染纠纷得到妥善处理。对在建企业和规模以上企业开展检查283次，与长沙县环保局联合执法，下达现场监察文书125份。

第四章 人事管理

◆第一节 机构编制

1992 年至 1994 年 5 月，长沙星沙开发区工程建设指挥部设立 12 部（即计划材料部、交通道路部、引进开发部、给水排水部、电力电讯部、征地拆迁部、安置发展部、银信计财部、市场建设部、工程建设部、质量监督部、安全保卫部）、2 室（即办公室、总工室）。长沙县委从县直机关抽调 40 名科局级负责干部和 60 名工作人员参加各部室工作。

1994 年 3 月，湖南省人民政府下发湘政发〔1994〕5 号，明确长沙星沙开发区更名为长沙经开区，并列为省级开发区。长沙星沙开发区工程建设指挥部亦更名为长沙经开区管理委员会。原工程建设指挥部设立的 12 个部归并为 7 个部（即招商部、工程建设部、市政建设部、银信计财部、拆迁安置部、市场建设部、保卫部），仍保留 2 室（即办公室、总工室）。1995 年 3 月，县编委下发长编字〔1995〕55 号，核定长沙经开区编制 40 名。1995 年 11 月 1 日，成立星沙派出所，开发区的安全保卫工作由派出所全权负责，开发区保卫部随之撤销。至 2000 年 2 月批准为国家级开发区时止，长沙经开区实有 6 部（招商部、计财部、市政部、工程部、拆迁安置部、市场部）2 室（办公室、总工室），共有工作人员 80 人。

2000 年 2 月，长沙经开区升格为国家级开发区，是年 10 月，省机构编制委员会《中共长沙经济技术开发区工作委员会、长沙经济技术开发区管理委员会职能配置、内设机构和人员编制规定》的通知（湘编〔2000〕3 号），明确长沙经开区党工委、管委会分别为长沙市委、市人民政府的派出机构，合署办公，为副市级单位。长沙经开区党工委、管委会内设 4 个局（室）（即办公室、经贸发展局、建设发展局、社会发展局），均为副处级机构。核定人员编制40名，其中党工委书记1名，管委会主任1名，党工委专职副书记（正处级）1名，副主任（正处级）3名，纪工委书记（正处级）1名；副处级领导职数4名。

2004年3月21日，省机构编制委员会办公室《关于长沙经开区管理机构有关事项的批复》（湘编办〔2004〕8号），对长沙经开区党工委、管委会内设机构、人员编制和领导职数进行调整，保留办公室、建设发展局、社会发展局，经贸发展局改为招商合作局，增设产业发展局、人力资源局（加挂党群工作部的牌子）、财政局，共1室6局。核定长沙经开区党工委、管委会开发区专项编制55名（原核定的40名行政编制收归省里），管理人员实行国家公务员制度。增设长沙经开区工会工委主任（正处级）1名；副处级领导职数由4名增至8名。核定机关后勤服务事业编制7名。2004年5月13日，市机构编制委员会办公室下发长编办发〔2004〕41号，核定长沙经开区党工委、管委会内设局（室）副局长（副主任）职数13名，均为正科职。2004年5月24日，市机构编制委员会办公室《关于长沙经开区管理委员会有关事业单位设置的通知》（长编办发〔2004〕46号），同意长沙经开区管委会设置5个事业单位，即政务服务中心、创业服务中心、技术服务中心、人才交流服务中心、污水净化中心，核定人员编制共55名。2006—2008年，省、市机构编制部门先后增批长沙经开区党工委、管委会副处级领导职数1名、内设局（室）副局长（副主任）职数3名。

2009年4月13日，长沙经开区党工委、管委会《关于印发〈长沙经开区党工委、管委会机关新设机构及直属事业单位相关职位竞争上岗工作实施方案〉的通知》（长工发〔2009〕2号），对党工委、管委会机构进行了调整，保留办公室、纪检监察室、招商合作局、产业环保局（加挂知识产权局牌子）、财政局、建设发展局，将原人力资源局和党群工作部分设，将分设后的人力资源局更名为人力资源与社会保障局，将党群工作部更名为党群工作局，并将原社会发展局更名为社会事业局，均为副处级机构；新设总值班室、经济研究室，为正科级机构；同时，设置7个管委会正科级直属事业单位，其中全额拨款事业单位5个（即创业服务中心、投资评审中心、政务服务中心、征地拆迁办公室、政府采购与招投标办公室），差额拨款事业单位2个（即技术服务中心、人才交流服务中心）；原污水净化中心改制为企业。

2010年2月3日，省机构编制委员会办公室《关于调整长沙经开区党工委管委会内设机构的批复》（湘编办〔2010〕18号），同意产业发展局更名为产业环保局，加挂知识产权局牌子。社会发展局更名为社会事业局。人力资源局更名为人力资源与社会保障局。纪检监察室更名为纪检监察审计室。单独设置党群工作局，核定副处级领导职数1名。2010年2月10日，市总工会《关于同意成立长沙经开区总工会的批复》（长工组发〔2010〕07号），同意成立长沙经开区总工会。是年10月12日，市编办《关于长沙经开区管理委员会所属事业单位机构编制调整的通知》（长编办发〔2010〕151号），同意长沙经开区管委会直属事业单位的调整，并明确7个事业单位均为正科级，核定人员编制共67名，其中正科职7名，副科职8名。2010—2012年，市机构编制委员会办公室下发长编办发〔2010〕184号、长编办发〔2012〕49号、长编办发〔2012〕264号，增批区人才交流服务中心人员编制1名；增批区征地拆迁办公室人员编制1名；增批管委会乡科级正职领导职数1名，负责长沙经开区侨联工作。

截至2012年12月，长沙经开区党工委、管委会机关设置副处级内设机构9个（即办公室、人力资源与社会保障局、党群工作局、纪检监察审计室、招商合作局、产业环保局、财政局、建设发展局、社会事业局），正科级内设机构2个（即经济研究室、总值班室）；群团组织1个（长沙经开区总工会），为正处级机构。省、市机构编制部门共核批长沙经开区党工委、管委会专项编制55名，其中厅局级副职2名，县处级正职6名，县处级副职10名，乡科级正职17名；核批长沙经开区机关后勤服务事业编制7名。核批长沙经开区事业单位7个，人员编制共69名，其中正科职7名，副科职8名。长沙经开区党工委、管委会实有工作人员223名，编制外人员采取对外公开招聘形式补充。

此外，按照省、市机构编制部门要求，长沙市相关单位先后在长沙经开区设立派驻机构。几经撤并，截至2012年12月，有市直派驻机构5个（即国土分局、规划分局、质监分局、工商分局、消防大队），另有市财政局驻长沙经开区副县级联络员1名；县直派驻机构7个（即地税分局、检察室、法庭、民三庭、新安派出所、泉塘派出所、交警中队）。

◆第二节　干部管理

体制　长沙经开区的干部管理体制经历三个阶段：

第一阶段：1992 年 7 月至 1994 年 3 月。组织机构为长沙星沙开发区工程建设指挥部，领导职务的安排、工作人员的调配都由中共长沙县委统一安排，长沙县委从县直机关抽调 40 名科局级负责干部和 60 名工作人员参加各部室工作，干部人事分别归口县委组织部门和县人事部门管理。

第二阶段：1994 年 3 月至 2000 年 2 月。长沙星沙开发区升格为省级开发区，组织机构更名为长沙经开区管委会。1995 年 3 月，县编委核定长沙经开区编制数 40 名，长沙经开区管委会的领导班子和中层干部仍实行交叉任职，干部人事仍归口县委组织部门和县人事部门管理。

第三阶段：2000 年 2 月至 2012 年。2000 年 2 月，长沙经开区晋升为国家级开发区。是年 10 月，省编委发文明确长沙经开区党工委、管委会分别为中共长沙市委、市人民政府的派出机构，合署办公，为副市级单位。按照市委《关于调整干部管理权限修订干部职务名称表的通知》（长发〔2004〕19 号），长沙经开区党工委书记、副书记，管委会主任、副主任，纪工委书记，由市委协助省委管理；长沙经开区党工委委员，按规定所设的县级工会工委主任（总工会主席）和县级非领导职务，由市委和市委委托市委组织部管理。根据市委组织部、市人事局《关于印发〈长沙高新技术产业开发区、长沙经济技术开发区中层负责干部聘任管理暂行办法〉的通知》（长组通〔2004〕21 号），长沙经开区党工委、管委会机关及所属事业单位中层负责干部，通过竞争上岗产生，实行聘任制管理，其中，副县职中层负责干部聘职前向市委组织部备案；正科级及以下干部由长沙经开区党工委、管委会聘任、管理。由此，长沙经开区党工委、管委会的机构、编制及干部人事管理由市级相关部门管理。

管理　在为干部职工打造干事创业发展平台的基础上，为充分激发干部职工工作潜能和活力，营造争先创优的浓厚氛围，加快园区发展，长沙经开区党工委、管委会进一步加强探索，率先在省内工业园区推行绩效考核管理。

实行绩效考核管理机制。2008 年 6 月 19 日，《长沙经开区党工委、管委会工作绩效考核与管理实施办法（试行）》（长工发〔2008〕7 号）出台，在党工委、管委会内部建立起以工作目标完成情况、自身建设和满意度测评为考核内容的较为合理的考核体系；同时与工作绩效考核相对应，制订《长沙经开区党工委、管委会机关绩效工资管理实施方案（试行）》，并将绩效考核与内部管理的方方面面紧密结合，加强考核结果运用，形成了较为配套严密的人事管理制度体系。2010—2012 年，先后 3 次对原绩效考核管理办法进行修订、完善，全面实行全员绩效考核。

加强干部教育培训工作。干部教育培训的途径主要为上级调训、党工委中心组（扩大）学习、干部轮训、专门业务培训、技能培训、在职继续教育等。2008 年 4 月，开设“星沙大讲堂”培训平台，聘请知名专家和教授来区授课，培训对象主要为园区企业管理人员和专业技术人员。2010 年，制订《长沙经开区党工委、管委会关于鼓励干部职工在职继续学习的暂行办法》，支持和鼓励干部职工在职继续学习。2011 年 8 月，制订《长沙经开区党工委、管委会干部教育轮训（三年）工作计划》，计划用 3 年时间分 6 个批次对所有在职干部实施轮训。具体形式为每年举办两期干部培训班，上半年以省、市委党校或其他知名培训机构为依托在省内举办，下半年以北京大学、清华大学、浙江大学等知名高校为依托在省外举办。每期培训班 7 天、40 人左右。2011—2012 年，共组织举办 3 期干部轮训班，培训 123 人，其中两期在北京大学举办，一期在市委党校举办。此外，还组织开展了英语、普通话、计算机等技能培训，提升干部综合素质。

实行人才引进与储备机制。截至 2012 年，管委会共有招聘制干部 97 人，主要通过两个渠道引进。对外公开招聘渠道。由于受编制限制，长沙经开区党工委、管委会一直以来补充工作人员都是采用编制外公开招聘的形式。招聘中坚持“凡进必考、凡进必聘”的原则，按照发布招聘公告、报名、资格审查、考试、体检、考察、聘用等程序操作实施，确保招聘工作程序公开、过程透明、结果公正。招聘制干部与编制内干部同等对待、同等管理。全市万名优秀青年人才引进渠道。按照市委、市政府《长沙市引进储备万名优秀青年人才工作计划》（长办发〔2009〕39 号）要求，组织参加了全市优秀青年人才引进的系列活动，成功引进北京大学、同济大学等全国一流高校博士研究生 3 名、硕士研究生 4 名。

长沙经开区在一系列干部人事制度改革过程中，始终坚持德才兼备的标准，做到因需设岗，因岗选人，将评定竞争上岗的成绩与考核平时的工作表现相结合，使竞争上岗的评判标准科学合理；坚持能上能下、能进能出的原则，做到促进干部的轮岗锻炼与保持干部的相对稳定相结合，进一步理顺内设机构职能，明确职责，优化队伍结构，干部职工的整体素质得到明显改善，工作效率不断提高，保证了各项工作的顺利进行。

工资、福利、社会保障　工资及福利：1992—2000 年，长沙经开区工作人员主要从长沙县直相关部门借调，在编干部职工的工资关系由长沙县人事部门管理。

2000—2004 年，长沙经开区加强了与市直相关部门的对接，在编干部职工的编制、人事和工资关系逐步过渡至市级管理。期间，由于市直相关部门未完全接管，干部职工的工资福利由长沙经开区自行管理。

2004 年 5 月 8 日，长沙市委组织部、市人事局《关于印发〈长沙高新技术产业开发区、长沙经开区中层负责干部聘任管理暂行办法〉的通知》（长组通〔2004〕21 号）规定：选拔开发区党工委、管委会机关中层及所属事业单位的负责干部采取竞争上岗的办法；聘任的负责干部在聘任期内，享受国家机关相应职级领导干部同等政治待遇；聘任的负责干部实行实际薪酬与档案工资分离的办法，聘任的负责干部上岗后，其档案工资保持原级别不变，开发区根据不同岗位职责确定实际聘任薪酬；薪酬制度和标准由开发区根据自身发展情况自行决定。据此规定，是年 7 月，长沙经开区党工委、管委会组织开展了竞争上岗和双向选择工作，将原有编制内干部职工的编制、人事和工资关系理顺至市级相应部门管理。同时，严格按照长组通〔2004〕21 号文件规定，对竞聘副科级及以上职务人员，依据档案工资与实际工资分离的办法，按所聘职务兑现其工资及待遇，但档案工资维持不变。对编制外招聘的正式聘用人员，参照在职在编人员同等管理。

2008 年，长沙市委、市政府《关于加快工业园区发展的若干意见》（长发〔2008〕7 号），明确提出要“改革园区劳动人事分配制度，允许园区拥有充分的收入分配自主权，实行岗位工资制、年薪制和绩效工资制”。据此，长沙经开区参照外地做法，制定《长沙经开区党工委、管委会机关绩效工资管理实施方案（试行）》（以下简称“《方案》”），是年 7 月 9 日，经长沙市人事局下发长人函〔2008〕7 号文件批准实施。《方案》规定，干部职工的绩效工资由基本工资、岗位工资和效益工资 3 部分构成，其中：基本工资根据所聘职务（岗位），参照国家相关政策确定，与档案工资、原职称（务）、技术等级等均不挂钩；岗位工资包括浮动工资及相关津补贴，其中，浮动工资由市人事部门核准，相关津补贴参考长沙市现行津补贴水平按所聘职务（岗位）确定；效益工资根据是年度长沙经开区绩效考核工作目标完成情况、财政财务状况等，按照效益工资年增长幅度控制在是年园区主要经济指标平均增长幅度的 80% 左右范围内的原则确定。实行绩效工资管理方案后，绩效工资与档案工资相脱离；在职在编干部职工的政策性工资调级晋档（含津补贴）计入档案工资内，且按档案工资计缴各类费用（保险、住房公积金等），办理人事异动（工作调动、退休等）。

社会保障：长沙经开区成立以后未单独组建劳动社会保障工作机构。党工委、管委会机关及直属事业单位干部职工的劳动社保关系一直由长沙县管理。党工委、管委会机关及直属事业单位在编干部职工在长沙县机关事业单位社保局参保，聘用人员在长沙县企业社保局参保。截至 2012 年，干部职工参加的社会保险有养老保险、失业保险、医疗保险、生育保险和工伤保险 5 项。在职在编人员退休后，基本退休费由长沙县机关事业单位社保局发放。

◆第三节　人事制度改革

公务员制度推行　2004 年 3 月 21 日，湖南省编办《关于长沙经开区管理机构有关事项的批复》（湘编办〔2004〕8 号），核定长沙经开区党工委、管委会机关专项编制 55 名，管理人员实行国家公务员制度。

2006 年 1 月 1 日，《中华人民共和国公务员法》（以下简称《公务员法》）施行。为贯彻实施《公务员法》，是年 4 月 9 日，中共中央、国务院《关于印发〈中华人民共和国公务员法〉实施方案的通知》（中发〔2006〕9 号）（以下简称“《通知》”）。《通知》规定：中国共产党各级机关、各级行政机关等七类机关列入《公务员法》实施范围。公务员登记对象为：依法履行公职、纳入国家行政编制、由国家财政负担工资福利且在编在职的除工勤人员以外的工作人员；暂缓登记的对象为：试用期内的新录用公务员，以及纪检、监察机关或司法机关立案审查尚未结案的人员；不予登记的对象有：实施国家公务员制度以来，违反《国家公务员暂行条例》有关规定进入机关的人员等三类。

根据规定，长沙经开区党工委、管委会机关列入公务员法实施范围。2006 年 11 月，长沙经开区制订《长沙经开区实施〈中华人民共和国公务员法〉工作方案》，并于是年 12 月 22 日经长沙市实施公务员法工作领导小组下发长实发〔2006〕83 号文件批准实施。在实施过程中，长沙经开区严格按照规定的范围、对象、条件、程序和权限，开展公务员登记工作，其中：2006 年底至 2007 年年初完成登记 38 人（县级 13 人，科级 21 人，科员 4 人）；2010 年底，按照长沙市委组织部要求，新登记 4 人（均为县级）。由于人事异动，截至 2012 年，长沙经开区党工委、管委会机关进行了公务员登记的有 62 人（含 2008 年以来调任的、在原工作单位进行了公务员登记的副县级以上领导干部 9 人）。

竞聘上岗和全员聘用机制 2000 年 10 月，省编制委员会下发湘编〔2000〕3 号文件对长沙经开区党工委、管委会职能配置、内设机构和人员编制进行明确，核定长沙经开区机关内设 4 个局（室），均为副处级机构。在此基础上，2001 年 8 月，长沙经开区党工委、管委会推行竞争上岗、双向选择。2004 年 3 月 21 日，省机构编制委员会办公室下发湘编办〔2004〕8 号文件，对长沙经开区党工委、管委会内设机构、人员编制和领导职数进行了调整，长沙经开区内设 7 个局（室）。2004 年 5 月 8 日，市委组织部、市人事局《长沙高新技术产业开发区、长沙经开区中层负责干部聘任管理暂行办法》（长组通〔2004〕21 号），规定开发区党工委、管委会机关及所属事业单位中层负责干部均通过竞争上岗产生，并实行职务聘任制管理，每届聘期为 3 年。按此精神，长沙经开区党工委、管委会将局室正副职职位实行竞争上岗，并对其他工作人员实行双向选择。鉴于机关人员组成复杂、编制性质多样的实际，党工委、管委会创造性地提出了“老人老办法、新人新办法、调位不调编”的竞岗原则，突破人员编制、身份性质等障碍，对竞争上岗的干部，实行合同聘任制管理，聘期内享受相应职级的政治、经济待遇，其他人员实行岗位聘用管理；所有竞岗人员只调整工作分工，不改变编制属性、个人身份、档案工资等。按照市委组织部下发长组通〔2004〕21 号文件精神及长沙经开区党工委、管委会“老人老办法、新人新办法、调位不调编”的竞岗原则，在随后的 2007 年 6 月、2012 年 12 月，长沙经开区党工委、管委会先后两次对聘期届满的负责干部组织实施聘期届满负责干部任期考核，并同步开展两轮竞争上岗与双向选择工作。2009 年 4 月，长沙经开区党工委、管委会还根据当时园区发展实际，对部分工作机构及事业单位进行调整设置，并同步对新设机构的相关职位实行竞争上岗与双向选择。

专业技术职务评聘 长沙经开区晋升国家级开发区以前，专业技术职务评聘工作由长沙县人事部门管理。晋升国家级开发区后，随着入区企业不断增多，专业技术人才队伍迅速壮大，为确保专业技术职称评聘工作顺利展开，2004 年 8 月，成立长沙经开区职称改革工作领导小组，领导小组办公室设在人力资源局。2004 年 12 月 6 日，经长沙市职称改革工作领导小组《关于公布全市第二批具备初级专业技术职务任职资格评审权评审委员会名单的通知》（长职改字〔2004〕4 号）批准，成立长沙经开区工程系列初级专业技术职务评审委员会；2007 年 7 月 20 日，经长沙市职称改革工作领导小组批准（长职改字〔2007〕2 号），成立长沙经开区工程系列中级专业技术职务任职资格评审委员会；并分别按规定组建了评委库。截至2012年，长沙经开区工程系列初级专业技术职务评委库有评委30人，长沙经开区工程系列中级专业技术职务任职资格评委库有评委62人。

根据上级及园区职称改革工作领导小组的部署，长沙经开区工程系列初级、中级专业技术职务任职资格评审委员会，按照国家规定的条件和程序，分别承担园区范围内本级别专业技术人员的专业技术任职资格的认定、评审工作。同时，按照特殊人才特殊评审的要求，长沙经开区职改办通过与上级部门积极协调，还组织开展了工程系列专业技术人员中级职称特殊人才评审。截至2012年，共为园区3065名专业技术人员提供了职称评定服务，其中高级申报145人、工程系列中级评定1444人（含特评194人）、工程系列评定初级1476人。

按照国家有关评、聘分离的“双轨制”规定，园区符合条件的专业技术人员，可以申报参加相应专业技术职务任职资格的认定、评审，但能否聘任到相应专业技术岗位，则需根据单位具体情况、专业技术岗位职数等确定。截至2012年，长沙经开区管委会的7个事业单位中，有11人聘在中级专业技术岗位，5人聘在初级专业技术岗位。而园区企业的专业技术人员，则由企业自行确定专业技术岗位并聘任相应专业技术人员。

退休、退职与老干部工作 1999—2012年，党工委、管委会机关干部12人退休：享受副厅级待遇1人，正县级4人，副县级3人，正科级4人。管委会直属事业单位职工7人退休：高级工程师1人，技师1人，高级工3人，中级工1人，初级工1人；另有1人退职（初级工）。聘用制人员1人退休。

区党工委、管委会机关及直属事业单位人员的退休手续由管委会人事部门负责办理。干部职工退休后，由党群工作局负责管理。每逢春节、重阳节等传统节日慰问老干部，并不定期组织外出参观考察和娱乐健身活动。

2008年7月7日，区机关党委批准成立退休人员党支部，负责退休党员的日常管理及活动安排，实现学习教育常态化，支部建设规范化，文化活动经常化。相关活动经费列入机关党委年度预算，给予充分保障。

第五章 社会管理

◆第一节 公 安

1992 年 4 月至 1995 年 10 月，长沙县公安局在长沙经开区设立保卫部，由县公安局一名副局长兼任部长。1995 年 11 月 1 日，成立星沙派出所，开发区安全保卫工作由星沙派出所负责。2002 年 7 月 17 日，根据中共长沙市委的安排，长沙市公安局决定在长沙经开区设立分局，为副县级机构。2002 年 7 月，彭泽仁任政委；2002 年 7 月至 2004 年 11 月，毛武益任局长；2004 年 11 月，文健任局长；2002 年 9 月，彭自然任副政委；2002 年 9 月，孟彬林任副局长；2004 年 12 月，杨争、黄进任副局长。分局下设办公室、法制科、出入境管理科、户政管理科、治安管理科、国内安全保卫大队、侦查大队，并成立保安服务公司和治安巡防队。

2003 年 5 月，长沙经开区成立消防大队。2003 年 5 月至 2004 年 5 月，马绍贴任大队长；2003 年 5 月至 2005 年 5 月，宋志标任教导员；2004 年 5 月至 2008 年 9 月，章硕任大队长；2005 年 3 月至 2008 年 7 月，杨立明任副大队长；2007 年 9 月至 2010 年 5 月，向长青任教导员；2008 年 9 月至 2009 年 5 月，刘德斌任大队长；2009 年 5 月至 2010 年 5 月，刘兴任大队长；2010 年 3 月，唐志刚任副大队长；2010 年 5 月，向长青任大队长；2010 年 5 月，张慧任教导员；2012 年 12 月，余欣洪任大队长；2012 年 12 月，肖亚华任教导员。

长沙经开区交警大队负责管理交通安全工作，高智立任大队长，徐天石任教导员，周邦喜任副大队长。2008 年交警归属长沙县公安局管理，成立长沙县交警大队。2009 年 11 月 26 日，设立新安交警中队，桑爱军任中队长，陈琳任教导员。

2008年7月2日，中共长沙市委、市政府印发《关于调整长沙高新技术开发区管理委员会有关职能机构的通知》，“长沙市公安局开发区分局”更名为“长沙市公安局高新区分局”，并明确：长沙市公安局开发区分局所属的新安派出所移交至长沙县公安局，更名为长沙县公安局新安派出所；新安派出所原有的职能职责，办公设施移交给长沙县公安局；交接工作在7月10日前完成，7月10日以前的工作仍由开发区分局管理，长沙县公安局指派副局长常天健全面负责新安派出所的移交、衔接等工作。

2008年7月7日，长沙县公安局召开局党委会议，专题研究部署新安派出所的组建工作，抽调10名民警组建成新安派出所的班子队伍，确定唐立、陈雷、肖志国为临时负责人。2008年7月8日，新安派出所新的班子队伍进驻原开发区分局办公大楼，履行移交后的职能职责。2010年1月至2011年1月，章文为新安派出所临时负责人。

2010年11月3日，根据长沙县机构编制委员会《关于调整长沙县公安局有关机构编制事项的通知》，长沙县公安局新安派出所为正科级机构，配所长1名，由长沙县公安局党委委员兼任，政治教导员1名，副所长3名。2011年1月，吴鑫、刘波先后任所长，陈样友任教导员，陈炎奎、李海明、肖博任副所长。

2011年9月27日，根据湖南省公安厅《关于同意调整长沙市公安局部分派出所的批复》（湘公政〔2011〕98号），原长沙市公安局经开区分局新安派出所更名为长沙县公安局新安派出所，其职能、编制不变。

管辖范围　公安分局具体管辖范围为319国道以南，京珠高速、107国道以东，黄兴大道以西，远大路以北的区域。长沙县公安局接收管理新安派出所后，遵循市局指示“原管辖区域不变”。随着几次扩容提质和入区企业的不断增加，长沙经开区治安形势日益复杂，为更好地服务于园区经济社会发展，2011年2月2日，长沙经开区新增泉塘派出所，两所实行“整体领导，分块管理”。

管理工作　维护园区稳定。1992—2012年，公安部门先后100余次逐一走访园区内的企业单位及重点建设工程项目，掌握了因征地拆迁、企业改制、企业面临破产等重要情报信息1327条，被省厅采用130余条，被市公安局和长沙经开区党工委、管委会采用162条，其中户政科提供的一条涉及国家安全的情报信息，引起省、市领导的高度重视。妥善处置不安定因素、突发事件392起，有效化解了矛盾，平息了事态。2003年7月22日，三一集团景观工地发生一起两死一伤的重大安全事故，及时成立事故处置领导小组，组织人员进行调查，全程跟踪妥善处置。

做好基础工作。加强值班备勤，设立110报警电话，实行干警24小时坐班制，共受理报警1.78万起，出动警力6695人次，调处各类治安纠纷4100余起，形成了快速反应的110接处警工作机制。建立健全以目标管理考核制度为主要内容的队伍、内务、行财管理等43项规章制度，做到以制度管人管事，促进工作规范开展。开展治安防治工程，深入企业排查、整改治安隐患，帮助、指导企业加强自身安全防范。针对园区偷盗案时有发生的现象，经常不定期开展"小出击"和反偷盗专项行动，遏制案件的发生。构筑社会治安防控网络，2003年11月，成立保安服务公司，拥有1300余人的保安队伍，实现了保安管理规范化；2004年7月，组建20人的治安巡防队，实行园区内24小时步行巡逻；成立街面巡逻队伍，按照上下班高峰期巡园区，其他时段巡辖区的24小时巡逻防控模式开展巡逻防控工作。加强"一企一档"建设，共建立健全370余家企业档案，基本掌握了园区内各企业的基本情况。做好境外人员登记管理工作，摸清了园区内93家"三资"企业、1家涉外宾馆、289名常住境外人员、68名台湾居民的情况，查处涉外事（案）件172起，处理涉台纠纷2起，3年共登记临时住宿的境外人员2860人。加强对园区企业人口的调查摸底，共登记暂住人口13428人，为企业员工办理暂住证3610本，办理边境证4170本，提供办理各类证照咨询服务1200人次。加强公安法制工作，协调了分局司法、检察归口问题，严格各类案件的审批程序，建立执法过错责任追究制度，落实执法质量监督机制，进一步规范执法。以高度的责任感和使命感完成了各类警、保卫任务340次，其中一级警卫10次，共出动警力4600余人次。注重夯实基础，推动正规化建设，建立健全社区基层组织，带领协管员有效开展流动人口、出租屋信息的采集录入，和"6·28"专案排查、查禁电游赌博、除"四黑四害"、消防检查等专项工作，突击对宾馆旅社、特种行业、四小场所等进行重点摸排检查，确保基础工作扎实推进。

侦查破案打击犯罪。1992—2012年，园区共发生刑事案件522起，立案522起，破案480起，立治安案件633起，查处560起，作纠纷调处235起，抓获各类违法犯罪人员1160人，瓦解团伙34个，抓获网上逃犯40人。严厉打击各类侵企犯罪，追回涉案车辆40余台，为企业挽回经济损失1430万元。2003年8月，公安干警奋战9个日夜，破获LG曙光集团公司被盗进口材料的特大案件，价值55万元的损失全部挽回。2003年11月20日，辖区发生一起无名女尸案，分局党委高度重视，精心研究，认真部署，在市局刑侦支队的指导和协助下，主管局领导带领侦查大队全体民警夜以继日，连续作战，赴娄底、萍乡、衡阳、株洲、浏阳等地，行程数千千米，一一锁定疑犯，使该案成功告破，犯罪嫌疑人贺某某、熊某某、蒋某某等受到了法律的严惩。为维护园区治安环境，按照各级公安机关开展的严打整治“飓风行动”“夏季风暴”“清网行动”等各类专项行动部署，集中整治辖区内各类安全隐患，全面打击侵害群众切身利益、人身安全的各类违法犯罪，并切实加大“破大打恶”的侦破力度，对涉及园区企业的盗窃案、职务侵占案、诈骗案等组织精干力量，快侦快破，对辖区内的涉恶案件、盗抢案件，攻坚克难，重拳打击，以铁的手腕维护辖区社会治安稳定。

加强队伍建设。认真抓好政治理论学习和民警的教育培训工作，提高队伍的整体素质。完善各项纪律制度，从作息时间、着装、警容、内务、文明用语、文明执法等方面，均作出了严格规定。各项纪律条令、警示教育常抓不懈，谈心谈话抓苗头，确保队伍零违纪、单位零事故、执法零过错的“三零”目标的实现。

◆第二节　检　察

2004年2月4日，长沙经开区管委会向长沙县人民检察院发出《关于设置国家级长沙经开区检察室的函》（长管函〔2004〕18号），长沙县人民检察院报经长沙市人民检察院同意后，2004年5月19日，长沙县机构编制委员会以《关于长沙县人民检察院增设长沙经开区职务犯罪预防检察等科室的通知》（长编字〔2004〕13号），增设长沙经开区职务犯罪预防检察室，为长沙县人民检察院内设机构，人员编制内部调剂。

2005年3月，长沙县人民检察院设立长沙经开区职务犯罪预防检察室，配备干警5～7人，检察院党组成员、纪检组长徐欢萍分管检察室工作。2005—2007年罗胜利担任检察室主任，2008—2012年王建、易飞扬先后担任检察室主任。

管理工作　检察室成立以来，积极开展法制宣传，不断探索为企业服务的新思路、新途径，预防和减少各类犯罪现象的发生。

开展“送法进百企”活动。增强企业员工的法制观念和法律意识，从源头上预防犯罪现象的发生。检察室深入企业以案释法，在园区企业山河智能、恒天九五举办法制讲座；通过梳理检察院2004—2008年来办理的企业员工职务侵占、挪用资金及企业偷税、侵犯知识产权等案件，分析其案发的原因、特点、规律和对策，编撰了《企业维权守法手册》，送至园区内上百家企业。

建立“流动接访制度”。加强与企业的联系，及时快速化解企业矛盾纠纷，将检察院在全省率先推出的“流动接访制度”延伸到园区内200余家企业，具体确定每月的第一、三个星期三为“流动接访日”，由检察室主任带领检察室干警到企业巡访。并联合企业检察联络员，积极开展“检察进企业”的活动，围绕企业职工关注的热点、难点问题提供法律咨询和服务，化解涉企矛盾。2005—2012年，开展流动接访85次，接受法律咨询356人次，解决各种矛盾纠纷20余件。

建立“企业检察联络员制度”。加强检察机关与园区企业的联系，架起检企之间直接便利的沟通桥梁，检察室从三一重工、山河智能等园区内知名企业中，选聘16名高层管理人员担任“企业检察联络员”。“企业检察联络员”主要负责了解企业发展中遇到的涉法问题，及时与检察机关进行联络沟通，反映问题，提出对策建议，并协助检察机关一起化解涉企矛盾，协助开展法律援助、法制宣传、检务公开和预防职务犯罪等方面工作。如2009年7月，在检察院办理山河智能马某等10余名职工职务侵占案过程中，检察室及时联系山河智能的“企业检察联络员”，获得公司方对该案的处理意见，然后从维护企业稳定、促进企业发展的角度出发，依据相关法律规定和宽严相济的刑事政策，对认罪态度好、退赃积极并取得公司谅解的王某等5人作构罪不捕，对杨某作出相对不诉决定，其他认罪态度不好且拒不退赃的4人则依法作出批准逮捕和向法院提起公诉的处理决定，为公司挽回经济损失70万元。

监督、协调园区内刑事案件的办理。化解涉企矛盾，给长沙经开区发展营造一个稳定的社会环境，检察室积极贯彻打防结合的防范措施和宽严相济的刑事政策，联合公安、法院和检察联络员，配合检察院相关部门依法办理了长沙经开区管委会建设发展局综合处原处长郭某某受贿案、长沙经开区管委会建设发展局原测量员赖某等人受贿案、三一重工周某挪用资金案、山河智能马某某、李某某等10人职务侵占案、恒天九五原采购部部长黎某某职务侵占案、凯天环保王某某、彭某某侵犯商业秘密案和各类刑事案件的批捕、起诉；完成长沙经开区管委会和纪检监察部门交办的涉及群众反映强烈的工程质量问题，及有关违纪违规人员责任的调查取证工作。

◆第三节　法　庭

2003 年 3 月，长沙经开区党工委向省高院呈报《关于设立长沙县人民法院长沙经开区法庭的请示》（长工字〔2003〕3 号），是年 8 月 19 日，省高院以《关于同意设立长沙经开区法庭的通知》（湘高法函〔2003〕190 号）批准设立长沙经开区法庭，干警编制数 13 人。2003—2008 年由文继光担任法庭庭长，2008 年由王懿林、袁波涌先后担任庭长。2011 年 9 月，报经省高院批准，组建了长沙县法院长沙经开区知识产权和涉外审判庭——民三庭，干警编制 3 人，左登担任庭长。

管理工作　长沙经开区法庭以服务于长沙经开区管委会法律事务，增强入区企业的法律意识，提高入区企业防范风险能力，为长沙经开区营造一流的司法环境为工作目标，着力提升法庭司法形象公正和法庭的司法公信力。

提供法律服务：2003—2012 年，参与成立非诉讼纠纷解决（ADR）机制的调研及制定实施办法；协同管委会制定关于如何依法行政的调研和突发群体性事件应急预案；参加管委会组织的湖南 HEG 收购的论证和研讨会，万通科技、汇一药机等经营困境的协调会，并提供很好的建议和法律帮助；论证管委会“质量环境管理 ISO 认证体系”，争取把法庭的各种绩效评估纳入该认证体系；组织调处三锦节能、东升阀门与建设工程承包方的合同纠纷；调处坤宇重工员工应某与坤宇重工因赔偿问题发生纠纷的案件。

注重以案释法：2009 年 1 月，长沙经开区法庭就入区企业劳动合同纠纷案件成因分析并提出建议，建议严格依法规范劳务派遣行为，加强劳务派遣用工的监控，保护劳动者的合法权益。2010 年 9 月至 2011 年 8 月，审理长沙经开区管委会土地使用费等案件 12 起，收回土地使用费 8287 万元，判处收回土地一宗。2011 年 12 月，参与长沙县政府、长沙经开区管委会关于景上置业、中央公馆等房地产系列案纠纷的会议和方略潇邦房地产案件的审理，提出相关成因分析以及应对措施的建议，政府及时掌握动态，及时化解矛盾引导业主依法维权，预防群体性事件的发生，维护和谐稳定大局。

调处商事案件：2003—2012 年，长沙经开区法庭积极调处涉区企业商事案件，收案 2788 件，结案 2595 件，结案率 93.08%。

法制宣传教育：2012 年，长沙经开区法庭采取多种宣传形式，提高法律意识，加强法庭与企业之间的联系，发放《司法公开便民手册》350 余份，进企业、下车间宣传 2 次，发放宣传资料 600 余份，“法官、企业联系卡”500 余份，走访企业 23 家，法庭 6 名审判员点对点到园区 48 家亿元企业进行定期走访、定期汇报、定期研讨，建立干警、企业“点对点、三定期”的长效服务机制。

◆第四节　综合治理

维护社会治安　2005 年 5 月，长沙经开区成立社会治安综合治理委员会，全区企业单位把综治工作班子、网络、制度、阵地建设作为工作重点狠抓落实，140 余家企业相继成立综治维稳站（点）。组建 400 余人的“平安志愿者”“平安信息员”“法律义工”3 支队伍，为及时调处纠纷，提供法律咨询发挥了重要作用。

社会面巡逻。2004 年 7 月，组建治安巡防队，实行园区 24 小时步行巡逻，2005 年，在社区和重点区域建设治安巡防站 50 个，投资 400 万元，对区域内党政机关、重要场所、主要路口、治安复杂区域和城区治安交通实施全天候电子监控。2005 年 6 月 2 日，100 余个电子探头投入使用，建立了“社区防控、街面防控、卡口防控、单位防控”4 个网络。

化解群体性事件。长沙经开区群体性事件大多集中发生在征地拆迁、工伤事故、意外死亡、劳资纠纷、合同纠纷方面，综治办协调劳资双方化解纽曼数码研发中心项目木工李芝凤工伤、立荣工贸公司员工李帅死亡、中铁轨道员工尹龙非因工死亡、楚天世纪城因工程结算导致民工打横幅堵门堵路讨薪、“2·12”长沙新奥燃气大面积泄露事故、LG 曙光因企业裁员引起的不安定因素等。

构筑反邪教防线。2001—2012 年，共张贴标语 1.2 万张，印发反邪教知识要点 2.3 万余份，并制成光碟发放到企事业单位，通过广泛宣传和开展“创无邪教单位”等活动，顺利实现“零进京、零聚集、零插播”管理目标。

打击刑事犯罪　长沙经开区综治委在突出抓好“平安园区”创建活动的过程中，坚持打防并举的方针，以命案侦破、打击侵企犯罪、查禁黄赌毒和整改隐患为重点，开展专项整治活动 64 次，出动警力和巡防队员 3600 人次，抓获各类违法人员216名。集中侦破了2003年11月20日辖区内发生的无名女尸案等案件，犯罪嫌疑人受到了法律的严惩。

开展“百日会战”“打击两抢一盗”“飓风行动”“夏季风暴”“清网行动”等打击犯罪专项行动，立案1819起，破1653起，成功破获“2·9”长丰猎豹汽车被盗案等案件。

打击经济犯罪 长沙经开区把打击经济犯罪作为维护经济秩序的有效手段。公安、检察、法庭密切配合，快查快处。2003—2012年，长沙经开区法庭调处涉区企业商事案件2595件，有效打击了经济犯罪，维护企业和职工的合法权益。

2002—2012年，工商、公安、质监等部门联合开展综合整治专项行动，共清理登记流动人口16.88万人、出租房屋3.17万户，取缔传销窝点350余个。依法查处违法经营、商业贿赂、合同欺诈等各类违法案件280余起，挽回经济损失1400万元。

◆第五节　人口与计划生育

计划生育 1994年，长沙经开区成立计划生育领导小组及领导小组办公室，领导小组办公室与星沙镇计生办合署办公，由星沙镇计生办主任兼任领导小组办公室主任。长沙经开区设计划生育联络员，配合星沙镇计生办开展区内企事业单位计划生育管理工作。

1992—2002年，长沙县城星沙镇的计划生育工作，通过广泛宣传和严格执行计划生育政策法规，开展“少生快富奔小康”活动，实行计划生育居民自治，创建计划生育模范镇等一系列活动，全镇计划生育实现从高出生、高死亡、高增长到低出生、低死亡、低增长的历史性转变，进入了稳定的低生育水平的阶段。

2003年8月21日，长沙经开区管委会印发《长沙经开区入区企业计划生育管理办法》。

2003—2007年，长沙经开区所属地星沙镇的计生工作机构，重视宣传教育在计生工作中的先导地位，坚持贴近群众，贴近生活，贴近实际，坚持提供群众最需要、最关心的信息，从关心群众的生产、生活、生育出发，宣传生育法规政策，办事程序，生殖保健，优生优育，避孕节育等计生专业知识，还利用“三下乡”活动等机会，深入到群众当中，开展咨询，发放宣传品。将计生法律法规纳入社会普法教育的内容，纳入党委宣传部门和新闻媒体的宣传内容，把弘扬婚育新风，建设生育文化纳入到建设文明乡镇、文明社区、文明家庭中，形成了职能明确，责任到位，有组织、有领导的社会功能体系。每年定期开展“国策”宣传教育，进一步加强计生优质服务，继续深化计生综合改革，建立健全计生管理新体制，区、镇各项计生指标均达到上级的要求，年均计生率达到99%以上。

2009年，星沙镇撤镇分设星沙、泉塘、湘龙3个街道，长沙经开区社会事业局加强与3个街道计生办联系，进一步增强落实“国策”力度，强化宣传教育，营造计生工作社会氛围，围绕转变群众婚育观念着手，引导广大育龄群众树立科学、文明、进步的新观念，加大计生政策法规，生育保健方面的宣传教育，发放《计生工作手册》7.50万册，计生宣传小折页7.80万份，《致流入人员的公开信》8.50万份，使计生政策深入社区，深入家庭，把学习宣传活动落实到社区、到企业、到楼栋、到户。夯实计生基础工作，建立长效工作机制，推行以社区为主的工作机制，确保“投入到社区，指导到社区，责任到社区，考核到社区”的“四到基层”工作，计生办工作人员全部分派联系1～2个社区，并负责指导好社区的计生工作。加强计生队伍建设，对社区干部信息员进行基本业务知识培训；加强基础信息核查，做好已婚育适龄妇女信息采集和录入工作，强化社会抚养费征收力度，控制计划外出生，构建适应现代化城市发展要求的计生管理体制，实施网络管理，细化工作职责。对长沙经开区230家企业的员工计划生育工作不漏管，召开民营企业计生管理现场会，形成各企业一把手负总责，专（兼）职人员具体抓的工作格局。

2010—2012年，星沙、泉塘、湘龙3个街道共计出生人口2658人，计生率97.42%。免费开展生殖健康服务4.06万人次，为4012人进行优生遗传检测，发放叶酸片1.62万瓶。通过均等优质服务，流动人口的计划生育参与率达到98%，免费药具获得率达90%以上，服务到位率提升到95%，满意率达到95%。建立人口网格化信息管理系统，服务范围实现“管理区间、管理对象、管理环节和管理时限”四覆盖的工作目标，采用每个网格明确一名网格管理员，具体职责为掌握和报送网格内人口变动情况，协助区计生办开展人口管理服务；设立一块人口工作公示牌，在各网格内公开网格管理员姓名、联系方式、服务内容和职责；发放一张便民服务卡，将网格管理员的姓名、联系方式、服务内容以服务卡的形式送到每个服务对象的手中；开通一条人口服务热线，方便辖区内职工和居民及时与工作人员联系，进行政策咨询、诉求反映和投诉建议，不断提高服务水平和质量；填写一本民情日记本，为每个网格管理员配备《民情日记本》，填写走访调查的时间、地点、服务对象和服务内容的“五个一”工作方法，建立网格服务“六清”机制：要求网格管理员做到居民家庭情况清、人员类别清、区域设施清、隐患矛盾清、服务需求清和群众关注的热点难点清。社会网格管理员建立了户籍人口花名册、流动人口登记簿，企业网格管理员建立了企业在职人员花名册，每月进行更新上报，真正做到了对网格内动态的实时掌握；建立了“四访四报”机制：“四访”，即网格内育龄群众、计生帮扶对象、独居老人、计生特扶家庭每月必访。“四报”，即发现新增常住人口、新增孕妇、新增计划外生育和流动人员迁入迁出必报的“六四四”工作机制。2012 年 12 月，长沙经开区计生办出席在广东湛江召开的全国第五届人口与计划生育工作年会，在会上作题为《应用网格化系统、提供全方位服务》的典型发言。

流动人口 1992—2008 年，长沙经开区流动人口的管理工作，由驻地星沙镇人民政府相关部门管理。

2009 年，城区星沙镇撤镇分设星沙、泉塘、湘龙 3 个街道街道办事处，根据社会发展的需要和上级指示精神，成立了流动人口与出租屋管理服务中心，开展流动人口与出租屋管理工作。构建网络信息平台，建立和完善信息工作系统。将街道管理服务工作的办事流程、工作制度、协管员职责、考核办法、工作简报等信息上传到信息平台，各社区根据各自的实际情况，及时捕捉和上级有价值的相关信息，并对已掌握的信息进行梳理归类，同时在平台设立交流沟通窗口，让流动人口足不出户就能够了解全街道的各方面工作信息，及时反馈流动人口和出租户情况，提出建议和意见，从而实现信息交流互通有无。参加政府机构组织的对辖区“四小场所”和突发案件的清查行动。共协助查出 120 余家未办证的家庭小旅馆，发放各种案件的《通缉令》15.89 万份，《专案场所摸排表》3.8 万份，《出租屋摸排表》3.80 万份，清查流动人口 8.52 万人次，出租房屋 1.93 万家，宾馆旅店 1.58 万家次，建筑工地 120 余个次，网吧 78 家，洗浴中心 87 家，抓获犯罪嫌疑人 53 名。对流动人口和出租屋业主的人性化管理。通过建立出租房屋主花名册及时掌握辖区内房主的信息，向其进行法律法规宣传教育，提供房屋租赁，法律咨询等相关服务，让房主找到出租业务和流动人口及时找到租住地，更重要的是达到以房管人的目的。中心的协管员同时积极参与社区矛盾的调解，及时为流动人口化解纠纷，中心主动为租赁户提供《房屋租赁合同》样本，制作流动人口婚育证明，“生育证”“独生子女光荣证”“就业失业登记证”“就业困难对象认定”“居住证”等，并为流动人口办理低保和养老保险等与其息息相关的事情。共建小区文化苑。为丰富流动人口的业余生活，湘龙街道湘郡社区率先建立小区文苑，每周定点开放，持居住证的流动人口都可去阅览室免费看书、下棋、打球等，星沙街道不少社区成立了市民学校，对流动人口进行相关的法律法规教育和就业辅导培训，提高其素质，增强就业技能。建立健全流动人口计划生育信息交换平台。完善信息共享机制，信息通报制度，做好每月信息的采集核实工作，提高流入已婚育龄妇女信息完整性、准确性。同时加强与户籍地联系，对政策外怀孕、生育及时进行通报；与派出所协作开展流动人口服务管理工作，做好一站式服务，实现流动人口与常住人口同宣传、同服务、同管理，免费提供避孕药具、免费落实节育措施、免费提供生殖健康检查、免费提供相关证明、免费提供宣传咨询服务，依法维护流动人口的合法权益。

推进公共安全满意工程和人民满意社区建设，加强综合治理力度，落实相关部门职责，规范操作，全面清查，摸清底子，开展流动人口与出租屋清查“百日行动”。成立流动人口与出租屋清查“百日行动”领导小组，联合社区民警、社区负责人、计生专干及助理、流动人口协管员，全面清查出租屋、集贸市场、住宅小区、沿街门店、建筑工地等流动人口居住和从业的地点场所，采集流动人口及房屋出租户信息，建立健全流动人口信息档案。

2012 年 3 月 1 日至 11 月 1 日，各街道流动人口和出租屋管理中心共采集流动人口 17.48 万人次，录入流动人口 14.09 万人次，采集出租房屋 4.29 万户，录入出租房屋 3.35 万户，办理居住证 9.88 万张，签订治安责任书 1.97 万份，采集产权证复印件 969 份，出租房屋合同复印件 1485 份，注销流动人口 9004 人。

第六章 政务管理

◆第一节　机关事务

2009 年 9 月，长沙经开区成立机关服务中心，主要负责区机关的日常后勤管理和对外接待工作。

机关食堂每天平均就餐人数达 230 余人次，机关服务中心严格落实《食品卫生法》及食品卫生安全的相关要求，注重营造整洁卫生的就餐环境。机关食堂的服务和膳食供应质量逐步提高。

机关服务中心配合管委会圆满完成中日汽车论坛、晋升国家级开发区 10 周年、全国开发区工会年会工作会议、工程机械配套件年会等接待任务。圆满完成“配博会”“科交会”的接待任务。从方案制订、衔接联络、食宿车辆安排等方面周密安排，实行全程服务。特别是圆满完成区庆 20 周年接待任务。2009—2012 年，共接待到区参观人员 760 余批次。配合管委会完成会议接待 7520 余场次，餐饮服务 560 余次。协调车辆 1500 余台次。

机关服务中心加强对物业公司的指导，对大院实施全方位的物业管理服务模式，从领导、机关干部职工最关心的焦点、难点问题入手，为干部职工营造舒适的工作、生活环境。坚持夜间巡查和查岗查哨制度，每个月安全检查 3 次以上。组织专业部门对大院内的消防设施设备进行定期检查保养，组织干部职工进行消防演练，配合入区企业办理车辆停靠证照 1700 余本次，为企业协调处理事故 36 起。在“两帮两促”工作中为园区企业解决工地防暑降温用品，在爱国卫生除“四害”活动中，为园区购置发放灭鼠等药品。组织长沙经开区机关驾驶人员学习交通安全知识和交通法律法规，每年根据不同季节情况发放“致司机朋友的一封信”，增强了干部职工的安全意识。2009—2012 年进行消防检查 150 次，确保了机关大院安全。

加强固定资产管理力度，建立健全固定资产管理使用制度，建立管委会固定资产台账。2011 年，对机关办公楼室内进行维修改造。2012 年，以扎实的盘点工作为基础，进一步落实《固定资产管理制度（试行）》，组织对全区所有固定资产进行清查。此次清查工作，引入专业机构协助，并采用新的资产管理系统，盘点固定资产数量 7000 余件，完善了固定资产台账，做到了账物相符、责权清晰。

◆第二节　创业服务

2002 年 7 月 30 日，长沙经开区成立中小企业创业服务中心。2004 年 12 月 15 日，更名为长沙经开区创业服务中心。负责组织实施创业服务体系建设，为初创型企业提供场地租赁、科技申报、融资市场开拓等服务工作；负责创业基地、孵化基地及留学生创业园和大学生创业园、基地等工业地产的管理工作；协助安全生产行政主管部门加强对园区内企业的安全监管等工作。

从 2002 年起，服务中心不断优化创业基地布局，强化孵化基地建设：采取民营资本建设、长沙经开区整体返租的形式建设了和祥科技园、国顺科技园和物丰机电产业园，以独资形式由管委会建设了国阳科技园，由社会资本建设和管理了蓝色机械配套产业园、中部智谷和长海服务外包基地。截至 2012 年，创业基地已建成标准厂房面积达 20.34 公顷。

良好的创新创业环境吸引了众多质量高、前景好的科技企业来区发展。2002—2012 年，服务中心引进孵化企业 110 家，毕业企业 25 家。其中，熙迈机械、南方搏云新材料、安瑞电器、长源变压器等一大批高科技含量企业的入驻，给创业基地的发展带来了生机。

截至 2010 年，创业基地企业有 6 个项目获得国家科技部支持，34 个项目得到省、市支持，MC 型多级离心鼓风机等 3 个项目获得市科技进步奖，2 家企业被认定为高新技术企业，14 项技术成果申请了专利保护，10 项专利申请得到授权。其中，由创业服务中心承担的“工程机械制造产业集群中小企业技术转移服务平台”项目列入国家科技部 2010 年度科技型中小企业技术创新基金项目，这是中心首次承担科技部项目。

2007 年 12 月，和祥科技园被长沙市人民政府评为“长沙市小企业创业基地”，2009 年 12 月，被长沙市推进创业富民工作领导小组评为“长沙市市级创业基地”，2011 年 4 月，被长沙市妇联评为“长沙市女大学生创业就业实践基地”，2011 年 7 月，被认定为“长沙市科技企业孵化器”。

创业服务中心创新服务方式，变被动服务为主动服务，建立了创业服务企业联络人制度，对每个创业基地企业，确定专人定点联系，及时掌握企业生产经营状况，帮助企业解决实际困难。同时，对优秀项目、重点企业实行倾斜、重点扶持，以加速项目孵化进度，促进企业快速发展。

不定期召开银企对接会等活动，为企业、银行及投资公司和担保公司牵线搭桥，帮助初创企业融资。引导投资公司、证券公司、银行、律师事务所等中介服务机构定期走访创业基地企业，为企业融资牵线搭桥。

创立长沙经开区创业服务网，与长沙经开区主网站同步上线。通过网络平台，宣传集约用地政策，引导中小企业进入创业基地发展；为园区内中小企业内部交流合作提供平台。

2010年6月，省人力资源和社会保障厅为创业中心“留学人员创业园”授牌，园区整体品牌形象跃上新台阶，对外影响力和认知度进一步扩大，为加快引进以留学人员为代表的高端人才来区创新创业奠定了基础。

2012 年，组织园区内 5 家留学人员创业企业进行了中国留学人员回国创业启动支持计划申报和国家留学人员科技活动项目择优资助经费申报，其中，艾尔丰华公司项目获得国家创业启动项目最高奖励 50 万元的资金扶持，尚唐古道公司获得省级资金扶持。

◆第三节　技术服务

1992 年 12 月，长沙星沙开发区工程建设指挥部成立总工程师办公室，2002 年 6 月更名为长沙经开区技术服务中心，负责管理长沙经开区总体规划及控制性详细规划等编制工作。协调交通运输部规划研究院、长沙市规划设计院、湖南省交通规划勘察设计院、湖南大学土木建筑设计院、中国市政工程西北设计研究院、中机国际工程研究院等单位，对园区的道路、给排水、绿化、电力、电讯、房屋建筑、桥梁等重大工程项目进行规划设计。

1992 年 6 月，长沙星沙开发区工程建设技术人员协助湖南大学土木建筑设计院编制长沙经开区 14 平方千米用地、道路交通、环境、电信、电力、供水、园林、供热、供气、污水排放、农田水利、建设布局12个规划及绿化、公共设施及商住区、设备4个系统规划。

1998年，长沙市规划设计院修编长沙经开区（县城）总体规划和城市道路交通专业规划。2002年，长沙市规划设计院修编《长沙县总体规划修编》《长沙市星沙分区规划》，规划用地面积为60平方千米，长沙经开区工业用地为30平方千米。2007年，长沙市规划设计院编制61.99平方千米新拓展区域的概念性总体规划和控制性详细规划。在这些规划编制中，技术服务中心专业技术人员进行了大量的基础资料调查和规划修编的前期工作。

截至2012年，组织参与入区企业、区内道路、给排水、商住区建设、绿化建设、电力电信建设初步设计方案评审会议426次。协助协调完善工程项目外委设计工作512次。为企业单位、施工单位提供基础技术资料咨询服务3200余次。协助并参与区内主次道路、给排水、绿化、电力管网施工设计等技术服务累计总长420千米；场地土石方工程测量、设计、计算、竣工验收360次；路网测绘定位、变更测量计量482次；入区企业及区内建筑放线定位4247余次。同时，参与施工合同会签1884项、工程竣工资料初步审核1862项。

◆第四节　维护权益

长沙经开区总工会按照“组织起来、切实维权”的方针，加强工会组织建设，切实维护职工权益。

按照“投产一家，建会一家，成熟一家，规范一家”的工作模式，狠抓园区企业工会组建及规范，初步形成“党委领导，政府支持，工会运作，各方配合”的建会格局。长沙经开区总工会多次被评为全市建会工作先进单位。截至2012年，千人以上企业建会率100%，百人以上企业建会率80%，其中外资企业工会会员覆盖率90%。随着园区工会工作的影响力不断扩大，区内山河智能、博世汽车、广汽菲亚特、蓝思科技、住友橡胶等大型企业先后在区工会注册工会组织，进一步扩大了工会组织的覆盖面和影响力。

2005年，督促劳动部门对企业超时加班问题采用劳动监察手段（涉及44家企业5.6万名职工），整顿治理违法用工活动。对部分超时加班严重的企业由政府发出限期整改通知书，督促整改；对经过整顿仍达不到整改要求的企业进行行政处罚；提出企业需要加班应与职工协商，征得工会组织同意，发挥工会的监督作用。同时，配合劳动部门到企业调查研究，解决企业在劳动用工上遇到的矛盾和问题。

2008 年，汶川特大地震、雨雪冰冻等自然灾害和百年一遇的国际金融危机交织叠加，区内 LG 曙光、湖南 HEG、伊莱克斯、旭通科技、光阳摩托等企业纷纷倒闭、搬迁、裁员，涉及职工 2.5 万人。长沙经开区工会工委积极参与各项工作的协调处理，与企业行政进行直接谈判，从源头参与职工权益问题的协商处理；深入数十家企业调查研究，就企业劳动合同短期化引发劳动争议大幅上升，劳务工、农民工权益受侵害等问题和企业普遍存在超时加班等现象，分别写出了专题调查报告，得到长沙经开区党工委、管委会领导的高度关注和重视，并作了重要的批示，把重视劳动关系稳定和谐发展提高到改善长沙经开区投资环境、实现经开区稳定发展的高度来认识，进一步规范了企业用工管理，清除了隐患，维护了职工的合法权益。

2010 年，长沙经开区总工会成立职工帮扶中心，开通劳动投诉热线，受理职工投诉，协助企业工会组织和长沙经开区法庭开展法律义务咨询和服务，及时调处劳动争议纠纷，维护职工权益，维护企业稳定。2011 年，全面推行工资集体协商工作，规模以上企业工会工资集体协商覆盖率超过 60%。建立困难职工帮扶救助制度，开展困难职工大病、意外致困救助。2012 年出台《长沙经济技术开发区职工投诉处理暂行规定》，公布职工投诉热线（0731-84020072），建立职工投诉台账，全年调处劳动投诉 15 起（其中电话咨询 5 起），进一步维护了职工合法权益。

◆第五节　电子政务

2001 年，长沙经开区制定《长沙经开区信息化建设规划纲要》。

2003 年 11 月，长沙经开区成立信息中心，2009 年 3 月，信息中心更名为电子政务处，负责组织制定机关及全区信息化建设长远规划、年度计划和相关管理制度；根据国家、省、市信息工作要求，安排、布置全年电子政务工作；组织落实区门户网站和 OA 系统等信息系统的建设、应用、维护和管理工作；负责机关网络信息安全。

2003 年 11 月，开通区门户网站，发挥门户网站政务公开、公众参与、公共服务的三大功能定位，为企业和公众提供网络服务平台。

2004年12月，在行政楼一楼大厅设立电子显示屏系统，确保重要信息实时播放。2005年5月，在行政楼一楼大厅设置4台多媒体触摸查询机。2007年8月，与红网传媒合作，在主电梯口增设2台多媒体信息播放机，实现信息的多渠道、全方位的网络传播。2011年10月，对综合楼二楼进行装修改造，设立服务大厅，并增设6台多媒体触摸查询机和4台显示屏，为公众提供政务信息公开查询。

2010年10月，对区门户网站进行整合改版，并开设招商服务、产业服务、创业服务、人才服务4个子网站及三维数字招商、科技创新两大服务系统，为企业和公众提供了全方位服务平台。新门户网站2011年5月31日上线运行。是年12月，新门户网站在第十届（2011）中国政府网站绩效评估中，获全国97家经济技术开发区第4名。

2010年12月，三维数字招商系统建成并投入运行，该系统运用更新颖、更具高科技影响力的三维互联网发布方式，较好地实现了介绍园区投资环境、展示园区数字化程度和实现电子政务的有机统一。2011年6月，完成科技创新服务知识平台建设，并投入运行。

建设机关办公自动化系统，分平台建设和推广应用两个阶段实施。平台建设阶段（2010年10月至2011年11月），对机关业务流程进行了梳理、优化和再造；依托系统平台，整合各种业务信息和应用系统，形成综合应用平台，实现信息的集中管理。建章立制，保障系统运行高效、规范和安全。该系统于2011年11月建成，推广应用阶段（2011年12月至2012年9月），将各部门（单位）的公文传送、目标管理和信息共享纳入试运行范围，实现各部门间电子公文和信息的交换，促进信息资源充分共享。

加强园区与中国开发区、长沙市政府和长沙市信息协会的联系，为区门户网站、市政府门户网站、中国开发区网等网站，《中国开发区》《长沙信息》等期刊提供大量有价值的资料信息，促进了与兄弟开发区和信息化行业之间的交流。

区信息部门制定了《机关计算机信息系统管理制度》《中心机房管理制度》《网络与信息安全应急预案》《门户网站管理制度》《门户网站管理维护工作绩效考核办法》《电子政务公共资源使用管理制度》等，电子政务管理不断完善。

贯彻落实国家《保密法》，切实加强机关信息系统安全管理，接通了市电子政务内网专线；为机关工作人员配备双网隔离计算机，实行电子政务内、外双网运行；配置入侵检测、行为管理和单向导入设备等系统，定期开展机关网络与信息系统安全保密检查，形成了技术先进、管理高效、安全可靠的网络与信息安全管理体系，确保机关网络信息安全。

2011 年，对近千台机关电子政务设备逐一建档，统一制作固定资产标签，明确责任人，并录入“单位设备管理系统”，完成机关电子政务设备资产全面清查，进一步规范电子政务设备的管理。

2012 年，为提高管委会社会管理和公共服务能力，推进政府信息公开，办公室加大电子政务建设力度，电子政务服务取得了明显成效，区门户网站获“中国政府网站领先奖”，并获全市“2011 年度政府网站建设与管理先进单位”。管委会机关的所有外网计算机由 2 条 100M 电信光纤接入国际互联网，实现机关行政办公与非行政办公网络的分离，办公计算机实现了内外网完全物理隔离。达到了国家保密局关于网络保密安全建设的要求，充分利用机关办公大楼装修之际，完成了机关办公计算机双网改造工程，机关整网总端口数达到 1380 个，实现网络光纤到桌面。

编制《电子政务设备管理办法》，规范电子政务设备的申请、采购、维修、报废、处置等工作流程；出台《长沙经开区门户网站管理维护工作绩效考核办法》，促进网站信息更新维护的制度化、规范化。在安全方面，将重要系统的业务数据进行集中存储和备份，并聘请专业信息安全风险评测公司进行评估和整改，进一步增强了系统运行的可靠性，无一例安全和异常事故发生。以软件平台为支撑，电子政务系统建设稳步推进。根据工作的需要，是年 8 月开展 OA 系统迁入内网运行的各项准备工作，同时进行网上文电处理培训，实现文电收发处理网上运行。

◆第六节　政府采购与招投标

2001 年 6 月 28 日，长沙经开区管委会成立以管委会主任牵头的政府采购工作领导小组，是年 7 月 2 日，成立以纪工委书记牵头的建设工程招投标领导小组，负责管理招投标和政府采购工作。2008 年 9 月，成立长沙经开区政府采购与招投标办公室，负责管理政府采购与招投标工作。政府采购与招投标办公室始终坚持“公开、公平、公正”的原则，依法依规组织好招投标工作，确保无一违规招标，有效杜绝暗箱操作，防止腐败滋生。按照招投标法律法规的要求，所有要求公开招标的工程都进行公开招标，公开招标率达 100%。

2011 年，长沙经开区政府采购与招投标办公室获湖南省综合评标专家抽取系统使用权限，建立湖南省综合评标专家库网络抽取终端系统，并于是年试运行，政府采购项目的招标公告、招标文件、评标专家抽取和中标公告等信息的发布依托长沙县招标采购中心平台进行信息发布，规范了招标代理市场行为，招标代理中介机构实行建库管理，最大限度地减少人为的自由裁量权。

2012 年，政府采购与招投标办将建设工程公开招标项目录入省建设工程管理信息系统网，对关键岗位人员的在建项目信息进行查询。规范招标公告和招标文件的信息发布渠道，与省 2011 年版招标公告和招标文件全面接轨。规范招标代理机构的管理工作。

政府采购与招投标办公室创新举措，率先实行投标单位法人现场信誉承诺制度；项目招标代理和评标专家实行随机抽取；投标保证金实行集中管理；逐步推行无业主评委进行的专家评审活动；推行取消报名制度，积极倡导资格后审方式；优化招投标工作流程，招标文件统一执行《中华人民共和国房屋建筑和市政工程标准施工招标文件》（2011 年版）招标文件范本。对招标公告、招标文件的审查把关采取联审制度；建设项目全面推行工程量清单计价招标方式，有效控制工程造价；加大制度建设的力度，规范流程管理，完善本部门的工作流程、操作手册。创新与完善并重，着力提升运行水平。创新工作方法，探行 BOT 招标模式。借鉴 BOT 方式参与经济融资建设，缓解政府财政资金压力。

截至 2012 年，长沙经开区共组织开标 538 批次，累计 637 个标段，开标金额 23.08 亿元，中标金额 22.90 亿元，节约资金 2.81 亿元，平均节约率为 10.21%。规避招标和场外交易的现象得到有效杜绝。

◆第七节　投资评审

2004 年，长沙经开区成立投资评审中心。利用工程专业技术手段，发挥财政监督职能，有效实施投资项目各阶段动态投资控制。

投资评审中心根据建设项目所涉及的专业，拓宽服务领域。除建设工程项目外，评审领域扩大到网络设备、人防工程、地勘检测费、拆迁补偿费等项目，更好地发挥了财政投资评审的把关作用。

投资评审中心狠抓造价控制源头，降低工程造价，实行评审“关口”前移，

2005年，投资评审中心对长沙经开区内投资项目实行现场跟踪和工程变更签证，参与招标标底审查，有效控制工程造价，控制项目成本的重点环节跟踪评审。在项目实施过程中，抓住隐蔽工程、设计变更签证等对结算造价影响大的重点环节，坚持实地踏勘，做好现场记录，做到跟踪评审，有效遏制施工单位在签证中弄虚作假、高估冒算等行为。

投资评审中心不断完善基础工作。加强报审资料的管理。对报审资料进行分类管理，统一编号。明确专人负责，严格执行收件、审核、编号、用印程序，落实管理责任，制定现场工作记录，通过完善的工作记录，及时总结项目建设中遇到的问题，全面提高评审效率。制定项目评审意见反馈表，从评审结果、现场签证、服务效能、廉政守法等方面，自觉接受外部监督。

2010年，对财政投资的道路项目、房建项目、绿化项目、人行道项目的招标工程建立数据库，为投资决策提供参考依据。2004—2011年投资评审项目1414个，评审金额27.85亿元。

2012年，投资评审中心共完成评审项目202个，金额8.37亿元。其中结算项目85个，送审金额2.42亿元。审定金额1.95亿元，审减额0.47亿元，审减率19.53%；预算项目117个，预算金额5.95亿元。2011年外委的评审费用有80万元，共委托了6家造价事务所。是年，实行所有外委项目抽签制，不再人为安排分配，减少自由裁量权，并且对事务所的质量、完成的进度进行细化考核，每个项目都实行打分制，年底综合排名，评审质量、进度比往年有所提升。

◆第八节　信访接待与应急管理

2009年5月，长沙经开区管委会成立总值班室，负责区机关信访和应急管理工作。

2009—2012年，长沙经开区总值班室共向区党工委、管委会领导报告信访问题90余个，引起党工委、管委会领导的高度重视，解决了许多突出疑难信访问题。旭通科技非法集资案，集资户集体上访50余次，党工委、管委会领导及相关局室负责人多次接访，做耐心细致的思想工作，基本稳定了集资户情绪。星沙大道南延线、汇一药机综合楼、松雅门业、京广线缆办公楼及厂房等工程结算纠纷问题，包工头、民工、材料供应商为索要欠款，30余次堵路、堵门、集体上访和与企业人员发生冲突，管委会领导及相关局室负责人数十次接访和召开现场协调会，使问题逐步得到解决。LG 曙光资产处置问题，因人员分流及资产处置等原因引起多次矛盾冲突，管委会负责人接访和召开协调会10 余次，及时化解了矛盾冲突。拆迁户刘某某五兄妹的拆迁补偿问题，上访50 余次，多次大哭大闹和以自杀相威胁，长沙经开区和长沙县领导及相关部门多次协调和做工作，事态得到了平息。和昌机械、招商局物流、博世汽车等企业员工伤亡赔偿、三一供应商服毒等问题，在相关部门的共同努力下，得到了妥善解决。

2009 年，处理来信来访 300 余件次，接待群众来访 500 余人次，赴省、市领回群众上访 5 批次 500 余人次；2010 年，接待群众来访 400 余人次，网上信访 2 件次；2011 年，接待群众来访 300 余人次，来电 200 余次，来信 4 件次，网上信访 10 余件；2012 年，不断加大对群众信访问题的调处力度。全年共接待群众来访 110 批 1000 余人次，其中集体访 60 余批次，妥善解决各类信访问题，无非正常越级上访。

依法妥善处置突发事件。2009 年，协调解决伊莱克斯工厂关闭事件引发的涉及 700 余人的劳资纠纷及群体性事件，妥善解决员工补偿安置问题，保护了公司资产，并帮助伊莱克斯引进战略投资者，盘活工厂现有资源，实现带动发展。协调解决 LG 曙光因停产、亏损引发的债务纠纷问题及相关群体性事件，维护了公司及员工的合法权益，为公司平稳过渡起到了积极的作用。依法处置旭通科技非法集资问题，由长沙经开区和长沙县联合成立“12・16”非法集资案处置工作领导小组和清算工作专案组，对案件进行侦查审理。2010 年，协助管委会领导及相关部门有效处置各类突发事件 40 余起，其中群体性事件 20 余起，安全生产事故和劳资纠纷、环境、消防、交通等事故 10 余起。2011 年，及时处置年初的雨雪冰冻灾害、是年 6 月的暴雨灾害，以及因劳资纠纷、征地拆迁、工程结算纠纷、非法集资等引发的堵门、堵路、集体闹事、集体上访、越级上访等多起群体性事件。2012 年，及时处置各类突发事件 13 起，在突发事件处置中，发挥信息及时报告、指令落实到位、情况动态掌握、处置全程监督的作用，使各类突发事件得到及时有效地处理。

完善应急响应机制。编制出台总体应急预案和建设工程、涉外涉侨、供水、金融等 8 个专项预案。为便于操作，每个预案都编制了简明操作手册。2012 年，发布《群体性事件应急预案》《火灾事故应急预案》2 个专项预案，使管委会预案体制进一步完善。督促企业制定应急预案，共有60余个企业制定相应的应急预案。全年共组织应急演练4次，在山河智能开展高温中暑、火灾紧急救援及疏散演习，在蓝思科技开展了安全紧急疏散演习，在恒天九五开展消防应急演练。

◆第九节　人才交流

2004年7月，长沙经开区成立人才交流服务中心。为长沙经开区人才流动提供中介服务、流动人才组织与人事关系转接、流动人才档案保管、人才信息服务、人才市场培育。

人才交流服务中心在人才引进方面一直致力搭平台、拓渠道，系统开展各类人才引进服务。2005年6月，创建长沙经开区人才网，2009年、2011年分别进行改版升级，注册企业481家，浏览量达16.20万余次，日点击率近600次。2007年3月18日，长沙经开区人才市场挂牌成立并举办首场大型公益性人才招聘会。人才交流服务中心采取定期举办公益性现场招聘会、校园毕业生供需见面会、企业专场招聘会、网络招聘会等形式，大力为园区企业吸纳人才。举办各类招聘活动124期，为企业成功引进各类人才3.22万余人。从2010年8月开始，每月8日、18日定期举办公益性现场招聘会，长沙经开区人才市场已成为园区企业人才引进的主渠道。

人才交流中心注重人才培育，营造园区学习氛围，助推企业内训，促进企业发展，2008年4月，人才交流服务中心创办《星沙大讲堂》公益培训品牌，长期为园区从业人员提供各类培训。《星沙大讲堂》已开展87期公益性培训，服务企业近3200家次，培训员工2.78万余人次，培训满意度达98%以上。举办技能人才技术等级晋升培训班16期，培训5671人。举办拆迁农民工技能培训2期，培训拆迁农民149人，并全部推荐到园区企业工作。

2008年，长沙经开区出台《关于鼓励企业引进高层次人才的暂行办法》，并积极引导园区企业优秀人才开展各级人才奖励申报。2012年，落实长沙经开区高层次人才引进奖励，年内奖励11人共110万元。统筹各方面力量，从融资、税收、场地等多方面为企业提供优惠政策，及时抓好人才计划申报工作，组织5名海外高层次人才申报国家“千人计划”，2人申报“享受国务院政府津贴”；2人入选省“百人计划”考察，2人获“潇湘友谊奖”。康宝莱公司的郑群怡博士作为“千人计划”创业人才代表被推荐参加在大连举办的“千人计划成果展”。截至2012年，已有11人获长沙经开区人才奖励；3人获国家“千人计划”奖励；6人获省“百人计划”奖励；9个个人及2个团队获市“313计划”奖励，27家次单位获得省市引智项目奖励，共争取上级人才奖励资金近2000万元。

2004年、2007年，长沙经开区分别成立了工程系列初级、中级评审委员会。为解决企业专业技术人员职称评定工作延误的问题，人才中心积极协调上级职改部门，在2009—2012年开展中级职称特殊人才评审，为专业技术人员开辟职称“绿色通道”。2005—2012年，共为园区2276名专业技术人员进行职称评定服务，其中高级申报134人，中级评定1227人，评定初级1615人。

2005年，人才交流服务中心编印《长沙经开区人才交流服务中心服务指南》，对人事代理、人才中介、人才培训、人才网等服务项目和服务程序进行介绍，为人才和用人单位提供规范化全方位服务。

2011年，编印《国家级长沙经开区“十二五”人才发展规划》，加强人才市场建设，实施人才培养工程，落实高层次人才引进机制。

2012年8月，共青团北京大学委员会“青年就业见习实践基地”在长沙经开区挂牌。是年11月，长沙经开区扶持铁建重工成功获批省博士后科研流动站协作研发中心。全年共组织各类招聘活动35场，服务企业1799家次，为企业招揽人才8538人次。

第八篇

社会事业·精神文明建设

Social Cause & Spiritual Civilization Construction

第一章 教 育

◆第一节 规模与设施

1995年，长沙经开区属地星沙镇原“杉星小学”更名为“星沙镇中心小学”，扩大了办学规模。1998年，该校被评为“县级示范性小学”。2002年，由县城板仓路整体搬迁至天华路，校园环境更加优美。

1996年1月11日，长沙县维汉中学奠基，1997年建成招生，该校占地面积20余公顷，建筑风格融贯中西，教育教学设备设施优良齐全，现代化程度高，师生工作学习条件优越，办公室、教室供暖制冷设备齐全，学生公寓可容纳寄宿生2600余人，食堂、商店、快餐店、洗衣房等校内生活设施设备齐全。长沙县人民政府于1998年3月认定该学校为县属重点高级中学，1999年，长沙县维汉中学更名为“长沙县实验中学”，2001年5月，长沙县人民政府决定将实验中学与县一中合并，更名为“长沙县一中（星沙校区）”。2005年，为优化学校管理，县委、县政府决定仍然把两校分开，恢复长沙县实验中学。

1998年，兴建六艺天骄幼儿园，1999年竣工开园。为适应县城发展的需要，2000年，兴建县实验小学，2001年，县实验小学移交湖南大众传媒学院。2000—2010年，相继建成泉塘小学、东业晨曦小学、金鹰小学、华润小学、湘龙小学、中南小学、松雅湖中学等学校。

2010年5月，长沙玮希国际学校奠基，2011年1月建成。占地面积2.38公顷，建筑面积2.04公顷。学校分教学区、生活区两大功能区，规划建设教学楼、实验楼、学生公寓、食堂等必要的教学与生活设施。学校新建生活区面积2000余平方米，可容纳住宿学生500人。学校由中新苏州工业园国际教育服务有限公司和长沙经济技术开发有限公司共同建设经营，长沙经济技术开发有限公司投资7000万元负责建设，包括学校的校舍及配套建设和所有的教学设备和设施，建成后交外方运营，外方负责国际学校的日常运作与管理。

截至2012年，长沙经开区内有幼儿园40所，小学8所，初级中学4所，高级中学2所，国际实验学校1所，区内和周边有湖南大众传媒学院、长沙师范学院等高等院校9所。

◆第二节　教改成果

1998年，长沙经开区内长沙县一中成为省级示范学校。2000年，六艺天骄幼儿园被评为县级示范幼儿园，2002年，被评为市级示范幼儿园，成为长沙市第一所县办市级示范性幼儿园。星沙中学、星沙中心小学在2000年同时成为县级示范学校。

截至2012年，全区中小学生入学率、巩固率均达100%，合格率在99%以上。所有学校实现了多媒体教学，生动活泼的教学形式为提高中小学生学习兴趣、培养实践能力、激发创新思维创造了条件。在“全面实施素质教育，大力培养创新精神”的思想指导下，全区中小学开展了一系列教育教学改革活动。采用谈话式评语和评价标准，增进和沟通了师生之间的情感交流，体现了“以人为本”的教育思想。在积极探索和创新教学方法中，一批青年教师脱颖而出，在全国和省、市赛课中多次获奖，教学手段的改革取得了显著成绩，教育质量一直处于省、市、县优秀行列。

第二章 文 化

◆第一节 机关文化

行为规范 1993年，星沙开发区工程建设指挥部制定机关工作人员必须遵循的八条行为规范：第一条：锐意改革，大胆创新，开拓进取，勇攀高峰。第二条：敢于拼搏，知难而进，说干就干，雷厉风行。第三条：讲究科学，遵循规律，注重质量，精益求精。第四条：顾全大局，协作真诚，襟怀坦白，磊落光明。第五条：不为名利，谦虚谨慎，自强不息，同心同德。第六条：清正廉洁，执事秉公，无私奉献，两袖清风。第七条：恪尽职守，诚实认真，勤俭节约，以苦为荣。第八条：爱我星沙，建我新城，荣辱与共，耿耿丹心。

八条行为规范，是长沙经开区创业、建设和发展的精神支柱，是干部职工的行为准则。长沙经开区机关党员干部带头执行八条行为规范，树立了良好的形象，特别是在发扬艰苦创业精神方面更为突出，在创业阶段坚持“先治坡、后治窝”的原则，把建设资金全部用在基础设施建设上。1992—2012年，管委会办公地点先后5次易地搬迁。第1次，长沙星沙开发区工程建设指挥部成立时，办公地点设在长沙市开福区潘家坪的长沙县政府原接待处；第2次，1992年9月2日由潘家坪迁至星沙镇大塘村，租赁农民师术清的几间农舍办公；第3次，1993年7月8日管委会在107国道旁兴建临时办公房办公，后因修建长潭高速公路拆迁，1999年12月30日租赁国防科大银河计算机公司办公楼办公，2004年12月26日管委会招商服务中心竣工投入使用，长沙经开区管委会才真正有了自己的办公楼。长沙经开区“务实、创新、无我、有为”的精神，令中外客商赞叹不已。随着建设规模的迅速拓展，招投标项目的不断增加，招商引资项目的日益增多，资金收支的数额越来越大，干部、党员面临的考验也越来越严峻，为拒腐防腐，区党工委、管委会加强纪律监督，制定和执行公开招标、公开竞争购物、公开财政收支、公开工程验收等一系列规章制度，严格要求领导带头执行，党员模范遵守，决不接触防腐的“控压线”，从而把党的作风建设提高到一个新的水平，使中央提出的“八个坚持、八个反对”的要求成为长沙经开区党员干部的自觉行动。

2009 年 3 月，长沙经开区“两帮两促”活动启动，同时制定出台“八要”“八禁”工作守则：要坚守工作岗位，积极主动开展工作；要深入调查研究，充分了解真实情况；要着力破解难题，切实推进项目建设；要认真化解矛盾，努力维护企业稳定；要注重安全生产，确保职工生命安全；要特别关注民生，尽力解决职工困难；要从严要求自己，坚决不给企业添乱；要如实反映情况，保证不搞弄虚作假。“八禁”的内容是：严禁接受企业宴请；严禁收受企业赠送的各种礼金礼券；严禁借机到企业报销有关费用；严禁巧立名目外出旅游考察；严禁参与企业提供的高消费娱乐活动；严禁以任何形式和手段到企业谋取任何个人利益；严禁参与任何形式的打牌赌博活动；严禁私自向外发布企业商业秘密信息。

2011 年 12 月，管委会新制定出台《长沙经开区机关工作人员行为规范八条（试行）》。第一条：语言文明；第二条：着装整洁；第三条：举止端庄；第四条：接待热情；第五条：专心工作；第六条：文明参会；第七条：爱护环境；第八条：情趣健康。这八条行为规范进一步明确了机关工作人员的行为标准。

园区精神 1992—2012 年，长沙经开区经历了一个从无到有、从小到大、从弱到强、从长沙东隅走向蜚声世界的伟大蜕变。20 年创业维艰，有一种精神激励着经开人奋勇向前；20 年岁月如歌，有一种信念支撑着经开人不懈攀登。精神和信念的培养始终伴随着园区的成长。这种精神和信念经过历史的淘洗、实践的打磨以及时代的传承，已经深深融入经开人的血液，外化为日常行为，也将在铸就下一个辉煌，特别是挺进全国十强的征程中为广大的“经开人”提供源源不断的内生动力。

2011 年，在长沙经开区成立 20 周年之际，长沙经开区党工委、管委会在全区开展园区精神征集活动，经过长达一年时间征集、提炼、总结、讨论和升华，2012 年 1 月，长沙经开区精神发布，即“简洁务实、无我有为、创新高效”。“简洁务实”是一切工作必须坚守的第一原则，体现长沙经开区效率；“无我有为”是在任何状况下都要坚守的执业道德，体现长沙经开区胸怀；“创新高效”是长沙经开区作为改革开放前沿阵地，所必须具备的灵魂和追求。

园区标志 1992年，长沙经开区首次对外公布“区徽”设计图案。

1. 字母“C”和两个“J”是“长”和“经济”的第一个字母，是长沙经济技术开发区的缩写。

2. 两个“J”中间分开的交叉线寓意为北京至深圳的107国道和成都至厦门的319国道在此交会，贯通南北，连接东西，交通十分便利。

3. 字母“J”上面的原点左移，有如一轮红日从东方冉冉升起，寓意为长沙经济技术开发区事业兴旺发达，蒸蒸日上。

2004年3月17日，长沙经开区第二次对外公布“区徽”设计图案。

1. 整个构图由中国汉字“长”字草书变化而来，寓意开发区发展大有希望。

2. 英文“C”代表长沙，“e”为经济（economic）的第一个字母，中间“●”圆点代表地球，预示长沙经开区同心求实，创新超越，走向世界。

3. 图标用色蓝色，代表海洋、经济，寓意长沙经开区在经济大潮中大有作为。

2010年9月14日《长沙晚报》“星辰在线”以《崛起的“中国力量之都”》为题，解读长沙经开区新的标识的创作时代背景与含义，2011年5月28日正式发布启用。此前，长沙经开区标识历经多次修改、提炼，标识“中国力量之都”从此面世。

长沙经开区新的标识“中国力量之都”有四层含义：

第一，长沙经开区核心定位（广告语）为“中国力量之都”，其定位依据是：中国排名全球工程机械第一，湖南排名中国工程机械第一，长沙经开区的工程机械占湖南工程机械的3/5，园区的目标是打造“中国工程机械之都”，迈向“世界工程机械之都”，并打造“中国汽车产业集群新版块”，其产业特色充分彰显了“中国力量之都”核心定位的坚实基础。

第二，标识的显性含义：图案是中文“中”字和中文“力”字的组合，同时还是“中国力量”即“China Power”的英文缩写CP。

第三，标识的隐性含义：图案既有“中”字，又有“1”字，椭圆还代表全球，寓意了长沙经开区的决心和目标，即争当中部第一、中国第一、全球第一。

第四，标识颜色和形状的含义：铁灰色代表装备制造业的基调色，黄色象征大气、尊贵，有王者之气，充满金属质感的视觉表现方式彰显出园区的蓬勃力量。圆形则象征和谐、圆润，传递出园区“共享、共赢、共生”的价值理念。

星沙之歌 2006 年 1 月 4 日，长沙县人民政府、长沙经开区管委会举行县治迁址 10 周年庆典活动。区县文艺工作者精心创作了脍炙人口、气势磅礴的《星沙之歌》。歌词的内容是：

改革大潮奔涌，南来春风浩荡，你舒展腾飞的翅膀，向着远方翱翔。东拓西接，南延北张；建区迁治，引企招商。宏图在豪迈中铺展，新城伴“三化”进程成长。啊，星沙，你实现我们多年的梦想；啊，星沙，你托起我们发展的希望。

蓝天碧水相映，绿树红花飘香，你舞动青春的霓裳，让美丽照耀四方。春容夏貌，秋韵冬妆；淡妆浓抹，相得益彰。美景营造出人居环境，新绿透现出江南风光。啊，星沙，你体现了以人为本的理念；啊，星沙，你实践着科学发展的构想。

鼓满前进的风帆，踏平惊涛骇浪，领跑中西部，进军五十强。宏图大展，步履铿锵，发展的主旋律在这里唱响，星沙新城追赶明天的太阳。啊，星沙，你奏响了全面小康的乐章；啊，星沙，你托起我们美好的理想，你托起我们美好的理想。

文体活动 文娱活动：2002 年 4 月，长沙经开区举办以“科技与企业”为主题的演讲比赛，长海数码、三一重工、长沙卫校、力元新材料、LG 曙光、隆志高新技术、金沙利彩印、华天铝业等 15 个企业代表队参加演讲比赛。是年 5 月，长沙经开区企业与高新区企业一道参加了中共长沙市委宣传部、市总工会、市科技局、市广播电视局等单位组织的“科技创造未来”的演讲比赛活动。是年 9 月，隆志高新技术代表长沙经开区参加市委宣传部、市总工会等单位组织的“职工之歌”大合唱，长沙经开区代表队获得二等奖和优秀组织奖。LG 曙光开展“科技创新”“文明创新”活动，被长沙市总工会授予劳动竞赛先进单位称号，3 位工人获得劳动技能竞赛能手。三一重工、力元新材料也开展了此项活动。是年 12 月，长沙市总工会长沙经开区工作委员会举办“欢庆党的十六大，讴歌建区十周年，喜迎羊年新岁，共创文明园区”的板报、征文比赛，评选出一批优秀板报、散文、诗歌、对联。

2006年，区工会举办首届“主人翁之歌”文艺会演，从企业调演21个节目，丰富了职工业余文化生活，为广大职工搭建了一个展示自我的平台。

2007年6月22日，区工会组织开展法律知识培训活动，邀请省市相关部门领导讲授《中华人民共和国工会法》和《中华人民共和国劳动法》等法律法规，组织女职工素质教育流动课堂，进行《工会女职工组织建设及发挥作用的现状、问题与对策》企业问卷调查。是年12月，区工会主办以“坚持科学发展，繁荣园区经济，促进文化建设，构建和谐星沙”为主题的第二届“主人翁之歌”大型文艺晚会。

2009年7月，举办庆祝国庆60周年首届“魅力星沙”摄影大赛，征集摄影作品近800幅，用无声的语言、精美的画面展现区、县经济社会发展的新气象、新面貌、新成就。是年9月，区工会与区机关党委、区团工委联合举办长沙经开区庆祝国庆60周年庆祝大会暨文艺汇演活动，并组织企业参加长沙县举办的国庆大联欢活动。是年10月，区工会牵头组织维胜科技集体婚礼，9对新人在1000余名职工的见证下成为夫妻。

2010年1月，举办庆祝长沙经开区晋升国家级10周年文艺会演，全区20家企业340余名职工表演了23个精彩节目，受到省、市相关领导的高度赞扬，特别是精城特瓷22名聋哑职工表演的情景舞蹈《大爱无声》，展现了身残志坚、热爱生命、有理想抱负的无声天使不屈不挠、不向命运低头的乐观坚强精神，征服了在场的所有观众。是年4月，组织参加长沙市总工会庆“五一”国际劳动节十大活动，派代表队参加全市职工演讲比赛及低碳知识抢答赛等。是年11月，组织长沙经开区女职工素质教育流动课堂活动，邀请长沙竞男女子专修学院院长陈竞男为园区企业女职工讲授《做智慧、高雅、优秀的女性》，50余家企业近300位女职工参训。

2011年6月26日，长沙经开区代表队获长沙市庆祝中国共产党成立90周年“红歌颂党·长沙市千支团队百万群众唱红歌”金奖，园区企业三一集团、广汽菲亚特代表队获银奖。

2011年8月，组织山河智能、广汽菲亚特两公司合唱队参加市工信委举办的全市产业工人庆祝建党90周年大合唱活动，取得了较好的成绩。2011年，区总工会以“青年农民工普法知识培训”为主题，组织开展园区员工普法培训，近200名青年农民工走进了工会普法大讲堂。从2011年起，长沙经开区提出建设机关文化软实力，积极组建各种兴趣活动小组，丰富干部职工业余生活，培养奋发有力，健康向上的生活情趣。

2012 年 3 月 7 日，婚恋家庭咨询专家金苑老师为长沙经开区 500 名女职工讲授婚姻家庭修炼课。是年，组织主办“献礼十八大·喜迎二十年”职工摄影、书法、征文竞赛，收到 800 余名爱好者近 1000 幅参赛作品。经过专家评选，产生了一等奖 5 个，二等奖 18 个，三等奖 36 个，优秀奖 76 个。区总工会将部分获奖作品汇编成册并进行展览。

体育活动：1994 年 10 月 14 日，区工会组织“星沙杯”篮球赛，比赛历时 6 天，共有 16 个代表队参赛。2000 年 12 月 8 日，组织中国象棋、围棋比赛。2002 年 8 月，组织企业参加市总工会、市体育局等单位组织的“工业杯”职工篮球赛，华天铝业队获得第二名。2007 年 9 月组队参加全国总工会、国家体委在天津经开区举行的首届全国经济技术开发区职工运动会，获得金牌总数第二、团体总分第二的好成绩。2008 年 9 月，在贺龙体育馆举办首届长沙经开区职工运动会，全区共有 56 个代表队、2078 名运动员参加了 9 个大项 16 个单项的比赛，是长沙经开区建区以来的第一次体育盛会。经过 5 天紧张激烈的角逐，三一集团、明城国际、金沙利彩印 3 支代表队荣获本次职工运动会团体第一、二、三名，山河智能、博世汽车、长丰汽车等 22 家企业被评为体育道德风尚代表队，北汽福田、中粮可口可乐等 23 家企业代表队获得了奖牌或奖杯，参赛企业代表队获奖率达到 50%。2008 年，区工会被中华全国总工会评为“2008·全国亿万职工迎奥运健身活动”先进单位。2009 年 6 月，组织参加长沙市“猎豹杯”企业职工篮球赛。是年 6 月下旬，组织参加长沙市第二届职工乒乓球赛，区工会共选派 55 名选手参赛，经过两天的激烈角逐，打下了女子单打项目的半壁江山，充分显示了女职工精湛的竞技水平。是年 9 月，举办庆祝新中国成立 60 周年长沙经开区第三届职工羽毛球赛，全区共有 40 家企事业单位近两百名职工参加比赛。2010 年 7 月 10—13 日，组织 16 家企事业单位 39 名职工参加长沙市第四届职工羽毛球赛，区工会取得了男子双打冠军、男子单打亚军、女子双打第七名的好成绩。2011 年 4—9 月，在园区普及推广工间操，对区内 198 名企业领操员进行培训，并组织比赛。2011 年 5 月，组织了湖南省羽协“经开力量杯”羽毛球友谊赛，2011 年 7 月，参加长沙市“新奥杯”第四届职工羽毛球赛。是年 9 月，组建了长沙经开区羽毛球、篮球、乒乓球协会并组织举办 2011 年长沙经开区职工羽毛球、篮球、乒乓球比赛，全区 2000 余名职工参加 11 个项目的比赛。

长沙经开区组织的团队在文体活动中获得了许多奖励。1998 年，获县直机关欢庆“七一”文艺会演二等奖，是年，获县妇联组织的“三八”保龄球比赛二等奖，1999 年，获县妇联、县体育局、县直机关工委组织的欢庆“三八”星沙杯保龄球三等奖。1999 年和 2000 年，获县劳动竞赛委员会先进单位称号，2002 年，长沙市总工会授予宣教文体工作先进单位称号。

2005 年 10 月，被长沙市人民政府授予“长沙市群众体育工作先进单位”。2008 年 12 月，被长沙市总工会评为“模范职工之家”。

2012 年 6 月，组织举办了第二届职工运动会，有 63 家企业 3500 余人参加了 10 大项 25 小项的竞赛。是年 9 月，举行篮球比赛，明城国际等 10 个代表队获得“体育道德风尚奖”，和雨清等 10 人获得“优秀组织者”，Mark 等 10 人获得“优秀运动员”等荣誉。

◆第二节　企业文化

长沙经开区 20 年的发展既培育了具有国际竞争力的龙头骨干企业，也孕育了丰富多彩、各具特色的企业文化。

LG 曙光将韩国先进的企业管理经验与中国的传统文化相结合，以企业特有的文化方式沟通了企业与员工、管理者与员工以及员工之间的思想，以共同的价值观念、行为准则和道德规范创造了共同的文化理念、协作意识和进取精神。

三一重工随着企业的发展壮大，形成了自己独特的文化体系，其中创建一流企业，造就一流人才，做出一流贡献的三一使命；自强不息、产业报国的三一精神；先做人，后做事，铸就世界品质的三一核心价值观；心存感激的三一伦理；疾慢如仇的三一作风；三一重工还倡导员工一日“三问三请”：今天心情好吗？今天与同事合作愉快吗？今天工作做好了吗？请别忘了留下好主意，请别忘了看书学习，请别忘了关爱家人。

山河智能秉持和谐、务实、进取的创新文化，怀揣着做装备制造领域世界价值的创造者的使命与愿景，坚持修身、治业、怀天下的价值理念，贯彻理想成就未来的企业精神，践行客户至上、敏捷有效、笃实图新、合作共赢的行为标准，发展成为了一家以工程机械为主业的现代化国际性上市企业。

远大集团以实现人类不断追求更高的生活质量的愿望；以“只有负责地使用技术，才有益于人类”为技术理念；以“不忽视产品质量链中的任何环节”为质量理念；以“完善自我，出类拔萃，严于克己，绝对服从”为“远大”人的信条；树立“把道德看得比生存更重要，把责任看得比发展更重要，把环保看得比赢利更重要，把爱看得比什么都重要”的价值观。把“不污染环境，不剽窃技术，不蒙骗客户，不恶性竞争，不搞三角债，不偷税不行贿，没有昧良心行为”作为企业道德底线。

博世汽车作为世界 500 强企业，秉持“科技成就生活之美”的理念，所有产品都依照最严格的德国标准设计生产，在产品的研发、制造和销售等诸方面均以其出色的品质、信誉和技术水准闻名于世。

广汽菲亚特用“激情、思索、合作、行动、实效”的企业文化凝聚职工、激励团队，他们响亮的口号“我们的团队，将与公司共同成长、壮大；我们的目标，是成为业界的艺术领导者、技术领先者、品位推广者，是成为被信任的公众企业，是成为行业内新的标杆！”直接表达了企业文化精髓。

金沙利彩印始终注重从烟草主业先进的管理模式和文化建设中汲取养分，移植主业的优秀管理文化，公司烙上了“积极、开拓、进取、向上”主业文化基因。在人才培养、劳动用工、激励机制等方面不断完善管理机制，使公司形成以“高效、务实、简约、和谐”为特征的企业文化。

长沙牧泰莱秉承“以人为本、以诚待客、以质求存、以特展长、以技促进、以速求效”的企业精神，倡导技术创新，充分发挥新技术在企业经营中的主导作用，以满足客户的各种需求为己任，全面为客户提供印制板相关技术的支持与服务。

中粮可口可乐以“言而有信、业绩至上、以人为本、共创多赢”为企业核心价值观，打造“诚信力、专业力、执行力、超越力、沟通力、协作力、影响力和培育力”八大核心能力，以“奉献时尚饮品，共创永恒价值”为使命，使“拥有最爱赞赏的专业团队建设最有价值的营销网络，成为最佳效益的饮料集团”为企业奋斗愿景。

力元新材料以“知识报国、产业报国”为宗旨；以“开拓创新、高效运作、超越自我、无私奉献”为企业精神；以“创造新型绿色能源，终身致力于人类生存环境的改善”为社会责任；以“倾心服务，超值满足”为服务理念，打造一流的能源新材料高科技企业。

长沙经开区还有许多园区企业提出了诸如“创新高效、敢为人先”“一切为了顾客、为了一切顾客、为了顾客的一切”“修身、立业、治国、兴厂”“科技兴产业、产业促科技”“追求卓越、完善自我”“今天不努力工作，明天努力找工作”这类格言警句，凸现了企业的文化精髓，蕴藏了企业丰富的文化内涵，构建了凝聚人心、形成合力、不断进取的和谐企业。

◆第三节　节会文化论坛

节会文化　长沙经开区利用承办节会的机会，推介开发成就，提高知名度，推动招商引资，加速园区发展。

1998 年 11 月 6—8 日，由国际奥委会和国家体育总局提议，中国奥委会主办，中国自行车运动协会，中国体育报社、人民日报社体育部等承办，长沙县人民政府、长沙经开区协办的第三届“国际奥委会主席杯”全国百城市自行车赛“长沙县杯”总决赛在长沙县城举行。国际奥委会、亚洲自行车联盟主席达山·辛格，国家体育总局局长伍绍祖及省、市、县领导出席开幕式，观看了比赛，给优胜者颁奖。来自全国 108 个城市的代表队参加男子组、女子组的比赛。

1999 年 9 月，第十届全国书市农村分市在星沙启幕。参加启幕式的有国家出版总署署长于友先和省市领导吴向东、文选德、袁隆平等。

1999 年 11 月 22—25 日，在星沙召开“2000 年全国纸张订货交易会”。这是长沙经开区第一次承办全国性大型会议。本次会议有 5 大亮点：规模大。参展企业 612 家，参会企业 2600 余家，参会人员达 6 万余人；规格高。出席会议的有全国政协副主席毛致用，中国轻工集团总裁陈学忠，国务院体改办特区办开放司司长金德本，省党政领导张云川、刘夫生、周时昌、张树海和老同志刘正、黄道奇及省、市有关部门领导；成交额高。达 125 亿元，其中佳木斯、山东晨鸣、湖南岳纸、上海金光、山东太阳等成交在 3 亿元以上，为历届纸交会之最；外商多。有来自美国、加拿大、日本、荷兰、印尼、韩国、智利等国家和中国香港地区的外商，大大提高了会议的知名度；这次会议系全国同类会中第一次在互联网上直播，第一次发行纪念首日封及明信片。

1999 年 11 月 25 日，“中旅杯”迎回归北京至澳门自行车接力赛长沙县站比赛在星沙举行。

2001 年 11 月，由长沙市人民政府、长沙经开区和湖南星沙实业有限公司承办的“2002 年全国纸张订货交易会”在星沙举行。

2002 年 8 月 8 日，中国首届皮革箱包展示交易会在星沙举行。

2005 年 4 月 19 日，以“投资、合作、创新、发展”为主题的“国家级经济技术开发区第九届国际投资年会”在长沙开幕，会议由商务部外资司主办，中国开发区协会协办，长沙经开区管委会承办。出席本届投资年会的领导、代表和嘉宾参加由长沙经开区管委会组织的开发区经验交流会、国际投资论坛、投资趋势报告会，参观长沙经开区园区及企业等一系列活动。本届年会共收到 35 个国家级经济技术开发区、3 家出口加工区和 1 家学术研究机构撰写的论文 44 篇，并汇编成书。特别是温家宝总理、吴仪副总理、时任商务部部长薄熙来在全国国家级经济技术开发区工作会议上的重要批示、讲话和报告都录入了书中，在会上交流。

2007 年 5 月 25 日，长沙经开区在深圳举办“2007 国家级长沙经开区（深圳）投资说明会”，重点宣传推介长沙市和长沙经开区的投资环境和发展潜力。会上发布 25 个项目，推介 8 个重点招商项目，发放投资指南、项目汇编等资料近 300 份。会上，有 7 个项目现场签约，投资总额达 22 亿元。《深圳特区报》和《香港商报》分别作了 2 期专题报道。长沙经开区在深圳等沿海地区的知名度进一步提高，沿海客商对长沙经开区有了一个更全面的认识，为沿海产业向园区转移打下了坚实的基础。

2009 年 5 月 18—22 日，长沙经开区参加省政府组织的“港洽周”招商活动，长沙经开区与长沙县政府共同举办了招待酒会，重点推介总投资 6 亿美元的松雅湖开发项目以及长永高速城市商业区改造项目。在本次“港洽周”期间，与香港汕盟国际有限公司签订了项目引进合同，该项目为卷烟包装材料项目，总投资 2000 万美元，投产后年产值将达 3 亿元。是年 8 月，在莫斯科国际汽车零部件展会期间，与市商务局共同承办了长沙汽车零部件推介会。

2010 年 1 月 15 日，长沙经开区举办中国长沙 2010 汽车零部件合作洽谈会，到会客商 400 余人，参会企业 80% 以上为外资企业，其中不乏世界 500 强企业代表。

2010 年 6 月，长沙经开区举办中国湖南国际友好城市经贸交流推介会，省市领导、14 个国家 23 个代表团、区内相关企业负责人及新闻媒体记者约 100 人与会，向世界推介了长沙经开区。

2010 年 10 月，长沙经开区承办“2010 年中国工程机械配套件行业年会”，吸引了卡特彼勒、徐工、厦工等40家世界工程机械“巨头”以及安徽惊天液压、杭州前进齿轮箱、马鞍山方圆回转支承、山推履带底盘分公司等200余家关键部件生产企业参会，宣传推介现行的工程机械产业和优越的投资环境。

2012年4月12日，珠三角电子信息产业发展座谈会在广东东莞厚街喜来登大酒店召开。会议前期长沙经开区相关领导及招商、创业等人员先后赴广州、深圳访问了华技达、金蝶、戴乐等7家企业，进行重点招商。座谈会邀请了当地50余家高科技、传统优势产业企业参加，包括深圳证通电子股份公司、东莞三康电子有限公司、广州神舟数码有限公司等在内的知名电子信息企业。座谈会上，长沙经开区管委会副主任吴京生、主任助理张湘鸿、招商合作局以及创业服务中心负责人为企业提出的有关原材料、招工、优惠政策等问题做了相应的解答。长沙经开区两家创业园——长海基地和中部智谷也进行了招商推介，为企业入区提供服务外包、厂房租赁等，解决企业落户园区所需要的硬件与软件设施。此次招商座谈会接触了一大批有意向落户园区的企业，对于落实长沙经开区电子信息产业“十二五”规划，继续完善电子信息配套产业链，加强物流、人才等服务措施配套，做大做强电子信息产业起到了推动作用。

2012年11月19日，由湖南省人民政府主办，长沙市人民政府、湖南省商务厅、长沙经开区管委会联合承办的“2012中国湖南（德国）工程机械产业合作洽谈会”在世界工程机械之都德国法兰克福举行。副省长何报翔，市委常委、副市长陈泽珲出席并致辞。陈泽珲向客人重点推介长沙市投资环境和工程机械产业的发展优势。

2012年6—12月，长沙经开区举办“献礼十八大，喜迎二十年”5大系列活动：“争先献礼”活动：公司化改造迈出坚实步伐、产业发展上新台阶、项目建设有新突破、园区拓展有新成果、招商引资有新进展、社会管理有新成效等；“形象提升”活动：开展软实力建设、推广园区精神、践行行为规范等；“环境整治”活动。园区道路绿化亮化美化、公交站牌标识系统提质、机关环境提质改造等；“对外宣传”活动：制作园区宣传套片、投放系列广告和专版报道等；“系列庆典”活动：组织新闻发布会暨“十百千亿”企业集中亮相仪式，开展首届职工摄影、征文、书法比赛及第二届长沙经开区职工运动会，编纂《长沙经开区志（1992—2011）》《“感谢，一路有你”国家级长沙经济技术开发区20周年纪念画册》，举办20周年音乐晚会、“走进经典音乐”讲座，完成“印社、印吧、印室”建设及组织参观，组织参观20周年成果展、展示馆及园区，召开20周年座谈会、答谢晚宴等。

文化论坛　首届中国星沙企业文化论坛：2002年5月15日，长沙市人民政府与中国企业联合会、中国企业家协会、中国企业报社分别签订合同，共同确定“首届中国星沙企业文化论坛”，由中国企业联合会、中国企业家协会、长沙市人民政府主办，中国企业报社、湖南企业家协会、长沙经开区管委会、长沙县人民政府承办。是年8月13日，在北京人民大会堂重庆厅举行“首届中国星沙企业文化论坛”新闻发布会。新闻发布会由中国企业报社社长李东汉主持，长沙市人民政府副市长刘晓明作论坛主题发布，中国企业家协会副理事长夏忠华出席讲话，长沙县县长赵文彬回答了记者提出的问题，中央电视台西部频道、《中国青年报》和北京电视台等主要媒体作了详尽的报道。

举办这次文化论坛的目的是：为了适应中国加入WTO的需要，提升长沙经开区、长沙县企业文化品位，提高星沙的知名度，优化投资环境，推进工业化进程。同时，探讨企业文化发展的内在规律，交流企业文化建设的新思路、新方法、新途径，剖析中国先进企业的成功经验，多视角审视企业文化建设的意义和作用，多方位归纳和分析企业文化建设面临的问题，广泛探讨，深入碰撞，寻求启示，形成共识。

论坛分别由主论坛和平行会组成。论坛主题是：“经济全球化时代的企业文化”。2002年10月19日17时，“首届中国星沙企业文化论坛”开幕式在聚集着4.50万人的星沙广场举行。长沙县人民政府代县长黎勇主持，中国企业联合会、中国企业家协会副会长陈兰通致开幕词，长沙市人民政府市长谭仲池致欢迎词。应邀参加开幕式的有全国人大常委会副委员长铁木尔·达瓦买提，中国企业联合会、中国企业家协会副会长杜国盛，中国企业联合会、中国企业家协会副理事长夏忠华，省人民政府省长张云川，省人大常委会副主任吴向东、罗海藩、谢佑卿，市委副书记欧代明，市人大常委会主任吴梦南，市委常委、市委秘书长蒋新祺，市委常委、政法委书记谢树林，市委常委、宣传部部长谢建辉，中央和国家机关有关部门，省、市各有关部门，长沙县委、县人大、县政府、县政协、长沙经开区的负责同志以及兄弟区、县的负责同志。

主论坛由国家经贸委经济研究中心主任王思明就打造企业核心竞争力问题发表演讲；国际劳力组织首席技术顾问王林，从企业对社会的责任的高度阐述了自己的观点；中国石化燕山石化有限公司董事长杜国盛介绍了新经济时代燕山石化文化的发展经验和方向。还有海尔集团、上海宝钢、青岛啤酒、思科集团、东风集团、LG 曙光集团、三一控股、科瑞集团等企业的负责人登台发言，分别介绍了各自企业的情况和创建企业文化的经验。

平行会分别在 LG 曙光和三一重工两个分会场举行。在平行会分会场上，LG 曙光负责人姚建波重点介绍了该公司通过国际化企业的跨国文化管理，实现中、韩、荷三国文化的有机结合，促进了 LG 曙光企业的快速发展的经验；深圳金必得公司董事长发表了《通过企业引领，打造企业品牌，提倡文化融入品质，文化引领激情》的演讲；三一重工总经理向文波作了《新时期民营企业的人力资源与团队建设》的演讲；湖南友谊阿波罗股份有限公司董事长胡子敬作了《维护职工合法权益，完善用人激励机制，促进企业深入改革加快发展》的演讲；北京巴布科克、威尔科克斯党委副书记、工会主席张玉龙作了《营造和谐的劳动关系，促进企业健康发展》的演讲。

第二届中国星沙企业文化论坛暨车博会：2004 年 10 月 19—25 日，第二届中国星沙企业文化论坛暨车博会在长沙召开。10 月 23 日，湖南省人民政府副省长郑茂清宣布“第二届中国星沙企业文化论坛暨中南汽车世界博览会”开幕。国务院发展研究中心党组书记、副主任、中国企业联合会副会长、中国企业家协会副会长陈清泰，亚洲博鳌论坛秘书长龙永图，中国机械工业联合会副会长、中国汽车工程学会理事长张小虞，中国汽车流通协会副会长、中国汽车工程学会理事长孙廷祐，中国汽车流通协会副理事长张会合，副省长郑茂清，省政协副主席阳宝华，中国企业报社社长李东汉，中国汽车流通协会办公室主任臧小丰，中国汽车经济研究所所长李京生，省政府顾问陈德铨，省政府副秘书长陈吉方，省机械行业管理办公室主任宋建民，省企业联合会、省企业家协会会长朱友文和市委、市政府领导谭仲池、余合泉、谢树林、孔光明、刘晓明、柳冠群、龙建强、杨光荣、文树勋等，以及特邀嘉宾湖南大学副校长、教授、博士生导师钟志华，长丰集团董事长李建新和香港老爷车会长戴维·托马斯，甲壳虫车会长李伟文率领的车会会员 60 余人出席开幕式。与会领导和嘉宾参观了博览会主展馆和湖南汽车工业成就展。下午 3 时，第二届中国星沙企业文化论坛在湖南国际影视会展中心举行。论坛的主题为“汽车与文化”。陈清泰、龙永图、张小虞、李京生、钟志华、李建新等著名专家、学者、企业家等围绕“汽车社会的可持续发展与汽车企业的社会责任”“加入 WTO 对中国汽车产业的影响”“汽车产业政策、汽车工业发展的机遇和挑战”“汽车产业市场竞争特点与新的营销理念”“汽车新产品、新技术的发展趋势”“湖湘文化与长丰汽车工业的发展”等主要论题发表了精彩的演讲，并与与会者进行了深入的探讨和交流。论坛由湖南卫视著名主持人王燕主持，并由湖南卫视进行录播。

10 月 24 日举行配套企业的产业对接政策发布会和商务考察活动。

这次“论坛暨博览会”围绕“汽车与文化”这一主题，聚焦汽车产业、汽车企业和汽车产品的文化建设，总结交流企业文化建设的经验，寻求新形势下的企业文化发展规律，充分探讨汽车产业的政策与环境、机遇与挑战、压力与走势及汽车文化建设的新课题、新经验、新成果。从而正确把握以企业价值观、企业行为准则和行为方式为核心的企业文化的前进方向，形成中国企业参与国际合作和市场竞争的精神支柱和可靠保证，对促进汽车产业的健康发展，并为其他产业的企业文化建设带来重要的启示，真正让企业在竞争大潮中显身手、创业绩，对中国企业国际化进程产生重要而深远的影响。

战略眼光看湖南——世界 500 强企业与湖南经济发展高峰论坛：2005 年 11 月 29 日至 12 月 1 日，由湖南省人民政府主办，湖南省外事侨务办公室、长沙经开区管委会承办的“战略眼光看湖南——世界 500 强企业与湖南经济发展高峰论坛”在湖南国际影视会展中心举行。

湖南省领导谢康生、肖捷、周时昌、贺同新、龙国键，中国开发区协会高级顾问、原国务院特区办副主任赵云栋及商务部有关领导和长沙市领导吴志雄、杨光荣、文树勋等出席论坛。31 家世界 500 强企业的高层代表，省直有关部门、各地市州负责人及省内大型企业主要负责人 300 余人参加开幕式。

高峰论坛上，国家发改委经济研究所副所长吴晓华，商务部跨国公司研究中心副主任何曼青，高盛集团亚洲公司董事、总经理胡祖六，湖南省人民政府副省长贺同新，壳牌中国集团主席林浩光，摩托罗拉公司资深全球副总裁高瑞彬，NEC 通讯有限公司常务副总裁鲁敢，爱立信中国执行副总裁葛润凯，国际数据集团高级副总裁熊晓鸽，维亚康姆中国区总经理徐剑锋就 21 世纪全球经济发展趋势、世界 500 强企业投资方向及领域等话题作专题演讲。论坛嘉宾还就国际资本运作与湖南企业发展、全球产业转移与湖南发展机遇、世界 500 强企业与湖南投资等问题进行现场交流。

中国湖南·长沙工程机械与汽车产业合作洽谈会：2008 年 4 月 7—9 日，中国湖南·长沙工程机械与汽车产业合作洽谈会在星沙举行。本届洽谈会围绕“打造中国工程机械之都，建设湖南汽车产业走廊”这一目标，共吸引世界 500 强、大型跨国公司、国内上市公司和投资公司等 200 余家国内外大型企业投资商参会。4 月 8 日，组委会与中央电视台二台联合策划推出“装备中国——长沙论道”高峰论坛，中央电视台节目主持人马洪涛主持论坛。中联重科董事长詹纯新、三一重工总裁向文波、山河智能董事长何清华等知名工程机械企业主要负责人与著名经济学家许小年，中国汽车技术研究中心主任顾问张书林，中国工程学院院士、湖南大学校长钟志华一起，对话国内顶尖经济学家、同行杰出代表以及产业政策制定的高层，纵论产业发展大势，探讨增长新动力，共绘“中国工程机械之都”的美好蓝图。工程机械与汽车产业合作洽谈会开幕式在通程商业广场举行。工程机械与汽车产业合作洽谈会重大项目签约仪式在明城国际酒店举行。25 个项目当场签约，合同总金额 164.41 亿元。场外签约项目 41 个，合同总金额 56.27 亿元。

中日汽车（湖南·星沙）高峰论坛：2008 年 12 月 6—8 日，中日汽车（湖南·星沙）高峰论坛在长沙碧桂园威尼斯酒店召开。本论坛以“保障汽车产业的可持续性发展的技术和战略”为主题，由中国汽车高峰论坛组委会、日中汽车交流协会、长沙市人民政府主办，长沙经开区管委会、长沙市经委、长丰（集团）公司承办。来自日本汽车产业与技术的高层人士及国内汽车产业的专家、学者、企业代表以及省、市领导共 400 余人参加活动。湖南省人民政府副省长陈肇雄宣布论坛开幕，长沙市人民政府市长张剑飞在论坛上致辞。

全国经济特区、开发区第 23 次工会工作会议（长沙·论坛）：2010 年 10 月 13—14 日，全国经济特区、开发区第 23 次工会工作会议（长沙·论坛）在长沙经开区举行。中华全国总工会书记处书记、党组成员纪检组组长王瑞生，中华全国总工会基层组织建设部部长郭稳才，湖南省人大常委会副主任、省总工会主席刘莲玉，湖南省总工会党组书记、副主席肖刚强，长沙市委常委元明，长沙市人大常委会副主任、市总工会主席张建国，长沙经开区党工委书记杨懿文、管委会主任李科明等领导以及来自全国 51 家经济特区、开发区的 120 余名与会代表出席开幕式。园区三一集团、山河智能、北汽福田、广汽长丰、百事可乐等 50 家企业的工会负责人参加开幕式。开幕式由长沙经开区管委会主任李科明主持。大会以论坛形式进行论文交流。本次会议共发表论文 50 篇，其中获一等奖 5 篇，长沙经开区总工会报送的《创新工作思路，构建和谐园区》论文获一等奖。

中国（长沙）国际工程机械配套件产业发展高峰论坛：2011 中国（长沙）国际工程机械配套件博览会主题活动之一——2011 中国工程机械配套件产业

发展高峰论坛在长沙圣爵菲斯大酒店举行。论坛主题为“激活产业发展潜力，延伸配套件产业链”，本次论坛打破以往的演讲编排模式，将主题演讲和分组讨论相结合，增加了演讲嘉宾和听众之间的互动。

中国机械工业联合会执行副会长宋晓刚，原省政协副主席、中国工程机械工业协会副会长龙国键，中国国际贸易促进会湖南省分会副会长黄芳，湖南省机械行业管理办公室主任陈丹萍，长沙市人民政府副市长文树勋，长沙经开区管委会主任李科明，湖南省经济和信息化委员会装备工业处处长龚放民，长沙经开区党工委副书记、管委会副主任吴京生，长沙经开区管委会副主任、企业党工委书记黄瑶，长沙工业和信息化委员会党委副书记、副主任刘志辉等领导出席高峰论坛。长沙市人民政府副市长文树勋代表市人民政府致辞。结合长沙市的工程机械行业的发展历史和现状，向演讲嘉宾和企业代表介绍了本次论坛的主要宗旨和目标。原湖南省政协副主席、中国工程机械工业协会副会长龙国键、康明斯集团副总裁刘晓星和三一重工总裁助理胡军就“中国工程机械产业的发展格局”“工程机械发动机市场与产品发展趋势”等问题进行深入探讨。随后，3 组不同行业的嘉宾结合自身行业和企业特色，就中国工程机械配套件产业的相关问题进行精彩的“高端论道”。中国工程机械工业协会工程机械配套件分会名誉秘书长马传伟，中国工程机械工业协会挖掘机械分会名誉秘书长陈正利，中国液压气动密封件工业协会高级顾问、中国工程机械液压行业资深专家王长江，中国装载机行业资深专家、国务院津贴获得者、全国五一劳动奖章获得者刘良臣，柳工工程机械研究院院长章二平，中国工程机械学会理事长、同济大学博士生导师石来德，吉林大学机械学院教授、博士生导师刘昕晖，杭齿集团股份有限公司董事、副总经理李成武，合肥长源液压件有限责任公司总经理助理、销售总经理赵岗，山东中川液压有限公司董事长钟默，山推工程机械有限公司副总经理徐刚，围绕工程机械行业发展主题进行了演讲。

中国工业园区生态环境建设高峰论坛：2012 年 9 月 28 日，由长沙经开区主办、凯天环保承办的中国工业园区生态环境建设高峰论坛在长沙明城国际大酒店召开。出席本次论坛的有国家环境规划院副院长陆军、中国环科院院士段宁、德国最大的环保公司瑞曼迪斯、世界著名的德国莱茵建筑设计院等业内知名专家学者以及各企业代表共 300 人。长沙经开区管委会主任李科明致辞，管委会副主任、企业党工委书记黄瑶作题为《大力推动工业园区生态环境建设，积极促进园区经济与环境协调发展》的主题演讲，会议由长沙经开区管委会主任助理王新民主持。本次峰会的主题为“工业园区生态环境建设”，以长株潭“两型社会”建设为契机，以循环经济和生态工业理论为指导，以创五星健康工业环境为目标，大力推行企业清洁生产，积极推进生态文明建设，并就国内外工业园区生态系统建设现状、未来趋势和创新成功案例，进行深入探讨和交流，为开发区在生态工业园方面的建设建言献策。

第三章 医疗卫生

◆第一节 医疗机构

长沙经开区的医疗卫生事业归口属地管理。

1996年12月，长沙县妇幼保健所从长沙市八一路搬迁至长沙经开区板仓北路19号。1999年5月长沙县妇幼保健所与县人民医院门诊部合并，更名为长沙县妇幼保健院、长沙县人民医院。设置保健部和临床部，保健部设妇保、儿保、信息、健康教育等科室；临床部设置妇产科、儿科、内科、外科、性病专科、口腔科以及药剂、检验、影像、B超等医技科室。该院坚持以保健为中心，以保障生殖健康为目的，实行保健与临床相结合，面向群众，面向基层，为保护区县妇女、儿童健康提供全方位的优质服务，是区县妇幼保健工作指导、高危孕产妇理疗和抢救指挥中心。

2001年7月，长沙县卫生防疫站在长沙经开区购地1.2公顷，新建办公、住宿用房及配套设施，从长沙市八一路迁至新址办公。县卫生防疫站注重培养卫生防疫人才，提高卫生防疫队伍的整体素质，一方面鼓励干部职工参加自学，另一方面积极引进人才。在内部管理上，引入竞争机制，试行聘任制度，采用“站科二级管理，综合目标考核”的管理模式，取得了良好的社会效益和经济效益。区县卫生防疫工作采取分级管理原则，建立健全区县卫生防疫网络，硬件建设得到加强，站务管理、业务工作等方面取得了显著成绩，受到卫生部，省、市、县人民政府及卫生部门的多次表彰和奖励。

长沙市第八医院由原长沙市中医医院和长沙市第七医院合并组建，位于长沙经开区星沙大道与三一路交会处东南角。2004年11月奠基，2006年9月建成开业，占地面积12余公顷，建筑医疗用房10万余平方米，一期开放床位

400 张。2012 年，建筑面积 4.12 公顷的 16 层二期新病房楼投入使用，住院床位达到 1300 张。医院各科设置齐全，专科特色突出，设有长沙县 120 急救指挥调度中心，主要承担长沙市东部和长沙县区域范围的医疗急救任务。在创伤急救、骨科、关节置换、神经外科、泌尿外科、烧伤科、中医内外科、中医制剂、康复理疗、心脑血管科及肛肠疾病治疗等有强大的技术实力，神经外科与北京三博复兴脑科医院合作组建了技术合作中心，实行远程会诊。医疗设备投资过亿元，拥有核磁共振、多层螺旋 CT、彩色 B 超、电子胃肠镜、血透机、全自动生化仪、高频悬吊式 X 光机、CR.DR 影像系统、海扶刀、前列腺电切镜、腹腔镜、EMS 碎石清石系统、多人高压氧舱等高尖端设备。就医环境优越，医疗后勤等配套服务设施齐全。

2003—2012 年，区、县医疗卫生硬、软件建设有大幅度加强，卫生事业发展主要指标：每千人口卫生技术人员 2.89 人，每千人口病床 2.67 张；发病报告传染病发病率显示：乙类传染病 176.09/10 万、丙类传染病 442.79/10 万，无甲类传染病发生，无传染病暴发流行。

截至 2012 年，长沙经开区内医疗网络遍布，园区已有三级甲等医院 1 家，县级医院 2 家，城区医院 1 家，社区医院 50 余家。

◆第二节　爱国卫生

1996 年，长沙县治从潘家坪迁移至长沙经开区星沙镇后，因基础设施尚未完善，管理工作未跟上，新县城一度出现脏、乱、差现象。为根治乱摆摊子、乱搭棚子、乱倒垃圾脏水、乱竖牌子、乱停车子的“五大”乱源，区、县从 1997 年开始在新县城开展创建文明卫生县城活动，加强了对创卫工作的领导。区县成立创卫领导小组，制定实施方案，召开专题会议，强调创卫工作由各单位“一把手”负主责，实行任务到单位，责任到人的目标管理责任制。整治脏、乱、差，消除上述“五大”乱源。检查督促，常抓不懈。大力开展宣传。广大市民的卫生意识和文明卫生素质得到全面提高。

2001 年，经过湖南省爱卫会考核验收，长沙县新县城被授予“湖南省卫生县城”称号，2002 年 9 月，新县城通过国家级卫生县城的验收，获得“国家级卫生县城”的殊荣。

第四章 精神文明建设

◆第一节 公民道德建设

长沙经开区十分注重园区干部员工的道德教育。坚持以为人民服务为核心，以集体主义为原则，以爱祖国、爱人民、爱劳动、爱科学、爱社会主义为基本要求，以社会公德、职业道德、家庭美德建设为着力点，并把这些主要内容具体化、规范化，使之成为每个干部、员工普遍认同和自觉遵守的行为准则。

1993年，开发区建设刚刚启动，党委会、管委会就以“行为规范”为载体，把为人民服务的思想贯穿于各种具体道德规范之中，引导干部、员工在本职岗位上，通过不同形式做到全心全意为人民服务。

2001年9月，长沙经开区全面落实《公民道德教育实施纲要》，广泛开展形式多样的群众性道德建设实践活动，激发人民群众关心、支持、参与道德建设，以巨大热情，推动园区公民道德建设的进程。

2005年，长沙经开区党工委按照市委、市政府关于加快道德建设，建立道德体系的要求，组织园区干部，企业员工共同投身于提高居民素质的伟大实践，认真学习《公民基本道德规范教育丛书》，从一言一行做起，从一点一滴做起，加快了园区公民道德建设的步伐。

2009年3月，长沙经开区党工委以“两帮两促”活动为依托，教育干部、员工在中国特色社会主义建设中，正确处理个人与社会、竞争与协作、先富与共富、经济效益与社会效益等关系，提倡尊重人、理解人、关心人，发扬社会主义人道主义精神，为人民为社会多做好事，反对拜金主义、享乐主义和极端个人主义，形成体现社会主义制度优越性、促进社会主义市场经济健康有序发展的良好道德风尚。

2012年，长沙经开区以20周年区庆为契机，加强干群道德建设教育，引导人们正确认识和处理国家、集体、个人的利益关系，提倡个人利益服从集体利益、局部利益服从整体利益、当前利益服从长远利益，反对小团体主义、本位主义和损公肥私、损人利己，把个人的理想与奋斗融入广大人民的共同理想和奋斗之中。

长沙经开区的各群众团体，根据各自不同的侧重点，利用各种活动，把“五爱”作为道德建设的基本要求。区团委号召广大青年干部、员工以社会公德为社会交往和公共生活中的遵循行为准则；区工会积极提倡园区所有企业员工以职业道德教育作为从业人员在职业活动中应遵循的行为准则；区妇联以家庭美德的传承来约束员工在家庭生活中应该遵循的行为准则。不断提高道德水平，升华道德境界，创造更好的人文环境，推进长沙经开区经济社会不断发展进步。

◆第二节 文明创建

创建文明城市 长沙经开区党工委、管委会严格按照中共长沙市委、市政府的要求，在争创全国文明城市过程中积极申创“长沙市文明标兵单位”，争创“湖南省文明单位”。

2006年5月8日，按照中共长沙市委、市政府关于创建“全国文明城市”的总体要求，依据《长沙市2006—2008年创建全国文明城市规划》的部署，长沙经开区制定了《国家级长沙经开区2006—2008年文明创建工作规划》，确定了加快园区经济发展步伐、加强领导班子建设、加强机关党员干部队伍建设、优化政务环境、规范服务行为、加强机关党群工作、加强社会治安综合治理7大工作要点。

2008年5月19日，长沙经开区机关党委制定《长沙经开区管委会创建市“文明标兵单位”考评细则和任务分解表》（长机发〔2008〕6号）。考评内容包括班子建设、创建工作、思想道德教育、文明风尚、健康生活、民主管理等19个项目。创建过程中，长沙经开区管委会机关广泛开展了“文明科室”“文明职工”评比活动，大力建设“学习型机关”，开展文明礼仪培训。是年12月，长沙经开区管委会被评为“长沙市文明标兵单位”。

2009年，长沙经开区党工委、管委会加大文明创建工作力度，调整文明创建工作领导小组，由党工委书记杨懿文担任组长，党工委、管委会领导李科明、汤定一、吴京生、高杰、卜华桂、陈新忠、丁仁义、刘逢春、黄瑶、邓国辉、马建国担任副组长，相关局室负责人为小组成员，并与机关党委和机关党支部层层签订《文明创建工作责任书》，要求做到“作风建设好、依法行政好、工作业绩好、文明礼貌好、环境卫生好”。创建期间深入开展“创建人民满意的文明机关和学习型机关”活动，并积极组织园区企事业单位向长沙市直机关工委申报“文明单位”“文明标兵单位”“文明市民标兵”“文明家庭”等品牌创建。三一集团有限公司被评为“湖南省文明单位”，长沙经开区水质净化工程有限公司、长沙星沙供水工程有限公司等企事业单位被评为“长沙市文明标兵单位”，夯实了迎接全国文明城市检查验收的基础。

2011 年 8 月 12 日，长沙经开区管委会党群工作局制定了《长沙经开区创建全国文明城市迎检工作方案》。工作方案明确成立文明创建迎检指挥部，由党工委书记杨懿文担任政委，管委会主任李科明担任指挥长，其他工管委领导担任副指挥长，相关部门负责人为成员。指挥部下设综合协调、督查、宣传教育 3 个工作组，分别负责 20 个项目有关工作，特别是积极开展以“清理、清扫、清除、清运、清洗”为主要内容的“五清”集中大行动，为顺利通过全国文明城市检查验收做出了应有的贡献。

创建文明单位 长沙经开区党工委、管委会视文明单位创建为一个单位综合实力和精神面貌的综合反映。将文明单位创建与经济工作统一部署、统一计划、统一落实、统一考核，带动全区形成浓厚的创争氛围。

2003 年，长沙经开区党工委、管委会推荐长沙经开区污水净化中心、LG 曙光、申湘实业 3 家企业申报创建“长沙市文明单位”，推荐力元新材料申报创建“长沙市文明标兵单位”。2004 年，推荐力元新材料申报创建“湖南省文明单位”。2005 年，长沙经开区管委会被评为“长沙市文明单位”，长沙经开区推荐山河智能、长沙星沙供水工程有限公司、长丰汽车等 13 家企业申报创建“长沙市文明单位”，推荐长沙经开区污水净化中心、LG 曙光 2 家企业申报创建“长沙市文明标兵单位”。

2006 年，推荐精城特瓷、福来格生物、喜瑞来食品等 7 家企业申报创建“长沙市文明单位”，推荐长沙经开区污水净化中心、长沙探矿机械厂 2 家企业申报创建“长沙市文明标兵单位”。2007 年，推荐长沙市工商行政管理局经济技术开发区分局、长沙百事可乐、新奥燃气等 6 个单位申报创建“长沙市文明单位”，推荐长沙经开区管委会、长沙星沙供水工程有限公司、山河智能等 5 个单位申报创建“长沙市文明标兵单位”，推荐 LG 曙光申报创建“湖南省文明单位”，推荐三一重工、力元新材料 2 家企业申报创建“湖南省文明标兵单位”。

2008 年，推荐中富容器、新奥燃气 2 家企业申报创建“长沙市文明单位”，推荐长沙经开区管委会、长沙星沙供水工程有限公司、北汽福田、华天光电惯导 4 个单位申报创建“长沙市文明标兵单位”，长沙经开区管委会获评“长沙市文明标兵单位”称号。

2012 年，组织申报“市学习型党组织建设示范点”“文明单位”“文明标兵单位”“‘两型’示范机关”。机关党委获评“市学习型党组织建设示范点”，“星沙大讲堂”品牌获评“市优秀学习载体”，管委会继续保持“市文明标兵单位”荣誉称号。

表 8–1　　2003—2012 年长沙经开区文明单位名录

省级文明标兵单位	
中联重工科技发展股份有限公司	
省级文明单位	
三一集团有限公司	长沙力元新材料有限公司
市级文明标兵单位	
长沙经开区污水净化中心	乐金飞利浦曙光电子有限公司
长沙经开区管委会	北汽福田汽车股份有限公司长沙汽车厂
市级文明单位	
湖南申湘实业股份有限公司	长沙经开区管委会
长沙星沙供水工程有限公司	长沙长丰汽车制造有限公司
湖南山河智能机械股份有限公司	北汽福田汽车股份有限公司长沙汽车厂
湖南劲隆光阳摩托车有限公司	湖南华天光电惯导技术有限公司
长沙和祥科技有限公司	湖南湘联科技有限公司
长沙开元仪器有限公司	长沙市城乡规划局经济技术开发区分局
长沙探矿机械厂	长沙佳利汽车有限公司
湖南福来格生物有限公司	湖南精城特种陶瓷有限公司
湖南湘电电器工程有限公司	长沙市工商行政管理局经济技术开发区分局
长沙百事可乐饮料有限公司	长沙经开区天成大酒店

文明竞赛 2001年8月17日，长沙经开区管委会《关于在企业中开展“做文明员工，创文明企业，建文明园区”活动的通知》（长管发〔2001〕46号）。长沙经开区工会工委负责组织竞赛活动，活动的任务和重点是：提高员工综合素质。抓好社会公德、职业道德、家庭美德和社会信用教育。严格规范员工的具体行为，树立“文明开放、诚信创业”的园区形象。各入区企业重点开展树立“三个意识”，倡导“五个做起”，实现“一个普及”，自觉做到“八不”的活动。“三个意识”，即树立国家级开发区意识，树立现代卫生环境意识，树立社会公德和社会信任意识。“五个做起”，即要求每个员工从我做起，从家庭做起，从身边做起，从点滴做起，从今天做起。“一个普及”即普及文明礼貌用语。“八不”即不随地吐痰、乱丢杂物；不闯红灯、随意穿行；不乱停车辆、挤占道路；不乱设摊点影响交通和卫生；不乱搭乱建、有损市容；不乱倒垃圾、乱堆杂物；不乱涂乱贴、乱设广告和标语；不损坏绿化、侵占绿地。广泛开展健康向上的群众文化活动，全面推进企业文化、园区文化，不断提高其水平。加强阵地建设，为提高员工素质创造必要的教育学习条件。重视法制教育，严格行政执法，对一切不文明行为按有关规定予以适当惩罚。加大“文明企业”创建力度。加强阵地建设，建高标准宣传橱窗，设陈列展览室，开启一个文明窗口。树立文明新风，积极倡导文明用语，规范文明举止。搞好文明生产，通过企业员工爱岗敬业、忠于职守、安全生产、保质保量、精益求精和无私奉献的主观能动作用来推动生产的发展，实现经济效益的增长，带来企业的兴旺。

2002年3月13日，长沙经开区党工委、管委会《关于继续在园区企业开展“做文明员工，创文明企业，建文明园区”活动的通知》（长工发〔2002〕6号），重申开展创建活动的重要性和必要性，增加创建的内容，制定了对创建验收考核的实施办法。

2005年，长沙经开区管委会在机关内部积极开展“文明科室”“文明职工”的推荐评比活动，同时组织园区企事业单位和广大员工向上申报“文明市民”“文明市民标兵”“文明家庭”“青年文明号”等文明创建评比活动。

2007年4月7日，长沙经开区机关党委组织管委会各局室的20名干部、职工，参加由长沙市直工委组织的第一个“市民文明公约行动日”活动，把创建活动推向新的高潮。2011年，由长沙经开区管委会党群工作局（长沙经开区软实力建设领导小组办公室）牵头，首先在机关启动以“增强软实力，再创新优势”为主题的软实力建设活动，并组织开展“读书达人”“党史竞赛”“红歌颂党・长沙市千支团队百万群众唱红歌”、红色素质拓展、“园区发展之我见”演讲比赛等系列活动，还组织对长沙经开区精神、核心广告语、行为规范的大讨论，同时深入推进学习型机关建设，开设阅览室，建立读书会。

◆第三节　关爱行动

1992 年 8 月，长沙星沙开发区响应长沙县委、县政府号召，119 名干部、职工为县城建设捐资 3.70 万元。

1994—2012 年，长沙经开区动员机关和入区企业的干部、职工积极参加市、县组织的义务献血活动。义务献血的共 3143 人次，其中连续 3 次义务献血的有杨文胜、王仲湘、邓芝、尹璐等。长沙经开区被长沙市人民政府授予“义务献血先进单位”称号。2000 年，金沙利彩印、三一重工被评为“全市义务献血先进单位”，汤定一、余佳友、许关武、罗利明被评为“义务献血优秀组织者”。被长沙县献血促进委员会表彰的单位有：长沙经开区管委会机关、金沙利彩印、三一重工、开元大酒店、长沙娃哈哈等。2012 年 7 月，社会事业局、总工会组织 13 个单位参加无偿献血活动，192 名体检合格者成功献血 6.6 万余毫升。

2002 年 4 月，长沙县金井、白沙、双江、脱甲、高桥等乡镇遭受山洪、冰雹灾害。长沙经开区组织“危难之际见真情，情系灾区献爱心”活动，共捐款 59.26 万元，衣物折合人民币 14.50 万元。三一重工、金沙利彩印、LG 曙光 3 个企业各捐款 10 万元以上。

2002 年 4 月，长沙娃哈哈向长沙县实验小学捐资 10 万元。

2003 年 9 月，长沙经开区管委会组织机关和入区企业向长沙县教育基金会首批捐款 303.57 万元，其中长沙经开区机关 2.37 万元，入区企业 301.20 万元。

2007 年，组织开展春节农民工平安返乡活动，为园区 40 余家企业的农民工预订车票共计 475 张，其中预订火车票 394 张。2008 年 10 月 11 日，工会出资组织区内劳动模范和区级优秀工作者到湘雅医院体检，将组织的温暖送到每个先进模范心中。

2007 年 3 月 31 日，工会举办首届“非常派对”单身职工联谊活动，全区 100 余家企业 1200 余名单身职工报名参加本次活动，取得了很好的效果。2008 年 6 月，举办以“相约五月天，牵手奥运年”为主题的第二届“非常派对”单身职工联谊活动，全区共有 45 家企业 400 余名职工参加。2009 年 8 月，组织开展“夏之约 · 点燃激情”第三届“非常派对”单身职工联谊活动，全区共有 40 家企业 630 余名职工报名参加，当场就有 10 对青年确定为情侣。2010

年6月5日、8月8日、11月13日，工会相继组织开展了3场“非常派对”单身职工联谊活动，区内80余家企业、近千名职工参加活动。2011年，举办第十届“非常派对”单身职工联谊活动，180名青年男女参加派对，现场派对成功21对。2012年，举办第十一届“非常派对”单身职工联谊活动，200名青年男女参加派对，现场派对成功15对。

从2003年起，区工会每年开展为困难职工送温暖活动，每年的中秋、国庆、元旦、春节期间深入企业一线，将慰问金和慰问粮油送到困难职工手中。区工会设立长沙经开区困难职工帮扶基金，特别在2008年国际金融危机时期，园区部分企业生产经营出现困难，部分职工基本生活都陷入困境，区工会通过对全区困难职工进行调查摸底，分别在2010年春节、端午节、国庆节、中秋节组织开展了困难职工帮扶活动，向园区52家企业165名困难职工发放了慰问金和慰问物资累计金额达10.1万元。2011年，慰问困难职工240人，发放慰问金14.40万元。2012年，慰问职工2403人，发放慰问金24.40万元。

2008年，四川汶川地震，长沙经开区管委会号召全体干部、职工捐款捐物，支持地震灾区重建家园，区内三一重工、山河智能等企业志愿者队伍赶赴四川地震灾区实施救援。

2010年5月10日，长沙经开区工会第一家“爱心超市”——星沙步步高爱心超市挂牌，为长沙经开区工会广大职工特别是困难职工提供了一个平价、优质的贴心服务平台，得到园区企业职工的广泛赞扬。是年8月16日，组织开展“送清凉到车间”活动，深入企业慰问在高温下作业的一线职工。是年9月，开展“金秋爱心助学”活动，帮助区内困难职工子女圆大学梦。是年10月，组织全园区企业及管委会机关干部向患有白血病的广汽长丰员工甘侃捐款，募集爱心捐款5.42万元。

2011年，开展“金秋爱心助学”、向困难（单亲）女职工赠送特殊疾病保险、慰问意外事故致伤、致残职工等活动，救助近80人，发放慰问金1.60万元。

2012年，组织25家企业为3845名女职工购买了特殊疾病保险，总工会为350名困难女职工赠送了特殊疾病保险；组织市级以上劳模5人到东北疗养，区级以上劳模和一线优秀工人20人到灰汤疗养，为1.7万名职工办理工会服务卡，组织17家单位1000余名职工参加“职工住院医疗互助”，进行困难职工基本信息调研摸底，建立600份农民工信息档案和453份困难职工档案（其中119份为困难单亲女职工档案）。

第九篇

党政群团

Party and Government Groups

第一章 中共组织

◆第一节 机构与领导成员

机构沿革 长沙经开区的党组织是随着开发区的发展、壮大逐步建立和健全的。

1992 年 7 月，长沙星沙开发区成立工程建设指挥部，由中共长沙县委直接领导。开发区所有工作人员都由县委统一抽调和安排，党员干部的党组织关系仍在原单位。

1994 年 3 月，星沙开发区更名为长沙经开区，是年 5 月，成立中国共产党长沙经开区委员会。

2000 年 2 月，长沙经开区晋升为国家级经济技术开发区。是年 12 月，市委报经省委同意，撤销长沙经开区党委，设立中共长沙经开区工作委员会，为中共长沙市委派出机构。

领导成员 中共长沙经开区（省级重点）委员会领导成员是由时任中共长沙县委领导人兼任，中共长沙经开区（国家级）工作委员会是由省、市组织部门任命。

表 9–1　　中共长沙经开区（省级重点）委员会历任领导一览表

职　务	姓　名	任职时间	备　　注
书　记	周庆炎	1994.05—1997.05	县委副书记
	汤定一	1997.06—2000.12	县委常委、副县长
副书记	汤定一	1994.05—1997.05	县委常委、副县长
	喻和平	1994.05—2000.12	副县长

表 9-2　　中共长沙经开区（国家级）工作委员会历任领导一览表

职　务	姓　名	任职时间	备　　注
书　记	彭可平	2000.12—2001.11	兼任中共长沙县委书记
	李振萼	2002.04—2003.11	兼任中共长沙县委书记
	杨光荣	2004.01—2008.11	兼任中共长沙县委书记
	杨懿文	2009.07—	兼任中共长沙县委书记
副书记	易宇欣	2000.12—2003.09	—
	谭迪强	2001.04—2007.12	兼任长沙经开区纪工委书记
	吴京生	2003.08—	—
	文树勋	2003.08—2008.02	兼任中共长沙县委第一副书记
	汤定一	2006.06—2010.08	—
	杨懿文	2007.11—2009.07	—
	高　杰	2007.12—	兼任长沙经开区纪工委书记
	李科明	2009.07—	—
委　员	文树勋	2000.12—2003.08	—
	汤定一	2000.12—2003.09	—
	喻和平	2000.12—2003.09	—
	黄庄敏	2002.06—2002.12	—
	卜华桂	2003.09—2010.08	—
	陈新忠	2003.09—	—
	丁仁义	2003.12—	—
	刘逢春	2004.02—	—
	黄　瑶	2008.12—	—
	张贤长	2010.02—	—
	巩　固	2010.08—	—
	张文球	2010.08—	—
	王維倩	2011.01—	—
	范遵新	2011.06—	—
	郭汉辉	2011.06—	—

纪检监察　2000年10月，省机构编制委员会下发湘编〔2000〕3号文件，同意设长沙经开区纪工委书记（正处级）1名。2001年4月，由长沙经开区党工委副书记兼任纪工委书记。2002年3月，市纪委、市委组织部、市编办、市监察局联合下发《关于加强市纪委、市监察局派驻（出）纪检监察机构管理的意见》（长纪发〔2002〕2号），批准设立中共长沙经开区纪律检查工作委员会，为市纪委派驻机构，人员编制2名。2012年7月，长沙市纪律检查工作委员会下发长纪干函〔2012〕6号，批准设纪工委副书记1名。

表9-3　　中共长沙经开区纪律检查工作委员会历任领导一览表

职　务	姓　名	任职时间
书　记	谭迪强	2001.04—2007.12
	高　杰	2007.12—
副书记	郑安龙	2012.07—

◆第二节　工作机构

党群工作局　2004年3月至2009年9月，党工委的党群工作部与管委会的人力资源局实行一套班子，合署办公。主要负责长沙经开区党群、纪检监察、人武等工作。2009年4月13日，长沙经开区党工委、管委会《关于印发〈长沙经开区党工委、管委会机关新设机构及直属事业单位相关职位竞争上岗工作实施方案〉的通知》（长工发〔2009〕2号），党群工作部更名为党群工作局。

党群工作局下设综合处、党建处和群团处。2011年5月，根据工作职能调整，增加宣传处，党群工作局定编12人，其中领导职数3人。

局　长　郑安龙（2010.05—2011.01）
　　　　王怀庄（2011.01—　　　）
副局长　周　芳（2009.05—　　　）
　　　　欧建雄（2009.09—　　　）

机关党委　2002年5月，中共长沙市直属机关工作委员会批准成立中共长沙经开区机关委员会。2002年6月、2006年6月、2011年4月，分别召开机关党员大会选举产生第一届、第二届和第三届委员会。

书　　记　刘逢春（2002.06—2011.04）（兼）
　　　　　张贤长（2011.04—　　　）（兼）
专职副书记　周跃成（2011.12—　　　）（兼）
副 书 记　余佳友（2002.06—2006.06）（兼）
　　　　　李乔岚（2006.06—2011.04）（兼）
　　　　　欧建雄（2008.06—　　　）（兼）
委　　员　何志坚（2002.06—2006.06）（兼）
　　　　　张文球（2002.06—2006.06）（兼）
　　　　　王新民（2002.06—2006.06）（兼）
　　　　　李雪春（2006.06—2011.04）（兼）
　　　　　吴信村（2006.06—2011.04）（兼）
　　　　　谭清莲（2006.06—　　　）（兼）
　　　　　刘光辉（2011.04—　　　）（兼）
　　　　　李布春（2011.04—　　　）（兼）
　　　　　黄庆怀（2011.04—　　　）（兼）
　　　　　熊志新（2011.04—　　　）（兼）

企业党工委　2004 年 10 月，中共长沙经开区工作委员会批准成立中共长沙经开区企业工作委员会。

书　　记　吴京生（2004.11—2006.12）（兼）
　　　　　汤定一（2006.12—2011.03）（兼）
　　　　　黄　瑶（2011.03—　　　）（兼）
副 书 记　张湘鸿（2004.11—2006.12）（兼）
　　　　　徐震山（2004.11—2006.12）（兼）
　　　　　刘光辉（2006.12—2008.08）（兼）
　　　　　蒋君山（2006.12—　　　）（兼）
　　　　　欧建雄（2008.08—2011.03）（兼）
　　　　　王怀庄（2011.03—　　　）（兼）
　　　　　何元武（2011.08—　　　）（兼）
委　　员　刘光辉（2004.11—2006.12）（兼）
　　　　　吴信村（2006.12—2008.08）（兼）

人武部　1999 年 6 月 15 日，长沙经开区成立人武部。

部　　长　张文球（1999.06—2011.04）
　　　　　张贤长（2011.12—　　　）
专　　干　陈新明（2008.01—2010.12）
　　　　　彭　虹（2010.12—　　　）

◆第三节　组织建设

建立中共长沙经开区委员会、中共长沙经开区工作委员会　1992年7月，星沙开发区工程建设指挥部由中共长沙县委直接领导。1994年3月，长沙星沙开发区更名为长沙经开区，是年5月，成立中共长沙经开区委员会。2000年2月，长沙经开区晋升为国家级开发区，是年12月，市委报经省委同意，撤销长沙经开区党委，设立中共长沙经开区工作委员会，为中共长沙市委派出机构。长沙经开区党工委抓好党的组织、思想、作风建设，严格执行党要管党、从严治党的方针，深入开展党内各项活动，使园区党的基层组织更加健全，党员队伍不断壮大，为实现园区又好又快发展提供坚强的组织保障。

机关党组织建设　2002年6月，长沙经开区机关党委根据实际情况，组建了办公室支部、经贸发展局支部、建设发展局支部、社会发展局支部和星沙供水公司支部。经过2004年、2008年、2010年3次机构改革，机关党委所辖党支部调整为14个。2012年，开展基层组织建设年活动，机关党委所属党支部由14个调整为12个，隶属关系更加明确；机关12个党支部进行分类定等，制定晋位升级工作目标和措施，持续推进“组织提升”“保障强基”等6大工程建设，做好新党员发展工作，培训入党积极分子14名，按程序新发展党员7名。截至2012年，长沙经开区机关党委共有党员240人。

企业党组织建设　建立党的基层组织：1992年2月至1994年2月，长沙经开区（星沙开发区）党员的组织关系隶属原所在单位党支部，在原党支部、党小组参加党的组织生活。1994—2004年，长沙经开区先后建立基层党委7个、党总支8个、党支部87个。其中企业党的基层组织由企业党工委领导。

长沙经开区企业中，非公有制企业占绝大多数，分布在这些企业中的党员甚多。长沙经开区党工委加强非公有制经济组织的党建工作，成立以党工委书记李振萼为组长的非公有制经济组织党建工作领导小组，设立专门办公室，对党建工作进行全程指导、管理和监督。党工委制定《关于加强长沙经开区非公有制企业基层党组织建设的暂行规定》。2002年，区党工委与长沙县委从区、县直属机关抽调27名党员干部，组建党建工作联系调查组，分成5个工作小组。联系调查组通过座谈走访、个别谈心、问卷调查和填写表格等方式，对区内企业党组织的设置、隶属关系、党员管理等情况进行全面了解。园区125家企业中，有党员1516人，已组建党组织的有21个，但多数企业没有建立党的基层组织。

2002年，长沙经开区党工委根据中共长沙市委“关于进入各开发区、工业园的企事业单位，要按照党章规定，由园区党委（工委）帮助建立党组织的规定”，加快党组织建设步伐，是年12月，对未成立基层党组织的22家非公有制企业，实行分类指导，督促、指导建立党组织，并为22家新成立的非公有制企业党组织授牌，其中三一重工股份有限公司成立了党委，湖南申湘实业股份有限公司建立了党总支。

2009年，园区在加强基层党组织建设方面进行了积极探索。以学习实践科学发展观活动和创先争优活动为载体，推出了一系列措施，建立起一整套非公有制企业党建工作保障机制，出台了《关于进一步加强全区基层党建工作的实施意见》，有效解决了非公有制企业党建工作问题；为新时期新经济组织中党的工作开展提供了坚强的保障；实施了“机关党支部+企业党组织”的党建工作推进模式，通过组织联动、队伍联建、活动联抓等方式，以机关党建带动企业党建，坚持领导联点、分片包干等方式，将创先争优与“两帮两促”“创业富民”“学习与服务”等主题活动结合起来，帮助企业解决实际困难和问题；还积极探索了构建长沙经开区党群工作一体化机制，凝聚了发展合力。长沙经开区企业党组织建设取得明显成效。

2012年，长沙经开区企业党工委实行领导联点、派出党建指导员，形成上下联动的工作活力，推动党的组建工作的开展，新组织建设31家非公企业党组织，园区企业党组织覆盖面持续保持100%。严格执行《长沙经开区关于进一步加强全区基层党建工作的实施意见》，为新组建的企业党组织配好“四个一”（组织牌匾、公章、党旗、业务书籍），发放党务工作者岗位补助60万元。严格落实《长沙经开区返还直属非公企业党组织党费暂行办法》的规定，向15家非公企业党组织返还党费共计9万元。截至2012年，共建立基层党委9个、党总支14个、党支部245个，实现园区投产企业党组织和党的工作全覆盖，为企业健康快速发展提供了组织保障。

发展党员 1997年12月27日，长沙经开区成立《中国共产党章程》学习小组，有47人参加学习。通过学《党章》、参观革命圣地，进一步提高学员对中国共产党的认识，更加热爱中国共产党，更加渴望加入中国共产党，不少同志提交了入党申请书，有些同志经原单位党组织送训、培养、考察，加入了中国共产党。2003年4月，长沙经开区党工委根据中组部关于在新的社会阶层中发展党员的精神和省、市委的要求，确定园区注册资金在1000万元以上的3家较大型非公有制企业主要负责人为重点培养对象，并由党工委领导成员分别担任培养联系人，组织3名入党积极分子参加由市委举办的首期非公有制企业入党积极分子培训班。其中三一集团董事长、全国人大代表梁稳根在2002年12月向党组织递交入党申请书。经组织考察，2004年5月17日，党工委批准梁稳根为中共预备党员，成为园区从非公有制大型企业主要负责人中吸收的第一名共产党员。是年7月，举办第一期入党积极分子培训班，109人参加学习培训。党工委本着“坚持标准、保证质量、改善结构、慎重发展”的方针，坚持“成熟一个、发展一个”的原则，批准7人加入党组织。截至2004年，党组织关系在长沙经开区的党员有433名。

2005年，企业党工委进一步强化在非公经济组织中发展党员的工作，每年都培养和发展一定数量的党员。2012年，全年发展企业新党员111名，培养入党积极分子290名。截至2012年，全区共有党员6852名。其中直管党员4542名，占全区党员总数的55.9%；流入党员4638名，占全区党员总数的67.6%。直管党员中，女党员1020名，占22.4%；少数民族党员149名，占3.2%；35岁以下党员2712名，占59.7%；36～45岁1119名，占24.6%；46～54岁351名，占7.7%；55～59岁99名，占2.1%；60岁及以上21名，占0.4%。

◆第四节 思想建设

教育活动 “三讲”教育活动：2001年2月，根据中共中央《关于在县级以上党政领导班子、领导干部中深入开展“讲学习、讲政治、讲正气”为主要内容的党性党风教育的意见》，按省、市委的统一部署，长沙经开区党工委成立“三讲”教育领导小组，制定“三讲”教育方案，决定从2月底开始，在园区的班子成员中开展“三讲”教育，历时58天。长沙经开区“三讲”教育分四个阶段进行：第一阶段（2月底至3月中旬）为思想发动、学习提高阶段；

第二阶段（3月中旬至3月底）为自我剖析、听取意见阶段；第三阶段（4月初至4月中旬）为交心谈心、开展批评与自我批评阶段；第四阶段（4月中旬至4月底）为制定整改方案、落实整改措施阶段。活动重点提高领导干部的水平问题，认真查找党性党风方面存在的问题；坚持依靠群众的方法，采取多种方式广泛征求群众意见；认真开展批评与自我批评，对领导班子及其成员存在的问题，采取“个人找，群众提，上级点，互相帮”的办法解决。

“三个代表”重要思想学教活动：2000年12月至2002年5月，长沙经开区党工委根据中共中央和省、市委的部署，在全区开展“三个代表”重要思想学习教育活动（以下简称“学教活动”）。学教活动围绕“让干部受教育，使群众得实惠”的目标进行。学教活动在工管委领导班子、机关各局（室）、区直属企事业单位、驻区机构开展。成立了学教活动领导小组，负责指导各单位的学教活动，主要做法是：广泛宣传发动。各参学单位采取各种方式，大力营造活动氛围；市、县新闻媒体对园区重大学教活动动态进行专题报道。抓好学习培训。通过集中学习，发放学习资料，查阅学习笔记等方式，提高领导干部践行“三个代表”重要思想的自觉性。坚持正面教育。开好党员领导干部民主生活会，通过开展批评与自我批评，让广大干部受教育。四是抓好整改提高。各部门根据企业亟盼解决的问题，落实整改责任制，使存在的问题得到及时解决。

“保持共产党员先进性”教育活动：第一批（机关）“保持共产党员先进性教育”活动2005年1月31日开始，2005年6月中旬结束，分学习动员、分析评议和整改提高3个阶段，共涉及机关9个党支部89名党员，学习教育覆盖率达100%。

活动期间，长沙经开区党工委班子成员和各部门（单位）主要负责人坚持带头学习，区党工委领导杨光荣、文树勋、吴京生、谭迪强等亲自动员、上党课，各机关支部书记以不同形式为党员授课。同时组织开展“读好一本书、写好一篇心得体会、联系好一户困难户”的学习实践活动，通过5天（2005年2月19—23日）的集中封闭式学习，精读《保持共产党员先进性教育读本》《胡锦涛在新时期保持共产党员先进性专题报告会上的讲话》《江泽民论加强和改进执政党建设（专题摘编）》等理论书籍，机关全体党员作学习笔记78万字，写心得23万字。还在区机关党员中深入开展“我为群众办实事”活动，组织党员深入园区企业、重点工程现场和拆迁户家中走访慰问，送去慰问金10万元。

长沙经开区党工委还将长沙县金井镇西山村作为2005年对口扶贫点，派出工作队员常驻进行扶贫指导，并提供30万元的资金援助。2005年4月6—8日，中共中央政治局常委、国家副主席曾庆红根据中央统一部署，到保持共产党员先进性教育活动联系点长沙县指导考察，视察三一重工、维胜科技开展保持共产党员先进性教育活动情况，强调要进一步认识开展先进性教育活动的重大意义；要准确把握和全面贯彻中共中央关于先进性教育活动的总体要求；要扎扎实实做好分析评议阶段的工作；要加强组织领导，确保先进性教育活动扎实推进；要以开展先进性教育活动为动力，推动当前各项工作。长沙经开区党工委认真贯彻落实曾庆红及中央先进性教育活动领导小组的指示和部署，全面推进长沙经开区机关和企业保持共产党员先进性教育活动，取得显著成效。

第二批（企业）“保持共产党员先进性教育”活动2005年7月8日开始，到2006年1月底结束，涉及园区直属企业基层党组织32个，党员1587人，其中党委3个，党总支2个，党支部27个，学习覆盖率达100%。

活动期间，中共湖南省委常委、统战部部长石玉珍联系指导长沙经开区三一重工党委开展先教活动，在动员大会上作报告。中共长沙市委副书记吴志雄，市委常委、组织部部长范小新，以及中共湖南省委先教办、中共长沙市委先教办、巡回检查组等领导也先后到园区指导工作。在先教活动过程中，长沙经开区各直属企业党组织共发放征求意见表2100余份，召开座谈会70余场，撰写党性剖析材料1524份，专访近600人次，谈心沟通1103人次，收到意见5300余条，提出整改措施950余条，解决实际问题285个。结合实际，创新“自选动作”，落实活动要求。在“亮身份、树形象”活动中，300余名党员主动亮出党员身份；在“谋发展、做贡献”活动中，广大企业党员将先教活动要求与企业生产经营目标结合起来，在促进企业健康快速持续发展中勇当先锋；在“和谐园区”创建活动中，共筹集“爱心助医”捐款300万元，党员先进性得到进一步彰显。

“科学发展观”思想学教活动：第一批（机关）“深入学习实践科学发展观”活动从2009年3月27日开始，至2009年8月30日结束，共经历了学习调研、分析检查、整改落实3个阶段。参加学习实践活动的单位包括长沙经开区党工委、管委会领导班子成员及机关各局室、区直属企事业单位，共12个党组织165名党员参加，其中副县级以上领导干部26名。

在学习调研阶段，长沙经开区精心打造“星沙大讲堂”，邀请中国社会科学院原副院长刘吉院士，湖南省政府顾问、专家咨询组成员朱翔教授等 11 位国内知名专家，分别从如何提高科学发展水平、怎样应对金融危机等方面作了 10 个专题的辅导讲座；在组织党员自学的基础上，党工委领导班子成员结合分管工作深入企业开展调研，撰写调研报告 30 多篇。在分析检查阶段，克服“不重要、无所谓、不实惠、不着急、差不多、不沟通”6 个方面的思想障碍，自发问政于企，问需于企，问计于企，撰写班子贯彻落实科学发展观分析检查报告，并接受园区企业、专家学者满意度测评。在整改落实阶段，结合年初的工作目标提出了 6 个方面共 15 条具体措施，建立健全整改落实责任制，建立整改台账，对提出的 200 余个问题和意见明确整改目标和时限要求，活动结束时 90% 的问题和意见得到妥善解决。在长效建设方面，通过学习实践活动，建立健全《党工委、管委会机关会议制度》《工作绩效考核与管理实施办法（试行）》《机关及其工作人员问廉问效暂行办法》《关于鼓励企业引进高层次人才的暂行办法》《关于进一步加强全区基层党建工作的实施意见》等制度。

第二批（企业）“深入学习实践科学发展观”活动从 2009 年 10 月 12 日开始，至 2010 年 1 月 30 日结束，分为学习调研、分析检查、整改落实 3 个阶段，共 62 家企业党组织 2308 名党员参加。

活动期间，长沙经开区党工委班子成员分为 6 个指导检查组，与 10 个不同类型的企业党组织结成联系点，及时督促指导。2009 年 11 月 18 日，中央非公有制经济组织学习实践活动指导小组组长、中央统战部副部长、全国工商联党组书记、第一副主席全哲洙一行到长沙经开区调研考察学习实践活动。在学习调研阶段，长沙经开区学习实践活动领导小组编印了《科学发展思与行》和《科学发展你我知》简明学习读本，为企业党组织开展活动提供行动指南。在分析检查阶段，长沙经开区学习实践活动领导小组针对参学企业党组织类型多样、经济类型多元、党员结构复杂的特点，按照“规模企业重点抓、中型企业深入抓、小型企业灵活抓”的要求，坚持面上整体推进与点上分类指导相结合，通过领导联点指导、虚实统筹结合、灵活推进的方式，将分析检查工作落实到位。在整改落实阶段，62 家参学企业党组织根据前期讨论座谈、献计献策、组织生活会等征求到的意见和建议，有针对性地制定整改落实方案（措施），共列出整改项目 224 个，活动结束时大部分问题已得到解决。

“创建先进基层党组织、争当优秀共产党员”活动：长沙经开区党工委“创建先进基层党组织、争当优秀共产党员”活动从 2010 年 5 月 27 日启动。分为宣传发动、全面争创、巩固提高、总结完善四个阶段。2010 年，长沙经开区参加创先争优活动的直属基层党组织共有 157 个，其中机关党支部 16 个，企业党组织（含党委、党总支、党支部）141 个，党员 2948 人；2011 年，参加创先争优活动的直属基层党组织共有 186 个，其中机关党支部 14 个，企业党组织（含党委、党总支、党支部）172 个，党员 3403 人，公开承诺、领导点评、群众评议、评选表彰等环节实现全覆盖。

2010 年，长沙经开区党工委创先争优活动领导小组结合“机关效能建设年”活动，将创先争优活动公开承诺与优化园区发展环境有机结合起来，出台《关于深化行政审批改革 优化办事流程的实施意见》，建立“机关党支部 + 企业党组织”互联共建的活动推进模式。广泛开展创建“党建示范点”和“党员先锋岗”活动，18 个基层党组织申报创建“党建示范点”，25 个党员（岗位）申报创建“党员先锋岗”，并向中共长沙市委创先争优活动领导小组办公室推荐山河智能党委等 5 个基层党组织、黄永泉等 5 名共产党员参与全市“党建示范点”和“党员先锋岗”的创建和评比。广泛开展“我身边的优秀共产党员”群众推荐活动，通过各种方式共推荐优秀共产党员 30 余人。围绕庆祝建党 89 周年组织开展“诵读红色经典、共建和谐园区”诗歌朗诵比赛、“党章学习日”、发送党员政治生日祝福、“三联三为”“红色服务月”等一系列主题活动。

2011 年，长沙经开区党工委创先争优活动领导小组围绕年初公开承诺、“七一”、年底考评总结 3 个重要节点，结合“学习与服务”“创业富民”“两帮两促”等活动继续深化互联共建模式，每季度开展一次督导检查，不断深化服务企业内涵，帮助企业解决难题 200 余个。在全区广泛开展“好支部、好书记、好党员”群众推荐评优活动，推荐评选出 10 个好支部、30 名好书记、100 名好党员，并召开庆祝建党 90 周年表彰大会进行专题表彰，通过《活动简报》《先锋力量》《长沙晚报》和市委创先争优活动网站等媒体进行广泛宣传推介。统一组织长沙经开区管委会 11 个窗口单位进行“为民服务创先争优”专项公开承诺，在中共长沙市委创先争优活动专题网站向全社会公开，接受监督。

2012 年，长沙经开区党工委深入推进创先争优活动，以“基层组织建设年”为主题，按规定环节全面完成公开承诺、领导点评、群众评议以及创先争优总结表彰、长效机制建设等工作。深化活动内涵，对全区 12 个机关党支部和 78 家企业基层党组织进行分类定等，持续推进“组织提升”“保障强基”“骨干培养”“党群连心”“阳光关怀”“制度规范”6 大工程。长沙经开区党工委深入开展创先争优活动，编印创先争优简报12期。建立“五个融合”工作机制，即：夯实党建基础与优化发展环境相融合。坚持把“亲商、安商、富商”服务理念和举措融入非公企业党建工作之中，实现非公党建和企业发展的互促双赢。扩大组织覆盖与引领企业发展相融合。按照“开发建设到哪里，党的组织和工作就覆盖到哪里”的要求，因企制宜抓组建，多措并举抓覆盖，以园区已投产企业党组织和党的工作全覆盖带动园区非公企业的新发展。优化党建格局与提升服务质量相融合。立足园区非公企业实际，从完善领导体制和工作机制上着手，在推进非公企业党建工作制度化、规范化上下功夫，实现“抓党建”与“抓服务”的有机统一。破解党建难题与统筹硬件保障相融合。出台《关于进一步加强全区基层党建工作的实施意见》，进一步完善非公企业党建工作保障机制，确保企业发展与党建工作两不误。激发党建活力与企业文化建设相融合。坚持立足“以人为本”抓党建，把企业文化建设作为非公党建工作的切入点，探索创新活动载体，增强企业活力，提振发展信心。

长沙经开区企业党工委加强组织园区企业党组织的创先争优活动，引导三一集团党委推出“三双五结合”模式。坚持“双培”：即把优秀员工培养成党员、把优秀党员培养成工作骨干，将党管干部的原则与企业人力资源工作有机结合，坚持“双推”。即把优秀党员经营管理者推选为党务工作者，把优秀党务工作者推荐进管理决策层，将党组织的权威与企业董事会权威有机结合。坚持“双促”。即以党建促发展、以发展促党建，将党的先进性建设与企业的超常发展有机结合。集团党委坚持将党的思想政治优势与企业文化建设有机结合。将党的宗旨与企业社会责任有机结合。广汽菲亚特党委推行“一心四同七转化”党建工作法，不断创新党建工作思路。以生产经营为中心，确保党建工作与生产经营目标同向、工作同心、行动同步、成果同享，将党的基层组织优势转化为企业的战斗力、将党的思想理论优势转化为企业的融合力、将党的干部人才优势转化为企业的领导力、将党的科学发展优势转化为企业的发展力、将党的监督教育优势转化为企业的保障力、将党的和谐稳定优势转化为企业的管控力、将党的群众工作优势转化为企业的凝聚力。

专题教育：长沙经开区党工委把党的思想建设作为党建工作的首要任务。认真组织党员学习马列主义、毛泽东思想、邓小平理论、“三个代表”重要思想和科学发展观，学习党的路线、方针、政策，学习党的基本知识，努力提高党员素质。在领导班子中，建立党工委中心组学习制度，提高领导干部政治理论素质和政策水平。根据长沙经开区开发建设的不同时期，中心组开展专项学教活动。如2011年中国共产党建党90周年之际，组织开展了“从红色‘家谱’中汲取力量”、学习贯彻胡锦涛总书记“七一”讲话精神、建党90周年党史专题、十七届六中全会报告和党的十八大精神解读等专题讲座。

社会宣传 长沙经开区党工委一贯重视宣传工作带来的广泛社会效应，把宣传工作作为一项系统工程来抓。依靠新闻媒体对内对外刊（播）发稿件，传播开发区新闻动态。

1992年7月20日，《星沙简报》第一期发刊，长沙县县长蒋新祺撰写发刊词，县委常委、常务副县长、星沙开发区工程建设指挥部指挥长柳冠群题写刊头。开发区宣传工作有了单独的传播载体。

新闻宣传方面，园区年均发稿量480条新闻稿件（含电视、广播、报纸、杂志、网络等媒体）以上，每年多次组织新闻媒体集中宣传报道，有规模、有影响、有效果。2004年5月14日，新华社、《人民日报》《湖南日报》、湖南卫视、《长沙晚报》等中央、省、市共23家新闻媒体，组织40余名资深记者的强大采访阵容，联手对长沙经开区进行新闻采访报道；是年6月1日，人民网、新华网等9家中央新闻网站，新浪、搜狐等7家中国门户网站，千龙网等15家全国省级重点新闻网站以及《湖南日报》等8家省级媒体、《长沙晚报》等全省8家市州媒体，共计47家新闻媒体聚集长沙经开区，开展“中国网络媒体湖南行”采访活动；是年8月10日，由台湾中天、TVBS、东森3家电视台、《中国时报》等媒体7名台湾记者，中央电视台、中国新闻社、华夏经纬网等媒体5名记者组成的海峡两岸新闻媒体到湘联合采访团到长沙经开区采访，参观三一重工和台资企业光阳精机。

2007年3月21日，湖南省加速推进新型工业化工作领导小组办公室组织省内8家新闻宣传媒体到长沙经开区进行典型报道采访，介绍加速推进新型工业化的成绩和贯彻落实《湖南省加速推进新型工业化若干意见》的举措。是年11月12日，《人民日报》《光明日报》《经济日报》等中央4家媒体记者，就重点工业园区发展模式及思路变化等内容进行了采访调研。

2011年8月17日，《湖南日报》、湖南卫视、《长沙晚报》、长沙新闻频道等11家省、市新闻媒体对长沙经开区管委会主任李科明进行集中采访，围绕园区发展前景和“配博会”举办意义等问题作了相关的宣传报道，取得了较大的社会影响。新闻媒体着重于以企业为宣传对象，园区品牌为宣传主体，报道提升了园区的整体形象。2011 年，《湖南日报》以《“中国力量”震四方》《“千亿园区”起宏图》《党旗高扬促发展》《宏图伟业开新篇》《产业高地我为峰》《服务引来满眼春》《风物长宜放眼量》等为题对园区发展进行了连续报道。

2012 年，结合长沙经开区 20 周年庆典，《香港文汇报》《湖南日报》《当代商报》《长沙晚报》等报刊网络新闻媒体相继发表《二十年砥砺前行 大开放促大发展》《世界级工厂 世界级制造》《“中国力量”铿锵前行》《星沙之光》《文化“软实力”铸就发展“硬功夫”》《他们创造了三个世界之最》《二十年，一座工业新城》等宣传报道。是年 8 月 29 日，长沙经开区举行“献礼十八大·喜迎二十年”新闻发布会暨“十百千亿”企业集中亮相仪式。三一重工、中联工起、山河智能、中铁轨道、北汽福田、博世汽车、广汽菲亚特、广汽长丰、远大集团、娃哈哈、湘江关西 11 家“十百千亿”级产值的园区企业亮相新闻发布会，并与长沙经开区签订“政企合作发展战略宣言”。新华社、人民网、《湖南日报》《长沙晚报》等 50 余家境内外新闻媒体参加大会并报道。

在其他宣传方面，以招商形式为主导的集中性宣传有亮点、突破大的典型事例，并借助“配博会”、中日汽车（湖南·星沙）高峰论坛、“长沙经开区企业家沙龙活动”等平台，大力宣传长沙经开区在经济建设、社会发展、商贸流通、区位地理等方面的资源优势和取得的成果，全面展现经济社会发展远景，吸引更多的投资伙伴前来开发建设；利用各类活动为契机，如“全国百城自行车赛”湖南预选赛、“中国经济技术开发区 20 周年”邮票纪念册首发式、“电力杯”安全生产知识电视抢答赛、“湘江作证——湖南工业”——湖南经视大型现场节目等，展示长沙经开区的魅力和形象。

◆第五节 作风建设

加强党的作风建设 长沙经开区党组织坚持开展主题鲜明的作风建设活动。1992 年，开展以“建好星沙城，不烂掉一个人”为主题的教育。1993 年，开展以“经济发展越快，越要艰苦奋斗；改革开放力度越大，越要搞好廉政建设；表扬赞扬声越多，越要谦虚谨慎”为主要内容的教育。1994 年，重点加强对党员干部的教育，要求党员干部率先垂范，严于律己，遵章守纪。1995 年，在开展学习孔繁森的活动中，要求党员干部发扬“奉献、无我、吃苦、求知、勤奋、廉洁”精神，重申“请吃不去，送礼不要”的纪律。

1996年，针对个别干部存在放荡不羁的现象，开展以“在工作作风上从严律己”为内容的教育活动，进一步要求班子成员带头廉洁自律，把自己管好，把主管部门的干部管好。

1998年4月，就罗某某、杨某某、张某某3人违法案件进行剖析，开展以“廉洁自律、警钟长鸣”为主题的教育。2000年10月，又以成克杰、胡长清等重大典型案件为反面教材，深化这一教育，并组织观看电影《生死抉择》。以基层党组织为单位，经常组织党员干部学习党中央和中纪委颁布的关于加强党风廉政建设、防止和惩治腐败的规定、条例等。

2006年2月中旬至12月下旬，组织“开展作风建设年、创建进取型机关”活动。活动分学习教育、查摆问题、整改建制、巩固提高4个阶段，活动标准是“团结协作，建一流班子；提升素质，带一流队伍；整章建制，争一流管理；优质服务，树一流形象；开拓进取，创一流业绩”。机关各局（室）、市直驻区分局、区直属企事业单位参加活动。

2008年3月，制定《关于加强机关作风效能建设的实施意见》，健全学习制度、廉洁从政及厉行节约制度、上下班纪律制度、效能建设制度、文明卫生制度等，不断提升机关作风效能。2009年，出台《机关及其工作人员问责问廉问效暂行办法》，严肃查处不依法行政、不廉洁奉公等影响机关形象、损害企业和群众利益的行为，在机关开展“加强党性修养，树立和弘扬优良作风”规章制度执行情况的专项督查，并按要求开展“四个一”活动，即安排一次集中学习、开好一次民主生活会、组织一次自查自纠、搞好一次整改讲评。

2010年，制定《长沙经开区开展“机关作风效能建设年”活动的实施方案》，开展“学习与服务”“两帮两促”“双联”结对帮扶贫困拆迁户、“为困难职工送温暖”“爱心助学”“红色服务月”等系列主题活动，进一步改善机关作风。

2011年8月，专门就郭某某、赖某某两人违法案件进行剖析，召开全区廉政警示教育大会，以达到惩前毖后、治病救人的目的。

评议党员 长沙经开区民主评议党员工作在市、县委的统一安排部署下进行。民主评议党员分为学习动员、对照检查、自评互评、总结提高四个步骤。区内各级党组织把握好3个环节，即：注重思想教育；严肃认真地开展批评与自我批评；慎重地做好组织处理。多年的实践取得了4条主要经验：把对党员的教育、管理、监督融于一体，着力提高政治素质；正确运用批评与自我批评的武器，依靠自身力量解决党员队伍中存在的问题；表扬先进，把发扬党内积极因素与克服消极因素结合起来；把民主评议党员与评议支部委员会结合起来。在民主评议党员的基础上，每隔2年都对先进基层党组织、优秀党员、优秀党务工作者进行表彰。

1993年7月1日，长沙星沙开发区召开党员大会，纪念建党42周年，汤定一作《领会“讲话”精神，增强党性锻炼，当好建设星沙的排头兵》的报告。

2003年，申湘实业党总支被评为“长沙市先进基层党组织”，高宪悦被评为“长沙市优秀共产党员”；张文球被评为“长沙市优秀党务工作者”，长沙经开区管委会办公室党支部、长沙星沙供水工程有限公司党支部被评为“长沙经开区先进基层党支部”，谭超纲、张湘鸿等12人被评为“长沙经开区优秀共产党员”，余佳友、许关武等5人被评为“长沙经开区优秀党务工作者”。

2006年，三一重工党委被评为“湖南省先进基层党组织”“长沙市先进基层党组织”，彭仲雄被评为“长沙市优秀共产党员”，贺明霞被评为“长沙市优秀党务工作者”，熊伟被评为“长沙市直机关优秀共产党员”。

2008年，山河智能党委、长沙星沙供水工程有限公司党支部被评为“长沙市先进基层党组织”，彭伟、柳杏辉2人被评为“长沙市优秀共产党员”，杨昌桂被评为“长沙市优秀党务工作者”，余岚被评为“长沙市直机关优秀共产党员”，周芳被评为“长沙市直机关优秀党务工作者”；三一营销有限公司党支部、山河智能技术中心党支部等16个基层党组织被评为“长沙经开区先进基层党组织”，周朝晖、黄宏遥、徐英等78人被评为“长沙经开区优秀共产党员”，符鸿泽、梁锋、腾明星等30人被评为“长沙经开区优秀党务工作者”。

2011年，山河智能党委被评为“湖南省先进基层党组织”，易小刚被评为“湖南省优秀共产党员”；湖南山河智能机械股份有限公司党委、长沙经开区和祥科技园党总支被评为“长沙市先进基层党组织”，易小刚、张建国被评为“长沙市优秀共产党员”，陈秀深、蒋开国被评为“长沙市优秀党务工作者”，任雨舟被评为“长沙市直机关优秀共产党员”，欧建雄被评为“长沙市直机关优秀党务工作者”；湖南山河智能机械股份有限公司研究本院党支部、三一车身有限公司党支部等10个基层党组织被评为“长沙经开区先进基层党组织”，易小刚、易秀明、吴智勇等100人被评为“长沙经开区优秀共产党员”，易小刚、邵志强、王新友等30人被评为“长沙经开区优秀党务工作者”。

2012年，机关12个创先争优先进单位（岗位）和个人、14个“雷锋式”

先进单位和个人受到区党工委表彰。全区企业中评选表彰创先争优先进基层党组织8个、创先争优优秀共产党员47名、党建示范点5个、共产党员先锋岗8个，三一集团党委、周正春等10个单位和个人被评为全国、省、市先进，为全区非公企业基层党组织和党员树立了标杆。

◆第六节 廉政建设

廉政教育 1992—2000年，长沙经开区的党风廉政建设工作由长沙县纪委配合园区党委管理，开展党风廉政教育，制定相关制度，根据党纪查处一批违纪案件。2000年10月，省编委同意长沙经开区设纪工委书记，主管党的纪律工作；2002年3月，市纪委等部门批准设立中共长沙经济技术开发区纪律检查工作委员会，纪检监察部门深入贯彻“标本兼治、综合治理、惩防并举、注重预防”的方针，建立健全园区党风廉政宣传教育机制，促进全区党风廉政教育深入推进。

认真开展专题学习活动。先后开展《中国共产党党内监督条例（试行）》《中国共产党纪律处分条例》《建立健全教育、制度、监督并重的惩治和预防腐败体系实施纲要》《“三个代表”重要思想和反腐倡廉理论学习纲要》《中国共产党党员领导干部廉洁从政若干准则》和“学习党章、遵守党章、贯彻党章、维护党章”等专题学习活动，并与保持共产党员先进性教育、干部作风整顿、商业贿赂治理、《廉政准则》贯彻落实情况督查等活动紧密结合起来，进一步丰富了反腐倡廉宣传教育的内容。

推进廉政文化建设。区纪检监察部门牵头制定《加强廉政文化建设的实施意见》，采取党政一把手上党课、组织廉政讲座、观看廉政电影、召开廉政专题民主生活会、参观廉政教育基地和展览、发送廉政短信、制作廉政台历、参与“开心讲廉”等多种形式，搭建廉政宣传教育的平台。2009年，在机关综合楼与行政楼2楼之间连廊建设廉政文化长廊。长廊共分为前言篇、要论篇、准则篇、实践篇、楷模篇、书画篇、史鉴篇、漫画篇、警示篇9篇10块，使党员干部在潜移默化中受到廉政教育。2012年，加强对党的十八大和中纪委第十七届八次全会有关反腐倡廉精神的学习、宣传与贯彻，增强机关党员干部反腐倡廉意识，对廉政文化长廊内容进行更新。长廊按照“图文并茂、深入浅出”的原则，共分10块7个篇章：中央精神篇，内容为党的十八大报告中关于反腐倡廉建设的原则要求和新一届中纪委贯彻落实十八大精神，绝不让腐败分子在党内有藏身之地的四项具体工作部署；领导言论篇，内容为胡锦涛、习近平、王岐山等中央领导关于反腐倡廉工作的最新指示；园区教育篇，内容为党工委书记杨懿文、管委会主任李科明2012年度讲党课内容精选，以及园区廉政党课、廉政教育大会、廉政参观、廉政台历、廉政短信等廉政教育活动图片和文字说明；贪腐解密篇，内容为近年全国高官贪腐特点和典型案例图表分析与文字说明；反腐成就篇，内容为全国十年来反腐工作取得的成就；廉政漫画篇，内容为政府官员贪污腐化的典型过程；结语篇，内容为纪工委书记高杰关于廉政文化建设的精辟结语，为园区廉政文化建设指明方向、定下了基调。

进行警示教育。2011年8月，结合发生在机关的冯某某、陈某某两起违法违纪案件，召开廉政警示教育大会，进一步浓厚廉政教育氛围。

制度建设 在落实党风廉政建设责任制和加强廉政教育的过程中，长沙经开区纪检监察部门，协助和牵头完善了管人、管财、管物、管权的相关制度。

2002年，长沙经开区纪检监察部门成立，根据中央加强反腐倡廉工作要求，以落实党风廉政建设责任制为突破口，着力构建从源头上防治腐败的长效机制，落实廉政登记、廉政承诺、廉政考评、重大事项报告、经济责任审计、党风廉政建设责任追究等一系列举措。2004年，区纪工委印发《长沙经开区党风廉政建设责任制目标管理考核实施细则》，区党工委坚持每年年初将党风廉政建设责任分解到工管委班子成员，并与管委会各局（室）、派驻机构和直属企事业单位签订党风廉政建设目标管理责任书，年终则按照责任书和考核实施细则对相关部门进行考核，结果纳入绩效考核。

2006年，纪检监察部门对党员干部实施廉政谈话，党员领导干部按长沙市纪委、组织部要求，定期报告个人廉洁自律有关事项。2008年5月，出台《关于进一步规范接待工作若干规定》，明确接待范围、接待标准、审批程序和经费管理。

2008年6月，出台《关于进一步加强因公出国（境）管理工作的暂行规定》，明确因公出国（境）考察活动，一律由主任办公会议集体审批。2009年8月，出台《长沙经开区党工委、管委会机关会议制度》，规定重大事项必须经党工委会议或主任办公会议集体议定，会议实行无记名票决制和末位表态制。

2010年，出台《关于加强国有投资建设项目监督管理规定》，提高了国有投资建设工程的质量、资金安全、投资效益；随后，出台《内部监督审计工作规定（试行）》，规范内部审计行为，发挥内部审计在单位经济运行中的监督、管理、服务职能。

2011 年 1 月，出台《长沙经开区关于党员领导干部落实党风廉政建设责任制和个人廉洁自律有关事项的报告制度》，将报告对象范围扩大到科级以上领导干部。2011 年 5 月，区党工委印发《长沙经开区党员领导干部廉政谈话暂行办法》，将廉政谈话的对象范围扩展到区机关全体党员干部职工。

2012 年，出台《长沙经开区关于党员领导干部公开述廉的若干规定（试行）》办法，明确要求各部门主要负责人对贯彻执行党风廉政建设责任制情况、个人廉洁自律情况、个人应当报告的有关事项，必须在所在支部党员大会（部门全体干部职工大会）上述廉。

推行和实施这些相关制度，保证了权力运行的规范性、透明性、公平性，夯实了党风廉政建设、规范权力运行的长效机制。

案件查处 长沙经开区纪检监察部门成立前，纪检监察工作由县纪委和区党委管理，党委配备纪律委员专抓党风廉政工作。1998 年，管委会罗某某、张某某和杨某某 3 名负责人违纪受贿行为败露后，由县纪委立案查处，因构成犯罪，移交司法部门处理，3 人都受到法纪处理。

2002 年，区纪检监察部门成立，负责受理区检举、控告和申诉，严肃查处违法违纪违规问题，有效做到惩防并举、标本兼治。先后共查处各类案件 5 起。如原管委会副主任喻某某（在开发区工作期间犯罪，立案前已调任市国土资源局副局长），管委会主任助理黄某某（调来开发区工作前在外地犯罪），经市、县检察部门提起公诉后，均受到党纪处分和法律制裁，管委会建设发展局副局长冯某某受到开除党籍的处分。

2011 年，管委会建设发展局综合处长郭某某，建设发展局招聘制工作人员赖某某等严重违纪。长沙经开区纪检监察部门密切配合市、县纪委对其进行“双规”，经检察部门提起公诉后，郭某某、赖某某均受到党纪处分和法律制裁。

第二章　行政机构

◆第一节　机构沿革与领导成员

长沙星沙开发区工程建设指挥部　1992年7月，长沙市人民政府明确长沙星沙开发区为“市、县共建，以县为主”，市委批准成立长沙星沙开发区领导小组，由副市长袁汉坤任组长，市政协副主席胡瑞采，市政府巡视员胡润恒，县委书记周桂龙，县长蒋新祺，县委常委、常务副县长柳冠群任副组长。领导小组下设开发区工程建设指挥部。1992年12月26日，湖南省体改委《关于建立长沙星沙开发区的批复》（湘体改字〔1992〕163号）同意建立长沙星沙开发区。长沙星沙开发区工程建设指挥部组建时，根据开发建设需要，设立12个部（计划材料部、交通道路部、引进开发部、给排水部、电力电讯部、征地拆迁部、安置发展部、银信计财部、市场建设部、工程建设部、质量监督部、安全保卫部）、2室（办公室、总工室）。县委、县政府从县直机关抽调40名科局级干部和60名工作人员，参加各部室工作。

表9-4　　长沙星沙开发区工程建设指挥部历任领导一览表

	职　务	姓　名	任职时间	原工作单位及职务
领导小组	组　长	袁汉坤	1992.07—1994.05	市人民政府副市长
	副组长	胡瑞采	1992.07—1994.05	市政协副主席
		胡润恒	1992.07—1994.05	市人民政府巡视员
		周桂龙	1992.07—1994.05	中共长沙县委书记
		蒋新祺	1992.07—1994.05	县人民政府县长
		柳冠群	1992.07—1994.05	县人民政府常务副县长

续表 9-4

	职　务	姓　名	任职时间	原工作单位及职务
领导小组	成　员	董汉希	1992.07—1994.05	县人大常委会副主任
		王先存	1992.07—1994.05	县政协副主席
		喻和平	1992.07—1994.05	县建设局局长
工程建设指挥部	顾　问	周桂龙	1992.11—1994.02	中共长沙县委书记
	政　委	周桂龙	1992.04 —1992.10	中共长沙县委书记
		柳冠群	1992.11—1994.05	县人民政府县长
	副政委	周庆炎	1992.09—1994.05	中共长沙县委副书记
	指挥长	柳冠群	1992.04—1992.11	县人民政府常务副县长
		汤定一	1992.11—1994.05	中共长沙县委常委
	副指挥长	喻和平	1992.04—1994.05	县建设局局长
		肖意成	1992.04—1994.05	开慧乡党委书记
		肖先祥	1992.04—1994.05	县国土局局长
		刘克武	1992.04—1994.05	县计委主任
		刘坤鑫	1992.04—1994.05	县财办主任
		谭伟立	1992.04—1994.05	安沙区区委书记
		沈先细	1992.04—1994.05	县乡镇企业局党组书记
		罗介元	1992.06—1994.05	县建设局党委书记
		王正斌	1992.04—1994.05	星沙镇党委书记
		邓国辉	1993.06—1994.05	星沙镇镇长

表 9-5　　长沙星沙开发区工程建设指挥部内设部室历任领导一览表

部门单位	职　务	姓　名	任职时间	原工作单位及职务
办公室	主　任	肖意成	1992.04—1994.05	开慧乡党委书记
	副主任	李世安	1992.06—1994.05	县政府办副主任
计划材料部	部　长	刘克武	1992.06—1994.05	县计委主任

续表 9–5

部门单位	职　务	姓　名	任职时间	原工作单位及职务
交通道路部	部　长	曹国辉	1992.06—1994.05	县交通局局长
	副部长	罗振德	1992.06—1994.05	县交通局副局长
引进开发部	部　长	沈先细	1992.06—1994.05	县乡镇企业局党组书记
	副部长	李德军	1992.06—1994.05	县财贸办副主任
给排水部	部　长	涂展鸣	1992.06—1994.05	县水利局副局长
	副部长	胡松奇	1992.06—1994.05	县自来水公司经理
		盛瑞生	1993.02—1994.05	县房产局副局长
电力电讯部	部　长	罗介元	1992.06—1994.05	县建设局党委书记
	副部长	罗高辉	1992.06—1994.05	县邮电局局长
		陈仕宏	1992.06—1994.05	县电力局局长
征地拆迁部	部　长	肖先祥	1992.06—1994.05	县国土局局长
	副部长	杨明乐	1992.06—1994.05	县国土局副局长
安置发展部	部　长	王荣辉	1992.12—1994.05	县计委副主任
	副部长	钟海庚	1992.12—1994.05	县劳动局副局长
		常明干	1992.12—1994.05	星沙镇人大主席
银信计财部	部　长	刘坤鑫	1992.06—1994.05	县财贸办主任
	副部长	夏守先	1992.06—1994.05	县供销社退休干部
		吴亮华	1992.06—1994.05	县审计局副局长
		黄利均	1992.06—1994.05	县招待所
市场建设部	部　长	肖如松	1993.01—1994.05	县工商局副局长
工程建设部	部　长	李品仲	1992.04—1994.05	县机关事务局
	副部长	周炳乾	1992.04—1994.05	县机关事务局
质量监督部	部　长	柳　淼	1993.07—1994.05	外地调回干部
总工室	主　任	肖意成	1992.09—1994.05	开慧乡党委书记
	副主任	邓美周	1992.10—1994.05	聘用人员
		陈志强	1992.09—1994.05	县建设局
		张泽民	1993.01—1994.05	外地调回干部
保卫部	部　长	彭泽仁	1992.09—1994.05	县公安局副局长

长沙经开区（省级重点）管理委员会 1994 年 3 月 29 日，湖南省人民政府《批转省清理工作领导小组办公室〈关于做好我省开发区工作报告〉的通知》（湘政发〔1994〕5 号），明确长沙星沙开发区更名为长沙经开区，并列为省级重点开发区。长沙星沙开发区工程建设指挥部亦更名为长沙经开区管理委员会。管委会领导班子成员和内设机构作了较大的调整，增设了顾问，任命了管委会及其下设部室的负责干部。原长沙星沙开发区工程建设指挥部设立的 12 个部归并为 7 个部，即招商部、工程建设部、市政建设部、银信计财部、拆迁安置部、市场建设部、保卫部，仍保留办公室、总工室。1995 年 11 月 1 日，成立星沙派出所，开发区的安全保卫工作由派出所全权负责。1996 年 6 月，管委会决定增设企业管理部，1998 年 5 月该部归口招商部。

截至 2000 年 2 月，长沙经开区实有 6 部（招商部、计财部、市政部、工程部、拆迁安置部、市场部）2 室（办公室、总工室），共有工作人员 80 人，并明确了各部室的职责，任命了主要负责人。

表 9–6　　长沙经开区（省级重点）管委会历任领导一览表

<table>
<tr><td rowspan="4">总顾问</td><td colspan="2">姓　名</td><td>工　作　单　位</td><td>领　导　职　务</td></tr>
<tr><td colspan="2">熊清泉</td><td>中共湖南省委</td><td>原省委书记</td></tr>
<tr><td colspan="2">刘　正</td><td>省政协</td><td>原省政协主席</td></tr>
<tr><td colspan="2">黄道奇</td><td>省人大常委会</td><td>原省人大常委会副主任</td></tr>
<tr><td rowspan="7">管委会</td><td>职　务</td><td>姓　名</td><td>任职时间</td><td>原工作单位及职务</td></tr>
<tr><td>主　任</td><td>汤定一</td><td>1994.05—2000.12</td><td>中共长沙县委常委、副县长</td></tr>
<tr><td rowspan="5">副主任</td><td>喻和平</td><td>1994.05—2000.12</td><td>长沙县人民政府副县长</td></tr>
<tr><td>文树勋</td><td>1994.05—2000.12</td><td>长沙县委常委、市政府副秘书长</td></tr>
<tr><td>肖先祥</td><td>1994.05—2000.12</td><td>长沙县国土局局长</td></tr>
<tr><td>罗介元</td><td>1994.05—1998.05</td><td>长沙县建设局党委书记</td></tr>
<tr><td>邓国辉</td><td>1994.05—2000.12</td><td>长沙县星沙镇党委书记</td></tr>
</table>

表 9–7　长沙经开区（省级重点）管委会内设部室历任领导一览表

部门单位	职　务	姓　名	任职时间	原工作单位及职务
办公室	主 任	李世安	1994.05—1995.01	县政府办
		余运泉	1995.01—1999.04	福临镇
		余佳友	1999.04—2001.11	县委政研室
	副主任	余佳友	1994.04—1999.03	县委政研室
		张文球	1996.12—1998.04	湖北石首市
招商部	部　长	李德军	1994.05—1998.05	县财办主任
		马建国	1998.05—2001.11	县外经局局长
	副部长	沈先细	1992.05—1994.05	县乡镇企业委员会党组书记
		张湘鸿	1996.03—1998.03	县外经局副局长
		常格亮	1994.05—1998.03	县国土局干部
		张文球	1998.05—2001.11	湖北石首市
		许关武	1998.05—2001.11	县教育局
		蒋君山	1998.05—2001.11	县国土局干部
企管部	副部长	张文球	1996.06—1998.05	湖北石首市
		许关武	1998.01—1998.05	县教育局
计财部	部　长	王荣辉	1994.05—2001.11	县计委副主任
	副部长	黄利均	1994.05—2001.11	县招待所
市政建设部	部　长	杨运明	1994.05—1998.05	县水利局副局长
		盛瑞生	1998.06—2001.11	县房产局副局长
	副部长	盛瑞生	1993.02—1998.05	—
		冯伟杰	1998.05—2001.11	外地调回
工程建设部	部　长	罗介元	1994.05—1998.05	县建设局党委书记
	副部长	张泽民	1994.05—1998.05	外地调回
		魏志强	1995.11—2001.11	福临镇
		李志良	1998.05—2001.11	水电局
		何志坚	1998.09—2001.11	青山铺镇

续表 9–7

部门单位	职　务	姓　名	任职时间	原工作单位及职务
拆迁安置部	部　长	肖先祥	1994.05—2001.11	县国土局局长
	副部长	杨明乐	1994.05—1998.05	县国土局副局长
		常明干	1994.05—2001.11	星沙镇人大主席
		范新国	1998.05—2001.11	县国土局干部
市场建设部	部　长	邓国辉	1993.05—1994.10	榔梨镇
		周丙乾	1994.11—1995.11	春华镇
		王新民	1995.12—2001.10	外地调回
保卫部	部　长	彭泽仁	1994.05—1996.07	县公安局副局长
	副部长	钟迪刚	1996.07—1998.05	县公安局副局长
总工室	主任	柳　淼	1994.05—2001.11	开发区干部
		陈志强	2000.04—2001.11	县建设局副局长

长沙经开区（国家级）管理委员会　2000 年 2 月 13 日，国务院办公厅《关于湖南长沙经济技术开发区的复函》（国办函〔2000〕21 号），同意长沙经开区升格为国家级经济技术开发区。2000 年 10 月 20 日，省机构编制委员会《关于印发〈中共长沙经开区工作委员会、长沙经开区管理委员会职能配置、内设机构和人员编制规定〉的通知》（湘编〔2000〕3 号），明确长沙经开区党工委、管委会分别为中共长沙市委、市人民政府的派出机构，合署办公，为副市级单位，并明确了相关主要职责；核批长沙经开区党工委、管委会设 4 个局（室），均为副处级机构，即办公室、经济贸易发展局、建设发展局、社会发展局。

2002 年 3 月 4 日，市纪委、市委组织部、市编办、市监察局《关于印发〈关于加强市纪委、市监察局派驻（出）纪检监察机构管理的意见〉的通知》（长纪发〔2002〕2 号），同意设置长沙经开区纪工委和长沙经开区监察室（与纪工委合署办公）。2002 年 5 月 9 日，市机构编制委员会《关于长沙市财政局、长沙市国土资源局、长沙市规划管理局、长沙市环境保护局、长沙市公安局、长沙市工商行政管理局、长沙市国家税务局、长沙市地方税务局在长沙经济技术开发区设置派出机构等有关事项的通知》（长编委发〔2002〕14 号）明确，在长沙经开区设置财政分局、国土分局、规划分局、环保分局、公安分局、工商分局、国税分局、地税分局。

2004年3月21日，省机构编制委员会办公室《关于长沙经开区管理机构有关事项的批复》（湘编办〔2004〕8号），对长沙经开区党工委、管委会内设机构、人员编制、领导职数和派出机构作了调整，保留办公室、建设发展局、社会发展局，经贸发展局改为招商合作局，增设产业发展局、人力资源局（加挂党群工作部的牌子）、财政局，共1室6局。撤销长沙市财政局经济技术开发区分局。长沙经开区环境保护工作由长沙市环境保护局开发区分局负责，不另设环境保护工作机构。

2004年7月11日，长沙经开区管委会、长沙县人民政府《关于成立征地拆迁中心并启用印鉴的通知》（长管发〔2004〕22号），成立“长沙经开区管委会、长沙县人民政府征地拆迁中心”，征地拆迁中心挂靠开发区国土分局。2004年5月24日，市机构编制委员会办公室《关于长沙经开区管理委员会有关事业单位设置的通知》（长编办发〔2004〕46号），同意长沙经开区管委会设置五个事业单位，即政务服务中心、创业服务中心、技术服务中心、人才交流服务中心、污水净化中心。

2008年7月29日，市委办公厅《关于调整长沙高新技术产业开发区管理委员会有关职能机构的通知》（长办发〔2008〕28号），明确长沙市环境保护局开发区分局更名为长沙市环境保护局高新区分局，不再承担长沙经开区范围内的环境保护工作职能。是年9月，市编委《关于长沙经开区管理委员会产业发展局更名的通知》（长编委发〔2008〕36号），同意长沙经开区管委会的内设机构产业发展局更名为产业环保局，赋予长沙经开区区域范围内环境保护的市级管理权限。2008年12月25日，市编委《关于长沙经开区管理委员会产业环保局加挂知识产权局牌子的通知》（长编委发〔2008〕51号），同意产业环保局加挂知识产权局的牌子。

2009年4月13日，长沙经开区党工委、管委会《关于印发〈长沙经开区党工委、管委会机关新设机构及直属事业单位相关职位竞争上岗工作实施方案〉的通知》（长工发〔2009〕2号），对党工委、管委会机构进行调整，保留办公室、监察室、招商合作局、产业环保局（加挂知识产权局牌子）、财政局、建设发展局，将原人力资源局和党群工作部分设，将分设后的人力资源局更名为人力资源与社会保障局，将党群工作部更名为党群工作局，并将原社会发展局更名为社会事业局，均为副处级机构；新设总值班室、经济研究室，为正科级机构；同时，设置7个直属事业单位，其中全额拨款事业单位5个（即创业服务中心、投资评审中心、政务服务中心、征地拆迁办公室、政府采购与招投标办公室），差额拨款事业单位2个（技术服务中心、人才交流服务中心），原污水净化中心改制为企业。

2010年2月3日，省机构编制委员会办公室《关于调整长沙经开区党工委管委会内设机构的批复》（湘编办〔2010〕18号），同意产业发展局更名为产业环保局，加挂知识产权局牌子。社会发展局更名为社会事业局。人力资源局更名为人力资源与社会保障局。纪检监察室更名为纪检监察审计室。单独设置党群工作局。2010年2月10日，市总工会《关于同意成立长沙经开区总工会的批复》（长工组发〔2010〕07号），同意成立长沙经开区总工会。2010年10月12日，市机构编制委员会办公室《关于长沙经开区管理委员会所属事业单位机构编制调整的通知》（长编办发〔2010〕151号），同意长沙经开区管委会直属事业单位的调整。

2011年8月24日，长沙市质量技术监督局《关于设立长沙市质量技术监督局经济技术开发区分局的通知》（长质监发〔2011〕95号）明确：设立长沙市质量技术监督局经济技术开发区分局，与长沙县质量技术监督局合署办公，副处级；加挂“质量技术监督稽查大队（12365投诉举报中心）”牌子。2011年11月18日，省发展和改革委员会《关于对长沙县星沙、榔梨、黄花产业基地纳入长沙经济技术开发区托管的复函》（湘发改函〔2011〕159号），同意将长沙县星沙产业基地、榔梨产业基地和黄花产业基地纳入长沙经开区托管。2012年7月17日，市机构编制委员会办公室《关于长沙县安全生产监督管理局加挂牌子的通知》（长编办发〔2012〕195号），同意长沙县安全生产监督管理局加挂长沙经济技术开发区安全生产监督管理局牌子。

表9-8　　长沙经开区（国家级）管委会历任领导一览表

职务	姓名	任职时间	备注
主任	易宇欣	2000.12—2003.09	—
	文树勋	2003.09—2008.02	—
	杨懿文	2008.02—2009.08	—
	李科明	2009.08—	—

续表 9-8

职 务	姓 名	任职时间	备 注
第一副主任	黎 勇	2003.09—2007.10	长沙县县长兼
常务副主任	文树勋	2000.12—2003.08	—
副 主 任	汤定一	2000.12—2003.08	—
	喻和平	2000.12—2003.08	—
	吴京生	2003.08—	—
	陈新忠	2003.08—	—
	卜华桂	2003.08—2010.09	—
	黄 瑶	2010.02—	—
	巩 固	2010.09—	—
	刘逢春	2010.09—	—
	范遵新	2011.07—	—
主任助理	黄庄敏	2002.04—2003.08	—
	丁仁义	2003.12—2010.09	—
	马建国	2006.10—2010.08	—
	谭超纲	2011.01—	—
	王新民	2011.01—	—
	张湘鸿	2011.01—	—
调 研 员	谭迪强	2007.12—2011.01	—
	汤定一	2010.08—2012.09	—
	卜华桂	2010.08—2012.10	—
	邓国辉	2010.08—2012.09	—
	马建国	2010.08—2012.02	—
	刘运雄	2010.12—	—
副调研员	郑安龙	2004.11—	—
	何志坚	2004.11—	—
	余佳友	2005.12—	—
	刘正凯	2005.12—	—
	唐益民	2006.12—	—
	黄庆怀	2009.01—	—

长沙经济技术开发集团有限公司 1995年7月17日，长沙县人民政府《关于同意成立长沙经济技术开发有限公司的批复》（长县政函〔1995〕19号），同意成立长沙经济技术开发有限公司，由汤定一任总经理（法人代表）。人员、资金由内部调剂解决，实行独立核算，自负盈亏。管委会与总公司实行两块牌子、一套人马的管理机制。2001年8月，易宇欣接任总经理（法人代表）。2003年9月，吴京生任总经理（法人代表）。2012年3月26日，长沙经开区管委会《关于长沙经济技术开发有限公司有关事项的批复》（长管函〔2012〕14号），长沙经济技术开发有限公司更名为长沙经济技术开发集团有限公司。李科明、吴京生、陈新忠、郭汉辉、张湘鸿任公司董事，李科明兼任公司董事长和法人代表，吴京生任副董事长，徐震山任董事会秘书。郑安龙兼任监事会主席，黄恩晓、黄庆怀兼任监事会监事。

◆第二节 内设机构

办公室 1992—2004年，长沙经开区办公室作为区党工委（党委）、管委会的工作部门，合署办公。

2004年3月21日，省机构编制委员会办公室对党工委、管委会办公室的职能作了调整。办公室下设综合科、宣传科、政研室、政务服务中心。人员编制7名，领导职数4名。

2009年9月27日，长沙经开区党工委对党工委、管委会办公室的职能作了调整。人员编制16名（含督办员、副调研员各1名），其中主任1名，副主任2名。下设综合处、联络处、电子政务处、贯标档案处。

2011年5月26日，长沙经开区党工委、管委会对党工委、管委会办公室的工作职能及内设处室进行了调整，将工管委办公室的宣传工作职能调整至党群工作局，将工管委办公室原“贯标档案处”调整更名为“机要处”，调整后，工管委办公室内设综合处、电子政务处、联络处、机要处。

主　任　刘逢春（2002.06—2004.09）
　　　　谭超纲（2004.09—　　　）
副主任　刘逢春（2001.11—2002.06）
　　　　余佳友（2001.11—2005.11）
　　　　谭超纲（2002.11—2004.09）

张文球（2002.11—2004.08）

吴信村（2004.08—2006.10）

周跃成（2004.08— ）

肖向良（2006.10—2008.08）

王怀庄（2008.06—2011.01）

周习彬（2008.06—2008.12）（兼）

赖坤明（2008.06—2010.04）（兼）

黄庆怀（2011.04— ）

人力资源与社会保障局 2004年3月21日，省机构编制委员会办公室《关于长沙经开区管理机构有关事项的批复》（湘编办〔2004〕8号），同意长沙经开区党工委、管委会设置人力资源局，加挂党群工作部的牌子，一套班子，合署办公。2009年4月13日，长沙经开区党工委、管委会《关于印发〈长沙经开区党工委、管委会机关新设机构及直属事业单位相关职位竞争上岗工作实施方案〉的通知》（长工发〔2009〕2号），决定将人力资源局和党群工作部分设，将分设后的人力资源局更名为人力资源与社会保障局。2010年2月3日，省编办下发《关于调整长沙经开区党工委管委会内设机构的批复》（湘编办〔2010〕18号），同意长沙经开区党工委、管委会设置人力资源与社会保障局。定编9名，其中局长1名，副局长1名。

局　长　刘逢春（2004.09—2011.01）

　　　　刘　曙（2010.12— ）

副局长　张文球（2004.08—2005.09）

　　　　刘　曙（2004.08—2010.12）

　　　　谭清莲（2005.09—2007.07）

　　　　王怀庄（2007.07—2008.06）

　　　　郑安龙（2008.06—2009.05）

　　　　彭庄利（2009.09— ）（兼）

　　　　徐震山（2011.04— ）

招商合作局 1992年至1994年5月，长沙星沙开发区设立引进开发部；1994年5月长沙经开区设立招商部；2000年10月设立经贸发展局。

局　长　马建国（2002.06—2004.09）

副局长　张文球（2001.11—2003.04）

张湘鸿（2001.08—2004.09）

2004 年 3 月，经贸发展局更名为招商合作局。2009 年 9 月 27 日，长沙经开区党工委《印发机关职能部门及直属事业单位“三定方案”的通知》（长工发〔2009〕6 号），对招商合作局工作职责和人员编制作了调整，人员编制 14 名，其中局长 1 名，副局长 3 名。

局　长　马建国（2004.09—2006.10）

张湘鸿（2007.08—2011.01）

马　鑫（2011.01—　　　）

副局长　陈建辉（2004.08—2011.01）

王怀庄（2004.08—2007.07）

谭清莲（2004.08—2005.09）

蒋君山（2005.09—2006.10）

徐震山（2006.10—2011.04）

马　鑫（2007.07—2011.01）

李布春（2011.04—　　　）

黄天际（2011.04—　　　）

产业环保局　2004 年 3 月，长沙经开区成立产业发展局；2008 年产业发展局更名为产业环保局；2009 年 9 月，长沙经开区党工委《印发机关职能部门及直属事业单位“三定”方案的通知》（长工发〔2009〕6 号）规定，产业环保局定编 18 名（含副调研员 1 名），其中局长 1 名，副局长 3 名，总经济师 1 名。

局　　长　张湘鸿（2004.08—2006.10）

蒋君山（2007.08—　　　）

副 局 长　蒋君山（2004.08—2005.09）

徐震山（2004.08—2006.10）

刘光辉（2005.09—2011.04）

吴信村（2006.10—2007.07）

谭清莲（2007.07—　　　）

熊四清（2009.09—　　　）

李雪春（2011.04—　　　）

总经济师　刘正凯（2009.09—　　　）

财政局　1992年，星沙开发区设立银信计财部。

1995年9月，银信计财部更名为计财部。1996年1月，与长沙经济技术开发有限公司实行合署办公，“两块牌子、一套人马”。

2002年，根据省编委的文件规定，长沙市财政局在长沙经开区管委会设立长沙市财政局经济技术开发区分局。

2004年3月，根据湘编办〔2004〕8号文件精神设立财政局，撤销长沙市财政局经济技术开发区分局。2007年12月，长沙市财政局在长沙经开区管委会设立长沙市财政局驻区联络员办公室，委派一名专职联络员，负责联络和协调区财政局与上级财政部门的相关事宜。

局　　长　徐汝良（2004.08—2006.11）

　　　　　刘建龙（2006.11—　　　　）

副 局 长　黄恩晓（2004.08—　　　　）

　　　　　刘建龙（2004.08—2006.11）

　　　　　李雪春（2005.09—2011.04）

　　　　　石　浪（2009.05—　　　　）

　　　　　莫　阳（2011.06—　　　　）

总会计师　彭建彬（2009.09—　　　　）

建设发展局　1992—2000年，长沙经开区基础设施建设和管理先后由交通道路部、给排水部、市政建设部、工程部、市场建设部、总工室等部门分别负责承担。2009年9月27日，长沙经开区党工委《印发机关职能部门及直属事业单位“三定方案”的通知》（长工发〔2009〕6号），规定产业环保局定编18名（含副调研员1名），其中局长1名，副局长3名，总经济师1名。

2000年10月12日，根据省编办《中共长沙经开区工作委员会、长沙经开区管理委员会职能配置、内设机构和人员编制规定》（湘编〔2000〕3号）的通知，成立建设发展局。

2009年9月27日，长沙经开区党工委《印发机关职能部门及直属事业单位“三定方案”的通知》（长工发〔2009〕6号），规定建设发展局定编22名（含局长助理1名），其中局长1名，副局长3名，总工程师1名。

局　长　王新民（2004.09—2011.01）

　　　　李乔岚（2011.01—　　　　）

副局长　陈志强（2001.11—2003.11）

王新民（2001.11—2004.09）
冯伟杰（2001.11—2004.12）
李乔岚（2004.08—2011.01）
马　鑫（2004.08—2007.07）
李志良（2004.08—　　　）
熊志新（2008.06—　　　）

社会事业局　1992年12月，星沙开发区成立安置发展部。1994年5月，设立拆迁安置部。2002年6月，根据省政府文件规定，撤销拆迁安置部，设立社会发展局，2003年5月，社会发展局与星沙镇政府合署办公。2009年9月，社会发展局更名为社会事业局。定编13名（含调研员2名），其中局长1名，副局长2名。

局　　长　邓国辉（2003.06—2008.08）
杨忠文（2008.08—2012.09）（兼）
梁应文（2012.09—　　　）（兼）
常务副局长　熊　伟（2011.12—　　　）
副 局 长　何志坚（2001.11—2004.11）
熊　伟（2004.08—2011.12）
郭　立（2005.09—　　　）
蔡　逸（2005.09—2011.06）（兼）
彭军其（2006.04—2008.08）（兼）
王　剑（2008.08—2009.12）（兼）
杨德胜（2008.08—2009.12）（兼）

经济研究室　2009年9月，长沙经开区管委会成立经济研究室。人员编制5名，其中主任1名，副主任1名。

主　任　吴信村（2009.09—　　　）
副主任　吕向龙（2009.05—　　　）

总值班室　1992年至2009年5月，总值班室所担负的工作职能由办公室负责。2009年5月，长沙经开区管委会设立总值班室，归口办公室系统管理。人员编制3名，其中主任1名，副主任1名。

主　任　肖志成（2009.05—　　　）
副主任　谢　亮（2009.09—　　　）

◆第三节　派驻机构

长沙经开区纪检监察审计室　1992—2001 年，长沙经开区监察室与纪检监察审计室合署办公，纪检监察工作由县纪委配合区党工委（党委）管理。2002 年 3 月，市纪委、市委组织部、市编办、市监察局联合下发《关于加强市纪委、市监察局派驻（出）纪检监察机构管理的意见》（长纪发〔2002〕2 号），批准设立长沙经开区监察室，为市纪委、市监察局派驻机构，纪工委、监察室合署办公，人员编制 2 名。2010 年 2 月，市机构编制委员会下发《关于转发湖南省机构编制委员会办公室〈关于调整长沙经济技术开发区党工委管委会内设机构的批复〉的通知》（长编委发〔2010〕20 号），长沙经开区监察室更名为纪检监察审计室。根据《长沙经开区党工委、管委会机关职能部门及直属事业单位“三定”方案》（长工发〔2009〕6 号），长沙经开区纪检监察审计室人员编制 9 名，其中主任 1 名，副主任 2 名，内设综合处、优化效能处、监督审计处。

主　任　张文球（2005.03—2011.01）
　　　　郑安龙（2011.01—　　　　）
副主任　张文球（2003.04—2005.03）
　　　　苏　平（2009.05—　　　　）
　　　　黄庆怀（2009.09—2011.04）
　　　　刘光辉（2011.04—　　　　）

长沙市国土资源局经济技术开发区分局　1992—2001 年，长沙经开区国土资源管理工作由长沙县国土局负责。

2002 年 5 月，长沙市国土资源局经济技术开发区分局成立，为长沙市国土资源局派出机构，内设综合处、用地规划处，各设处长 1 名，共有工作人员 8 名（市国土资源局安排 3 人，其中局长 1 名，副局长 2 名，长沙经开区管委会安排 5 名，其中副局长 1 名）。

局　长　陈晓阳（2002.06—2005.09）
　　　　文　建（2005.09—2009.02）
　　　　戴新煌（2009.01—　　　　）
副局长　蒋君山（2001.11—2004.08）
　　　　范新国（2004.08—　　　　）

王永康（2005.10—2009.09）

叶寿明（2009.09—2011.06）

胡　锰（2009.09—2011.07）

罗文莲（2011.06—　　　）

粟飞跃（2011.07—　　　）

长沙市规划局经济技术开发区分局　1992—2000年，长沙经开区的规划管理工作由区、县规划部门共同管理。2000年长沙经开区被批准为国家级经开区后，园区的规划管理由长沙市规划管理局经济技术开发区分局负责。

2002年5月，长沙市城乡规划局经济技术开发区分局成立，为市规划局派驻长沙经开区的行政管理机构。定编6名，其中局长1名，副局长1名。

局　长　孔立如（2002.05—　　　）

书　记　杨之金（2010.02—　　　）

副局长　刘新武（2002.09—2003.11）

李晓明（2003.11—2004.10）

黄握瑜（2004.10—2005.09）

叶　兵（2005.09—2008.03）

向佐维（2008.03—　　　）

吴海浪（2011.09—　　　）

长沙市工商行政管理局经济技术开发区分局　1992年4月至2002年2月，长沙经开区的工商行政管理工作归口长沙县工商局管理。2002年3月，长沙市工商行政管理局设立经济技术开发区分局。定编16名，其中局长1名、副局长2名。分局内设办公室、注册登记科、企业监管科、公平交易科。

局　长　杨冬奇（2002.03—2005.10）

何元武（2005.10—　　　）

副局长　张利民（2002.03—2010.03）

李忠民（2004.01—2011.08）

范　龙（2008.05—2009.03）

李太平（2009.03—　　　）

长沙市质量技术监督局经济技术开发区分局　1992—2006年，长沙经开区范围内的产品标准、计量、质量、食品安全、特种设备安全监督等工作由长沙县质量技术监督局负责实施监督管理。

2006年10月18日，经湖南省机构编制委员会办公室和湖南省质量技术监督局文件批准，设立长沙市质量技术监督局开发区分局，加挂稽查队牌子，为长沙市质量技术监督局派出机构，享有市辖区分局质量技术监督管理职权，管辖长沙高新区和长沙经开区的质量技术监督工作。

2008年，应长沙经开区管委会要求，长沙县质量技术监督局派出5名工作人员驻长沙经开区并进行代管，专门负责长沙经开区范围内的“质监”监管与相关服务工作。

2011年1月6日，经长沙县质量技术监督局党组研究，并报长沙市质量技术监督局和开发区分局备案同意，在原长沙经开区质监分局的基础上，加挂长沙县质监局园区管理所牌子，具体负责长沙经开区和星沙产业基地、黄花产业基地、榔梨产业基地的质量技术监督工作，并对经济技术开发区分局机构设置和人员进行部分调整。

2011年7月，根据《关于省以下质量技术监督局系统机构改革有关调整事项的通知》（湘编办发〔2011〕6号）和《湖南省长沙市质量技术监督局主要职责内设机构和人员编制规定》（湘质监发〔2011〕193号），批准设立长沙市质量技术监督局经济技术开发区分局，与长沙县质量技术监督局合署办公。

局　　长　刘　忠（2006.10—2011.07）
　　　　　龚　军（2011.07—　　　）
副 局 长　张　义（2006.10—2008.12
　　　　　　　　 2011.09—　　　）
　　　　　龚　军（2008.12—2011.07）
　　　　　龙　镭（2011.09—　　　）
　　　　　廖湘奇（2011.09—　　　）
纪检组长　周建刚（2011.08—　　　）

长沙经开区国家税务局　2008年7月8日，经上报国家税务总局批准，湖南省国家税务局下发《湖南省国家税务局关于同意设立长沙经开区国家税务局的通知》，同意设立长沙经开区国家税务局，机构级别为副处级。长沙经开区国家税务局与长沙县国家税务局合署办公，其机构职能和征管范围保持不变，人员编制180名。辖星沙税务分局、黄花税务分局、暮云税务分局。内设稽查局、办公室、人教科、监察室、工会、政策法规科、收入核算科、税源管理一科、税源管理二科、纳税服务科、信息中心。

局　长　李伯成（2008.09—　　）

副局长　余令军（2008.09—　　）

　　　　喻兴无（2008.09—　　）

　　　　李文虎（2008.09—　　）

　　　　熊明干（2008.09—　　）

长沙经开区地方税务局　2008年12月，经省编委批复，省、市地税局批转，同意设立长沙经开区地方税务局，机构级别为副处级，与长沙县地税局合署办公。全局在职干部137人，内设办公室、税政法规科、征管和科技发展科、收入规划核算科、财务管理科、人事教育科、监察审计室7个行政科室；设置办税服务中心、稽查局2个直属行政机构；6个税务分局，负责长沙县和长沙经开区的地方税收征收管理。

党组书记、局　长　戴　涛（2010.08—　　）

党组成员、副局长　王　群（2010.08—　　）

　　　　　　　　　周朝辉（2010.08—　　）

　　　　　　　　　崔向阳（2010.08—　　）

党组成员、纪检组长　王小曼（2010.08—　　）

◆第四节　直属事业单位

机关服务中心　1992年至2004年5月，机关服务工作归口办公室管理。2004年5月24年，市编办发文同意长沙经开区管委会设置政务服务中心。

2009年5月设立机关服务中心，定编制12名，领导职数2名，设主任1名，副主任1名。

主　任　周跃成（2004.08—2006.10）（兼）

　　　　李学辉（2006.10—2009.05）

　　　　陈新明（2009.05—　　）

副主任　李学辉（2004.08—2006.10

　　　　　　　　2009.09—2012.05）

　　　　肖泽祥（2012.05—　　）

投资评审中心　1992—2000年，长沙经开区管委会工程审计、县城建设归口县城建设指挥部管理；区内基础设施建设方面的审计归口总工室管理。2000

年长沙经开区升为国家级开发区后，成立建设发展局，工程审计统一归口建设发展局管理。2004 年成立投资评审中心，归口财政局管理。2009 年长沙经开区机构改革，投资评审中心设为管委会直属正科级事业单位。定编制 10 名，其中主任 1 名，副主任 1 名。

主　任　陈宇星（2005.09—　　）

副主任　谢意平（2009.06—　　）

政府采购与招投标办公室　2001 年 6 月 28 日，长沙经开区管委会成立以管委会主任为主的政府采购工作领导小组；是年 7 月 2 日，成立以纪工委书记为主的建设工程招投标领导小组，分别管理政府采购和招投标工作。

2005 年 9 月，组建了政府采购办公室，设副主任 1 名，负责处理日常工作。2008 年 9 月，长沙经开区设立政府采购与招投标办公室。人员编制 4 名，其中主任 1 名，副主任 1 名。

主　任　黄　科（2009.05—　　）

副主任　韩智军（2009.06—　　）

创业服务中心　2002 年 7 月，长沙经开区成立中小企业创业服务中心，隶属于长沙经开区经贸发展局。2004 年 12 月更名为创业服务中心。定编 6 名，其中主任 1 名，副主任 1 名。

主　任　马建国（2002.07—2004.08）

许关武（2004.08—2008.08）

张湘鸿（2008.08—2009.05）

李布春（2009.05—2011.04）

郭　英（2011.04—　　）

副主任　杨　飞（2011.05—　　）

人才交流服务中心　2004 年 7 月，经市编办批准，长沙经开区成立人才交流服务中心，属自收自支事业单位，定编 15 名。2010 年调整为差额拨款事业单位。定编 8 名，其中主任 1 名，副主任 1 名。

主　任　刘　曙（2004.08—2007.07）（兼）

王怀庄（2007.07—2008.06）

郑安龙（2008.06—2009.05）

周枝栋（2009.05—　　）

副主任　曾知山（2009.06—　　）

征地拆迁办公室 1992年7月，长沙星沙开发区成立征地拆迁部。是年12月，成立安置发展部。1994年5月，征地拆迁部与安置发展部合并为拆迁安置部。2000年2月，长沙经开区晋升为国家级开发区后，撤销拆迁安置部，设立长沙经开区社会发展局。2004年4月15日，成立长沙经开区管委会、长沙县人民政府征地拆迁中心。2009年5月，长沙经开区管委会机构改革，将征地拆迁中心改设为征地拆迁办公室。定编10名，其中主任1名，副主任2名。

主　任　范新国（2004.04—2009.05）
　　　　余　岚（2009.05—　　　）
副主任　余　岚（2004.04—2009.05）
　　　　郭　立（2005.09—2009.05）
　　　　彭国奇（2009.06—　　　）
　　　　陈　晋（2010.05—　　　）
　　　　罗　卫（2012.09—　　　）

技术服务中心 1992年12月，长沙星沙开发区成立总工室。2002年6月，长沙经开区总工室更名为长沙经开区技术服务中心。定编9名，其中主任1名，副主任2名。2009年5月，长沙经开区实行机构改革，调整了业务范围。

主　任　陈志强（2001.11—2002.06）
　　　　李志良（2003.12—2004.08）
　　　　李　征（2004.08—2010.07）
　　　　胡　嵩（2011.12—　　　）
副主任　李志良（2002.11—2003.12）
　　　　胡　嵩（2009.06—2011.12）

拆迁事务所 1992年至2012年7月，长沙经开区征地拆迁事务由区征地拆迁办负责。2012年8月28日，长沙经开区党工委会议研究决定，建立征地拆迁监管分离工作模式，成立征地拆迁安置工作领导小组，组建拆迁事务所。拆迁事务所暂明确为内部正科级事业单位，暂定人员编制10名，其中所长1名，副所长2名。

负责人　陈　晋（2012.08—　　　）

长沙经开区供水工程有限公司 1994年12月，成立星沙自来水管理站，站长付奎（1994.04—1995.07）。1995年7月更名为长沙县星沙自来水厂，厂长杨运明（1995.07—1998.05），副厂长陈建辉（1995.07—1998.05）。下设社仓地下水厂和星沙地表水厂。1999年12月30日，长沙县人民政府印发长县政函〔1999〕33号批准成立长沙星沙供水工程有限公司，隶属长沙经开区管委会。公司下设办公室、财务科、生产科、设备维护科、水质监测站、安装抢修队、营业所、稽查维护队、工程技术科等9个部门，拥有员工83人，其中管理人员10人，各类技术人员50人。

经　理　盛瑞生（1998.05—2003.11）
　　　　易美奇（2004.04—　　　　）
副经理　冯伟杰（2000.01—2002.01）
　　　　陈建辉（2000.01—2002.01）
　　　　易美奇（2002.01—2003.11）
　　　　罗果兴（2007.01—2011.12）
　　　　付　奎（2002.01—　　　　）
　　　　杨革新（2007.01—　　　　）
　　　　贺琼玲（2012.01—　　　　）

长沙经开区水质净化工程有限公司　长沙经开区水质净化工程有限公司前身为长沙经开区污水处理厂，成立于1998年，何志坚任厂长（1998—2002.01）。2000年8月，注册成立长沙经开区污水净化中心；2011年3月，更名为长沙经开区水质净化工程有限公司。

主　任　陈建辉（2002.01—2004.09）
　　　　胡祥伟（2004.08—　　　　）
副主任　黄红旗（2004.04—　　　　）
　　　　冯伟杰（2006.12—　　　　）
　　　　余　虹（2011.04—　　　　）
　　　　曾　涛（2011.04—　　　　）

第三章 群团组织

◆第一节 总工会

1999 年 4 月 5 日，长沙经开区成立工会联合委员会。

2001 年 6 月 14 日，长沙市总工会长沙经开区工作委员会成立。

2007 年，长沙市总工会长沙经开区工作委员会更名为长沙经开区工会工作委员会。

2010 年 12 月 28 日，长沙经开区成立总工会。

主　任　余运泉（1999.04—2001.06）
　　　　李冬山（2004.11—2006.04）
　　　　邓国辉（2008.03—2010.09）
副主任　张文球（2005.09—2010.10）
　　　　黄恩晓（2006.07—2010.12）
主　席　丁仁义（2010.12—　　　）
副主席　陈建辉（2010.10—　　　）（专职）
　　　　黄恩晓（2010.12—　　　）（兼）
　　　　刘　艳（2010.12—　　　）（兼）
权益保障部部长　姚震宇（2009.09—　　）

◆第二节 团工委

2008 年 7 月 21 日，经中国共产主义青年团长沙市委批准，成立中国共产主义青年团长沙经开区工作委员会，为团市委的派出机构。

副 书 记　欧建雄（2008.12—2011.04）（兼职，主持工作）

　　　　　吕向龙（2011.04—　　　　）（兼职，主持工作）

　　　　　李标志（2008.12—　　　　）（兼）

　　　　　张尚德（2008.12—　　　　）（兼）

组织部长　周　芳（2008.12—　　　　）（兼）

宣传部长　黄天际（2008.12—　　　　）（兼）

委　　员　齐迎美（2008.12—　　　　）（兼）

　　　　　贺琼玲（2008.12—　　　　）（兼）

　　　　　陈　果（2008.12—　　　　）（兼）

　　　　　唐成龙（2008.12—　　　　）（兼）

　　　　　黄志雄（2008.12—　　　　）（兼）

　　　　　袁　娅（2008.12—　　　　）（兼）

◆第三节　妇工委

2010 年 7 月 9 日，经长沙市妇女联合会同意，成立长沙经开区妇女工作委员会，2011 年 6 月 17 日组建，设副主任 1 名（兼职），委员 4 名。

副主任　饶佳威（2011.04—　　　　）（兼职，主持工作）

委　员　陈　果（2011.06—　　　　）（兼）

　　　　贺琼玲（2011.06—　　　　）（兼）

　　　　彭　清（2011.06—　　　　）（兼）

　　　　谢　媛（2011.06—　　　　）（兼）

第十篇 人 物

Figures

人物传略

李振萼
（1947—2003）

李振萼，男，汉族，1947年7月出生，湖南省常宁县人，1965年11月参加工作，1982年12月加入中国共产党，大专文化。1978年9月到1983年12月，参加湖南省教育学院中文专业函授学习，大专毕业；1965年11月至1967年10月，在郴州红卫煤矿供销科当工人；1967年11月至1985年8月，任郴州红卫煤矿子弟学校教师；1985年8月到1986年1月，任郴州红卫煤矿子弟学校校长；1986年1月至1987年5月，任长沙市郊区文教局党委书记、局长；1987年5月至1989年12月，任中共长沙市郊区委员会办公室主任；1989年12月至1990年3月，任中共长沙市郊区纪委书记；1990年3月至1995年6月，任中共长沙市郊区常委、纪委书记；1995年6月至1998年4月，任长沙市国土局局长；1998年4月至1998年5月，任长沙市政府秘书长、市国土局局长；1998年5月至2001年12月，任长沙市政府秘书长、党组成员、办公厅党组书记、市国土局局长；2001年12月至2003年11月，任中共长沙县委书记；2002年4月至2003年11月，任中共长沙经开区工作委员会书记，兼中共长沙县委书记。2003年11月1日，李振萼应长丰集团邀请，与日本客商谈判引进汽车零部件项目，不幸于下午16时发生车祸，经抢救无效，于当日19时16分因公殉职。

刘　正
（1929—2006）

刘正，男，汉族，1929年1月出生，湖南省长沙市人，大学文化，1949年1月加入中国共产党。1949年10月至1952年10月，任湖南省益阳军分区司令部秘书、中共湖南省委征粮与土地调查队队员、益阳地委办公室干事、湖南省土改委员会调研科科员、副科长；1952年11月至1954年11月，任中共湖南省委副书记周惠秘书；1954年11月至1957年6月，任湖南省长沙县委副书记、书记；1957 年 6 月至 1967 年 1 月，任中共湖南省委农村工作部办公室主任、省委政策研究室副主任；“文化大革命”期间，刘正受到冲击，被下放“五七”干校劳动；1972 年 9 月至 1976 年 10 月，任衡东县委副书记、县革委会副主任、省委社队企业调查组成员；1976 年 10 月至 1981 年 12 月，先后任邵阳地委秘书长、邵阳地委副书记、行署专员；1981 年 12 月至 1983 年 2 月，任中共湖南省委常委；1983 年 2 月至 1985 年 6 月，任中共湖南省委书记（时设省委第一书记）、省长；1985 年 6 月至 1988 年 1 月，任中共湖南省委副书记；1988 年 1 月至 1989 年 12 月，任中共湖南省委副书记、省政协主席；1989 年 12 月至 1998 年 1 月，任湖南省政协主席。1993 年 7 月至 2006 年 6 月任长沙经开区顾问。刘正是第五、六届全国人大代表；第七、八、九届全国政协委员。2006 年 6 月 6 日病逝。

黄道奇
（1924—2011）

黄道奇，男，汉族，1924 年 3 月出生，湖南湘潭县人，1945 年在重庆加入进步组织民主同盟。1947 年 7 月，加入中国共产党。是年毕业于中山大学社会系。1948 年 1 月，在衡阳市开展地下工作；新中国成立后，先后任衡阳县县长、中共衡阳县委书记、中共湖南省委宣传部理论教育处处长；1961 年，在反右倾运动中，黄道奇被错误处理，下放到湘潭地区农科所工作；1979 年 3 月，中共湖南省委撤销了对黄道奇的错误处分决定；1979 年 12 月以后，历任株洲市委统战部部长、株洲市副市长；1983 年 1 月任中共湖南省委常委、组织部部长；1985 年 7 月任第六届湖南省人大常委会副主任、党组副书记。1988 年当选为第七届湖南省人大常委会副主任、党组副书记，第七届全国人大代表。1995 年 7 月，经中央组织部批准离职休养。1993 年 7 月至 2011 年 4 月任长沙经开区顾问。2011 年 4 月 8 日病逝。

人物名录

表 10-1　2007—2012 年长沙经开区当选全国、省、市党代表名录

姓名	性别	出生年月	籍贯	民族	政治面貌	任职届别	单位	职务
梁稳根	男	1956.12	湖南涟源	汉	中共党员	中共十七大代表、中共湖南省第九届代表	三一集团	董事长
文树勋	男	1965.01	湖南隆回	汉	中共党员	中共湖南省第九届代表、中共长沙市第十一届代表	长沙经开区党工委、管委会、中共长沙县委	副书记、主任、第一副书记
杨懿文	男	1966.07	湖南汨罗	汉	中共党员	中共湖南省第十届代表、中共长沙市第十二届代表	长沙经开区党工委、中共长沙县委	书记
易小刚	男	1963.06	湖南武冈	汉	中共党员	中共湖南省第十届代表、中共长沙市第十二届代表	三一重工	执行总裁
李科明	男	1956.10	湖南隆回	汉	中共党员	中共湖南省第十届代表、中共长沙市第十一、十二届代表	长沙经开区党工委、管委会	副书记、主任
汤定一	男	1952.07	湖南长沙	汉	中共党员	中共长沙市第七、八、九、十、十一届代表	长沙经开区党工委	副书记
谭迪强	男	1950.11	湖南望城	汉	中共党员	中共长沙市第十一届代表	长沙经开区党工委、纪工委	副书记、书记
李益民	男	1952.02	安徽当涂	汉	中共党员	中共长沙市第十一届代表	申湘实业	总经理
向文波	男	1962.06	湖南沅江	汉	中共党员	中共长沙市第十一届代表	三一集团	执行总裁、书记
高　杰	男	1964.09	湖南宁乡	汉	中共党员	中共长沙市第十二届代表	长沙经开区党工委、纪工委	副书记、书记
柳杏辉	女	1966.02	湖南长沙	汉	中共党员	中共长沙市第十二届代表	福来格生物	质量技术总监
曾毅夫	男	1964.08	湖南益阳	汉	中共党员	中共长沙市第十二届代表	凯天环保	研究院院长、总裁助理、监事
陈秀深	男	1964.05	广东揭阳	汉	中共党员	中共长沙市第十二届代表	广汽菲亚特	党委书记、纪委书记、工会主席
黄志雄	男	1976.02	湖南长沙	汉	中共党员	中共长沙市第十二届代表	山河智能挖掘机公司	副总经理、商务部长

表 10-2　1993—2012 年长沙经开区当选全国、省、市人大代表名录

姓名	性别	出生年月	籍贯	民族	政治面貌	任职届别	单位	职务
梁稳根	男	1956.12	湖南涟源	汉	中共党员	全国第八、九、十届人大代表	三一集团	董事长
唐　蕾	男	1962.10	湖南邵阳	汉	中共党员	全国第十届人大代表	恒天九五	董事长
许荣怀	男	1944.07	湖南长沙	汉	中共党员	全国第十届人大代表	湘江关西	董事长
詹纯新	男	1955	湖南常德	汉	中共党员	全国第十届人大代表	中联重科	董事长
钟发平	男	1965.08	湖南	汉	中共党员	全国第十、十一届人大代表	力元新材料、湖南科力远	董事长
李建新	男	1953.10	河北枣强	汉	中共党员	全国第十、十一届人大代表	长丰汽车	董事长
刘平建	男	1964.08	湖南隆回	汉	中共党员	全国第十、十一届人大代表	湖南中芯数字（湖南建鸿达实业）	董事长
向文波	男	1962.06	湖南益阳	汉	中共党员	全国第十一届人大代表	三一集团	执行总裁
唐畋甸	男	1968	湖南长沙	汉	中共党员	省第九、十届人大代表	长海控股	董事长、总裁
杨懿文	男	1966.07	湖南汨罗	汉	中共党员	省第十二届人大代表、市第十二、十四届人大代表	长沙经开区党工委 中共长沙县委	书记
刘飞香	男	1963.05	湖南湘阴	汉	中共党员	省第十二届人大代表	铁建重工	董事长、总经理
罗　伟	男	1972.12	湖南长沙	汉	中共党员	市第十二、十三、十四届人大代表	先伟实业	董事长、总经理
衣　红	女	1967.07	内蒙古	满	九三学社	市第十三届人大代表	哈量凯帅	技术副总
潘惠强	男	1950.01	湖南长沙	汉	中共党员	市第十三届人大代表	长丰集团	总经理
段大为	男	1972.05	吉林	汉	中共党员	市第十三届人大代表	三一重工	副总裁、财务总监

续表 10-2

姓名	性别	出生年月	籍贯	民族	政治面貌	任职届别	单 位	职 务
吴 艳	女	1975.06	湖南长沙	汉	中共党员	市第十三、十四届人大代表	明城国际大酒店	总经理
刘建龙	男	1957.08	湖南长沙	汉	中共党员	市第十三、十四届人大代表	长沙经开区财政局、长沙县财政局	局长
李科明	男	1956.10	湖南隆回	汉	中共党员	市第十四届人大代表	长沙经开区党工委、管委会	副书记、主任
梁应文	男	1963.01	湖南长沙	汉	中共党员	市第十四届人大代表	长沙经开区社会事业局、长沙县城管局	局长
李伯成	男	1961.01	湖南浏阳	汉	中共党员	市第十四届人大代表	长沙经开区国税局、长沙县国税局	局长

表 10-3 2003—2012 年长沙经开区当选全国、省、市政协委员名录

姓 名	性别	出生年月	籍贯	民族	政治面貌	任职届别	单 位	职 务
龙国键	男	1945.02	湖南湘乡	汉	民建	全国第十、十一届政协委员、省第九、十届政协副主席	中联重科	监事主席
何清华	男	1946	湖南岳阳	汉	民盟	全国第十一届政协委员、省九届政协常委	山河智能	董事长
李建新	男	1953.10	河北枣强	汉	中共党员	省第十届政协委员	长丰集团	董事长
易小刚	男	1963.06	湖南武冈	汉	中共党员	省第十、十一届政协委员	三一重工	执行总裁
许 岗	男	1964.10	广东潮州	汉	中共党员	市第八、九、十届政协委员	福来格生物	总经理
罗建文	男	1948.01	湖南长沙	汉	中共党员	市第八、九、十届政协委员	开元仪器	董事长
王国秋	男	1976	湖南长沙	汉	中共党员	市第九届政协委员	中芯数字技术	总经理
谭迪强	男	1950.11	湖南望城	汉	中共党员	市第九届政协委员	长沙经开区党工委、纪工委	副书记、书记

续表 10-3

姓　名	性别	出生年月	籍贯	民族	政治面貌	任职届别	单　位	职　务
杨懿文	男	1966.07	湖南汨罗	汉	中共党员	市第十届政协委员	长沙经开区党工委、中共长沙县委	书记
李科明	男	1956.10	湖南隆回	汉	中共党员	市第十届政协委员	长沙经开区党工委、管委会	副书记、主任
吴京生	男	1956.10	江苏镇江	汉	中共党员	市第十届政协委员	长沙经开区党工委、管委会	副书记、副主任
巩　固	男	1960.10	河北冀州	汉	中共党员	市第十届政协委员	长沙经开区管委会	副主任
唐畋甸	男	1968	湖南长沙	汉	中共党员	市第十届政协委员	长海控股	董事长、总裁
谭建云	男	1953.04	湖南长沙	汉	中共党员	市第十届政协委员	LG 曙光	工会主席
周久铭	男	1957.12	浙江杭州	汉	中共党员	市第十届政协委员	长沙娃哈哈	总经理
陈国军	男	1962.07	湖南隆回	汉	九三学社	市第十届政协委员	博世汽车	工程师
李益民	男	1952.02	安徽当涂	汉	中共党员	市第十届政协委员	申湘实业	董事长
陈为军	男	1971.09	湖南常德	汉	民建	市第十、十一届政协委员	湘联科技	董事长、总经理
伍　红	女	1968.10	湖南长沙	汉	中共党员	市第十、十一届政协委员	三一重工	执行总裁办主任
刘祥华	男	1963.05	湖南祁阳	汉	中共党员	市第十、十一届政协委员	千山药机	董事长总经理
彭孟武	男	1965.05	湖南湘潭	汉	中共党员	市第十、十一届政协委员	蓝思科技	副总经理
黄　瑶	男	1969.02	湖南涟源	汉	中共党员	市第十一届政协委员	长沙经开区管委会	副主任
朱更红	男	1960	湖南长沙	汉	中共党员	市第十一届政协委员	一派数码	董事长

表 10-4　1992—2012 年长沙经开区享受国务院特殊津贴专家名录

姓名	性别	出生年月	政治面貌	学位（职称）	单位	职务
邓军民	男	1961	中共党员	高级工程师	LG 曙光	董事、首席副总经理
易小刚	男	1963.09	中共党员	高级工程师	三一重工	执行总裁、三一集团总工程师
钟发平	男	1965.08	中共党员	博士	湖南科力远	董事长、研究员
何清华	男	1946.03	民盟盟员	博士生导师、教授	山河智能	董事长、总经理
朱建新	男	1965.10	中共党员	博士	山河智能	基础装备事业部总经理
龚　进	男	1963.10	中共党员	硕士	山河智能	高级技术专家
吴京生	男	1956.10	中共党员	教授级高级工程师	长沙经开区党工委、管委会	副书记、副主任

表 10-5　2000—2012 年长沙经开区获全国、省、市、区级劳动模范、“五一劳动奖章获得者”名录

姓名	单位	奖项名称	授予单位	授予时间
吴新民	中联重科	全国劳动模范	党中央、国务院	2000.04
李建新	长丰集团	全国劳动模范	党中央、国务院	2000.04
梁稳根	三一集团	全国劳动模范	党中央、国务院	2005.04
曾立志	长城金融设备	全国五一劳动奖章	中华全国总工会	2008.04
汤定一	长沙经开区党工委	全国五一劳动奖章	中华全国总工会	2009.04
李传泉	中联重科	全国五一劳动奖章	中华全国总工会	2011.04

续表 10-5

姓 名	单 位	奖项名称	授予单位	授予时间
郝 鹏	山河智能	全国五一劳动奖章	中华全国总工会	2012.04
曾立志	长城金融设备	湖南省劳动模范	省委、省政府	2008.04
汤定一	长沙经开区党工委	湖南省劳动模范	省委、省政府	2009.04
李传泉	中联重科	湖南省劳动模范	省委、省政府	2011.04
郝 鹏	山河智能	湖南省劳动模范	省委、省政府	2012.04
周全民	中联重科	湖南省劳动模范	省委、省政府	2000.04
何清华	山河智能	湖南省劳动模范	省委、省政府	2008.04
彭 凯	博世汽车	湖南省劳动模范	省委、省政府	2010.04
刘祥华	千山药机	湖南省劳动模范	省委、省政府	2010.04
陈新忠	长沙经开区管委会	长沙市劳动模范	长沙市人民政府	1986
张文球	长沙经开区管委会	长沙市劳动模范	长沙市人民政府	2009
方 刚	博世汽车	长沙市劳动模范	长沙市人民政府	2009
李小明	蓝思科技	长沙市劳动模范	长沙市人民政府	2009
周正春	山河智能	长沙市劳动模范	长沙市人民政府	2009
陈 敏	三一重工	长沙经开区劳动模范	长沙经开区党工委、管委会	2012
龙卫国	中联重科	长沙经开区劳动模范	长沙经开区党工委、管委会	2012
张大庆	山河智能	长沙经开区劳动模范	长沙经开区党工委、管委会	2012

续表 10-5

姓 名	单 位	奖项名称	授予单位	授予时间
李典权	北汽福田	长沙经开区劳动模范	长沙经开区党工委、管委会	2012
江怀奇	长城信息	长沙经开区劳动模范	长沙经开区党工委、管委会	2012
吴 杰	长沙娃哈哈	长沙经开区劳动模范	长沙经开区党工委、管委会	2012
张铁斌	金沙利彩印	长沙经开区劳动模范	长沙经开区党工委、管委会	2012
罗文智	广汽菲亚特	长沙经开区劳动模范	长沙经开区党工委、管委会	2012
唐忠荣	中粮可口可乐	长沙经开区劳动模范	长沙经开区党工委、管委会	2012
黄杨柳	瑞翔新材料	长沙经开区劳动模范	长沙经开区党工委、管委会	2012
禹红云	和昌机械	长沙经开区五一劳动奖章	长沙经开区总工会	2012
谷云辉	三一重工	长沙经开区五一劳动奖章	长沙经开区总工会	2012
任 放	维胜科技	长沙经开区五一劳动奖章	长沙经开区总工会	2012
刘 燕	千山药机	长沙经开区五一劳动奖章	长沙经开区总工会	2012
赵广云	开元仪器	长沙经开区五一劳动奖章	长沙经开区总工会	2012
陈 兵	威重化工	长沙经开区五一劳动奖章	长沙经开区总工会	2012
罗小红	胜通汽配	长沙经开区五一劳动奖章	长沙经开区总工会	2012
蒋 行	维胜科技	长沙经开区五一劳动奖章	长沙经开区总工会	2012
谢 珍	众泰汽车	长沙经开区五一劳动奖章	长沙经开区总工会	2012
袁 敏	南方搏云	长沙经开区五一劳动奖章	长沙经开区总工会	2012

续表 10–5

姓 名	单 位	奖项名称	授予单位	授予时间
曾红宇	福来格生物	长沙经开区五一劳动奖章	长沙经开区总工会	2012
欧 斌	凯杰科技	长沙经开区五一劳动奖章	长沙经开区总工会	2012
杨代华	耐普泵业	长沙经开区五一劳动奖章	长沙经开区总工会	2012
张应军	星沙供水	长沙经开区五一劳动奖章	长沙经开区总工会	2012
刘星陵	精城特种陶瓷	长沙经开区五一劳动奖章	长沙经开区总工会	2012
曾扩军	金河包装	长沙经开区五一劳动奖章	长沙经开区总工会	2012
刘光平	一派数控	长沙经开区五一劳动奖章	长沙经开区总工会	2012
黄红旗	水质净化	长沙经开区五一劳动奖章	长沙经开区总工会	2012
周向阳	隆志高新技术	长沙经开区五一劳动奖章	长沙经开区总工会	2012
黎春元	博世汽车	长沙经开区五一劳动奖章	长沙经开区总工会	2012

附 录

Appendix

◆上级文件

长沙市人民政府

长政函〔1992〕15号

关于同意建设长沙星沙开发区的批复

长沙县人民政府：

你县《关于建立长沙星沙开发区的请示》悉。经研究，现批复如下：

一、同意你县在市区107国道以东，新319国道两侧，北至捞刀河，南抵你县之界的区域内，建设长沙星沙开发区。开发区规划20平方千米（第一期14平方千米），开发区建筑远离国道。具体范围由市规划局划定。

二、开发区要建成长沙乡镇企业城，并大力发展个体私营工商业和第三产业。要本着起点高、立意新、功能全的原则，使该区成为既有园林风光，又有现代化风格的长沙市卫星城，成为环境优美的旅游区。

三、开发区建设实行市县共建，以县为主的原则，除按市委常委会议决定袁汉坤、胡瑞采、胡运恒三位市级领导参加星沙开发区领导小组外，县要选派专门领导及干部组成精干、实干的班子切实加快开发区建设，一定要坚持对下放权、对外让利、对上优惠、对内搞活的建区方针，认真规划，精心施工，大胆探索，狠抓落实，抓紧办理有关手续，在2～3年内初具规模。

长沙市人民政府

一九九二年七月十七日

湖南省体改委文件

湘体改字〔1992〕163号

关于建立长沙星沙开发区的批复

长沙市人民政府：

你府长政〔1992〕57号文收悉。长沙县靠近省会长沙，地理位置优越，水、陆、空运输方便，资源十分丰富，经济比较发达。建立星沙开发区，对进一步加快长沙县的经济发展，扩大对外开放，促进社会进步都具有重要作用。经研究，同意建立长沙星沙开发区。

希望你们加强领导，大力引进资金、技术、人才和项目；科学地制定发展规划，明确主导产业，注重投资效益，开发面积要适度，做到开发一片，见效一片。并按照社会主义市场经济的要求，在开发区建立新型的管理体制和运行机制，有计划、有步骤地把开发区建设好。

此复

湖南省经济体制改革委员会

一九九二年十二月二十六日

中共湖南省委办公厅文件

湘办发〔1993〕20号

★

中共湖南省委办公厅
湖南省人民政府办公厅
关于设立湖南省星沙特别招商区的通知

长沙市、县委，长沙市、县人民政府，省直有关单位：

为了进一步改善我省的投资环境，扩大招商引资，加快对外开放步伐，加速经济发展，省委、省政府决定设立湖南省星沙特别招商区。

一、设立特别招商区是我省改革开放的重大举措。各级政府各有关部门应以“多支持、少干预”的态度积极配合，做好工作。要以“三个有利于”为标准，敢闯敢冒敢试；在管理体制和经济政策上应学习和借鉴沿海“特区特办”的经验，形成有吸引力的鲜明特色。特别招商区要坚持以工业和高新技术产业为主、以利用外资为主、以出口导向为主的方针，积极开展招商引资，兴办实业。

二、特别招商区设立在规划中的长沙经济技术开发区内。即107国道以西、319国道两侧3平方千米范围。招商区以北规划5平方千米作为预留发展区域。招商区土地的特别管理期限为70年。土地征购和拆迁工作由长沙县具体负责。

三、特别招商区由省招商局进行业务归口和指导，并负责会同省直有关部门、长沙市、长沙县做好协调工作。为加快特别招商区筹办工作，成立特别招商区筹备办公室，筹办就绪后，成立特别招商区管理委员会（以下简称“管委会”）。省、市、县政府授权区管委会负责对外招商，对内服务和全面行政管理。招商区外各管理部门不直接对区内进行管理。

四、特别招商区管委会设立精干、高效的办事机构，机构设置和人员安排由区管委会研究方案，并报省招商局确认。招商引资对象原则上以外商外资为主，高新技术项目和其他效益好的内资项目也可以进入。

五、特别招商区的土地管理由区管委会设专门机构负责。有权按国家有关规定办理土地使用权的出让手续，由国土和规划部门提供办理出让手续所需的文件和证书。特别招商区以优惠地价提供项目用地，并限期完成项目建设。特别招商区内不准炒卖土地。

六、特别招商区内经济、技术和社会发展计划由区管委会制定。进入招商区的投资项目由区管委会审批立项。进入招商区企业的工商登记注册，由工商行政管理部门驻区工商所办理。

七、特别招商区可根据经济发展需要设立相应的金融机构，其信贷规模和计划由省里直接下达，经有关方面批准。特别招商区可设置海关、商检等办事机构；可建立保税仓库、保税工厂。

八、特别招商区有独立的经营运作权。区内企业生产所需原材料和设备、物资以及企业生产产品的进出口等均由区管委会按国家有关规定自行办理。

九、特别招商区内的技术改造项目、农副产品加工出口项目等所需进口技术设备，以及外商投资企业基建项目所需进口物资等，经管委会报海关批准，可按国家有关规定减免进口关税。

十、特别招商区内所有企业按15%征收生产经营所得税。国家鼓励发展的新兴产业，经区管委会批准可减免生产经营所得税。项目建设中，除国家明文规定的收费外，招商区免缴其他一切收费。区内管理收费标准由区管委会自定。

十一、特别招商区的税收，前十年全额留给招商区用于开发发展。从第十一年起，按招商区30%、长沙县70%的比例分成。

十二、特别招商区管委会设立人才交流机构，向招商区提供工程技术人员、管理人员、熟练技术工人及劳务服务，并负责解决这些人员的档案管理等问题。区内员工的养老、医疗和待业保险等由管委会按国家有关规定办理。

十三、特别招商区的社会管理由区管委会商长沙县设置相应的管理机构，负责处理区内发生的一切民事纠纷、刑事案件和社会治安事件，待招商区建设条件成熟后，再设置完备的社会管理机构。

十四、特别招商区的环境保护由环保部门按国家有关规定实行区外监督和指导。环保纠纷由省指定的机构与特别招商区管委会协商处理。

十五、特别招商区的筹办工作力争今年7月份确定方案、落实责任，9月份参与湘交会招商，年底各项工作进入全面运转。

中共湖南省委办公厅
湖南省人民政府办公厅
一九九三年七月六日

◆领导讲话

奠百年根基　立千秋伟业

——在长沙星沙开发区奠基典礼上的讲话（摘录）

长沙县人民政府代县长
长沙星沙开发区工程建设指挥部指挥长　柳冠群

（1992年10月8日）

长沙星沙开发区今天正式奠基了！它向社会庄严宣告：长沙星沙开发区揭开了基础设施建设的新一页，吹响了全面建设的进军号。

长沙星沙开发区之所以能这么顺利、高速地做好前期各项准备工作，隆重举行奠基典礼：一是有上级领导的高度重视，亲切关怀。全国政协领导亲临开发区视察，省、市领导和省、市各有关部门领导深入开发区现场办公，精心指导，为我们解决了一系列具体问题。二是有各界朋友的充分信任，真诚合作。星沙开发区一开始就得到了各界有识之士的青睐。到目前为止，已与国内外、省内外82家企业单位和个人签订了企业项目84个，签订用地613.33公顷的协议。三是有全县人民的全力支持，通力合作。全县各级各部门各单位和全县广大人民，特别是安沙区望新乡人民，把建设星沙看成是自己的事，是长沙人民的“希望工程”，因而在人财物方面做到处处优先，给予了重点保证。四是有建设者们的艰苦奋斗，无私奉献。为了尽快把星沙这块“风水宝地”建成“凤凰巢”“聚宝盆”，参与建设的全体同志，以“敢为天下先”的豪迈气概，夜以继日地投入战斗，超常规、抢速度，为开发区前期工程赢得了宝贵的时间。值此奠基大喜之时，让我代表中共长沙县委、县人民政府、长沙星沙开发区领导小组和工程建设指挥部向各级各部门领导、各合作单位朋友、全县广大干部和广大人民、全体参与建设的指战员们表示衷心的感谢！

随着奠基典礼的举行，长沙星沙开发区各大建设工程将先后破土动工，一个波澜壮阔的建设图景就要展现在我们眼前。星沙将建成什么样，这是大家所关心的。遵照领导的嘱托和人民的期望，我们将尽心协力，努力争取把它建设成具有5个方面特色的城市。

——具有高效、便捷、灵活、完备的道路系统，是一个内外交通十分便利的城市。按照规划设计，5座雄伟的立交桥衬托起整个城市；两个大型停车场像一对眼球，镶嵌在城市的南北两端；已经动工的和将逐步动工的北部呈弧型、南部呈格型的大小25条主、次干道纵横交错，连接着区外的国道、铁道、水上航道、空中通道，把整个城市与外部世界紧密连结起来。

——水、电、气、热供给配套，邮电通讯设施齐全，是一个现代化的新型城市。按规划将改造原有3回高压线路，建设星沙开发区南、北、东3个变电站、所，以保证生产、生活用电供给；按照用水需要和水系流向，建设日供3万吨的水厂两座，在南北两端建两个污水处理厂，做到雨水、污水分流，生活、工业、消防用水供应充足；南北两区建设锅炉房，分区设热交换站，做到空气调节，冬暖夏凉；市中心建邮电大楼，分区设邮电分所，电信电话，快速方便，适应日益发展的信息社会的需要。

——中小学校、医院、环保、治安等公益设施齐备，第三产业发达，是一个服务体系完善的城市。按照国家规定的标准和城市人口的分布，合理进行中小学校、医院等公益事业的布局；以有利生产、方便生活的原则，科学进行商业区和别墅区的安排；发展第三产业，提高服务质量，使生活在这里的人们，真正感受到食穿住用的舒适，起居作息的方便。

——具有田园化与现代化相结合的空间，是一个适合人民休养憩息的文化城市。按照人均占地120～130平方米规划，绿化面积达30%以上，北部雅河风景区、南部冲沟绿化带与公园绿化点、公路绿化线形成点、线、面的结合。主要电缆地下铺设，留给人们清新的空间。“穿过城市有园林，走过园林有闹市”，令人心旷神怡。

——顺应地理条件，自然形成“六区、两城、一园”的合理布局，是一个功能齐全的城市。在工业区里，既集大、中、小型工业企业于一体，又逐步形成显示当代乡镇企业英姿的乡镇企业城；在经贸区里，既有高耸入云的现代商贸大厦，又有集个体工商精英的个体工商一条街；在科技园里，既有迈向21世纪的技术项目，又有走向国际市场的高新产品。不论是山青水绿的旅游区，庄重、整肃的行政区，还是豪华雅致的别墅区，那种超前的意识、时代的激情，无不给人以神往和启迪。

星沙开发区奠基典礼的举行，既是对我们前段工作的充分肯定，也对我们进一步战胜艰难险阻，胜利完成今后任务，提出了新的要求。建设星沙，意义重大，前景如画，但任重而道远。我们必须进一步解放思想，把握机遇，扎扎实实地作好每一项工作。

在思想上，我们要继续绷紧改革开放这根主弦，强化机遇意识、竞争意识。我们只有充分发挥星沙开发区的地域优势和我县的政策优势，加快开发软硬环境的建设速度，才能进一步增强开发区的辐射力和吸引力，使之成为国内外客商厂家争相趋步的凤凰巢，成为我县经济实现跨越式发展的动力源。

在工作上，我们要进一步加快开发区工程建设速度，抓紧搞好基础设施建设，从现在起，我们指挥部的工作，一切要服从于工程，一切要服务于工程，领导成员要分工到位，深入工地，轮流值日，紧紧抓住工程进度这一环。要急工程之所急，想工程之所想，千方百计把工程进度促上去。要抓工程速度，首先就要抓工程质量，抓安全生产，一开始就要把质量、安全放在第一位。要协调好各方面的关系，做到衔接紧密，配合默契，现在进入工地施工的已达16个单位，机械化施工设备50台套，施工人员250人，而且随着工程的进展，队伍将越来越大。这么大的队伍，是一个整体，一马不行百马忧，一步失误，全局受损。因此，希望各个单位、各个部门要讲团结，讲风格，讲境界，要顾全大局，主动配合，共同努力，团结奋战，把基础设施尽快建设好。其次，加大对星沙开发区宣传的力度，我们要继续利用各种阵地，运用各种工具，通过各种方式广泛而有力地宣传星沙开发区优越的地理环境和优惠的投资政策，让更多的人了解星沙。我们要深交老朋友，广交新朋友，结识更多的合作伙伴，共同建设星沙。第三，要进一步树立扎扎实实、吃苦耐劳的工作作风，继续发扬无私奉献精神。建设星沙，意义非同小可，任务非同寻常，困难也会接踵而来。没有吃大苦、耐大劳的精神，没有舍小家为大家的胸怀，要完成这项光荣而艰巨的任务是不可能的。星沙的建设者们一定要不辜负各级领导和全县人民的重托，以高度的时代使命感和紧迫感，战斗在星沙，拼搏在星沙，奉献在星沙，为早日完成这项惠及子孙后代的巨大工程而建功立业。全县各级各部门和广大人民群众，要一如既往地支持长沙星沙开发区的建设，做到人人献计，个个出力，携手共绘长沙星沙开发区的锦绣前程。

在党的十四大胜利召开的前夕，长沙星沙开发区隆重举行奠基典礼，这是星沙人民向党献上的一份厚礼。它标志着我们长沙县的改革开放又进入了一个新的阶段。世界正向星沙走来，星沙正向世界走去。我们正和着改革的涛声，激情满怀，高歌猛进。我们坚信，长沙星沙开发区沐浴着时代的春风，定将成为神州大地改革开放、振兴经济大业中一朵绽开的光彩夺目的鲜花。祝长沙星沙开发区永固千秋。祝各位领导、朋友、同志们添福添寿！

继往开来 再创辉煌

——在长沙经开区建区5周年汇报会上的讲话（摘录）

长沙经济技术开发区管委会主任 汤定一

（1997年10月8日）

今天是长沙经济技术开发区建区5周年的大喜日子，星沙新城处处披上华诞的盛装，显得更加英姿挺拔，更加勃勃生机，更加璀璨夺目。值此良辰吉日，我们在刚刚竣工的星沙剧院隆重举行长沙经济技术开发区建区5周年汇报会，真是好风凭借力，送我上青云，人逢喜事精神爽，血汗育果倍觉甜。在此，我谨代表中共长沙县委、长沙县人民政府、长沙经济技术开发区党委和管委会向莅临今天大会的国务院特区办领导、省、市领导、各位朋友和同志们表示最热烈的欢迎！向5年来一贯关心、支持长沙经济技术开发区建设和发展的各级领导、各界朋友和同志们表示最衷心的感谢！

数载运筹，喜迎东风抒壮志；5年拼搏，笑看栋宇接云天。5年前的今天，长沙经济技术开发区迎着邓小平同志南巡讲话的春风，在一片丘岗荒坡上挂牌诞生，即后，一幅幅壮美的图画在星沙大地上铺展，一曲曲改天换地的号角在星沙大地上劲吹，一支支精兵强将的队伍在星沙大地上拼搏，一个个神奇的梦幻在星沙大地上变为铮铮的现实。建区5年来，长沙经济技术开发区披荆斩棘，开拓奋进，各项建设取得了令人瞩目的成就。今天，一座既具现代化规模，又具山水园林风光的新型雏城已经奇迹般地矗立在三湘大地。这是各级领导用心血铸炼的改革珍品，这是长沙县人民众志成城、艰苦奋斗，用大手笔谱写的时代杰作，这是长沙县的聚宝盆，这是星沙人的伊甸园。回顾5年奋斗历程，我们思潮滚滚，感慨万千；展望跨世纪的灿烂前景，我们壮怀激烈，斗志更坚。下面，我就开发区的建设和发展情况作如下汇报。

一、5年辉煌成就

开发区经过5年的艰苦创业，取得了较大的成就。到目前为止，区内已完成基本建设总投资32.4亿元人民币，其中基础设施建设投入8.5亿元，星沙大市场建设投入5亿元，县委、县政府和县直各科局机关建设投入7亿元，入区开建企业完成固定投资11.9亿元。区域优势正在转化为经济技术优势，为长沙县跨世纪的发展，为省会城市的繁荣增添了新的增长点，这主要表现在：

1. 投资环境显著改善

开发区创建以来，集中人力、物力、财力，狠抓了基础设施建设，着力于改善投资“硬”环境。目前区内已完成基础设施投资任务 8.5 亿元，全面实现水、电、路、话四通。两座日供水 10 万吨的自来水厂供水充裕；新建 11 万伏星沙送变电站运转正常，区内电网基本成型，年供电能力达 9.6 亿千瓦时；区内规划的主次干道基本成型，6 座跨线桥工程已竣工，车辆出入，便捷畅通；装机容量为 10 万门的 21 层高的星沙通信大楼傲然挺拔，信息灵通。

2. 招商引力大步增强

开发区随着基础设施的完善配套，投资环境的不断改善，特别是设在区内的湖南省特别招商区功能的发挥以及“筑巢引凤”“引凤筑巢”“养凤引凤”等一系列举措的实施，大大增强了对省内外、国内外、海内外厂商的吸引力。截至目前为止，累计签订投资项目合同 268 个，出让土地 866.67 余公顷，协议资金 18 亿元，到位资金 7 亿余元，已破土开建的中、外大型企业有 44 家，其中开业投产的 14 家，已完成固定资产总投资 11.9 亿元。这批企业大都是实力强、投资多、后劲足、科技水平高、产业结构对头、在国际市场中具有一定竞争能力的企业。如光南摩托车有限公司、华天实业公司、三一科技工业城、湖南申湘实业有限公司、长沙银河高科技产业集团、麦克潘特公司、省机电公司、湖南巧福公司、长沙化油器厂等内资、外资、合资企业，都是用地上百亩，投资超亿元，年产值计划几亿、十几亿、几十亿、上百亿元的企业。现在还有日本三菱不锈钢生产项目、韩国 LG、韩国三星、泰国和邦控股有限公司、澳大利亚资源投资管理有限公司、德国通力电子有限公司、台湾工业园等跨国财团正在与我区频繁接触，引进大有希望，发展充满势头。

3. 商品市场初具规模

我们在招商引资工作中，一方面大力引进大、中型企业投资建厂，以大带小，形成以现代工业为主的区域性、外向型产业结构；一方面积极鼓励和扶植各地小本经营者入区建房办店，积小为大，形成群体，从建立商品市场入手，加快第三产业发展步伐。按规划星沙大市场建商业街 166 条，现已建成 110 条，整个市场已投入资金 5 亿元。目前，市兴商活，人声鼎沸，车流如注，好一派繁荣景象。

4. 县域政治、经济、文化中心已经形成

开发区建设带动了长沙县新县城建设，新县城建设又有力地推动了开发区的发展，在占地近133.33公顷的行政区内，县委、县政府办公楼巍然屹立，以它为龙头的几十个科局单位的办公、住宅楼群依山就势，掩映于一片翠绿之中，形成了长沙县政治、经济、文化中心的非凡气势。1996年1月30日，县委、县政府果敢地将长沙县县治隆重喜迁星沙，圆却了百年梦，开启了世纪门，掀开了崭新的历史新篇，这为跨世纪的发展与腾飞构筑了更加坚实的基础。

5. 经济和社会发展速度较快

建区仅两年的1994年，区内工业产值就实现了零的突破，1995年区内完成工业总产值5.07亿元，实现利税4500万元，1996年区内工业总产值达27.7亿元，实现利税2.77亿元，出口创汇280万美元。区内现已组建5个居民委员会，辖区人口已达5万余人。开发区的双重效益令人无可置疑地显现出来，它确能惠及当代，福荫子孙。

5年，在人类历史长河中，弹指一挥间，然而在星沙这疆充满希翼的沃土上却是地覆天翻。星沙，它是改革的浪花，它是奉献的结晶，它是《春天里的故事》的乐章。

二、5年创业历程

回顾建区5年的奋进历程，1800余个日日夜夜就象一幅珍藏在记忆深处的历史长卷，徐徐展现在我们面前。从开发大旗插上杉星岭的第一天起，各位领导就奔赴星沙勾划蓝图，制定方略，指点津迷。当时的县委书记、县长、指挥长及县里几大家领导班子数次头顶烈日，翻山越岭，亲勘现场，焦心费力，劳碌奔波。从县直科局抽调的40余位精兵强将率领各路大军挺进星沙，展开了筚路篮缕的移山填壑鏖战。轰鸣的马达唤醒了沉睡的山丘，滚滚的车轮送走了往日的宁静，20平方千米的星沙大地上到处人欢马跃，热气腾腾，纵横驰骋的建设大军在这里上演着一幕威武雄壮的历史活剧。5年来，我们走过的是一条充满艰难险阻，充满矛盾斗争，但经过顽强拼搏，不断进取而逐步走向成功的道路。

尽管竞争激烈，淘汰无情，开发区的规格却在发展中不断提高。1992年12月26日，经省人民政府批准，星沙列为省级重点经济开发区。1993年7月6日，省委、省政府湘办发〔1993〕20号文件决定设立湖南省星沙特别招商区，同时还成立了以当时的副省长储波为组长，并有省、市、县领导参加的领导小组，聘请了原省委书记熊清泉、现任省政协主席刘正、原省人大常委会副主任黄道奇为开发区特别顾问。1993年6月和1996年6月省人民政府两次向国务院申报，请求将长沙经济技术开发区列为国家级开发区，星沙进入国家队的问题得到中央高层领导的关心与重视。

尽管招商引资曾遇到“两难”困扰，即项目洽谈成功难，引进资金到位难。我们采取广泛宣传，多方联动，“走出去”“找米下锅”，“请进来”热情待客，不断改善投资“软”“硬”环境等系列措施，终于使星沙这艘航船驶出了开发的“低谷”，招商引资迎来了“柳暗花明又一村”的喜人景象。

尽管客观条件给工程建设带来诸多麻烦，主要是管理上的“权”，工程上的“钱”，施工上的“雨”。我们采取向上要权（落实管理权限），多方筹钱（银信部门融资），条块理顺（分线协调），人定胜天（不受天气制约）的办法，依然使工程建设出现了高速度、超常规、快节奏向前推进的良好势头。

俗话说：“看似寻常最奇伟，成于容易却艰辛”。长沙经济技术开发区能成功拼搏有今天，这倾注了国务院特区办领导同志的心血；这完全仰仗了省市委、省市人大、省市政府、省市政协各位领导的无比重视和关心，尤其是三位特别顾问殚精竭虑的精心指导；这多亏了省市各个部门的大力支持与帮助。在前进的道路上，在工作的实践中，每当我们遇到困难和问题，省市领导总是及时召开现场办公会，研究对策，解决问题，使开发区建设得以顺利进行，健康发展。

我们不会忘记，在开发区建设过程中，众多入区企业、中外客商、各界朋友对星沙的器重和厚爱。建区之初，百业待举，开发区的条件是十分艰苦的，我们所有入区企业单位的领导和朋友们涉足星沙，义无反顾，在真诚友好、理解支持的氛围中和我们携手并肩，干出了轰轰烈烈的事业。

我们历历在目，永不忘怀的是在开发区建设过程中，历任县委、人大、政府、政协的各位领导一直把星沙建设放在全县经济工作重中之重的位置，兴全县之师，举全县之力，聚全县之财，创全县之业，戮力同心，身先士卒，从而保证了开发区建设朝着预定的目标扎扎实实地向前推进。

我们不能忘记，县直机关各科局、各乡镇党委、政府对开发区建设的全力支持和积极参与。建区之初，县委、政府曾提出“要得人动，拿得钱动，派得车动，请得‘神’动”的 4 条要求，县直机关各个科局、全县各个乡镇服从大局，派强将、筹资金、出车辆、搞协调，急开发区之所急，想开发区之所想，几年来初衷不改，一如既往。

我们怎能忘记，在开发区建设过程中，全县人民的拧绳结股众志成城，特别是星沙镇人民的紧密配合。想当初，县委、政府一声令下，摆开20平方千米的战场，全县上下总动员，知我星沙，建我新城，为星沙建设献爱心，做贡献，成为全县人民的共同心声和自觉行动。星沙镇人民更是舍小家，顾大局，箪食壶浆，全力支持开发区建设。那激动人心的场面，至今难以忘怀，那可歌可泣的事迹始终令人感奋，那无私奉献的精神在持续弘扬光大。

我们深感要彪炳史册的是几年来一直奋战在开发区建设前沿阵地的干部、职工和广大建设工作者。建区之初，40余名精兵强将奉命出征，上百支队伍驰骋沙场，斗酷暑、战严寒、风餐露宿、历尽千辛万苦，赢得了开发区建设的节节胜利。5年来，从指挥长到一般干部，从施工负责人到普通一兵，基本上没有休息过星期天和节假日，放弃了与家人团聚，和爱人逛街，跟朋友谈心的机会，坚守星沙。很多同志尽管头发胡子花白了，但情系星沙，痴心至今不改，这种艰苦创业、勤奋工作、乐于奉献的精神确实难能可贵。

几年的实践证明，开发区的建设过程是一个上下同欲、多方联动、万众一心、共创辉煌的过程。如果没有省、市、县委、政府的正确领导，没有3位特别顾问的精心指导，没有省、市、县各个部门的共同奋斗，就一定没有开发区5年建设的辉煌成就。在此，我再次向所有关心、支持开发区建设的领导、朋友和同志们表示虔诚的谢意！

三、星沙前景展望

我们处在一个伟大的时代、史诗的时代。5年前，英雄的长沙县人民曾提出过“奋战三年五载，建设星沙新城”的战斗口号，5年过去了，蓝图已成现实，星沙人民把神话般的“星沙梦”变成了实实在在的星沙城。

放眼今日新城，道路宽又平，铁塔耸入云，新楼交辉映，绿树迎东风，既有机器轰鸣，又有流水潺潺，还有游人簇簇，更有鸟语花香，多么迷人的风采，多么神奇的地方。按照总体规划，开发区将以“六区一场一园”为城市骨架，建成一座别具风格的新城。“九五”期间，按照国家产业政策和目前的项目引进情况，区内将形成机械加工、电子技术、建筑建材、食品加工、轻纺工业、精细化工以及门类齐全的第三产业等7大产业格局，到“九五”末，区内将实现工业总产值200亿元，到2010年区内人口将达20万人。那时星沙将是：主次干道纵横交错，交通畅；水、电、气、热供应充足，家家乐；程控电话连接全球，信息灵；“六区一场”欣欣向荣，财源广；厂店楼馆鳞次栉比，气势足；公共设施科学配套，功能全；教科文卫全面发展，格局新；吃住玩憩舒适高雅，环境美。她定将成为湖南的“张家港”、中国的“新加坡”。

各位领导、各位朋友、同志们，春风无限星沙意、星沙发展正逢时。目前国际局势基本稳定，香港顺利回归祖国，这为星沙的发展提供了一个千载难逢的机会，特别是党的十五大胜利召开，极大地振奋了中华民族的自信心。我们决心抓住机遇，乘势而上，努力营造开发区轰轰烈烈的“第二次创业”高潮。前面的困难我们已经克服，前进的基础已经夯实，难道我们还惧怕日后的困难吗?! 创业艰难鏖战多，拼搏人生乐呵呵。我们坚信，有省市委、省市人民政府的高度重视，有3位特别顾问的精心指点，有县委、县人民政府的正确领导，长沙经济技术开发区的建设和发展一定会成功地实现第二次飞跃，敢为人先的长沙县人民一定能够继往开来，真抓实干，按照省市委和省市人民政府的要求，以更快的速度把它建设成为全省实施开发带动战略的示范区、率先发展的带动区、“一点一线”的样板区。

同志们，5年拼搏造辉煌，今日星沙分外娇，雄关漫道真如铁，而今迈步从头越。让我们携起手来，共同去开创星沙更加美好的未来吧！

深化干部人事制度改革　积极稳妥地推行竞争上岗

——在管委会机关内设机构人员定岗动员会议上的讲话（摘录）

长沙经济技术开发区党工委书记　彭可平

（2001 年 8 月 31 日）

长沙经济技术开发区作为国家级开发区挂牌已经半年多了，随着开发区党工委、管委会领导班子的组建到位，我们管委会内设机构人员定岗工作，根据《党政领导干部选拔任用工作暂行条例》《国家公务员暂行条例》和中组部、人事部《关于党政机关推行竞争上岗的意见》，结合开发区的实际，对管委会内设机构人员定岗、推行竞争上岗。今天，我着重就机关推行竞争上岗讲几点意见：

一、统一思想，增强对推行竞争上岗的重要性和紧迫性的认识

竞争上岗是一种以公开、平等、竞争、择优为主要特征的干部选拔任用方法，即在一定范围内公布实行竞争的职位和任职条件，通过公开报名、考试答辩、群众评议、组织考察，产生竞争职位人选，然后按规定的程序和干部管理权限择优任用干部。这种方法，主要适用于选拔任用党政机关工作部门内设机构的领导干部。

近年来，围绕党中央提出的努力建设高素质干部队伍的目标，全国许多地方和部门以《党政领导干部选拔任用工作暂行条例》和《国家公务员暂行条例》为依据，在运用竞争上岗的方式做好干部选拔任用、职位轮换和人员分流等工作方面，进行了积极探索，取得了显著成效，得到了干部群众的普遍肯定。在这里有必要介绍一些外地推行这一工作的情况，以拓展我们的思路和视野。前一阶段全国各地的竞争上岗工作，有以下四个特点：一是竞争上岗的范围不断扩大。二是竞争上岗的层次不断延伸。已由最初主要在地、县两级机关进行，向上延伸至中央党政机关的一些部门，向下延伸至乡镇（街道）机关，而且在乡镇机关开展的力度还比较大。用于竞争的职位层次也由处级、科级领导职位扩展到中央国家机关的司局级领导职位和非领导职位。三是竞争上岗的适用范围进一步扩大。已由最初作为机构改革及推行公务员制度和参照管理入轨工作中人员选配和分流的手段，发展成为职务晋升、职位轮换、人员分流、确定热门职位人选的一种选人方式，得到了比较广泛的运用。四是竞争上岗逐步走向规范。中组部、人事部联合印发了《关于党政机关推行竞争上岗的意见》，随后，省委组织部、省人事厅发出了《湖南省党政机关推行竞争上岗的实施意见》（湘组通〔1999〕36号），市委组织部、市人事局作出了《长沙市党政机关推行竞争上岗的暂行办法》（长人发〔1999〕15号），均作出明确的规定。

对在机关实行竞争上岗，认为竞争上岗是新形势下干部工作适应社会主义市场经济需要的新的创造，是干部选拔任用方式的一项改革，是构建干部竞争激励机制的重要方面。实行竞争上岗所产生的实际效果主要表现在以下几个方面：第一，扩大了选人用人方面的民主，提高了群众参与干部选拔任用工作的程度。在实践中，坚持把竞争职位和任职条件向群众公开，竞争者同群众直接见面，竞争上岗全过程接受广大群众监督，较好地解决了“由少数人选人、在少数人中选人”的问题，变“伯乐相马”为“赛场选马”，体现了公开、平等、竞争、择优的原则。第二，为解决干部能上能下、能进能出问题找到了一条可行的路子，进一步优化了党政机关中层干部队伍的结构。第三，有助于形成正确的用人导向，增强机关干部的竞争意识和激励机制。第四，有利于遏制选人用人方面的不正之风。由于竞争上岗坚持了公开、平等、竞争、择优的原则，机关干部的升降去留以干部的德才、政绩和民意为依据，因而可以防止少数领导干部凭个人好恶、恩怨和亲疏取人，以及有的干部靠裙带关系和不正当手段谋取职位等不正之风。

（一）推行竞争上岗是建立社会主义市场经济体制对干部工作提出的必然要求。

我们开发区在确定为国家级开发区以后，党工委及时提出了“发展开发区、致富长沙县”的工作思路，无论是从实现两个根本性转变、解决好两大课题，还是发展我们开发区，都迫切要求干部制度的改革与之相适应，与之协调发展。根据党中央和省市委的一系列指示精神，我们通过深化干部人事制度改革，逐步建立一套符合开发区不同特点的科学的分类管理体制，创造一个公开、平等、竞争、择优的用人环境，健全一种干部能上能下、能进能出、充满活力的管理机制，完善一套管理严格、制度完备、群众参与的监督体系，逐步形成与社会主义市场经济体制和社会主义民主政治建设相适应的干部人事制度。我们在机关内部推行竞争上岗，正是为适应社会主义市场经济发展和开发区的长足发展的需要。总之，进一步推进竞争上岗，既是干部选拔任用工作适应新形势的一项重要改革，又为建立社会主义市场经济体制和现代化建设提供了有效服务和有力保证。

（二）推行竞争上岗是推动干部能上能下、能进能出，促使优秀人才脱颖而出的重要措施。

党的十五大报告指出：“按照革命化、年轻化、知识化、专业化方针，建设一支适应社会主义现代化建设需要的高素质干部队伍，是我们的事业不断取得成功的关键。”管委会机关的中层领导干部是开发区的工作骨干，担负着管理各方面事务的重要责任，他们的政治业务素质如何，不仅直接关系机关的建设，而且影响改革开放和开发区建设和发展的全局。当前，机关中层领导干部的选拔任用工作，还存在着缺乏竞争、熬年头、论资排辈、平衡照顾，以及一些不称职或相形见绌的干部下不来、出不去等问题。在机关内部实行竞争上岗，由“关门点将”变为“比武选将”，将干部放在同一起跑线上公平竞争，这就为优秀人才提供了一展身手的机会。干部是上是下，是去是留，取决于平等竞争的结果，从而使上者服众，下者服气，出者无怨，群众拥护。有利于提高干部队伍的整体素质，而且为干部的正常上下、进出开辟了渠道。

（三）推行竞争上岗是形成正确用人导向，纠正选人用人方面不正之风的有效手段。

防止和纠正干部选拔任用工作中的不正之风，惩治和消除用人上的腐败现象，是我们党反腐败总体战略的一个重要组成部分。比如，有的任用干部不讲党的原则，搞封官许愿；有的凭私人感情和个人好恶选人用人，拉帮结伙，编织关系网；有的热衷于拉关系、走门子、找靠山，四处活动，跑官要官；有的利用管理干部的权力，搞权钱交易，权权交易，甚至接受贿赂，公开勒索，买官卖官等。这些不正之风和腐败现象，在党内外影响极坏，危害极大，必须下决心纠正和惩治。实行竞争上岗，不仅把竞争职位、任职条件、竞争办法、程序等全部公开，而且把干部个人提职、交流的愿望也公开化，完全置于群众的监督之下和评判之中，能够有效地遏制托人说情、跑官要官、近亲繁殖等不正之风。实行竞争上岗，为干部的选拔任用提供了严密的工作程序和客观的考察评价方法，能够比较直观地反映干部的素质和群众的评价，有效地避免人为因素的影响，真正能公平、公正地选拔干部。

（四）推行竞争上岗是抓住内设机构组建的机遇，做好机关人员定岗工作的迫切需要。

按照省编委下发的湘编〔2000〕3号文件精神和省市委的有关文件要求，

在管委会机关内设机构组建工作中，就是根据精简、统一、效能的原则，建立办事高效、运转协调、行为规范的行政管理体系，提高为人民服务的水平、为企业服务的水平。做好人员定岗工作，要着眼于优化结构，改善素质，从严治政，提高效率。同时又要适应未来发展需要，开发人才资源，培养后备干部，建设一支适应多方面需要的专业人才队伍。因此，我们在人员定岗工作中，要充分发扬民主，走群众路线，广泛听取群众意见，做到公正、公平、公开。要全面贯彻干部队伍"四化"方针和德才兼备原则，坚持"工作需要，群众参与，综合考评，组织决定"的原则，根据重新确定的职位和优化人员结构的要求，因职选人，人尽其才。

二、以改革的精神积极稳妥地推行管委会机关的竞争上岗

（一）明确竞争上岗的指导思想，坚持正确的选人用人原则。

机关实行竞争上岗，必须以邓小平理论和党的十五大精神为指导，以《党政领导干部选拔任用工作暂行条例》《国家公务员暂行条例》为依据，认真贯彻执行党的干部路线方针政策，坚持干部人事工作的正确原则，在机关干部人事工作中引入竞争激励机制，进一步拓宽选人用人渠道，促使德才兼备、实绩突出、群众拥护的优秀人才脱颖而出，激发广大机关干部的积极性、创造性，努力建设高素质的干部队伍。

第一，坚持党管干部的原则。党管干部原则，是我国干部人事工作的根本原则，必须坚定不移地贯彻执行。在竞争上岗整个过程中，要始终贯彻执行党的干部路线、方针和政策，严格按照干部管理权限和规定的程序办事，切实加强党工委对竞争上岗工作的领导。具体实施中，要严格按照"两个条例"的规定，来确定竞争原则、选拔标准和竞争上岗方案，具体人选要在履行各项程序的基础上，由党工委集体研究确定，并按规定的管理权限报批和决定任命，使党管干部原则落到实处。

第二，坚持"四化"方针和德才兼备的原则。推行竞争上岗必须按照干部队伍"四化"方针和德才兼备的原则，切实选拔那些德才兼备、实绩突出、群众拥护的干部。既要防止重才轻德的倾向，又要防止重德轻才的倾向，德才兼备，德为先。要坚决破除论资排辈、平衡照顾的思想，把一批优秀年轻干部充实到机关中层领导班子中去，鼓励年轻干部积极参加竞争。在竞争上岗中，还要对参加竞争人员的知识、能力、专业水平等进行全面考核，对各职位的任职条件包括文化程度、专业水平等作出具体规定，严格按标准选人，宁缺勿滥。

少数职位确无合适人选时，面向社会，公开招聘。

第三，坚持公开、平等、竞争、择优的原则。从实践看，竞争上岗之所以具有强大的生命力，并为广大干部和社会各界所认可，根本原因是它较好地体现了这个原则。公开，才能让群众参与，接受社会的监督，才能有效地抵制选人用人上的不正之风。要改变封闭式、神秘化的做法，坚持竞争职位和任职条件公开，竞争的程序、办法、过程公开，竞争结果公开。平等，是公平、公正的条件。参加竞争的人员一是机会均等，符合任职条件的人都可一试身手；二是条件平等，不搞“内定”，干部依据自己的愿望，凭自己的真才实学和业绩，站在同一条起跑线上决出高低。竞争，是公平、公正的保证，是识别干部真实水平的试金石。择优，是公平、公正的结果，是竞争上岗的根本目的。在竞争上岗中，要根据竞争人员考试和演讲答辩的成绩以及民主测评的结果，按考察对象人数多于拟任职务人数的原则，择优确定考察对象和任用人选。

第四，坚持群众参与和群众公认的原则。扩大干部人事工作的民主，是建设社会主义民主政治的需要，推行竞争上岗要广泛发动机关工作人员积极参加竞争，提高群众的参与程度。要把群众的评价作为干部升降去留的重要依据之一，使群众公认原则在竞争上岗中得到全面贯彻和充分体现。

（二）明确竞争上岗的内容和程序，保证竞争上岗的质量。

通过竞争上岗选配机关干部的过程，实质上是对竞争者进行全面、准确、客观、公正评价的过程。明确竞争内容，规范竞争程序，是实现择优任用的关键。根据中央和省市组织人事部门提出的竞争上岗意见的明确要求，竞争上岗一般应有公布职位、公开报名、资格审查、考试、演讲答辩、民主测评、组织考察、决定任命 8 个环节。我们在实施竞争上岗时应抓住关键环节，保证选人质量。

一是认真做好动员发动工作，确保符合条件的机关干部都有机会参加平等竞争。党工委要求，凡是符合条件的机关干部，都应给他们提供一个平等竞争的机会。

二是认真做好对参加竞争人员的测试、评价工作，提高选人的准确性。考试是了解干部知识水平和专业能力的有效手段之一，应重点测试干部掌握马克思主义基本理论和履行职位责任所需专业知识的情况，以及分析问题、解决问题的能力。为了保证考试的客观公正，我们将所有考务工作和演讲答辩委托市委组织部领导干部考试中心组织进行。

三是认真做好组织考察工作，按照民主集中制的原则决定干部任用。要对参加竞争的人员择优进行考察。考察的内容包括干部的德、能、勤、绩。对一些没有担任过领导职务的干部进行考察，要从其实际担任的职务出发，突出岗位的要求，注重对其潜能的考察，考察其是否具备担当领导职务的基本素质，有无进一步发展的潜能。然后按照干部管理权限，由党工委经过集体讨论，决定竞争职位的人选，并按规定的程序进行任命，及时将竞争结果向群众公开。

（三）妥善处理好竞争上岗中的几个关系，确保竞争上岗健康进行。

第一，妥善处理坚持党管干部的原则和走群众路线的关系。竞争上岗的突出特点是公开、民主，群众参与程度大。它较好地弥补了以往干部选拔任用工作中民主不够、群众参与不够的缺陷，在依靠群众选贤任能方面取得了明显进展。但也应注意防止在决定干部任用时“一切由群众说了算”的现象。不能把竞争上岗搞成了竞选，也不能把竞争上岗搞成由考评委决定竞争职位人员的任用等等。党工委要牢牢掌握竞争上岗工作的主动权，从制定方案、设计程序到具体组织实施的全过程，都要在党工委的领导下，由组织人事部门具体承办。

第二，妥善处理考试与考核的关系。评价一个干部的素质和能力，既要看他竞争上岗时的表现和成绩，同时又要考察他平时表现和年度考核情况。在确定竞争职位人选时，应当综合考虑干部竞争考试、答辩的成绩和平时的德才表现，全面衡量、准确评价干部。

第三，妥善处理竞争与团结的关系。竞争意识和团结协作意识，是新时期党政机关干部必须兼备的两种意识。在机关干部人事工作中引入竞争机制，实行竞争上岗，一个很重要的目的，就是要增强机关干部的竞争意识。因此，我们不能把其他同志竞争自己现在任职的职位，当成是与自己过不去；也不能对竞争对手耿耿于怀，不愿与之共事；更不能通过竞争担任中层领导以后，利用双向选择之机，对其他参加过竞争的同志进行排斥。要加强讲大局、讲团结、讲协作的教育，引导和教育全体干部正确看待同志之间的正当竞争，使竞争的过程成为增进了解、增进团结的过程，达到公平竞争与团结协作的有机统一。

（四）通过推选竞争上岗，努力推动干部能上能下取得实质性进展。

第一，正确看待个人的升降去留。将干部调整到与本人能力、水平相适应的岗位上，无论对党的事业，还是对干部本人的成长，都是有益的。

第二，要使机关干部能上能下成为一种制度，首先要使竞争上岗制度化。

三、切实加强对推行竞争上岗的组织领导

在机关推行竞争上岗，是推进干部制度改革、加强干部队伍建设的一件大事。搞好这项工作，从长远看，有助于解决干部人事工作中长期困扰我们的一系列难题，建设高素质的干部队伍；从当前看，有助于我们内设机构组建工作的进行，顺利完成机关人员的定岗任务，意义非常重大。因此，我们要高度重视这项改革，切实加强领导，明确纪律要求。

（一）为了保证机关竞争上岗、人员定岗工作顺利进行，拟成立中共长沙经济技术开发区工委会、管委会机关内设机构人员定岗工作领导小组，由我担任组长，宇欣、迪强同志任副组长，定一、和平同志为成员。同时将抽调有关人员组成办公室，由办公室具体组织实施。工作中必须贯彻“工作需要，群众参与，综合考评，组织决定”的原则，体现公开、平等、竞争、择优的精神，把优化结构、改善素质、从严治政、提高效率的要求真正落到实处。

（二）要切实加强对竞争上岗的监督，严明干部人事工作纪律，坚决防止和纠正各种违反《党政领导干部选拔任用工作暂行条例》《国家公务员暂行条例》的行为，为竞争上岗创造良好的环境和条件。参加竞争的人员走门子、拉选票，搞小动作的，造谣中伤、打击报复的，故意传播人事安排小道消息、混淆视听的，要严肃批评教育，问题严重的要坚决取消其参加竞争的资格，并依据纪律条规作出公开处理。

（三）机关每个工作人员都要正确处理个人志愿与工作需要的关系，从讲政治、讲党性的高度，正确对待组织的决定和群众的挑选，自觉服从组织安排，在关键时刻经受住考验；对无正当理由不服从组织安排，不按时到岗到位，经批评教育无效的，按有关规定严肃处理。

（四）在民主推荐和投票时，每个同志都要出以公心，不徇私情，要以对党的事业高度负责，对开发区的建设和长远发展高度负责的态度，举贤荐能，把自己神圣的一票投给那些德才兼备、工作实绩突出的同志。

（五）机关全体工作人员都要增强责任意识、大局意识，按照各自现在的职责，坚守岗位，努力工作。现任各部室负责人要切实负起责任，认真做好本部门人员思想政治工作，带头遵守组织纪律，做到思想不散、秩序不乱、工作照常进行，切实保障人员定岗工作和机关正常工作“两不误”。

同志们，竞争上岗是个新事物，如同其他改革一样，有一个循序渐进、逐步完善的过程，不可能一步到位。要善于用改革的精神研究新情况，解决新问题，不断总结和积累经验，逐步改进竞争上岗的办法，使这项改革日臻完善，为建设高素质的干部队伍提供有力的保证。

在长沙经开区建设10周年总结大会上的讲话（摘录）

中共湖南省委常委、长沙市委书记　梅克保

（2002年10月19日）

今年是长沙经济技术开发区建区10周年。今天，长沙经济技术开发区在这里召开建设10周年总结大会，我谨代表长沙市委、市人民政府表示最热烈的祝贺，向所有为长沙经济技术开发区建设作出贡献的同志们表示衷心的感谢，向经济技术开发区的建设者们致以崇高的敬意！

10年前，长沙经济技术开发区在邓小平同志视察南方讲话的春风中诞生，在深化改革、扩大开放的氛围中成长，在各级党委和政府的关心支持以及社会各界的帮助中壮大。这10年里，尤其是近5年，长沙经济技术开发区国内生产总值、财政税收和出口创汇一年一个新飞跃，一年一个新突破，已成为长沙市工业经济新的增长点，区域经济的辐射源，先进企业文化的产生地。从1998年到今年9月底，区内工业总产值累计达到175.98亿元，年均增长65%；实现税收12.93亿元，年均增长81%；引进到位外资3.85亿美元，占全市引进到位外资的36%。经开区这一改革开放的热土，不仅是我市经济体制改革的“试验田”，企业飞速发展的“助推器”，也是政府转变职能的先行区。

业绩已载史册，创造寄于明天。经开区的事业需要一代又一代创业者去不懈地追求和奋斗。新的世纪里，随着我国加入世界经济贸易组织和国民经济的持续快速健康发展，经开区的发展面临着新的发展机遇，也蕴含着新的挑战。面对新形势、新任务，市委、市政府希望，经济技术开发区要继续增创新优势，更上一层楼，创造新的更大的业绩。

要瞄准新的更高目标。经开区要成为我市经济发展的增长极，推进发展的加速器，必须要有更快的发展速度，更高的发展目标。市委、市政府的总体要求是，到“十五”期末，经开区的国内生产总值年均增长要达到45%以上，工业生产总值年均增长要达到51%以上，招商引资实际到位资金年均增长要达到67%，税收年均增长要达到82%。通过全区干部群众的顽强拼搏，不懈奋斗，跻身全国经济技术开发区先进行列。

要突出创新主题。创新是一个民族进步的灵魂，是国家兴旺发展的不竭动力。经开区的发展在创新，希望也在创新，各项工作都要立足创新。要着力体制创新，率先与“世贸”规则接轨，率先在全市建立比较完善的市场经济体制；要着力机制创新，最大限度激发起企业和人的积极性和创造性；要着力制度创新，强化服务意识，真正做到人员精干、办事高效、运转协调、行为规范。要通过创新，实现经开区从带头发展向带动发展的转变，从建设开发区向经营开发区的转变，实现新一轮腾飞。

要努力扩大招商引资。经开区要以招商引资为一切工作的重点，加大工作力度，强化工作措施。要不断扩大招商引资领域，坚持外资、内资、民资一起引；创新招商方式，积极开展委托招商、以商招商、网上招商；要把加强与世界知名大集团、跨国公司特别是500强的合资合作，作为招商引资的重中之重，千方百计引入一批大财团、大企业；要积极引导外商外资兴办研发中心、高新技术企业和出口型企业，发展配套产业；要大力引进先进技术和管理方式，促进我市的产业结构和技术升级；要鼓励企业到境外办厂，参与国际竞争，逐鹿国际市场，培植自己的跨国集团。

要做大做强支柱产业。培育壮大支柱产业是经开区赖以生存的基础。要以机械装备、测试仪器为重点，大力发展先进制造产业；以集成电路、电子元器件和网络服务器为重点，大力发展电子信息技术产业；以能源材料、生物工程产品原料中间体为重点，大力发展新材料产业。要大力发展高新技术产业，瞄准国际国内先进水平，认真落实各项优惠政策，加大投入力度，努力把经开区建设成为与高新区相呼应，又具备自己特色的高新技术产业化基地。

要创优发展环境。优良的环境是推进发展的重要保证。要不断优化硬环境，加快以水、电、路、通信等为重点的基础设施建设，高度重视生态环境的保护，为前来投资创业者提供现代化的基础设施、高质量的生态环境和智能化的办公条件。要下大力气优化软环境，切实转变管委会职能，着力营造优质高效的政务环境；健全信用制度，树立诚信形象，努力营造规范有序的市场环境；依法管理社会经济事务，致力营造公正严明的法制环境；从严打击各种犯罪活动，全力营造文明安定的社会环境。通过良好环境的建立，使经开区成为投资者的乐园。

要形成支持发展的强大合力。全市各级各部门要大力支持经开区的建设发展，积极主动地帮助解决经开区发展中遇到的困难与问题，凡是能办的事要马上办，难办的事要灵活办，共同推进经开区的发展进步。特别是长沙县的干部群众，要牢固树立“经开区发展我发展”观念，理顺体制，多加沟通，全力支持经开区的发展，通过开发区的发展带动长沙县的发展。

同志们，新时代在召唤我们，肩上的重任鼓舞着我们。让我们坚定不移地以邓小平理论“三个代表”重要思想为指导，大胆开拓，与时俱进，努力创造无愧于伟大时代的新业绩。

在长沙经开区建设10周年总结大会上的讲话(摘录)

湖南省人民政府副省长　郑茂清

(2002年10月19日)

10年前，当我与一些领导和同事们为星沙开发区奠基典礼而拍手欢呼时就潜意识地有三大感觉：一是星沙将成为湖南对外开放的窗口，它将集合基础设施、省会区位、人才聚集等各方面的优势，对外商形成强大的吸引力，成为我省招商引资的热点。第二是星沙将成为企业家投资兴业的乐园，这里山川秀美，人杰地灵，是一块难得的风水宝地，只要在这里播下种子，就会生根发芽、开花结果，就会春华秋实，获得丰厚的回报。第三是星沙将成一枝沐浴春风而茁壮成长的高新技术的常青之树，以其强大活力而充满无限生机。今天星沙的辉煌成果表明，湖南如果有30、40甚至100个星沙，毫无疑问，湖南将挤入国内经济强省之列，省综合实力将上一个大的新台阶。

是年的三大潜意识如果是当时我所追逐的梦幻，那么今天这里已梦幻成真。星沙的10年，是改革开放快步发展的10年，星沙的10年是辛勤耕耘，播种与收获的10年。在全省众多的经济技术开发区中，它能脱颖而出，原因是多方面的，但我认为最突出最值得重视和借鉴发挥的有三条：

一是星沙选择了一条正确的发展道路。这条道路就是在党的改革开放的阳光普照下，坚持“产业兴区、工业为主”和“以工业项目为主，以招商引资为主和致力于高新技术”。现在的星沙一改过去的荒山丘坡，一批新厂房、新设备、新机制、新产品、新环境、新楼宇，一个高品位、新型的现代化城市展现在我们面前。一个“新”字，覆盖了星沙；一个“新”字，推出了星沙；一个“新”字，辉煌了星沙。

二是星沙始终吹拂着适宜万物生长的和煦春风。短暂的10年，人事替换，但多届党委和政府都以高效的工作节律，和谐的人际关系，为企业着想，始终坚持宽松的经济环境，排忧解难的优质服务，营造了星沙筑巢引凤、招商引资、投资兴业、发财致富的浓厚氛围。

三是星沙的领导和人民以其特有的聪明才智、勤劳朴实的作风，十年如一日的艰苦努力，一份汗水，一份收获。所以我说：星沙是湖南改革开放的产物，星沙是投资家的乐园，星沙是三湘大地上的一颗明星。

我与在座的每一位同志一样，对星沙倾注了感情、热情和激情，热爱星沙的一草一木，热爱勤劳智慧的星沙人民。我作为长沙一名市民，省政府的一名工作人员，10年间我也为星沙做过一些实事而欣慰。在星沙开始起步困难之时，那时我还在计委工作，遵照熊清泉、刘正等老领导的指示，我带领省计委机关处长们到星沙来参观考察，要求大家为星沙的发展尽心竭力，从开发区的规划到项目的审批，以及力所能及的资金支持要实实在在地给予帮助和支持。我到省政府工作以后，在星沙的发育过程中，特别是对外招商引资的工业项目，几乎每一个项目的落户、生产线的确定、企业的管理与发展，我都与大家一道去用心策划，精心护理。我说这些，并不想去表白我为星沙做了些什么，而是想说明，我对星沙的感情太深太深；作为分管工业的副省长，对星沙寄予的期望太大太大。同时我也想说明，星沙的发展壮大，过去、现在和将来，都需要大家的帮助与支持。让星沙在几年内再翻几番，就象刚才易主任的报告所说，保持年均45%的惊人速度，展翅腾飞。经济发展规律反复揭示了一条道理，越是有优越的环境，发展越快；越是有规模，聚集效应越好。我希望在不远的将来，要让全国人民，甚至全世界人民都像今天湖南人民一样，知道、看到在广浩的上空有一颗璀璨之星——它的名字叫星沙。

星沙的成长与成就，可歌可泣，我想倾心竭力去赞美，但我不善于言辞，找不到更适合更深刻的新语句来表达我对星沙的心情。但我要呼吁我们的新闻媒体，在党的十六大召开前夕，用你们睿智的目光和才华去挖掘探索星沙成长之秘，去讴歌星沙辉煌的10年。用星沙的成就，去歌颂党的改革开放的丰硕成果。星沙的进步与发展，最根本最核心的经验就是：发展是硬道理，关键在经济。最基本最本质的结论就是：中国共产党是先进生产力、先进文化方向和人民群众根本利益的代表。

我们讴歌星沙的昨天，赞美星沙的今天。我们更要站在历史的新起点，去规划描绘星沙的明天，认真按照江总书记关于“发展要有新思路，改革要有新突破，开放要有新局面”的要求，奋发努力，开拓进取，让星沙的明天更加美好，更加灿烂辉煌。

在长沙经开区建设10周年总结大会上的讲话（摘录）

长沙经济技术开发区管委会主任　易宇欣

（2002年10月19日）

在党的十六大即将召开之际，我们在这里隆重集会，热烈庆祝长沙经济技术开发区建区10周年。我谨代表中共长沙经济技术开发区工作委员会、长沙经济技术开发区管理委员会就开发区10年建设情况和今后的发展构想作个简要的汇报。

一、十载春华迎秋实，浓墨重彩写辉煌

沧海桑田，流年似水。10年前，星沙还是一片未曾开垦的处女地，在小平同志南方谈话精神的鼓舞下，敢为人先的星沙人拉开了建设开发区的序幕，凭着勤劳、勇敢、拼搏、奉献的星沙人在这片热土上创造了奇迹，星沙发生了翻天覆地的变化，向世人展示了一座靓丽的现代化经济新城，成就了一件被世人公认的时代新作。今天的星沙，广厦辉映、厂房如云，已经成为了省会长沙的一个卫星城；长沙经济技术开发区已经成为长沙市乃至湖南省的一个新的经济增长极。

10年来，长沙经济技术开发区经历了初创起步、开发发展、二次创业3个阶段。

从1992年到1996年，可以说是开发区的初创起步阶段。在不到4年的时间内，开发区的建设者们在千年沉睡的荒山丘岗上，完成了第一期工程的整体规划和勘测设计，区内基本上实现了“三通一平”，形成了工业区、商业区、住宅区、行政办公区4区总体布局的框架，具备了一座新型县城的雏形。在这一阶段中，开发区被省人民政府批准为省级重点开发区。

随着1996年长沙县新治的正式搬迁和1997年被科技部批准为长沙高新技术产业开发区星沙工业高科技园，开发区进入了全面开发建设阶段。在这一阶段中，建设力度不断加大，基础设施逐步完善，各类企业争相入区，为跻身国家级经济技术开发区奠定了坚实的基础。

2000年2月，长沙经济技术开发区被批准为国家级经济技术开发区，跻身国家级，为长沙经济技术开发区的进一步发展插上了腾飞的翅膀，进入了一个飞速发展的新阶段。按照“以工业项目为主、以吸引外资为主、以出口创汇为主，致力于发展高新技术产业”的办区方针，不失时机地掀起了“二次创业”的新高潮。在这一阶段中，长沙经济技术开发区发展速度全面提升，配套设施日臻完善，投资环境日渐优化，产业规模不断壮大，经济指标稳步增长。在国务院新批的 11 个国家级经济技术开发区中，长沙经济技术开发区的各项主要经济指标均名列前茅。

过去的 10 年，是长沙经济技术开发区开发创业、辛勤耕耘的 10 年，也是改革发展、喜获丰收的 10 年。回眸 10 年创业历程，我们倍感欣慰、由衷自豪。

（一）基本建设红红火火，城市品位不断提升

10 年来，区内共完成基本建设总投资 67 亿元，其中基础设施建设投资 15 亿元。28 条主次交通干道已全面拉通；2 座自来水厂已建成投产；3 座送变电站供电正常；21 层高、装机容量 10 万门的程控大楼已投入使用；污水净化中心即将运行；学校、医院、宾馆及其他公益设施正日臻完善。在初具规模的 12 平方千米范围内，道路交通、给水排水、供电供气、通信网络、环境保护、生活服务等设施已基本完善。

特别是在近两年中，跻身国家级开发区行列以来，园区规划进一步调整和提升，区内基础设施建设的力度不断加大，各项重点工程如雨后春笋，竞相破土，两年内的基础设施工程立项投资过 5 亿元，占 10 年总投资的 1/3。随着区内天华路、星沙大道、梨江路、漓湘路、开元大道、京珠联络线等两纵四横主干交通网络的拉通，以及月形山立交桥、开元路京珠跨线桥、漓湘路京珠跨线桥的建成通车，星沙与区外 107 国道、京珠高速、319 国道、长永高速等主要交通要道的互联网络已经形成，打破了原来由于两条高速公路交叉贯穿星沙所形成的封闭屏障，使星沙形成了西联市区、北通星港城、东达黄花机场、南及株洲湘潭的开放性立体交通格局。随着星沙北送变电站和日供水 10 万吨的星沙水厂第三期改扩建工程的实施，以及污水净化中心的开机运行，星沙在城市建设上已经有了超前的意识，既能满足区内企业日益增长的用电用水需求，又能保证区域生态环境的持续发展。今天的星沙已经具备了现代工业发展所需的基本条件，为未来星沙的飞速发展奠定了坚实的基础。

（二）区内企业欣欣向荣，产业规模逐步形成

10 年来，区内累计签订招商项目 339 个，投资总额 145 亿元，合同外资 4.82 亿美元，到位外资 3.85 亿美元，今年 1—9 月共到位外资 1.04 亿美元，是前

10年到位外资的26.98%；10年中，先后引进了光南摩托、金沙利彩印、华天铝业、LG曙光、隆志高新技术、荷兰泰松、三一重工、长海数码、维用长城、力元新材料、金农生物、亚华种业、福来格生物制药、长沙娃哈哈、中粮可乐、山河智能、赛西传感、开元仪器、长丰集团等100余家中外企业。其中固定资产投资规模超过1000万元的有37家、总投资超过1000万美元的外商项目有10家。10年来，在开发区这一沃土上，区内企业由弱到强、由小到大，产业格局由分散到集中，由一般产业向高新技术产业蓬勃发展、欣欣向荣。LG曙光已经成为韩国LG公司在境外投资企业中发展速度较快、经济效益较好的企业；三一重工已经成为国内、国际的知名企业，生产的混凝土泵和泵车已成为国内同行业垂直射程最高、市场占有率最大的知名产品；力元新材料系全球最大的连续带状泡沫镍生产基地。近年来区内企业所上的项目、所进行的技改大都属于高新技术领域，市场前景广阔，在国内拥有一定的地位。目前，区内已经形成了以三一重工、光南摩托等为主体的先进制造技术产业，以LG曙光、维用长城等为主体的电子信息技术产业，以金沙利、金和包装等为主体的轻印包装产业，以娃哈哈、中粮可乐等为主体的食品饮料产业，以长沙力元、华天铝业等为主体的新材料产业，以金农生物、亚华种业、福来格生物制药等为主体的生物工程产业的产业格局。6大产业的优势已逐步明朗，产业的集聚效应、洼地效应日趋明显，近年来，不少投资者慕名而来。今年4月，在上海经贸周上正式签约的韩资工业园计划投资4000万美元，将开创园区“以外招外”、利用外资的新局面；7月引进的长丰集团，明年9月建成投产，也将成为园区工业经济的一个新亮点。截至今年10月，区内已有韩国LG、荷兰飞利浦、加拿大英柯、法国道达尔、法国达能、美国可口可乐和中粮进出口总公司7家世界500强企业投资兴业。

（三）经济运行态势良好，龙头作用日益凸现

10年来，区内的经济得到了飞速的发展，一直保持良好的经济运行态势。到2001年底，区内累计实现工业总产值220.5亿元，实现利税31.48亿元，出口创汇8874万美元。区内经济密度达到了2.80亿元/平方米，人均GDP达7.98亿元，全员劳动生产率达30.20万元。

1998—2001年，区内工业总产值年均增长64.51%，销售收入年均增长86.19%，实现税收年均增长80.5%。今年1—9月，区内工业总产值49.11亿元，销售收入54.82亿元，实现税收2.69亿元，分别比上年同期增长62.56%、

52.53%、82.34%。其中，LG曙光、三一重工两家企业工业产值已过10亿元，金沙利彩印、长丰集团、力元新材料、长海数码、维用长城、长沙娃哈哈均过亿元。LG曙光实现税收7296万元，比上年同期增长6.04倍；三一重工实现税收7054万元，比上年同期增长88.11%；金沙利彩印、长丰集团等一批企业税收已过1000万元。

由于开发区的建成和发展，区域经济得到了迅猛发展。1992年长沙县的财政税收总收入只有1.35亿元，到2001年猛增到5.86亿元，年均增长37.1%，其中开发区的税收达到2.38亿元，占长沙县财税总收入的40.56%。星沙镇的镇级财政也随着开发区的发展而迅速增长，1997年达到1000万元，2001年增至3544万元，一跃而成长沙县的财税收入大镇。镇级经济结构也得到了优化调整，区内从业人数1.68万人，其中第三产业从业人数5861人；开发区发展还推动了星沙城镇化进程，星沙镇内的6350个农业人口转为了城区居民，镇级管理正逐步由乡镇农村式管理向城市社区式管理转变，一个年轻的、新型的新城正在成长。

（四）队伍建设力度加大，依法治区效果明显

10年来，开发区按照“小政府、大社会”的要求，完善了管委会的职能，改进了组织体系与工作方法，规范和完善了各类经济成分的运行环境，为企业精心营造自主运作和市场公正运行的法律体系。

一是健全了制度保障体系，规范了行政行为，做到科学决策，依法行政，从严治政。

二是落实了审批权限，实施了政务公开，规范了收费项目，努力降低企业运营成本。

三是转变了政府职能，强化了服务意识，全面推行项目入区专人代理首问责任制，工程建设项目经理首问责任制，重点项目专人跟踪服务制。逐步推行政事分离，后勤服务社会化，中介服务专业化。

四是在管委会内全面推行“公开职位，公平竞争，双向选择，择优录用，全员聘用”的人事制度改革；加大对全体员工政治理论、专业知识、基本技能的培训力度；加大对高层次人才培养和引进的工作力度，一批政治强、知识广、业务精、善管理的外向型、复合型人才正脱颖而出。

五是加大了依法管区、依法治区的力度，在区内全面推行工程项目招投标制度和全程专业监理制度，严格执行收支两条线和主材政府采购制，公开办事

程序，接受社会监督。园区的社会环境得到不断改善，开发区广大干部职工的廉洁意识不断增强。

10年辉煌的成就，10年丰硕的成果，是长沙县80万人民和广大建设工作者无私奉献的结果，是省委省政府、市委市政府以及县、区历届领导班子集体智慧的结晶，是熊老、刘老、黄老3位省级领导倾心关爱的结果。出席今天大会的领导和嘉宾，既是我们10年开发建设的历史见证者，更有不少人曾是当年战略选择的决策者、优惠政策的制订者、基本建设的指导者和招商引资的参与者，为这方热土的繁荣昌盛献过计、流过汗、出过力。在此，我谨代表开发区党工委、管委会向一贯关心、支持开发区建设、发展的各级领导、各界朋友表示最衷心的感谢！开发区的发展史上将浓墨重彩地记下你们的功绩！

二、与时俱进谋发展，昂首阔步向未来

新世纪的第一个10年，是长沙经济技术开发区现代化建设的重要时期。根据县城、开发区总体修编规划和开发区产业发展规划，未来的县城及开发区规划面积将达到60平方千米，其中工业区面积达到30平方千米。到“十五”期末，开发区国内生产总值将达160亿元，年均增长45%；工业总产值将达300亿元，年均增长51%；其中高新技术产品产值的比重达70%，税收达15亿元，出口创汇2亿美元。为实现这一宏伟目标，开发区将努力实现“由带头发展向带动发展转变，从着力引进外资向着力引进技术和管理经验转变，从偏重引进向注重消化吸收创新转变，从注重政策优势向依靠综合环境优势转变，从注重规模效益向注重质量效益转变”等“五个转变”，抢抓机遇，苦练内功，全方位创新工作。

（一）适时调整战略，形成全方位、广渠道、多方式的招商引资新格局。

一是调整招商战略，突出招商重点。使区内真正形成以显示器件制造为重点的电子信息技术产业园、以工程机械和设备装备为重点的先进制造技术产业园、新材料产业园、生物工程产业园、现代物流产业园和出口加工园等6个区中产业园竞相发展的新格局。

二是要改进招商方法，形成联动效应。拓宽招商视野和信息渠道，提高信息的准确度，降低招商成本，加大“以外招外，以商招商，以企招商和网络招商”的工作力度，形成招商工作的联动效应。

三是拓宽招商领域，扩大对外开放。在引资的方式上继续做好直接引资的工作。在引资的领域上，重点抓好工业项目的招商工作，有步骤地推进服务贸易领域的对外开放。

（二）着力营造一个代表先进生产力的发展要求，与国际竞争环境相适应，有助于投资者投资兴业、符合国际惯例、被大多数国家和企业所认同的国际仿真环境。

在硬件方面，着力建设一个高质量生态环境、现代化基础设施、高品位人文景观的生态型、智能化工业园区。一要加快区内标志性精品工程——招商服务中心群楼的建设，提升园区的服务功能；二要加快东四、东八两条纵向主干道的建设，继续完善四纵四横的区内道路主干网络；加快东八路与长永高速、漓湘路跨线桥与319国道互通立交的建设和星沙大道南延的建设，扩大与外部交通的开放性联络；三要继续抓好水厂改建工程、双电源增容新建工程，以满足日益增长的入区企业用水、用电需求；四要制定并组织实施ISO14000区域环境认证，实现生产、环境可持续同步发展。

在软件方面，要努力提高“经济运行规则”和“信用体系”建设水平，减少执行服务过程中的随意性，营造公开、公正、高效的经济运行环境。要适应开发区经济快速发展对外行政管理体制的改革要求，切实转变政府职能，努力建设一个精干、高效、诚信的服务型管理机构。

（三）培育产业规模，形成有区域特色和比较优势的产业格局

继续做强主导产业群。按照“产业做优、规模做大、实力做强”的要求，以高新技术为引导，以制造加工业为重点，以新材料和生物工程为补充，以现代物流和出口加工为配套，以骨干企业为主体，集聚一批同类企业和相关配套产业，建好区中产业园，培育主导产业优势产业群。

要抓好物流产业基地建设。按照“政府推动，企业主动；开放式设计，市场化运作；滚动式发展，分阶段实施”的工作思路，以区内货运配载联运骨干企业为主体，以信息化网络建设为基础，以海关大通关为保证，以国际性内陆港口物流园区建设为平台，发展第三方物流，形成既为区内企业配套，又能辐射周边地区，联系国际物流节点，集物流资源、信息平台、智能仓储、分装加工、配载联运、海关通关和金融结算等功能于一体的现代化、系统化、立体化、生态化国际物流产业基地。

要培育后发新增点。以技术创新为源泉，培育产业后劲。通过建立创业孵化基地、出台产业扶持措施、引进研发中心来支持有自主知识产权的、成长性好的中小企业，特别是高新技术企业的发展，培育产业的后发优势。以“三支

队伍”建设为本，培育人才后劲。通过开展熟练技工的培训和比武等活动，积极培养一支优秀的、稳定的产业服务大军；通过引进“猎头公司”，为入区企业引进中、高级管理人才，形成一支高素质的管理者大军。

要形成产业带动链。我们将充分利用周边乡镇的地差收益优势和开发成本优势，与周边乡镇工业园实施产业对接，转移部分规模较小的配套产业项目，按照“科学布局、合理分工、政策共享、利益均分、捆绑发展”的思路，形成互为依托，互相促进，梯次推进的一区带六园的工业发展格局，充分发挥开发区在区域经济发展中的辐射带动作用。

展望辉煌灿烂的明天，憧憬星沙美好的未来。我们信心百倍、豪情满怀。

在长沙经开区非公有制企业党建工作会议上的讲话（摘录）

长沙经济技术开发区党工委书记　李振莩

（2002 年 12 月 26 日）

党的十六大报告从全面贯彻“三个代表”重要思想，巩固党的执政地位，坚持我国现阶段基本经济制度的高度，对加强非公有制企业党建工作进行了全面而深刻的阐述。这对如何在新时期、新形势、新环境下，全面加强我区非公有制企业党建工作，具有十分重要的指导意义。今天，我们在这里召开全区非公有制企业党建工作会议，就是要组织大家继续认真学习，全面理解和把握其精神实质，用十六大报告精神统一我们的思想，并迅速落实到具体行动中去。下面讲 3 点意见：

一、统一思想，提高认识，增强抓好非公有制经济组织党建工作的责任感和紧迫感

长沙经济技术开发区是全省唯一的国家级经济技术开发区，经过 10 年的建设与发展，区内形成了各种经济成分并存、竞相发展的新格局，已落户的外资独资企业、中外合资企业、股份制企业、民营企业等非公有制企业达 125 家，其中已投产的 81 家，从业人员达 14873 人。截至今年 10 月底，区内企业中，党员有 1516 名，已组建党组织的 21 个，与非公有经济的快速发展相比，党的建设工作还没有完全适应形势发展的需要。为此，开发区党工委认真研究，并组织专门班子，集中力量，集中时间，以宣传党的十六大精神为契机，对区内党建工作进行了专题调查，并在调查研究的基础上，狠抓了企业党组织的组建工作。在开展这项工作中，得到了各个企业管理层的高度重视和大力支持，很多企业负责人从讲大局、讲政治的高度，在人力、物力、财力上积极支持企业党组织的组建工作，如三一重工董事长梁稳根、总经理向文波等企业领导身体力行，出谋划策，使之如期召开了党员代表大会，选举出党委领导班子。同时，在工作中，我们也深深地感到：非公有制企业党建工作确实面临思想认识难统一、地位职责难界定、组织设置难到位、活动经费难落实等一系列问题。因此，我们必须提高思想认识，进一步明确加强非公有制企业党建工作的重要性、必要性和紧迫性，克服畏难情绪，增强抓好非公有制经济组织党建工作的责任感、紧迫感和使命感。

（一）加强非公有制企业的党建工作，是实践“三个代表”重要思想的现实需要。“三个代表”重要思想是我们党的行动指南和奋斗目标，事实上，非公有制企业的奋斗目标与我们党的奋斗目标在整体上是趋于一致的。非公有制企业是社会物质财富的创造者。如何进一步加强对非公有制企业的引导，使其真正成为“三个代表”重要思想的忠实实践者，是新时期党建工作的重要任务。

（二）加强非公有制企业党的建设，是巩固党的执政地位的需要。从社会发展的角度看，随着国民经济结构调整力度的加大，非公有制企业必将进一步快速发展和壮大，将有越来越多的各类人员，包括一些党员转移到非公有制企业中就业。如果不及时跟上这一变化的趋势，在这些企业中建立党的组织，加强党的建设，势必在全局上削弱党对全社会经济、政治、文化生活的领导力、控制力。从党自身建设的需要看，在新的历史条件下，党的基层组织建设作为党的建设新的伟大工程的基础工程，必须得到全面加强和巩固，加强非公有制企业党的建设，是党的基层组织建设中的一个比较新的领域。从当前政治斗争的形势看，国际上一些反动势力，连同国内的邪教组织、非法组织，与我们党争夺群众、争夺阵地，对此，一定要保持高度警惕，要尽快在各个领域、各条战线上建立健全党的基层组织，进一步扩大党的群众基础，进一步扩大党的工作的覆盖面，增强党组织的影响力和渗透力，不断巩固和加强党的执政地位。

（三）加强非公有制企业的党建工作，是开发区事业、企业自身发展的需要。加强区内非公有制企业的党建工作，能为区内企业的健康发展和开发区的经济建设提供强大的精神动力和坚实的思想政治保证，为经济发展起着重要的支撑、引导和保驾护航的作用，促进非公有制企业乃至开发区经济建设健康发展。我区建区初期，在人力匮乏、资金短缺等困难面前，是党组织团结和带领大家脚踏实地，艰苦创业，顺利完成了我区的第一次创业，充分发挥了领导核心和战斗堡垒作用。因此，加强我区非公有制企业的党建工作已刻不容缓，是形势发展的必然要求。

二、与时俱进，开拓创新，整体推进非公有制企业党建工作

（一）建立健全组织机构。一是合理设置组织。到目前为止，区内符合组建条件的43家企业，已有42家成立了党的组织，组建率达97.7%。但相对区内已正式投产的81家非公有制企业，党组织的覆盖率只有51.8%，还有39家企业没有建立党的组织。这些企业，有的虽然够条件，但时机不很成熟；有的党员人数不够，将要成立联合支部；有的完全没有党员，等等。按照“开发建设到哪里，党的组建就到哪里”的指导思想和要求，我们开发区非公有制企业党组织的组建还有很多工作要做。我们要依据党章规定，坚持从企业规模、党员人数、构成差别的实际出发，一般有正式党员 3 名以上的，应建立党支部；党员人数接近或超过 50 名的，可建立党总支；党员人数接近或超过 100 名的，可建立党委；党员人数不足 3 名的，可就近与其他单位的党员建立联合党支部；暂不具备单独建立党组织条件的，可采取联合组建、由党工委委派党建指导员等形式开展党建工作，并积极按条件发展吸纳新党员，为建立党组织创造条件。同时，对暂不具备建立党组织条件的非公有制企业，要根据《中华人民共和国工会法》《中国工会章程》和《中国共产主义青年团章程》规定，先建立工会、共青团组织，逐步开展党的工作，为企业建立党组织打好基础。二是理顺隶属关系。理顺党的组织关系，对于加强企业党的建设工作十分重要。目前，区内已建的 42 家企业党组织，有 20 家企业党组织关系隶属于主管单位或控股方党组织，这种状况不利于企业党组织的统一领导和党员的集中管理。《中共长沙市委关于印发〈关于明确有关基层党组织隶属关系的暂行规定〉的通知》明确规定：“进入各开发区、工业园的企事业单位，要按照党章的规定，由园区党委（工委）帮助建立组织，已经建立了党组织的可由园区党委（工委）与企事业控股方党组织协商后，确定其隶属关系。如控股方没有设立党组织，则隶属园区党委（工委）领导。”按照市委文件的规定，我们要求：凡开发区入区企业的党组织原则上隶属于开发区党工委领导。由国有集体企业转制为非公有制经济组织的，其党组织的隶属关系也可以实行归口管理或挂靠管理。三是配强领导班子。为了真正把非公有制企业党的建设工作开展起来，配强党组织的领导班子至关重要。根据党章规定，不足 7 名党员的支部，一般不设支委会，设支部书记 1 名；党员在 7 名以上的支部，设支委会，委员为 3 ~ 5 名；党总支和党委，一般设委员 5 ~ 7 名。党委建制的企业，应设立党务政工部门，配备相应的专兼职人员。党组织负责人的选配，可以从企业管理层中熟悉政工业务，思想作风正派，组织能力较强，善于做思想政治工作的党员中选拔，并按党章规定和必要的程序予以产生；如本单位暂无合适人选，可采取组织推荐、双向选择的办法，从外单位选配；个体工商户比较集中的地区和单位，其党组织负责人可由属地的工商所、个协、工商联分会或负责第三产业发展机构的党员负责人兼任。

（二）改进领导方法。建立统一协调的工作机制。开发区党工委建立非公有制企业党建工作联席会议制度，由分管党群工作的副书记担任召集人，有关部门负责同志参加，具体负责区内非公有制经济组织中党的建设的筹划、组织、协调、督查和考评等工作，实行定期研究、定期通报、定期会办、定期督查，把非公有制企业党建工作列入创建先进开发区的整体规划。各单位要把非公有制企业党建工作，作为新时期加强和改进党的建设的重要内容，列入重要议事日程，切实加强领导。力争在 2 ～ 3 年时间内，使我区非公有制企业党组织逐步建立起一套切实可行的工作机制，真正做到有组织、有活动、有阵地、有制度、有作为。

三、创新机制，积极工作，充分发挥非公有制企业党组织和党员的作用。

非公有制企业的党建工作是我们党在新时期的一项全新的事业。非公有制企业党组织的建立不是为建立而建立，必须通过党组织卓有成效的工作，切实增强党组织在非公有制企业中的影响力和凝聚力,促进非公有制经济健康发展。按照“围绕经济抓党建，抓好党建促发展”的工作思路，创新机制，积极工作。

一要通过集思广益、进言献策，发挥和体现企业党组织在企业决策中的参与作用。企业党组织要对关系企业发展方向的问题，关系国家、企业、职工利益的问题，以及生产经营中的重大问题提出意见和建议，增强企业党组织的影响力。

二要通过开展“党员责任区”“党员先锋岗”等活动，发挥和体现党员在企业生产经营中的表率作用。根据企业的特点，采取灵活方式，积极开展“争先创优”等活动，带领职工群众积极完成生产经营任务，做到关键岗位有党员、困难面前有党员、突击攻关有党员，充分发挥党组织的战斗堡垒和党员的先锋模范作用。

三要以“凝聚力工程”建设为载体，加强企业精神文明建设，发挥和体现党组织和党员在职工群众中的凝聚作用。要积极开展化解矛盾、帮困扶贫等活动，依法维护职工的合法权益，探索联系、宣传、组织、团结职工的工作机制，增强党组织的凝聚力和向心力。针对企业青工多的特点，开展长期性、经常性、群众性、多样性的企业群众文化活动。通过寓教于乐、健康向上的企业文化活动，陶冶职工情操，调动职工积极性和创造性，稳定职工队伍。同时，要切实加强对非公有制企业领导人的教育引导，提高对党建工作的认识，主动支持党组织抓好党建工作，增强企业发展的内在动力。

同志们，加强我区非公有制企业党建工作意义重大，任务艰巨。希望各单位以“三个代表”重要思想为指针，认真贯彻党的十六大精神，真正把非公有制经济组织党的建设纳入党的基层组织建设工作的大局，切实加强领导。从讲政治和讲大局的战略高度出发，认真加强非公有制经济组织党的建设工作的实际措施，及时解决难点问题，把加强非公有制经济组织的党建工作作为一项长期任务抓紧抓好抓落实，以促进区内非公有制企业健康持续地发展。

在长沙经开区机构改革总结大会上的讲话（摘录）

长沙经济技术开发区党工委书记　杨光荣

（2004 年 9 月 30 日）

长沙经济技术开发区管委会机构改革自今年 8 月上旬启动，到 9 月中旬已基本结束。一个多月来，开发区管委会始终遵照《湖南省政府机构改革人员定岗实施意见》和《中共长沙市委、长沙市人民政府关于长沙市市直机构机构改革人员定岗实施意见》的精神，始终按照《关于长沙经济技术开发区管理机构有关事项的批复》（湘编办〔2004〕8 号）和市委组织部、市机构编制委员会《关于开发区机构改革和人员定岗工作的批复》以及开发区党工委、管委会制定的《国家级长沙经济技术开发区党工委、管委会机构改革人员定岗实施方案》的要求，精心组织，稳步推进，机构改革和人员定岗工作已基本完成，收到了预期的效果。下面，我讲两个方面的意见。

一、回顾机构改革人员定岗，效果良好

这次机构改革是开发区建区以来涉及面最大、改革力度也是最大的一次。一个多月来，在区党工委、管委会的精心领导和全区广大干部职工的共同参与下，效果非常明显。

（一）合理界定了机关内设机构的职能，调整了内设机构，建立了政、企、事分开的新型机关。建立政、企、事分开的新型机关是这次机构改革人员定岗工作的重要目标。一个多月来，管委会人事部门在党工委、管委会的统一领导下，按照“职能明确，避免交叉”的原则，科学、合理地划分了机关各部门的职责，完善了机构设置，实现了机关机构内部的政、事、企的彻底分开，使得机关职能部门从繁杂的事务中解脱出来，能够集中精力搞好行政管理，使机关各个职能部门的职责明晰，达到了行为规范、运转协调、工作高效的目的。

（二）对干部人事制度改革进行了有益的探索。在这次机构改革中，我们坚决贯彻执行省、市有关深化人事制度改革的精神和《党政领导干部选拔任用工作条例》《国家公务员暂行条例》的有关规定，按照“公开、平等、竞争、择优”的原则和民主程序，扎扎实实地开展了中层干部全员竞争上岗和双向选择等工作，取得了较好的成效，为今后形成能上能下、能进能出的新的用人机制，进行了有益的探索，积累了有益的经验。同时，我们还突破了体制障碍，创造性的提出了“调位不调编”原则，在机构改革中只调整工作分工，不改变编制属性，为政、企、事单位进行人员交流和人力资源的优化配置创造了良好的条件。

（三）进一步优化了队伍的年龄、知识结构。在这次机构改革中，一大批年富力强的年轻干部进入了中层领导层，中层领导干部队伍的文化层次、文化结构有了新的面貌，平均年龄也有一定程度的下降。

总之，这次机构改革是积极稳妥的，也是富有成效的，改革没有造成人心浮动，工作涣散，相反地通过引入竞争机制，充分调动了广大干部职工的工作积极性，激发了干部职工的生机和活力。

这次机构改革之所以能够顺利推进并取得较好成效，离不开以下几个方面：

（一）广泛宣传动员，提高思想认识。这次机构改革是开发区内设机构和人员一次重大调整，涉及到方方面面的工作，关系到每个干部职工的切身利益。为了确保机构改革顺利进行，开发区党工委、管委会通过广泛深入的宣传动员，使机构改革的精神深入人心，统一了思想认识。7 月 30 日，管委会专门召开了全区干部职工大会，对机构改革工作进行了动员部署。会后，各部门分别召开会议，组织干部职工学习讨论机构改革的有关文件，提高了思想认识。通过深入、耐心、细致的思想工作，确保了机构改革工作的顺利推进。

（二）坚持群众路线，充分发扬民主。这次机构改革，始终坚持发动群众、依靠群众、走群众路线的原则。机构改革涉及到机构的设立、人员的调整，工作相当复杂和繁琐，单靠党工委、管委会的力量是远远不够的，需要全区同志共同参与，积极配合。在机构改革的各个阶段中，干部群众的意见被广泛地听取。在机构改革方案以及其他配套方案的制定过程中，都下发征求意见稿到各部门，广泛听取了各方面的合理意见和建议。在整个机构改革过程中始终坚持“公布职位、公开报名、资格审查、双向选择、工委审批”的程序，采取竞争上岗、双向选择的方式优化人力资源的配置。在中层干部全员竞争上岗中，全区 80% 以上干部职工自始至终参与了竞选，并认真进行了民主测评，大多数同志参加了考察谈话。

（三）严格按照程序，公正公平操作。在整个机构改革过程中，我们严格按照《国家级长沙经济技术开发区党工委、管委会机关机构改革人员定岗实施方案》的要求，做到原则不变通，程序不走样，标准不降低，不搞特殊化，不搞暗箱操作。竞争上岗和人员定岗是这次机构改革中大家最关心的两个环节，我们坚持公开、公平、竞争、择优的原则，严格按照方案操作，不减程序，不改程序，做到政策公开、过程公开和结果公开。在中层干部竞争上岗过程中，开发区党工委、管委会按照程序，采用规范性面试题目，严格按照打分标准，慎重给分，保证了评分的公正性。

（四）合理安排工作，努力做到“两不误”。这次机构改革，管委会和各部门统筹兼顾，突出重点，合理安排，保证了各项工作齐头并进。各职能部门照常开展工作，没有因为机构改革产生松懈情绪，以致影响职能工作。许多同志一边准备竞争上岗，一边加班加点完成好手头工作任务，表现出过硬的思想素质和工作作风。

（五）强化组织领导，严密组织实施。我区从 7 月开始机构改革人员定岗的准备工作。从 7 月以来，从机构改革方案的制定到最后实施，区党工委、管委会始终把机构改革作为一件大事，多次开会专题研究。尤其是今年 8 月以来实施改革方案的过程中，对一些重要阶段的工作进行反复研究讨论，及时解决工作中遇到的困难和问题，确保了机构改革工作的稳妥顺利进行。同时，各位领导高度重视，全力投入机构改革工作。如演讲答辩阶段，开发区党工委、管委会领导在百忙之中参与了测评工作，党工委、管委会主要领导自始至终参加了一级机构领导的演讲答辩测评工作。

二、面对当前新的形势，责任更大

机构改革后，各部门的职能均已明确，人员也已到位，全区正在按照新的职能职责和岗位分工要求进行运转。新的岗位、新的职责应该有新的面貌、新的姿态，开创新的工作业绩，各项工作也应当比以前更上一个新的台阶。我们应当清醒地看到，今年以来，由于国家宏观调控等诸多因素的影响，在时间已经过去三个季度的关头，我们的工作还没有完成预期的目标和任务。基础设施建设进展不是很顺利，招商引资的效果不是很好，产值、税收情况也不很理想。因此，面对当前的形势，我提两点要求。

第一，积极调整心态，努力提高自身素质。这次机构改革，许多年轻的同志走上了中层管理干部岗位，一些原有部门负责人调整了岗位，相当一部分同志更换了岗位，因此，要尽快适应好现职工作，就必须摆正自身的位置，积极调整心态，在新岗位上重新学习，熟悉业务工作，尽快进入角色。在这次机构改革中，有的部门中层干部因为各种因素在竞争上岗中落选了；有的部门中层干部到了认为不太适合自己的岗位上；在双向选择中，有的同志没有竞聘到自己想去的部门，等等。这些利益调整的现象是改革中难以避免的，在思想上必须正确对待。任何一项改革都会触动一些人的利益，不可能做到让每一位同志都满意，更不能因为触动了极少数同志的利益而裹足不前。作为一名国家工作人员，必须正确地处理好个人利益和全局利益的关系，在两者发生冲突时，个人利益应当服从全局利益。希望大家进一步加深对改革的理解，正确对待自身工作岗位的调整，以饱满的热情、积极的心态全身心地投入到新的工作岗位之中去。要履行好新的岗位职责，最根本的是靠提高自身的素质。首先要加强政治理论学习。要认真学习邓小平理论和“三个代表”重要思想，用正确的理论武装自己的头脑，提高自身的政策理论水平，增强大局意识和把握全局的能力。其次要加强业务知识学习。要认真学习业务知识，从书本上学，在实践中学，向领导和同事学，不耻下问，谦虚谨慎，做到学无止境，精益求精，努力提高自己的业务水平。再次要认真学习新岗位的法律、法规、规章、程序、办事规则，掌握新岗位的一些特别技能，以尽快适应工作的需要。

第二，要认真履行职责，做好工作表率。中层干部是一个单位的中坚和脊梁。这次机构改革后，原来的部门中层干部中大部分调整了岗位，有一大批年轻同志第一次走上了部门负责人岗位，这里我对各位部门负责干部，特别是新走上部门中层管理岗位的干部提出几点希望。首先是要加强团结。机构改革后，许多部门班子重新组建，有老有新，阅历、文化程度、兴趣爱好各有差异，必然会有一个磨合期，稍有不慎，就会出现不和谐的问题。因此，负责干部之间一定要互相学习，取长补短，加强沟通，及时交流，团结干事，和衷共济，营造一种心齐气顺、春风荡漾的良好氛围。其次是要作好表率。部门负责人要以身作则，要求下级做到的，自己首先做到；要求下级不能做的，自己首先不做，以自己的实际行动带动队伍形成良好的风气。三是要开拓创新。部门负责人要在工作中勇于开拓、积极进取，不能因循守旧，抱残守缺，要大胆探索开展工作的新途径和新方法，创造性地开展工作，促进工作质量和效率的提高。四是要严格管理。部门负责人要对干部职工敢抓、敢管，不能做老好人，不能做和事佬。对于正确的事情，要敢于坚持意见，该抓的抓，该管的管，认真履行好“一岗双责”，切实做到工作和队伍“两手抓，两手都要硬”。五是要廉洁自律。近年来，开发区发生了个别人的违纪违法事件，个别领导干部因此受到了党纪政纪处分。各级领导干部要以此为戒，警钟长鸣，深刻吸取教训，防微杜渐，严于律己，积极加强自身的纪律约束和作风建设，增强拒腐防变能力，做到慎独、自警、自省、自励、自律，不辜负党和人民的重托，做勤政廉政的楷模。

同志们，当前开发区已进入第二次创业的新的历史阶段。新的目标，新的任务，赋予我们新的使命，新的责任。让我们以“三个代表”重要思想为指导，振奋精神，团结奋斗，敬业乐业，扎实工作，努力开创工作新局面，创造新业绩，为开发区的快速发展做出新的更大的贡献。

在“实现新跨越、再创新辉煌”新闻采访会上的讲话（摘录）

长沙经济技术开发区管委会主任　文树勋

（2004年12月29日）

各位新闻界的朋友们：

值此2005年元旦佳节来临之际，国家级长沙经济技术开发区管委会在这里举行新闻采访会。借此机会，我谨代表国家级长沙经济技术开发区党工委、管委会，向参加今天采访报道活动的各位领导和新闻界的记者朋友们表示热烈的欢迎，并向你们一年来对我区的关心和支持表示衷心的感谢。下面，我向大家介绍经开区的经济发展情况与明年的工作思路。

一、2004年经济运行基本情况

国家级长沙经济技术开发区创建于1992年8月，2000年2月被国务院批准为国家级经济技术开发区。13年来，经开区充分发挥独特的区位优势、基础优势和国家级开发区的品牌优势，坚持“以工业为主，以出口为主，以利用外资为主和致力于高新技术产业发展”的方针，以招商引资为龙头，走产业兴区之路，不断夯实基础设施，强化政务服务，优化经济发展环境，工业经济呈现特色明朗、规模扩大、结构优化、后劲增强的发展势头，产业的聚集带动作用不断增强，国家级长沙经济技术开发区已经迅速崛起为全市乃至全省工业发展的核心增长极。

建区以来，累计征用土地面积为14.4平方千米，其中已建成面积为7.2平方千米，在建面积3.1平方千米。区内累计完成固定资产投资210亿元，其中基本建设总投资36亿元，平均每平方千米投入5亿元。目前已形成以城市A级主干道为骨架，其他次干道为补充，与长株潭岳交会互通的立体网状交通格局，现已在区内建成主次干道32条，全长109.7千米，其中主干道（路幅60～80米，双向6～8车道）6条，全长34.6千米；次主干道4条（路幅40～46米，双向4～6车道），全长14.97千米；次干道22条（路幅16～36米），全长60千米；同时，建成投产5座11万伏送变电站、1座22万伏变电站、1座日供水为20万吨的自来水厂和1座日处理能力达8万吨的污水净化中心以及1座可持续利用30年的垃圾填埋场，区内已全部实现了水、电、通信等“七通一平”。

目前，我区已聚集各类企业296个，其中世界500强企业9家，形成了以先进机械制造、电子信息产品两大产业为主导，新材料、生物工程、轻印包装、食品饮料、物流配送等产业为补充的产业格局。近5年来全区各项主要经济指标每年增幅均在40%以上，综合经济指标和综合投资环境在中西部16个国家级经济开发区中名列第二。

2004年，我区按照“拓展新空间，打造新环境，培育新产业，完善新机制”的工作思路，牢固树立科学发展观，主动适应国家宏观调控和紧缩银根的政策变化，努力克服各种困难和矛盾，沉着冷静，积极应对，继续保持快速发展势头，呈现以下6个方面的特点：

一是工业经济总量跃上新台阶。2004年，全区共实现工业总产值210.10亿元，比上年增长42.86%，其中规模以上工业总产值实现206.70亿元，比上年增长61.58%；实现企业税收11.30亿元，比上年增长36.14%；实现出口总额3.50亿美元，比上年增长104.74%，占全市的49.4%；实现进口总额4.90亿美元（海关口径），比上年增长37.49%，占全市的53.55%。平均每平方千米实现工业总产值30亿元，实现税收1.60亿元，单位面积经济效益接近沿海国家级经济技术开发区水平，被评为“全国集约用地的先进单位”。

二是重点工程建设强力推进。今年，我区坚持以人为本思想，始终把人民群众利益摆在首位，认真做好征地拆迁安置工作，依法征收土地400.02余公顷，保证了工业用地和基础设施建设的需要。全区今年共建设大项工程22个、重点工程20个，投入基础设施建设资金达6.2亿元（含征地拆迁安置补偿费用）。东六路、新安路的修建，东四路、梨江路等主干线路的续建，进一步完善了区内道路交通网络，为开发区的东扩奠定了基础。

三是主导产业的拉力进一步加大。今年我区的机械制造业和电子信息业的规模扩张和产业升级明显。今年两大主导产业完成产值180.3亿元，同比增长45.2%，占全区比重为85.9%，比上年提高了1.5%，拉动全区工业增长36.9%。其中先进机械制造业完成产值115亿元，增长61%；电子信息业完成产值65亿元，增长23.5%，主导产业日益突出，产业集群规模效益初步显现。

四是骨干企业发展势头强劲。今年全区年产值500万元以上的骨干工业企业80家，比上年增加24家，完成产值209亿元，占全区的比重达99.5%，占全市规模工业的30%，规模企业拉动全区工业产值增长42%。今年全区亿元企业达25家，其中产值10亿元以上的企业6家，比上年增加3家，完成产值150亿元。

五是企业技术创新步伐加快。今年有3个项目列入了省科技计划，3个项目获得市科技进步奖，4个项目获省科技进步奖，7个企业获省著名商标，2个获省名牌产品。目前，全区已拥有高新技术企业32家，完成产值占全区比重达80%。累计引进和打造省级名牌产品22个，省级著名商标12个，中国驰名商标3个，国际知名品牌5个。

六是招商引资卓有成效。今年，我区共引进项目72个，项目总投资近100亿元。其中外资项目18个；合同引进外资1.7亿美元（按老口径为2.4亿美元），比去年增长34.08%；实际到位外资1.01亿美元（按老口径为1.87亿美元），比去年增长41.6%。引进内资项目54个，到位内资9.05亿元，比去年增长23.8%。特别是引进了投资总额7500万欧元的博世汽车汽车电器项目、投资2000万美元的南方高科手机项目以及湖南HEG二期增资等大型知名项目，对我区今后的发展将起到积极的推动作用。

二、2005年的经济发展思路

2005年是“十五”计划的最后一年，也是为“十一五”计划打基础的重要一年，从国际、国内总体形势来看，经济发展形势将好于今年。

2005年我区工作的指导思想是：以党的十六大和十六届四中全会精神为指针，认真贯彻温家宝总理关于国家级经济技术开发区发展的重要批示和全国国家级经济技术开发区工作会议精神，全面落实科学发展观，坚持“三为主，二致力，一促进”的方针，培育壮大主导产业，提升对外开放水平，增强自主创新能力，完善基础设施配套，优化经济发展环境，大力招商引资，努力把我区打造成为全市、全省乃到中西部地区工业经济的聚集区和示范区。

2005年我区主要工作目标是：实现GDP127亿元，工业总产值275亿元，销售利润17亿元，财政税收15亿元，出口创汇1.8亿美元，合同利用外资1亿美元，到位外资7000万美元，引进市内境外资金9亿元，其中省内境外资金2亿元。

我们坚信，在各级领导和有关部门的大力支持下，我们的目标一定能够实现。

在长沙经开区晋升国家级10周年庆祝大会上的讲话

长沙经济技术开发区党工委书记 杨懿文

（2010年1月26日）

尊敬的黄老同志、各位领导、同志们：

今天是一个重要的日子，10年前的今天，我们经开区成功获得国务院批准，成为全省第一个国家级经济技术开发区。今天，我们在这里隆重集会，庆祝开发区10周年的生日。在这里，我代表党工委、管委会讲两点意见。

一、我区晋升国家级开发区10年来取得的辉煌成就

在省、市各级领导的关心扶持下，在社会各界的共同关注下，2000年我区成功晋升为国家级经济技术开发区，正式步入国家队行列。10年，在历史长河中不过弹指一挥间，然而对于我们而言，却是紧紧抓住历史机遇、不断追赶超越、一步一个台阶、硕果累累的10年。昔日的荒郊野岭如今已经成为交通便捷、工厂林立、环境优美的投资创业宝地、区域经济的引擎。

——经济规模快速扩张。10年来，我区主要经济指标得到快速增长。工业总产值从25.1亿元到631亿元，增长24倍；税收从1.7亿元到35亿元，增长19倍；可用财力从0.96亿元到10.85亿元，增长9.2倍；实现进出口从1062万美元到12.6亿美元，增长114倍；园区面积从4.7平方千米到22.3平方千米，增长3.8倍；企业数量从38家到405家，增长9.7倍；亿元企业从5家到43家，增长7.6倍；从业人员从3000余人到7万人，增长22.3倍。10年来，我区累计引进外资12.2亿美元，引进市外境内资金93.3亿元，完成全社会固定资产投资332.3亿元，完成拆迁腾地1600公顷。主要经济指标保持了年均30%以上的增长速度，呈现超常规、跨越式发展的态势。我区综合投资环境在中西部16个国家级开发区中列第二位，2009年我区荣膺中国最具投资潜力十强开发区。

——主导产业优势突出。10年来，一大批知名企业，如远大空调、三一重工、山河智能、北汽福田、可口可乐、众泰江南、博世汽车、中铁轨道、广汽菲亚特等，在这里生根、发芽、成长，日益壮大。目前园区共有亿元企业43家，10亿元企业8家，上市公司16家，世界500强企业18家。经过多年努力，初步形成了工程机械、汽车制造两大主导产业，并以年均40%左右的速度增长。

——基础设施不断完善。10 年来，我区累计投入基础设施建设资金 48.9 亿元，平均每平方千米投入 2.8 亿元，大力推进水、电、路、气、通信等配套设施建设，营造了一个“供水好、排水畅、道路通、电力稳、供气足、信息灵、网络全、居住佳”的配套环境。我区所在地星沙获得了“中国人居环境范例奖”“全国文明县城”“全国生态县城”“湖南省园林县城”“中国最具幸福感城市”等荣誉称号。

10 年前，我们就有一个梦想：把经开区打造成一座现代化工业新城。经过 10 年的艰苦奋斗、励精图治，今天，梦想已经实现，经开区已经成为了全市乃至全省经济发展的核心驱动力和重要增长极。“好风凭借力，送我上青天”，经开区 10 年来取得的辉煌成就是广大建设工作者无私奉献的结果，是区、县历届领导班子集体智慧的结晶，是省、市各级领导、社会各界人士倾心关爱的结果。在此，我谨代表党工委、管委会向为开发区建设和发展付出心血和智慧的各位领导、干部职工、企业代表和社会各界人士表示衷心的感谢！

二、10 年来我区强力推进新型工业化进程的感受

晋升国家级开发区以来，我区紧紧抓住机遇，发挥优势，走出了一条高速度、高科技、高效益的新型工业化发展之路，赢得了“湖南工业看长沙，长沙工业看星沙”的美誉。我们主要有 6 点感受：

第一，必须坚持加快发展。10 年来，我们牢固树立大开发、大建设、大发展的意识，坚决冲破一切妨碍发展的思想观念，坚决改变一切束缚发展的条条框框，大胆选拔任用了一大批敢作敢为、勇于开拓的各方面的负责干部。我们推出了一系列新的发展举措，吸引了一大批战略性投资企业加盟入园，赢得了更多的银行、信托公司对我区的支持，逐步解决了拆迁安置、用地紧张、建设资金短缺等困扰我区发展的问题，也赢得了广大拆迁户对开发区的理解、支持和拥护。

第二，必须坚持产业兴区。产业集聚是区域经济发展的必由之路。10 年来，我区着力壮大主导产业，培育新兴产业，发展配套产业，初步形成了“横向成群、纵向成链”的产业集群，产业的集聚功能显著增强，产业竞争力进一步提升。

第三，必须坚持招大引强。要实现超常规、跨越发展，必须坚持抓大项目，引大企业，通过大项目促进产业集聚。10 年来，我们先后引进了博世汽车、众泰汽车、中铁盾构、广汽菲亚特等一批优势大项目，并同时引进了一批配套项目，龙头骨干企业在区域经济中一直发挥了重要的支撑作用。

第四，必须坚持优化环境。10 年来，我区牢固树立“你发财我发展”“纳税人至上”“为纳税人服务”等理念，强化服务理念，清理审批事项，简化办事流程，提高工作效能，优化投资环境，赢得了投资者的青睐和好评。

第五，必须坚持区县一家、团结干事。经开区和长沙县唇齿相依、不可分割。10 年来，我们坚持“区县一家、团结干事、加快发展”的原则，区县之间相互支持、相互配合。区县体制进一步理顺，呈现出团结干事、和衷共济、互利双赢的良好局面。

第六，必须坚持锻造一流精英团队。10 年来，经开区广大干部职工不甘人后、争创一流，形成了具有经开区特色的创业精神，培养了一支善于打硬仗、打恶仗、打胜仗的精英团队。大家忘我工作，无私奉献，无怨无悔。在经开区机关干部的选拔任用上，我们突破传统的用人观念，不论身份性质，不搞论资排辈，唯才是举，不拘一格选人才。高素质的管理团队，直接支撑了开发区新一轮的快速发展。

10 年的辉煌和成功已经属于过去，站在新的历史起点，我们将继续深入落实科学发展观，加快结构调整，突出“两型”社会建设，着力打造“一都一廊”，争取用 3—4 年的时间在发展空间和经济总量上再造一个经开区，使我区真正成为中部地区新型工业化的先行样板区、长株潭城市群多功能现代化新城区。

最后，让我们共同祝愿：长沙经开区的明天更加美好！

谢谢大家！

十年砥砺铸辉煌　春华秋实谱新章

——在长沙经开区晋升国家级10周年座谈会上的汇报

长沙经济技术开发区管委会主任　李科明

（2010年1月26日）

各位领导，各位嘉宾：

上午好！

今天，我们邀请到了经开区德高望重的顾问、各位领导和嘉宾莅临“庆祝长沙经济技术开发区晋升国家级10周年座谈会”，这是经开区人的荣幸和骄傲。在此，我谨代表区党工委、管委会，向各位领导和嘉宾表示热烈欢迎和崇高敬意！

10年前，国家提出全面开放战略，同意在中西部省会城市设立国家级经济技术开发区。在各位顾问、各级领导的悉心指导、直接关怀下，经开区人以敢闯敢试的创新精神和务实作风，在激烈的竞争中，成功跻身国家级经济技术开发区行列。

晋升国家级经济技术开发区后，经开区人以更高的要求，更宽的视野，艰苦创业，励精图治，不断超越，取得了一个又一个丰硕成果。

10年来，经济规模跨越发展，综合实力显著增强。10年前，我区年工业总产值25.1亿元，税收1.7亿元，进出口总额1092万美元，区亿元以上企业5家，园区面积4.7平方千米。今天，全区工业总产值达到631亿元，增长24倍；实现税收35亿元，增长19倍；进出口总额12.6亿美元，增长114倍；全区亿元以上企业43家，增长7.6倍；园区面积22.3平方千米，增长3.8倍。10年来，工业总产值、税收收入年均增长分别为37.4%、34.2%，呈现出超常规、跨越式发展的态势。目前，我区投资环境综合评价指数在2000年后新批的16个国家级开发区中列第2位，在全国54个国家级经济技术开发区综合投资环境排名22位；2009年，荣膺中国最具投资潜力十强开发区。

10年来，知名企业群英荟萃，主导产业优势突出。10年来，累计到位外资12.2亿美元，市外境内到位资金93.3亿元。目前，园区实有各类企业405家，其中规模以上企业139家，年产值过亿元企业43家，过10亿元企业8家，由世界500强投资兴办的企业达18家，由上市公司投资兴办的企业达16家。三一重工、山河智能、中联浦沅、中铁轨道等一批工程机械企业先后落户园区，并迅速发展壮大；工程机械产业产值占全省的3/5，市值超过全国工程机械上市公司市值的2/3，被工信部确定为“国家新型工业化工程机械产业示范基地”。汽车制造产业相继引进北汽福田、长丰猎豹、众泰汽车、广汽菲亚特等知名生产厂商，国内新的汽车版块呼之欲出。工程机械和汽车制造两大产业的产值、税收和从业人员均占全区85%以上的比重，主导产业优势更加突出。在主导产业快步前进的同时，电子信息、新材料、新能源、食品饮料、生物工程、现代物流等产业也得到了较快的发展。

10年来，基础设施不断完善，园区面貌焕然一新。10年累计投入基础建设资金48.9亿元，平均每平方千米投入2.8亿元。目前，已形成以城市一级主干道为骨架，其他主干道为补充，与高速公路、高速铁路、机场、港口互通交会的立体交通格局。自来水厂、污水净化中心、垃圾填埋场、现代物流园、国际学校、星级宾馆、综合医院等一应俱全，配套完善，布局合理。园区全部实现了“五通一平”，营造了“供水好、排水畅、道路通、电力稳、供气足、信息灵、网络全、居住佳”的配套环境，获得了“中国人居环境范例奖”“全国文明县城”“全国生态县城”等称号，园区综合配套能力显著增强，园区面貌焕然一新，城市品位不断提升。

10年来，发展成果惠及民生，经济环境不断优化。在突出抓好发展的同时，坚持以人为本的理念，真心实意为民办实事，建立健全了企业员工和被征地农民的社会保障机制，让广大群众共享开发区的发展成果。目前，全区企业员工医疗、社保覆盖率达到100%，拆迁安置群众劳动就业、生活水平得到充分重视和显著提高。为优化经济发展环境，我们在全省率先实施“宁静日”“无费区”，实行“封闭管理，独立运行”，推行“一次告知、全程代办、并联审批、限时办结、效能问责”，努力搭建人力资源、信用担保、信息服务等公共服务平台，行政服务效能位居全省前列，得到了投资者和社会的广泛认同。

10年成就鼓舞人心，创业精神激励来者。10年的发展成就，既是经开区干部职工努力奋斗的硕果，更是各位领导、前辈、同事深情关怀、无私奉献的结晶，是你们的高屋建瓴，为我们指点了迷津，开拓了视野；是你们的丰富经验，为我们铺平了道路；是你们的高风亮节，塑造了我们朴实无华、积极进取的园区精神。我们对大家始终充满由衷的敬意和深深的感激。

在回顾10年不平凡的经历的同时，我们也深切感到，虽然我区的经济发展一直在高速增长，但与上级的要求、人民的期盼、各位领导的希望，与其他先进开发区相比，还存在不少差距：产业综合发展的机构不优，零部件配套能力不强，具有核心竞争力的产品不多，开放步子不大等问题依然存在。我们一定要保持清醒的头脑，扬长避短，负重奋进，加倍努力，毫不懈怠，常怀感恩之心，勇创事业佳绩。

在新的起点，我们将继续深入贯彻落实科学发展观，突出招大引强，突出产业发展，突出效能建设，突出改善民生。今年，将全力推进“十百千万工程”（十大项目、百亿投资、千亿产能、万亩土地）。明年，力争成为千亿园区，用3年左右时间实现工业总产值1500亿元，在发展空间和经济总量上再造一个经开区，使我区真正成为“中国工程机械之都”和“中国汽车产业集群的新版块”，真正成为中部地区新兴工业化的先行区、湖南经济发展的示范区、长沙城市发展的模范区。

各位领导、各位来宾，回顾过去，我们豪情满怀；展望未来，我们信心百倍！10年的辉煌历史鼓舞着我们，未来的宏伟目标激励着我们。我们坚信，在上级的正确领导下，在各位领导和嘉宾的大力支持和帮助下，长沙经开区一定能够在未来征途上谱写新的壮丽篇章！

在长沙经开区建区20周年答谢晚宴上的致辞

湖南省人大常委会副主任　肖雅瑜

（2012年12月21日）

各位领导、各位嘉宾、同志们、朋友们：

今天，我们在这里隆重庆祝长沙经济技术开发区建区20周年，与长沙经开区的缔造者、开拓者、建设者、见证者一道，与关心支持长沙经开区的各级领导、各位嘉宾一起，共同分享长沙经开区20年来取得的丰硕成果，展望长沙经开区未来美好的前景，这是一个令人激动、令人难忘的历史时刻。在此，我代表湖南省委、湖南省人民政府向长沙经开区表示热烈的祝贺！向各位领导和来宾表示崇高的敬意！

20年前，长沙县委、县政府紧紧抓住改革开放的历史机遇，做出了“搬县城、达百强、进小康”的战略决策，并提出了创建星沙开发区，以开发开放带动县城建设，这一决策得到省委、省政府的高度重视和大力支持。从此，星沙这片热土上机器轰鸣，彩旗飘扬，全面拉开了大开发、大建设的序幕。早期的建设者们，凭着一股创业热情，以敢闯敢试的勇气，克服了条件艰苦、资金缺乏、资源稀少等各种令人难以想象的困难，夙兴夜寐，风餐露宿，艰苦创业，励精图治，不断超越，终于在这片曾经荒凉的土地上建成了一座崭新的现代化工业新城。

20年风雨兼程，20年沧海桑田，20年春华秋实。经过20年的建设发展，长沙经开区已经成为湖南对外开放的排头兵，高端产业的聚集区，跨国公司的首选地，优化环境的示范区，体制改革的试验田，较好地发挥了“窗口”“示范”和“桥梁”作用。长沙经开区已经成为我省改革开放的生动缩影，成为我省推进新型工业化的鲜艳旗帜。

长沙开发区的成功，是改革开放理论路线正确指引的结果，是开发区人艰苦创业的结果，是各级党委、政府及社会各界关心支持的结果。长沙开发区的成功，是长沙人民的骄傲，也是湖南人民的骄傲。她带给长沙和湖南的不仅是巨大的经济效益和就业机会，而且提升了湖南的产业结构，改善了湖南的投资环境，提升了湖南的对外影响，在一定程度上也寄托了湖南发展现代工业、推进“四化两型” 战略的情结和梦想。

湖南省委、省政府支持园区优先发展、率先发展是坚定不移的，也是毫不动摇的。面对经济全球化浪潮，面对竞争日趋激烈的新形势，省委、省政府希望长沙经开区继续弘扬艰苦创业精神，继续高举改革创新的大旗，坚持以科学发展为主题，以转变经济发展方式为主线，妥善处理发展速度和发展质量的关系、要素驱动与创新驱动的关系、经济发展与生态保护的关系、产业发展与社会管理的关系，开拓奋进，务实求真，努力将长沙经开区打造成一座人人向往的创业乐园、宜居新城和幸福家园。

最后，祝长沙经开区越办越红火，明天更美好！祝各位领导、各位嘉宾身体健康，万事如意！

谢谢！

在长沙经开区建区20周年答谢晚宴上的讲话

长沙市人民政府副市长 何寄华

（2012年12月21日）

各位领导、各位来宾：

今晚，我们在这里欢聚一堂，共同庆祝长沙经开区建区20周年，答谢为长沙经开区付出过辛勤劳动、作出过积极贡献的各位领导、各位嘉宾。在此，我谨代表长沙市委、市政府向长沙经开区表示热烈的祝贺！向长期以来关心支持长沙经开区建设发展的各级领导和社会各界朋友表示衷心的感谢！向继续奋战在经开区的广大干部职工表示最亲切的问候！

20年来，长沙经开区始终坚持工业兴区，产业报国，园区经济规模日益壮大，竞争实力显著增强，取得了有目共睹的辉煌成就。长沙经开区的20年，是科学发展的20年，是改革开放的20年，是经济腾飞的20年。长沙开发区在全市乃至全省工业经济中挑起了大梁，担当了大任，在众多的开发区中较好地发挥了标杆、示范、辐射和带动作用。作为中部崛起战略核心城市，“两型”社会建设综合配套改革试点城市，长沙市正在按照“城市国际化、产业高端化、发展‘两型’化”的目标，加快建设创业之都、宜居城市、幸福家园。市委、市政府希望长沙经开区与时俱进，主动积极融入长沙改革发展的大局之中，开创工作新局面。一是要深化结构调整，转变发展方式，更加注重经济发展的质量和效益，走出一条内涵式发展道路；二是要节约集约利用资源，加强环境保护，注重生态平衡，促进可持续发展；三是要面向全球市场，扩大改革开放，发展开放型经济，营造与国际接轨的投资环境；四是要深化体制改革，加快制度创新，以新的体制机制激发园区生机与活力；五是要坚持以人为本，努力改善民生，创新社会管理，让民众分享改革发展的丰硕成果；六是要促进错位发展，避免同质竞争，打造特色园区。

发展永无止境，奋斗未有穷期。市委、市政府希望长沙经开区在党的十八大精神指引下，进一步发挥优势，开拓创新，乘势而上，继续为全市工业经济发展添砖加瓦，做出新的贡献。

祝愿长沙经开区的明天更加美好，更加辉煌灿烂！谢谢大家。

感谢一路有你
——在“长沙经开区建区20周年答谢晚宴”上的致辞

长沙经开区管委会主任　李科明

（2012年12月21日）

尊敬的各位老前辈，尊敬的各位领导、各位嘉宾：

大家晚上好！

今天，我们欢聚一堂，隆重举行“长沙经开区建区20周年答谢晚宴”。在此，我谨代表长沙经开区党工委、管委会，向关心支持长沙经开区的各位领导、各位企业家、各位嘉宾表示热烈的欢迎和崇高的敬意！20年前的8月8日，长沙县委、县人民政府在省委蓉园宾馆召开新闻发布会，宣布在望新乡建设新县城和开发区，长沙经开区从此迈上辉煌的征程。20年前，这里还是一片丘岗山地；20年后的今天，这里变成了流光溢彩的现代化工业新城。20年的艰苦创业，20年的风雨磨励，成就已令世人瞩目：今天的长沙经开区，名企云集、高楼林立、车水马龙、绿树成荫、花香四溢，聚集了25家世界500强企业，培育了近10家上市公司，一个年产值超千亿元、排名全国第16位的国家级经济技术开发区傲然挺立。站在经开区20周年的新起点，我们一起回顾走过的不平凡岁月，共话经开区更加美好的未来，我们有一种抚今追昔、继往开来的豪情，我们更有一种“吃水不忘挖井人”的感激。

我们不会忘记，1992年，我们埋下第一块基石，是你们在星沙这片热土上描绘了第一张蓝图，从此，长沙经开区迈上了跨越发展的征程，1997年被批为国家级高新技术园区，2000年晋升为国家级经济技术开发区，实现了从县级开发区到国家级开发区的“三级跳”。

我们不会忘记，1992年，我们推平了第一个山头，铺下了第一根管网，从此，道路在我们身后延伸，楼宇在我们眼前升起，20年后，一条条宽敞的道路，一座座挺拔的大厦，展示着星沙的高度和蓬勃的生机。

我们不会忘记，是区县共同的努力，历经几届领导的关心支持，将长沙经开区的发展空间从20平方千米扩展到100平方千米，让园区企业的舞台更加宽敞，让未来发展的空间更加广阔。我们不会忘记，20年的奋斗，园区企业从零起步，园区实力不断增强。1993年，第1家外资企业德国麦克潘特工具有限公司落户园区，从此，现代工业文明的种子就在这片神奇的土地上生根发芽，生生不息。1998 年，第 1 家 10 亿元企业远大集团以“拯救地球，保护生命”为己任的担当在园区卓然挺立，蓬勃发展。2003 年 7 月 3 日，三一重工在深交所敲响了重重的一槌，实现了湖南省第 1 家民营企业成功上市，也开启了三一、中联、山河、铁建重工等工程机械湘军驰骋国内外市场的新征程。

我们不会忘记，从 1998 年北汽福田落户星沙，到长丰集团壮美而华丽的蝶变，引来广汽菲亚特、广汽三菱；从博世汽车到湘江关西、住友轮胎等等，都留下了我们求索的脚印，从此我们可以潜心打造“中国汽车产业集群新版块”，开始实现湖南人发展汽车工业的梦想。

我们不会忘记，尽管过去的光南摩托、LG 曙光已经风光不再，但蓝思科技、创芯科技异军突起，长城信息、纽曼科技稳步发展，我们又有了重振湖南电子信息产业雄风的底气。是你们不懈的追求和努力，最终使我们形成了工程机械、汽车制造、电子信息等主导产业，赢得了“湖南工业看长沙、长沙工业看星沙”的美誉。20 年的成就，饱含着关心支持长沙经开区的各级领导、建设者、支持者和企业家的不懈追求和无私奉献，为了开发区的事业，多少人上下奔忙，多少人创新超越，多少人殚精竭虑，多少人披星戴月，多少人锲而不舍，多少人奋斗不息。所有的一切，我们不会忘记，我们铭记在心，我们始终引以为荣，我们始终心存感激。

20 年风雨历程令人难忘，永载史册；20 年创业足迹弥足珍贵，启示后人。20 年所积累的宝贵经验积淀成了“领导关怀、企业驱动、员工奋斗”的长沙经开区底蕴，凝聚成了“简洁务实、无我有为、创新高效”的园区精神，这是我们今后开拓新局面、开创新事业的精神支柱与力量源泉。风正潮平，披荆斩棘豪情在；任重道远，又见东风卷潮来。今天，长沙经开区 20 岁了，20 岁，风华正茂，20 岁，蓄势待发。我们坚信，有科学发展观的指引，有各位领导的关心支持，有园区企业和开发区全体干部职工的众志成城，长沙经开区一定能够把握机遇、顺势而发，在经济全球化的大潮中乘风破浪，勇立潮头，让开放的脚步迈得更远，让生产要素的活力竞相迸发，让社会财富的源泉充分涌流，我们一定会创造出无愧于时代的辉煌业绩，开辟更加美好的未来！

再过 20 年，我们再相会！再次感谢一路有您！谢谢大家！

◆新闻专访

星沙之光

——长沙经开区 20 周年颂

胡启明　汤定一　谢午恒

楔　子

他们用了整整 20 年的岁月去求索和印证一个答案。

在他们脚下铺漫开来的稿卷是广袤深厚的土地……

于是，他们想把它演绎出来，他们所注入的只能是汗和血，智慧和担当，在那浩繁的算式中出现了岁月的递减，脑细胞和体细胞的负数，然而，包含着喷涌生命意义的商数却是一个大大的正值。

他们当然不是一群数学家。

在他们的区志里简明而又清晰地记载着：1992 年 4 月，长沙星沙开发区开始筹建，是年 7 月和 12 月，长沙市人民政府，湖南省人民政府相继审查批准。1993 年 7 月，中共湖南省委，省人民政府决定在长沙星沙开发区规划范围内设立“湖南省星沙特别招商区”。1994 年 3 月，长沙星沙开发区经省人民政府批准更名为长沙经济技术开发区。2000 年 2 月 13 日，国务院批准长沙经济技术开发区为国家级经济技术开发区。

从一个 40 人的指挥部到 15 万余人的集结；从一个小小的县级开发区到晋升为省级开发区，最终升格为国家级开发区；从 200 万元的起家到实现产值 1245 亿元（截至 2011 年年底）；从最初的开发面积 20 平方千米到 38、60、100 平方千米的版图拓展；从第 1 家德国麦克潘特湖南（工具）有限公司的外资企业引进到 25 家世界 500 强企业的陆续入驻；从凄凄“南大荒”到一座现代化工业新城的崛起……

这是一个英雄时代的造就，还是一个美丽的童话?

生活啊，是多么的任性，它一经撞击，便闪电横出，射入记忆的深谷，在生活的激流中切出一个剖面，照见它的源和流，方向和曲线。

于是，一切有关长沙经开区的昨天、今天和未来就会像重叠的浪花一样迸溅出来……

一、拓土开疆

梦想，是人的翅膀。

邓小平南方谈话给期望飞翔的中国人拓展了广阔的蓝天，长沙的梦想就这样从星沙起飞了……

历史是不能割裂的。

公元1992年3月18日，中共长沙市委召开全市县处级干部大会，传达了邓小平同志的南方谈话精神。人们只记得这年的春天也似乎来得特别早，几乎不见雨雪，路边的小草已经泛出一片新绿，湘江两岸一阵阵软软细细的风吹过来，暖酥酥的。人们敏锐地感觉到，有一种信息在悄悄传递，那便是有关中国改革开放的拂面清风。于是，长沙县委、县政府一班人再也坐不住了，他们反复领会南巡谈话精神，立志要调动全县人民的智慧与力量，实实在在做点大事。他们想改变一种落后现状，改变一个地方，这种带点闯劲的理想一经放飞，天空就变得无比空旷。

说也奇怪，具有两千多年轨迹的长沙县治，拥有着灿烂的历史，却始终没有真正属于自己的独立县城啊！假如还原历史，今天的长沙市不就是过去的长沙县吗？然而，新中国成立将近半个世纪，长沙县的党政机关和几十家科局机构仍林林总总拥挤在长沙市的西北角潘家坪。因此，又有人形象地戏称他们是电影版的《72家房客》。

看来，长沙县人想拥有自己一座名副其实的县城，这已不是1年、2年亦或10年、20年的祈盼了。而是他们长久的强烈愿望，甚至还有一种切肤之痛，他们实在是等得太久太久了。

他们终于盼来了一个历史性的转折。

“迁出长沙市，建设新县城！”这个近呼呐喊的声音，不仅是县委、县政府一班人的共识，还是全县人民的冲天豪气，而“以开发区建设带动县治的搬迁，以县城建设促进开发开放”的战略决策，更是充满了胆识、智慧和远大目光。

在长沙县人的心目中，他们的县治既要迁出去，但又不能离长沙市区太远，他们毕竟有他们很现实的想法。

可究竟往哪儿迁好呢？像个大姑娘要定终身一样难。这时，一场献计献策的大讨论在全县上上下下全面展开。关于县城的搬迁，以前也曾有过春华，东屯渡，甚至榔梨等地方的动议，然随意算盘一敲，就将耗资四五个亿，一个吓死人的数字讨论注定不能尘埃落定。最终，县委决定，组织县直机关各部，办、委主要负责人前往望新乡实地考察。

望新乡这在当地老上叫望仙桥，大概是太过神话色彩，新中国成立后就改为现在这个名，故也就没有了什么典故。不过，作为新开发区的自然条件，这地方倒是不错，放眼望去，虽是满目荒芜，山多田少，说山也只不过全是一片片低矮的小山丘，尤其是离长沙很近，107 国道和 319 国道也就在附近。从长远的发展看，以后交通也不是个问题，县委、县政府一班人一经合议，便把县城和开发区的建设放在这儿了。

新建一个县城和开发区总得要安个好名呀？然而，如同一个孩子生下来一样。

关于这个名称，开始颇有争议，最终定为“星沙”是有史为鉴的，那是因为长沙还有另一美称，叫“星沙”，即来头不小，颇富有传奇色彩。那是在追溯到遥远的商周时期，因为那时已渐渐形成了据以观测天象的二十八宿，其中有一宿就名轸宿，以古天文学的星宿定位，轸宿是挂在荆州上空的。有趣的是，在它的旁边竟还有一颗亮晶晶的附属小星，曰长沙星。

这样，历史上就曾广为流传一种说法，长沙是因为长沙星而得名的。

往事越千年，无论历史的烟云如何远去，就是时至今日，仍有人把长沙称为星城呢。这恐怕一是让后人莫要遗忘历史的馈赠，二是星沙之称委实是太过于美丽和吉祥了。

好啊，以后县治的所在地就叫星沙镇，开发区就叫星沙开发区吧，一切都顺天顺地顺民意。

长沙县的大想法，大动作，很快就惊动了省、市各级领导。时任省委书记熊清泉，省长陈邦柱，市委书记夏赞忠就兴致勃勃地前往星沙视察。省委书记熊清泉还欣然命笔，亲自为开发区题写了区名。长沙县人至今不能忘记，不会忘记，也不敢忘记，被誉为开发区“三老”的熊清泉、刘正、黄道奇 3 位老领导、老顾问，无论是他们在位或退下来，也曾经不知道有多少次亲赴星沙开发区视察指导，出谋划策，排忧解难。他们反复表达的是一个强烈心愿：一定要从发展长沙、振兴长沙的战略高度来认识星沙开发区开发建设的重要地位与作用，一定要将园区建设成为一座一流的城市，展现现代化城市文明……

很快，由湖南大学规划设计院专家学者精心描绘出来的面积为 20 平方千米的星沙发展蓝图，摆到了长沙县委，县政府的桌面上。

这是一套堪称玲珑剔透的园区科学发展总体规划，令人兴奋不已：高效、便捷、灵活、完善的道路系统，区内北部呈弧形，南边呈格状的28条总长120千米的主、次干道纵横交错，连接区外的国道、铁道、水上航道以及空中通道。它既具有配套的水、电、气、热供给和齐备的邮电通信设施，又有南北中3个变电站，两座日供水10万吨的自来水厂，还有大型污水处理厂按水系流向，做到雨水、污水分流。邮电大楼的设计为10万台程控电话，因为必须满足日益发展的信息社会的需求。再看一看一应俱全的服务体系和发达的第三产业吧。学校、医院、车站、宾馆、娱乐场所、住宅区、商业区、旅游景区等都有科学的构想。总之，它以超前的思维吸纳了一切现代化城市的所有要素和先进功能。为了把这张依附着长沙县人命运的美景宏图化为真实的一切，74万长沙县人又将要经历一场怎样的旷日持久的血与火的洗礼，传统观念与新锐思维的碰撞？

二、砥砺前行

筚路蓝缕，以启山林。

搬迁县治，设立开发区，几乎是同步进行，两者联系仿佛暗藏了某种机缘，而这种机缘又如此顺应民心……

人是最脆弱的，但人又是最坚强的，人的心底都有荆棘之根，漫着泪浸着血，反而会生长得更尖锐。

照理说，一切都似乎顺理成章了，县上又从县局各部门选调了40名精干，组成了“星沙开发区指挥部”。他们个个豪情满怀，血气方刚，思维活跃。然而，想要干一件惊天动地的大事，光有胆识和勇气似乎还远远不够呢，还必需要有智慧和坚持。

就说望新乡这地方，虽隔长沙市区很近，但毕竟也是偏僻、荒凉、贫穷的代名词，这附近当时还有一个处决罪犯的刑场。都说“风吹草低见牛羊”那是另一种诗情画意，而这里却是“风吹野草见凄惶”的另一派实况。远古时期在这片土地上是否曾有过繁华？已无法考证。就近代、当代至少在共和国诞生后的40余年里，在改革开放后的十几年里，当沿海地区和某些内陆地方，各类开发区像雨后春笋冒出来的时候，这里除了一些散落的低矮村庄证明了它的存在外，这片土地仍在呼呼大睡。

现在，长沙县人是下定了决心，一定要用汗水浇灌这片希望的沃土，一定用热血唤醒这片酣睡的土地。

200万元的开发费，这对于当时财政还只有几千万元的长沙县来说，已经是相当奢侈了。而对于“星沙开发区指挥部”来说，那仅仅是杯水车薪。这批精挑细选出来的由40人组成的“特种部队”，虽个个都是好汉、硬汉，可当他们真正开赴这片“战场”的时候，心中也不免有了困惑。首先是交通不便，当时107国道和319国道改道星沙的工程尚在进行之中，自然更没有京珠高速的踪影。他们没有住房，就只能临时租住在农民家。当然，他们在哪，指挥部也就扎在哪。

这显然还不是最困难的。无资金，无经验，无技术，倒像是他们行进路上的一只只“拦路虎”。当初，县委、县政府给指挥部的钱也就那么多，人也就那么多，总原则也交给了你，你是孙悟空也好，你是圣僧济公也行，反正你得把星沙这片荒原变成一座“起点高，立意新，功能全，跨世纪，创一流”的美丽新城。常言道：一张白纸好画最新最美的图画，但你纵然是一流高手，也还得要有笔、有颜料呀？

终于，他们还是鼓足勇气，打下了开发建设的第一根桩。

起初的构想是先建县城，后来又受了大寨当年一句口号的启示，叫：先治坡，后置窝。这指导思想一变就变成了“先搞开发区，后建新县城”。区区200万元的启动资金，需要做的事情实在是太多太多，当时他们上了10个项目，而最基础的工程就是大量的土方开挖，马路的修建，管道的铺设，还有大量农民的住房拆迁，这都涉及补偿、安置。虽然那时长沙市政府颁布了《长沙市国家建设征用土地补偿安置办法》，但真要实施起来，就并非想象中的那么简单。首先，你让他拆迁，得先要考虑安置，有些祖祖辈辈住在这里的人，再穷再苦也是自己的窝啊，守旧的观念有时是十分顽固的。他的屋在这里，而你的规划里日后这里是一条大道，他恋旧不想搬或者还拖一阵子再看，那将奈何？让农民洗脚上岸，由农民变市民，那时他田也没了，土也没了。而你开发区也只能安置一套住房，而他们赖以生存的自然条件也没有了啊！现在你要求他拆迁，他就要求吃国家粮，对于有些人来说，当眼前的利益和长远的利益发生碰撞时，他们宁可舍远就近。

老实说，这就真的苦坏了这些开发区的人。那时，对于他们的工作量是无法以时间去计算的，白天，他们要一身泥一身汗地在工地摸爬滚打，处理千丝万缕的事务，晚上还得打着手电筒像老房东查铺一样走进万家拆迁户，和他们拉家常、做工作。好在90年代初，国家政策还有一条，对于特定条件下的农民，允许有限地“农转非”。这个机会倒也帮了开发区拆迁的忙，他们又积极通过上级部门争取到了“农转非”指标7000余个。于是，再通过联系招工单位，把年轻的农民招了出去，为了让对方单位愿意接受，又每人加补给1万元到招工单位账上，这也就算是“嫁妆”了。

这样，拆迁这一块，是日见日快了。然而，一时还来不及建安置房，便搭了许多工棚让拆迁户临时过渡。可毕竟不比正规的安置房，进风，有时还缺水少电，开发区虽打了几口井，水源还是不够，一切都不显得周全。农民啊，不喜欢摆谱，不喜欢漂亮话，只讲究个心贴心。为什么在他们生活还很艰难的情形下，还要主动给开发区工地上的人送茶送饭？为什么望新乡十几个村的农民从没有为拆迁补偿而上开发区吵闹，甚至上访？那是因为，他们已经感觉到“今日借你一桶水，明天还你一桶油”的承诺并非是一句空话。他们说：开发区人生活这么苦，还处处为我们操心，再不配合也对人不住啊！

有件事至今仍让望新乡老百姓深受感动。

板桥村原本有一条水渠，多少年来全村的田土全靠它灌溉，可以说，这就是他们的生命之水。后来周边的大量开发，给水渠造成很大影响，雨季一来，洪水猛涨，直接有淹没一个村禾苗的危险。这个时候，开发区几乎要全部出动，赶去抗洪抢险。

一次在板桥村抗洪，那天恰好是端午节，外面又是风又是雨，大家只好弯着身子躲在大水泥管里简单地吃了餐中饭……

还是因为缺资金，他们一方面加紧对外招商引资，一方面通过出租土地，以27万元/公顷地的价格，用滚雪球的方式，整体规划，滚动开发，开始他们最原始的资金积累。后来实在还是资金不够，又只好发动全开发区员工集资。就为了一个共同的宏伟目标，就为了长沙县的未来，开发区人几乎是耗尽自己所有的一切。一年365天，他们没有了休息，没有了白天黑夜。那时一个干部节假日加一天班只有5元钱的补贴，正副指挥长都挤在一间办公室，就是一个部的人员也只有一两间房子办公。因周边开发，桌上每天积满了灰尘，中午想休息一下，就垫上报纸或干脆睡在地上。

苦吗？当然苦。为了长沙县的开发开放事业，他们总是以苦为乐，以苦为荣。他们常常以当时很流行的一句口头禅给自己的精神注入一种力量：苦不苦，想想长征两万五。

那时，指挥部仅有一台旧“金杯”牌交通车。上午7:30在市里集合，至少要到晚上10点钟才返回潘家坪。许多人已胡子拉碴，头发老长，像个摇滚歌星，也顾不上理一理。加之晴天一身灰，雨天一身泥，又活像个野人。

还记得1996年1月31日搬县城，顶关是春节将至，他们整整奋战了100天，当市内和乡下到处都响起吉祥喜悦的鞭炮声时，他们谁也没回家过年团聚。家和亲人近在咫尺，却又疑似天涯。

在采访中，有一位可以说是开发区的一位元老，就把自己曾经创作的一首诗吟了出来：

潘家坪点将，开发赴城东。

野岭安营寨，荒山宿帐篷。

骄阳蒸暑热，细雨裹寒风。

往事回眸处，花丛觅旧踪。

这诗虽是廖廖8句，倒也把当年的艰苦岁月，以及成功后的欣慰表达得淋漓尽致。

也许，在经开区人心中，只有事业，只有坚定的信念。

也许，我们也只有通过真正认识他们，认识长沙经开区，认识艰苦创业的全部特征，才能理解今天“中国力量之都”飞翔的内在秘密……

三、群雄逐鹿

长沙经开区跻身“国家队”之后，如何赶超？纵轴：与时间赛跑，缩短差距；横轴：与兄弟园区比拼，突出自身特色，精心铸造“力量之都”的长剑。这便是经开区领导层心里定的“坐标系”。

长沙没有大海，星沙也没有大海。不过，依傍了湘江却仍可通江达海，又到底还是有了海的神脉……

有人曾很诗意地赞美长沙经开区人，说他们既有大海一般辽阔的胸怀，又有蓝天一样高远的心境；既有大海般的气量，又有大海般的气势。这当然不是一般的颂词，而是要用事实说话。

因为，无论多么艰难曲折，暴风骤雨，遍地荆棘，他们都紧紧地依托自己的精神支柱，双脚牢牢地站立在星沙深厚的土地里，像一颗枝叶横陈的参天大树。

经开区人啊，至今仍念念不忘那些个日日夜夜，那是怎样一幅波澜壮阔的画面，全国5个省、100个施工队伍，几万名建设精英会战星沙，如同当年淮海战役般壮观，这个历史性的镜头将永久载入长沙县的开发开放史册。

仅仅只用两个月的光景，就全面开通了与156个国家和地区的通信联网；

5个月内又架设了33座铁塔，全长12.84千米的3回超高压线路改造工程顺利完成，240天建起了一座自来水厂，园区内主要供、排水管道全部安装完毕……

以往啊，许多人一形容某个建设项目快，总是习惯性地要提到“深圳速度”。其实，这是没有可比性的。因为深圳由一个小小渔村转身为一个大都市，那是举广东全省之力，甚至举全国之力，而星沙开发区毕竟还只谈得上是举一个县之力，且囊中羞涩啊！正如一首歌词，叫《小小的我》，若从白手起家的角度看，“星沙速度”比“深圳速度”也毫不逊色，甚至更快。

1993年，德国麦克潘特（工具）有限公司，是第1家外资企业走进星沙开发区的。这令开发区所有员工有些欣喜不已，因为这是一个多么美妙的开端，他们也深深懂得：仅靠一种“内涵式”的开发又怎能做大做强？走“外延式”快速扩张发展之路，才会让开发区的开发开放走向巅峰。世界500强不也是通过收购重组发展壮大的吗？肯德基不也是当年从美国一个小镇的兄弟作坊走向世界的吗？假如开发区想要强势发展，就必定要以“内涵式”作基础，以“外延式”作扩张，一步步走向全国，走向世界。

历史总让人回顾。

2001年11月10日，卡塔尔首都多哈显得格外美丽。从这里向世界飞出一个声音：中国正式加入WTO组织。面对“入世”，世界许多大中型商企抢滩中国市场，中国已不再停留在“狼来了”的传说，而是真正进入了“与狼共舞”的时代。

以后的几年，形势一路看好，先是光南摩托、三一重工的加盟，紧随着湖南申湘汽车、湘江关西涂料、LG曙光、华天工业园、亚华实业、永泰房产、金沙利彩印、力元新材、娃哈哈、长海数码等项目陆续入驻，一时让这片沃土更加兴奋，充满了生命力。

事实上，从1994年算起，他们就升格为省级开发区了，至2000年又荣幸地“跻”进了“国家队”。从县级至省级到国家级，这个“三级跳”竟只花了短短的8年时间。外界的人说，这是一个奇迹，还有的干脆称这是一个神话。其实，怎么说都不为过，反正这些来之不易的业绩是生生地摆在那儿了。

长沙经开区比第1个国家级开发区整整迟到了16年。那么20年的匆匆岁月，要去弥合这16年的时空之差，似乎有点天方夜谭。他们这种神奇的弥合，虽是经历了千辛万苦，万苦千辛，毕竟是做到了，而且令人折服。假如细细解读，他们是真情亲商，先革自己的命，理念转型，走了一条科学发展之道。

怎样革自己的“命”呢？早在2010年，他们就打破了干部职工的“铁饭碗”。能者上，平者让。“星沙大舞台，有才你就来”。大家十分珍视工作机会，在这里完全摒弃了管理机构的衙门作风，实行从管理者到服务员的角色转变。

长沙经开区的招商是很有意思的，他们招进一家客商，就像迎来一位“新娘”一样，从此一切善待，相亲相爱，不离不弃。你投资，我铺路。你经营，我保护。你有难，我帮助。你发财，我发展。“亲商、安商、扶商、富商”，这是经开区营造的另一种氛围，如果没有持之以恒的坚守，或许，星沙这地方至今仍会是荒芜一片。

一个“早餐会”坚持了多少年，作为一项硬性制度定下来，就显得别开生面了。开发区的党工委、管委会成员及各局室主要负责人，每天必须在早晨7:30分赶到管委会统一用餐，这叫“早餐碰头会”。大家一边用早餐一边研究解决企业在建设与生产经营中遇到的某些困难，采取今日事，今日毕，绝不允许拖到第二天。

关于长沙经开区开辟的“绿色通道”，在客商心目中就是通往财富之门。因为这条通道总是让他们愉悦地畅通无阻啊！经开区曾公开向企业承诺：“围墙内的事由企业负责，管委会绝不干涉，围墙外的事由管委会负责，企业不操心。”你尽可施展十八般武艺宽心干啊。

服务，环境，办事效率，一直是他们时刻不敢懈怠面对的一种极地挑战，也是他们牢记在心的主题。

星沙刚建城，因一时还没有城管队伍，脏、乱、差现象随处可见。县委，县政府机关是1996年搬过来的，这样直到1998年，才有了县城管办（4年后更名为城镇管理局）挂牌成立。这样，城区市容环境、公用设施、园林绿化的管理和维护才掀开了崭新的一页。

星沙致力于创建国家园林县城是2002年开启的，至今县城先后涌现了41家省级园林式单位，还有45家是县城级花园式单位。城北中心有星沙通程广场、星沙文化公园，城北有徐特立观光公园，南边有电力绿化走廊，原本是有名的棚户区，如今却是星沙人四季如春的好去处。

说来不肯相信，为了绿化的保护和养护，一个县城竟有4个专业维护公司呢。似乎还不够，先后又举办了18期城市管理市民课堂，有3500余人踊跃参加。难怪有人说：如今的星沙，你张开嘴是沁人心脾的空气，你移一步就是一个不同的景致。拿英国伦敦人的话说：你厌倦了伦敦就等于厌倦了人生。那现在我们也可不可以夸张点说：你厌倦了星沙就等于厌倦了人生？

还记得百事可乐公司进驻时，他们最担心的就是这地方的供水能力和水质的问题。为这件事，他们向长沙经开区提出了近乎苛刻的要求，好几次抽取水样直接密封空运到美国进行质检。他们有他们怀疑的理由，好在质检的结果是令人满意的。还说什么呢，从此这家公司就乐嗬嗬地扎根在星沙了。

许多事在有些人看来是很难的，甚至是不可能的，但在长沙经开区这里就变得完全可能。

话说德国有家客商在星沙看中了一块地，也雄心勃勃想在这发展。可一到实地考察便又摇头了，自言自语地说：这不可能啊。原来，在这块地上还安稳地住着 40 户农民呢。这时开发区人安慰对方说：放心吧，我们争取 15 天内拆迁腾地，将 15 个工作日报批手续缩短到 6 个小时内！

这个承诺后来果然兑现。于是，这位客商又摇了摇头，感慨道：你们这样高的效率，只怕是在中国的沿海地区也很少有哇！

以商招商，以情招商，开发区人更是把它演绎得精彩纷呈，为支持长丰集团引进战略投资者，他们早早就给对方预留了土地，并同意拆迁优先，特事特办，让广汽菲亚特项目毫无后顾之忧地落户星沙。谁也没料到，在与广汽集团谈判时，先天晚上 11 点钟又提出了一揽子要求。于是，经开区立即组织有关部门的人进行研究。终于在第二天上午 11 时前向对方作了详细的回应。整整 12 个小时，许多人没有合上眼皮，他们是在与时间赛跑，赢得的是客户的赞不绝口、莫大信任。

严格意义上说，经开区本身也就是一个大企业，而它又是一个演绎经济发展的大平台。你把客商引进来了，你还得扶他向前发展。客商是“上帝”，“上帝”有时也有难处啊，除了优惠政策，全方位服务，还有资金支持呀。比方有的企业尤其是中小企业，一时遇到融资难的问题，可他们远离家乡，甚至漂洋过海，在这儿人生地不熟的，该找谁呢？这样开发区就为他们搭建一座银行与企业沟通的桥梁，一年至少要举办 2 ~ 3 次银企洽谈会，让银行了解企业，也让企业了解信贷的意向。为此，开发区还专门设立了中小企业担保公司。

假如缺人才缺技术又怎么办呢？开发区便积极引导企业与清华、北大、中科院、国防科大、中南工大、湖大，甚至是日本横滨国立大学等，几十家顶级大学、科研院所与他们亲密联到一块，并引进高校最新研究成果，让产学研结合，最终实现科技成果就地转化并产生可观的经济价值。开发区就是他们的“娘家”，毕竟娘家就是娘家呀，还有什么可说的呢？

长沙经开区从20年前的起步，经历艰辛创业到大胆实践，细细磨合，这时新的扩展期已是蓄势待发，他们勇猛向前，义无返顾，群雄逐鹿，问鼎中原，谁是赢者？这个答案已在他们心中。

风雨过后，星沙的天空有一道道绚丽的彩虹……

四、华山论剑

在园区发展过程中，长沙经开区人一直把“效率”与“服务”当成园区“软实力”来精心营构，把科技创新当作园区发展的核心竞争力，为园区持续健康发展增添了无穷的力量……

有一种力量让今天闪烁光芒，有一种力量让未来充满期望。

长沙经开区已经期待很久很久，他们把科学管理、开发开放演绎成为一种艺术，让你领略到当代开发巅峰创意之美。

对于制造汽车，好像一直是星沙人最大的梦想与追求。其实早在1985年，长沙县果园镇的罗英明，就极度风光地开出了湖南第一台农用汽车“橘洲”。从此，罗英明成了远近闻名的农民企业家。果园镇也成了三湘著名的“汽车之乡”，27年前的一篇报告文学《果园好汉》就缘于此。

然而，最终点燃经开区人有关汽车业豪情的，却是离“橘洲”横空出世10年后的事。

这是一个值得好好纪念的日子。1995年5月7日，北汽福田汽车股份有限公司长沙汽车厂第一家进驻开发区。往后，长丰集团相中了星沙这块风水宝地，立马将永州制造基地部分移师长沙星沙生产越野汽车。接着，三一集团也不甘落后，决定向高速公路大客车进军……

有趣的是，当时全球的汽车业的大背景已是日渐暗淡，风声鹤唳，简直患上了抑郁症，面临着行业大洗牌。不知为什么，长沙经开区却迎来了一个汽车产业发展的九九艳阳天。全国第一台宽体轿车——“梦迪博朗”成功下线；江南众泰入驻园区；重新刮起了汽车消费意识一阵新的风暴。又比如陕西重卡项目在这里紧锣密鼓地建设，中南汽车销售市场聚焦点迅速形成，长丰集团将其持有的长丰汽车29%的股份转让给广汽，仿佛一夜间，让广汽变成了该公司第一大股东，这非同凡响的意义是，它让国内汽车企业杀出重围，打响了重组的第一枪，获得新生。

广汽菲亚特项目的进园，其目标是形成年产25万台轿车，以此推算，年销售收入将超过300亿元的规模。这个项目落户星沙，意味着长沙县、经开区汽车产业发展真是前程似锦。

这仿佛是一艘汽车产业的航母，正在劈波斩浪，呼呼向前。以广汽菲亚特、广汽三菱、北汽福田、江南众泰、陕汽环通等整车制造为龙头的南拳北腿，双剑合璧，又有博世汽车、长丰联成模具、吉丰汽配、日立汽车电器、住友橡胶作配套的汽车零部件生产基地……

想一想，这是一片多么宏阔的汽车产业版图。在开发区周边15千米范围内，竟聚集了120余家汽车配套企业，拥有商务车、吉普、轿车数种系列产品，从零部件到整车生产已是一条完整的产业链，目前年整车生产能力达40万辆，仅汽车产出台辆就占了长沙市的92%，一条布局科学、配套齐全的“中国汽车产业集群新版块”十分显赫地展现在世人面前。

或许，从事开发管理，也如同高手下围棋一样，是讲究段数的。

这需要胆识和睿智。

随着园区加工贸易业务的迅速增长，这自然就涉及一个进出口问题。因为，已经入园的55家加工贸易企业，和美国、日本等16个国家及地区建立了长期的经贸合作关系，而且发展势头良好。仅在一年内，开发区实现进出口贸易总额达20亿美元，其中出口总额近10亿美元，这个数字是不可小视的。自然这又引发了另一个难题，不少企业纷纷反映：从星沙到长沙海关，湖南出入境检验检疫局办理进出口手续不方便。于是，园区负责人及时向上级反映这一要求，很快就得到省委、省政府的支持协调，最终，海关总署和国家质检总局也欣然同意在星沙设立这两个机构。

不久，长沙市委书记陈润儿来到经开区现场办公，当即决定：要在园区的“黄金码头”划出4公顷土地，打造具有中部一流水平的星沙海关、长沙出入境检验检疫局办公大楼。

按常理说，这自然是一件求之不得的大喜事，何况早在2008年，开发区就已提出和着手这两大机构落户星沙的申请与筹备。

可如今一旦真正落实下来，一道难题就赫然摆在开发区面前。因为他们要引进这两个机构就必须无偿划拨4公顷地，若以市场价格算这4公顷地，就是价值2亿元，许多园区人一时想不通，他们认为这样做太不值得。

这件事，当初的确引起过很大争议，甚至是激烈的辩论。这是割皮割肉的事哦，他们肯定是要辩出一个明白，辩出一种理由，最终也就辩出一种远见。

为了服务外贸企业，扩大对外开放，园区“贴”了这两亿元，值。这就是当初辩出来的一个很干脆很气魄的结论。

关于这番话意义上的“贴”，经开区人太熟悉了。

曾经有几年，许多外籍高管、技术人员来长沙经开区企业应聘。一来就问：园区里有国际学校吗？听说暂时还没有，于是就打起了退堂鼓。要知道，他们把高水平的教育是看得特重的，甚至以这些条件去衡量一个开发区的品质。

没有迟疑，没有小家子气，经开区毅然拿出了8000万元，很快就建起了湖南省第一所国际学校——长沙玮希国际学校。这一来，那些原来想择良木而栖的“候鸟”，终于又快乐地飞回了星沙。

开学那天，省委书记、省人大常委会主任周强在学校授牌仪式上的一段话，就给予开发区非常高的评价。他说：长沙经开区开办国际学校不仅可以培养、吸引更多的国际化高层次人才，对于提升城市的国际化水平，促进对外开放等都具有积极意义。

确实，只要是为了企业的方便，他们宁愿“舍”和“贴”，因为在他们心中只有事业，只有追求，只有奉献。

随着开放的大环境，大手笔不断推进，驻园企业对经开区的服务要求，愈来愈变得立体和全方位。那时，总有些企业负责人因为业务需要出入国（境），可这手续按程序办起来就显得复杂啰嗦，且时间又拖得久，园区管委会知道后，主动找到长沙边检站，协商为园区企业及外籍高管出入国（境）开辟绿色通道，还专门为企业负责人配备了7名边检顾问，推出了“移动检查台”“紧急协调办证”诸多方面快捷、便利的通关服务。为进一步提高服务效率，后来又在边检站成立了一个“临时商贸洽谈室”，方便来园区投资客商商洽投资业务。

一位专家曾预测说：长沙经开区，将是一个有远大前途的园区。这话绝非恭维，因为人们已经感同身受，园区既有勇者无敌、大智惹愚的境界，又有体贴入微的人文关怀。他们是要让落脚在这里的所有企业和外籍高管真正地宾至如归，让星沙真正变成一方宜业宜居的乐土。

这些，他们都做到了。

中国的传统观念里残存着世俗的东西，叫“肥水不流外人田”，这显然就是一种小农意识。长沙经开区人之所以能登上别人想登临而攀越不上的高度，那是因为他们是有别人所没有的胸襟和战略眼光，这是极其宝贵的。

瞧瞧，三一、山河智能两个机械行业的巨头，除了稳住总部在星沙的发展外，忽然又萌发出“走出去”到外地投资办厂的想法。对于企业的这些战略谋划与布局设想，园区管委会不仅一路开着绿灯，还像“嫁女”一般，“送亲”的管委会领导还亲自出席当地的奠基、投产等仪式。

单说三一集团吧，他们在沈阳、广州、昆山都先后兴建了生产基地，接着，又在美国、德国、印度、巴西、印尼诸多国家创建了研发中心或生产基地，比如在德国花上1亿元建成的生产基地，据称是德国最大一笔外资项目。不久，他们又将德国全球有名的大象公司一并收购，成为欧洲乃至世界混凝土机械高端市场的霸主。

三一、中联、山河智能是工程机械的三个巨头，他们曾参加过“宝巴展”“配博会”，这是一个世界机械行业的盛会，他们与全球同行企业一齐亮剑，大展雄姿，“中国力量之都”的品牌在国际市场上形成了一股强大的冲击波。

大招商，招大商，长沙经开区的目光已不再是仅仅停留在国内，而是放眼全球……他们与意大利马凯大区互设了办事处，每年要组团赴欧、美、日、韩等国举办各类招商展会。有了金钢钻，就不怕揽瓷器活。

这个“金钢钻”究竟是什么呢？以第七届“中博会”为例，长沙就有三个“世界之最”：一是三一86米臂架泵车；二是中联3200吨履带起重机；三是远大15天建成的30层酒店。应该说这三个“世界之最”，都与长沙经开区有着血肉相连的关系。这种关系的解读，就是共赢同发展，远见卓识，亲密无间。

20年的征程与追求，经开区无时不在做着一个梦，一定要将园区的企业打造成一艘能驶向世界任何海域的航母舰队。

也许，在用户和同行看来，这样远程的高科技实在是太过神奇了。在园区三一总部，据称可视为“中枢神经”的技术处理中心，三一销往世界任何一个地方的产品，不仅全在这儿留下了详细的技术档案，更富有神奇色彩的是，三一还可以通过这个中心，24小时为全球客户提供服务方案及技术支持。远大总部呢，还有一个更神奇的科技中心，它能全天候监控本厂销往世界的每一台空调设备，甚至可以飞越万里、十万里，远程调试设备……

如此尖端的高科技手段，怎不让人叹为观止？

五、风光无限

留白未来是一种襟怀，寄望于未来是一种自信，长沙经开区明天会更美好，因为，追求卓越已经成了他们持续不懈的行动……

可以说在长沙经开区的采访，是一次精神上的大餐与享受。所接触到的人总是笑容可掬、态度恭谦，是一种自然心志的流露。从领导到普通员工，说话的声音也不喜欢抑扬顿挫，甚至还有一些沧桑感，条理清晰，而且几乎不重复，严谨得如同他们的区志。这就很好听，很好听的理由是，因为很实在，也很富张力。

谈到经开区的发展现状，未来的前景，你听着听着，就只觉得人间的山高水深、春夏四季都被他们道尽了，是那般美好，可你却连形容词也找不到合适的，就呆呆地被他们征服了。

从 1992 年打下第一根桩起，至 2011 年只不过是 20 年时间，开发区就完成基本建设总投资共 242.2 亿元，建成两座日供水 20 万吨的星沙自来水厂，3 座日处理污水 26 万吨的污水净化中心，1 座填埋量为 246 万立方米，可供使用 30 年以上的固体废弃物处理场，2 座 220 千伏和 5 座 110 千伏送变电站，接通区内主次干道 100 余千米；已与 150 余个国家和地区通信联网；西气东输的天然气工程也在园内有了 1 座门站，300 条商业街，拥有星沙汽配城、中南汽车大世界、湘绣城、茶叶市场等，让星沙大市场充满霸气；大中小学、综合医院、体育场、文化公园，还有休闲广场、星级宾馆、公共汽车站、长途汽车站等等应有尽有，那些带有欧式风格的山水芙蓉、威尼斯、诺亚山林、好望谷等别墅与庭院似雨后春笋……

也许数据是枯燥的，不过，园区离开了数据，那它的生命鲜活又在哪体现呢？

长沙经开区的园区精神，定义原本只有 3 句话 12 个字，叫：“简洁务实，无我有为，创新高效”。

然而，这看似简单的 12 字精神，又有多少丰富的内涵。

他们经过几番努力，终于又争取到市政府的支持，专线公交车 127、501、703 等十几条线路也开通了。从此，从星沙至长沙市区也畅通无阻了。可是这么多企业员工又住在哪呢？鸟要一个巢，人也要一个窝呀？想来想去，管委会便与开发公司一道又创建了一个“创业乐园”。企业员工你每月只需花上七八十元就可住到漂亮舒适的宿舍。企业老总想休闲或有公务活动，你也不用愁，开发区为你准备了功能齐全的“外商活动中心”。

至于生活在星沙的 200 名外籍人士，他们最看重的就是一个人身、财产安全。这也完全不必担心，因为开发区专门设有一个派出所，公安干警 24 小时巡逻，尤以对骨干企业实行驻警保护。这还不算哩，为使外籍朋友感受到在园区生活的温情，每年的圣诞节，开发区总要按照异国风俗举办庆祝活动，每每这个时候外籍朋友就仿佛回到了自己的祖国与故乡。

一个管理机构或一个企业也是有灵魂的，和人一样。在迷茫寻求、争霸纷扬的时代，一不小心也容易突然失去方向，继而堕落。堕落能把灵魂撕裂，甚至说，让灵魂死亡。

这些年，园区（县城）获得的殊荣，简直是如雪片飞来："全国文明县城""国家卫生县城" "全国环境优美镇" "中国人居环境范例奖" 、全国首批"国家园林县城" 。后来，长沙县委、经开区和县政府干脆又树了一个更高的目标，那就是一定要向有"中国环境奥斯卡"之称的"中国人居环境奖"冲击！

这看上去也称得上是硬件，然而更多的是含有软实力的元素。

其实，早在党的十七大就把"生态文明"首次写入了政治报告，可有些地方全面执行起来总是很难，似乎经济发展和环境保护中间有一道不可逾越的鸿沟。而长沙经开区就一直不折不扣遵循党的主张，严格按"两型"标准，严格把握项目引进关，首先把环保放在第一位。

记得有一世界大鳄项目因工艺采用重油为燃料，十有八九会对星沙的空气产生严重污染。经过与该公司几次耐心的解释和谈判，商家终于对这个项目采用了较为先进的污染处理设施，且同时安装了在线空气监测设施。结果皆大欢喜。

据 2009 年 1 月份长沙市环保局公布的《长沙环境质量日报》，分布在长沙市区的七个环境空气质量状况测点区域中，其中在长沙经开区测点的空气质量优良率达 90%，也就是最好的。

"既要金山银山，又要绿水青山"这是开发区的一贯理念。

开发区算是个大家庭，对每个职员、干部的素质要求是很高、很严的。管委会坚持以活动为载体，年年都要组织开展许多别具一格的文体、学习活动，以此增强园区的凝聚力。比如职工技能比武、集体婚礼、青年派对、周末免费电影、星沙大讲堂论坛、歌咏比赛，2011 年 8 月还选派了 39 名干部去北京大学参加首批"长沙经开区负责干部北京大学研修班"红色旅游……他们要让园区永葆青春活力，从而提升园区文化品位。他们的追求绝非是一个单纯的过程。与其说物质财富重要，还不如说精神财富更为重要。他们那 12 个字的园区精神，就仿佛是 12 个音符，一经弹奏，就变成了高山流水般的畅想曲……

这就是长沙经开区的灵魂与精神。

一座城市，一个园区，同一产业几乎同时产生了 3 个"巨头"：中联重科、三一重工、山河智能，还有以中国铁建为龙头的 9 家企业为骨干的产业集群。截至 2011 年，外商及港澳台投资企业就达 33 家，国有控股规模以上工业企业

23家，民营企业55家……

你若善舞，予你长袖。

长沙经开区的开发开放，为全世界提供了一个广阔的大舞台。从某种意义上说，长沙经开区已不属于一个地域，而是属于世界的。

历史也是一步步走过来的。

也许，时间会带走所有的记忆，但有一种责任与精神将会永远传颂；也许，岁月会淡化所有的往事，但历史绝不忘记千千万万的为星沙崛起的人，比如人称“三老”的熊清泉、刘正、黄道奇顾问；周桂龙、蒋新祺、余合泉、柳冠群、彭可平、易宇欣、李振萼、赵文彬、黎勇、文树勋、杨光荣、汤定一等，他们都先后或直接或间接任职于长沙经开区。整整20年，无论是在初级创业的艰辛岁月里，还是在日渐壮大辉煌的今天，无论工作需要的转任或职务的升迁，也无论是他们其中的离退或故去，他们始终牵挂着，呵护着这个来之不易的经开区。他们捧着一颗心来，不带一根草走，这样深深的情怀，是让所有人感动的。

杨懿文是长沙经济技术开发区党工委书记、长沙县委书记。2007年金秋他履职星沙，在这之前，他原本就是市商务局局长出身。这样他对园区的开发建设似乎有一种与生俱来的情感。他刚一上任，便把星沙发展的大事摆在首位，大胆改革，励精图治，让经开区日益壮大。

现任管委会主任是李科明，他很忙，每天像打仗似的。笔者见到他或者说真正地坐下来谈一谈，竟然是在快要结束采访的时候。虽然在他上任后的这几年，经开区又有了更长足的发展，但他总是兴奋地悉数过去历届前任领导打下的基础，园区15万人的智慧、力量，还有管委会现在一班人对他工作的支持，团结干事的作风。他很谦虚，也很懂得感恩。他说：“开发区是20年前长沙县创建起来的，2000年升格为国家级，虽然变成了副厅，但我们仍然是“父子关系”。父亲就是长沙县，经开区就是儿子。无论儿子怎么强，但这个父子关系没有错。因为当年父亲对儿女的培养是天性，儿女对父亲是责任。所以呀，我们要求开发区所有干部职工，都要懂历史，讲感情，尽责任，必须牢牢记住四句话：区县一体，相互依存，相对独立，五税分成。这就是哲理，这就叫辩证。也就是这种宽广的胸襟，确立了园区与当地政府的“一家亲”。

怎么整合呢？县里负责了所有事务，如计生、交通、治安等，让开发区轻装上阵大步发展。至于服务特色，当然主要对企业服务好，把经开区作为一个企业服务的实体去打造，而不是作为一个政府行为、衙门作风，半个小时能办好的事，绝不能拖上半天。管委会的人去企业现场，也从不进企业办公室，就往实地走，看现场，听意见，抱着去学习、去服务的心态，这样，人家当然欢迎你。我们管委会开大会也从不设主席台，不搞梁山泊寨子排座次那一套，谁发言谁上去，站着讲，完了就下来。简洁，实在。

经开区的经济量占了长沙县的2/3，产业特色也非常鲜明，工程机械占湖南的3/5，已经拥有的汽车是两个国际品牌，很快就会出现第三个哩……

李主任的这段掏心掏肺的话，让人感叹，也使人震撼。

窗外总是有滋滋的电波挤进来，让他的手机震得像青蛙样在桌上跳来跳去，门外也总是有不间断的人，手里拿着文件探头探脑地有急事要进来报告。看来，他接受采访的时间，也是非以分秒计算不可的了。

谈到以后的继续开发，或者叫继续革命，那么，李科明又会有什么新的理念呢？他认为星沙已经不小了，人口增长要把握好一个度，副业发展也要有一个度，因为这仅仅还是一个区，要以工业为主导，得有个超前思维呀。太多的服务行业挤进来，会对工业产生冲击。尤其要特别注重园区的生态特色，对进入把关一定要严，不是“两型”企业，就坚决不能进园区。

在经开区人的心中，现在的星沙是值得骄傲的，交通畅，空气新，环境美，心情好，假如再过10年还能有这样如诗如画的环境，那又将是一个多么巨大的成功和念想。

笔者在细心阅读《国家级长沙经济技术开发区工程机械产业、汽车制造产业“十二五”发展规划》。虽是一本印刷精美的彩色小册子，然而，内容却涵盖了经开区2011—2015年这5年所有的奋斗目标和理想。可真正得到诠释的，却是在他们对外通用的名片左角上的一个图案标识：Logo，这可以解读为“中国力量之都”，显然又还隐含了4层意义：一是长沙经开区核心定位（广告语）为“中国力量之都”，意为中国排名全球工程机械第一，湖南排名中国工程机械第一，而长沙经济技术开发区的工程机械占湖南工程机械的3/5，园区树的目标即要打造“中国汽车产业集群新版块”，其产业特色充分彰显了“中国力量之都”的至尊地位的坚实基础。二是Logo有一种显性含义：图案亦是中文“中”字和中文“力”字的组合，同时还是“中国力量”即“China Power”的英文缩写CP。三嘛，Logo的隐性含意：图案既有“中”字，又有“I”字，椭圆还代表全球，寓意了长沙经开区的决心和远大目标，那就是争当中部第一，中国第一，全球第一。四是标识颜色和形状的含义：铁灰色代表制造业的基调色，黄色象征大气、尊贵，隐隐有王者之气，那充满金属质感的视觉表现方式透出园区“共享、共赢、共生”的价值理念……

这种独具匠心的创意，展示了长沙经开区人的壮志凌云。这么说吧，他们在未来3～5年一定要形成税收过200亿元，产值规模要过3500亿元。一要打造世界工程机械之都，二要打造中国汽车产业集群的新版块。他们已经是国家级开发区的16强，未来的目标就是挺进全国经开区前10强。

他们风光无限，海阔天空。

在比诗动人的星沙，走出一支非凡的人群。追赶着火红的太阳，倾听着湘江的涛声。姑娘们永远美丽，小伙子永远青春。他们要构建开发开放航母，他们要屹立世界之林。星沙人，星沙人，他们神通广大，他们求实创新。星沙人，星沙人，把旧世界化作尘埃，把新天地打扮得五彩缤纷……

历史也有新陈代谢。20年了，人们看到了星沙人穿越荒草地的脚印，看到了星沙人的智慧火花，看到了中华赤子的忠贞不渝。这一切都化作了一个个美丽的梦，化作了自然的、精神的能源，从辽阔的大地辐射整个中国，影响到一个世界。

将近两个月的陆续采访，我从繁华的都市到一样繁华的星沙新城，从经开区的机关到基层，从领导到普通员工，在我心里，我总感觉这座已经拥有30万人的新城，仿佛有一座雄踞的无字丰碑。丰碑很高，高耸入云。碑座镌刻着金光大字，鲜花簇拥中国力量之都，依偎在波光粼粼的松雅湖畔，碑上似乎写不下那么多奉献者的名字。因为20年来，无数的人，他们把青春、热血、爱情，甚至生命都奉献给了事业。他们本来无名，也不需要有名，只知道默默无闻，拼搏奉献，这就是星沙经开区人的追求与品格。

离开长沙经济技术开发区又有一些日子了，我的心却仍然惦念着园区的开发开放。美丽的星沙，我在与方方面面的开发区人的对话里，寻求历史的华彩和他们永远开拓进取的精神境界。星沙啊，你总给人一种说不清的亲切和大美，月色如诗如画，城市五彩的灯光交相辉映，如一颗巨大璀璨的明珠滚落在玉盘。我是多么还想一个人去那松雅湖畔的绿草地上躺一躺，头枕清霜，仰望宝蓝色的璀璨星空。我忽然又记起韩愈的一首诗：“绕郭青山一座佳，登高满袖贮烟霞。星沙景物堪凝眺，遍地桑麻遍囿花。”

星沙，永远星光灿烂。

（本文原载《当代商报》2012年12月19日第11～16版）

◆统计数据

表 11-1

1999—2012 年长沙经开区

经济指标名称	计量单位	1999 年（基年）	2000 年	2001 年	2002 年	2003 年
一、国内生产总值	万元	126295	261410	345466	508432	701027
其中：第二产业	万元	77595	143979	198652	315676	482000
其中：工业增加值	万元	41352	97712	142828	252836	411198
其中：规模以上工业增加值	万元	—	57804	88153	189597	368253
建筑业增加值	万元	36243	46267	55824	62840	70802
第三产业	万元	48700	117431	146814	192756	219027
二、工业总产值（现价）	万元	251241	360373	500836	912007	1563411
其中：外商投资企业	万元	71190	130654	224328	520418	667401
规模以上工业企业	万元	154753	239169	350547	673563	1220650
其中：电子电器	万元	33007	71055	174612	445493	526348
家电制造	万元	103900	102900	102036	101811	101840
汽车及零配件制造	万元	20163	22339	19805	66301	254960
工程机械	万元	42276	79650	99058	149083	449256
通用机械等制造	万元	225	462	0	0	11360
建筑用材料及制品制造	万元	8015	14981	15477	14598	21934
新材料	万元	1434	8102	12957	26020	40380
饮料食品	万元	12439	19828	20872	36998	62349
生物及化工	万元	—	140	4368	8340	20204
轻印包装	万元	29403	40130	46660	53205	64571
其他工业	万元	379	786	4991	10158	10209
三、企业销售收入	万元	337721	475394	600765	1103418	1633099
其中：外商投资企业	万元	67930	129504	276402	563903	690501
规模以上工业企业	万元	143963	231904	341036	653563	1184301

主要经济指标完成情况对照表

2004 年	2005 年	2006 年	2007 年	2008 年	2009 年	2010 年	2011 年	2012 年
1023214	1253545	1530573	1943149	2566098	3341320	4235536	5310289	5771121
720935	904541	1094576	1439026	1953682	2593015	3376790	4314936	4649954
638517	808974	982848	1299826	1797276	2307901	3015762	3905418	4216960
530879	657303	818578	1039487	1390456	1989590	2828465	3778412	3933247
82418	95567	111728	139200	156406	285114	361028	409518	432994
302279	349004	435997	504123	612416	748305	858746	995353	1121167
2088760	2642078	3023245	4024552	5197393	6310235	9152540	12488102	13151846
1198646	1276785	1356701	1494690	1366910	856287	1167659	1308530	1644547
1837406	2375519	2991477	3826334	5149402	6267261	9135871	12453567	13110823
652594	573709	548289	503673	406752	180531	254487	284686	563768
251697	323730	319219	348652	333848	177036	317601	211654	294564
254202	497152	463391	627828	713381	949096	1039276	1036356	1128641
591695	799410	1084987	1767616	2830313	4048410	6459435	9725778	9876165
22554	49795	64952	82060	106876	127203	168374	195950	240310
23154	26693	34992	45753	44503	40484	51398	56832	60798
83916	85573	153622	209195	232902	220057	251833	313546	278467
71072	95841	136431	195272	254778	286432	285382	291161	283573
31875	63959	70388	62265	60884	60690	79728	96758	103073
87406	107974	130934	162880	182353	181694	198292	179469	205987
18595	18242	16040	19358	30803	38602	46735	61377	75477
2127155	2727424	2944465	4007368	5684642	6938673	10582107	14706312	15556071
1215111	1269644	1350656	1494690	1316628	923489	1413331	1433530	1802185
1979236	2295790	2728390	3554625	5228541	6305766	8862088	12612674	13163765

续表 11-1

经济指标名称	计量单位	1999 年（基年）	2000 年	2001 年	2002 年	2003 年
其中：电子电器	万元	30804	55987	178768	476586	562540
家电制造	万元	107190	124837	102490	126811	102074
汽车及零配件制造	万元	20686	19726	19217	51149	218073
工程机械	万元	41340	81026	93178	164784	410854
通用机械等制造	万元	162	263	0	0	10855
建筑用材料及制品制造	万元	6166	15583	12400	14302	14928
新材料	万元	1366	9647	13110	25350	37765
饮料食品	万元	10660	18319	19578	45985	62893
生物及化工	万元	—	139	3439	6285	18710
轻印包装	万元	28271	40762	46736	53673	63166
其他工业	万元	365	724	4986	9916	10428
四、建筑房地产	万元	—	—	—	12179	3763
五、其他公司	万元	90711	108381	106863	116398	117050
六、利润总额	万元	41977	48844	54556	92399	143524
其中：外商投资企业	万元	15670	15459	11126	36705	72184
规模以上工业企业	万元	33084	41636	42481	73305	124366
其中：电子电器	万元	4174	3979	-151	24859	51040
家电制造	万元	6412	7900	12069	20641	19167
汽车及零配件制造	万元	3309	-2745	-3875	-5149	-1000
工程机械	万元	13688	21041	22901	27118	40905
通用机械等制造	万元	-195	-440	0	0	465
建筑用材料及制品制造	万元	133	-226	2096	1050	1187
新材料	万元	-135	1137	1222	2681	3541
饮料食品	万元	2138	3152	3377	6495	9744
生物及化工	万元	0	-30	99	350	1048
轻印包装	万元	9505	14948	16020	15119	17499
其他工业	万元	9	42	107	176	-45

2004 年	2005 年	2006 年	2007 年	2008 年	2009 年	2010 年	2011 年	2012 年
633331	560860	514385	502230	395479	203122	267355	287067	529556
270694	319730	312515	365551	340127	90665	337791	156717	289210
256582	489178	498475	702030	769771	1043180	1246715	1192772	1317043
558954	767461	858817	1550222	2835659	4050912	5921955	9760306	9771014
16219	39282	55480	74061	89455	110500	142867	173432	202208
20571	25991	34168	36733	45676	42247	53504	57334	64023
63473	75467	143442	239676	314087	212785	281454	322694	321338
72870	96306	133326	187973	239995	319927	303617	329902	301338
30344	61198	72665	77753	77247	64696	84626	95196	90731
91685	97735	118476	156847	177867	178513	190238	175714	202099
18485	17853	15673	19315	34494	39794	52116	61540	75205
32775	677	8548	30984	131216	186645	573165	659741	731312
61172	139421	178495	194761	233569	385569	1126703	1399535	1619971
141083	126317	111069	513237	289172	699612	1163557	1455576	1066779
98414	77259	-30310	-20457	-15316	82301	104801	101717	13222
136179	119937	110935	491029	288852	684363	1161672	1445258	1059145
56851	28405	-11199	-25930	-30138	-7863	12241	20963	24530
-3093	9754	-18937	-19957	-21184	8197	5727	26105	90573
-13861	-10085	-18238	6419	-2069	39604	48786	64361	-32835
57395	55665	109148	475372	259617	531113	973729	1228484	880641
1123	3548	6741	8597	5733	14576	18198	19893	21443
1186	190	1162	1077	2730	2621	5346	6423	6596
5330	1653	8460	11470	7340	-184	18305	17781	13648
8413	14622	11893	21256	29559	57998	34010	24669	25491
-303	-2083	-1349	1489	6724	6549	10003	8795	7566
23763	22713	22006	28912	28319	30878	33264	28825	21923
732	-119	283	413	833	1518	1069	-1041	-430

续表 11-1

经济指标名称	计量单位	1999 年（基年）	2000 年	2001 年	2002 年	2003 年
七、税收收入	万元	17776	25592	28900	78041	110698
其中：外商投资企业	万元	8170	8102	13878	31643	43696
规模以上工业企业	万元	15684	16912	24208	55642	78438
其中：电子信息	万元	1201	1949	6490	23085	31406
家电制造	万元	4016	7944	3572	20699	28823
汽车及零配件制造	万元	2376	2324	4021	3337	6231
工程机械	万元	3446	6637	6897	18527	27256
通用机械等制造	万元	1	3	0	0	127
建筑用材料及制品制造	万元	318	313	528	769	1266
新材料	万元	8	239	433	1356	1777
饮料食品	万元	1093	1328	1625	2522	4334
生物及化工	万元	0	2	170	317	623
轻印包装	万元	4417	4256	4048	5890	5962
其他工业	万元	19	16	161	220	278
八、年末全区从业人员	人	—	9056	13987	17508	25415
其中：外商投资企业	人	—	—	—	—	—
规模以上工业企业	人	—	—	—	—	—
其中：电子信息	人	—	—	—	—	—
家电制造	人	—	—	—	—	—
汽车及零配件制造	人	—	—	—	—	—
工程机械	人	—	—	—	—	—
通用机械等制造	人	—	—	—	—	—
建筑用材料及制品制造	人	—	—	—	—	—
新材料	人	—	—	—	—	—
饮料食品	人	—	—	—	—	—
生物及化工	人	—	—	—	—	—
轻印包装	人	—	—	—	—	—

2004 年	2005 年	2006 年	2007 年	2008 年	2009 年	2010 年	2011 年	2012 年
107927	119145	144975	192002	268017	350100	500812	701806	852839
48514	55660	46449	42722	39913	37989	134034	97138	60682
104887	99926	138518	181764	223037	296765	414989	544888	553823
27440	18501	8797	9378	7627	4255	7214	8662	11669
15988	21649	25896	13021	7267	5346	7887	6926	15904
10654	14675	30362	58735	58905	91022	118107	81902	38614
31641	33807	47895	68638	113716	139178	242413	409245	440897
299	1849	1825	4657	5408	4073	5223	7618	10011
1284	1217	1858	1877	1809	2077	2656	3175	3590
2586	3736	3277	4755	5359	7932	7981	6411	7402
6058	6707	8720	11379	13687	35497	13028	12627	14347
777	2673	1520	1750	2057	1512	2009	2016	2702
9268	9935	9273	10097	9050	7031	8997	6146	8442
256	126	417	91	153	264	198	160	246
36781	39758	52814	64539	75163	83117	103114	125642	128157
—	—	—	14984	15801	13805	15643	16553	32739
—	—	—	55115	61354	69306	87597	111565	121519
—	—	—	9840	7509	5476	5515	4688	18511
—	—	—	2040	4072	3567	2642	2180	4164
—	—	—	6233	7917	8689	10603	11741	12993
—	—	—	26638	32474	39330	55253	78045	70915
—	—	—	2333	2740	3016	3508	3028	3555
—	—	—	1678	1544	1446	1987	1465	1414
—	—	—	2822	2728	2773	3023	3018	2444
—	—	—	2145	2692	3460	3838	4242	4236
—	—	—	1259	687	1137	793	724	659
—	—	—	4440	1738	2068	2062	1979	2211

续表 11-1

经济指标名称	计量单位	1999 年（基年）	2000 年	2001 年	2002 年	2003 年
其他工业	人	—	—	—	—	—
九、本年完成固定资产投资	万元	71742	98563	162937	163727	183967
其中：土地开发投资（基础设施）	万元	23172	24848	25932	26340	24413
期末实有企业数	家	38	54	74	98	137
其中：规模以上工业企业	家	15	18	22	31	62
十、出口总额（海关口径）	万美元	3254	5117	6174	7327	7469
其中：高新技术产品	万美元	829	1205	1171	1339	1351
十一、进口总额（海关口径）	万美元	6717	18669	21233	27744	35998
其中：高新技术产品	万美元	407	4181	5665	6429	1422
十二、实际使用外资金额	万美元	5174	11129	7825	11379	12006
十三、当年新批内资企业注册资本	万元	1843	30050	45373	37459	41364
十四、市外境内实际到位资金	万元	5357	34551	41235	61162	72326
十五、期末实有高新技术企业数	家	—	7	11	17	28
十六、高新技术企业产值	万元	—	258651	287049	747995	1228044
十七、R&D 经费支出	万元	—	—	—	—	—
十八、高新技术企业销售收入	万元	—	245718	272696	710595	1114423
十九、高新技术企业利润	万元	—	16309	24134	71038	1050119
二十、高新技术企业税收	万元	—	12486	13870	50668	68124

2004 年	2005 年	2006 年	2007 年	2008 年	2009 年	2010 年	2011 年	2012 年
—	—	—	342	596	586	703	455	490
273484	399054	333186	480527	600255	628038	774881	1008822	1110975
56644	59544	62926	74654	65274	69106	122952	167525	192152
178	234	289	312	341	405	437	482	497
75	84	96	102	111	138	128	104	109
11007	16029	23559	53838	90887	44211	56956	64900	72070
1570	2975	5141	5267	4533	4100	4589	4743	23092
49518	43326	51666	74600	83929	74515	106214	139627	133507
3159	4660	3532	4085	5422	6799	7371	21660	15674
10110	13417	10020	13106	15511	17532	19200	22253	27119
46271	36745	37010	43126	57340	115096	94656	125610	113381
90555	120164	94305	113619	145318	160132	192068	248130	331644
42	45	57	64	45	43	61	72	79
1626823	2019319	2508958	3182175	4330916	5444266	8226087	11697908	11818086
—	—	—	—	84765.4	106615	185926	261687	270694
1606326	1989913	2268552	3199750	4428945	5465206	7949539	11811995	11685169
155717	92999	77962	162549	208572	602237	1072601	1420802	1049487
84916	90758	96960	153268	190122	244013	386493	524797	515158

后 记

历春秋三载，经数次修改，《长沙经济技术开发区志》（以下简称《区志》）终于定稿付印。《区志》真实记录了长沙经济技术开发区1992—2012年的发展历程，全面展示了长沙经济技术开发区各项事业发展的骄人业绩，充分体现了长沙经开区人艰苦创业、励精图治的精神风貌。

2013年6月，长沙市人民政府办公厅关于印发《长沙市省级以上开发区（园区）修志方案》的通知，要求全市15家省级以上开发区（园区）统一修志，公开出版发行。长沙经开区党工委、管委会对此十分重视，决定启动《区志》的编修工作。成立了《区志》编纂委员会，印发了《区志》（1992—2012年）编纂实施方案，明确了指导思想、工作任务、时间节点和有关要求，组织专业人员进行修志工作，在各部门、单位的积极配合下，修志工作进展顺利。《区志》初稿于2016年3月完成，加上序、凡例、概述、大事记、附录、后记等记述单元，形成总纂稿58万字。4月，组织各有关部门、单位负责人进行初审；5月，由长沙县史志档案馆组织专家进行复审；7月，报工、管委审批；8月，呈送长沙市地方志办公室，经省、市专家终审验收后由方志出版社出版发行。

《区志》的编修得到了长沙经开区党工委、管委会的高度重视和各部门、单位的大力支持，得到了长沙市地方志办公室的精心指导，得到了长沙县史志档案局和志办老同志的热情帮助，特别是在复审和终审过程中，省、市、县方志专家更是付出了辛勤的劳动，在此表示衷心感谢。

由于志书体例的独特性，加之长沙经开区建设工程宏伟，且时间跨度较大，尽管编审人员全身心投入，但由于时间较紧，任务较重，水平有限，错误、疏漏之处在所难免，敬请读者谅解、指正。

长沙经济技术开发区志编纂委员会办公室

2016年12月